실무 예제로 배우는

엑셀 & 파워포인트 2003
기초와 실습

오피스교육연구회, 정희용 공저

Excel&PowerPoint 2003

실무 예제로 배우는
엑셀 & 파워포인트 2003 기초와 실습

제1판 1쇄 인쇄 | 2008년 8월 13일
제1판 1쇄 발행 | 2008년 8월 20일

지은이 | 오피스교육연구회, 정희용
펴낸이 | 김영호
펴낸곳 | 도서출판 아이워크북
등록 | 제 313-2004-000186호
주소 | 서울특별시 마포구 망원동 472-11 2층
웹사이트 | www.iworkbook.net | http://iworkbook.webhard.co.kr
전화 | 02)335-2630
FAX | 02)335-2640

※ 파본이나 잘못된 책은 바꿔 드립니다.
ISBN 978-89-91581-23-4 13000

값 25,000원

엑셀 2003 기초와 실습

Excel 2003

Excel 2003

이 책의 예제 파일 사용하는 방법

이 책에서 사용하는 모든 예제 파일은 웹하드(iworkbook.webhard.co.kr)에서 무료로 다운받을 수 있습니다.
아래에서 설명하는 방법을 참고해 예제 파일을 다운로드 받아 이용하면 됩니다.

1. 주소창에서 http://iworkbook.webhard.co.kr/를 입력합니다.

2. 웹하드에 접속한 후 아이디와 비밀번호(ID: student, 비밀번호: 1234)를 입력합니다.

3. 학생용님의 GUEST폴더에서 내리기전용 폴더를 선택 클릭합니다.

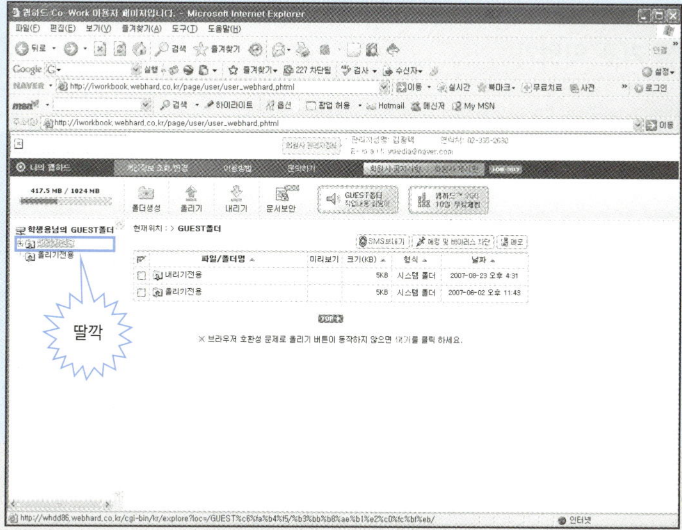

4. 여러 목록이 나타납니다. 여기서 [엑셀 2003 기초와 실습] 예제파일 폴더를 선택하여 예제 파일을 다운로드합니다.

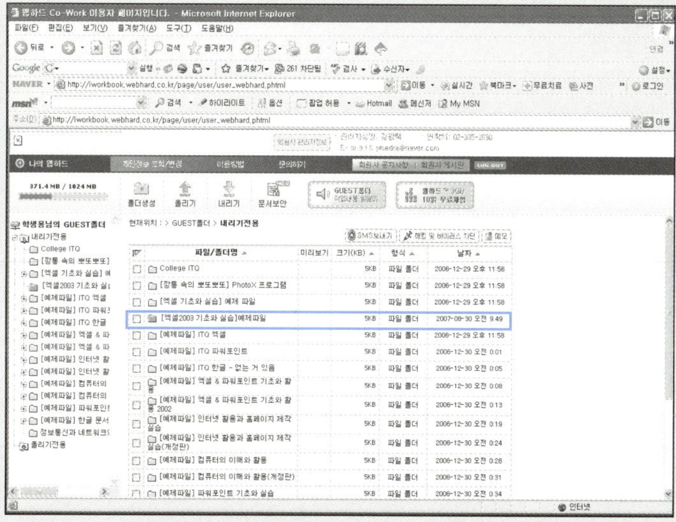

머리말 3
이 책의 예제 파일 사용하는 방법 4

01 엑셀 기초 익히기 11

01-1 엑셀의 역할과 기능 12

01-2 엑셀 실행하기와 끝내기 14

01-3 엑셀 화면 익히기 15

01-4 셀 선택하기와 범위 지정하기 18

01-5 데이터 입력과 수정의 기초 22

01-6 데이터 입력하기(1) – 문자/숫자/날짜/시간 23

01-7 데이터 입력하기(2) – 한자/기호 25

01-8 데이터 입력하기(3) – 메모/윗주 26

01-9 데이터 이동하기 28

01-10 데이터 복사하기 30

01-11 엑셀 파일로 저장하기 32

01-12 문서 열기와 문서 종료하기 34

현장 실습 주소록 만들기 35

실무 활용 연습 39

02 기본 기능의 확장과 셀 다루기 41

02-1 선택하여 붙여넣기 42

02-2 자동 채우기 45

02-3 셀 삽입하기와 삭제하기 48

02-4 행/열 삽입하기와 삭제하기 49

02-5 행/열 크기 설정하기 50

02-6 행/열 숨기기와 표시하기 52

현장 실습 주간 계획표 만들기 53

실무 활용 연습 58

03 셀 서식 지정하기　　59

03-1 글자 모양 지정하기　　60

03-2 맞춤 형식 지정하기　　62

03-3 테두리 선 그리기　　65

03-4 셀 배경 색상과 무늬 지정하기　　69

03-5 셀 보호 설정하기　　70

03-6 표시 형식 지정하기　　71

03-7 사용자 정의 표시 형식 지정하기　　75

03-8 조건부 서식 지정하기　　78

현장 실습　세금 계산서 만들기　　80

실무 활용 연습　　89

04 워크시트의 편집과 인쇄　　91

04-1 워크시트의 선택과 이름 바꾸기　　92

04-2 워크시트의 삽입과 삭제　　93

04-3 워크시트의 이동과 복사　　94

04-4 워크시트 화면 표시/창 나누기/창 정렬　　95

04-5 페이지 설정하기　　97

04-6 페이지 나누기　　100

04-7 엑셀 실행하기와 끝내기　　101

현장 실습　주식 매매 및 시세 현황표 인쇄하기　　102

실무 활용 연습　　106

IT Workbook
Contents

05 그래픽 요소의 삽입과 편집   107

05-1 그리기 도구 모음 살펴보기   108
05-2 도형 그리기   109
05-3 도형 목록으로 도형 삽입하기   111
05-4 도형 이동하기와 복사하기   112
05-5 도형의 크기와 모양 조절하기   113
05-6 채우기 색과 무늬 지정하기   114
05-7 도형에 텍스트 입력하기   116
05-8 3차원 도형 만들기   117
05-9 그림자 효과 적용하기와 속성 설정하기   119
05-10 도형의 순서와 맞춤, 그룹화 설정하기   120
05-11 워드아트로 문자 그래픽 만들기   122
05-12 클립 아트 삽입하기   124
현장 실습   농활 멤버 모집 포스터 만들기   125
실무 활용 연습   130

06 차트의 작성과 편집   131

06-1 차트 마법사 사용하기   132
06-2 차트의 위치와 크기 조절하기   135
06-3 차트 개체의 서식 지정하기   136
06-4 차트 변경하기   140
06-5 이중 축 차트와 혼합형 차트 만들   144
현장 실습   판매 실적률 분석 차트 만들기   147
실무 활용 연습   155

07 수식의 이해와 활용   157

07-1 수식 사용하기   158
07-2 수식에 사용할 수 있는 연산자   159
07-3 상대 참조와 절대 참조   162
07-4 3차원 수식 입력하기   164
현장 실습   급여 관리표 만들기   166
실무 활용 연습   172

08 함수의 이해와 활용 I   173

08-1 함수의 의미와 기본 형식   174

08-2 함수 마법사 사용하기   177

08-3 함수식 직접 입력하기   181

08-4 날짜/시간 함수 사용하기   183

08-5 수학/삼각 함수 사용하기   185

08-6 통계 함수 사용하기   189

현장 실습 급여 관리표 분석하기   192

실무 활용 연습   198

09 함수의 이해와 활용 II   199

09-1 찾기/참조 영역 함수   200

09-2 데이터베이스 함수   204

09-3 텍스트 함수   209

09-4 논리 함수   211

현장 실습 성적표 분석하기   213

실무 활용 연습   220

10 데이터 관리 기능의 이해와 활용   221

10-1 데이터베이스 이해하기   222

10-2 레코드 관리 기능 활용하기   223

10-3 데이터 정렬하기   225

10-4 자동 필터   227

10-5 고급 필터   232

현장 실습 야구부 데이터 관리하기   235

실무 활용 연습   240

11 데이터 분석 기능의 이해와 활용   241

11-1 부분합	242
11-2 피벗 테이블	246
11-3 시나리오	252
11-4 목표값 찾기	256
현장 실습 제품 분류별 지급액 구하기	257
실무 활용 연습	261

12 매크로의 작성과 활용   263

12-1 매크로 기록하기	264
12-2 매크로 실행하기	268
12-3 매크로 옵션 지정하기	271
12-4 매크로 편집하기	273
현장 실습 자동 서식 매크로 만들기	279
실무 활용 연습	287

01

엑셀 기초 익히기

엑셀은 애초에 표 계산용으로 만들어진 프로그램이지만, 그 밖에도 다양하고 강력한 기능을 참 많이 가지고 있는 프로그램입니다. 엑셀을 이용하면 복잡한 계산을 쉽게 하거나 많은 양의 데이터를 체계적으로 관리할 수 있습니다. 이번 장에서는 엑셀을 사용하기 위해 꼭 필요한 기초 지식들에 대해 살펴보겠습니다.

01-1	엑셀의 역할과 기능
01-2	엑셀 실행하기와 끝내기
01-3	엑셀 화면 익히기
01-4	셀 선택하기와 범위 지정하기
01-5	데이터 입력과 수정의 기초
01-6	데이터 입력하기(1) - 문자/숫자/날짜/시간
01-7	데이터 입력하기(2) - 한자/기호
01-8	데이터 입력하기(3) - 메모/윗주
01-9	데이터 이동하기
01-10	데이터 복사하기
01-11	엑셀 문서로 저장하기
01-12	문서 열기와 닫기
현장 실습	주소록 만들기
실무 활용 연습	

실습 예제 미리 보기 | 주소록 만들기

엑셀의 기본 기능을 이용하여 주소록을 만들고, 작성된 주소록 파일을 원하는 위치에 저장합니다.

	A	B	C	D	E	F
1			주 소 록			
2						
3	이 름	성 별	생년월일	전화	휴대폰	이메일
4	강일용	남	1980-02-15	128-1234	010-128-1234	onedrg@y-media.com.com
5	김상순	여	1981-12-23	200-3000	010-200-3000	3soon@y-media.com.com
6	나한일	남	1978-05-25	111-4321	010-111-4321	korone@y-media.com.com
7	박금순	여	1986-09-08	115-1123	010-115-1123	goldsoon@y-media.com.com
8	오춘자	여	1989-01-28	357-3321	010-357-3321	spring@y-media.com.com
9	정용팔	남	1987-06-23	556-5656	010-556-5656	drgarm@y-media.com.com
10	최상식	남	1985-03-06	345-3524	010-345-3524	3sik@y-media.com.com
11	한기철	남	1979-01-05	123-4567	010-123-4567	kichul@y-media.com.com
12						
13			그룹 주소록 - 남자			
14	이 름	성 별	생년월일	전화	휴대폰	이메일
15	강일용	남	1980-02-15	128-1234	010-128-1234	onedrg@y-media.com.com
16	나한일	남	1978-05-25	111-4321	010-111-4321	korone@y-media.com.com
17	정용팔	남	1987-06-23	556-5656	010-556-5656	drgarm@y-media.com.com
18	최상식	남	1985-03-06	345-3524	010-345-3524	3sik@y-media.com.com
19	한기철	남	1979-01-05	123-4567	010-123-4567	kichul@y-media.com.com
20						

01-1 엑셀의 역할과 기능

엑셀은 표 계산용 프로그램

엑셀은 다양한 스타일의 문서를 효과적으로 만들고 관리할 수 있을 뿐 아니라, 표에 입력된 여러 데이터 값을 계산하거나 복잡한 데이터들을 관리하는 데에도 사용할 수 있습니다.

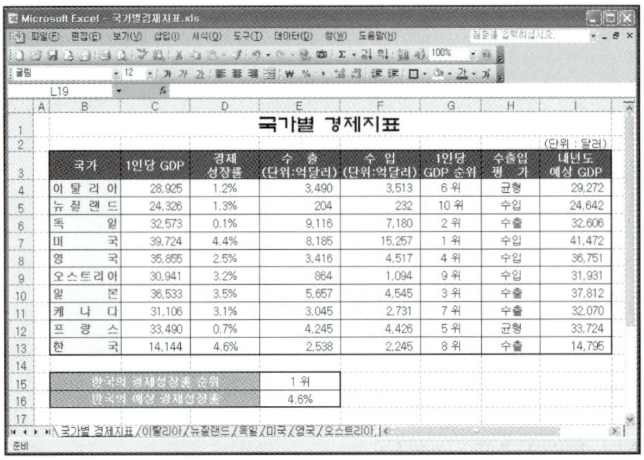

복잡한 계산도 쉽게 처리할 수 있습니다

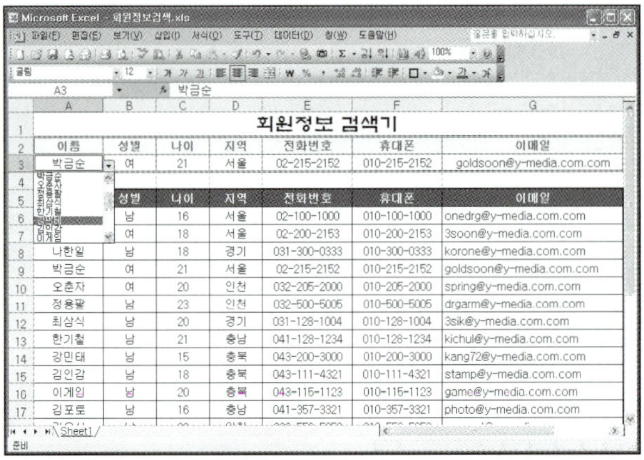

많은 양의 데이터도 효과적으로 관리할 수 있습니다

다양한 서식과 화려한 그래픽 기능 지원

엑셀이 딱딱하고 복잡한 데이터만 처리할 수 있는 프로그램이었다면 아마도 지금처럼 많은 사랑을 받지는 못했을 것입니다. 엑셀에서는 이런 기능 이외에도 문서를 보기 좋게 꾸미기 위한 다양한 서식과 그래픽 기능을 사용할 수 있습니다.

더불어 마우스를 몇 번 클릭하는 것만으로도 다양한 모양의 차트를 쉽게 만들 수 있으며, 차트 유형도 막대형에서부터 복잡한 주식형 차트에 이르기까지 매우 다양합니다.

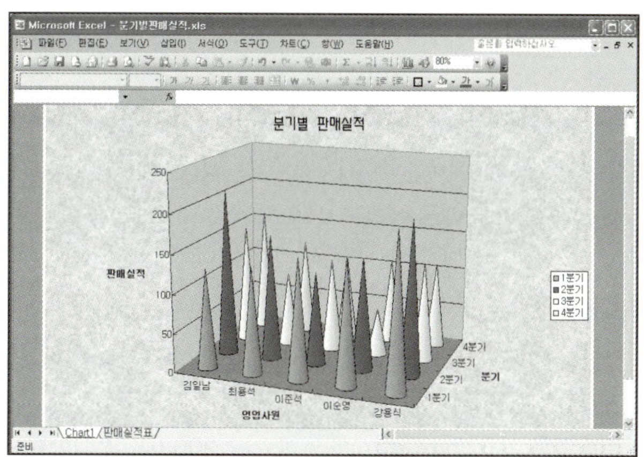

원하는 모양의 차트를 쉽게 만들 수 있습니다

복잡한 데이터 계산과 분석도 순식간에

또한 엑셀은 일반적인 방법으로는 계산할 수 없는 작업들도 자동으로 처리해 주는 기능들을 제공하고 있습니다. 정렬, 필터와 부분합이나 피벗 테이블 등의 기능을 이용하면 몇 시간씩 걸려야 할 만한 일들도 순식간에 처리됩니다.

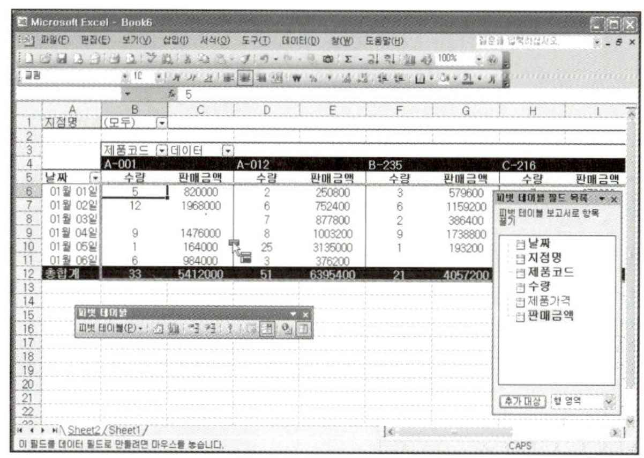

피벗 테이블 기능으로 원하는 분석 데이터도 만들어 볼 수 있습니다

01-2 엑셀 실행하기와 끝내기

엑셀을 실행시키고 종료하는 방법은 여러 가지가 있습니다. 사용자는 작업 상황이나 자신이 선호하는 방법으로 엑셀을 실행시키거나 종료하면 됩니다. 엑셀을 실행하고 끝내는 몇 가지 방법에 대해 알아봅시다.

엑셀 실행하기

- ![시작] – [모든 프로그램] – [Microsoft Office] – [Microsoft Office Excel 2003]을 선택합니다.
- ![시작] – [Microsoft Office Excel 2003]을 선택합니다(최근에 엑셀 2003을 실행했을 때에만 표시되는 메뉴입니다).
- 바탕 화면의 아이콘을 더블클릭합니다.
- 탐색기나 내 컴퓨터 등에서 엑셀 파일을 더블클릭합니다(엑셀이 실행되면서 선택한 파일이 열립니다).

엑셀 종료하기

- 엑셀 화면의 **[파일]** – **[끝내기]** 메뉴를 선택합니다.
- 엑셀 제목 표시줄의 '닫기'(☒) 아이콘을 클릭합니다.
- 프로그램 종료 단축키 [Alt] + [F4]를 누릅니다.

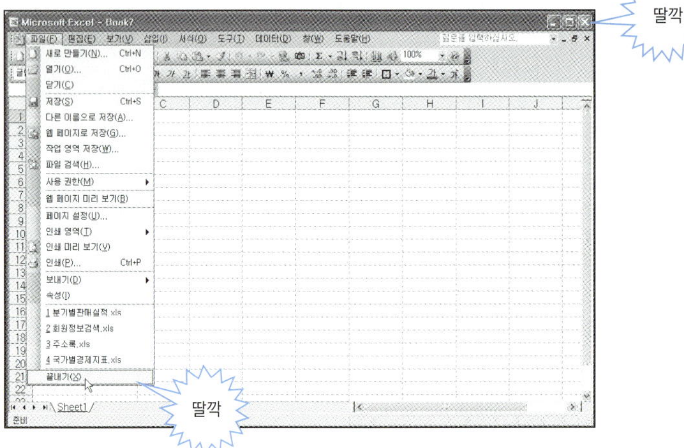

Self   test

엑셀을 실행시킨 뒤에 단축키를 이용해서 종료해 보세요.

01-3 엑셀 화면 익히기

엑셀을 실행시키면 여러 개의 작은 사각 칸으로 구성된 화면이 눈에 들어옵니다. 그리고 여러 메뉴들이 화면 가능 표시될 것입니다. 앞으로 진행될 설명을 좀 더 잘 이해할 수 있도록 하기 위해 엑셀 화면 각 부분의 이름과 기능들에 대해 알아두도록 합시다.

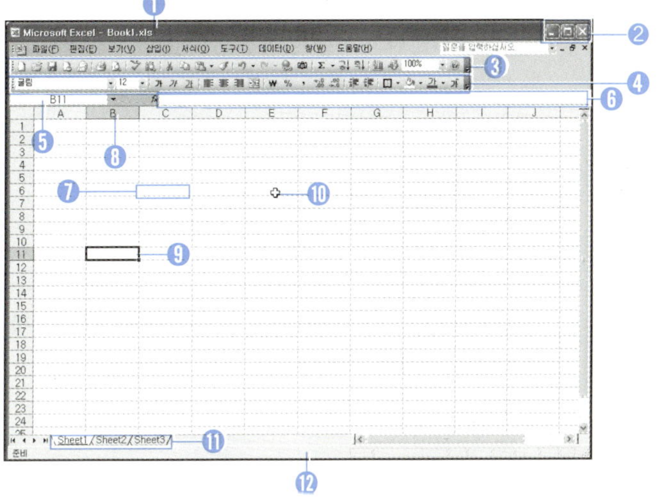

❶ **제목 표시줄** : 엑셀 프로그램의 이름과 현재 작업중인 엑셀 파일의 이름이 표시되는 곳입니다.

• 제목 표시줄을 드래그&드롭하면 엑셀 창의 위치를 이동시킬 수 있습니다.

• 제목 표시줄의 왼쪽 끝에 있는 (■) 아이콘을 클릭한 뒤에 **[닫기]**를 선택하거나, 더블클릭하면 엑셀을 종료할 수 있습니다.

• 제목 표시줄을 더블클릭할 때마다 작업창의 크기가 전환됩니다.

❷ **창 조절 버튼** : 작업창의 크기를 각 버튼에 해당하는 크기로 전환합니다.

최소화 버튼	▬	엑셀 작업창을 숨기고 상태 표시줄에 아이콘 형태로 표시합니다.
최대화 버튼	▢	엑셀 작업창을 화면에 가득 차게 표시합니다.
아이콘에서화면 복원 버튼	▣	최대화 버튼을 누르기 전의 화면 크기로 되돌립니다.
닫기 버튼	✕	엑셀을 종료합니다.

❸ **메뉴 표시줄** : 엑셀에서 사용할 수 있는 명령이 메뉴 형태로 등록되어 있습니다. 메뉴에 표시되는 명령들은 각 명령의 특성에 따라 조금씩 모양이 다릅니다.

- **일반 명령** : 명령어만 표시되어 있는 일반 명령어를 선택하면, 해당 명령이 바로 실행됩니다.
- **대화상자를 가지고 있는 명령** : 명령어 뒤에 [...] 표시가 있는 명령어를 선택하면 해당 명령에 연결된 대화상자가 표시됩니다.
- **하위 메뉴를 가지고 있는 명령** : 명령어 뒤에 [] 모양이 있는 명령어를 선택하면, 하위 메뉴가 표시됩니다. 이 하위 메뉴에서 최종적으로 실행시킬 명령어를 선택할 수 있습니다.

❹ **도구 모음** : 엑셀에서 자주 사용하는 명령을 아이콘 형태로 모아 놓은 것입니다. 각 아이콘을 클릭하면 아이콘에 연결된 명령이 자동으로 실행되기 때문에 여러 단계의 메뉴를 선택하는 것 보다 빠르게 원하는 명령을 실행할 수 있습니다.

따라하기　　도구 모음 위치 조절하기

엑셀 2003을 처음 실행시키면 [표준] 도구 모음과 [서식] 도구 모음을 한 줄에 표시되어 있습니다. 이는 작업 화면을 보다 넓게 쓸 수 있도록 하기 위해서입니다. 하지만, 두 도구 모음을 한 줄에 표시해 두면 필요한 아이콘을 찾기 어려울 수도 있습니다. 두 개의 도구 모음을 서로 다른 줄에 표시해 봅시다.

1. [표준] 도구 모음과 [서식] 도구 모음의 경계 부분에 마우스 포인터를 위치시킵니다. 이때, 마우스 포인터의 모양은 (✛) 가 되어야 합니다.

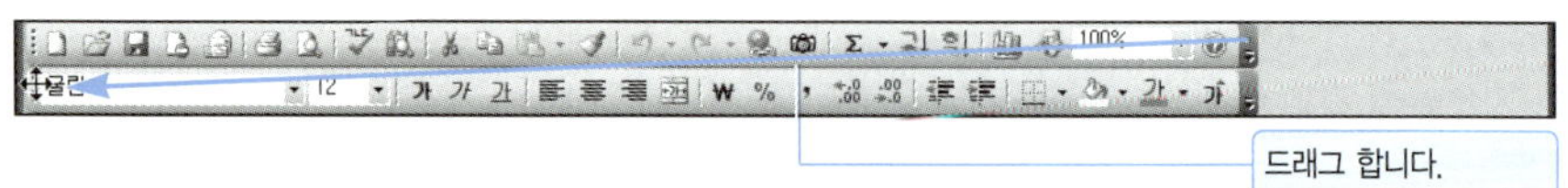

2. [표준] 도구모음 아래로 [서식] 도구 모음을 드래그하면 두 도구 모음이 서로 다른 줄에 표시됩니다. 같은 방법으로 다시 두 도구 모음을 한 줄에 표시할 수 있습니다.

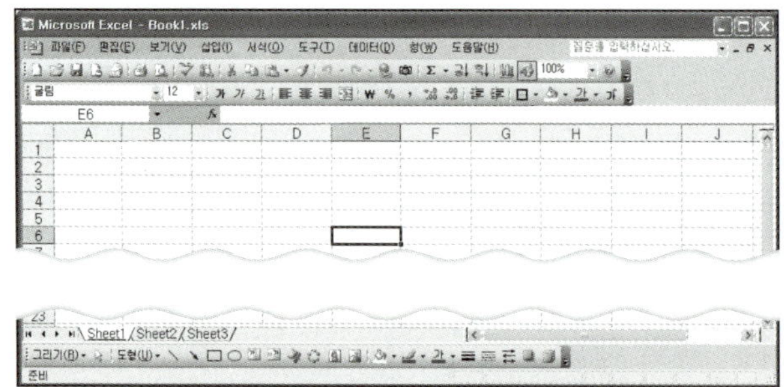

Self test

그림과 같이 화면 아래쪽에 그리기 도구 모음을 표시해 보세요.

도구 모음이 보이지 않도록 숨겨보세요.

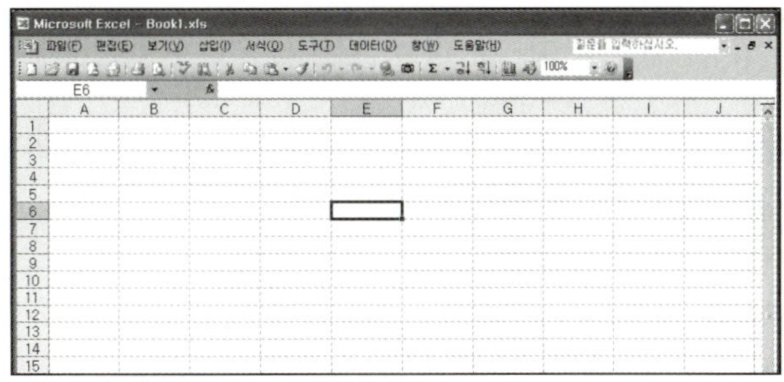

5 이름 상자 : 현재 셀 포인터가 위치해 있는 셀의 주소가 표시되는 곳입니다. 상황에 따라 여러 가지 용도로 사용할 수 있습니다.

• 이름 상자에 셀 주소를 입력하면 셀 포인터가 해당 셀로 이동합니다.

• 이름 상자에 범위 주소를 입력하면 셀 포인터가 해당 범위를 블록으로 지정합니다.

• 셀 범위를 블록으로 지정한 뒤에 이름 상자에 원하는 이름을 입력하면 범위 이름을 지정할 수 있습니다.

6 수식 입력줄 : 일반적인 경우 현재 셀 포인터가 위치해 있는 셀의 실제 내용이 표시됩니다. 선택된 셀에 수식이 입력되어 있으면 수식이 표시됩니다. 수식 입력줄을 클릭하거나 선택한 셀을 더블클릭하면 입력된 내용이나 수식을 수정할 수 있습니다.

7 셀 : 엑셀 화면을 구성하는 작은 사각형 하나 하나를 셀이라고 부릅니다. 엑셀에서는 이 셀을 단위로하여 데이터를 입력하거나 관리할 수 있습니다.

8 행/열 머리글 : 수많은 셀을 구분할 수 있도록 하기 위해 행과 열의 시작 부분에 표시해 둔 문자입니다. 행 머리글과 열 머리글을 조합하면 셀 주소가 됩니다.

9 셀 포인터 : 내용을 입력하거나 수정할 셀을 표시하는 역할을 합니다. 워드프로세서의 커서와 같은 기능을 한다고 이해하면 됩니다.

10 마우스 포인터 : 마우스의 움직임을 따라 움직이는 마우스 표시 기호입니다. 엑셀에서의 셀 포인터는 상황에 따라 여러 가지 모양으로 바뀝니다.

11 시트 탭 : 엑셀의 통합 문서 파일에서는 여러 장의 작업 시트를 사용할 수 있습니다. 시트 탭은 각 시트를 구분하기 위해 사용하는 일종의 꼬리표입니다. 마우스로 시트 탭을 클릭하면 해당 시트가 열립니다. 시트 탭을 드래그하면 해당 시트를 이동시킬 수 있습니다.

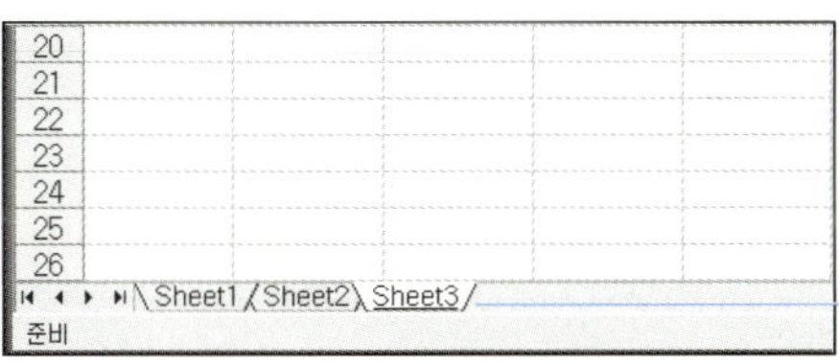

시트 탭을 클릭하면 해당 시트가 열립니다.

12 상태 표시줄 : 현재의 작업 상태와 특수기 작통 상태가 표시되는 곳입니다.

현재 작업 상태　　　　특수키 작동 상태

01-4 셀 선택하기와 범위 지정하기

엑셀에 원하는 내용을 입력하거나 입력된 데이터를 관리하려면 먼저 원하는 셀이나 범위를 잘 선택할 수 있어야 합니다.

셀 이동

- **마우스 이용하기** : 이동하려는 특정 셀을 클릭합니다.
- **키보드 이용하기** : 다음과 같이 방향키나 특수키를 이용하여 원하는 셀로 이동합니다.

키	기능
↑ , ↓ , ← , →	현재 셀에서 방향키 방향으로 한 칸씩 이동
Page Up　Page Down	워크시트의 한 화면 위, 아래로 이동
Tab , Shift + Tab	셀 포인터를 한 셀씩 오른쪽, 왼쪽으로 이동
Enter↵	셀 포인터를 한 칸 아래로 이동(이동 방향 변경 가능)
Home	현재 행의 A열로 셀 포인터를 이동
Ctrl + ↑ , ↓ , ← , →	입력된 내용의 가장 위쪽, 아래쪽, 왼쪽, 오른쪽으로 이동
Ctrl + Home	A1 셀로 이동
Ctrl + End	입력된 내용의 가장 오른쪽 아래 셀로 이동
F5 또는 Ctrl + G	셀 주소를 직접 입력하여 원하는 셀로 이동

연속된 범위 지정하기

- 해당 범위를 마우스로 드래그 & 드롭합니다.
- 범위로 지정할 첫 번째 셀을 클릭한 다음 Shift 키를 누른 상태에서 범위로 지정할 마지막 셀을 클릭합니다. 블록으로 지정할 셀 범위가 넓을 때 유용한 방법입니다.
- 범위로 지정할 첫 번째 셀을 클릭한 다음 Shift 키를 누른 상태에서 방향키를 여러 번 눌러서 범위를 지정합니다.

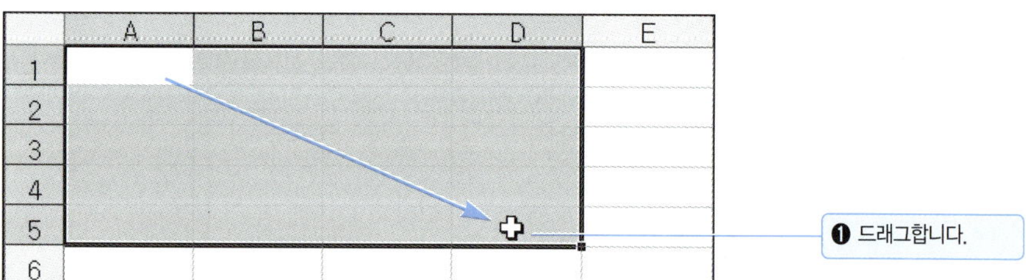

A1 셀부터 D5 셀까지 드래그

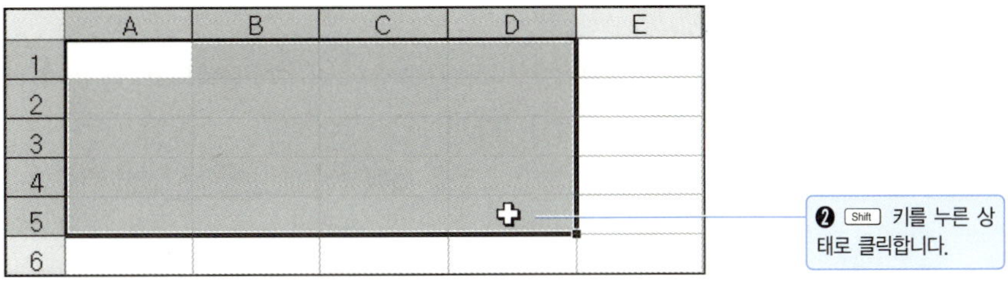

A1 셀을 클릭한 후에 ⌈Shift⌉를 누른 상태에서 D5 셀 클릭

불연속된 범위 지정하기

이동하거나 복사해야 할 내용들이 서로 떨어진 범위에 있다면 키보드의 ⌈Ctrl⌉ 키를 이용
해 원하는 범위를 블록으로 지정할 수 있습니다.

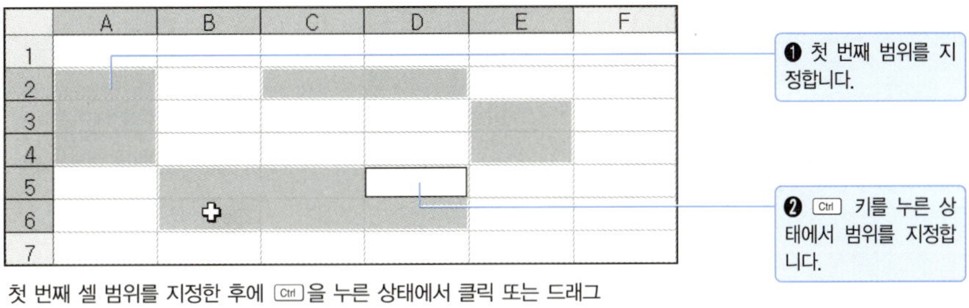

첫 번째 셀 범위를 지정한 후에 ⌈Ctrl⌉을 누른 상태에서 클릭 또는 드래그

Self test

그림과 같이 연속된 셀의 범위를 지정해 보세요.

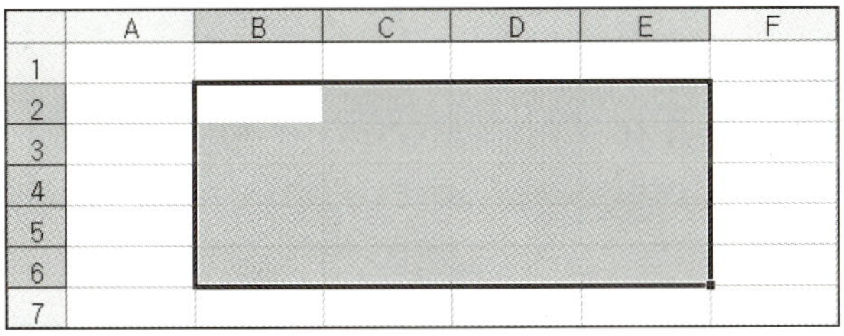

Self test

그림과 같이 서로 떨어져 있는 셀의 범위를 지정해 보세요.

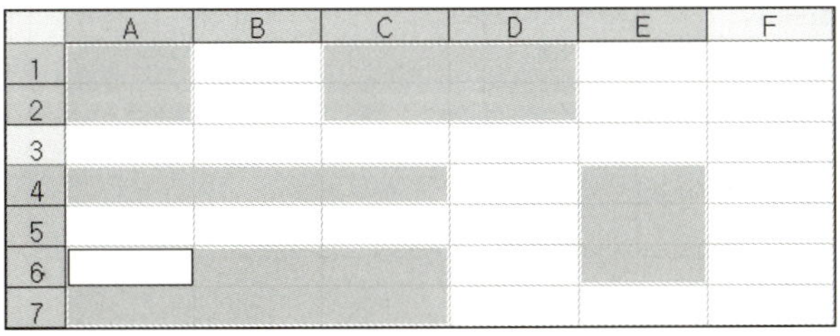

- 열 머리글을 선택하면 해당 열 전체가 선택되고, 행 머리글을 선택하면 해당 행 전체가 범위로 지정됩니다.
- 여러 개의 행이나 열을 선택하려면 [Shift]나 [Ctrl] 키를 누른 상태에서 행이나 열 머리글을 클릭합니다.
- 행/열 머리글을 드래그해도 여러 개의 행이나 열을 범위로 지정할 수 있습니다.

열 머리글 클릭   행 머리글 클릭

Self test

그림과 같이 열과 행을 선택해 보세요.

Self test

B3 셀에 셀 포인터를 위치시킨 후에 B열 전체를 선택해 보세요.

워크시트 전체 선택하기

- 행 머리글과 열 머리글이 교차하는 부분에 있는 '전체 선택' ( ) 버튼을 클릭합니다.

- Ctrl + A 나 Ctrl + Ctrl + Space Bar 키를 누릅니다.

'전체 선택' 버튼 클릭

이름 상자로 범위 지정하기

이름 상자에 직접 지정할 범위의 주소를 입력하고 Enter↵ 키를 누릅니다.

이름 상자에 범위 주소를 입력하고 Enter↵ 키를 누름

다음 범위 주소를 이름 상자에 입력하여 범위를 지정해 보세요.

B2 : F5	B2 셀부터 F5 셀까지 범위 지정
C1, D2	C1 셀과 D2 셀을 범위로 지정
B : D	B열부터 D열까지를 범위로 지정
2 : 4	2행부터 4행까지를 범위로 지정

01-5 데이터 입력과 수정의 기초

기본 데이터 입력하기

- 먼저 데이터를 입력할 셀에 셀 포인터를 위치시킵니다.
- 데이터를 입력한 후에 Enter↵ 키를 누르면 입력이 완료됩니다.
- 다른 셀에 내용을 입력하려면 마우스로 해당 셀을 클릭하거나 키보드의 방향키를 이용합니다.
- 한 셀에 여러 줄의 내용을 입력할 때에는 Alt + Enter↵ 키를 누릅니다.

Self test

A3 셀과 C3 셀에 내용을 입력해 보세요.

	A	B	C	D
1				
2				
3	엑셀 2003		데이터 입력	
4				
5				

Self test

C4 셀에 그림과 같이 세 줄의 내용을 입력해 보세요.

	A	B	C	D
1				
2				
3	엑셀 2003		데이터 입력	
4			한 셀에 여러 줄 입력하기	
5				

데이터 수정하기

- 셀의 데이터를 모두 지우려면 지울 내용이 입력된 셀을 입력한 후에 Delete 키를 누릅니다.
- 데이터의 일부분만 수정하려면 셀을 더블클릭하여 커서를 입력 상태로 바꾼 후에 수정합니다.
- 데이터 입력 도중에 입력을 취소하려면 Esc 키를 누르거나 수식 입력줄에 있는 '취소'(X) 버튼을 클릭합니다.

Self test

앞서 입력한 데이터들을 모두 삭제해 보세요.

01-6 데이터 입력하기(1) – 문자/숫자/날짜/시간

문자 데이터 입력하기

- 엑셀에서는 문자 데이터로 한글과 영문, 한자, 특수 문자 등을 입력할 수 있습니다.
- 셀의 왼쪽을 기준으로 정렬됩니다.
- 키보드의 [한/영] 키를 누르면 한글/영문 입력 상태가 전환됩니다.
- 숫자 앞에 접두어(')를 입력하면 숫자 데이터도 문자로 인식됩니다.
- 입력한 데이터가 셀의 너비보다 긴 경우, 오른쪽 셀이 비어 있으면 데이터가 오른쪽 셀에 연속해서 표시됩니다. 오른쪽 셀에 데이터가 있으면 셀의 너비만큼만 표시됩니다.

그림과 같이 문자 데이터를 입력해 보세요.

	B	C	D	E	F	G
1						
2						
3		엑셀 2003				
4		엑셀에는 다양한 종류의 데이터를 입력할 수 있습니다.				
5						
6		기본기만 잘 익혀놓으면 다음 기능들은 쉽습니다.				
7		기본기만 잘 익혀놓으면 다음 기능들은 쉽습니다.				
8						

수치 데이터 입력하기

- 0에서 9까지의 숫자와 +, −, *, /, 쉼표(,), 소수점(.), 통화기호($, ₩), 백분율(%), 지수(e) 등은 수치 데이터로 인식됩니다.
- 수치 데이터는 기본적으로 셀의 오른쪽을 기준으로 정렬됩니다.
- 숫자 중간에 공백이나 특수 문자를 입력하면 문자 데이터로 인식됩니다.
- 입력한 수치 데이터가 셀의 너비보다 긴 경우에는 지수 형식이나 '######' 로 표시됩니다.

그림과 같이 수치 데이터를 입력해 보세요.

	A	B	C	D	E
1					
2					
3		12345		−326	
4		34.5		1/2	
5		₩5,600		3E+19	
6					

Note

자동 완성 기능
같은 열에 동일한 내용을 반복해서 입력해야 할 경우, 첫 글자를 입력하면 나머지 글자가 자동으로 입력됩니다. 이런 기능을 자동 완성 기능이라고 합니다. 만약 자동 완성 기능이 작동하지 않는다면 [도구]–[옵션] 메뉴를 선택한 후에 [편집] 탭에서 '셀 내용을 자동 완성' 옵션을 선택합니다.

Note

음수와 분수 입력하기
· 음수는 숫자 앞에 '−' 기호를 붙이거나 괄호로 묶어서 표시합니다.
· 분수는 0을 입력하고 한 칸 띄운 뒤에 입력합니다(예: 0 1/2).

현재 날짜와 시간 입력하기
· Ctrl + ; 키를 누르면 오늘
날짜가 입력됩니다.
· Ctrl + Shift + ; 키를 누르
면 현재 시간이 입력됩니다.

날짜/시간 데이터 입력하기

- 날짜 데이터는 하이픈(–)이나 슬래시(/)를 사용하여 연, 월, 일을 구분합니다.
- 시간 데이터는 콜론(:)을 사용하여 시, 분, 초를 구분합니다.
- 날짜와 시간을 같은 셀에 입력할 때에는 둘 사이에 공백을 둡니다.
- 날짜와 시간 데이터는 오른쪽을 기준으로 정렬됩니다.

그림과 같이 날짜 데이터를 입력해 보세요.
· B3 셀은 하이픈(–)을 이용하여 날짜 입력
· B4 셀은 슬래시(/)를 이용하여 날짜 입력
· B6 셀은 단축키를 이용하여 오늘 날짜 입력

	A	B	C	D
1				
2				
3		02월 26일		
4		02월 26일		
5		2007-02-26		
6		2007-06-09		
7				

그림과 같이 시간 데이터를 입력해 보세요.

	A	B	C	D	E
1					
2		11:20			
3		11:20 AM			
4		11:20 PM			
5		11시 20분			
6		23시 20분			
7					

01-7 데이터 입력하기(2) – 한자/기호

한자 입력하기

한글을 입력한 후에 [한자] 키를 누르면 한자 목록 상자나 '한글/한자 변환' 대화상자가 표시됩니다. 여기에서 원하는 뜻을 가진 한자를 선택하여 입력합니다.

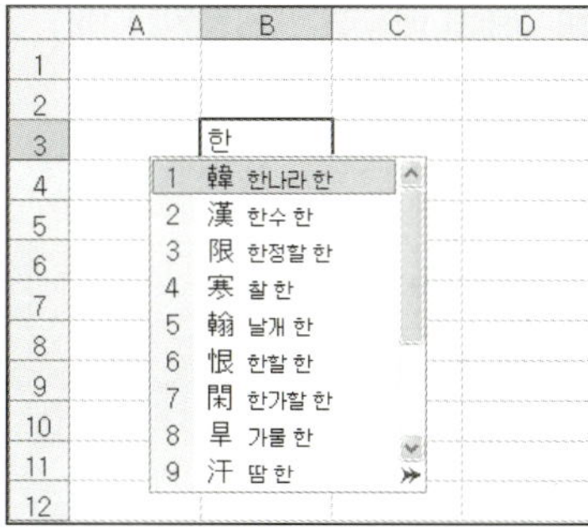

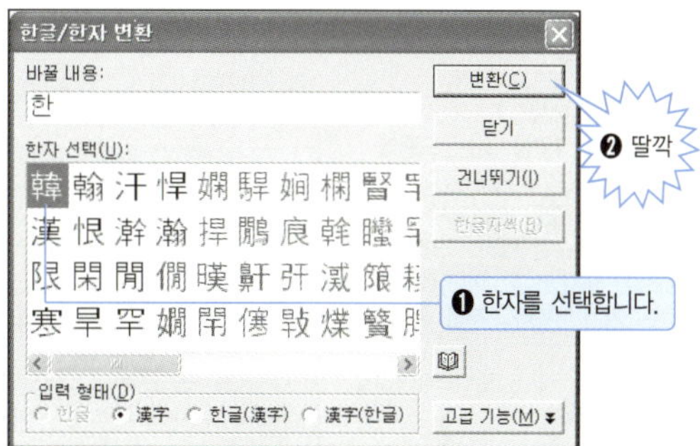

> **Note**
>
> **한자 목록 상자**
>
> 한자 목록 상자는 한글을 입력 하자마자 [한자] 키를 눌렀을 때 표시됩니다. 목록에 원하는 한자가 없을 경우 [Page Up] 이나 [Page Down] 키를 눌러서 원하는 한자를 찾을 수 있습니다.

> **Note**
>
> **단어 단위 한자 입력**
>
> 입력할 한자 단어를 입력한 뒤에 커서를 입력한 단어의 바로 뒤에 둔 상태에서 [한자] 키를 누르면 입력한 단어를 음으로 하는 한자 단어를 입력할 수 있습니다.

기호(특수 문자) 입력하기

[삽입]–[기호] 메뉴를 선택하면 '기호' 대화상자가 표시됩니다. 이 대화상자에서 원하는 기호의 종류와 기호를 차례로 선택하여 입력합니다.

그림과 같이 한자를 입력해 보세요.

	A	B	C	D	E	F
1						
2		아름다운 江山				
3		오비이락(烏飛梨落)				
4		世界(세계) 속의 大韓民國(대한민국)				
5						
6						

> **Note**
>
> **자음을 이용한 기호 입력**
>
> 'ㄱ'에서 'ㅆ' 사이의 자음을 입력한 뒤에 [한자] 키를 누르면 각 자음에 해당하는 기호 목록이 표시됩니다. 이 목록을 이용해서 원하는 기호를 입력할 수 있습니다.

그림과 같이 기호를 입력해 보세요.

	A	B	C	D	E	F	G
1							
2		♨ 와이온천 ♨			와이미디어™		
3		☎ 123-4567			Ⅵ 엑셀의 데이터 관리하기		
4		【1장】 엑셀 기초 익히기			주행 거리 2,000km		
5		증류수 120㎖			꿈★은 이루어진다		
6							

01-8 데이터 입력하기(3) – 메모/윗주

메모 입력하기

메모는 셀에 입력된 내용에 대한 참고 사항이나 보충 설명 등을 추가할 때 사용하는 기능입니다.

- 메모를 삽입하려면 **[삽입]-[메모]** 메뉴를 선택하거나 바로 가기 메뉴에서 **[메모 삽입]**을 선택합니다.

- 화면에 메모를 입력할 수 있는 상자가 표시됩니다. 여기에 메모 내용을 입력합니다.

- 메모의 내용을 수정하려면 편집할 메모가 입력된 셀을 선택한 후에 **[삽입]-[메모 편집]** 메뉴를 선택하거나 바로 가기 메뉴의 **[메모 편집]**을 선택합니다.

- 메모를 삭제하려면 메모가 삽입된 셀을 선택한 뒤에 **[편집]-[지우기]-[메모]** 메뉴를 선택하거나 바로 가기 메뉴의 **[메모 삭제]**를 선택합니다.

Note

바로 가기 메뉴
엑셀에서 작업을 하는 도중에 마우스 오른쪽 버튼을 클릭하면, 현재 진행 중인 작업에서 사용할 수 있는 명령들만 모여있는 메뉴가 표시됩니다. 이런 메뉴를 바로 가기 메뉴라고 부릅니다.

Note

메모 삽입 단축키
메모를 삽입할 때 메뉴를 선택하는 대신 단축키 Shift + F2 를 눌러도 됩니다.

Note

메모를 항상 표시하기
기본 설정 상태에서 메모는 화면에 표시되지 않고, 삽입된 셀에 마우스 포인터를 가져갔을 때에만 메모 내용이 표시됩니다. 메모 내용을 항상 화면에 표시하려면 **[보기]-[메모]** 메뉴를 선택하면 됩니다. 다시 메모를 숨길 때에도 **[보기]-[메모]** 메뉴를 선택합니다.

Note

메모 삭제
셀에 입력된 내용을 지우더라도 메모는 삭제되지 않습니다. 메모는 셀 자체를 삭제하거나 메모 삭제 명령을 통해서만 지울 수 있습니다.

그림과 같이 데이터를 입력하고 메모를 삽입한 후에 삽입된 메모의 내용을 수정해 보세요.

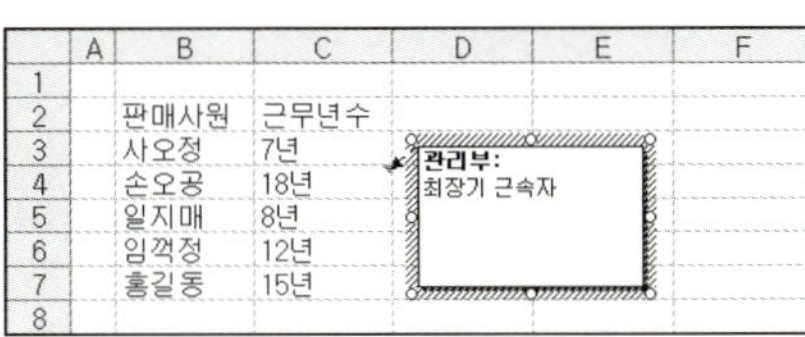
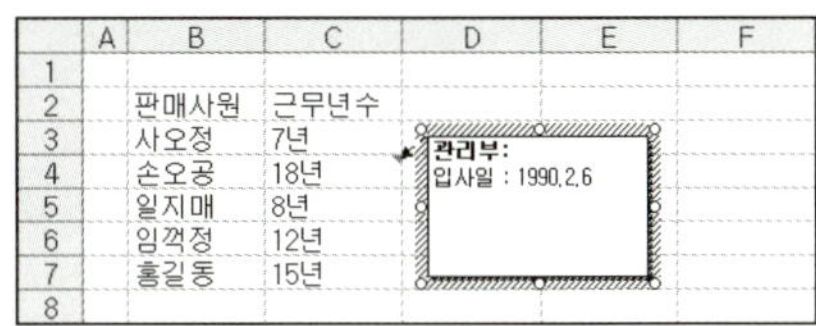

윗주 입력하기

윗주는 데이터의 위쪽에 표시되는 주석문입니다. 윗주로는 문자 데이터가 입력되어 있는 셀에만 사용할 수 있습니다.

• 윗주를 삽입하려면 **[서식]–[윗주 달기]–[편집]**을 선택한 후에 윗주 입력 상자에 내용을 입력합니다.

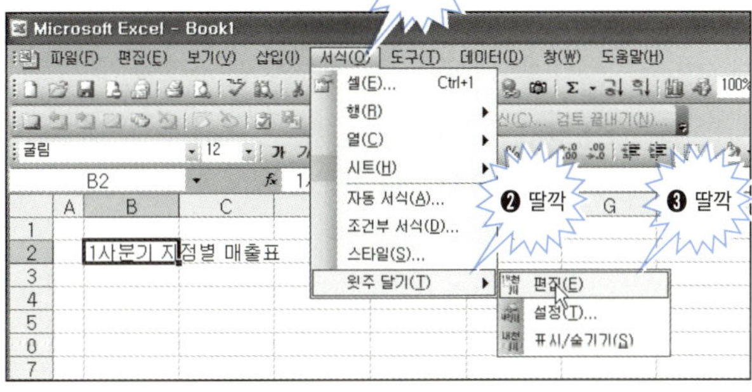

• 입력된 윗주의 내용을 수정하려면 해당 셀을 더블클릭한 뒤에 윗수 상자를 클릭하거나 **[서식]–[윗주 달기]–[편집]** 메뉴를 다시 선택합니다.

그림과 같이 입력한 후에 윗주를 가운데로 위치시키고 글꼴을 파란색의 기울임꼴로 설정해 보세요.

01-9 데이터 이동하기

엑셀에서는 기본적으로 다음과 같은 네 가지 방법을 사용하여 데이터를 이동시킬 수 있습니다.

바로 가기 메뉴 사용하기

이동할 데이터의 범위를 지정한 후에 마우스 오른쪽 버튼을 클릭하면 바로 가기 메뉴가 표시됩니다. 이 메뉴에서 **[잘라내기]**를 선택한 다음, 이동시킬 셀에서 다시 바로 가기 메뉴를 호출한 뒤에 **[붙여넣기]**를 선택합니다.

도구 아이콘 이용하기

표준 도구 모음의 '잘라내기'( )와 '붙여넣기'( ) 아이콘을 이용합니다.

마우스로 이동하기

블록으로 지정된 범위의 테두리 부분을 클릭하여 마우스 커서가 ( ) 모양이 되면 다른 셀로 드래그하여 이동할 수 있습니다.

단축키로 이동하기

이동할 데이터를 블록으로 설정한 후에 Ctrl+X 키를 눌러 잘라냅니다. 다시 이동시킬 셀에서 Ctrl+V 키를 누르면 붙여넣기 됩니다.

> **따라하기** 바로 가기 메뉴를 사용하여 데이터 이동하기

데이터를 이동시키는 가장 일반적인 방법은 바로 가기 메뉴를 사용하는 것입니다.

1. 그림처럼 판매 분석 데이터 표를 만들고, 만들어진 표를 블록으로 지정합니다.

	A	B	C	D	E	F
1	1/4분기 판매 분석 데이터					
2						
3		1월	2월	3월	4월	
4	A지점	23	45	22	62	
5	B지점	25	85	35	60	
6	C지점	32	45	32	54	
7	D지점	62	30	35	42	
8						

마우스를 드래그하여 범위를 지정합니다.

2. 마우스 오른쪽 버튼을 클릭한 뒤에 **[잘라내기]**를 선택합니다.

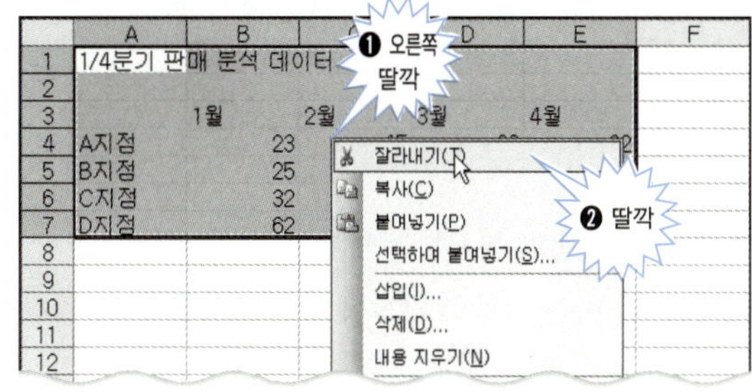

3. A9 셀을 선택하고 마우스 오른쪽 버튼을 클릭한 뒤에 **[붙여넣기]**를 선택합니다.

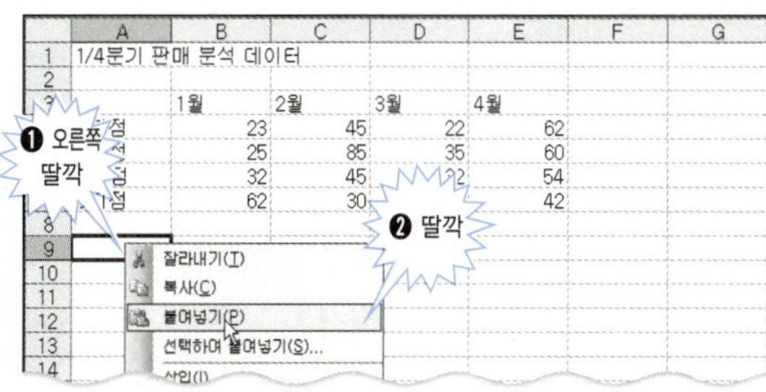

4. 블록으로 지정한 범위의 내용이 이동됩니다.

그림과 같이 데이터를 입력하고 마우스를 이용하여 이동시켜 보세요.

그림과 같이 데이터를 입력한 후에 A4 셀에서 B5 셀까지 범위를 지정하여 C2 셀로 이동시켜 보세요.

01-10 데이터 복사하기

데이터를 이동하는 방법과 복사하는 방법은 거의 비슷합니다. 하지만 실제 작업 도중에는 이동보다 복사를 하는 경우가 많으니 다음 내용들을 잘 익혀두어야 합니다.

바로 가기 메뉴 이용하기

복사할 데이터의 범위를 지정한 후에 마우스 오른쪽 버튼을 클릭하면 바로 가기 메뉴가 표시됩니다. 이 메뉴에서 **[복사]**를 선택한 후에 복사시킬 셀에서 다시 바로 가기 메뉴를 불러서 **[붙여넣기]**를 선택합니다.

도구 아이콘 이용하기

표준 도구 모음의 '복사' (📋)와 '붙여넣기' (📋▾) 아이콘을 이용합니다.

마우스로 복사하기

블록으로 지정된 범위를 복사하려면 Ctrl 키를 누른 상태에서 블록의 테두리 부분을 드래그&드롭합니다.

단축키로 복사하기

이동할 데이터를 블록으로 설정한 다음 Ctrl+C 키를 눌러 복사합니다. 다시 복사시킬 셀에서 Ctrl+V 키를 누르면 붙여넣기 됩니다.

따라하기 **바로 가기 메뉴를 사용하여 데이터 복사하기**

블록으로 지정된 내용을 원하는 곳으로 복사하는 가장 일반적인 방법은 바로 가기 메뉴를 이용하는 것입니다.

1. 데이터 범위를 선택하고 마우스의 오른쪽 버튼을 클릭한 뒤에 **[복사]**를 선택합니다.

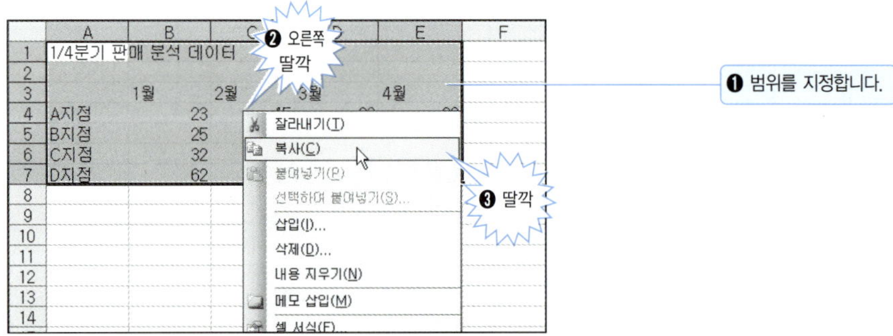

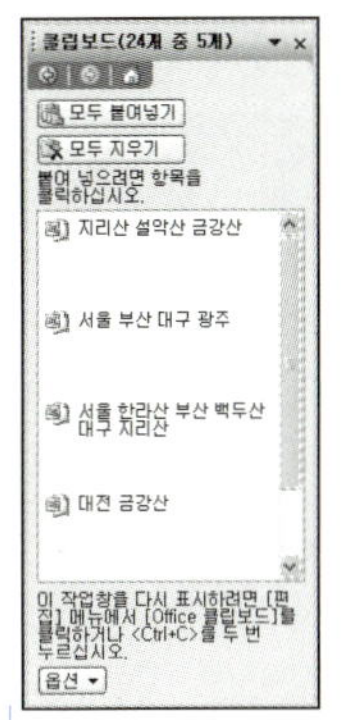

2. A9 셀을 선택하고 마우스 오른쪽 버튼을 클릭한 후에 **[붙여넣기]**를 선택합니다.

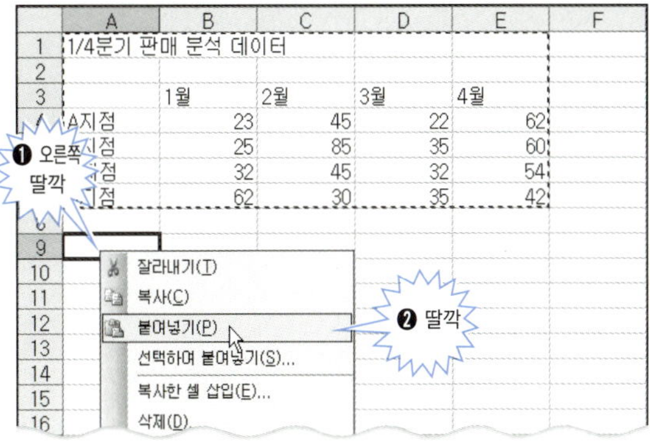

3. 블록으로 지정한 내용이 복사됩니다.

	A	B	C	D	E	F
1	1/4분기 판매 분석 데이터					
2						
3		1월	2월	3월	4월	
4	A지점	23	45	22	62	
5	B지점	25	85	35	60	
6	C지점	32	45	32	54	
7	D지점	62	30	35	42	
8						
9	1/4분기 판매 분석 데이터					
10						
11		1월	2월	3월	4월	
12	A지점	23	45	22	62	
13	B지점	25	85	35	60	
14	C지점	32	45	32	54	
15	D지점	62	30	35	42	
16						
17						

그림과 같이 데이터를 입력하고 A5 셀에 복사해 보세요.

	A	B	C	D	E	F
1						
2	기간	1/4분기	2/4분기	3/4분기	4/4분기	
3	판매량	200	300	250	350	
4						
5						
6						

그림과 같이 데이터를 입력하고 마우스를 드래그해서 복사해 보세요.

	A	B	C	D	F	F
1					D2:E6	
2	이름	전화번호				
3	김도연	334-3535				
4	최태희	255-6788				
5	옥수연	462-0938				
6	이아라	833-5733				
7						

01-11 엑셀 파일로 저장하기

작성한 문서를 다시 불러와서 사용할 수 있으려면 먼저 작성한 파일을 문서 형태로 저장해야 합니다. 엑셀 파일의 기본적인 확장자 이름은 '.xls' 입니다.

문서 저장하기

- **메뉴 이용하기** : [파일]-[저장] 선택
- **단축키 이용하기** : Ctrl + S
- **도구 모음 이용하기** : '저장' (🔲)아이콘 클릭

문서 저장 명령을 실행시키면 '다른 이름으로 저장' 대화상자가 화면에 표시됩니다. 저장할 폴더의 위치를 지정한 뒤에 '파일 이름' 을 입력하고 [저장] 버튼을 클릭합니다.

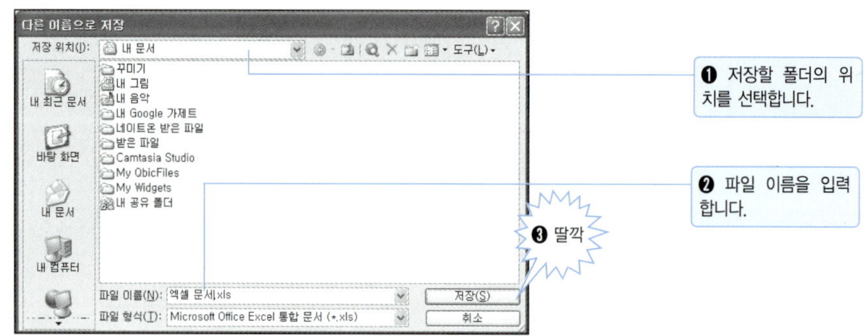

❶ 저장할 폴더의 위치를 선택합니다.

❷ 파일 이름을 입력합니다.

❸ 딸깍

저장 옵션

'다른 이름으로 저장' 대화상자에서 **[도구]-[저장 옵션]**을 선택하면 '저장 옵션' 대화상자가 표시됩니다. 이 대화상자를 이용하면 현재 문서의 백업 파일(복사본)을 만들거나 암호를 설정할 수 있습니다.

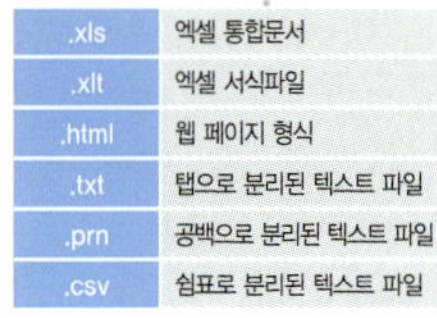

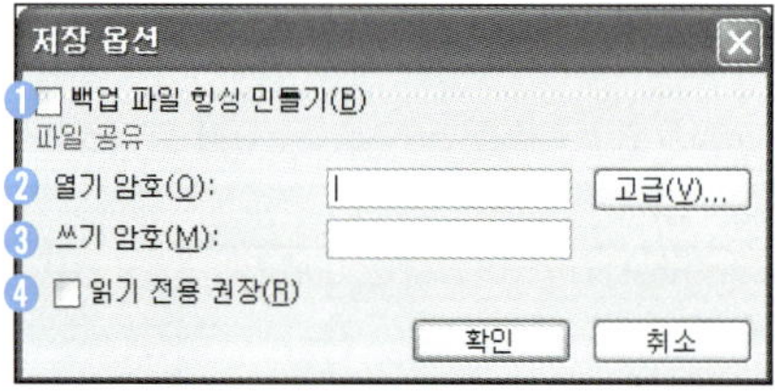

❶ **백업 파일 항상 만들기** : 문서를 저장할 때마다 복사본을 만들어 저장합니다.

❷ **열기 암호** : 암호를 모르면 문서를 열 수 없도록 지정하고 암호를 입력합니다.

❸ **쓰기 암호** : 암호를 모르면 문서 내용을 수정할 수 없도록 지정하고 암호를 입력합니다. 쓰기 암호만 지정되어 있을 경우 파일을 열어서 내용을 확인하는 것은 가능하도록 설정됩니다.

❹ **읽기 전용 권장** : 문서를 열 때 읽기 전용으로 연다는 대화상자를 표시합니다.

그림과 같이 데이터를 입력하고 '강의 시간표.xls' 파일로 저장해 보세요.

	A	B	C	D	E	F
1						
2	강의 시간표					
3						
4		화요일	수요일	목요일	금요일	
5	1교시	한글	홈페이지	파워포인트	엑셀	
6	2교시	엑셀	엑셀	한글	파워포인트	
7	3교시	파워포인트	한글	홈페이지	홈페이지	
8						

다른 이름으로 저장
이미 한 번 저장한 적이 있는 문서의 파일을 새로운 이름으로 저장해야 할 경우 [**파일**]-[**다른 이름으로 저장**] 메뉴를 선택합니다.

저장한 파일을 'table.xls' 파일로 이름을 바꾸어 저장해 보세요.

서식 파일로 저장하기

• 서식 파일은 일정한 형식과 스타일을 가진 통합 문서입니다.

• 엑셀에는 기본적으로 제공되는 서식 파일들이 있는데, 이를 활용하면 입력된 데이터를 수정하여 쉽게 문서를 만들 수 있습니다.

• 서식 파일은 사용자가 직접 만들어서 저장할 수도 있습니다. 작성한 문서를 저장할 때 파일 형식을 '서식 파일'(*.xlt)로 지정하면 됩니다.

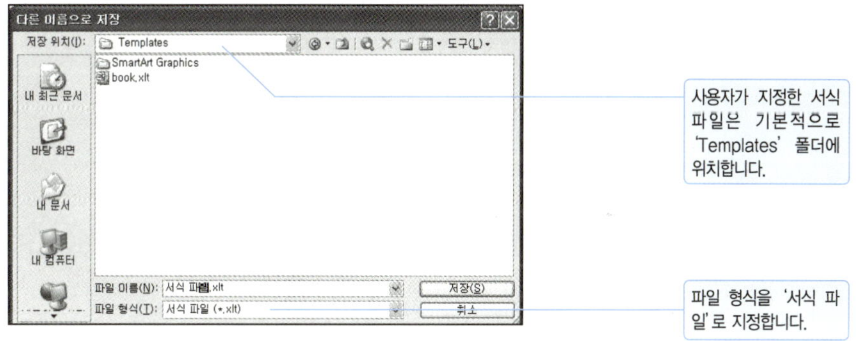

사용자가 지정한 서식 파일은 기본적으로 'Templates' 폴더에 위치합니다.

파일 형식을 '서식 파일'로 지정합니다.

• 서식 파일을 불러올 때는 [**파일**]-[**새로 만들기**]를 클릭한 후에 화면 오른쪽에 표시되는 '기존 통합 문서에서 새로 만들기'를 선택합니다.

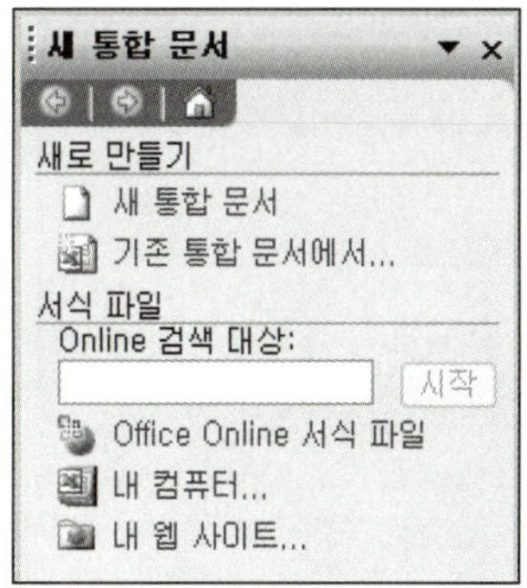

01-12 문서 열기와 문서 종료하기

저장한 파일을 닫은 다음 해당 파일을 불러오는 방법과 불러온 문서를 종료하는 방법에 대해 알아봅시다.

저장한 파일 열기

- **메뉴 이용하기** : [파일]–[열기] 선택
- **단축키 이용하기** : Ctrl + O
- **도구 모음 이용하기** : '열기'(📂) 아이콘 클릭

저장 명령을 실행하면 '열기' 대화상자가 화면에 표시됩니다. 불러오고자 하는 파일이 있는 폴더를 선택한 다음 불러올 파일을 더블클릭하거나, 파일을 클릭하고 **[열기]** 버튼을 클릭합니다.

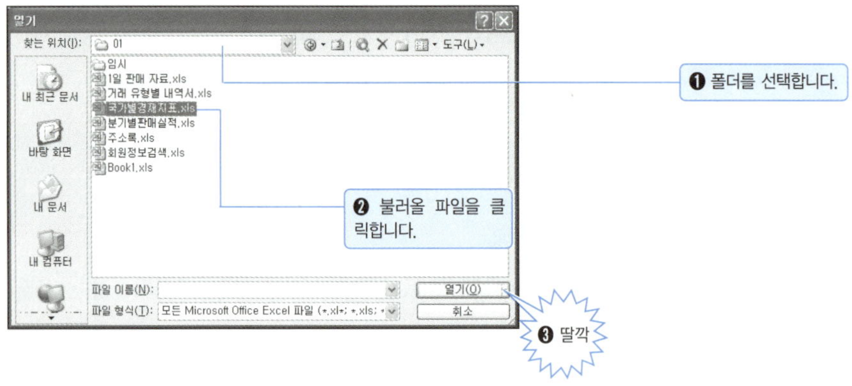

문서 종료하기

- **메뉴 이용하기** : [파일]–[닫기] 선택
- **단축키** : Ctrl + F4
- **메뉴 표시줄** : 오른쪽 끝에 있는 닫기 버튼(✕) 클릭

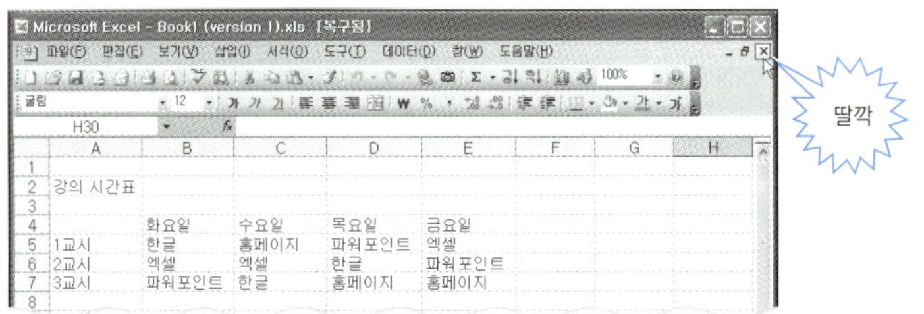

Self test

'table.xls' 파일을 불러온 후에 문서를 종료해 보세요.

주소록 만들기

이번에는 지금까지 배운 내용을 종합하여 간단한 내용의 주소록을 만들고 저장해 보겠습니다.

새 문서 준비하기

새로운 문서를 만들려면 작업중인 문서를 저장하거나 닫은 후에 새로운 통합문서를 준비해야 합니다.

작업중인 파일들을 모두 닫은 후에 표준 도구모음에 있는 '새로 만들기'(🗋) 아이콘을 클릭합니다.

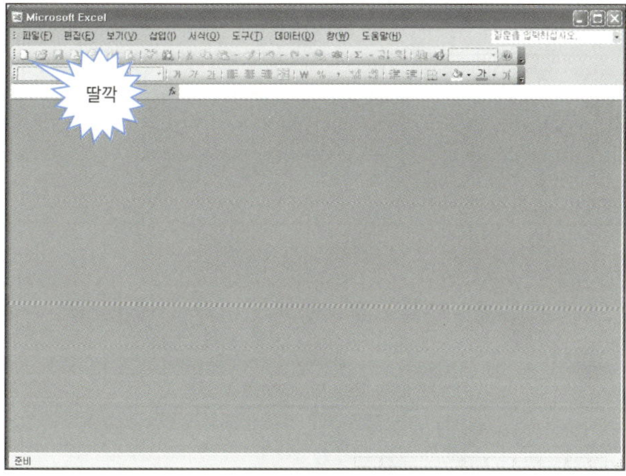

내용 입력하기

이제, 준비된 문서에 주소록을 작성해 봅시다. 아직 배우지 않은 내용이지만 글꼴과 맞춤 형식을 지정하는 방법도 함께 다루어 보겠습니다.

1. 그림처럼 각 셀에 해당하는 내용을 입력합니다.

	A	B	C	D	E	F	G
1	주 소 록						
2							
3	이 름	성 별	생년월일	전화	휴대폰	이메일	
4	강일용	남	1980-02-15	128-1234	010-128-1234	onedrg@y-media.com.com	
5	김삼순	여	1981-12-23	200-3000	010-200-3000	3soon@y-media.com.com	
6	나한일	남	1978-05-25	111-4321	010-111-4321	korone@y-media.com.com	
7	박금순	여	1986-09-08	115-1123	010-115-1123	goldsoon@y-media.com.com	
8	오춘자	여	1989-01-28	357-3321	010-357-3321	spring@y-media.com.com	
9	정용팔	남	1987-06-23	556-5656	010-556-5656	drgarm@y-media.com.com	
10	최삼식	남	1985-03-06	345-3524	010-345-3524	3sik@y-media.com.com	
11	한기철	남	1979-01-05	123-4567	010-123-4567	kichul@y-media.com.com	
12							

2. 내용 입력이 끝나면 [A1:F1] 셀을 블록으로 지정하고 도구 모음의 '병합하고 가운데 맞춤'(▦) 아이콘을 클릭하여 셀을 병합합니다. 글꼴은 '휴먼옛체'로 지정합니다.

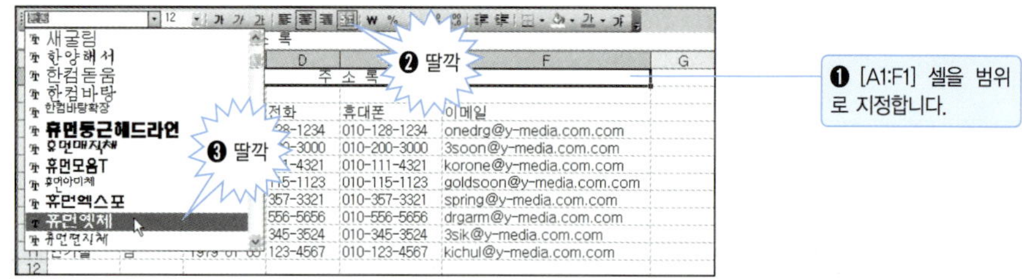

3. 글꼴 크기를 '20'으로 지정하고 '굵게'(가) 아이콘을 클릭합니다.

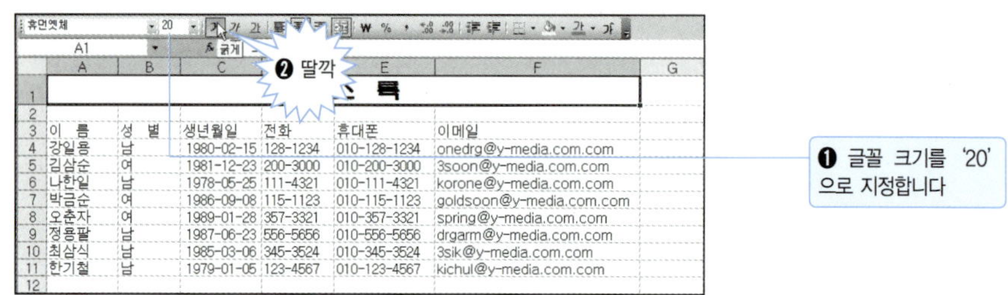

4. [A3:F11] 셀을 블록으로 지정하고 '가운데 맞춤'(▤) 아이콘을 클릭하여 주소록을 완성합니다.

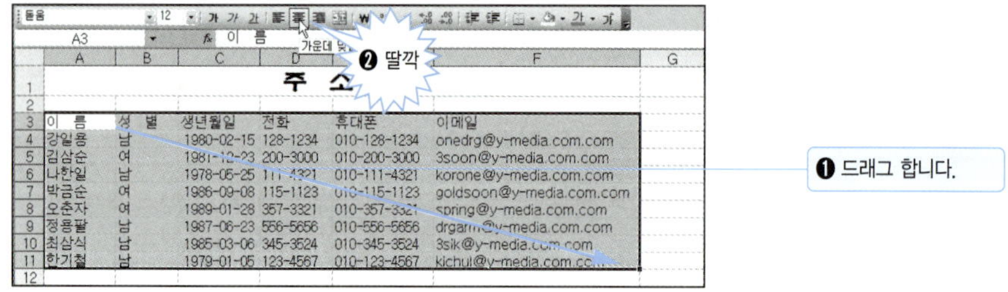

그룹별 주소록 만들기

이번에는 주소록의 내용을 복사해서 서로 다른 시트에 그룹별 주소록을 만들어 봅시다.

1. A13 셀에 "그룹 주소록 – 남자"라고 입력하고 '왼쪽 맞춤'(▤) 아이콘을 클릭합니다.

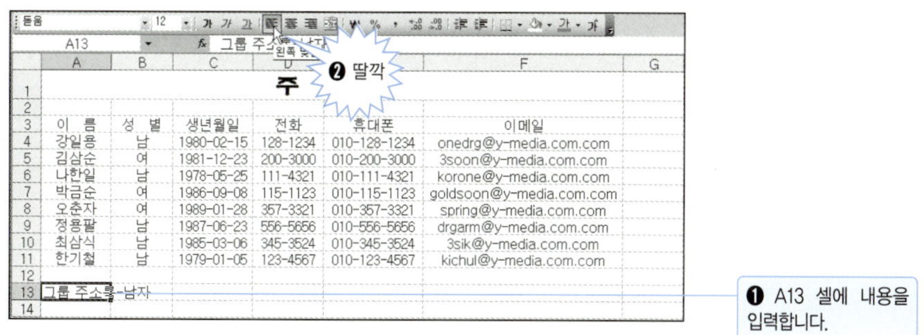

2. [A2:F3] 셀 범위를 블록으로 지정한 뒤에 14행으로 복사합니다.

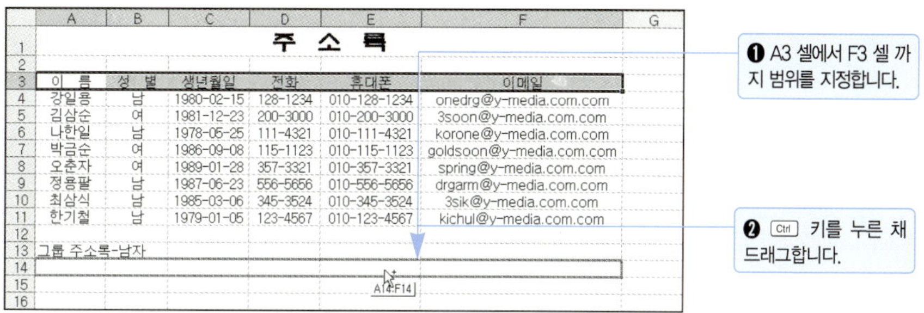

3. 첫 번째 남자 데이터가 입력되어 있는 [A4:F4] 셀 범위를 블록으로 지정합니다. Ctrl 키를 누른 채 [A7:F7] 범위를 드래그하여 블록에 추가합니다. 같은 방법으로 [A8:F11] 셀 범위를 드래그해서 블록에 추가하고 나서 바로 가기 메뉴의 **[복사]**를 선택합니다.

4. 이제, 블록으로 지정된 내용을 복사하기 위해 A15 셀을 선택한 후에 바로 가기 메뉴의 **[붙여넣기]**를 선택합니다.

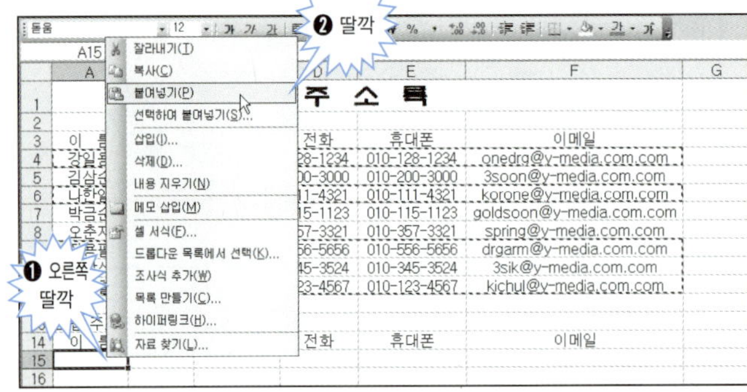

5. 블록으로 지정된 데이터들이 연결되어 복사되면 [A13:F13] 셀을 하나로 병합하고 글꼴을 지정합니다.

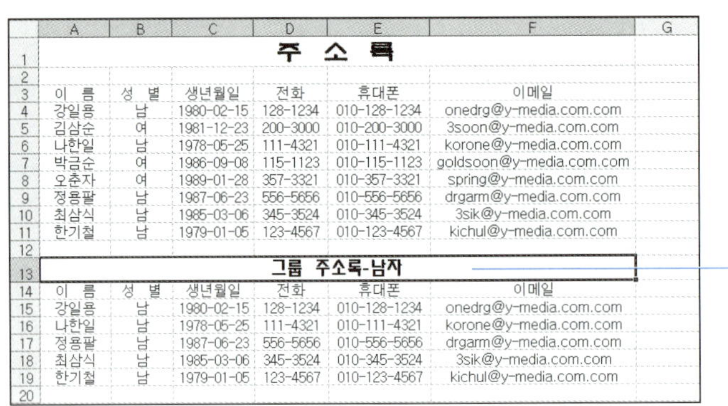

6. 주소록이 완성되면 '주소록.xls' 파일로 저장합니다.

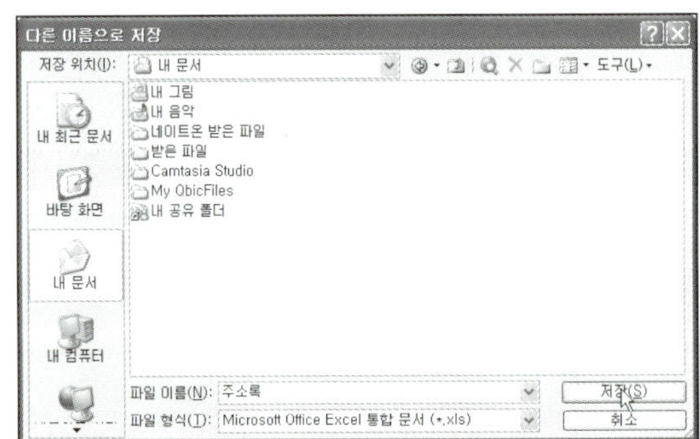

실무 활용 연습

EX 1 1일 판매 자료 만들기

	A	B	C	D	E	F
1			1일 판매자료			
2						
3	제품코드	수량	단가	판매금액	결재유형	
4	S1235	3	35,000	105,000	현금	
5	SD136	5	32,800	164,000	카드	
6	A0157	4	26,800	107,200	카드	
7	AX210	2	65,000	130,000	카드	
8	AX210	2	65,000	130,000	현금	
9	A0157	6	26,800	160,800	카드	
10	S1235	12	35,000	420,000	현금	
11	SD136	3	32,800	98,400	카드	
12	S1235	5	35,000	175,000	현금	
13	AX210	6	65,000	390,000	카드	
14	AX210	7	65,000	455,000	카드	
15						

[지시 사항]

❶ '새로 만들기' 기능을 이용해 새로운 문서를 준비하세요.
❷ 각 셀에 그림과 같이 내용을 입력하세요.
❸ A1 셀에서 E1 셀까지 '병합하고 가운데 맞춤'을 적용하세요.
❹ 제목 서식의 글꼴은 'HY 견고딕', 글자 크기는 '18', '굵게'로 적용하세요.
❺ '1일 판매 자료.xls' 파일로 문서를 저장하세요.

EX 2 거래 유형별 분석표 만들기

	A	B	C	D	E	F
1			거래 유형별 내역서			
2						
3	제품코드	수량	단가	판매금액	결재유형	
4	S1235	3	35,000	105,000	현금	
5	AX210	2	65,000	130,000	현금	
6	S1235	12	35,000	420,000	현금	
7	S1235	5	35,000	175,000	현금	
8						
9	제품코드	수량	단가	판매금액	결재유형	
10	SD136	5	32,800	164,000	카드	
11	A0157	4	26,800	107,200	카드	
12	AX210	2	65,000	130,000	카드	
13	A0157	6	26,800	160,800	카드	
14	SD136	3	32,800	98,400	카드	
15	AX210	6	65,000	390,000	카드	
16	AX210	7	65,000	455,000	카드	
17						

[지시 사항]

❶ 표의 제목을 '거래 유형별 내역서'로 고치세요.
❷ 이동과 복사 명령을 이용하여 거래 유형에 따라 '현금'과 '카드'로 데이터를 분리하세요.
❸ '거래 유형별 내역서.xls' 파일로 문서를 저장하세요.

EX 3 무역수지 기록표 만들기

	A	B	C	D	E	F	G
1			2007년 하반기 **일본의 무역수지 동향**				
2							
3					(억엔, 전년동기비)		
4		6月	7月	8月	9月	10月	
5	輸　出	44,305	43.968	40,685	44,507	46,548	
6	輸　入	32,085	36,472	34,264	33,960	37,527	
7	貿易指數	12,220	7,496	6,422	10,547	9,020	
8							

[지시 사항]

❶ 각 셀에 그림과 같이 데이터를 입력하세요.
❷ A1 셀에서 F1 셀까지 '병합하고 가운데 맞춤'을 설정하세요.
❸ 제목 서식은 글자 크기 '18', 글꼴은 '휴먼둥근헤드라인'으로 적용하세요.
❹ 제목에 윗주를 삽입하고, 윗주 서식은 글자 크기 '14', 글꼴은 'HY견고딕'으로 적용하세요.
❺ '수출'과 '수입', '무역수지'는 한자로 변환하세요.

EX 4 무역수지 동향분석표 만들기

[지시 사항]

❶ 제목을 '일본의 무역수지 동향'에서 '日本의 무역수지 동향분석'으로 바꾸세요.
❷ B5 셀에서 F7 셀 범위에 그림과 같이 줄 바꿈하여 전년 동기비를 입력하세요.
❸ 그림처럼 F4에서 F7 범위에 각 내용에 해당하는 메모를 삽입하세요.
❹ 삽입된 메모 내용이 항상 표시되도록 설정하세요.
❺ 메모 내용이 항상 표시되도록 만드세요.
❻ '일본의 무역.xls' 파일로 문서를 저장하세요.

02

기본 기능의 확장과 셀 다루기

엑셀은 사용자가 자신의 업무를 조금이라도 빠르고 효과적으로 처리할 수 있도록 돕는 다양한 편의 기능을 제공하고 있습니다. 이번 장에서는 앞서 배운 기능들을 좀 더 확장한 형태의 엑셀 기능들에 대해 알아봅니다. 또 문서를 편집하기 위해 기본적으로 알아 두어야 할 셀이나 행, 열 편집방법에 대해 살펴보겠습니다.

02-1	선택하여 붙여넣기	02-5	행/열 크기 설정하기
02-2	자동 채우기	02-6	행/열 숨기기와 표시하기
02-3	셀 삽입하기와 삭제하기	현상 실습	주간 계획표 만들기
02-4	행/열 삽입하기와 삭제하기	실무 활용 연습	

실습 예제 미리 보기 | 주간 계획표

셀의 삽입과 삭제, 행과 열의 너비 등을 조절하여 주간 계획표를 작성해 봅니다.

02-1 선택하여 붙여넣기

내용만 복사하기

Note

선택하여 붙여넣기
'선택하여 붙여넣기'는 '잘라내기'한 경우에는 사용할 수 없습니다. 이 기능은 '복사'를 실행한 경우에만 활성화 됩니다.
셀 전체를 복사하지 않고 서식이나 내용 등만 복사하고 싶을 경우 '선택하여 붙여넣기' 기능을 사용하면 좋습니다.

서식은 복사하지 않고 값만 붙여 넣는 방법에 대해 알아보기 위해 먼저 '친구들.xls' 파일을 불러와서 다음 순서대로 따라합니다.

1. 복사할 데이터 범위를 블록으로 지정하고 바로 가기 메뉴에서 **[복사]**를 선택합니다.

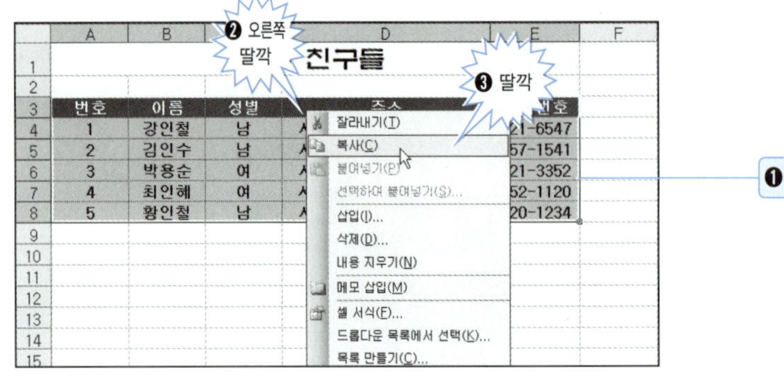

2. A11 셀을 선택한 후에 바로 가기 메뉴에서 **[선택하여 붙여넣기]**를 선택합니다

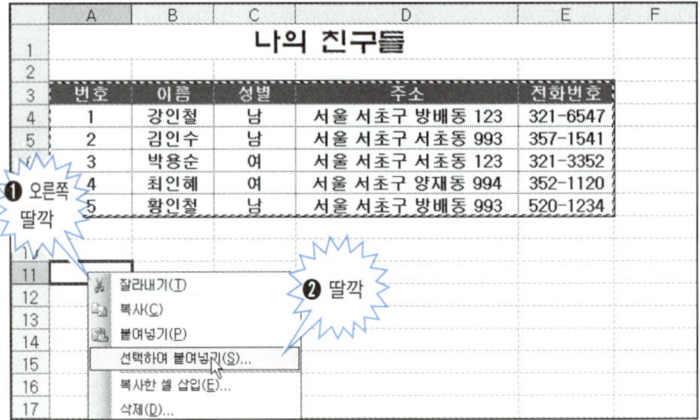

Note

붙여넣기 옵션
셀의 내용을 복사하면 셀의 오른쪽에 붙여넣기 옵션 아이콘이 표시됩니다. 이 아이콘을 클릭하면 '선택하여 붙여넣기'와 비슷한 기능을 실행할 수 있습니다.

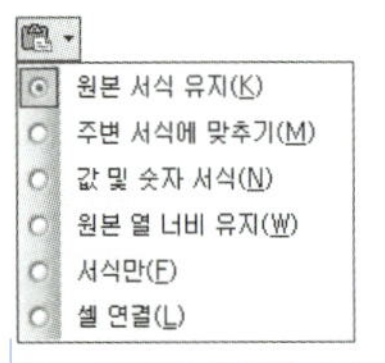

3. '선택하여 붙여넣기' 대화상자에서 '값' 옵션을 선택한 후에 **[확인]** 버튼을 클릭합니다.

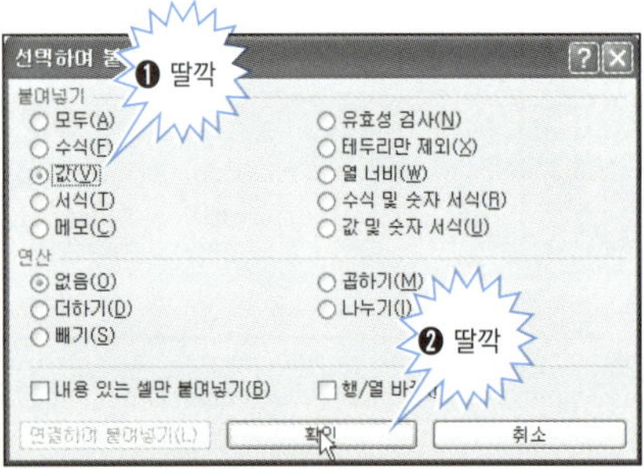

4. 원본과 내용은 같으나 서식은 서로 다른 복사본이 만들어 지는 것을 확인할 수 있습니다.

	A	B	C	D	E	F
1			나의 친구들			
2						
3	번호	이름	성별	주소	전화번호	
4	1	강인철	남	서울 서초구 방배동 123	321-6547	
5	2	김인수	남	서울 서초구 서초동 993	357-1541	
6	3	박용순	여	서울 서초구 서초동 123	321-3352	
7	4	최인혜	여	서울 서초구 양재동 994	352-1120	
8	5	황인철	남	서울 서초구 방배동 993	520-1234	
9						
10						
11	번호	이름	성별	주소	전화번호	
12	1	강인철	남	서울 서초구 방배동 123	321-6547	
13	2	김인수	남	서울 서초구 서초동 993	357-1541	
14	3	박용순	여	서울 서초구 서초동 123	321-3352	
15	4	최인혜	여	서울 서초구 양재동 994	352-1120	
16	5	황인철	남	서울 서초구 방배동 993	520-1234	
17						

'선택하여 붙여넣기' 대화상자의 옵션

❶ **모두** : 원본과 똑같이 복사됩니다.

❷ **수식** : 원본의 수식만 복사됩니다.

❸ **값** : 원본 셀의 내용이 수식인 경우 수식의 결과 값만 복사됩니다.

❹ **서식** : 원본의 서식만 복사됩니다.

❺ **메모** : 원본의 메모 내용만 복사됩니다.

❻ **유효성 검사** : 원본에 유효성 검사가 연결되어 있을 경우, 유효성 검사 속성만 복사됩니다.

❼ **테두리만 제외** : 원본의 테두리만 제외하고 모든 속성과 내용을 복사됩니다.

❽ **열 너비** : 원본과 열 너비만 같아지도록 설정됩니다.

❾ **수식 및 숫자 서식** : 수식과 숫자 데이터에 적용된 서식만 복사됩니다.

❿ **값 및 숫자 서식** : 값과 숫자 데이터에 적용된 서식만 복사됩니다.

⓫ **연산** : 복사한 데이터와 붙여넣기 할 위치에 있는 데이터를 지정한 연산자로 계산한 결과 값이 복사됩니다.

⓬ **내용 있는 셀만 붙여넣기** : 원본 데이터의 공백 부분이 붙여질 자리는 채우지 않고 복사됩니다.

⓭ **행/열 바꿈** : 원본 데이터의 행과 열의 방향이 바뀌어 복사됩니다.

⓮ **연결하여 붙여넣기** : 원본 데이터가 불연속적인 범위일 경우, 연결해서 붙여넣습니다. 만약, 원본 데이터에 공백이 있으면 공백 대신 '0'이 채워집니다.

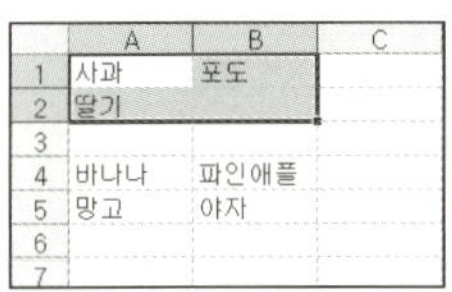

그림과 같이 내용을 입력한 뒤에 [A2:A8] 범위의 내용을 [C2:C8] 범위에 '내용 있는 셀만 붙여넣기'
해 보세요.

	A	B	C	D
1				
2	빨강		월요일	
3	주황		화요일	
4	노랑			
5	초록			
6	파랑			
7	남색		토요일	
8	보라		일요일	
9				

그림처럼 내용을 입력한 뒤에 [A2:A11] 셀의 값이 [C2:C11] 셀의 값에 더해지도록 선택하여 붙여넣기
를 해 보세요.

	A	B	C	D
1				
2	1		10	
3	2		9	
4	3		8	
5	4		7	
6	5		6	
7	6		5	
8	7		4	
9	8		3	
10	9		2	
11	10		1	
12				

02-2 자동 채우기

자동 채우기는 엑셀의 중요한 기능 중에 하나입니다. 이 기능을 이용하면 연속성을 가지는 데이터의 일부만 입력하면 나머지 내용을 자동으로 입력할 수 있습니다.

따라하기   **채우기 핸들로 데이터 입력하기**

1. 그림처럼 데이터를 입력한 후에 채우기 핸들에 마우스 포인터를 위치시킵니다.

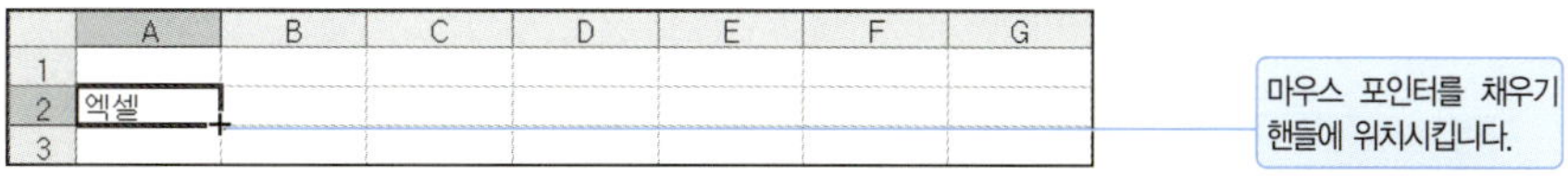

마우스 포인터를 채우기 핸들에 위치시킵니다.

2. 채우기 핸들을 F2 셀까지 드래그 & 드롭합니다.

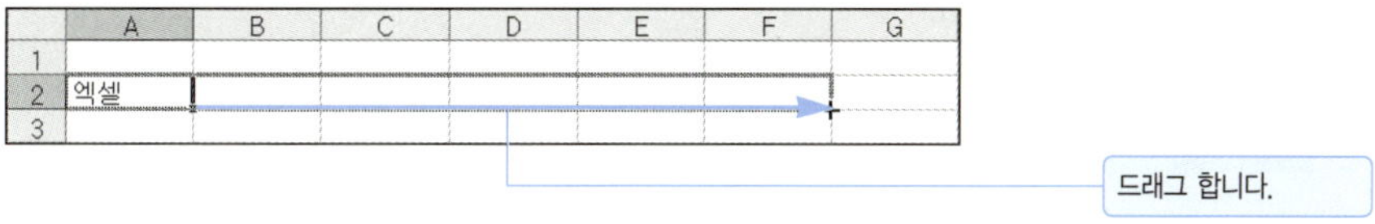

드래그 합니다.

3. 데이터들이 자동으로 복사되는 것을 확인할 수 있습니다.

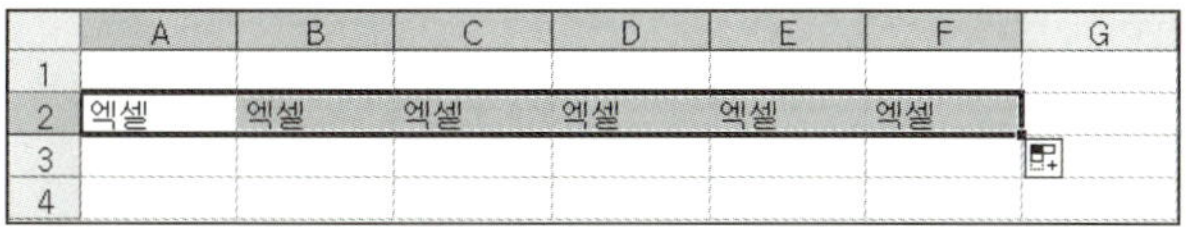

문자 데이터의 자동 채우기

- 문자 데이터를 입력하고 채우기 핸들을 드래그하면 같은 데이터가 입력됩니다.
- 또한 두 개의 셀에 입력된 문자 데이터를 선택하여 드래그하면 두 셀의 문자열이 교대로 입력됩니다.

Self test

그림처럼 A2와 B2 셀에 내용을 입력하고 자동 채우기를 실행해 보세요.

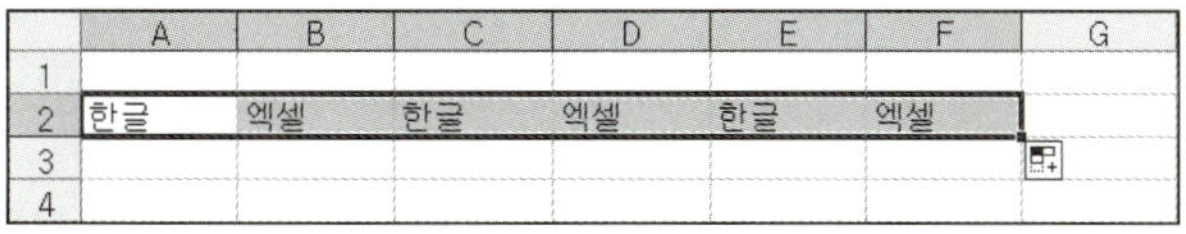

Note

채우기 핸들

채우기 핸들이란 셀 포인터의 오른쪽 아래 모서리에 있는 작은 사각형을 말합니다. 만약 채우기 핸들이 화면에 표시되지 않는다면 [도구]–[옵션] 메뉴를 선택한 뒤에 [편집] 탭에 있는 '셀 끌어서 놓기 허용' 옵션을 선택하면 됩니다.

숫자 데이터의 자동 채우기

숫자만으로 구성된 데이터의 경우에는 다음과 같은 규칙에 의해서 자동 채우기 됩니다.

- 숫자 데이터가 입력된 셀의 채우기 핸들을 드래그 & 드롭하면 드래그 & 드롭한 범위에 원본의 수치 데이터가 복사됩니다.
- 숫자 데이터가 입력된 셀의 채우기 핸들을 [Ctrl] 키를 누른 채로 드래그 & 드롭하면 드래그 & 드롭한 범위에 값이 1씩 증가하면서 자동으로 채워집니다.
- 증가 값을 가지는 숫자 데이터가 입력된 둘 이상의 셀을 블록으로 지정한 뒤에 채우기 핸들을 드래그 & 드롭하면 자동으로 값들이 지정한 데이터의 차이만큼 증가하면서 채워집니다.

그림과 같이 같은 값을 갖는 숫자를 자동으로 채워보세요.

	A	B	C	D	E	F	G
1							
2	5	5	5	5	5	5	
3							

그림과 같이 1씩 증가하도록 자동 채우기를 실행해 보세요.

	A	B	C	D	E	F	G
1							
2	5	5	5	5	5	5	
3							
4	5	6	7	8	9	10	
5							
6							

그림과 같이 5씩 증가하도록 자동 채우기를 실행해 보세요.

	A	B	C	D	E	F	G
1							
2	5	5	5	5	5	5	
3							
4	5	6	7	8	9	10	
5							
6	5	10	15	20	25	30	
7							
8							

숫자와 문자가 조합된 데이터의 자동 채우기

숫자와 문자가 조합된 데이터는 숫자만으로 구성된 데이터와는 다른 조건에 의해서 자동 채우기 됩니다.

- 입력된 셀의 채우기 핸들을 드래그 & 드롭하면 문자는 그대로 입력되고 숫자는 1씩 증가하면서 자동으로 채워집니다.
- [Ctrl] 키를 누른 상태에서 데이터가 입력된 셀의 채우기 핸들을 드래그 & 드롭하면 원본 데이터가 복사됩니다.

• 문자와 숫자(증가 값을 가지는)가 혼합된 두 셀의 범위를 지정하고 채우기 핸들을 드래그 & 드롭하면 숫자 데이터는 지정된 차이만큼 증가하면서 채워지고 문자 데이터는 그대로 복사됩니다.

그림처럼 숫자와 문자가 혼합된 데이터를 입력하고 자동 채우기를 실행해 보세요.

	A	B	C	D	E	F	G
1							
2	1반	2반	3반	4반	5반	6반	
3							
4	1학년 1반	1학년 2반	1학년 3반	1학년 4반	1학년 5반	1학년 6반	
5							
6							

그림처럼 두 개의 셀에 숫자와 문자의 혼합 데이터를 입력한 후에 자동 채우기를 실행해 보세요.

	A	B	C	D	E	F	G
1							
2	1회	3회	5회	7회	9회	11회	
3							
4							

사용자 지정 목록 자동 채우기

사용자 지정 목록에 등록된 문자 데이터를 입력하고 채우기 핸들을 드래그 & 드롭하면 사용자 지정 목록에 등록된 순서대로 데이터가 자동으로 채워집니다.

그림과 같이 [A2:A5] 범위에 사용자 지정 목록 데이터의 일부를 입력한 후에 G 열까지 자동 채우기를 실행해 보세요.

	A	B	C	D	E	F	G
1							
2	갑	을	병	정	무	기	
3	월요일	화요일	수요일	목요일	금요일	토요일	
4	1월	2월	3월	4월	5월	6월	
5	1사분기	2사분기	3사분기	4사분기	1사분기	2사분기	
6							
7							

날짜 데이터 자동 채우기

• 날짜 데이터를 입력하고 채우기 핸들을 드래그하면 데이터가 1일씩 증가하면서 채워집니다.
• 두 셀에 날짜 데이터를 입력하고 자동 채우기를 실행하면 두 셀의 차이만큼 연, 월, 일 단위로 자동 채우기 됩니다.

그림과 같이 날짜 데이터를 입력하고 자동 채우기를 실행해 보세요.

	A	B	C	D	E	F	G
1							
2	2000년	2001년	2002년	2003년	2004년	2005년	
3							
4	1월 1일	1월 2일	1월 3일	1월 4일	1월 5일	1월 6일	
5							
6	12월 01일	12월 02일	12월 03일	12월 04일	12월 05일	12월 06일	
7							

02-3 셀 삽입하기와 삭제하기

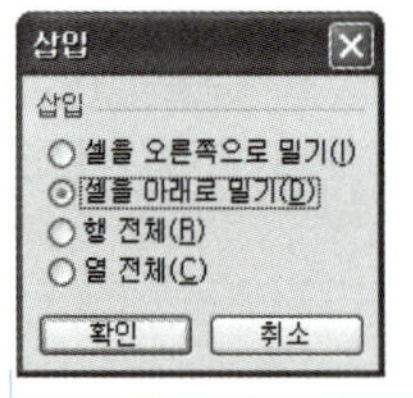

셀 삽입하기

- **메뉴 이용하기** : [삽입]−[셀]을 선택하거나 바로 가기 메뉴의 [삽입]을 선택한 후에 '삽입' 대화상자가 나타나면 셀을 삽입할 방향을 선택합니다.
- **단축키** : Ctrl + +
- **채우기 핸들 이용하기** : 셀 범위를 지정한 후에 Shift 키를 누른 채로 채우기 핸들을 오른쪽이나 아래쪽으로 드래그합니다.

그림처럼 아래쪽으로 밀려나도록 셀을 삽입해 보세요.

	A	B	C	D
1				
2	이름	직위	급여	
3	박문수	부장	320	
4	김삿갓	과장	250	
5	홍길동	대리	200	
6		사원	180	
7				

	A	B	C	D
1				
2	이름	직위	급여	
3		부장	320	
4	박문수	과장	250	
5	김삿갓	대리	200	
6	홍길동	사원	180	
7				

채우기 핸들을 이용하여 그림과 같이 셀을 삽입해 보세요.

	A	B	C	D	E
1					
2	이름	직위	급여		
3		부장		320	
4	박문수	과장		250	
5	김삿갓	대리	200		
6	홍길동	사원	180		
7					

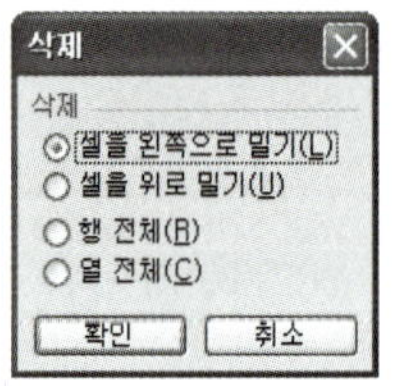

셀 삭제하기

- **메뉴 이용하기** : [편집]−[삭제] 메뉴를 선택하거나 바로 가기 메뉴의 [삭제]를 선택합니다. 이때 화면에 표시되는 '삭제' 대화상자에서 삭제될 방향을 선택합니다.
- **단축키** : Ctrl + −
- **채우기 핸들 이용하기** : 셀 범위를 지정한 후에 Shift 키를 누른 채로 채우기 핸들을 왼쪽이나 위쪽으로 드래그합니다.

채우기 핸들을 이용하여 삽입한 셀을 삭제한 후에 [A3:C3] 범위를 삭제해 보세요.

	A	B	C	D
1				
2	이름	직위	급여	
3		부장	320	
4	박문수	과장	250	
5	김삿갓	대리	200	
6	홍길동	사원	180	
7				

	A	B	C	D
1				
2	이름	직위	급여	
3	박문수	부장	320	
4	김삿갓	과장	250	
5	홍길동	대리	200	
6		사원	180	
7				

02-4 행/열 삽입하기와 삭제하기

Note

[삽입]–[셀] 메뉴를 선택한 후에 '삽입' 대화상자에서 '행 전체'나 '열 전체'를 선택해도 행이나 열을 삽입할 수 있습니다.

행과 열 삽입하기

- **메뉴 이용하기** : **[삽입]** 메뉴에서 **[행]**이나 **[열]**을 선택합니다. 또는 바로 가기 메뉴에서 **[삽입]**을 선택합니다. 이때, 행은 선택한 셀의 아래쪽에 열은 오른쪽에 삽입됩니다.
- **단축키** : 행이나 열 머리글을 선택하고 Ctrl++ 키를 누릅니다.
- **채우기 핸들** : 행이나 열 머리글을 선택하고 Shift 키를 누른 상태에서 삽입할 행이나 열만큼 드래그합니다.

Self test

그림과 같이 내용을 입력한 후에 열을 삽입하고 데이터를 입력해 보세요.

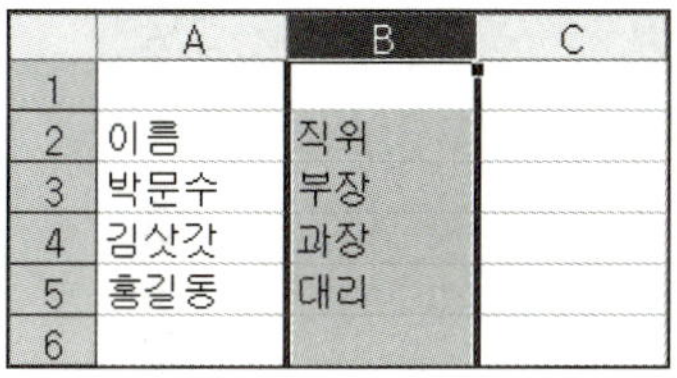

	A	B	C
1			
2	이름	직위	
3	박문수	부장	
4	김삿갓	과장	
5	홍길동	대리	
6			

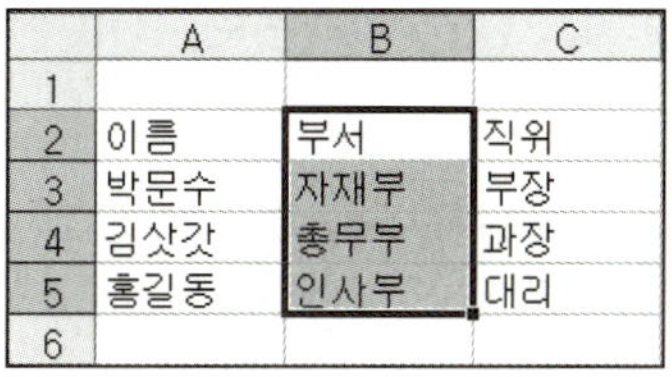

	A	B	C
1			
2	이름	부서	직위
3	박문수	자재부	부장
4	김삿갓	총무부	과장
5	홍길동	인사부	대리
6			

Self test

앞서 입력한 데이터에 행을 삽입한 후에 그림처럼 내용을 추가해 보세요.

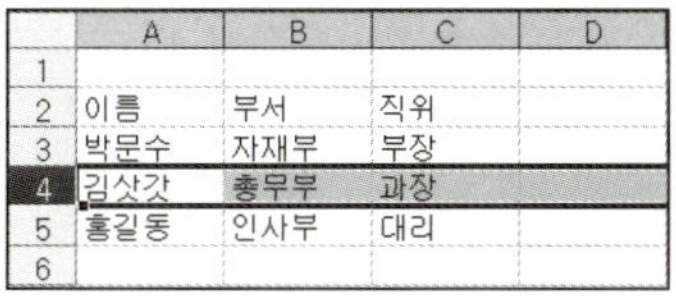

	A	B	C	D
1				
2	이름	부서	직위	
3	박문수	자재부	부장	
4	김삿갓	총무부	과장	
5	홍길동	인사부	대리	
6				

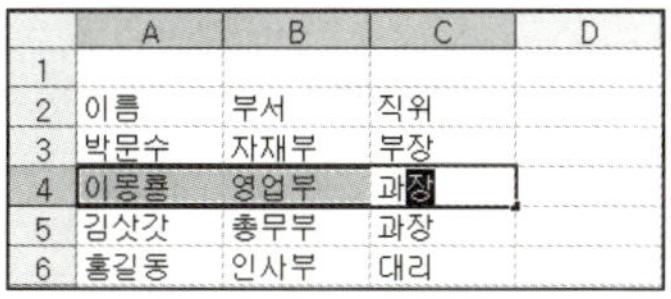

	A	B	C	D
1				
2	이름	부서	직위	
3	박문수	자재부	부장	
4	이몽룡	영업부	과장	
5	김삿갓	총무부	과장	
6	홍길동	인사부	대리	

행과 열 삭제하기

Note

[편집]–[삭제] 메뉴를 선택한 후에 '삭제' 대화상자에서 '행 전체'나 '열 전체'를 선택해도 원하는 행이나 열을 삭제할 수 있습니다.

- **메뉴 이용하기** : 삭제할 행이나 열 머리글을 선택한 후에 **[편집]–[삭제]** 메뉴를 선택하거나 바로 가기 메뉴에서 **[삭제]**를 선택합니다.
- **단축키** : 행이나 열 머리글을 선택한 후에 Ctrl+- 키를 누릅니다.
- **채우기 핸들** : 삭제할 열 머리글을 선택하고 Shift 키를 누른 상태에서 삭제할 행이나 열만큼 드래그합니다.

Self test

삽입했던 행과 열을 삭제하여 원래 상태로 만들어 보세요.

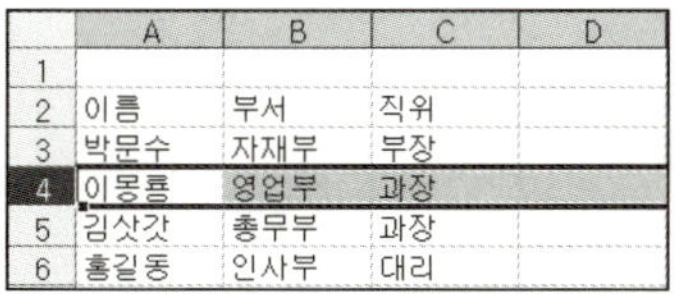

	A	B	C	D
1				
2	이름	부서	직위	
3	박문수	자재부	부장	
4	이몽룡	영업부	과장	
5	김삿갓	총무부	과장	
6	홍길동	인사부	대리	

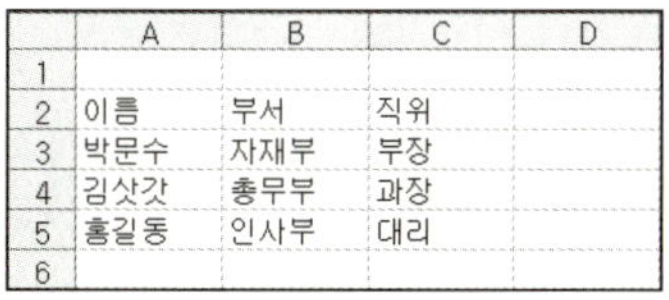

	A	B	C	D
1				
2	이름	부서	직위	
3	박문수	자재부	부장	
4	김삿갓	총무부	과장	
5	홍길동	인사부	대리	
6				

02-5 행/열 크기 설정하기

행 높이 변경하기

- 행의 높이는 셀에 입력된 글꼴 중 가장 큰 글꼴의 크기에 맞추어 자동으로 변경됩니다.
- 여러 개의 행 머리글을 선택하여 동일한 높이로 조절할 수 있습니다.
- 높이를 변경할 셀을 선택한 후에 **[서식]-[행]-[높이]** 메뉴를 선택하거나 행 머리글에서 바로 가기 메뉴의 **[행 높이]**를 선택하면 포인트 단위로 행의 높이를 조절할 수 있습니다.

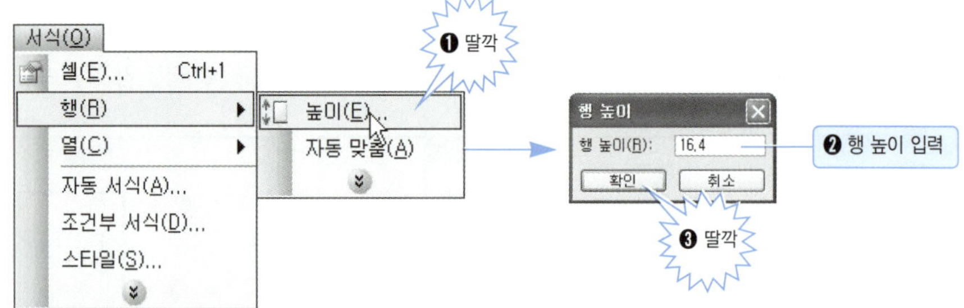

Self test

그림과 같이 마우스를 드래그하여 1~4 행의 높이를 20.25 포인트 정도로 변경해 보세요.

Self test

2행의 높이를 40 포인트로 변경해 보세요.

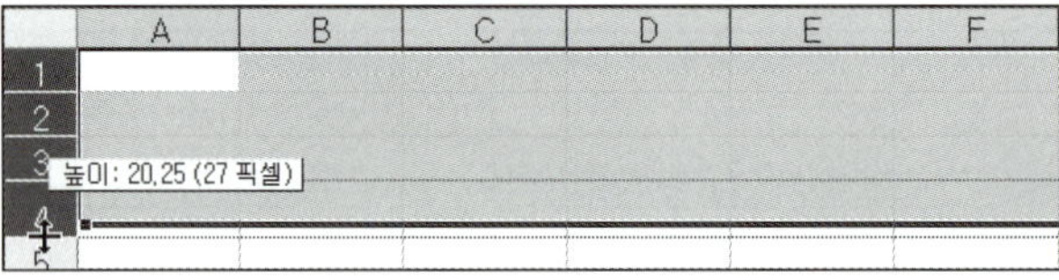

Self test

마우스를 이용하여 1행과 3 행의 높이를 36 포인트로 변경해 보세요.

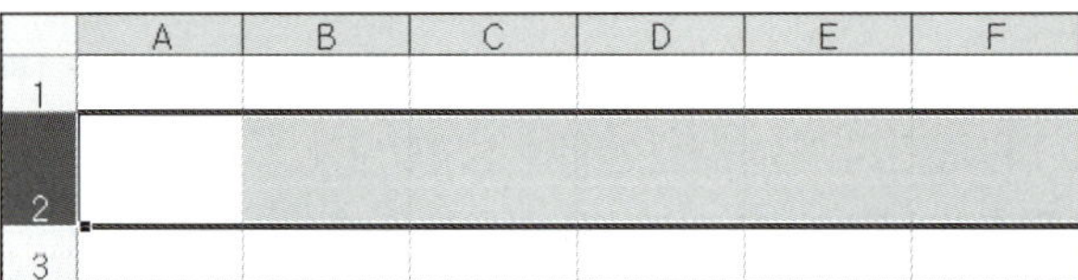

열 너비 변경하기

- 여러 개의 열 머리글을 선택하여 동일한 너비로 조절할 수 있습니다.

- 너비를 변경할 셀을 선택하고 **[서식]-[열]-[너비]**를 클릭하거나 열 머리글에서 바로 가기 메뉴의 **[열 너비]**를 선택하면 포인트 단위로 열의 너비를 변경할 수 있습니다.

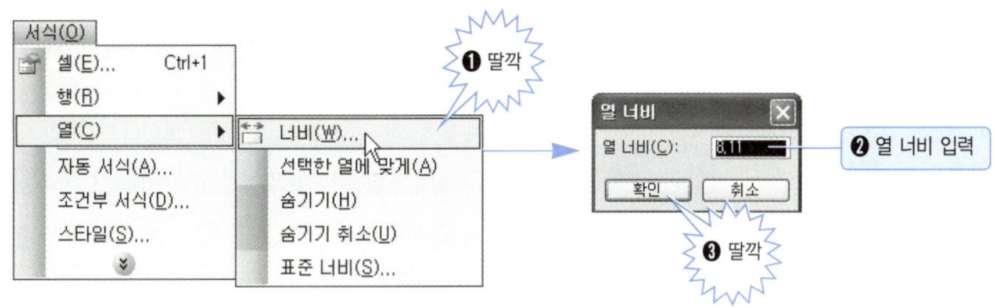

그림처럼 여러 열을 선택하여 같은 너비로 조절해 보세요.

B열의 너비를 20으로 변경해 보세요.

그림과 같이 내용을 입력한 뒤에 가장 긴 데이터에 맞춰지도록 열 너비를 변경해 보세요.

	A	B	C
1	엑셀		
2	자동 채우기		
3	행과 열의 높이/너비 변경하기		
4	복사하기와 이동하기		
5			
6			

02-6 행/열 숨기기와 표시하기

행과 열 숨기기

작업을 불편하게 하거나 남들이 보아선 안 되는 데이터가 입력되어 있는 행이나 다음 방법을 이용하여 화면에서 숨길 수 있습니다.

	행 숨기기	열 숨기기
메뉴	[서식]–[행]–[숨기기] 또는, [서식]–[행]–[높이] 선택 후 값을 '0'으로 지정	[서식]–[열]–[숨기기] 또는, [서식]–[열]–[너비] 선택 후 값을 '0'으로 지정
바로 가기 메뉴	행/열 머리글에서 마우스 오른쪽 버튼을 클릭하여 [숨기기] 선택	
마우스	행/열 머리글 경계선에서 높이/너비가 '0'이 되도록 드래그	

Self test

그림과 같이 B열이 표시되지 않도록 숨겨보세요.

	A	B	C	D
1				
2	이름	부서	직급	
3	강감찬	영업부	대리	
4	김유신	총무부	과장	
5	연개소문	관리부	부장	
6				

→

	A	C	D	E
1				
2	이름	직급		
3	강감찬	대리		
4	김유신	과장		
5	연개소문	부장		
6				

Self test

숨겨진 열을 다시 화면에 표시하고 이번에는 4 행을 숨겨보세요.

	A	B	C	D
1				
2	이름	부서	직급	
3	강감찬	영업부	대리	
4	김유신	총무부	과장	
5	연개소문	관리부	부장	
6				

→

	A	B	C	D
1				
2	이름	부서	직급	
3	강감찬	영업부	대리	
5	연개소문	관리부	부장	
6				
7				

Self test

숨겨진 행을 다시 표시하고 3행과 5행을 한 번에 숨겨보세요.

	A	B	C	D
1				
2	이름	부서	직급	
3	강감찬	영업부	대리	
4	김유신	총무부	과장	
5	연개소문	관리부	부장	
6				

→

	A	B	C	D
1				
2	이름	부서	직급	
4	김유신	총무부	과장	
6				
7				
8				

주간 계획표 만들기

이제, 지금까지 배운 기능들을 이용하여 주간 계획표를 만들어 봅시다.

요일 입력

엑셀의 자동 채우기 기능을 이용하여 요일을 입력해 봅니다.

1. 그림처럼 제목을 입력한 후에 [A1:G1] 범위에 '병합하고 가운데 맞춤' 을 적용하고, '휴먼옛체' 글꼴과 '24' 로 글자 크기를 지정합니다.

2. A 열의 너비를 '7.56' 으로 지정하고 B~G 열의 너비는 '11.5' 로 지정합니다.

3. 2~22 행의 높이 값을 '16' 으로 지정합니다.

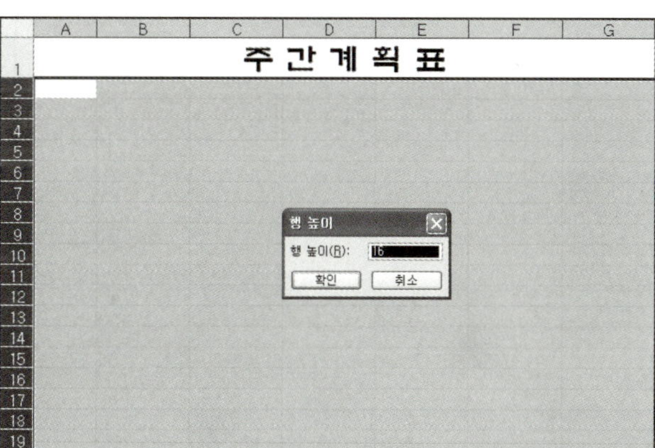

4. 2~22 행이 블록으로 선택되어 있는 상태에서 글꼴을 '굴림' 으로 지정합니다.

5. B3 셀에 '월요일' 을 입력한 후에 적당한 글꼴 서식을 지정합니다. B3 셀을 선택하고 채우기 핸들을 G3 셀까지 드래그 & 드롭합니다.

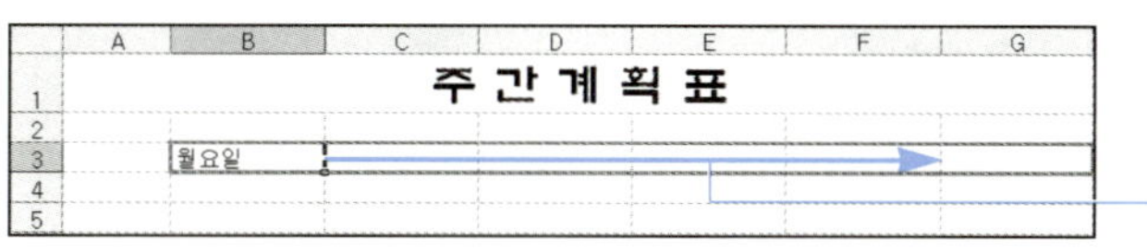

6. 한 주간의 요일이 자동으로 채워집니다.

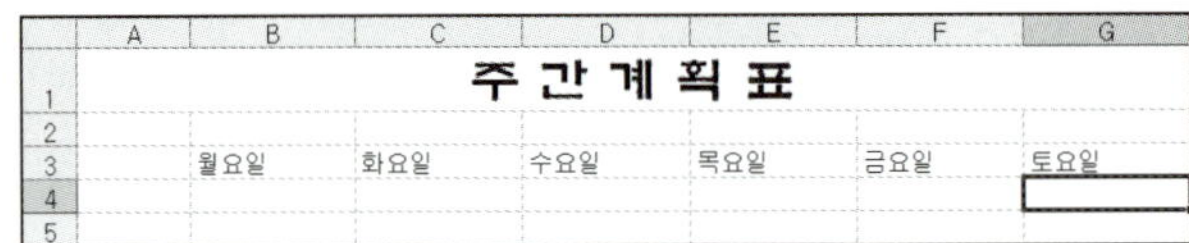

시간 입력

자동 채우기를 이용하여 30분 단위로 시간을 채우는 방법에 대해 알아봅시다.

1. A4와 A5 셀에 각각 '9:00'과 '9:30'을 입력하고 적당한 글꼴 서식을 지정합니다(굴림, 12포인트, 굵게).

2. [A4:A5] 범위를 블록으로 지정한 후에 채우기 핸들을 A22 셀까지 드래그하면 9시를 기준으로 30분씩 증가하는 시간표가 만들어집니다.

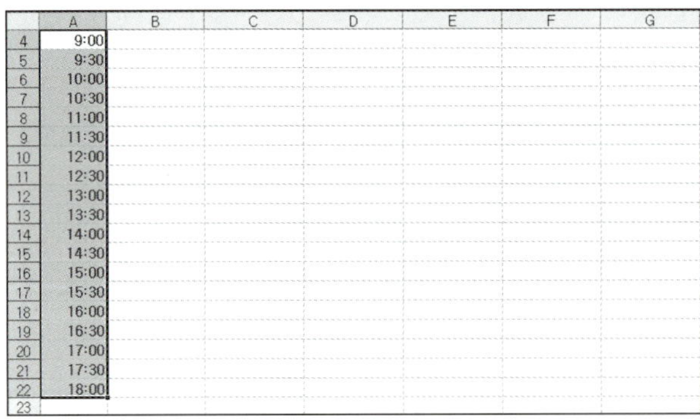

3. [A3:G22] 범위를 블록으로 지정한 후에 바로 가기 메뉴의 **[셀 서식]**을 선택합니다.

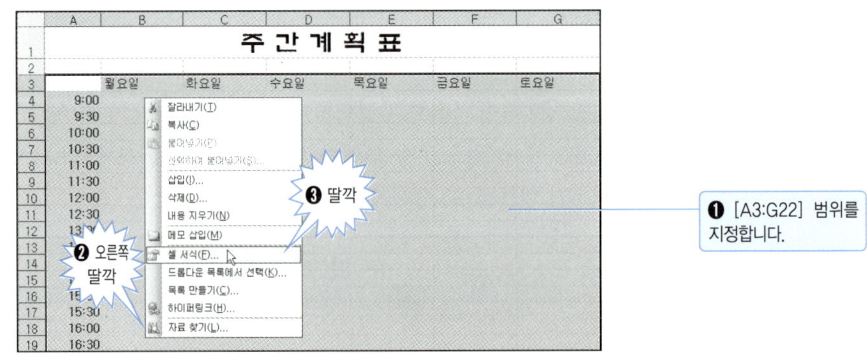

4. 테두리 탭에서 그림과 같이 테두리의 모양을 지정한 후에 **[확인]** 버튼을 클릭합니다.

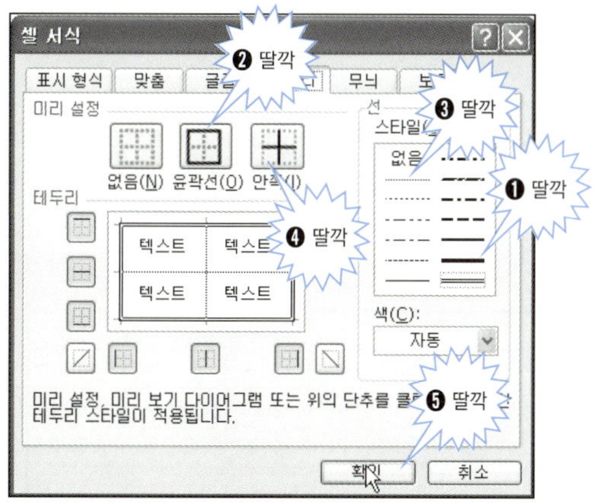

5. 테두리가 표시되면 [B3:G3]와 [A4:A22], [A10:A11], [B10:G11] 범위를 순서대로 선택하고 F4 키를 눌러 경계선 부분을 강조해 줍니다.

	A	B	C	D	E	F	G
1			**주 간 계 획 표**				
2							
3		월요일	화요일	수요일	목요일	금요일	토요일
4	9:00						
5	9:30						
6	10:00						
7	10:30						
8	11:00						
9	11:30						
10	12:00						
11	12:30						
12	13:00						
13	13:30						
14	14:00						
15	14:30						
16	15:00						
17	15:30						
18	16:00						
19	16:30						

6. [B3:G22] 범위를 블록으로 지정한 후에 '가운데 맞춤' (≡) 아이콘을 클릭합니다.

7. [A4:A22] 범위를 블록으로 지정한 후에 '들여쓰기' ( )와 '오른쪽 맞춤' ( ) 아이콘을 클릭합니다.

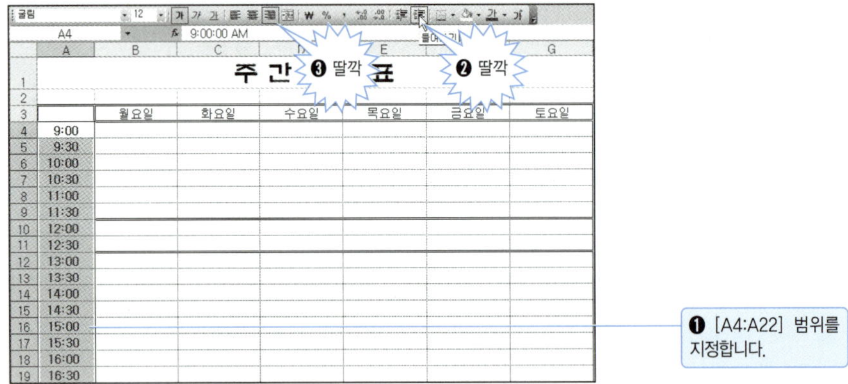

내용 입력

이번에는 만들어진 일정표에 내용을 입력해 봅시다.

1. [B4:B5] 범위에 '병합하고 가운데 맞춤' 을 적용하고 병합된 셀에 '전체 회의' 라고 입력한 후에 Enter↲ 키를 누릅니다.

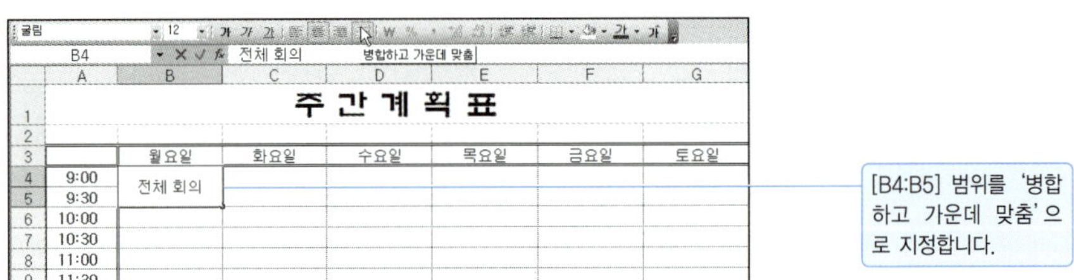

2. 이번에는 여러 셀에 같은 내용을 입력하기 위해 [B6:B7]과 [D6:D7], [F6:F7] 범위를 순서대로 선택한 후에 '병합하고 가운데 맞춤' 을 적용합니다. 블록이 지정되어 있는 상태에서 '팀회의' 를 입력합니다(아직 Enter↲ 키는 누르지 마세요).

Note

여러 셀에 같은 내용 입력
여러 셀들을 범위로 지정한 후에 한 셀에 내용을 입력하고 Ctrl+Enter 키를 누르면 범위로 지정된 모든 셀에 같은 내용이 입력됩니다.

3. Ctrl+Enter 키를 눌러서 블록으로 지정된 모든 셀에 같은 내용이 입력되도록 합니다. [G4:G9] 범위를 병합한 후에 '주간 업무 정리' 라고 입력합니다(Enter 키는 누르지 마세요).

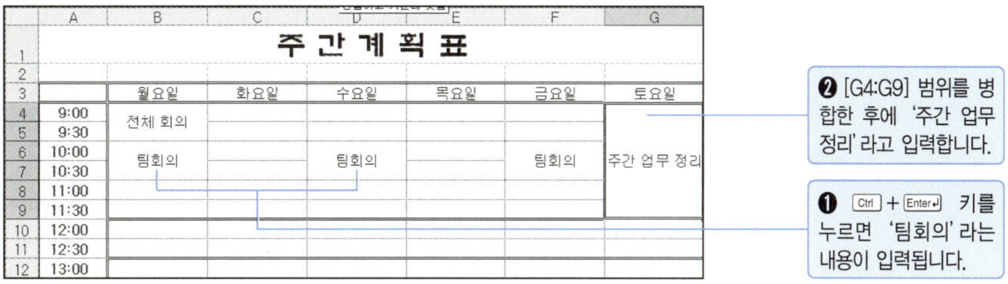

4. Alt+Enter 키를 눌러서 새로운 줄을 추가한 후에 '및' 을 입력하고 다시 Alt+Enter와 '기획 초안 작성' 을 입력하고 Enter 키를 누릅니다.

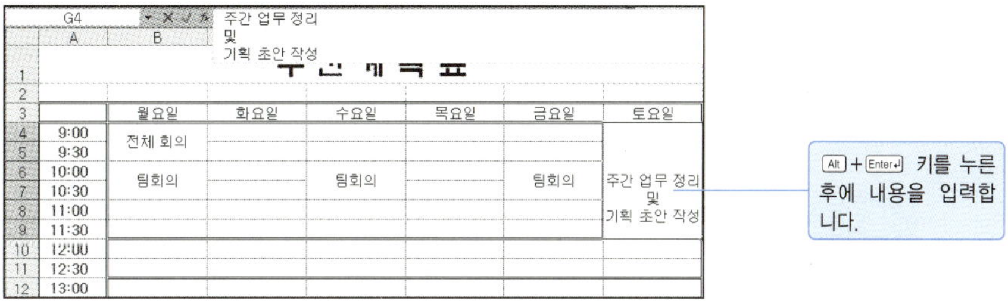

5. 같은 방법으로 그림처럼 필요한 내용들을 모두 입력합니다.

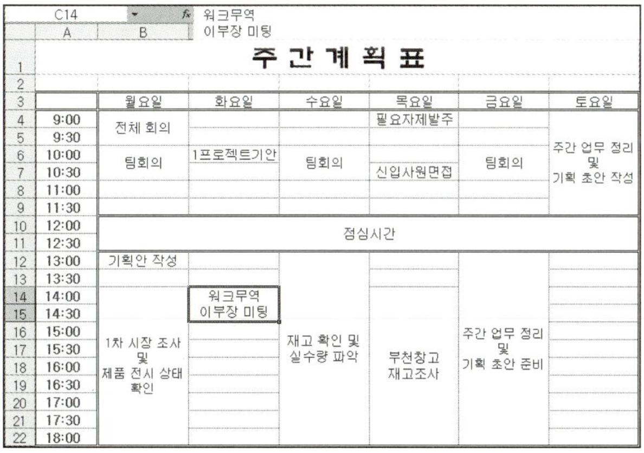

실무 활용 연습

EX 1 미국의 경제 성장률 추이표 만들기

	A	B	C	D	E	F	G	H	I	J	K
1	미국의 경제 성장률 추이										
2											
3		2005년	2006년					2007년			
4				1사분기	2사분기	3사분기	4사분기	1사분기	2사분기	3사분기	
5	＊실 질 G D P	3.8	0.3	△0.6	△1.6	△0.3	2.7	5	1.3	4	
6	＊민 간 소 비	4.4	2.5	2.4	1.4	1.5	6	3.1	1.8	4.1	
7	＊정 부 지 출	2.7	3.7	5.7	5.6	△1.1	10.5	5.6	1.4	3.1	
8	＊민 간 투 자	0.2	△10.7	△19.7	△17.6	△5.2	△17.3	18.2	7.9	3.1	
9											
10	＊수 출	9.7	△5.4	△6.0	△12.4	△17.3	△9.6	3.5	14.3	3.3	
11	＊수 입	13.2	△2.9	△7.9	△6.8	△11.8	△8.3	8.5	22.2	2.3	
12											

[지시 사항]

❶ [A1:J1] 범위에 '병합하고 가운데 맞춤'을 적용하세요.
❷ [A3:A4]와 [B3:B4], [C3:G3], [H3:J3] 범위를 각각 병합하세요.
❸ D4 셀에 '1사분기'를 입력한 후에 G3 셀까지 자동 채우기하세요.
❹ H4 셀에 '1사분기'를 입력한 후에 J4 셀까지 자동 채우기하세요.
❺ 그림과 같이 각 셀의 내용을 입력한 후에 테두리 선을 그리세요.
❻ B 열에서 J 열까지의 열 너비를 '6.5'로 설정하세요.
❼ '실질 GDP' 항목에서 '수입' 항목까지의 행 너비를 '20'으로 설정하세요.
❽ '민간 투자'와 '수출' 항목 사이에 행을 삽입한 후에 행 높이를 적당히 조절하세요.
❾ 완성된 표를 '미국의 경제 성장률 추이.xls'로 저장하세요.

EX 2 개인 정보 보호 의무 부과 대상 사업자표 만들기

	A	B	C	D	E	F
1		개인정보보호 의무 부과 대상 사업자				
2						
3		구　　분			사업자수	
4		On-line분야 (정보통신서비스 제공자)	전기통신사업자		34	
5					134	
6					2,877	
7					3,225	
8			홈페이지 보유 업체		87,492	
9			(전기통신사업자 제외시)		84,276	
10			- 전자상거래(B2B) 참여 업체		2,025	
11			- 인터넷쇼핑몰(B2C) 업체		2,043	
12		소　　계			87,492	
13		Off-line분야 (정보통신서비스 제공자외의 자)	여행업		7,137	
14			호텔업		519	
15			항공운송사업		11	
16			학원		64,870	
17			교습소		36,596	
18		소　　계			109,133	
19						

[지시 사항]

❶ [B1:E1]과 [B3:D3], [B4:B11], [C4:B11], [C4:C7], [B12:D12], [B13:B17], [B18:D18] 범위에 '병합하고 가운데 맞춤'을 적용하세요.
❷ 그림과 같이 각 셀에 해당하는 내용을 입력한 후에 테두리 선을 그리세요.
❸ 열 머리글을 드래그하여 A 열의 너비를 적당히 줄이세요.
❹ 전체 행의 높이를 '20'으로 설정하세요.
❺ B~D 열의 너비를 '14'로 설정하세요.
❻ 완성된 표를 '개인 정보 보호 의무 부과 대상 사업자.xls'로 저장하세요.

03

셀 서식 지정하기

앞선 실습 예제에서 글자 모양이나 맞춤 형식 등을 지정해 보기는 했지만, 각 기능에 대해 잘 몰라서 답답했을 것입니다. 이번에는 엑셀에 입력된 내용의 글꼴을 지정하고 보기 좋게 꾸미는 방법에 대해 알아보겠습니다. 생각보다 훨씬 다양한 서식을 지정할 수 있다는 사실을 알게 될 것입니다.

03-1	글자 모양 지정하기	03-6	표시 형식 지정하기
03-2	맞춤 형식 지정하기	03-7	사용자 정의 표시 형식 지정하기
03-3	테두리 선 그리기	03-8	조건부 서식 지정하기
03-4	셀 배경 색상과 무늬 지정하기	현장 실습	세금 계산서 만들기
03-5	셀 보호 설정하기	실무 활용 연습	

실습 예제 미리 보기 | 세금 계산서

복잡한 표를 만들고 테두리 선을 그려서 세금 계산서를 완성해 봅니다.

03-1 글자 모양 지정하기

문서를 작성하다 보면 중요한 내용을 강조해야 할 때가 있습니다. 또는 내용에 따라 서로 다른 글자 모양을 적용해야 되기도 합니다. 여기에서는 입력된 글자 모양을 지정하는 방법들에 대해 알아봅시다.

도구 모음으로 글자 모양 지정하기

서식 도구 모음을 사용하면 원하는 글자 모양을 쉽게 지정할 수 있습니다.

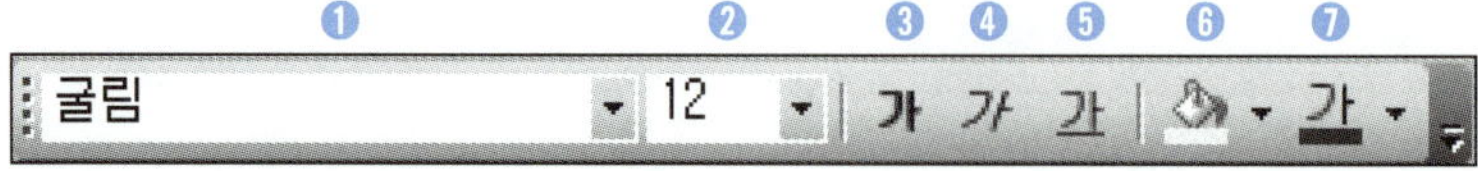

❶ **글꼴** : 목록 버튼(▼)을 클릭하면 사용할 수 있는 글꼴 목록이 표시됩니다. 이 목록에서 원하는 글꼴을 선택하면 선택한 글꼴이 셀에 적용됩니다.

❷ **글꼴 크기** : 목록 버튼(▼)을 클릭하면 문서에 적용할 수 있는 글꼴 크기 목록이 표시됩니다. 이 목록에서 원하는 글꼴 크기를 선택하면 셀에 해당 크기가 적용됩니다.

❸ **굵게** : 글꼴을 진하게 표시합니다. 글꼴이 진하게 표시된 상태에서 다시 한 번 클릭하면 원래의 상태로 되돌아옵니다.

❹ **기울임꼴** : 글자를 기울어지게 표시합니다. 글꼴이 기울어져 있을 때 클릭하면 원래의 상태로 되돌아옵니다.

❺ **밑줄** : 글자에 밑줄을 표시합니다. 밑줄이 표시되어 있을 때 클릭하면 밑줄이 다시 사라집니다.

❻ **채우기 색** : 목록 버튼(▼)을 클릭하면 색상 목록이 표시됩니다. 이 목록에서 원하는 색상을 선택하면 셀에 채우기 색이 적용됩니다.

❼ **글꼴 색** : 목록 버튼(▼)을 클릭하면 색상 목록이 표시됩니다. 이 목록에서 원하는 색상을 선택하면 셀에 적용됩니다.

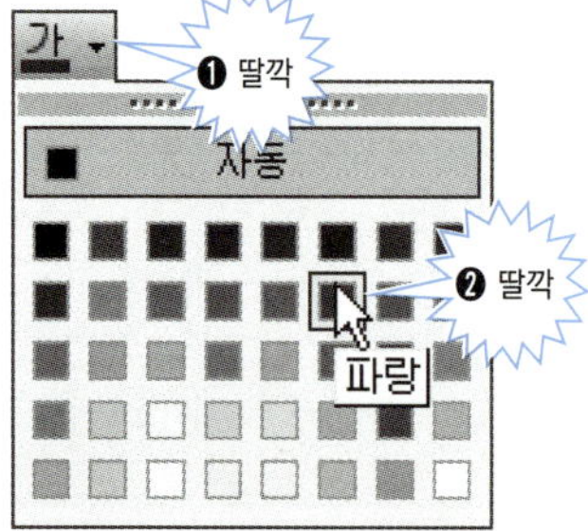

Note

글꼴 지정하기
글꼴 목록에서 원하는 글꼴을 선택하는 대신, 글꼴 목록의 입력상자에 원하는 글꼴의 이름을 입력해도 됩니다.

Note

글꼴 크기 지정하기
글꼴 크기 목록에서 원하는 크기를 선택하는 대신 글꼴 크기 입력상자에 원하는 크기를 입력해도 됩니다.

Note

글꼴 색 지정하기
셀의 채우기 색을 없애려면 색상 목록에서 '채우기 없음'을 클릭합니다.

Note

글꼴 색 지정하기
색상 목록에서 '자동'을 선택하면 기본 값으로 지정된 글꼴 색이 적용됩니다.

서식 도구모음을 이용하여 글자의 모양을 변경해 보세요.

	A	B	C
1			
2	글꼴 : 궁서체	**엑셀2003 다양한 서식 기능**	
3	글꼴 크기 : 20	엑셀2003 다양한 서식 기능	
4	글꼴 스타일 : 굵게	**엑셀2003 다양한 서식 기능**	
5	글꼴 스타일 : 기울임꼴	*엑셀2003 다양한 서식 기능*	
6	글꼴 스타일 : 밑줄	<u>엑셀2003 다양한 서식 기능</u>	
7	채우기 색 : 노랑	엑셀2003 다양한 서식 기능	
8	글꼴 색 : 파랑	엑셀2003 다양한 서식 기능	
9			

'셀 서식' 대화상자로 글자 모양 지정하기

[**서식**]–[**셀**] 메뉴를 선택하거나 바로 가기 메뉴의 [**셀 서식**]을 선택하면 '셀 서식' 대화상자가 표시됩니다. 이 대화상자의 글꼴 탭을 이용하면 다양한 형태의 글자 모양을 설정할 수 있습니다.

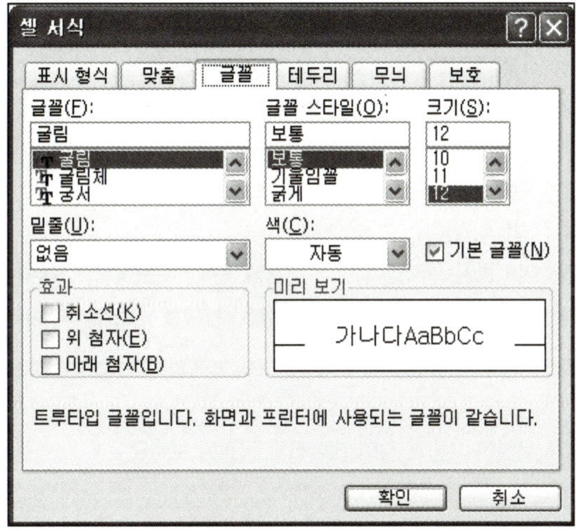

그림과 같이 데이터를 입력한 후에 '셀 서식' 대화상자를 이용하여 글자 모양을 적용해 보세요.

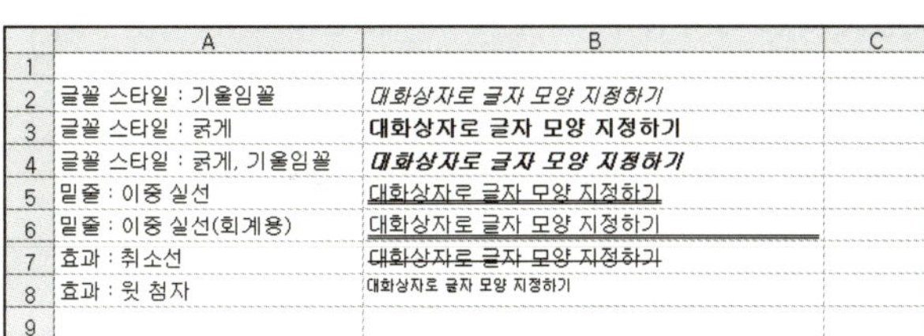

	A	B	C
1			
2	글꼴 스타일 : 기울임꼴	*대화상자로 글자 모양 지정하기*	
3	글꼴 스타일 : 굵게	**대화상자로 글자 모양 지정하기**	
4	글꼴 스타일 : 굵게, 기울임꼴	***대화상자로 글자 모양 지정하기***	
5	밑줄 : 이중 실선	<u>대화상자로 글자 모양 지정하기</u>	
6	밑줄 : 이중 실선(회계용)	대화상자로 글자 모양 지정하기	
7	효과 : 취소선	대화상자로 글자 모양 지정하기	
8	효과 : 윗 첨자	대화상자로 글자 모양 지정하기	
9			

03-2 맞춤 형식 지정하기

엑셀 문서에서 셀에 입력된 각 내용을 필요에 따라 잘 정렬해 두지 않으면 문서가 아주 복잡해 보이게 마련입니다. 이번에는 문서에 입력한 내용을 적당한 모양으로 정렬하는 방법에 대해 알아봅시다.

도구 모음으로 맞춤 형식 지정하기

엑셀의 서식 도구 모음에 등록되어 있는 정렬 아이콘들을 사용하면 문서의 종류에 따라 적당한 맞춤형식을 지정할 수 있습니다.

Note

내용이 입력된 여러 셀의 병합
각각의 내용이 입력되어 있는 셀들을 병합하면, 맨 왼쪽이나 위쪽에 입력된 내용만 남고 나머지 셀의 내용은 지워집니다.

❶ **왼쪽 맞춤** : 내용을 셀의 왼쪽에 맞춰 정렬합니다.
❷ **가운데 맞춤** : 내용을 셀의 중간에 맞춰 정렬합니다.
❸ **오른쪽 맞춤** : 내용을 셀의 오른쪽에 맞춰 정렬합니다.
❹ **병합하고 가운데 맞춤** : 블록으로 지정한 범위의 셀을 하나로 합친 후에 내용을 합쳐진 범위의 중간에 맞춰 정렬합니다.
❺ **내어쓰기** : 아이콘을 클릭할 때마다 내용을 한 칸씩 왼쪽으로 이동시켜 정렬합니다.
❻ **들여쓰기** : 아이콘을 클릭할 때마다 내용을 한 칸씩 오른쪽으로 이동시켜 정렬합니다.

Self test

도구 모음을 사용하여 그림과 같이 데이터를 정렬해 보세요.

	A	B	C	D
1				
2	왼쪽 맞춤	맞춤형식		
3	가운데 맞춤	맞춤형식		
4	오른쪽 맞춤	맞춤형식		
5	병합하고 가운데 맞춤	맞춤형식		
6	내어쓰기	맞춤형식		
7	들여쓰기	맞춤형식		
8				

'셀 서식' 대화상자로 맞춤 형식 지정하기

'셀 서식' 대화상자의 맞춤 탭을 사용하면 도구 아이콘으로는 지정할 수 없는 다양한 맞춤형식을 지정할 수 있습니다.

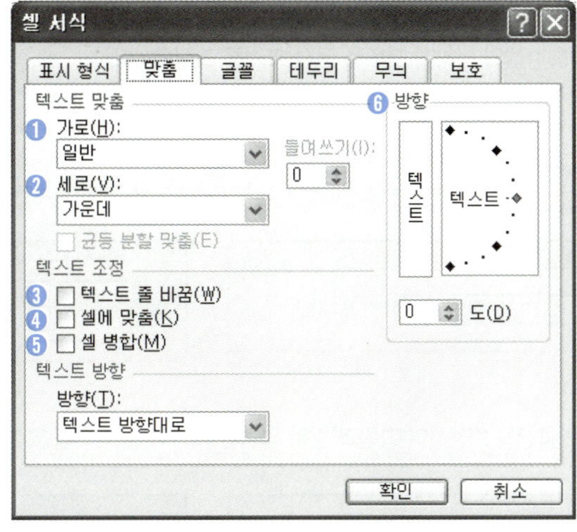

❶ **가로** : 가로 방향의 맞춤 형식을 지정합니다.

그림과 같이 데이터를 입력한 후에 맞춤 형식을 지정해 보세요.

	A	B	C	D	E
1					
2	일반	엑셀			
3	왼쪽(들여쓰기)	2003			
4	가운데	엑셀			
5	오른쪽(들여쓰기)	에셀			
6	채우기	엑셀엑셀			
7	양쪽 맞춤	셀 너비에 맞춰 정렬 됩니다			
8	균등 분할	엑 셀			
9	선택 영역의 가운데로		엑셀		
10					

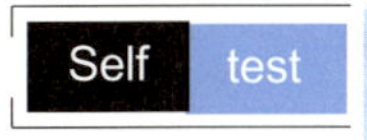

❷ **세로** : 세로 방향의 맞춤 형식을 지정합니다. 기본적으로는 데이터가 셀의 가운데에 정렬되도록 설정되어 있습니다.

그림과 같이 행의 높이를 늘린 후에 데이터를 입력하고 맞춤 형식을 지정해 보세요.

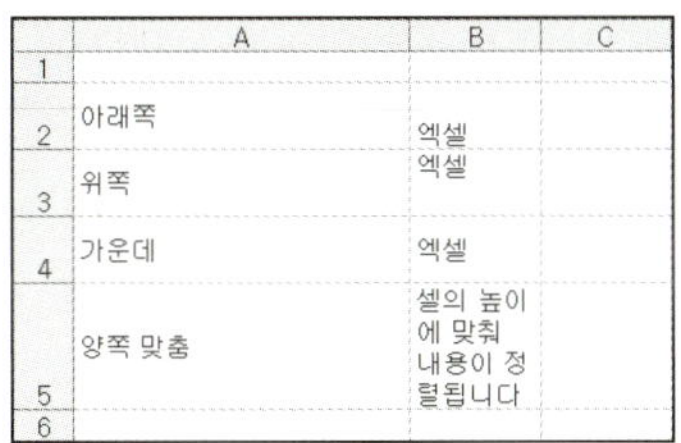

③ **텍스트 줄 바꿈** : 셀을 벗어나는 내용을 다음 줄에 표시합니다.

④ **셀에 맞춤** : 셀의 너비에 맞도록 글자 크기를 조절합니다.

⑤ **셀 병합** : 범위로 지정한 모든 셀을 하나로 병합합니다.

그림과 같이 입력하고 입력한 내용이 여러 줄에 표시되도록 설정해 보세요.

	A	B	C
1			
2	열의 너비에 맞춰 줄을 바꿉니다		
3			

	A	B	C
1			
2	열의 너비에 맞춰 줄을 바꿉니다		
3			

'셀에 맞춤' 옵션을 이용하여 그림과 같이 입력된 내용이 셀 너비에 맞춰 표시되도록 설정해 보세요.

	A	B	C
1			
2	열의 너비에 맞춰 크기를 조절합니다		
3			

	A	B	C
1			
2	열의 너비에 맞춰 크기를 조절합니다		
3			

그림과 같이 내용을 입력한 후에 [A1:B2] 셀을 병합하고 그 결과를 확인해 보세요.

	A	B
1	엑셀	파워포인트
2	워드	엑세스

	A	B
1	엑셀	파워포인트
2	워드	엑세스

⑥ **방향** : 회전 각도를 지정하여 텍스트의 표시 방향을 지정합니다.

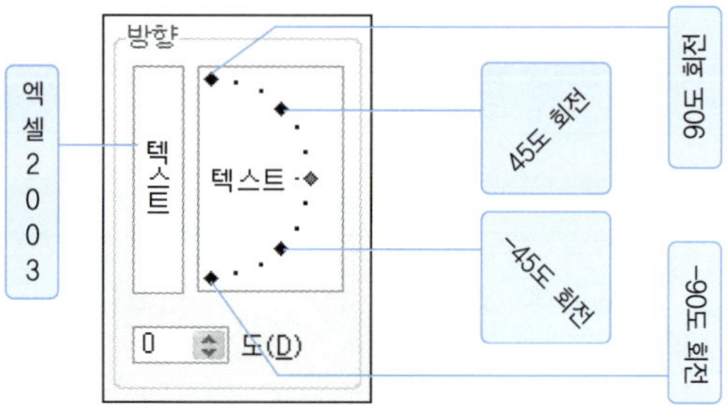

그림과 같이 애국가 가사를 세로쓰기 형태로 입력해 보세요.

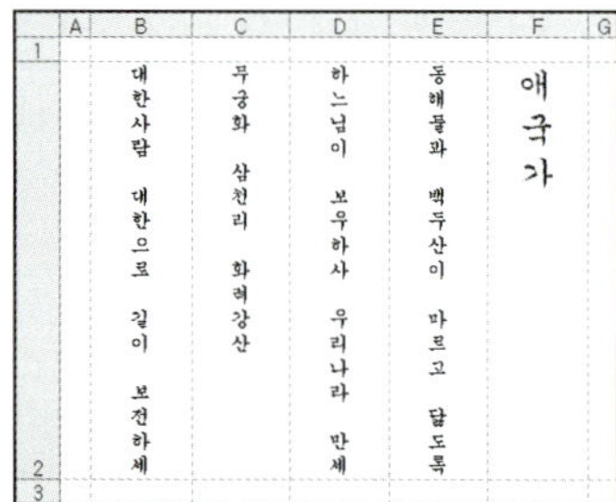

03-3　테두리 선 그리기

테두리를 그리려면 도구 아이콘을 이용하는 방법과 '셀 서식' 대화상자를 이용하는 방법, 그리고 '테두리' 도구 모음을 이용해서 직접 선을 그리는 등 세 가지 방법을 사용할 수 있습니다.

도구 아이콘으로 테두리 그리기

서식 도구 모음의 '테두리' (▦▾) 아이콘에 있는 목록 버튼을 클릭합니다. 이때 표시되는 테두리 모양 목록에서 원하는 테두리 모양을 선택합니다.

그림과 같이 내용을 입력한 후에 테두리 선을 그려보세요.

Self　test

	A	B	C	D	E	F
1						
2		**판매 현황표**				
3						
4		제품명	입고	판매	재고	
5		김치냉장고	200	128	72	
6		드럼세탁기	150	112	38	
7		PDP TV	300	286	14	
8						

그림과 같이 항목 이름의 아래쪽에 이중 테두리가 표시되도록 선을 그려보세요.

Self　test

	A	B	C	D	E	F
1						
2		**판매 현황표**				
3						
4		제품명	입고	판매	재고	
5		김치냉장고	200	128	72	
6		드럼세탁기	150	112	38	
7		PDP TV	300	286	14	
8						

그림과 같이 바깥쪽 테두리는 굵게 표시하고 세로 줄이 표시되도록 테두리 선을 그려보세요.

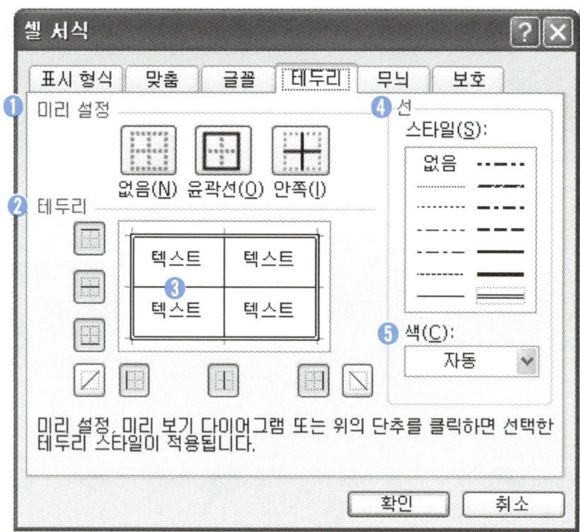

'셀 서식' 대화상자로 테두리 그리기

테두리를 그릴 때 가장 많이 사용하는 방법입니다. '셀 서식' 대화상자의 테두리 탭을 선택하면 다양한 테두리 모양을 그릴 수 있습니다.

① 미리 설정

· 없음(▦) : 테두리를 지웁니다.
· 윤곽선(▣) : 선택한 범위의 외곽에 선택한 스타일의 테두리 선을 표시합니다.
· 안쪽(╋) : 외곽 테두리를 제외한 모든 칸에 테두리 선을 그립니다.

② 테두리 : 테두리 버튼과 미리 보기 창을 이용하여 원하는 선 스타일을 세부적으로 지정할 수 있습니다.

③ 미리 보기 상자 : 어떤 모양으로 테두리가 그려지는지 미리보기 형태로 표시해 줍니다. 또한 상자 안의 테두리를 클릭하여 테두리 선을 그리거나 삭제할 수도 있습니다.

④ 선 : 그려질 테두리 선의 모양을 지정합니다.

⑤ 색 : 그려질 테두리 선의 색상을 지정합니다.

그림과 같이 테두리를 모두 지운 후에 윤곽선을 이중 실선으로 안쪽은 점선으로 테두리 선을 표시해 보세요.

	A	B	C	D	E	F
1						
2		**판매 현황표**				
3						
4		제품명	입고	판매	재고	
5		김치냉장고	200	128	72	
6		드럼세탁기	150	112	38	
7		PDP TV	300	286	14	
8						

내용을 추가한 후에 테두리를 다시 표시해보세요(테두리 색 : 파랑).

	A	B	C	D	E	F
1						
2		**판매 현황표**				
3						
4		제품명	입고	판매	재고	
5		김치냉장고	200	128	72	
6		드럼세탁기	150	112	38	
7		PDP TV	300	286	14	
8		에어컨	500			
9						

'테두리' 도구 모음으로 테두리 선 그리기

마우스를 이용하면 연필로 그리듯이 자신이 원하는 모양의 테두리를 그릴 수 있습니다. 테두리 도구 모음을 불러오려면 **[보기]**-**[도구 모음]**-**[테두리]** 메뉴를 선택합니다.

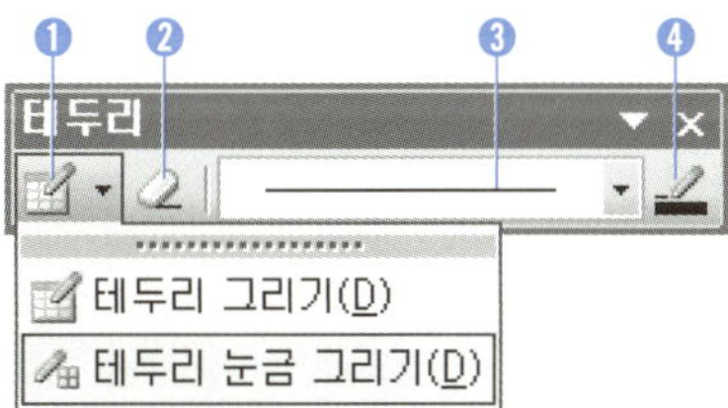

❶ **그리기 유형** : [테두리 그리기]와 [테두리 눈금 그리기] 중에 원하는 그리기 스타일을 선택하여 테두리 선을 그립니다.

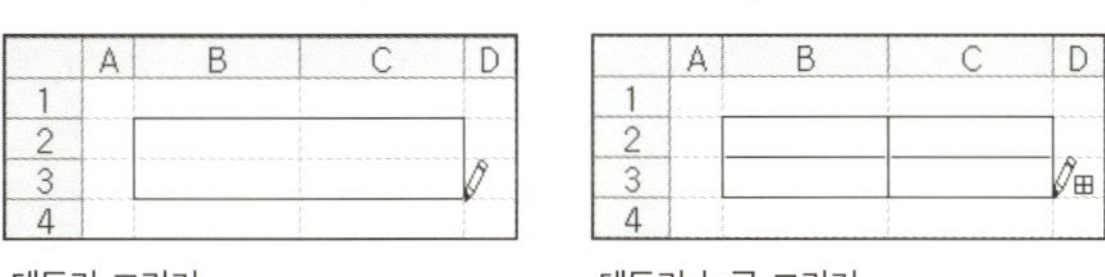

테두리 그리기   테두리 눈금 그리기

❷ **테두리 지우기** : 그려진 테두리 선을 지웁니다.

❸ **선 스타일** : 그려질 선의 스타일을 지정합니다.

❹ **선 색** : 그려질 선의 색상을 지정합니다.

'테두리' 도구 모음을 이용하여 표의 세로 줄을 모두 지워보세요.

	A	B	C	D	E	F
1						
2		**판매 현황표**				
3						
4		제품명	입고	판매	재고	
5		김치냉장고	200	128	72	
6		드럼세탁기	150	112	38	
7		PDP TV	300	286	14	
8		에어컨	500			
9						

그림과 같이 바깥쪽 테두리는 굵은 실선으로 하고 안쪽의 세로 줄은 가는 실선으로 표시해 보세요.

	A	B	C	D	E	F
1						
2		**판매 현황표**				
3						
4		제품명	입고	판매	재고	
5		김치냉장고	200	128	72	
6		드럼세탁기	150	112	38	
7		PDP TV	300	286	14	
8		에어컨	500			
9						

그림과 같이 바깥쪽 테두리는 녹색으로, 안쪽 가로 줄은 빨간색으로 표시해 보세요.

	A	B	C	D	E	F
1						
2		**판매 현황표**				
3						
4		제품명	입고	판매	재고	
5		김치냉장고	200	128	72	
6		드럼세탁기	150	112	38	
7		PDP TV	300	286	14	
8		에어컨	500			
9						

03-4 | 셀 배경 색상과 무늬 지정하기

셀의 배경에 음영 색상이나 무늬를 지정하면 문서의 모양을 좀 더 보기 좋게 꾸미거나 중요한 내용을 강조할 수 있습니다.

도구 아이콘으로 무늬 지정하기

무늬를 적용할 셀의 범위를 지정하고 서식 도구 모음의 '색 채우기' ( ) 아이콘의 목록 버튼을 클릭한 후에 위하는 색상을 선택합니다.

Note
채우기 없음
채우기 색상 목록 중에서 '채우기 없음'을 선택하면 셀에 적용된 음영색이 없어집니다.

'셀 서식' 대화상자로 무늬 지정하기

'셀 서식' 대화상자의 무늬 탭을 이용하면 셀의 음영 색상과 무늬 등을 지정할 수 있습니다.

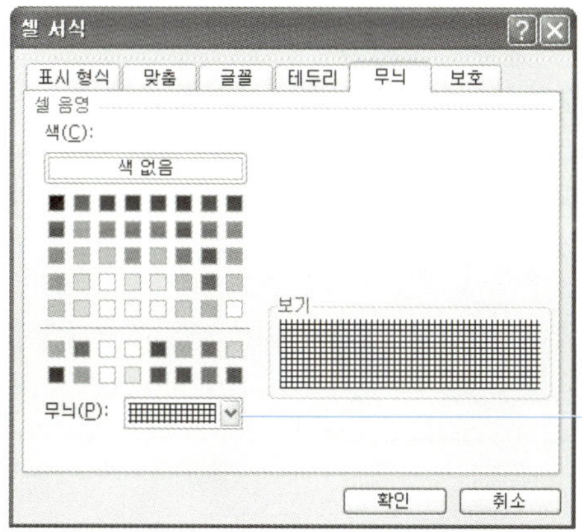

Self test

그림과 같이 데이터를 입력한 후에 무늬와 음영 색상 등을 지정해 보세요.

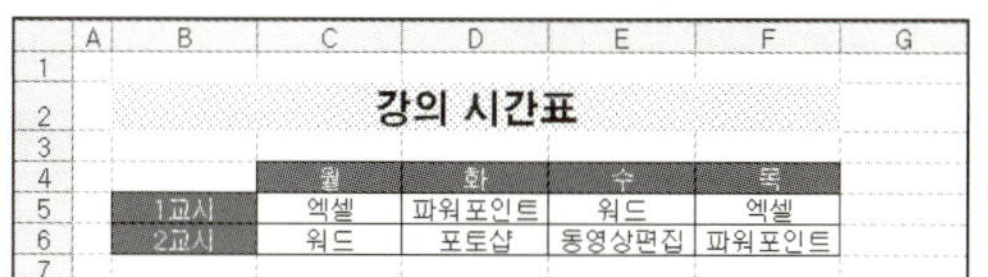

· [B2:F2] : 무늬 '12.5% 회색', 무늬 색 '녹색', 병합하고 가운데 맞춤
· [C4:F4] : 음영 색 '청회색', 글꼴 색 '흰색'
· [B5:B6] : 음영 색 '청회색', 글꼴 색 '흰색'
· [C5:F6] : 음영 색 '연한 노랑'

03-5 셀 보호 설정하기

엑셀에서는 셀에 입력된 내용이나 셀의 크기 등을 함부로 변경하지 못하도록 셀을 보호할 수 있습니다.

• '셀 서식' 대화상자에서 보호 탭을 선택하면 셀 보호를 설정할 수 있습니다.

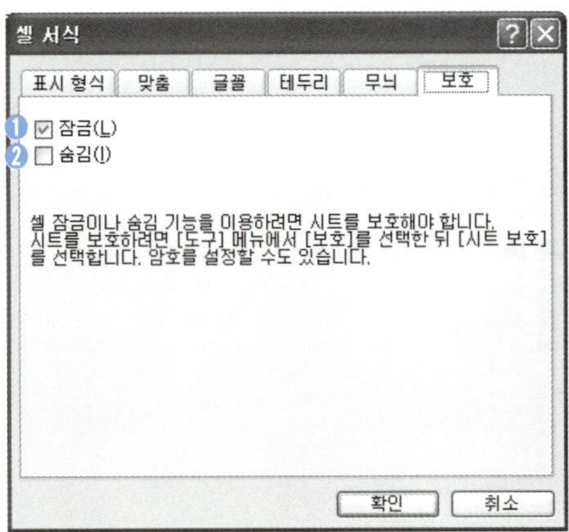

① **잠금** : 데이터를 입력하거나 수정하지 못하며 셀의 크기도 변경할 수 없도록 설정합니다.
② **숨김** : 수식 입력 줄에 원래 입력되어 있는 내용이 표시되지 않도록 설정합니다.

• 셀 보호를 설정한 후에 **[도구]–[보호]–[시트 보호]** 메뉴를 선택해야 셀의 내용이나 크기가 변경되지 않도록 설정할 수 있습니다.
• 보호된 셀이나 시트를 수정하려고 하면 그림과 같이 변경할 수 없다는 내용의 메시지가 표시됩니다.

• 보호된 셀을 수정하려면 **[도구]–[보호]–[시트 보호 해제]** 메뉴를 선택합니다.

시트 보호
[도구]–[보호]–[시트 보호] 메뉴를 선택하면 '시트 보호' 대화상자가 표시됩니다. 이 대화상자를 이용하면 시트 보호를 해제할 암호를 입력하거나 시트 보호에서 제외될 항목들을 선택할 수 있습니다.

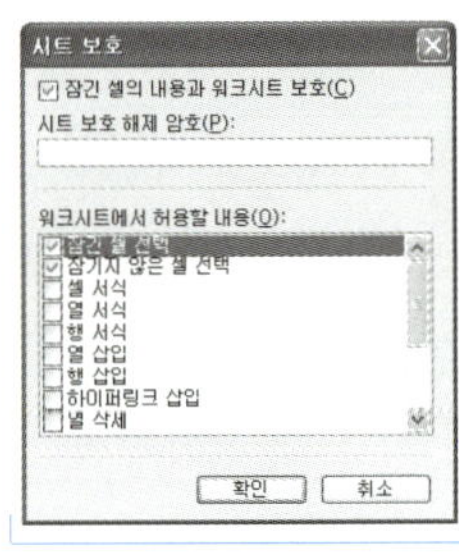

앞서 만든 강의 시간표에 행 서식과 행 삽입을 할 수 있도록 시트 보호를 설정하세요. 그리고 그림과 같이 행을 삽입해 보세요.

	A	B	C	D	E	F	G
1							
2			강의 시간표				
3							
4			월	화	수	목	
5		1교시	엑셀	파워포인트	워드	엑셀	
6							
7		2교시	워드	포토샵	동영상편집	파워포인트	
8							

03-6 표시 형식 지정하기

엑셀의 각 셀에 입력된 내용은 수식이나 함수식에서 참조하거나 계산할 때 사용될 수 있습니다. 하지만, 입력된 내용에 글자가 있다면 텍스트 데이터로 분류되기 때문에 계산할 수 없게 됩니다. 그러므로 입력된 내용에 단위를 직접 입력하는 대신 표시 형식 지정 기능을 사용하여 단위를 표시해야 합니다.

'셀 서식' 대화상자의 표시 형식 탭을 이용하면 원하는 표시 형식을 쉽게 적용할 수 있습니다.

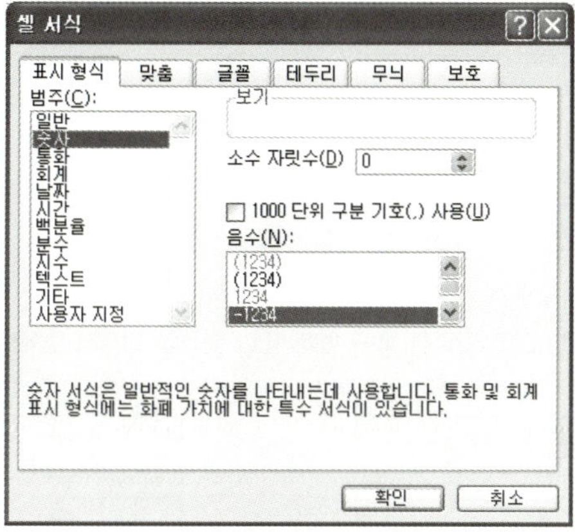

일반

특정한 서식을 지정하지 않는 경우 자동으로 적용됩니다. 입력된 내용이 문자일 경우 왼쪽, 숫자일 경우 오른쪽에 정렬하여 표시합니다.

숫자

- 숫자 데이터의 표시 형식을 지정합니다.
- 소수 자릿수와 1000 단위 구분 기호(,), 음수 표시 형식 등을 지정할 수 있습니다.

그림과 같이 숫자 데이터를 입력한 후에 숫자 표시 형식을 지정해 보세요.

	A	B
1	456.789	
2	456.789	
3	-4567.89	
4	-456.78	
5	-456	
6		

	A	B	
1	457		소수점 자릿수 '0'
2	456.79		소수점 자릿수 '2'
3	(4568)		음수 표시 '(1234)'
4	457		음수 표시 '빨간색'
5	-456.00		소수점 자릿수 '2'
6			

Note

천 단위 구분기호
'1000 단위 구분 기호' 옵션 대신 서식 도구 모음에 있는 '쉼표 스타일'( ) 아이콘을 클릭하는 것이 더 편리합니다.

통화

- 화폐의 단위와 액수를 표시합니다.
- 천 단위마다 쉼표(,)와 숫자 앞에 통화 기호를 표시합니다.
- 숫자 표시 형식과 같이 소수 자릿수와 음수 표시 형식을 지정할 수 있습니다.

그림과 같이 숫자 데이터를 입력한 후에 통화 표시 형식을 지정해 보세요.

	A	B
1	3456	
2	-3456	
3	-3456.78	
4	3456.78	
5	3456	
6		

	A	B
1	₩3,456	
2	₩3,456	
3	($3,457)	
4	₩3,456.8	
5	₩3,456.00	
6		

파란색으로 표시

하이픈 표시 위치
입력된 데이터가 음수인 경우 통화 기호가 '$'이면 숫자 앞에, '₩'이면 ₩ 기호 앞에 하이픈(-)이 표시됩니다.

회계

- 통화 형식은 숫자 앞에 통화 기호가 표시되지만 회계 형식은 셀의 왼쪽에 표시됩니다.
- 입력된 값이 0일 경우 하이픈(-)으로 표시됩니다.

그림과 같이 숫자 데이터를 입력한 후에 회계 표시 형식을 지정해 보세요.

	A	B
1	0	
2	1324	
3	-1234	
4	-1234	
5		

	A	B
1	₩ -	
2	₩ 1,324.00	
3	$ -1,234	
4	-₩ 1,234	
5		

날짜

날짜의 표시 형식을 지정합니다.

그림과 같이 날짜 데이터를 입력한 후에 날짜 표시 형식을 지정해 보세요.

	A	B
1	03월 15일	
2	03월 15일	
3	03월 15일	
4	03월 15일	
5	03월 15일	
6	03월 15일	
7		

	A
1	2007-03-15
2	07年 3月 15日
3	07/3/15
4	15-Mar
5	07-3-15 12:00 AM
6	2007년 3월 15일 목요일
7	

날짜 입력하기
날짜 데이터를 입력할 경우 년, 월, 일을 구분하기 위한 기호로 '/'나 '-'를 입력합니다.

시간

시간의 표시 형식을 지정합니다.

그림과 같이 시간 데이터를 입력한 후에 시간 표시 형식을 지정해 보세요.

	A	B
1	13:20	
2	13:20	
3	13:20	
4	13:20	
5	13:20	
6		

→

	A	B
1	오후 1:20:00	
2	1:20 PM	
3	13시 20분	
4	1900-1-0 13:20	
5	오후 1시 20분	
6		

백분율

- 셀에 입력된 데이터에 100을 곱한 후에 입력된 데이터 끝에 '%'를 표시합니다.
- 소수 자릿수를 지정할 수 있습니다.

그림과 같이 숫자 데이터를 입력한 후에 백분율 표시 형식을 지정해 보세요.

	A	B
1	0.01	
2	1	
3	234.56	
4	2.3456	
5		

→

	A	B
1	1%	
2	100%	
3	23456.00%	
4	234.6%	
5		

분수

셀에 입력된 값을 분수로 표시합니다.

그림과 같이 숫자 데이터를 입력한 후에 분수 표시 형식을 지정해 보세요.

	A	B
1	0.25	
2	0.25	
3	0.25	
4	0.25	
5	0.25	
6		

→

	A	B
1	1/4	
2	2/8	
3	1/2	
4	4/16	
5	25/100	
6		

지수

셀에 입력된 값을 지수 형식으로 표시합니다.

그림과 같이 숫자 데이터를 입력한 후에 지수 표시 형식을 지정해 보세요.

	A	B
1	45678	
2	45678	
3	45678	
4		

	A	B
1	5.E+04	
2	4.6E+04	
3	4.57E+04	
4		

텍스트

셀에 입력된 데이터를 모두 문자 데이터로 취급하여 셀의 왼쪽에 정렬하여 표시합니다.
이때, 숫자도 문자 데이터로 취급됩니다.

	A	B
1		
2	13245	
3		

	A	B
1		
2	13245	
3		

기타

우편번호와 주민번호, 전화번호 등의 표시 형식을 지정합니다.

그림과 같이 숫자 데이터를 입력한 후에 기타 표시 형식을 지정해 보세요.

	A	B
1	123456	
2	1234567	
3	8201012101010	
4	12345	
5	12345	
6	12345	
7		

	A	B
1	123-456	
2	123-4567	
3	820101-2101010	
4	一万二千三百四十五	
5	壹萬貳阡參百四拾伍	
6	일만이천삼백사십오	
7		

03-7 사용자 정의 표시 형식 지정하기

엑셀이 아무리 다양한 표시 형식을 지원한다 하더라도 사용자가 운하는 모든 형태의 표시 형식을 지원할 수는 없습니다. 만약, 원하는 단위나 표시형식이 목록에 없다면 사용자가 직접 원하는 단위나 표시 형식을 지정할 수 있습니다.

- 서식 코드를 이용하여 원하는 표시 형식을 지정할 수 있습니다.
- 서식 코드는 양수와 음수, 0, 텍스트 순으로 한 번에 네 가지의 표시 형식을 지정할 수 있습니다. 조건을 지정하여 표시 순서를 조절할 수도 있습니다.
- 조건이나 글꼴 색을 지정할 때에는 대괄호[ ] 안에 입력하고, 각 구역은 세미콜론(;)을 이용하여 구분합니다.

예) #,### ; [빨강](#,###) ; 0.00 : @"님"
　　양수　　　음수　　0값　텍스트

숫자 서식 코드

코드	기능
#	유효한 자릿수만 표시하고, 유효하지 않은 0은 표시하지 않음
0	유효하지 않은 자릿수는 0으로 표시함
?	유효하지 않은 자릿수에 0 대신 공백을 표시하고 소수점을 기준으로 정렬함
,	천 단위 구분 기호 표시
%	숫자에 100을 곱한 값에 %를 붙여 표시

그림과 같이 내용을 입력한 후에 숫자 서식 코드를 사용하여 사용자 정의 서식을 지정해 보세요.

Self test

	A	B	C	D
1	원본	지정한 서식	결과	
2	123.45	##	123	
3	123.456	##.##	123.46	
4	1324.56	#,###.#	1,324.6	
5	1234000	#,###,	1,234	
6	1234000000	#,###,,"백만원"	1,234백만원	
7	123	###%	12300%	
8	123.456	0.000.00	123.456.00	
9	123	0.0	123.0	
10	1234		1234.	
11	12.34	?.??	12.34	
12	123.456		123.46	
13				

입력된 값이 0보다 크면 [파랑]#,##0 형식으로 표시하고, 0 보다 작으면 [빨강]-#,##0 형식으로 표시합니다.

그림과 같이 숫자를 입력한 후에 입력된 값이 0보다 크면(양수) 파란색, 0보다 작으면(음수) 빨간색으로 표시되는 사용자 정의 서식을 적용해 보세요.

	A	B
1	123	
2	-123	
3		

날짜 서식 코드

범주	코드	기능
연도	yy	연도 중 뒤에 두 자리만 표시
	yyyy	연도를 네 자리로 표시
월	m	1~12로 표시
	mm	01~12로 표시
	mmm	Jan~Dec로 표시
	mmmm	January~December로 표시
일	mmm	Jan~Dec로 표시
	d	1~31로 표시
요일	ddd	Sun~Sat로 표시
	dddd	Sunday~Saturday로 표시

그림과 같이 날짜 데이터를 입력한 후에 날짜 서식 코드를 적용해 보세요.

	A	B	C	D
1	원본	서식	결과	
2	05월 02일	yy-m-d	07-5-2	
3	05월 02일	yyyy-mm-dd	2007-05-02	
4	05월 02일	mmmm-ddd	May-Wed	
5	05월 02일	yy-mm-dd-ddd	07-05-02-Wed	
6	05월 02일	yyyy"년"mm"월"dd"일"	2007년05월02일	
7				

시간 서식 코드

범주	코드	기능
시간	h	연도 중 뒤에 두 자리만 표시
	hh	연도를 네 자리로 표시
분	m	1~12로 표시
	mm	01~12로 표시
초	s	Jan~Dec로 표시
	ss	January~December로 표시
오전/오후	AM/PM, A/P	

Self test — 그림과 같이 시간 데이터를 입력한 후에 시간 서식 코드를 적용해 보세요.

	A	B	C	D
1	원본	서식	결과	
2	9:07	hh:mm:ss	09:07:00	
3	9:07	h:m:s AM/PM	9:7:0 AM	
4	9:07	hh"시" mm"분"	09시 07분	
5	9:07	hh:mm A/P	09:07 A	
6				

문자열 서식 코드

코드	기능
@	문자 데이터의 표시 위치를 지정함
*	* 기호 다음에 있는 특정 문자를 셀의 너비만큼 반복하여 채움

Self test — 데이터를 입력한 후에 문자열 서식 코드를 적용해 보세요.

	A	B	C	D
1	원본	서식	결과	
2	한국	@"주식회사"	한국주식회사	
3	전자	"엑셀"@	엑셀전자	
4	만세	@*~	만세~~~~~~~~	
5	2003	##*!	2003!!!!!!!!!!!!!!!!!!!!	
6				

도구 아이콘으로 표시 형식 지정하기

서식 도구 모음에서 표시 형식을 지정할 수 있는 아이콘의 종류와 기능은 다음과 같습니다.

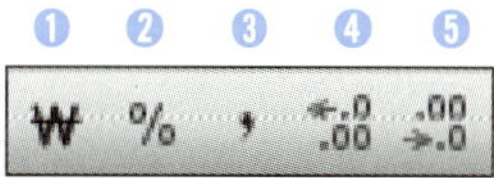

❶ **통화** : 입력된 숫자 앞에 \ 표시를 해 줍니다. 이때, 쉼표 스타일은 자동으로 적용됩니다.

❷ **백분율 스타일** : 입력된 숫자를 백분율로 표시합니다.

❸ **쉼표 스타일** : 천 단위마다 쉼표(,)를 표시합니다.

❹ **자릿수 늘림** : 아이콘을 클릭할 때마다 소수점 이하 자릿수가 하나씩 늘어납니다.

❺ **자릿수 줄임** : 아이콘을 클릭할 때마다 소수점 이하 자릿수가 하나씩 줄어듭니다.

Self test — 서식 도구 모음의 표시 형식 아이콘을 사용하여 그림과 같이 표시 형식을 지정해 보세요.

	A	B
1	1234	
2	12.34	
3	4567	
4	456.78	
5	456.78	
6		

	A	B
1	₩ 1,234	
2	1234%	
3	4,567	
4	456.780	
5	456.8	
6		

03-8 | 조건부 서식 지정하기

조건부 서식은 조건을 만족하는 셀에만 셀 서식이 적용되도록 하는 기능입니다. 주로 입력된 데이터의 양이 많은 표에서 일정한 조건을 만족하는 값을 찾거나 강조해야 할 때 유용하게 사용할 수 있습니다.

- 조건을 적용할 셀 범위를 지정한 후에 [서식]–[조건부 서식]을 선택하여 실행합니다.
- 조건은 세 개까지 지정할 수 있으며 조건별로 다른 서식을 적용할 수 있습니다.

따라하기 '주식 시세.xls' 파일을 불러와서 '전일대비' 금액이 양수이면 파랑, 음수이면 빨강색으로 표시되는 조건부 서식을 지정해 봅시다.

1. [F4:F8] 범위를 블록으로 지정한 후에 [서식]–[조건부 서식] 메뉴를 선택합니다.

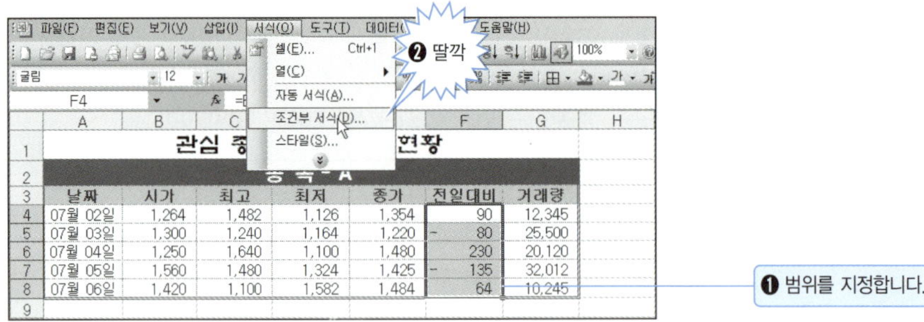

2. '조건부 서식' 대화상자가 나타나면 조건 목록에서 '다음 값보다 크거나 같음'을 선택합니다. 전일 대비 값이 양수일 경우에 적용할 서식을 지정하기 위해 조건 값 입력 상자에 '0'을 입력한 후에 [서식] 버튼을 클릭합니다.

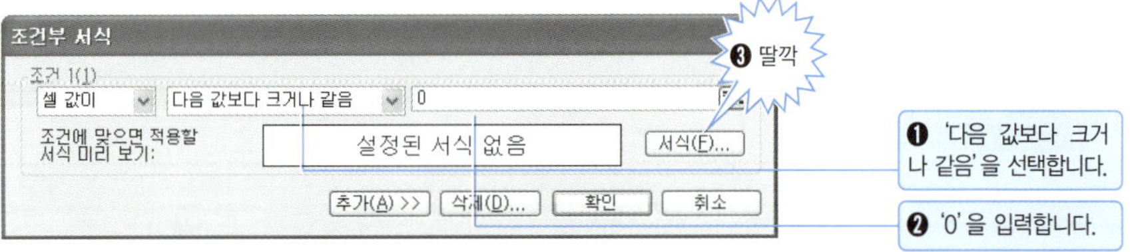

3. '셀 서식' 대화상자의 글꼴 탭에서 글꼴 스타일과 글꼴 색을 각각 '굵게'와 '빨강'으로 지정하고 [확인] 버튼을 클릭합니다.

Note

조건부 서식의 적용
조건부 서식을 지정한 셀의 값이 변경되면 변경된 값에 해당하는 서식이 자동으로 다시 적용됩니다.

> **Note**
>
> **조건부 서식의 종류**
>
> 조건부 서식에서는 글꼴 스타일과 글꼴 색 정도만 지정할 수 있습니다. 글꼴과 글자 크기 등의 효과는 지정할 수 없습니다.

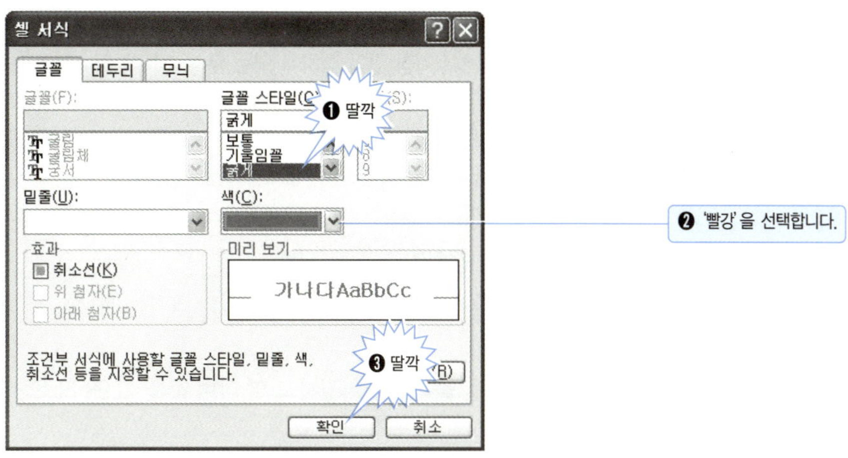

4. 두 번째 조건을 지정하기 위해 **[추가]** 버튼을 클릭합니다.

5. 조건 목록에서 '다음 값보다 작음'을 선택하고 조건 입력 상자에 '0'을 입력합니다. 다시 **[서식]** 버튼을 클릭하여 셀 서식을 '굵게'와 '파랑'으로 지정합니다.

> **Note**
>
> **조건부 서식 제거하기**
>
> 적용한 조건부 서식을 제거하려면 '조건부 서식' 대화상자에서 **[삭제]** 버튼을 클릭합니다. 그러면 '삭제' 대화상자를 이용해서 원하는 조건을 선택적으로 삭제할 수 있습니다.

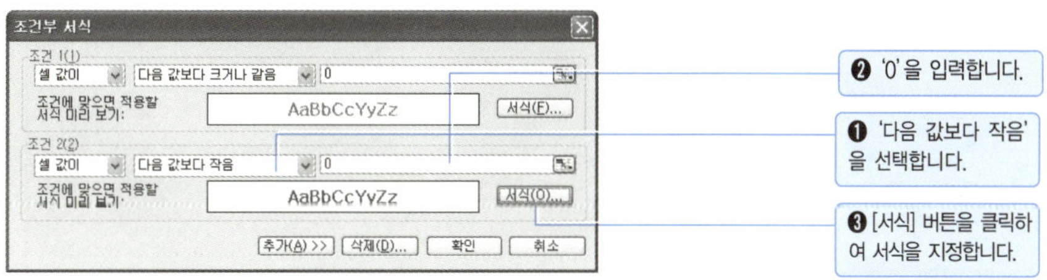

6. 블록으로 지정된 범위에 입력된 내용의 값이 양수인 셀에는 빨간색, 음수인 셀에는 파란색 글꼴 색상이 적용됩니다.

	A	B	C	D	E	F	G	H
1	관심 종목 주식 시세 현황							
2	종 목 - A							
3	날짜	시가	최고	최저	종가	전일대비	거래량	
4	07월 02일	1,264	1,482	1,126	1,354	90	12,345	
5	07월 03일	1,300	1,240	1,164	1,220	- 80	25,500	
6	07월 04일	1,250	1,640	1,100	1,480	230	20,120	
7	07월 05일	1,560	1,480	1,324	1,425	- 135	32,012	
8	07월 06일	1,420	1,100	1,582	1,484	64	10,245	
9								

Self test

그림과 같은 표를 만든 뒤에 근속년수가 5년 이상이면 셀 배경 색을 '연한 노랑'으로 5년 이하이면 셀 배경 색을 '연한 옥색'으로 표시되도록 지정해 보세요.

	A	B	C	D	E
1					
2	이름	부서	직위	근속년수	
3	강감찬	총무부	과장	7	
4	이순신	관리부	부장	2	
5	장보고	해외사업부	부장	9	
6	김유신	기획실	실장	3	
7					

현장실습 세금 계산서 만들기

엑셀을 사용하면서 가장 많이 접하게 되는 문서 가운데 하나가 바로 계산서나 견적서 등입니다. 하지만, 엑셀을 사용하여 원하는 모양의 계산서를 만드는 일은 그리 쉬운 일이 아닙니다. 지금 부터 엑셀을 이용하여 세금 계산서를 만들어 보겠습니다. 이 세금 계산서를 만들고 나면 어지간 한 모양의 표를 만드는 것은 아주 쉽게 느껴질 것입니다.

행/열 너비 지정하기

세금 계산서를 만들기에 앞서 각 행과 열의 크기를 적당히 조절해 봅시다.

1. [A:BH] 열을 블록으로 지정하고 열 너비 값을 '0.63' 으로 지정합니다.

2. 각 행의 높이는 다음 표와 같이 지정합니다.

행 번호	1	2~3	4	5~8	9	10~11	12	13~17	18, 21	19, 20
높이 값	10.5	18	24	12.6	24	15	21	18	5	8

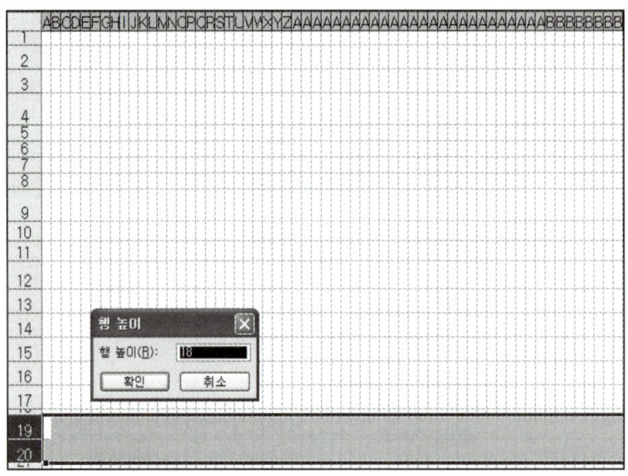

셀 병합하기

이번에는 셀을 병합하여 세금 계산시의 모양을 어렴풋하게나마 알아볼 수 있도록 꾸며 보겠습니다.

1. [A2:X3] 범위를 블록으로 지정한 후에 '병합하고 가운데 맞춤' (🔳) 아이콘을 클릭합 니다.

2. 같은 방법으로 그림에 표시된 부분에 '병합하고 가운데 맞춤'을 적용합니다.

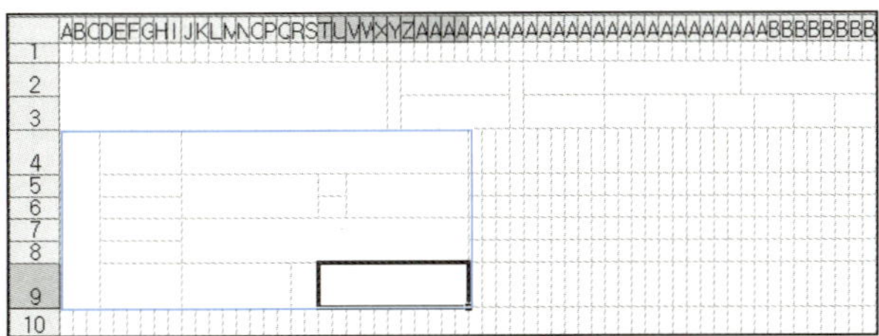

3. 계속해서 그림과 같이 공급자 표제란으로 사용될 칸에 '병합하고 가운데 맞춤'을 적용합니다.

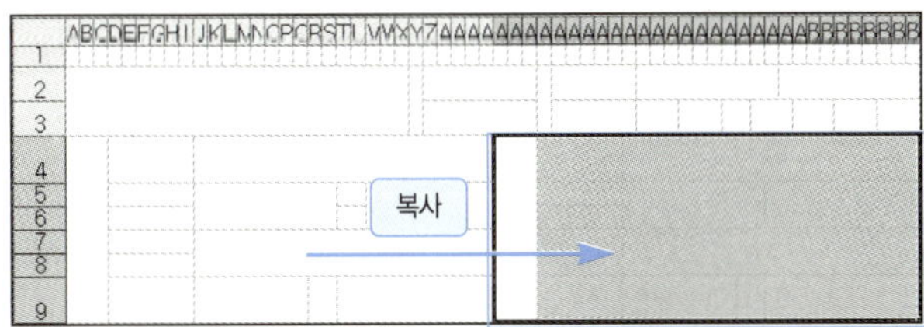

4. 공급자 표제란 범위 [A4:AD9]를 그림처럼 복사하여 붙여넣습니다.

5. [A10:BH12] 범위에 그림처럼 '병합하고 가운데 맞춤'을 적용합니다.

6. 나머지 셀들에도 '병합하고 가운데 맞춤'을 적용하여 그림과 같이 만듭니다.

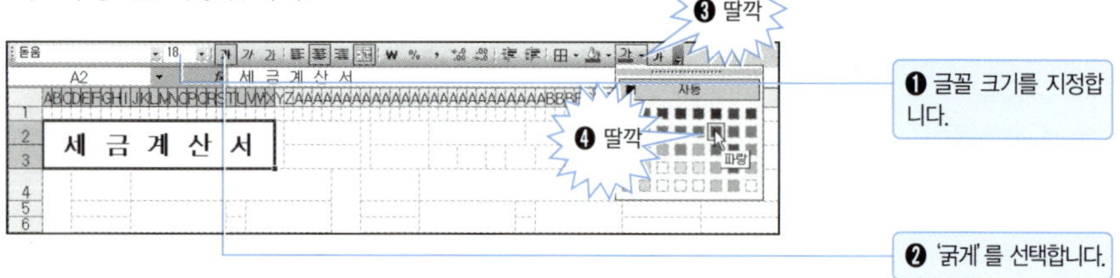

기본 내용 입력하기

다음에는 세금 계산서에 필요한 기본 내용을 입력해 봅시다.

1. A2 셀에 '세 금 계 산 서'라고 입력하고, 글꼴 크기를 '18', 글꼴 스타일 '굵게', 글꼴 색 '파랑'을 적용합니다.

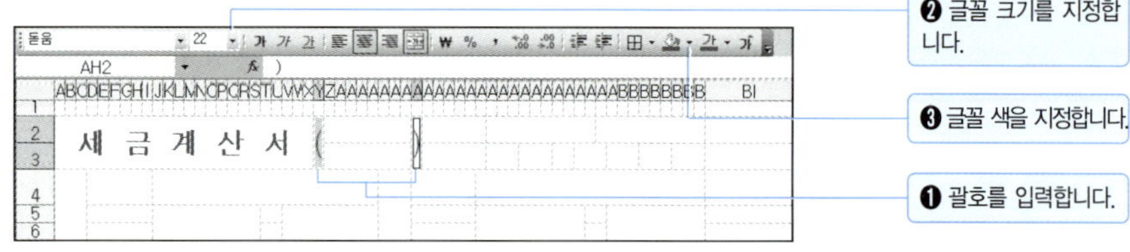

2. Y2와 AH2 셀에 각각 '(' 와 ')'를 입력하고 글자 크기 '22', 글꼴 색 '파랑'을 적용합니다.

3. 같은 방법으로 그림과 같이 내용을 입력한 후에 글꼴 서식을 지정합니다. 단, '권'과 '호'는 오른쪽으로 정렬합니다(글꼴 크기 : 9, 글꼴 색 : 파랑).

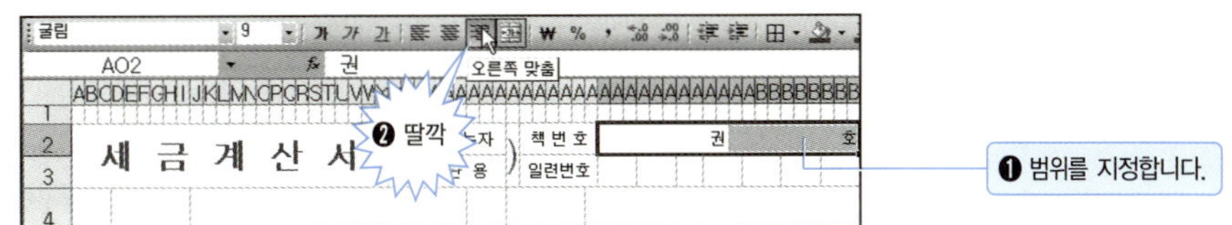

4. 이번에는 공급자 표제란 부분에 그림과 같이 내용을 입력한 후에 글꼴 서식을 지정합니다(글꼴 크기 : 8, 글꼴 색 : 파랑).

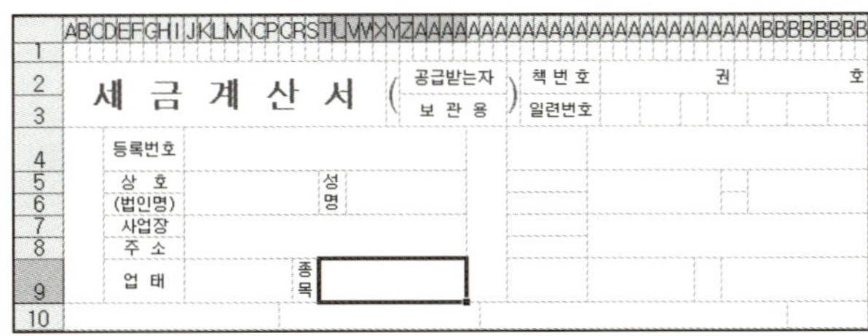

5. 표제란의 내용을 그림처럼 복사하여 붙여넣습니다.

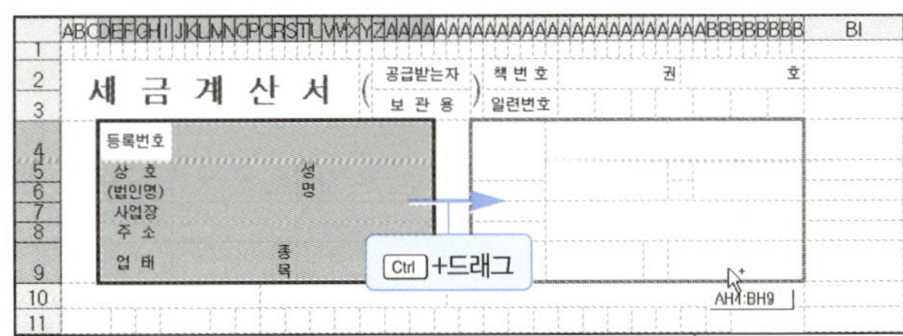

6. A4와 AE4 셀을 범위로 지정한 후에 바로 가기 메뉴의 [셀 서식]을 선택합니다.

7. 맞춤 탭을 선택하고 '방향' 옵션을 세로쓰기로 지정한 후에 [확인] 버튼을 클릭합니다.

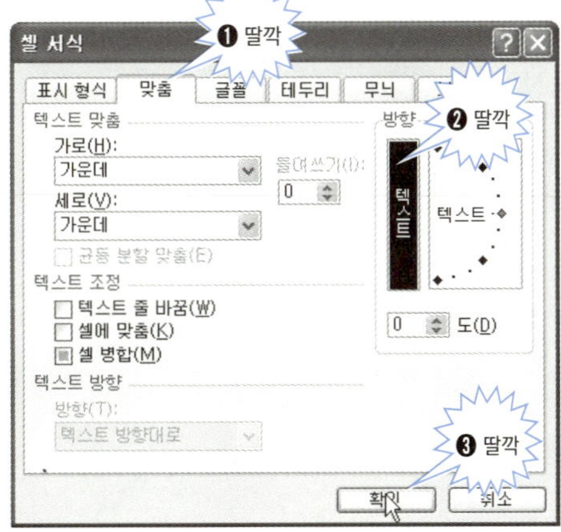

8. A4와 AE4 셀에 각각 '공급자' 와 '공급받는자' 라고 입력합니다.

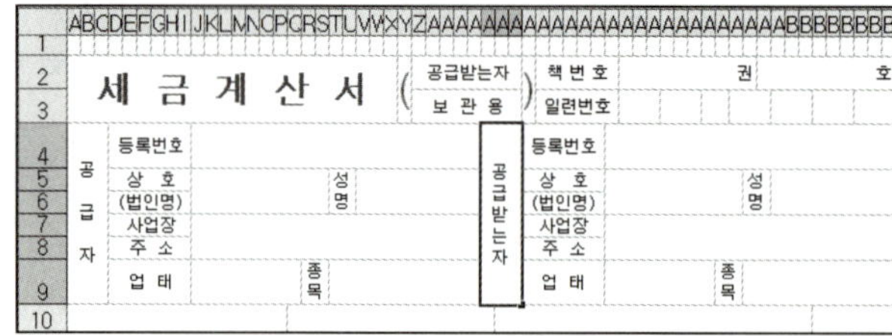

9. 나머지 셀에도 그림처럼 내용을 채워 넣습니다.

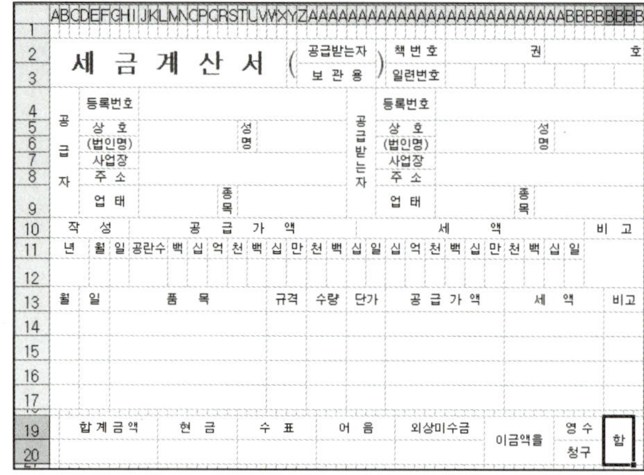

테두리 선 그리기

이제, 테두리 선만 그리면 세금 계산서가 완성됩니다. 순서대로 차근차근 따라해 보세요.

1. [A2:AH3] 범위를 블록으로 지정한 후에 바로 가기 메뉴의 **[셀 서식]**을 선택합니다.

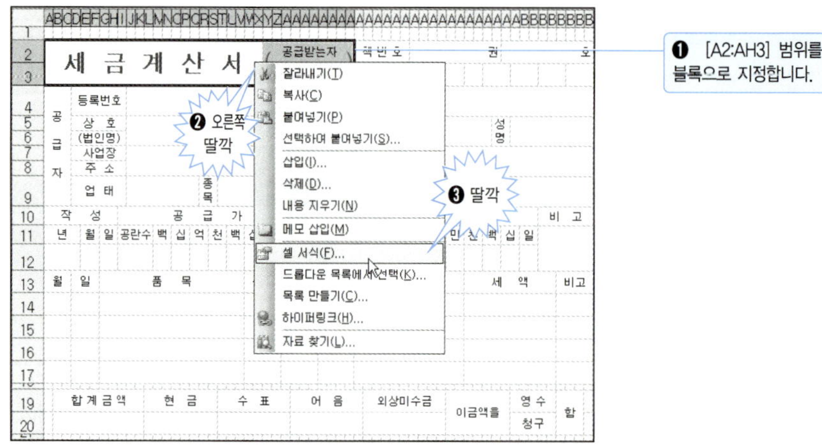

2. 테두리 탭을 선택하고 선 색을 '파랑' 으로 지정합니다. (────)와 '윤곽선' (⊞) 아
이콘을 순서대로 누른 후에 **[확인]** 버튼을 클릭합니다.

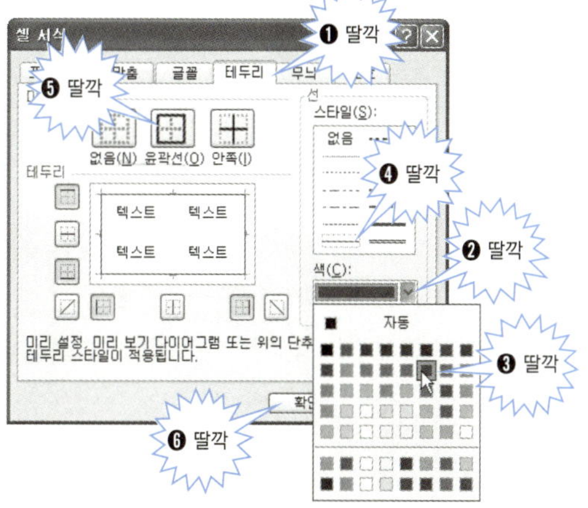

3. 키보드의 Ctrl 키를 이용하여 그림처럼 각각의 범위를 블록으로 지정한 후에 바로
가기 메뉴의 **[셀 서식]**을 선택합니다.

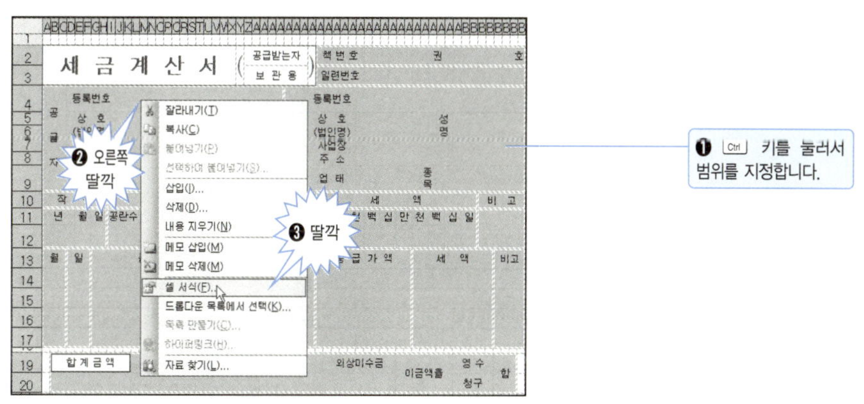

4. (────)와 '윤곽선' (⊞) 아이콘, 그리고 (┄┄┄)와 '안쪽' (田) 아이콘을 순서대
로 클릭합니다. **[확인]** 버튼을 클릭합니다.

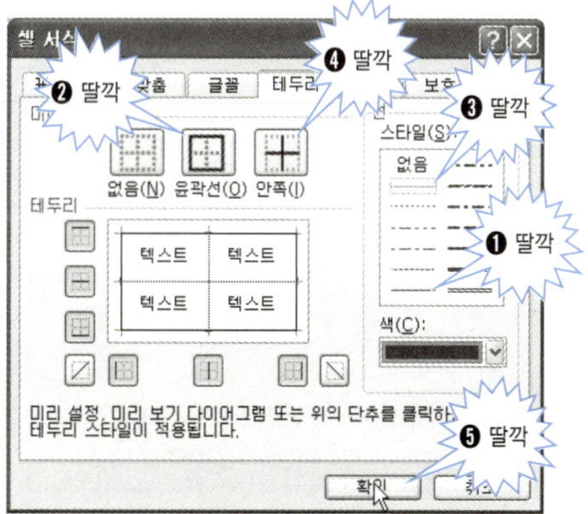

5. 그림과 같이 각각의 범위를 블록에 추가한 뒤에 바로 가기 메뉴의 [**셀 서식**]을 선택합니다.

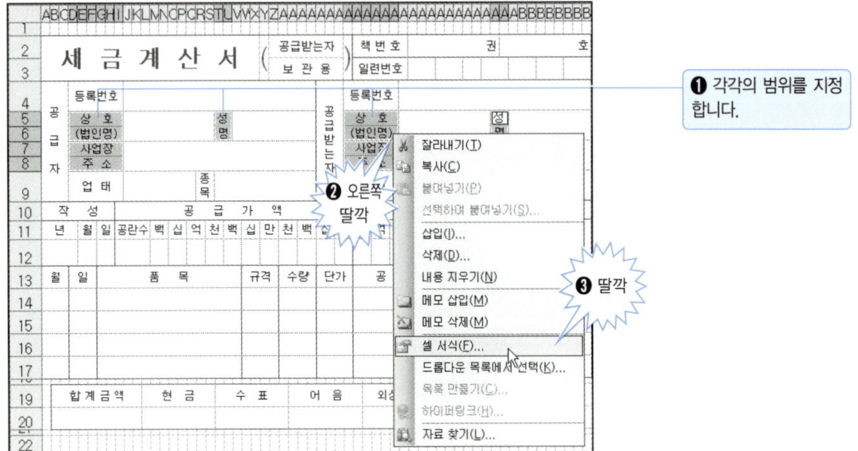

6. 선 스타일 목록에서 '없음' 을 선택하고 (囲)을 클릭한 후에 [**확인**] 버튼을 클릭합니다.

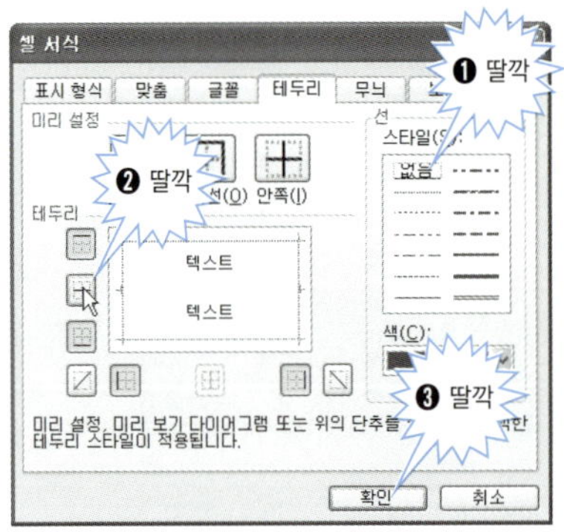

7. [A2:BH21] 범위를 블록으로 지정한 후에 바로 가기 메뉴의 [**셀 서식**]을 선택합니다.

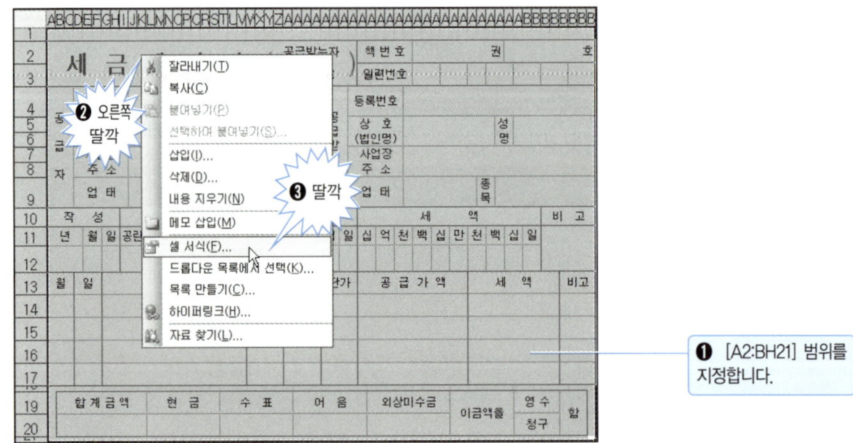

8. (━━━━)과 '윤곽선' (▦)아이콘을 누른 후에 **[확인]** 버튼을 클릭합니다.

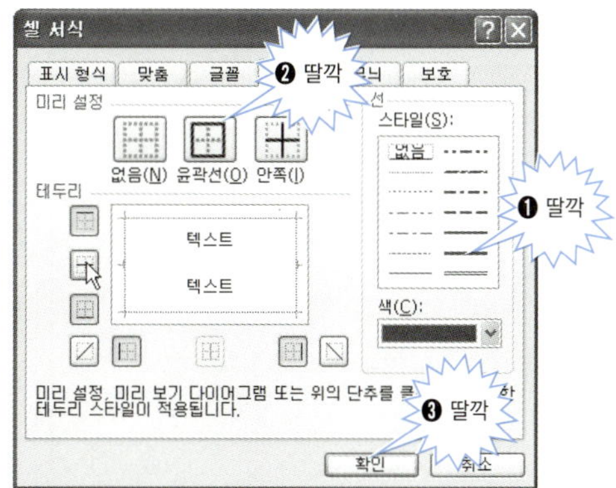

9. 블록 지정을 해제하면 완성된 세금 계산서를 확인할 수 있습니다.

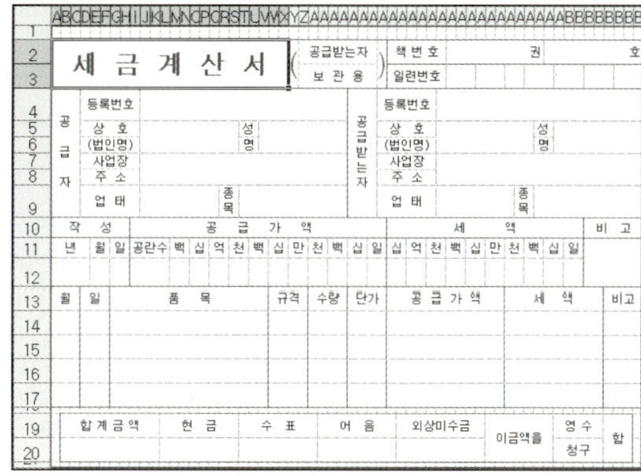

눈금선 숨기기

화면 가득 표시되어 있는 눈금선 때문에 화면이 지저분해 보입니다. 이번에는 이 눈금선을 화면에서 숨겨 보도록 하겠습니다.

1. **[도구]–[옵션]** 메뉴를 선택합니다.

2. 화면 표시 탭을 선택하고 '눈금선' 옵션의 선택을 해제한 후에 **[확인]** 버튼을 클릭합니다.

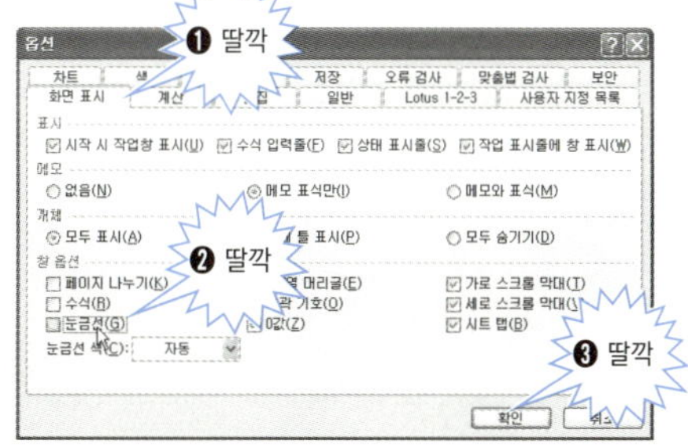

3. 눈금선이 사라지고 깔끔한 배경의 세금 계산서가 만들어집니다.

세 금 계 산 서 (공급받는자 보 관 용)	책 번 호		권		호
	일련번호				

공급자	등록번호					공급받는자	등록번호			
	상 호 (법인명)		성명				상 호 (법인명)		성명	
	사업장 주 소						사업장 주 소			
	업 태		종목				업 태		종목	

작 성			공 급 가 액										세 액								비 고
년	월	일	공란수	백	십	억	천	백	십	만	천	백	십	일	십	억	천	백	십	만	천	백	십	일

월	일	품 목	규격	수량	단가	공 급 가 액	세 액	비고

합 계 금 액	현 금	수 표	어 음	외상미수금	이금액을	영 수	합
						청구	

서식 파일로 저장하기

완성된 세금 계산서를 서식 파일로 저장합니다.

1. [파일]–[다른 이름으로 저장] 메뉴를 클릭합니다.

2. 파일 형식에서 '서식 파일'을 선택하고 파일 이름을 '세금계산서'로 입력한 후에 [저장] 버튼을 클릭합니다.

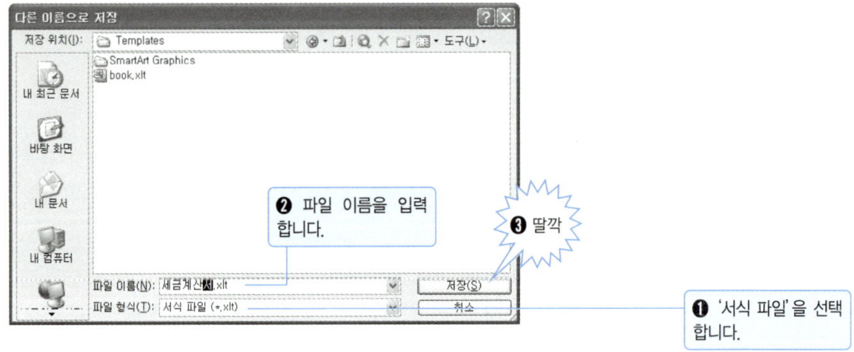

실무 활용 연습

EX 1 강의 시간표 만들기

[지시 사항]

1. [A1:K1] 영역에 '병합하고 가운데 맞춤'을 적용하세요.
2. 제목 글꼴은 '휴먼옛체', 글자 크기는 '18', 글자 스타일은 '굵게', 글꼴 색은 '남색'으로 지정하세요.
3. [A2:A4]와 [A5:A6], [A7:A8], [A9:A10], [A11:A12], [A13:A14] 셀에 각각 '병합하고 가운데 맞춤'을 적용하세요.
4. [A5:A14] 범위는 보라색으로 채우고 글꼴 색은 흰색을 적용하세요.
5. [B2:K2] 범위는 남색으로 채우고 글꼴 색은 흰색으로 적용하세요.
6. 그림과 같은 모양으로 셀을 병합하여 각 과목의 이름과 강사이름 그리고 강의실 이름을 입력하세요.
7. 과목 이름과 강사 이름에는 보라색, 강의실 이름에는 파란색을 적용하세요.
8. 표의 각 항목이 잘 구분되도록 테두리를 표시하세요.
9. 셀 눈금선에 표시되지 않도록 설정하세요.
10. 완성된 표는 '강의 시간표.xls'로 저장하세요.

EX 2 간이 견적서 만들기

[지시 사항]

1. [B2:O2] 범위에 '병합하고 가운데 맞춤'을 적용하고 제목을 입력하세요.
2. 제목 글꼴은 'HY헤드라인M', 글자 크기는 '14'를 적용하세요.
3. [C4:C7]과 [I4:I7] 범위에 '병합하고 가운데 맞춤'을 적용하고 텍스트 방향을 세로로 설정하여 내용을 입력하세요.
4. 그림에 보이는 대로 내용을 입력하고 셀들을 적절히 병합하세요.
5. [B2:O21] 범위를 지정하고 외곽선 테두리로 이중 실선을 적용하세요.
6. [C4:N8] 범위를 지정하고 외곽선 테두리는 진한 실선, 안쪽 테두리는 가는 실선을 적용한 후에 배경을

'연한 녹색'으로 채우세요.

❼ 공급자와 합계의 경계선을 진한 실선으로 설정하세요.

❽ [C10:N10], [C11:C20] 범위를 지정하고 내용은 가운데 정렬, 셀 배경 색은 '청회색', 글꼴 색은 '흰색'을 적용하세요.

❾ [E11:K20] 범위를 지정하고 텍스트 맞춤에서 '왼쪽 들여쓰기'를 선택한 후에 들여쓰기 값 '1'로 설정하세요.

❿ [L11:L20] 범위에 '쉼표 스타일'을 적용하고 셀 값이 '150,000~199,999' 사이일 때는 파란색, '200,000' 이상일 때는 빨간색으로 표시되도록 조건부 서식을 적용하세요.

EX 3 이력서 만들기

사 진	이 력 서				
	성 명			(인)	주민등록번호
	생년월일				(만 세)
현 주 소					
호적관계	호주와의 관계			호주성명	

년	월	일	학력 및 경력사항	발령청
			- 자격사항 -	
			- 이하여백 -	
			위와 같이 틀림없음을 확인함.	
			2007년 08월 20일	
			(인)	

[지시 사항]

❶ 그림처럼 이력서의 각 내용을 입력하고 글꼴과 글꼴 크기 등을 지정하세요.

❷ 그림과 같은 모양이 되도록 셀을 병합하고 정렬 형식을 지정하세요.

❸ 이력서의 각 부분에 그림과 같은 모양이 되도록 테두리를 그리세요.

❹ 화면에 지저분하게 표시되는 눈금선을 숨기세요.

워크시트의 편집과 인쇄

실무에서 사용하는 통합문서들은 대부분 여러 개의 워크시트로 이뤄져 있으며 각각의 워크시트마다 저마다의 내용에 맞춘 이름들도 가지고 있게 마련입니다. 따라서 서로 연관되어 있는 시트를 통합 문서 안에서 적절히 관리하는 방법을 알고 있어야 합니다. 이번 장에서는 워크시트를 추가하거나 삭제하고, 이동, 복사하는 등의 방법에 대해 알아봅니다. 또 문서를 보기 좋게 인쇄하는 방법에 대해서도 함께 알아봅니다.

04-1   워크시트의 선택과 이름 바꾸기

04-2   워크시트의 삽입과 삭제

04-3   워크시트의 이동과 복사

04-4   워크시트 화면 표시/창 나누기/창 정렬

04-5   페이지 설정하기

04-6   페이지 나누기

04-7   워크시트 인쇄하기

현장 실습   수식 매매 및 시세 현황표 인쇄하기

실무 활용 연습

실습 예제 미리 보기 | 주식 매매 및 시세 현황표 인쇄하기

문서가 보기 좋게 인쇄될 수 있도록 설정한 다음, 인쇄될 문서의 모양을 미리 보기를 통해 확인합니다.

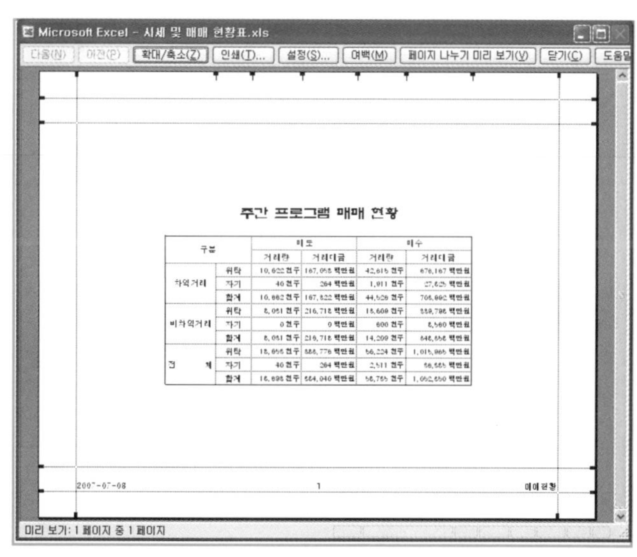

04-1 워크시트의 선택과 이름 바꾸기

워크시트 선택하기

- **연속되어 있는 여러 개의 시트 선택** : 첫 번째 시트를 선택한 후에 [Shift] 키를 누른 채로 마지막 시트를 클릭합니다.

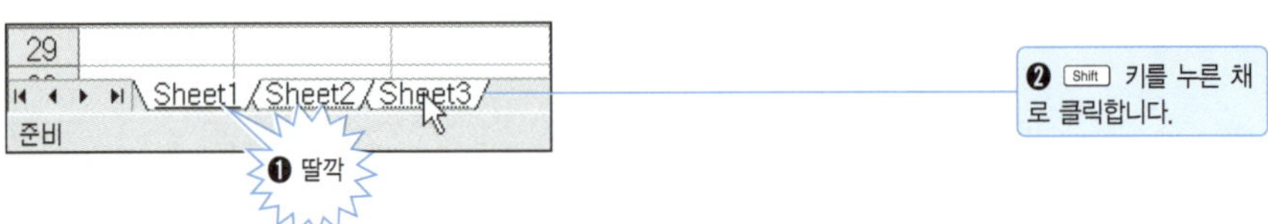

- **떨어져 있는 여러 개의 시트 선택** : 첫 번째 시트를 선택한 후에 [Ctrl] 키를 누른 상태에서 시트 탭들을 차례대로 클릭합니다.

- **모든 시트 선택** : 시트 탭에서 바로 가기 메뉴를 불러온 후에 **[모든 시트 선택]**을 선택합니다.

워크시트 이름 바꾸기

- **메뉴 이용하기** : [서식]–[시트]–[이름 바꾸기] 메뉴를 선택합니다.
- **바로 가기 메뉴 이용하기** : 시트 탭에서 바로 가기 메뉴의 **[이름 바꾸기]**를 선택합니다.
- 이름을 바꿀 시트 탭을 더블클릭한 후에 새로운 이름을 입력하고 [Enter↵] 키를 누릅니다.

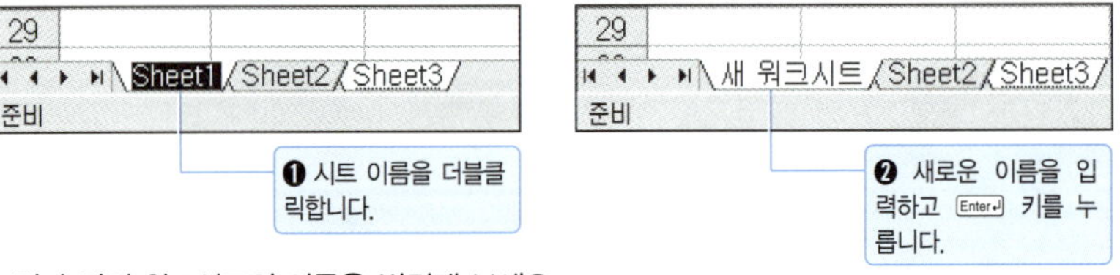

그림과 같이 워크시트의 이름을 변경해 보세요.

워크시트를 모두 선택한 후에 데이터를 그림과 같이 데이터를 입력해 보세요.

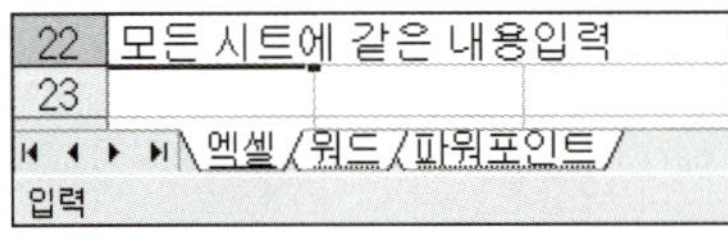

04-2 워크시트의 삽입과 삭제

워크시트 삽입하기

- **메뉴 이용하기** : [삽입]–[워크시트] 메뉴를 선택합니다.
- **바로 가기 메뉴 이용하기** : 시트 탭에서 바로 가기 메뉴의 **[삽입]**을 선택합니다. 이때 '삽입' 대화상자가 표시되는데, 여기에서 'Worksheet'를 선택하고 **[확인]** 버튼을 클릭합니다.

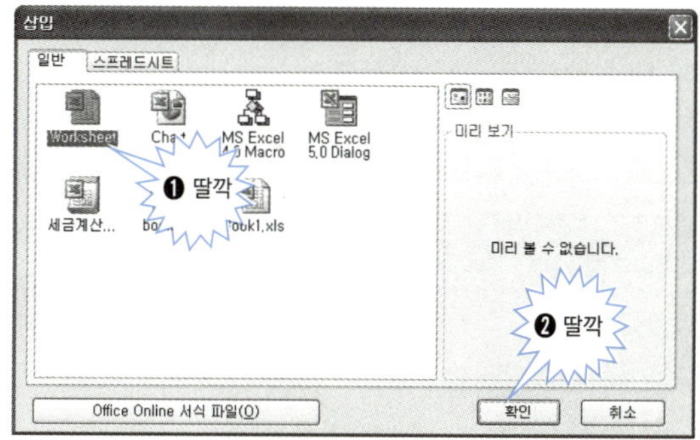

- **단축키 이용하기** : [Shift] + [F11]
- 워크시트를 삽입하면 선택한 시트의 왼쪽에 삽입됩니다. 이때 삽입된 워크시트의 이름은 'Sheet' 뒤에 4, 5와 같은 일련번호가 순서대로 붙습니다.

워크시트 삭제하기

- **메뉴 이용하기** : 삭제할 시트를 선택한 후에 [편집]–[시트 삭제] 메뉴를 선택합니다.
- **바로 가기 메뉴 이용하기** : 선택한 시트에서 바로 가기 메뉴를 불러온 후에 **[삭제]**를 선택합니다. 이때, '삭제' 대화상자가 표시되는데 여기에서 **[확인]** 버튼을 클릭합니다.

그림과 같이 Sheet3 워크시트의 왼쪽에 Sheet4를 삽입해 보세요.

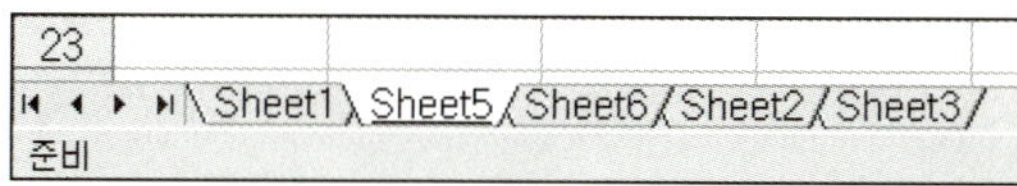

앞서 삽입했던 워크시트를 삭제한 후에 Sheet1과 Sheet2를 선택한 상태에서 새로운 워크시트를 삽입해 보세요.

04-3 | 워크시트의 이동과 복사

메뉴로 워크시트 이동/복사하기

복사하거나 이동할 워크시트를 선택한 후에 **[편집]–[시트 이동/복사]** 메뉴를 선택합니다.
또는, 시트 탭의 바로 가기 메뉴에서 **[이동/복사]**를 선택합니다.

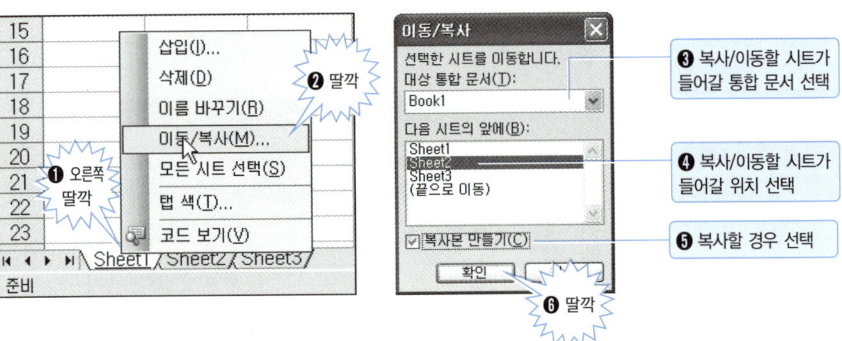

마우스로 워크시트 이동/복사하기

- **이동** : 이동할 워크시트를 선택한 후에 원하는 위치로 드래그 & 드롭합니다.

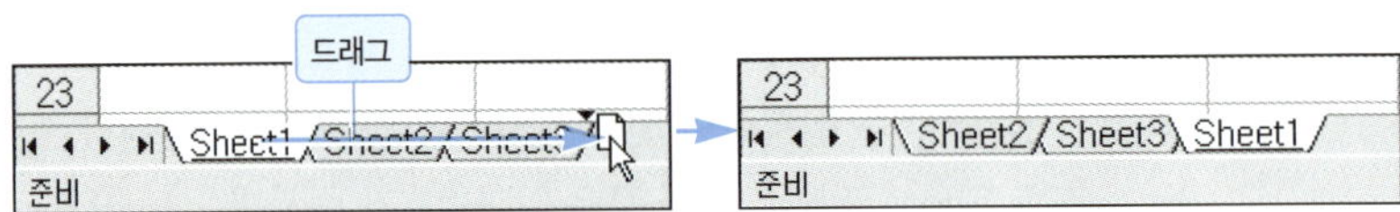

- **복사** : 복사할 워크시트를 선택한 후에 Ctrl 키를 누른 상태에서 원하는 위치로 드래그 & 드롭합니다.

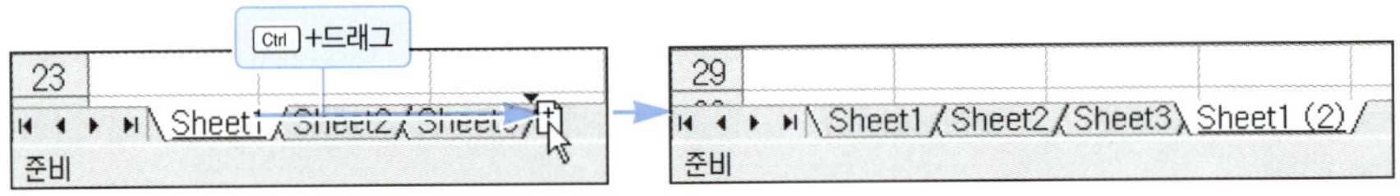

그림과 같이 연속된 두 개의 시트를 선택하여 이동해 보세요.

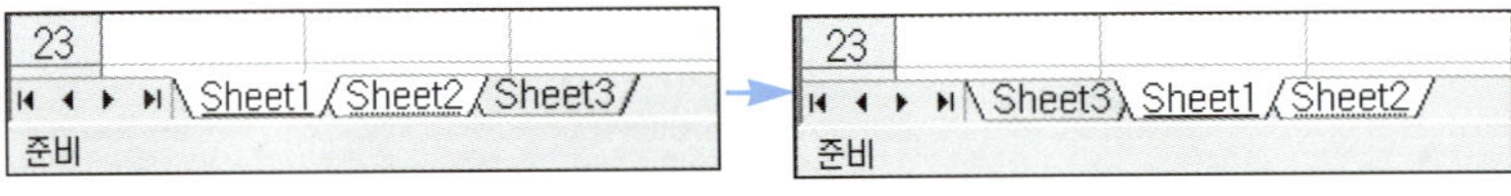

이동시킨 두 개의 워크시트를 다시 원래 위치로 이동시킨 후에 다시 그림과 같이 시트를 복사해 보세요.

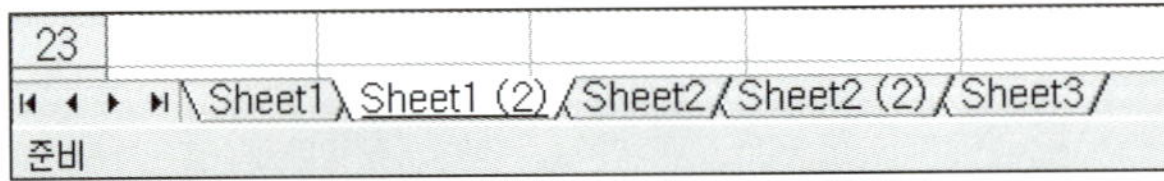

04-4 워크시트 화면 표시/창 나누기/창 정렬

화면 확대/축소하기

- **메뉴 이용하기** : [보기]–[확대/축소] 메뉴를 선택한 후에 '확대/축소' 대화상자에서 화면 배율을 선택합니다.

> 워크시트 창을 선택한 범위에 맞게 조절합니다.

> 직접 확대/축소 배율을 입력합니다.

- **도구 모음 이용하기** : '확대/축소' (100% ▼) 아이콘 목록에서 화면 배율을 선택합니다.

창 나누기

- **[창]–[나누기]** 메뉴를 선택하면 현재 셀 포인터가 있는 셀을 중심으로 워크시트가 네 개의 창으로 나누어집니다. 이때, 창이 나눠지는 기준 선은 현재 셀의 왼쪽과 위쪽 선이 됩니다.

	A	B	C	D	E	F
1						
2	강의 시간표					
3						
4		월	화	수	목	
5	1교시	엑셀	파워포인트	워드	엑셀	
6	2교시	워드	포토샵	동영상편집	파워포인트	
7	3교시	UCC	웹 미디어	엑셀	플래시	
8						

> 창 구분선을 드래그하면 창 크기를 조절할 수 있습니다.

- **[창]–[나누지 않음]** 메뉴를 선택하면 창 나누기가 해제됩니다.
- 가장 위쪽 행(1행)에 셀 포인터를 위치시킨 후에 창 나누기를 실행하면 수식으로만 창이 나눠지고, 가장 왼쪽 열(A열)에 셀 포인터를 위치시킨 후에 창 나누기를 실행하면 수평으로만 창이 나눠집니다.

Self test

창 나누기 기능을 이용하여 그림과 같이 수평 나누기와 수직 나누기를 실행해 보세요.

	A	B	C
1			
2			
3			
4			
5			

	A	B	C
1			
2			
3			
4			
5			

Note

최대 최소 배율
워크시트에 적용할 수 있는 최대 배율은 400%이고, 최소 배율은 10%입니다.

Note

워크시트만 표시하기
[보기]–[전체 화면] 메뉴를 선택하면 메뉴나 도구 모음 등이 숨겨진 상태로 워크시트만 화면에 꽉 차게 표시됩니다.

Note

화면 배율과 창 나누기
화면 배율을 조절하거나 창 나누기를 하여 화면이 나눠지는 것은 화면에서만 그렇게 표시될 뿐 인쇄할 때에는 전혀 영향을 미치지 않습니다.

Note

창 나누기 취소
창 나누기를 하여 화면에 표시된 창 구분선을 행/열 머리글로 드래그하거나 더블클릭해도 창 구분선이 사라집니다.

창 정렬하기

[창]-[정렬] 메뉴를 선택한 후에 '창 정렬' 대화상자에서 정렬 형태를 지정하면 여러 통합문서 창을 원하는 형태로 정렬시킬 수 있습니다.

Self test

임의의 문서들을 불러온 후에 그림과 같이 창을 정렬해 보세요.

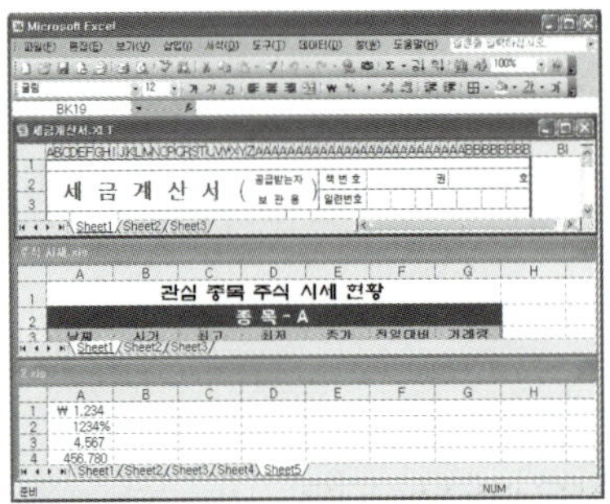

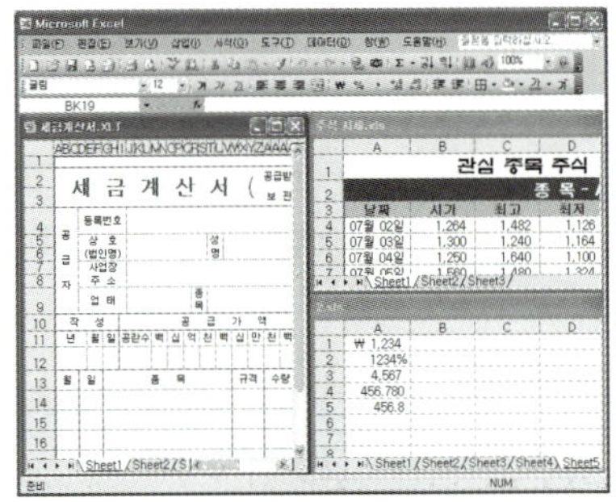

틀 고정

• 틀을 고정할 행의 아래나 열의 오른쪽 셀을 선택한 후에 **[창]-[틀 고정]** 메뉴를 선택합니다.

• 틀 고정을 취소하려면 **[창]-[틀 고정 취소]** 메뉴를 선택합니다.

• 틀 고정이 실행되면 고정선이 표시되며, 고정선이 표시된 왼쪽과 위쪽은 셀 이동에 상관없이 상항 워크시트에 표시됩니다.

Self test

'미국의 경제 성장률 추이.xls' 파일을 불러온 후에 A 열과 4 행이 표시되도록 틀 고정을 실행해 보세요.

A	B	C	D	E	F	G	H	I	J	K
	2005년	2006년					2007년			
			1사분기	2사분기	3사분기	4사분기	1사분기	2사분기	3사분기	
+실 질 G D P	3.8	0.3	△0.6	△1.6	△0.3	2.7	5	1.3	4	
+민 간 소 비	4.4	2.5	2.4	1.4	1.5	6	3.1	1.8	4.1	
+정 부 지 출	2.7	3.7	5.7	5.6	△1.1	10.5	5.6	1.4	3.1	
+민 간 투 자	0.2	△10.7	△19.7	△17.6	△5.2	△17.3	18.2	7.9	3.1	
+수 출	9.7	△5.4	△6.0	△12.4	△17.3	△9.6	3.5	14.3	3.3	
+수 입	13.2	△2.9	△7.9	△6.8	△11.8	△8.3	8.5	22.2	2.3	

원하는 모양의 차트를 쉽게 만들 수 있습니다

04-5 페이지 설정하기

[파일]–[페이지 설정] 메뉴를 선택하면 '페이지 설정' 대화상자가 표시됩니다. 이 대화상자를 이용하면 여러 가지 인쇄 옵션을 지정할 수 있습니다.

• **페이지** : 용지 방향이나 확대/축소 배율, 용지 크기, 인쇄 품질, 시작 페이지 등의 옵션을 설정합니다.

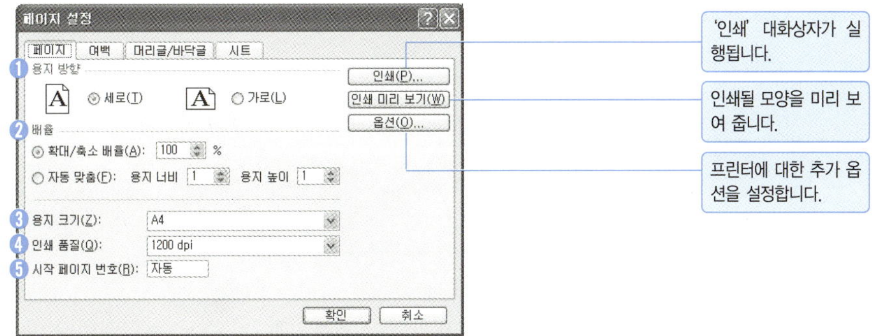

❶ **용지 방향** : 문서가 인쇄될 용지의 방향을 설정합니다.

❷ **배율**

• **확대/축소 배율** : 문서의 크기를 확대하거나 축소해서 인쇄합니다. 10~400%까지 축소하거나 확대할 수 있습니다.

• **자동 맞춤** : 지정한 용지의 크기나 페이지 수에 맞춰 문서의 확대/축소 배율을 자동으로 조절됩니다.

❸ **용지 크기** : 인쇄 용지의 크기를 지정합니다.

❹ **인쇄 품질** : 인쇄의 해상도를 지정합니다.

❺ **시작 페이지 번호** : 인쇄할 때 처음 출력되는 페이지의 번호를 지정합니다. 기본 값은 1페이지입니다.

• **여백** : 용지의 상하좌우 여백 및 머리글과 바닥글의 여백을 설정합니다.

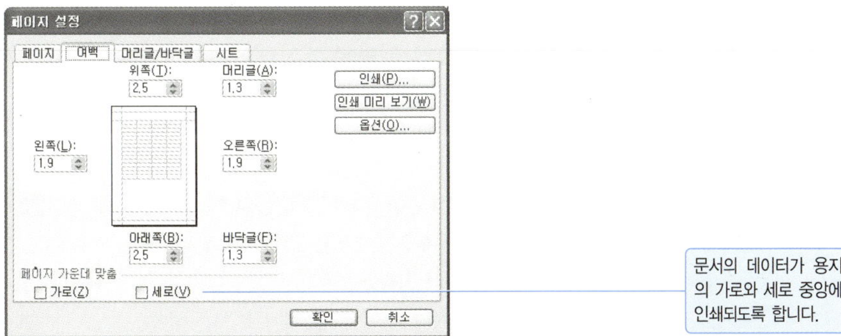

Note

머리글/바닥글 편집 도구

가 : 글꼴 설정

: 페이지 번호

: 전체 페이지 수

: 날짜

: 시간

: 경로와 파일 이름

: 현재 통합 문서 이름

: 현재 워크시트 이름

: 그림

: 그림 편집

• **머리글/바닥글** : 문서에 고정적으로 표시되는 머리글과 바닥글을 설정합니다.

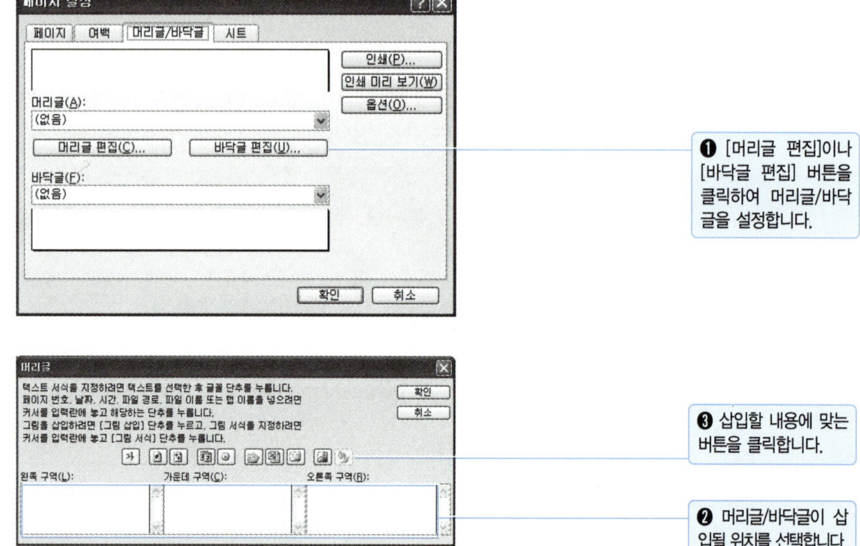

❶ [머리글 편집]이나 [바닥글 편집] 버튼을 클릭하여 머리글/바닥글을 설정합니다.

❸ 삽입할 내용에 맞는 버튼을 클릭합니다.

❷ 머리글/바닥글이 삽입될 위치를 선택합니다.

• **시트** : 인쇄 영역과 인쇄 제목, 페이지 순서, 눈금선이나 머리글의 인쇄 여부 등을 설정합니다.

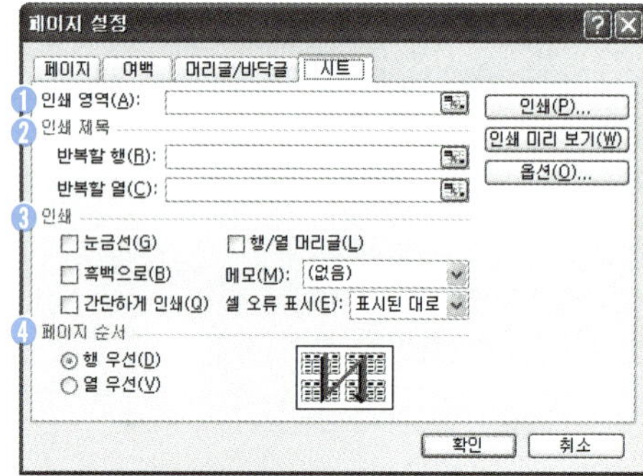

❶ **인쇄 영역** : 워크시트의 특정 영역만 인쇄하고 싶을 경우 인쇄할 범위를 지정합니다.

❷ **인쇄 제목** : 매 쪽마다 반복해서 인쇄할 행이나 열의 영역을 지정합니다.

❸ **인쇄**

• **눈금선** : 워크시트의 셀 구분선의 인쇄 여부를 선택합니다.

• **행/열 머리글** : 워크시트의 행과 열 머리글의 인쇄 여부를 선택합니다.

• **흑백으로** : 셀 서식에서 지정한 색을 무시하고 흑백으로 인쇄합니다.

• **메모** : 셀에 삽입한 메모의 인쇄 여부를 선택합니다.

• **간단하게 인쇄** : 셀 구분선이나 그림 등의 개체 등은 인쇄하기 않고 데이터만 인쇄합니다.

• **셀 오류 표시** : 셀에 오류가 있을 경우 어떻게 인쇄할 것인지 지정합니다.

❹ **페이지 순서** : 인쇄 방향을 설정합니다. 하나의 워크시트에 여러 행과 열이 있을 경우 인쇄 방향에 따라 쪽 번호 순서가 다르게 설정됩니다.

'이력서.xls' 문서를 불러온 후에 다음과 같이 설정해 보세요.

· 왼쪽과 오른쪽 여백을 '1.5' 로 지정합니다.

· 아래쪽 여백을 '2.5' 로 지정합니다.

· 이력서가 인쇄 용지의 정 중앙에 인쇄되도록 합니다.

· 확대/축소 배율을 '105%' 로 지정합니다.

· 바닥글을 삽입합니다(왼쪽 : 전체 페이지 수, 가운데 : 페이지 번호, 오른쪽 : 날짜).

<table>
<tr><td rowspan="2">사 진</td><td colspan="5" align="center">이 력 서</td></tr>
<tr><td>성 명</td><td>(인)</td><td colspan="2">주민등록번호</td></tr>
<tr><td colspan="6">생년월일 (만 세)</td></tr>
<tr><td colspan="6">현 주 소</td></tr>
<tr><td>호적관계</td><td colspan="2">호주와의 관계</td><td colspan="2">호주성명</td></tr>
<tr><td>년</td><td>월</td><td>일</td><td colspan="2">학력 및 경력사항</td><td>발령청</td></tr>
<tr><td colspan="6"> </td></tr>
<tr><td colspan="6"> </td></tr>
<tr><td colspan="6"> </td></tr>
<tr><td colspan="6"> </td></tr>
<tr><td colspan="6"> </td></tr>
<tr><td colspan="6"> </td></tr>
<tr><td colspan="6" align="center">- 자 격 사 항 -</td></tr>
<tr><td colspan="6"> </td></tr>
<tr><td colspan="6" align="center">- 이 하 여 백 -</td></tr>
<tr><td colspan="6"> </td></tr>
<tr><td colspan="6" align="center">위와 같이 틀림없음을 확인함.</td></tr>
<tr><td colspan="6" align="center">2007년 08월 20일</td></tr>
<tr><td colspan="6" align="right">(인)</td></tr>
</table>

전체 페이지 : 1   1   2007-07-08

04-6 페이지 나누기

데이터가 많은 경우에는 자동으로 페이지 구분이 되지만, 사용자의 필요에 따라 임의로 페이지를 구분하여 인쇄할 수도 있습니다.

페이지 나누기 실행하기

[삽입]–[페이지 나누기] 메뉴를 선택하면 현재 셀 포인터가 있는 셀을 기준으로 왼쪽과 오른쪽으로 페이지가 나눠지고 페이지 구분선이 표시됩니다.

	A	B	C	D	E	F	G	H	I	J	K
1				미국의 경제 성장률 추이							
2											
3		2005년	2006년				2007년				
4				1사분기	2사분기	3사분기	4사분기	1사분기	2사분기	3사분기	
5	•실 질 G D P	3.8	0.3	△0.6	△1.6	△0.3	2.7	5	1.3	4	
6	•민 간 소 비	4.4	2.5	2.4	1.4	1.5	6	3.1	1.8	4.1	
7	•정 부 지 출	2.7	3.7	5.7	5.6	△1.1	10.5	5.6	1.4	3.1	
8	•민 간 투 자	0.2	△10.7	△19.7	△17.6	△5.2	△17.3	18.2	7.9	3.1	
9											
10	•수 출	9.7	△5.4	△6.0	△12.4	△17.3	△9.6	3.5	14.3	3.3	
11	•수 입	13.2	△2.9	△7.9	△6.8	△11.8	△8.3	8.5	22.2	2.3	
12											
13											
14											

페이지 나누기 미리 보기

- [보기]–[페이지 나누기 미리 보기] 메뉴를 선택하면 페이지 단위로 문서를 볼 수 있습니다.
- 페이지 나누기 미리 보기를 실행하면 인쇄할 영역이 밝게 표시되고, 페이지 구분선과 페이지 번호 등이 함께 표시됩니다.

	A	B	C	D	E	F	G	H	I	J	K
1				미국의 경제 성장률 추이							
2											
3		2005년	2006년				2007년				
4				1사분기	2사분기	3사분기	4사분기	1사분기	2사분기	3사분기	
5	•실 질 G D P	3.8	0.3	△0.6	△1.6	△0.3	2.7	5	1.3	4	
6	•민 간 소 비	4.4	2.5	2.4	1.4	1.5	6	3.1	1.8	4.1	
7	•정 부 지 출	2.7	3.7	5.7	5.6	△1.1	10.5	5.6	1.4	3.1	
8	•민 간 투 자	0.2	△10.7	△19.7	△17.6	△5.2	△17.3	18.2	7.9	3.1	
9											
10	•수 출	9.7	△5.4	△6.0	△12.4	△17.3	△9.6	3.5	14.3	3.3	
11	•수 입	13.2	△2.9	△7.9	△6.8	△11.8	△8.3	8.5	22.2	2.3	
12											

'통신망 현황.xls' 문서를 불러와서 그림과 같이 페이지 나누기 미리 보기를 실행해 보세요.

	A	B	C	D	E	F	G	H
1								
2		구내통신망(LAN) 현황						
3		건물명			백본 구성 방식		포트수	단말기수
4					Ethernet(광케이블)		200	162
5		인터넷 회선 현황						
6		ISP 명			접속방식	접속속도	공인 IP주소 현황	
7		초고속국가망(한국통신)			전용회선	E1/2회선	210.123.456.X	
8		데이터 회선 현황						
9		연결기관명			접속방식	전송속도	용도	
10		서울대 규장각			데이터전용회선	E1	정보통합시스템	
11		한국정신문화원			데이터전용회선	E1	정보통합시스템	
12		민족문화추진회			데이터전용회선	E1	정보통합시스템	

04-7 워크시트 인쇄하기

인쇄 미리 보기

[파일]–[인쇄 미리 보기]를 선택하거나 도구 모음의 '인쇄 미리 보기'(🔍) 아이콘을 클릭합니다.

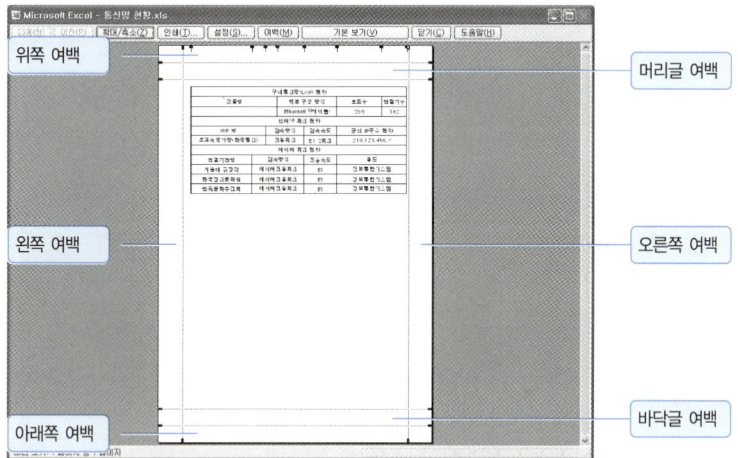

워크시트 인쇄하기

- **[파일]–[인쇄]** 메뉴를 선택하거나 도구 모음의 '인쇄'(🖨) 이이콘을 클릭합니다.
- '인쇄' 대화상자가 나타나면 인쇄 옵션을 설정한 후에 **[확인]** 버튼을 클릭합니다.

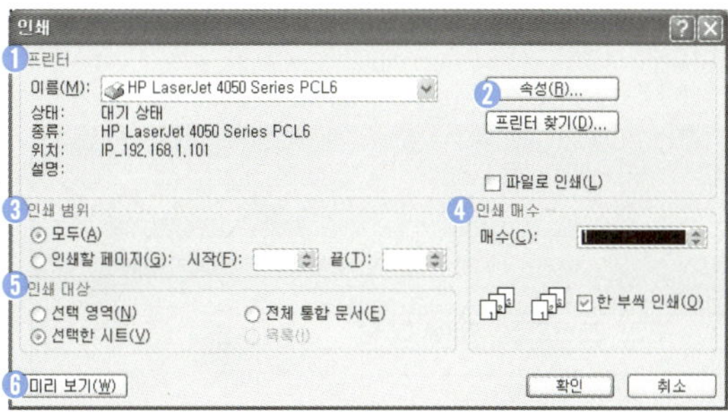

❶ **프린터** : 시스템에 설치된 프린터 중 인쇄 작업에 사용할 프린터를 선택합니다.

❷ **속성** : 프린터에 대한 옵션을 설정하는 '프린터 등록 정보' 대화상자가 표시됩니다.

❸ **인쇄 범위** : 문서 전체나 일부를 선택하여 인쇄합니다.

❹ **인쇄 매수** : 문서를 몇 매나 인쇄할 것인지 인쇄 매수를 지정합니다.

❺ **인쇄 대상** : 인쇄할 영역을 선택합니다.

❻ **미리 보기** : 인쇄 미리 보기 화면이 표시됩니다.

현장실습   주식 매매 및 시세 현황표 인쇄하기

워크시트를 편집하여 새로운 문서로 저장한 후에 문서가 보기 좋게 인쇄될 수 있도록 페이지 설정을 실행해봅시다. 페이지 설정이 끝나면 프린터로 출력해 보세요.

워크시트 편집하기

1. '매매 현황.xls'와 '주식 시세-1.xls' 문서를 불러온 후에 워크시트 창을 가로로 정렬합니다.

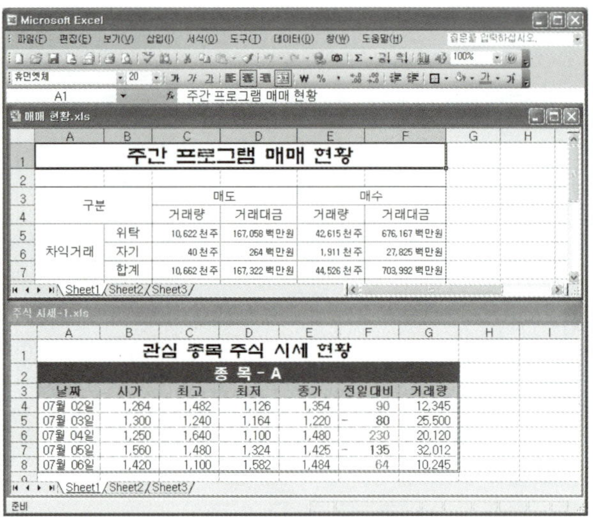

2. '매매 현황.xls' 문서의 Sheet1을 복사하여 '주식 시세-1.xls' 문서의 Sheet2 앞에 붙여 넣습니다.

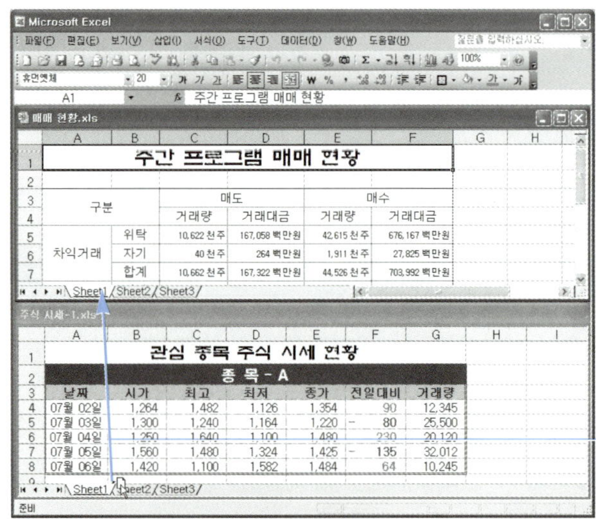

3. '매매 현황.xls' 문서를 닫은 후에 '주식 시세-1.xls' 문서의 제목 표시줄을 더블클릭하여 워크시트가 정상적인 형태로 보이도록 합니다.

4. Sheet1과 Sheet1(2)의 이름을 각각 '주식 시세'와 '매매 현황'으로 변경한 후에 '주식 매매 및 시세 현황표.xls' 문서로 저장합니다.

	A	B	C	D	E	F
1			주간 프로그램 매매 현황			
2						
3	구분		매도		매수	
4			거래량	거래대금	거래량	거래대금
5	차익거래	위탁	10,622 천주	167,058 백만원	42,615 천주	676,167 백만원
6		자기	40 천주	264 백만원	1,911 천주	27,825 백만원
7		합계	10,662 천주	167,322 백만원	44,526 천주	703,992 백만원
8	비차익거래	위탁	8,031 천주	216,718 백만원	13,609 천주	339,798 백만원
9		자기	0 천주	0 백만원	600 천주	8,560 백만원
10		합계	8,031 천주	216,718 백만원	14,209 천주	348,358 백만원
11	전　체	위탁	18,653 천주	383,776 백만원	56,224 천주	1,015,965 백만원
12		자기	40 천주	264 백만원	2,511 천주	36,385 백만원
13		합계	18,693 천주	384,040 백만원	58,735 천주	1,052,350 백만원

주식시세 \ 매매현황 / Sheet2 / Sheet3 /

시트 이름을 변경합니다.

페이지 설정하기

1. '주식 시세' 세트를 선택한 후에 [파일]-[페이지 설정]을 클릭하여 '페이지 설정' 대화 상자를 불러옵니다. 페이지 탭에서 인쇄 용지의 방향을 '가로', 용지 크기를 'Letter'로 설정하고 여백 탭을 클릭합니다.

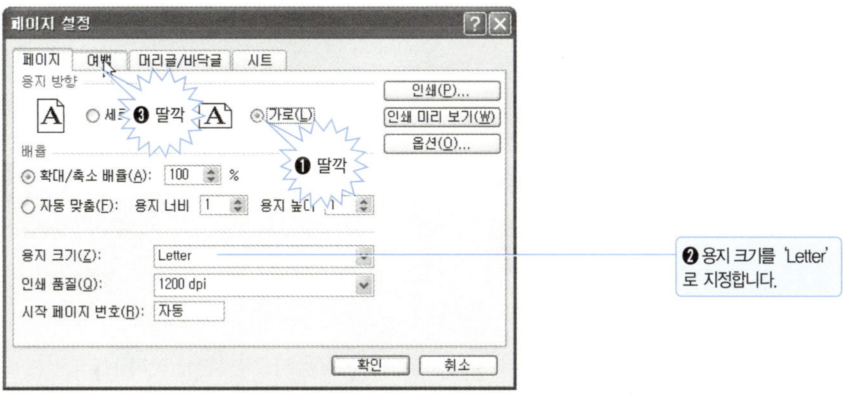

2. '페이지 가운데 맞춤' 의 '가로' 와 '세로' 옵션을 모두 선택한 후에 머리글/바닥글 탭을 클릭합니다.

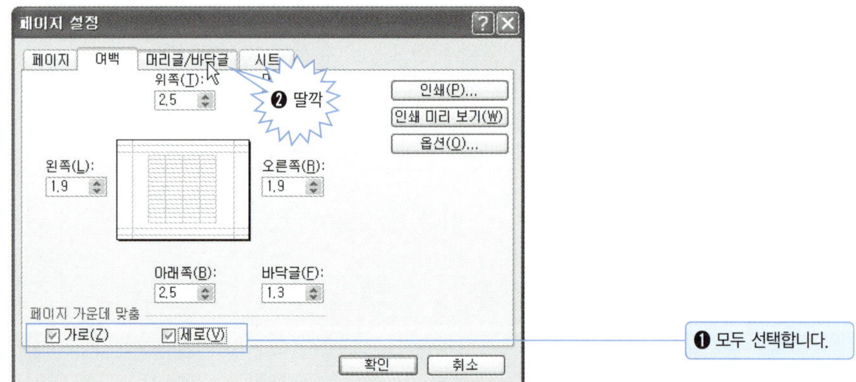

3. [바닥글 편집] 버튼을 클릭한 후에 '바닥글' 대화상자에서 왼쪽 구역에는 '날짜', 가운데 구역에는 '페이지 번호', 오른쪽 구역에는 '시트 이름'을 삽입합니다.

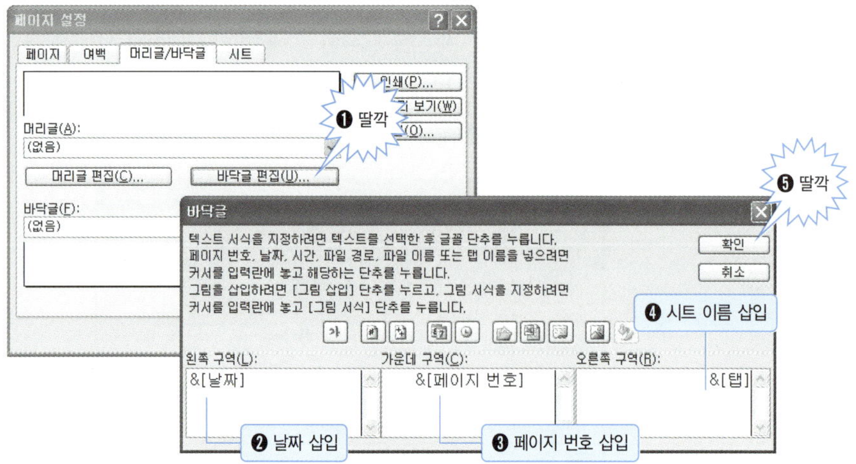

4. '페이지 설정' 대화상자로 돌아오면 [인쇄 미리 보기] 버튼을 클릭합니다.

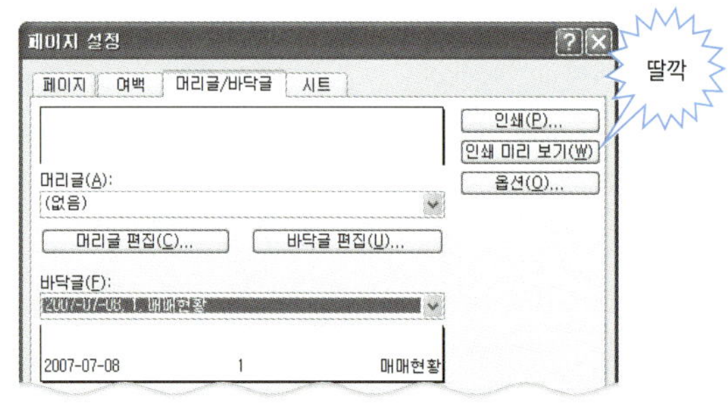

인쇄하기

1. 인쇄될 모양을 확인한 후에 **[인쇄]** 버튼을 클릭합니다.

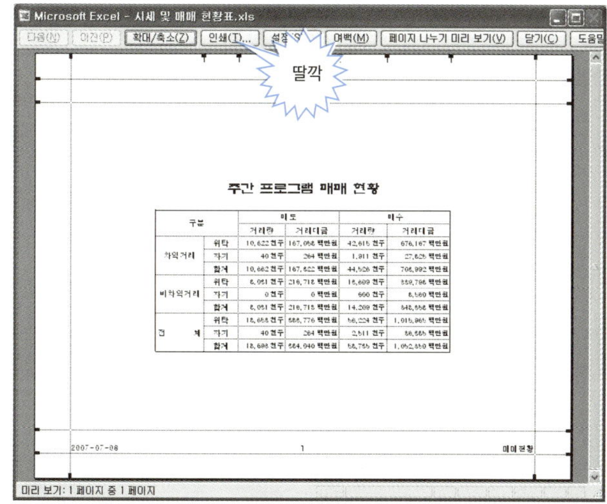

2. '인쇄' 대화상자가 나타나면 인쇄 범위에서 '인쇄할 페이지'를 선택합니다. 두 개의
입력상자에 각각 '1'을 입력하고 **[확인]** 버튼을 클릭합니다.

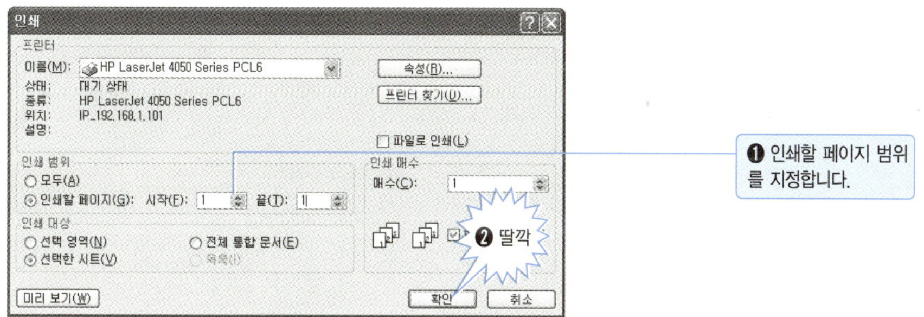

3. 컴퓨터에 연결된 프린터를 통해서 작성한 문서가 인쇄되어 나옵니다.

4. '매매 현황' 시트도 같은 방법으로 인쇄해 보세요.

실무 활용 연습

EX 1 페이지 나누어서 미리 보기

	A	B	C	D	E	F
1			**1차 에너지 소비량**			
2					(단위: 백만TOE, TOE2)	
3	국 가 명	에너지 총소비량		국 가 명	1인당 소비량	
4			순 위			순 위
5	미 국	2237	1	노 르 웨 이	9.29	1
6	일 본	514	2	아이슬란드	9	2
7	독 일	335	3	캐 나 다	8.6	3
8	캐 나 다	274	4	미 국	7.82	4
9	프 랑 스	255	5	한 국	4.14	15
10	한 국	224	6	영 국	4.04	16
11						
12			**석유 소비량**			
13					(단위 : 백만톤, 톤)	
14	국 가 명	에너지 총소비량		국 가 명	1인당 소비량	
15			순 위			순 위
16	미 국	895	1	이이슬란드	3.2	1
17	일 본	247	2	미 국	3.13	2
18	독 일	131	3	벨 기 에	3.02	3
19	한 국	103	4	한 국	2.18	6
20	프 랑 스	95	5	일 본	1.94	9
21	이 탈 리 아	92	6	프 랑 스	1.16	16
22						

[지시 사항]

❶ '에너지.xls' 문서를 불러오세요.
❷ '1차 에너지 소비량' 표와 '석유 소비량' 표를 별도의 페이지로 분리하세요.

EX 2 워크시트 인쇄하기

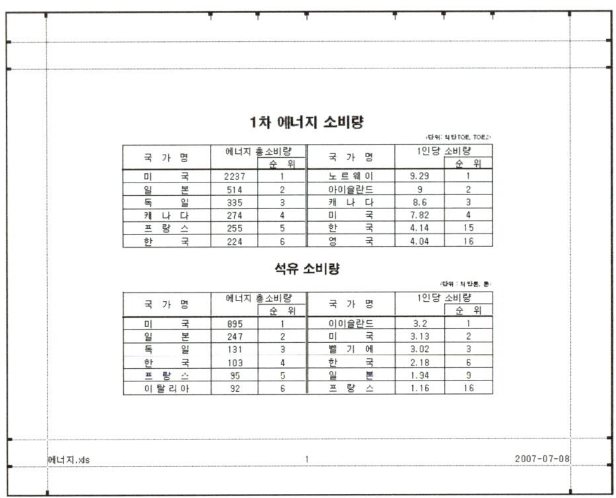

[지시 사항]

❶ 페이지 나누기를 해제하세요.
❷ 용지 방향은 '가로', 용지 크기는 'Letter'로 설정하세요.
❸ 표가 인쇄될 용지의 가운데에 인쇄되도록 설정하세요.
❹ 바닥글을 삽입하세요(왼쪽 구역 : 문서명, 가운데 구역 : 페이지 번호, 오른쪽 구역 : 날짜).
❺ 인쇄 미리 보기로 인쇄될 모양을 확인한 후에 출력하세요.

05

그래픽 요소의 삽입과 편집

엑셀에서는 문자와 숫자 데이터 이외에도 도형과 선, 그림, 클립 아트 등을 입력하여 문서의 가독성을 높이고 좀 더 보기 좋게 만들 수 있습니다. 이러한 그래픽 요소들은 워크시트와는 독립적으로 관리되며 셀의 크기나 데이터 의 위치와 무관하게 자유롭게 크기와 모양을 변경시킬 수 있습니다. 엑셀에서 제공하는 그래픽 기능과 그 사용 방 법에 대해 알아봅시다.

05-1   그리기 도구 모음 살펴보기

05-2   도형 그리기

05-3   도형 목록으로 도형 삽입하기

05-4   도형 이동하기와 복사하기

05-5   도형의 크기와 모양 조절하기

05-6   채우기 색과 무늬 지정하기

05-7   도형에 텍스트 입력하기

05-8   3차원 도형 만들기

05-9   그림자 효과 적용하기와 속성 설정하기

05-10   도형의 순서와 맞춤, 그룹화 설정하기

05-11   워드아트로 문자 그래픽 만들기

05-12   클립 아트 삽입하기

현장 실습   농활 멤버 모집 포스터 만들기

실무 활용 연습

실습 예제 미리 보기　　**농활 멤버 모집 포스터 만들기**

도형, 클립 아트, 워드아트 등의 그래 픽 개체를 이용하여 엑셀 문서를 작성 합니다.

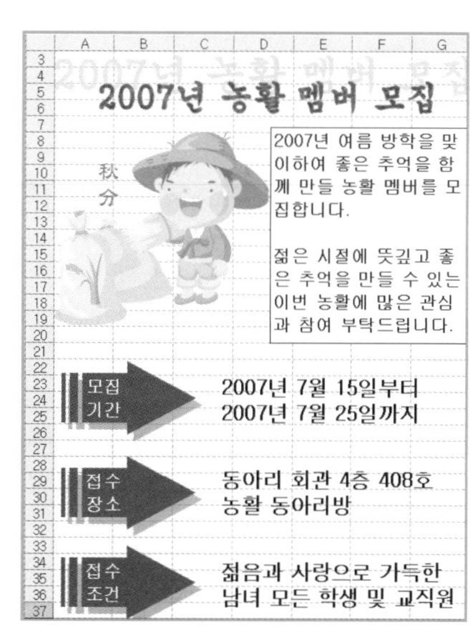

05-1 그리기 도구 모음 살펴보기

엑셀에서는 그리기 도구 모음을 이용하여 직접 도형을 그리거나 편집할 수 있습니다. 그리기 도구 모음을 이용하면 간단한 도형을 그릴 수 있을 뿐만 아니라 도형이나 그림들을 다루는 데에도 아주 유용하게 사용할 수 있습니다.

- [보기]-[도구 모음]-[그리기] 메뉴를 선택하면 그리기 도구 모음을 표시됩니다. 또는, 표준 도구 모음에 있는 '그리기'(🔳) 아이콘을 클릭해도 됩니다.
- 그리기 도구 모음을 숨기려면 [보기]-[도구 모음]-[그리기] 메뉴를 다시 선택하거나 '그리기'(🔳) 아이콘을 다시 한 번 클릭합니다.

> **Note**
>
> **그리기 도구 모음 고정시키기**
> 만약 그리기 도구 모음이 화면의 중간에 표시되었다면, 도구 모음의 제목 표시줄을 드래그하여 화면의 아래나 위쪽에 고정시킬 수 있습니다.

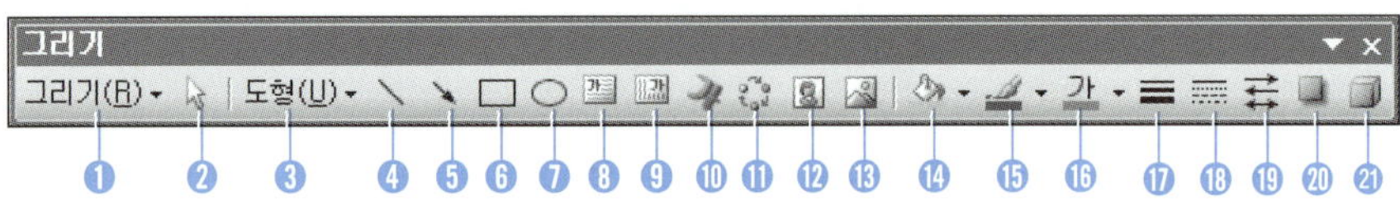

❶ **그리기 목록** : 삽입된 도형의 속성을 수정합니다.

❷ **개체 선택** : 삽입된 도형을 선택합니다.

❸ **도형 목록** : 워크시트에 삽입할 수 있는 다양한 종류의 도형들이 메뉴 형식으로 등록되어 있습니다. 이 목록을 이용해서 원하는 종류의 도형을 그릴 수 있습니다.

❹ **선** : 두 점을 지정하여 선을 그립니다.

❺ **화살표** : 두 점을 지정하여 화살표를 그립니다.

❻ **직사각형** : 모서리의 두 점을 지정하여 직사각형을 그립니다.

❼ **타원** : 모서리의 두 점을 지정하여 타원을 그립니다.

❽ **텍스트 상자** : 내용이 입력되는 텍스트 상자를 만듭니다.

❾ **세로 텍스트 상자** : 내용이 세로로 입력되는 텍스트 상자를 만듭니다.

❿ **WordArt 삽입** : 'WordArt 갤러리'를 이용하여 문자 그래픽을 만듭니다.

⓫ **다이어그램 또는 조직도 삽입** : '다이어그램 갤러리'를 이용하여 다이어그램이나 조직도를 삽입합니다.

⓬ **클립 아트 삽입** : 엑셀에서 제공하는 클립아트를 삽입합니다.

⓭ **파일로부터 그림 삽입** : 그림 파일을 삽입합니다.

⓮ **채우기 색** : 도형의 채우기 색을 지정합니다.

⓯ **선 색** : 도형의 선이나 테두리 색을 지정합니다.

⓰ **글꼴 색** : 글꼴의 색상을 지정합니다.

⓱ **선 스타일** : 선 두께와 관련된 유형을 지정합니다.

⓲ **대시 스타일** : 선의 모양과 관련된 유형을 지정합니다.

⓳ **화살표 스타일** : 화살표의 모양을 지정합니다.

⓴ **그림자 스타일** : 도형에 적용될 그림자 효과를 지정합니다.

㉑ **3차원 스타일** : 도형에 적용될 3차원 효과를 지정합니다.

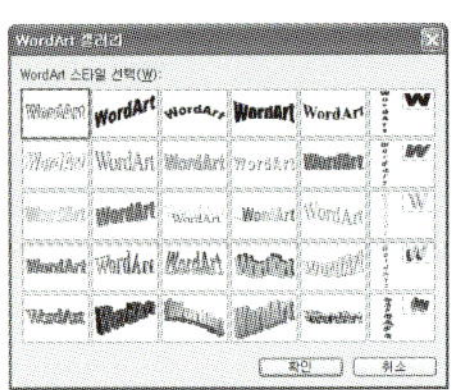

WordArt 갤러리

다이어그램 갤러리

05-2 도형 그리기

선과 화살표 그리기

선과 화살표를 그리는 방법은 동일합니다. 다만, 화살표를 그릴 경우에는 화살표의 스타일에 따라서 시작점과 끝점의 위치를 정확히 지정해 주어야 한다는 점은 다릅니다.

선을 그리려면 먼저 '선'(\) 아이콘을 클릭합니다. 그림과 같이 선이 시작할 지점에서부터 선의 마지막 점까지 마우스를 드래그 & 드롭합니다.

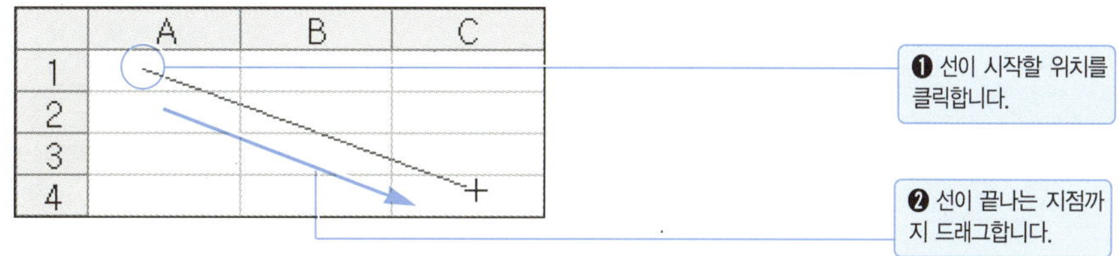

선 속성 지정하기

그리기 도구 모음의 '선 색'과 '선 스타일', '대시 스타일', '화살표 스타일' 아이콘을 이용하면 선의 색상이나 모양 등을 변경할 수 있습니다.

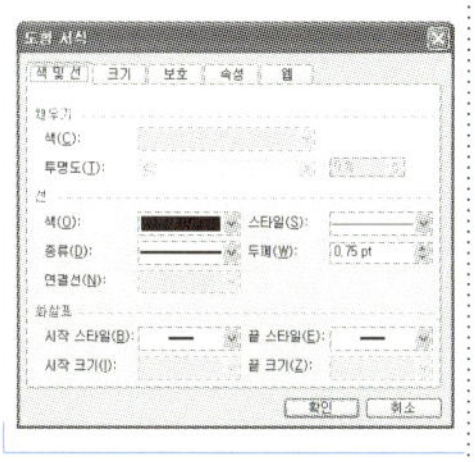

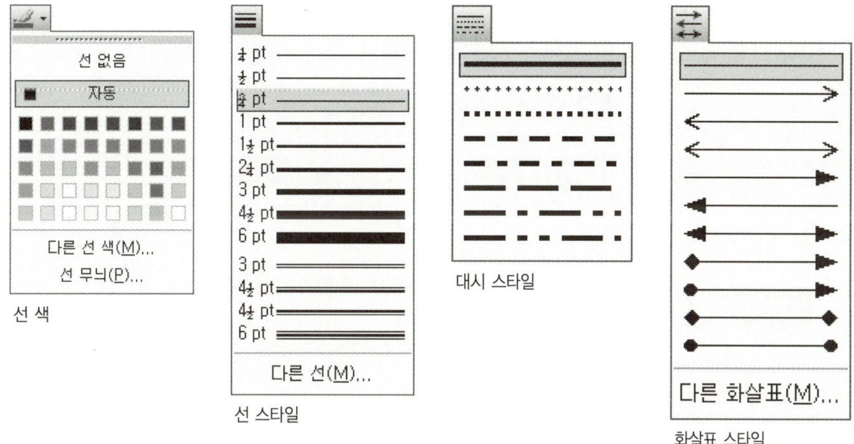

직사각형과 타원 그리기

직사각형과 타원 역시 선과 같은 방법으로 그릴 수 있습니다.

'직사각형'(□) 아이콘이나 '타원'(○) 아이콘을 클릭합니다. 시작점을 마우스로 클릭한 상태에서 원하는 크기만큼 드래그 & 드롭합니다. 이때, 지정한 두 점은 직사각형(타원)의 대각선 방향 모서리의 꼭짓점이 됩니다.

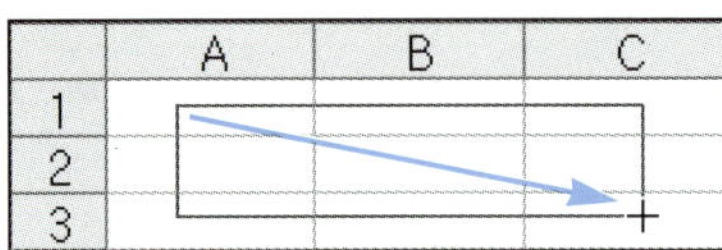
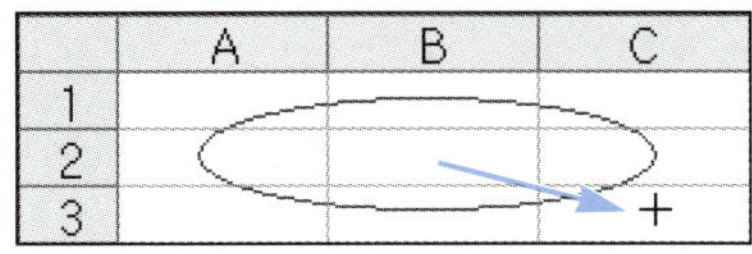

타원과 직사각형의 선 색 지정하기

선이나 화살표와 마찬가지로 그리기 도구 모음의 '선 색' (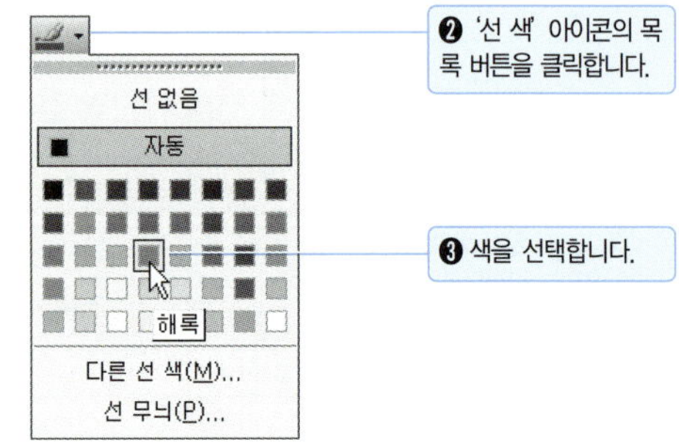) 아이콘의 목록 버튼을 클릭한 후에 원하는 색상을 선택합니다.

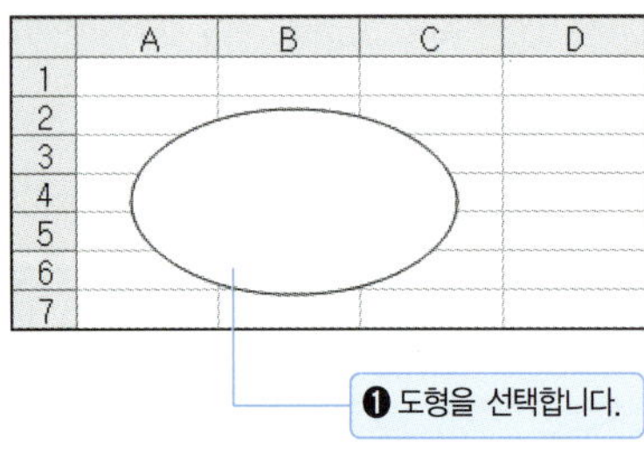

그림과 같이 여러 가지 모양의 선을 그려보세요.

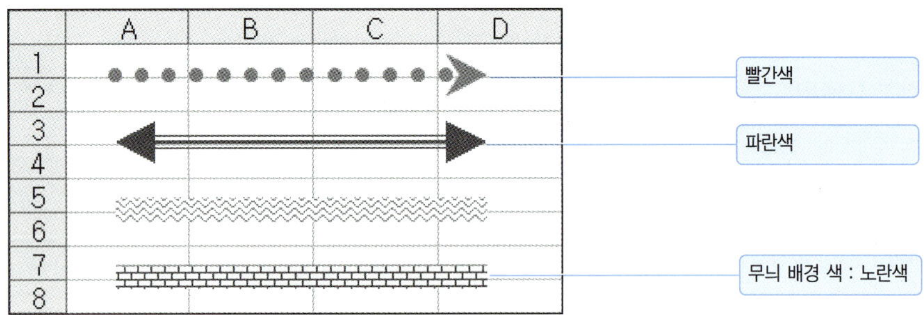

그림과 같이 여러 가지 모양의 도형을 그려보세요.

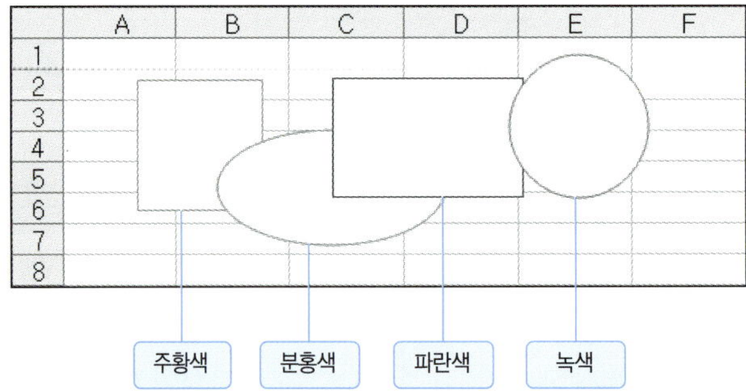

05-3 도형 목록으로 도형 삽입하기

그리기 도구 모음의 '도형' 목록에는 다양한 종류의 도형들이 유형별로 묶여 있습니다.
이 목록을 이용하여 문서의 내용에 맞는 도형을 그려 넣을 수 있습니다.

도형 목록에서 도형을 삽입하려면 '도형' 목록 버튼을 클릭한 후에 삽입하고자 하는 도형의 종류를 선택합니다.

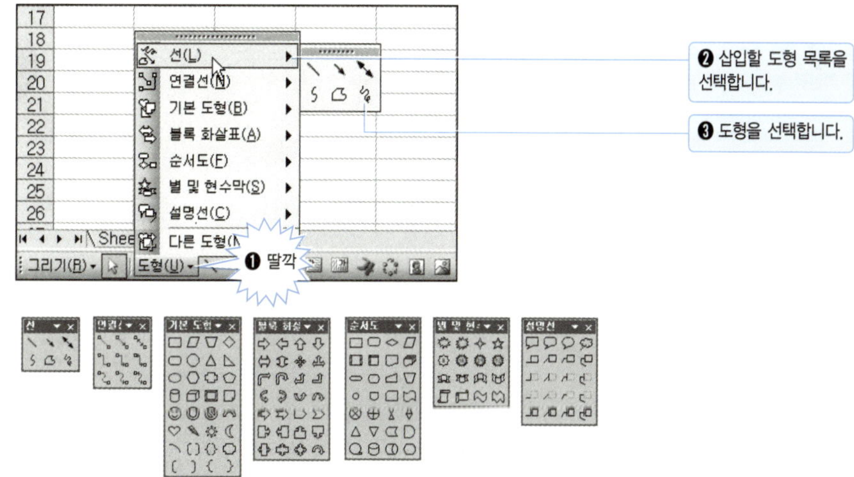

도형 목록에서 선택할 수 있는 여러 가지 도형

그림과 같이 다양한 형태의 도형을 삽입해 보세요.

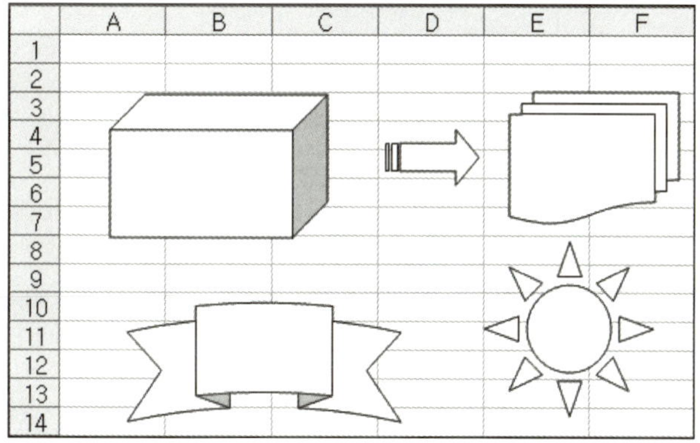

그림과 같은 모양의 순서도와 연결선 도형을 그려보세요.

05-4 도형 이동하기와 복사하기

엑셀에 삽입된 도형은 셀에 입력된 데이터와 마찬가지로 위치를 이동하거나 복사할 수 있습니다. 이번에는 삽입된 도형을 이동하고 복사하는 방법에 대해 알아봅시다.

• **도형 이동하기** : 이동할 도형을 선택한 뒤에 도형의 면 부분을 마우스로 드래그 & 드롭합니다.

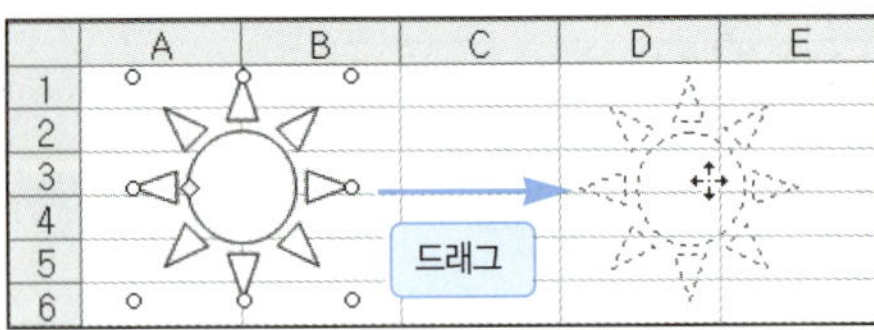

• **도형 복사하기** : 복사할 도형을 선택한 후에 Ctrl 키를 누른 상태에서 도형의 면 부분을 드래그&드롭합니다.

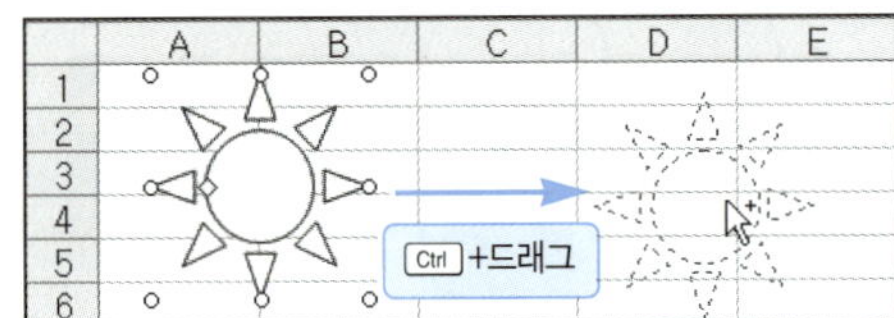

Self test

도형 목록 순서도에서 '카드' 도형을 삽입한 후에 그림과 같이 복사해 보세요.

Self test

도형 목록의 일반 도형에서 '정육면체' 도형을 삽입한 후에 세 개로 복사하고 그림과 같이 이동해 보세요.

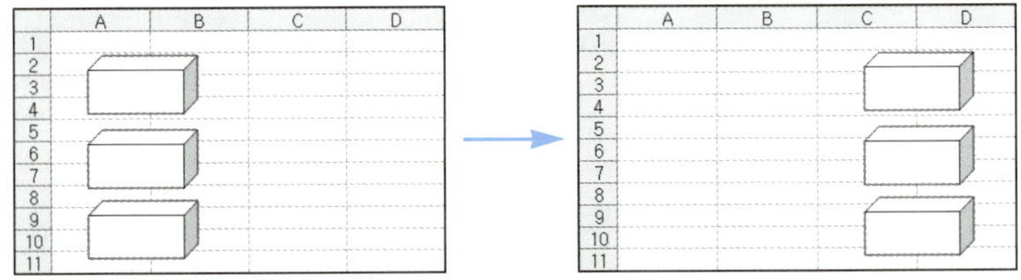

05-5 도형의 크기와 모양 조절하기

삽입된 도형의 주변에는 흰색과 노란색, 초록색의 조절점 들이 여러 개 표시됩니다. 이 조절점들을 이용하면 각기 다른 방법으로 도형의 모양을 조절할 수 있습니다.

- ◻ **(크기 조절점)** : 도형의 주변에 총 8개가 표시됩니다. 이 조절점을 마우스로 드래그 & 드롭하면 도형의 크기를 조절할 수 있습니다.

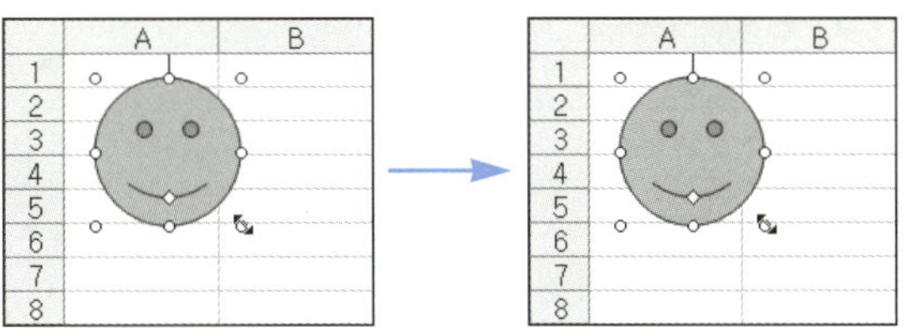

- ◇ **(모양 조절점)** : 도형의 주의에 1~3개가 표시됩니다. 이 조절점을 마우스로 드래그 & 드롭하면 도형 각 부분의 모양을 조절할 수 있습니다.

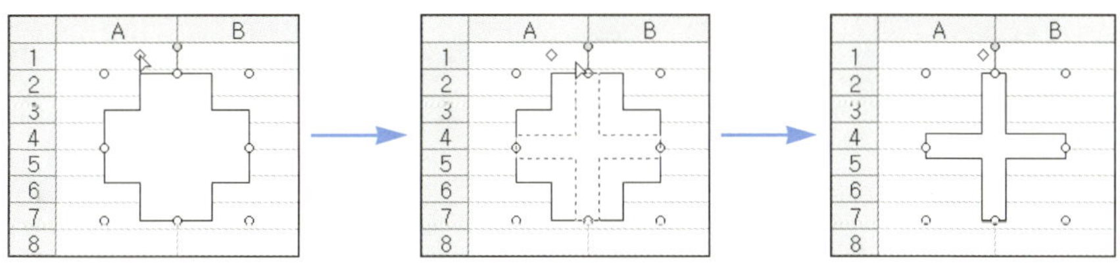

- ◎ **(회전 조절점)** : 도형의 주위에 1개가 표시됩니다. 이 조절점을 마우스로 드래그 & 드롭하면 도형을 회전시킬 수 있습니다.

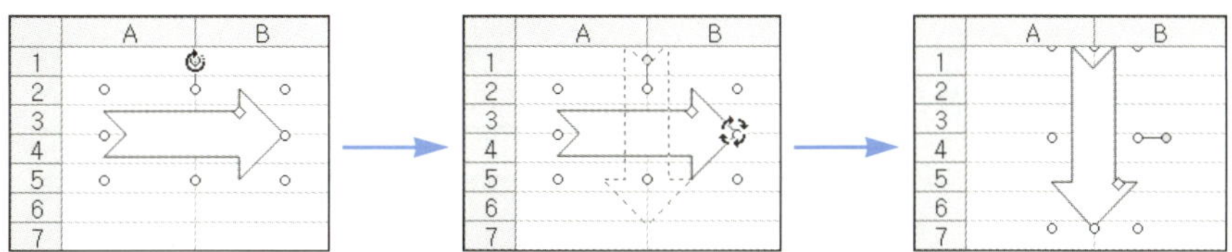

05-6 채우기 색과 무늬 지정하기

엑셀에서는 삽입한 도형에 단순히 원하는 색상만 채울 수 있는 것이 아니라 다양한 채우기 효과를 적용하거나 무늬를 채워 넣을 수도 있습니다.

색 채우기

그리기 도구 모음에서 '채우기 색' 아이콘의 목록 버튼을 클릭하면 도형의 면에 채워질 색상이나 무늬 등을 선택할 수 있습니다.

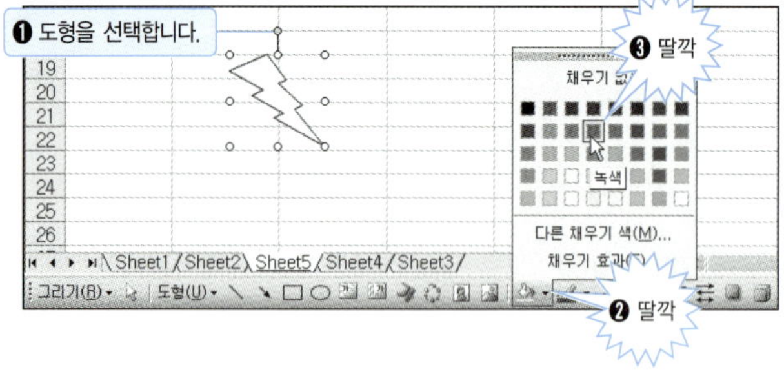

그림과 같이 도형을 삽입한 후에 색을 채워보세요.

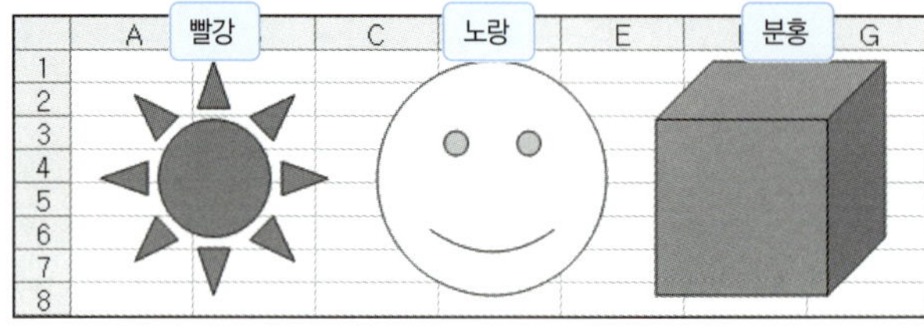

그림과 같이 여러 개의 도형을 삽입한 후에 투명도 값을 조절하여 색을 채워보세요.

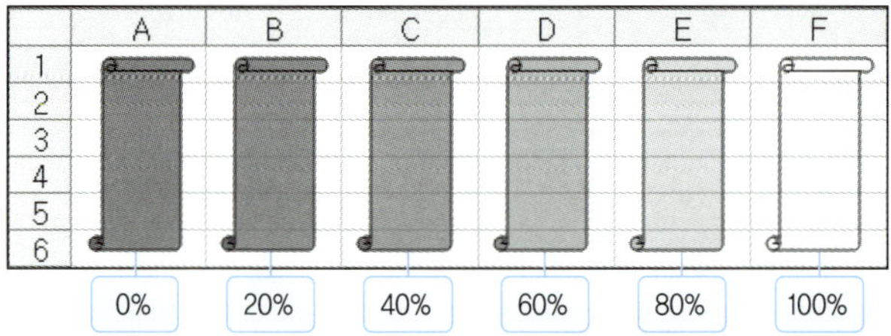

다양한 형태의 채우기 효과 적용하기

'채우기 색' 목록에서 '채우기 효과'를 선택하면 총 4개의 탭으로 구성된 '채우기 효과' 대화상자가 표시됩니다. 이 대화상자를 사용하면 도형에 다양한 형태의 채우기 효과를 적용할 수 있습니다.

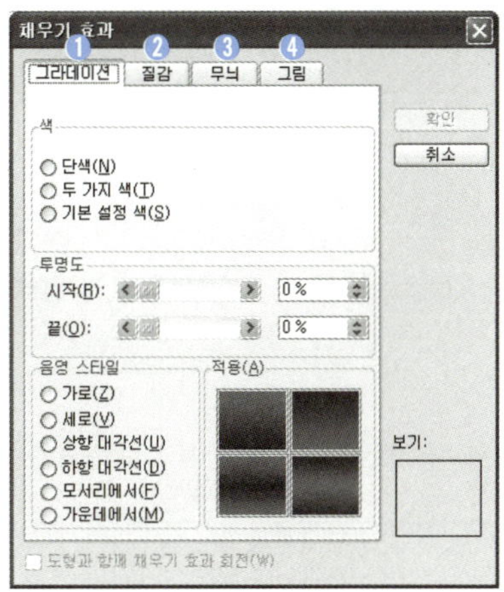

채우기 효과

① **그라데이션** : 둘 혹은 여러 가지 색이 점층적으로 채워지는 형식의 채우기 효과를 적용합니다.

② **질감** : 질감 이미지를 도형에 채웁니다.

③ **무늬** : 무늬와 색상을 지정하여 원하는 모양의 무늬를 도형에 채웁니다.

④ **그림** : 도형에 그림 파일을 삽입하여 채웁니다.

Self test

그림과 같이 별 모양을 그린 후에 파란색 그라데이션 효과를 적용해 보세요.

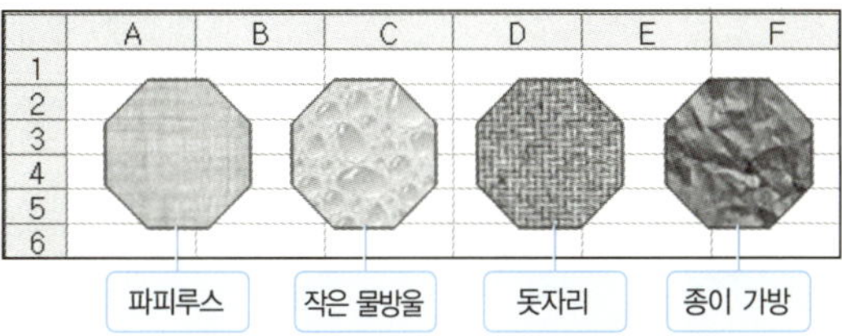

Self test

그림과 같이 도형을 그린 후에 여러 가지 질감을 도형에 채워 보세요.

Self test

그림과 같이 여러 가지 무늬를 도형에 적용해 보세요.

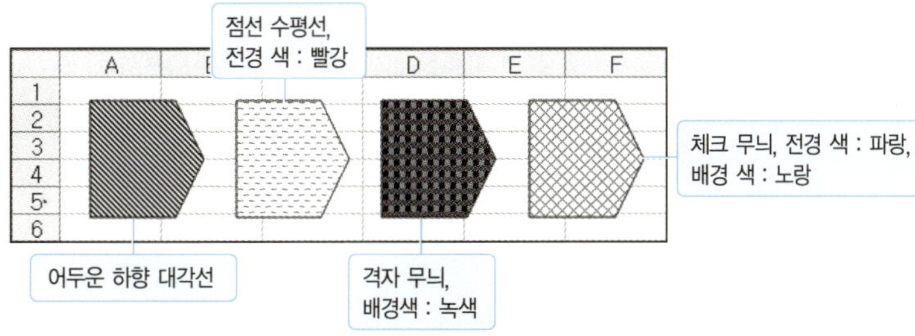

05-7 도형에 텍스트 입력하기

엑셀에서는 삽입한 도형을 텍스트 상자처럼 사용하거나 원하는 내용을 입력할 수 있습니다. 또, 셀에 적용할 수 있는 글꼴 관련 서식을 도형에 입력된 내용에도 모두 적용할 수 있습니다.

• 도형을 선택한 상태에서 텍스트를 입력하면 바로 텍스트가 도형에 입력됩니다.

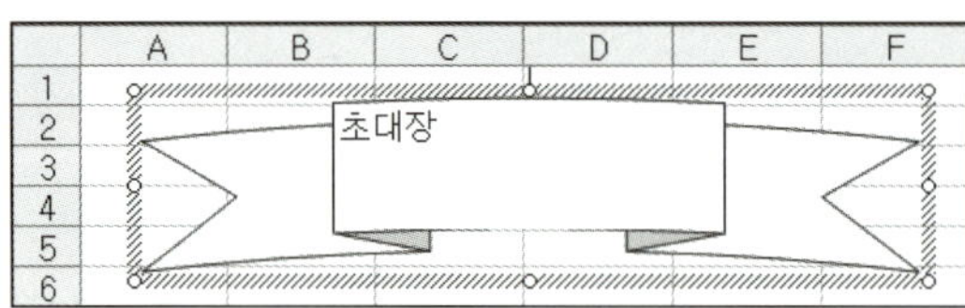

• 입력된 텍스트는 보통의 글자처럼 서식을 지정할 수 있습니다.
• 입력된 내용은 도형의 가로 방향을 기준으로 정렬됩니다. 만약 세로 방향의 텍스트를 입력하려면 '도형 서식' 대화상자의 맞춤 탭을 이용해서 세로 방향으로 입력되도록 설정합니다.

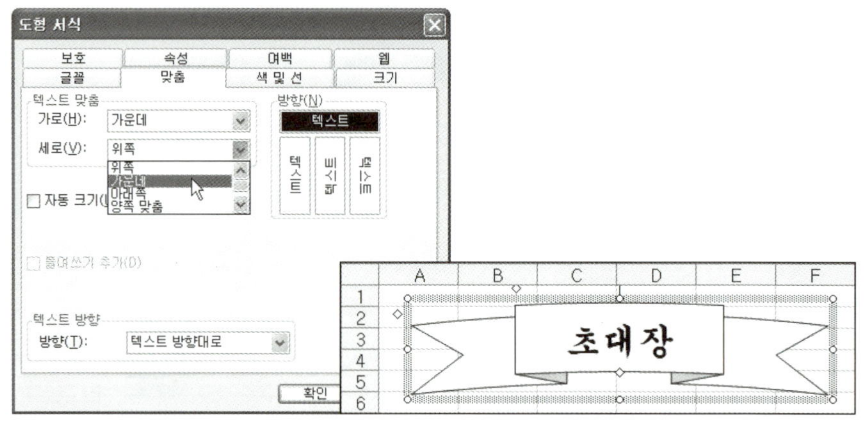

그림과 같이 별 모양의 도형을 삽입한 후에 텍스트를 입력해 보세요.

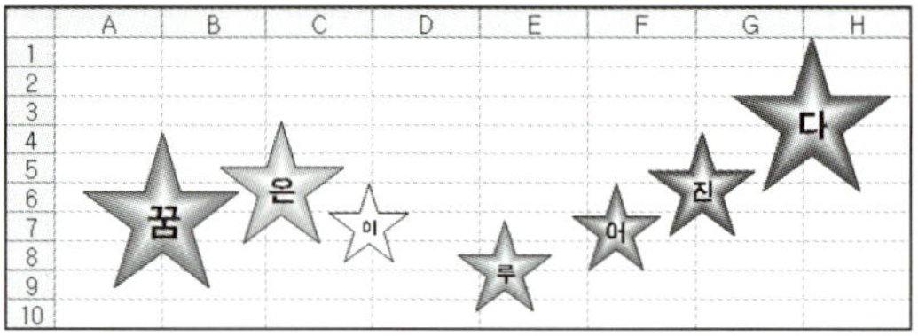

05-8 3차원 도형 만들기

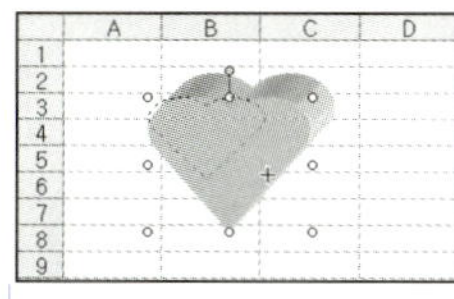

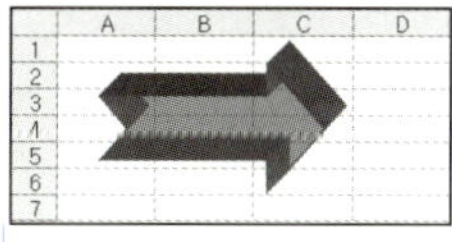

엑셀에서는 평면적인 도형을 만드는 것뿐 아니라 3차원적인 효과나 그림자 효과가 적용된 도형도 만들 수 있습니다. 이번에는 엑셀에 삽입한 도형에 3차원 효과와 그림자 효과를 적용하는 방법에 대해 알아봅시다.

3차원 효과 적용하기

도형을 삽입한 후에 그리기 도구 모음의 '3차원 스타일'(▣) 목록에서 적용할 3차원 스타일을 선택하면 도형이 3차원 모양으로 바뀝니다.

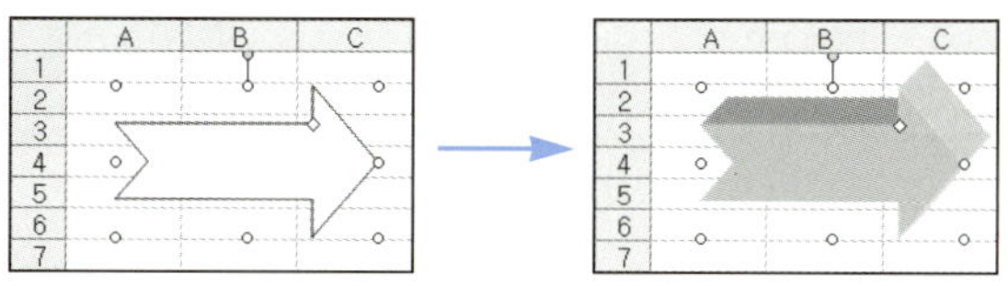

3차원 도형에 색 채우기

3차원 효과가 적용된 도형에도 일반 도형처럼 '채우기 색' 목록을 이용하여 원하는 색상을 적용할 수 있습니다.

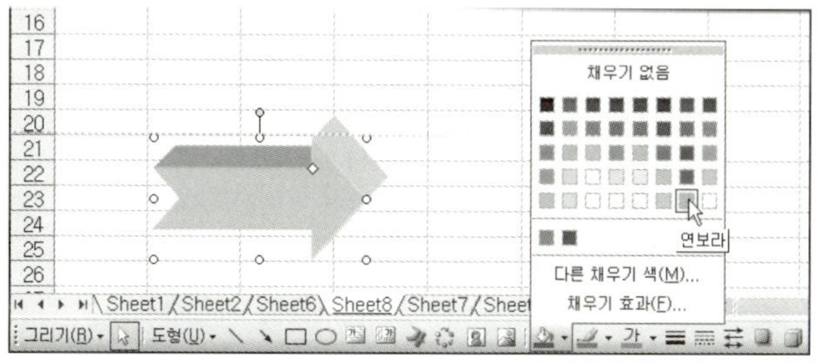

3차원 효과 부분에만 색 채우기

3차원 효과가 적용된 부분에 다른 색을 지정하려면 먼저 '3차원 스타일' 목록에서 [3차원 설정]을 선택합니다.

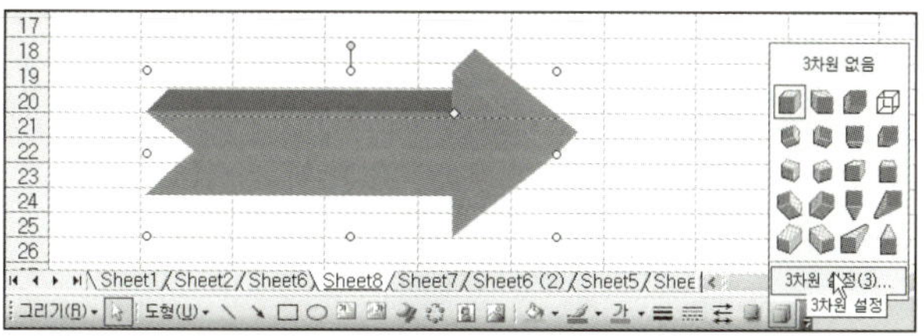

화면에 표시되는 3차원 설정 도구 모음의 '3차원 색' 목록에서 원하는 색상을 선택하면
3차원 효과 부분에만 색상이 적용됩니다.

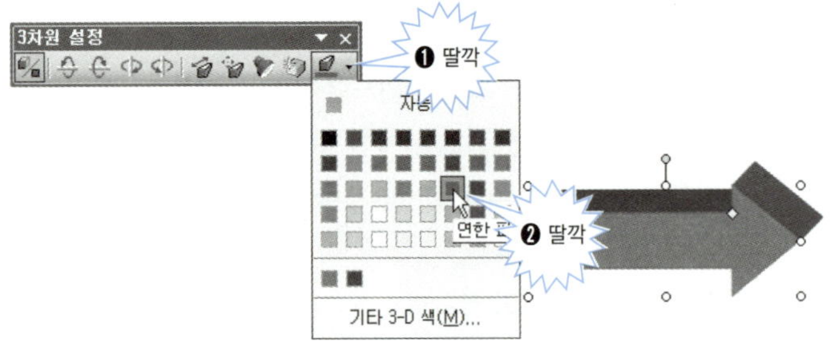

3차원 설정 도구 모음

3차원 설정 도구 모음을 이용하면 3차원 효과
가 적용된 도형에 좀 더 다양한 옵션을 적용하
고 관리할 수 있습니다.

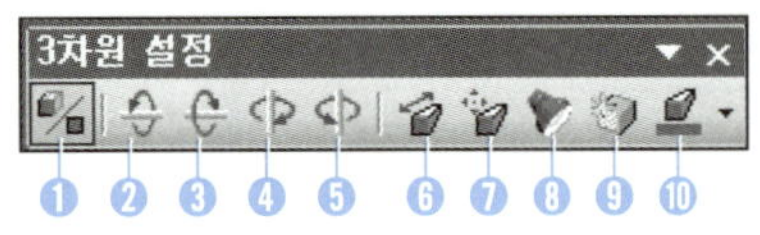

❶ (**3차원 설정/해제**) : 선택한 도형에 3차원 효과를 적용하거 해제합니다.

❷ (**아래로 기울이기**) : 도형을 아래쪽으로 회전시킵니다. 아이콘을 클릭할 때마다 5도씩 회전
합니다.

❸ (**위로 기울이기**) : 도형을 위쪽(5도씩)으로 회전시킵니다.

❹ (**오른쪽으로 기울이기**) : 도형을 오른쪽으로 기울입니다.

❺ (**왼쪽으로 기울이기**) : 도형을 왼쪽으로 기울입니다.

❻ (**깊이 조정**) : 3차원 도형의 깊이 값을 지정합니다.

❼ (**방향 돌리기**) : 3차원 도형의 표시 방향과 원근감을 지정합니다.

❽ (**조명 비추기**) : 3차원 도형에 적용할 조명의 방향과 밝기를 지정합니다.

❾ (**표면 바꾸기**) : 3차원 도형의 표면 재질을 지정합니다.

❿ (**3차원 색**) : 3차원 도형의 3차원 색상을 지정합니다.

Self test

그림과 같이 '포인트가 4개인 별'을 여러 개 그린 뒤에 3차원 모양으로 변경하고 채우기 색 효과를
적용해 보세요.

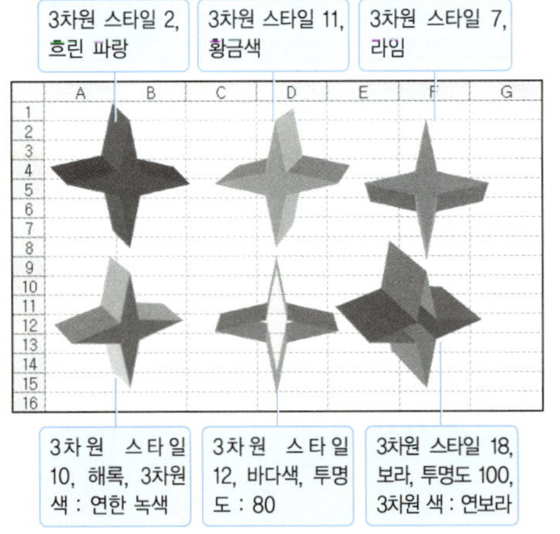

05-9 그림자 효과 적용하기와 속성 설정하기

엑셀에서 삽입한 도형에는 3차원 효과와 비슷한 형식으로 다양한 형태의 그림자 효과도 적용할 수 있습니다.

그림자 효과 적용하기

도형을 그린 후에 '그림자 스타일' 목록에서 (■)를 선택하면 선택한 스타일의 그림자가 도형에 적용됩니다.

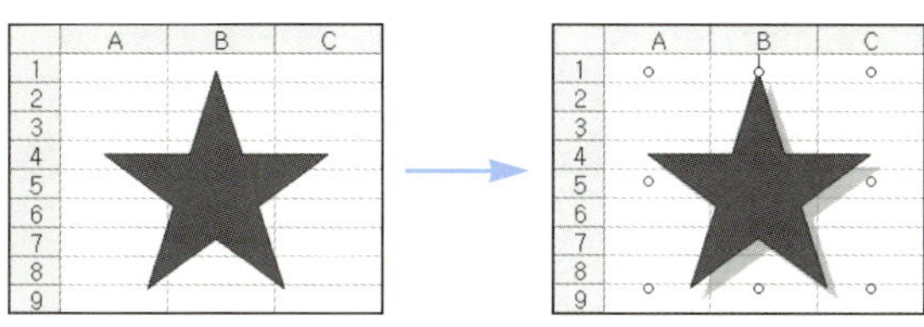

그림자 속성 지정하기

'그림자 스타일' 목록에서 [그림자 설정]을 선택하면 그림자 설정 도구 모음이 표시됩니다. 이 도구 모음을 이용하면 그림자와 관련된 속성을 지정할 수 있습니다.

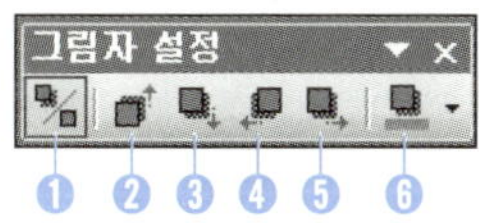

① (그림자 설정/해제) : 도형에 그림자 효과를 적용하거나 해제합니다.
② (그림자를 위로 이동) : 그림자를 한 칸씩 위쪽으로 이동시킵니다.
③ (그림자를 아래로 이동) : 그림자를 한 칸씩 아래쪽으로 이동시킵니다.
④ (그림자를 왼쪽으로 이동) : 그림자를 한 칸씩 왼쪽으로 이동시킵니다.
⑤ (그림자를 오른쪽으로 이동) : 그림자를 한 칸씩 오른쪽으로 이동시킵니다.
⑥ (그림자 색) : 그림자에 적용될 색상을 지정합니다.

그림과 같은 모양의 도형들을 만든 후에 그림자 효과를 적용해 보세요.

Self test

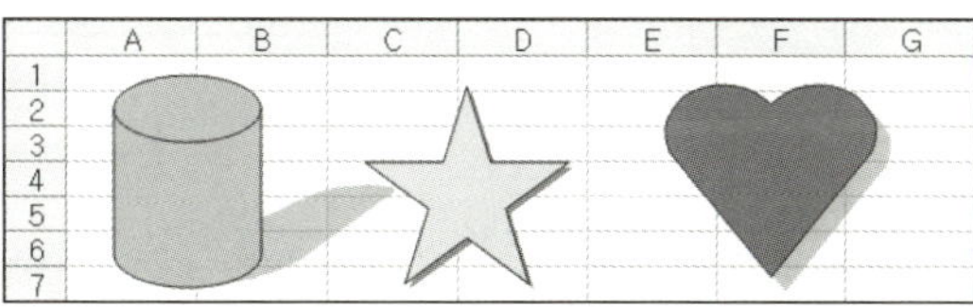

05-10 도형의 순서와 맞춤, 그룹화 설정하기

도형이 여러 개 겹쳐 있거나 도형의 간격이 불규칙하다면 '순서'와 '맞춤' 기능을 이용하여 도형을 보기 좋게 설정할 수 있습니다. 또한 '그룹화' 기능을 이용하면 여러 개의 도형을 하나의 도형처럼 만들 수 있습니다.

도형의 순서 변경하기

도형을 선택한 후에 그리기 도구 모음의 **[그리기]-[순서]**를 선택하면, 선택한 도형의 순서를 지정할 수 있습니다.

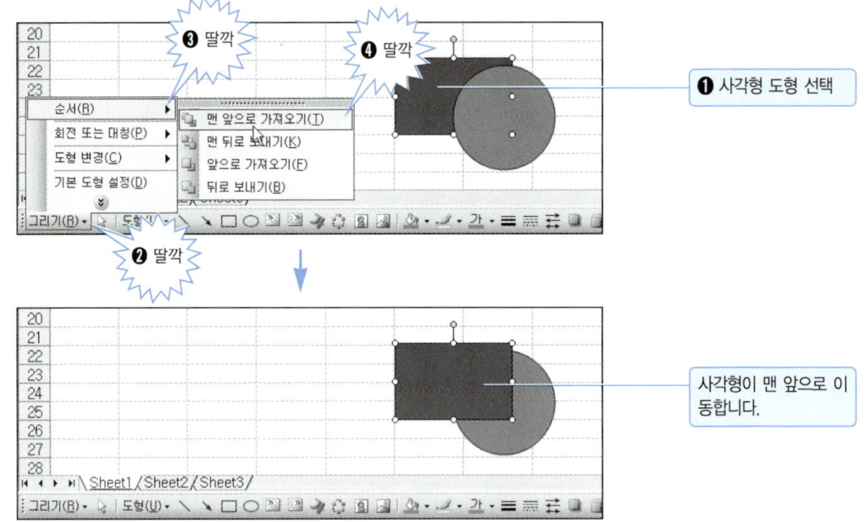

도형의 맞춤

여러 개의 도형을 선택한 후에 그리기 도구 모음의 **[그리기]-[맞춤/배분]**을 선택하면, 선택한 도형의 맞춤 서식을 지정할 수 있습니다.

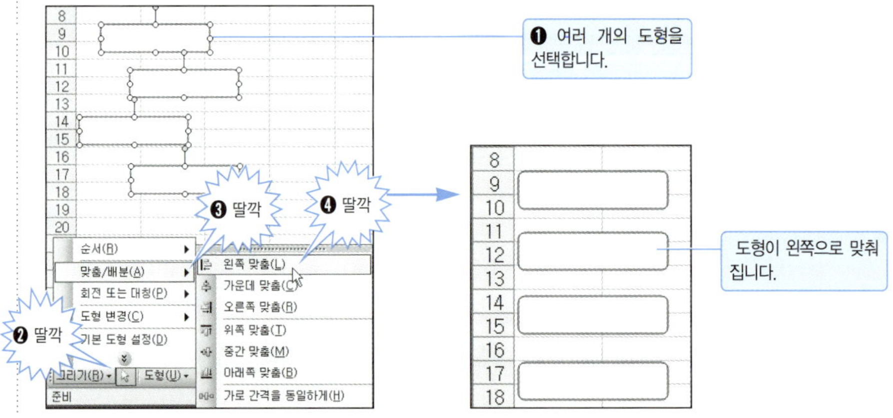

도형의 그룹화

여러 개의 도형을 선택한 후에 그리기 도구모음의 **[그리기]–[그룹]**을 선택하면, 선택한 도형들을 하나의 도형처럼 그룹으로 묶을 수 있습니다.

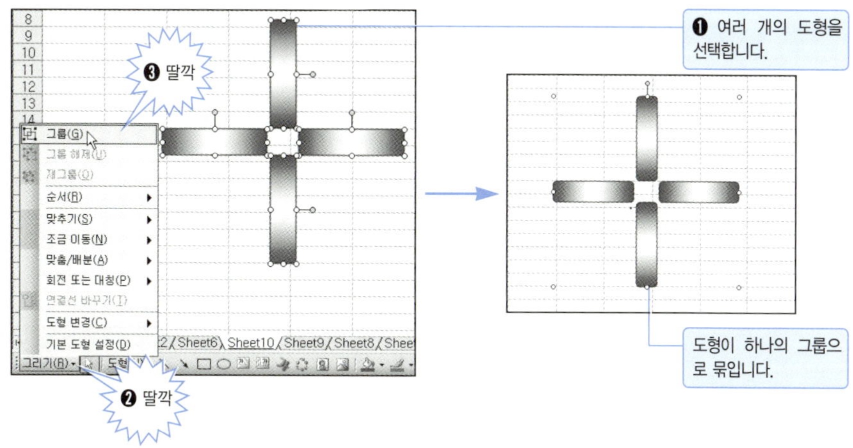

그림의 왼쪽과 같이 도형을 그린 뒤에 각 도형의 순서를 오른쪽 그림과 같이 변경해 보세요.

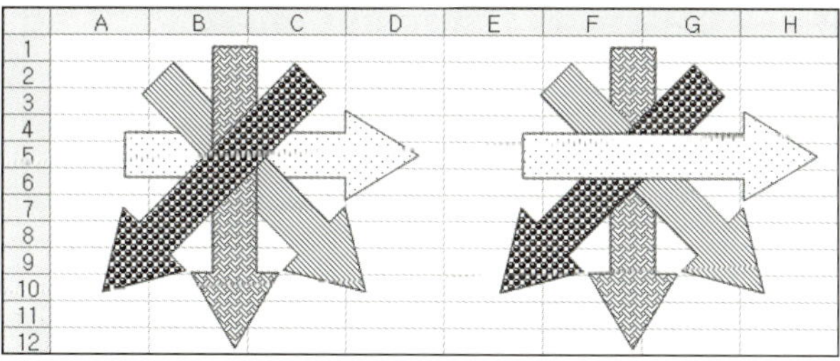

그림과 같이 연결선과 순서도 도형을 그린 후에 전체 도형을 하나의 그룹으로 만들어 보세요.

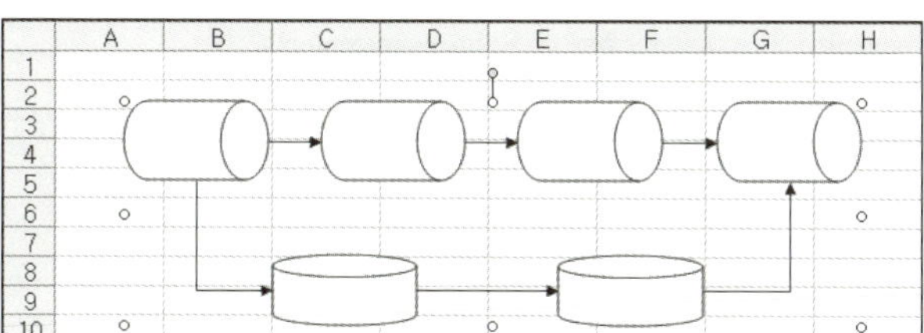

05-11 워드아트로 문자 그래픽 만들기

엑셀에서는 좀 더 보기 좋은 문서를 만들 수 있도록 하기 위하여 워드아트라는 문자 그래픽 기능을 제공하고 있습니다. 이 기능을 사용하면 문서나 항목 제목을 보기 좋게 꾸밀 수 있습니다.

워드아트 삽입하기

워드아트를 삽입하려면 **[삽입]–[그림]–[WordArt]** 메뉴를 선택합니다. 또는 그리기 도구 모음의 'WordArt 삽입' (🡒) 아이콘을 클릭합니다.

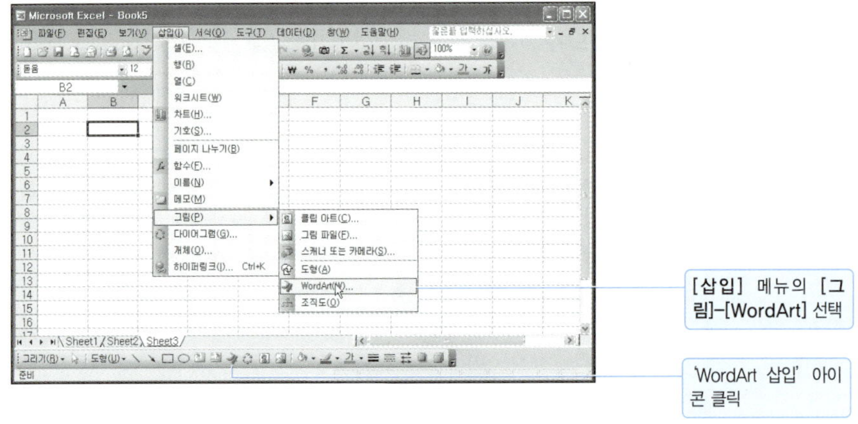

[삽입] 메뉴의 [그림]–[WordArt] 선택

'WordArt 삽입' 아이콘 클릭

WordArt 갤러리

'WordArt 갤러리' 에서는 워드아트의 스타일을 선택합니다. 스타일을 선택하면 'WordArt 텍스트 편집' 대화상자가 표시됩니다.

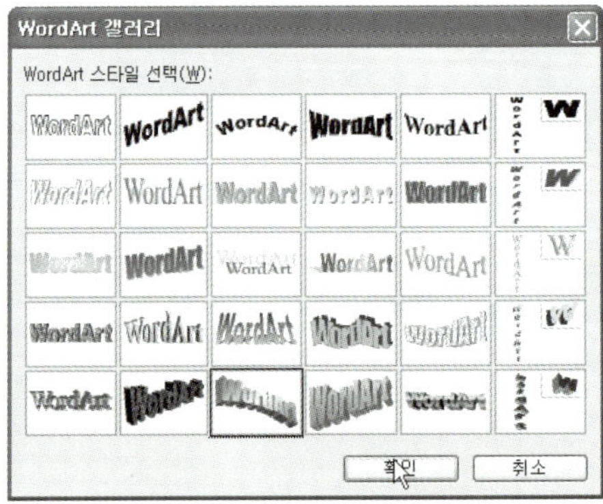

WordArt 텍스트 편집하기

워드아트로 표현할 글자를 입력한 후에 서식을 지정합니다.

WordArt 도구 모음

워드아트가 문서에 삽입되면 자동으로 WordArt 도구 모음이 표시됩니다. 이 도구 모음을 사용하면 좀 더 다양한 모양의 워드아트를 만들 수 있습니다.

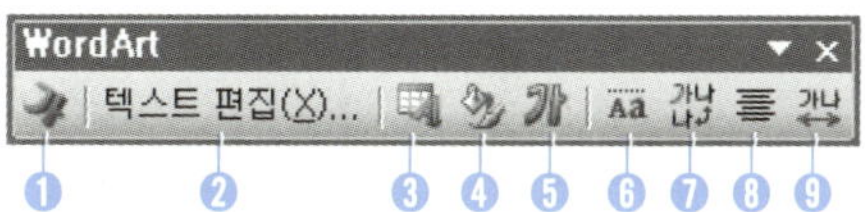

❶ (WordArt 삽입) : 새로운 워드아트를 삽입합니다.

❷ 텍스트 편집(X)... (텍스트 편집) : 'WordArt 텍스트 편집' 대화상자를 불러와서 삽입된 워드아트의 내용과 서식을 변경합니다.

❸ (WordArt 갤러리) : 'WordArt 갤러리'를 실행하여 워드아트의 모양을 바꿉니다.

❹ (WordArt 서식) : 워드아트의 선과 색, 크기 등을 지정합니다.

❺ (WordArt 도형) : 워드아트를 다양한 형태의 도형으로 바꿉니다.

❻ (WordArt와 같은 문자 높이) : 워드아트로 삽입한 대소문자와 받침이 있는 문자, 없는 문자가 모두 같은 높이가 됩니다.

❼ (WordArt 세로 텍스트) : 워드아트로 세로쓰기로 바뀝니다.

❽ (WordArt 정렬) : 워드아트를 정렬합니다.

❾ (WordArt 문자 간격) : 워드아트로 입력된 각 문자 사이의 간격을 조절합니다.

그림과 같은 모양의 워드아트를 삽입해 보세요.

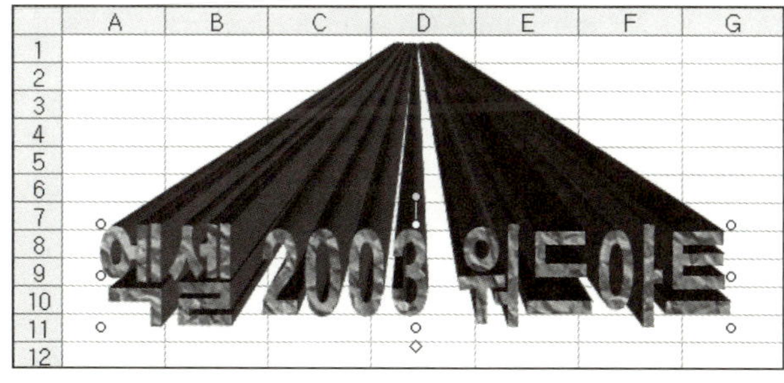

05-12 클립 아트 삽입하기

클립 아트는 문서를 좀 더 아기자기하게 꾸밀 수 있도록 도와주는 일종의 그림 파일입니다. 엑셀은 다양한 종류의 클립아트를 제공하고 있습니다.

클립 아트를 삽입하려면 **[삽입]–[그림]–[클립 아트]** 메뉴를 선택하거나 그리기 도구 모음에 있는 '클립 아트 삽입'(圖) 아이콘을 클릭합니다. 그러면 화면의 오른쪽에 '클립 아트' 창이 표시됩니다. 이 창을 이용하면 삽입할 클립 아트와 관련된 검색어를 입력한 후에 **[이동]** 버튼을 클릭합니다.

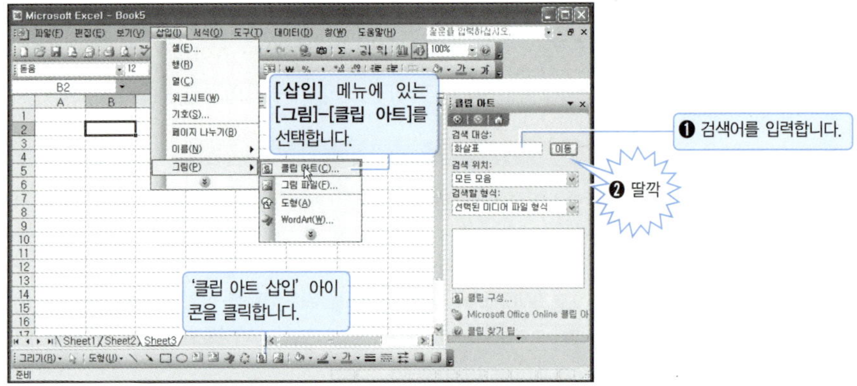

검색된 클립 아트에 마우스를 올려놓으면 오른쪽에 목록 버튼이 표시됩니다. 이 버튼을 클릭한 후에 **[삽입]**을 선택하면 클립 아트가 워크시트에 삽입됩니다.

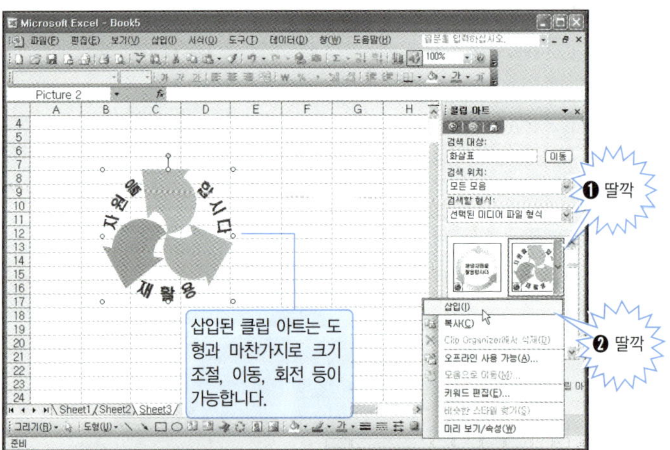

농활 멤버 모집 포스터 만들기

지금까지 배운 그래픽 기능들을 활용하여 농활 멤버 모집 포스터를 작성해 보세요.

제목 입력하기

먼저 워드아트를 이용하여 포스터의 제목을 입력해 봅시다.

1. 새 문서를 준비한 후에 **[삽입]–[그림]–[WordArt]** 메뉴를 선택합니다.

2. 'WordArt 갤러리'에서 (WordArt)를 선택한 후에 **[확인]** 버튼을 클릭합니다.

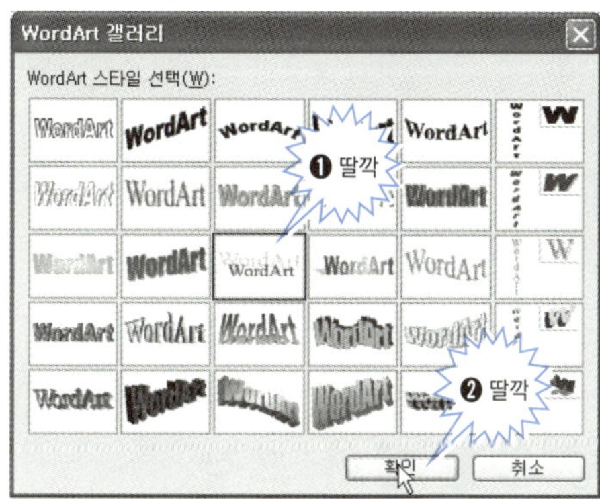

3. 원하는 글꼴과 서식을 지정한 후에 텍스트 입력 상자에 '2007년 농활 멤버 모집'을
입력하고 **[확인]** 버튼을 클릭합니다.

4. 입력한 내용의 워드아트가 문서에 삽입됩니다. 모든 내용이 한 페이지에 적절하게 들
어가도록 하기 위해 '인쇄 미리 보기'(🔍) 아이콘을 클릭합니다.

5. 미리 보기 화면이 표시되면 바로 **[닫기]** 버튼을 클릭합니다.

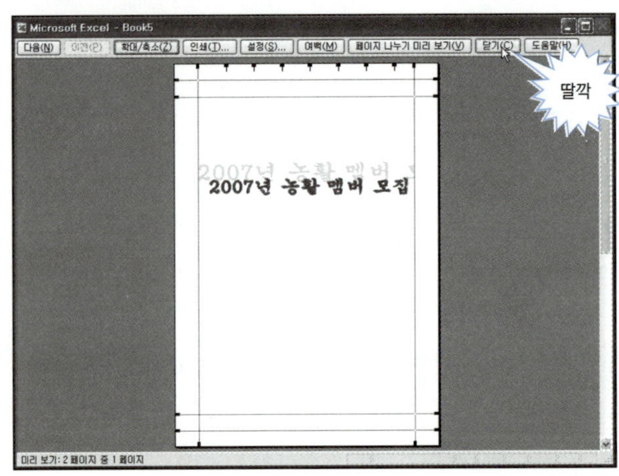

6. 워크시트에 인쇄될 페이지를 구분하는 점선이 표시됩니다. 워드아트 주변에 표시되는 조절점들을 드래그 & 드롭하여 제목이 전체 페이지와 조화되도록 적당한 위치와 크기를 지정합니다.

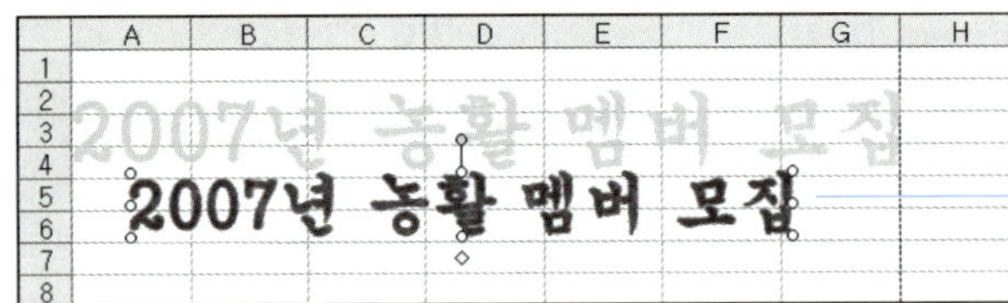

7. 워드아트의 글자를 문서 중간에 위치시켰는데도 그림자가 문서 바깥으로 나간다면 '그림자 스타일' 목록에 있는 **[그림자 설정]**을 선택합니다.
화면에 표시되는 그림자 설정 도구 모음에서 '그림자를 아래로 이동'(📓)과 '그림자를 왼쪽으로 이동'(📓) 아이콘 등을 여러 번 클릭하여 그림자의 위치를 조절합니다.

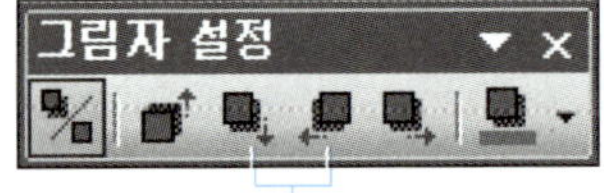

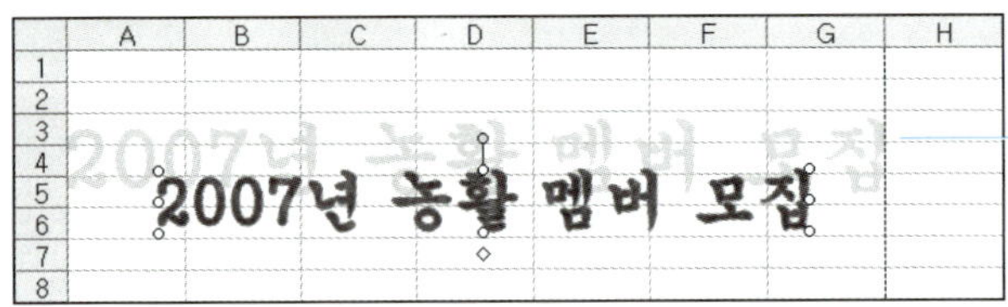

클립 아트 삽입하기

1. A7 셀을 선택한 후에 **[삽입]-[그림]-[클립 아트]** 메뉴를 선택합니다.

2. '클립 아트' 창이 표시되면 검색 대상 입력상자에 '농사'를 입력한 후에 **[이동]** 버튼을 클릭합니다.

3. 잠시 기다리면 농사와 관련된 클립아트들이 표시됩니다. 여기에서 적당한 클립 아트 하나를 클릭하여 워크시트에 삽입합니다.

4. 클립 아트의 조절점을 드래그&드롭하여 적당한 위치와 크기를 지정해 줍니다. 그림 도구 모음을 불러온 후에 '밝게' (🔆) 아이콘과 다른 아이콘들을 이용하여 적당한 이미지 색상을 만듭니다.

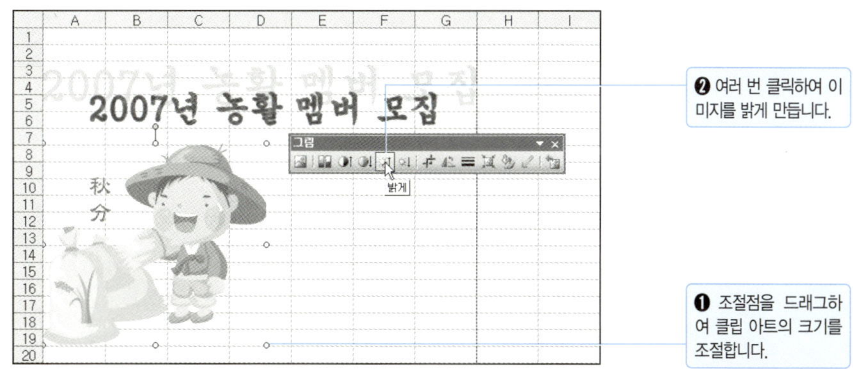

텍스트 상자 삽입

텍스트 상자를 이용하여 포스터에 필요한 내용을 입력해 봅시다.

1. 그리기 도구 모음에 있는 '텍스트 상자'(📝) 아이콘을 클릭한 후에 마우스를 드래그 & 드롭하여 텍스트 상자가 삽입될 범위를 지정합니다.

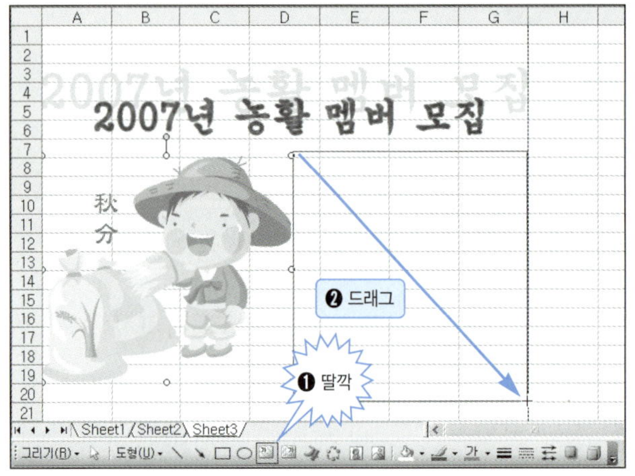

2. 그리기 도구 모음의 '선 색' 목록에서 [선 없음]을 선택합니다. 삽입된 텍스트 상자의 안쪽에 그림처럼 모집 내용을 입력한 후에 적당한 서식을 지정합니다.

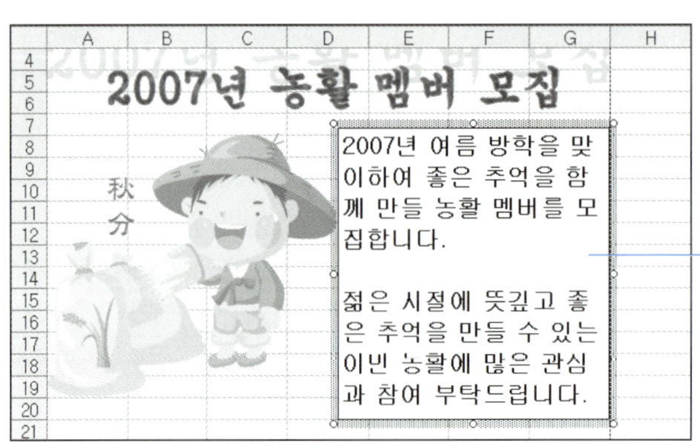

텍스트가 입력된 도형 만들기

이제, 모집과 관련된 주요 내용의 제목을 텍스트가 입력된 도형으로 만들어 봅시다.

1. 그리기 도구 모음을 이용하여 '줄무늬가 있는 오른쪽 화살표'를 삽입합니다.

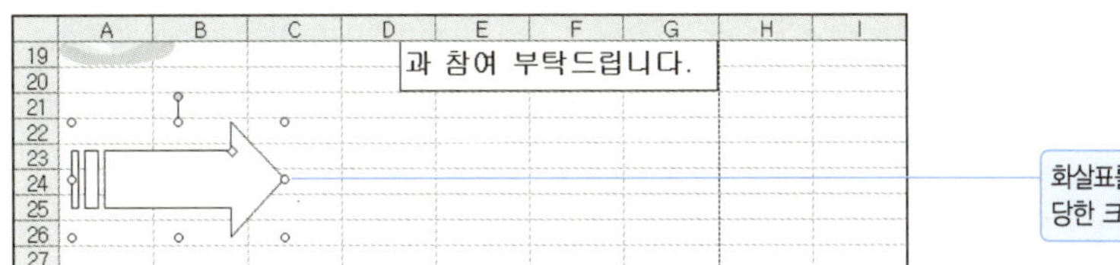

2. 화살표의 조절점들을 이용하여 화살표의 모양과 색상을 지정한 후에 그림자 효과를 지정합니다(도형 색 : 보라, 그림자 색 : 연한 파랑).

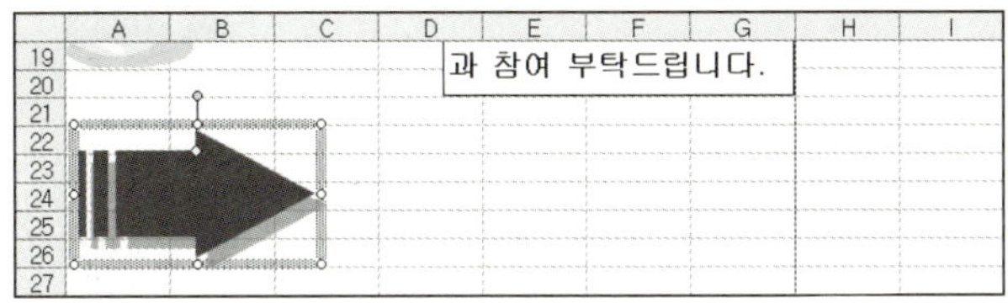

3. 화살표에 '모집 기간'이라고 입력한 후에 적당한 글꼴과 글꼴 크기 등의 서식을 지정합니다. 바뀐 글꼴에 맞춰 도형의 크기를 다시 한 번 조정합니다(글꼴 : 굴림, 글꼴 크기 : 16, 글꼴 스타일 : 굵게, 글꼴 색 : 흰색).

4. 그림과 같이 화살표 모양을 복사한 후에 텍스트를 입력하고 왼쪽으로 정렬합니다. 텍스트 상자를 이용하여 각 항목에 해당하는 내용을 입력한 후에 정렬시킵니다.

실무 활용 연습

EX **1** 동아리 회원 모집 포스터 만들기

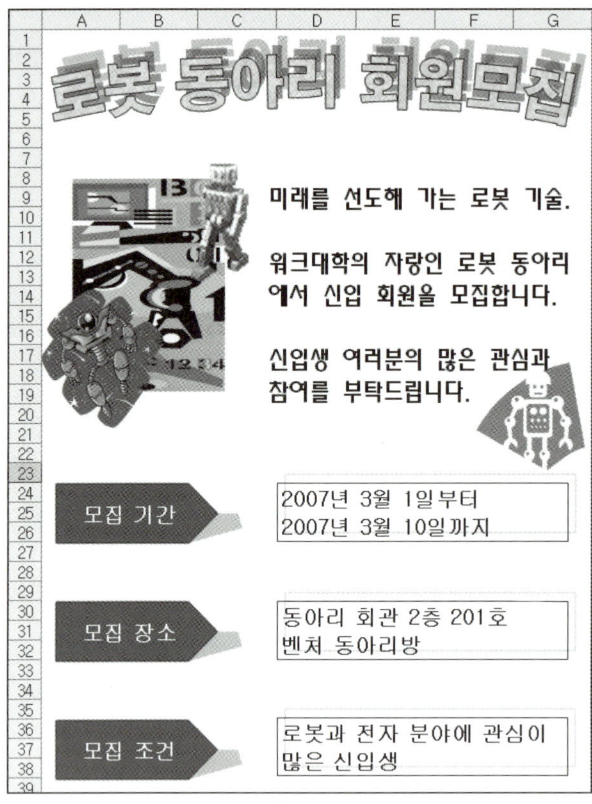

[지시 사항]

❶ 워드아트 기능을 이용하여 제목을 입력하세요.

❷ 그림자 설정 기능을 활용하여 그림과 같은 모양의 워드아트를 만들어 보세요.

❸ 여러 개의 클립 아트를 삽입하여 그림처럼 조합해 보세요.

❹ 글상자를 이용하여 모집 내용을 입력해 보세요.

❺ 도형에 '모집 기간'이라는 텍스트를 입력한 후에 그림처럼 정렬 형식을 지정하고 그림자 효과도 적용하세요.

❻ 텍스트가 입력된 도형을 복사하고 필요한 내용으로 수정한 후에 정렬하세요.

❼ 텍스트 상자에 항목 내용을 그림처럼 입력한 후에 테두리 색과 그림자 효과를 적용하세요.

06

차트의 작성과 편집

차트야말로 엑셀에서 가장 화려하고 눈에 띄는 기능이라고 할 수 있습니다. 아무리 복잡하고 많은 내용의 데이터라도 엑셀의 차트 기능을 이용하면 눈 깜빡할 사이에 화려한 모양의 차트로 만들어주는 기능입니다. 이번 장에서는 차트를 이용하여 효과적인 문서를 만드는 방법들에 대해 알아봅시다.

06-1   차트 마법사 사용하기
06-2   차트의 위치와 크기 조절하기
06-3   차트 개체의 서식 지정하기
06-4   차트 변경하기

06-5   이중 축 차트와 혼합형 차트 만들기
현장 실습   판매 실적률 분석 차트 만들기
실무 활용 연습

실습 예제 미리 보기 │ 판매 실적률 분석 차트 만들기

차트의 옵션을 이용하여 원하는 모양의 차트를 꾸며봅니다.

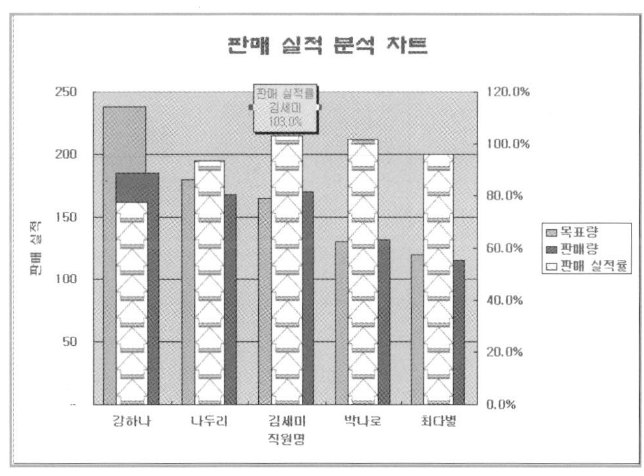

06-1 차트 마법사 사용하기

차트 마법사는 복잡한 구성 요소로 이루어진 차트를 손쉽게 만들 수 있도록 해 주는 도구입니다. 차트 마법사를 이용하면 원하는 모양의 차트를 쉽게 만들 수 있습니다.

차트 마법사 실행하기

- **메뉴** : 차트로 표현할 영역을 지정한 후에 **[삽입]-[차트]** 메뉴를 선택합니다.
- **도구 모음** : 차트로 표현할 영역을 블록으로 지정한 후에 '차트 마법사'(🔲) 아이콘을 클릭합니다.

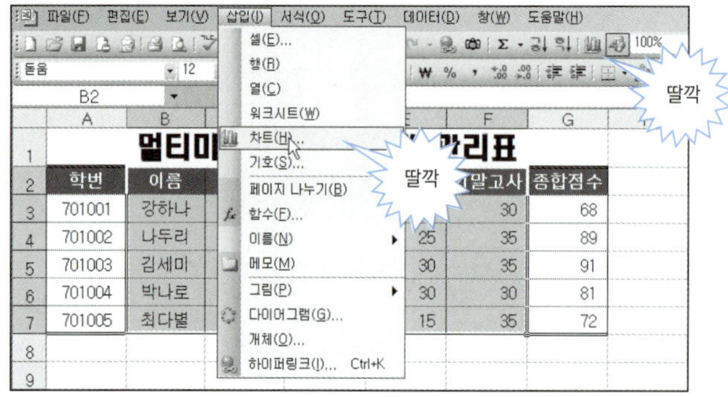

차트 마법사 4단계

- **1단계** : 차트 종류와 하위 종류 목록에서 삽입할 차트의 모양을 선택합니다.

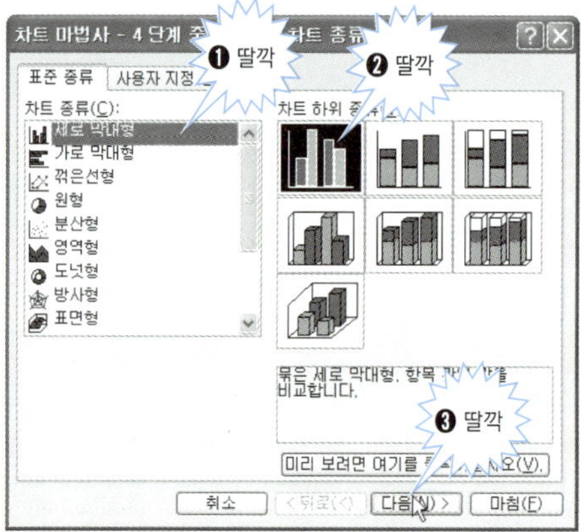

- **2단계** : 원본 데이터의 범위와 방향을 지정합니다.

- **3단계** : 차트와 각 축의 제목을 각각의 입력상자에 입력합니다.

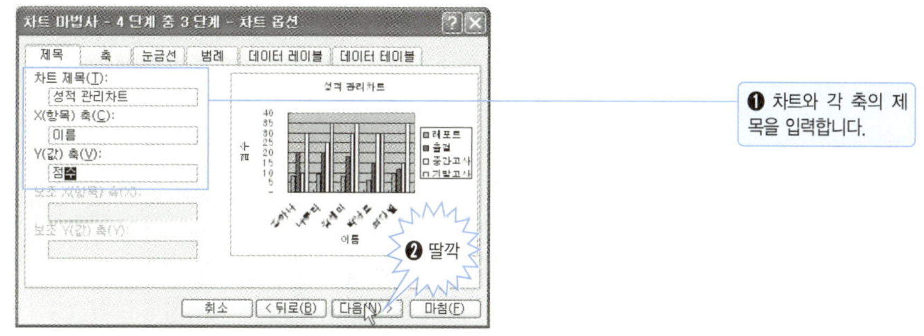

- **4단계** : 차트가 삽입될 위치를 지정합니다.

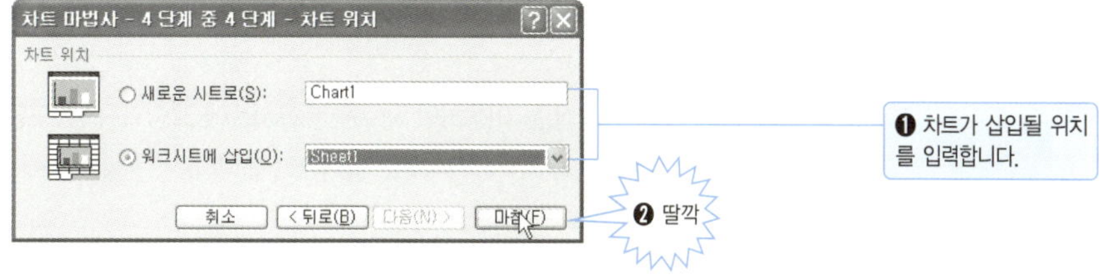

차트 마법사 4단계를 모두 거치고 나면 블록으로 지정한 범위를 원본 데이터로 하는 차트가 만들어집니다.

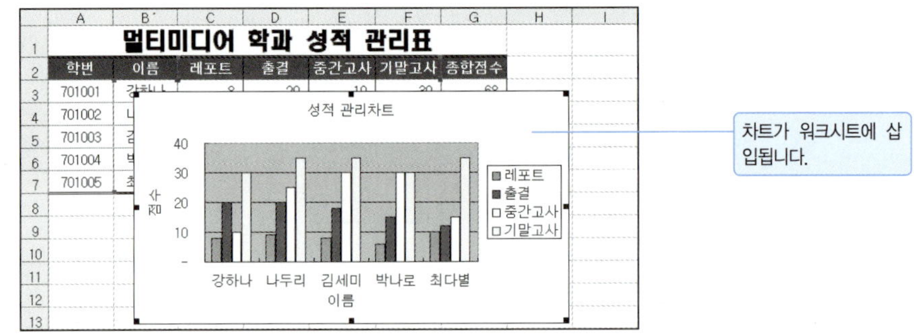

차트의 구성 요소

차트를 구성하고 있는 요소들은 별개의 개체이며, 각각의 위치나 크기 등을 조절하거나 서식을 지정할 수 있습니다.

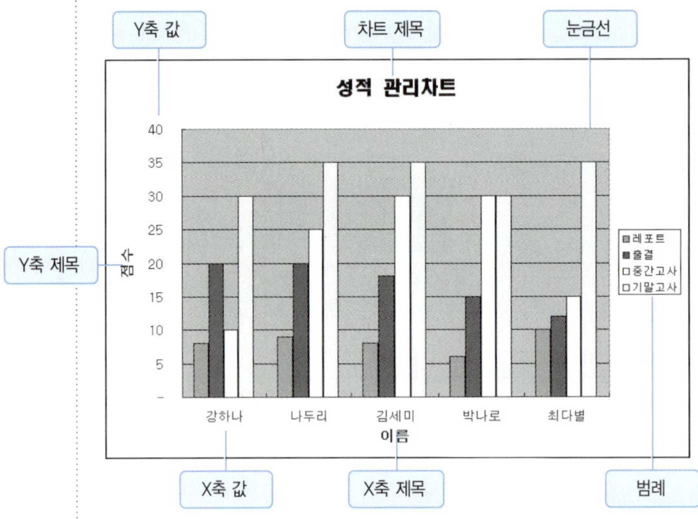

'성적 관리표.xls' 파일을 이용하여 새로운 워크시트에 그림과 같은 모양의 가로 막대형 차트를 삽입해 보세요(차트 제목과 각 축의 제목도 입력해야 합니다).

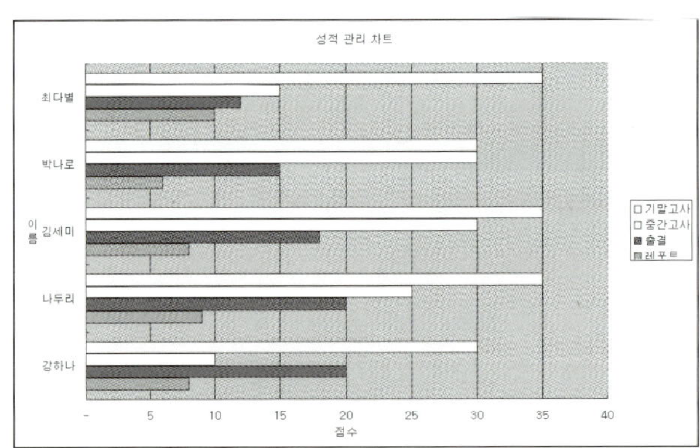

06-2 차트의 위치와 크기 조절하기

차트 마법사를 이용하여 만들어지는 차트는 대부분의 구성 요소를 갖추고 있기는 하지만 크기와 위치, 그리고 각 계열 제목의 글자 크기들이 제멋대로일 것입니다. 이번에는 차트의 위치와 크기를 조절하여 보기 좋게 꾸미는 방법에 대해 알아봅니다.

차트 이동하기

차트는 그리기 개체와 같은 방법으로 이동시킬 수 있습니다. 차트 영역 부분에 마우스 포인터를 위치시킨 상태에서 원하는 위치로 드래그 & 드롭합니다.

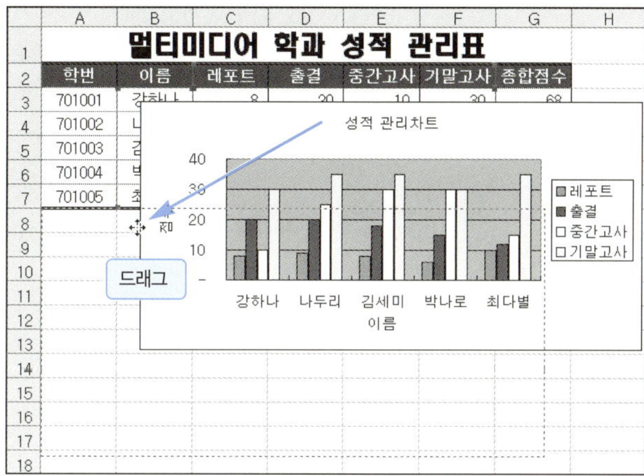

차트 크기 조절하기

차트 주변에 표시되는 조절점을 드래그하면 차트의 크기를 조절할 수 있습니다.

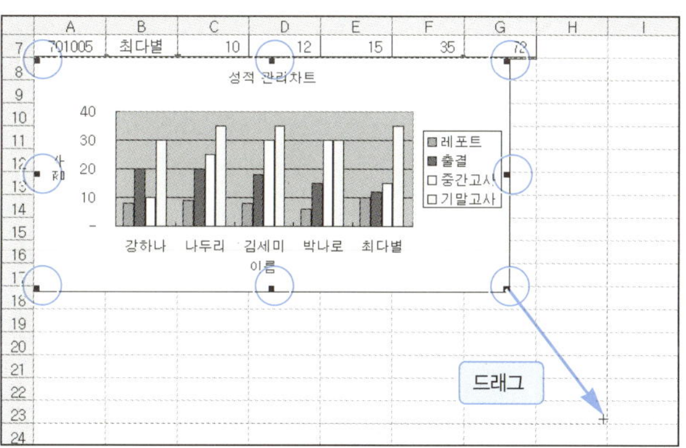

06-3 차트 개체의 서식 지정하기

일반적으로 차트는 4가지 방법을 사용하여 개체의 서식을 지정할 수 있습니다. 다음 방법들 중 어떤 것을 사용하더라도 결과는 똑같습니다.

서식 지정 방법

- **서식 도구 모음 사용하기** : 서식을 지정할 개체를 선택한 후에 서식 도구 모음에서 글꼴이나 글꼴 크기 등을 지정합니다.
- **바로 가기 메뉴 사용하기** : 서식을 지정할 개체 위에서 바로 가기 메뉴의 [~서식]을 선택하면 표시되는 대화상자를 이용하여 선택한 개체의 서식을 지정합니다. 이때, 바로 가기 메뉴를 부른 위치에 따라 바로 가기 메뉴에 표시되는 내용이 달라집니다.
- **차트 도구 모음 사용하기** : 서식을 지정할 개체를 선택한 후에 차트 도구 모음에 있는 '서식'( ) 아이콘을 클릭합니다. 이때 표시되는 개체 서식 대화상자를 이용하여 서식을 지정합니다.
- **더블클릭** : 서식을 지정할 개체를 더블클릭하면 해당 개체의 서식을 지정할 수 있는 대화상자가 표시됩니다.

글꼴 서식 지정하기

차트 제목과 축 제목 및 값, 범례 등의 글꼴이나 글꼴 크기, 글꼴의 색상 등을 지정합니다.

따라하기 **차트 제목 서식 지정하기**

1. 차트 제목이 입력되어 있는 부분을 선택한 후에 바로 가기 메뉴의 **[차트 제목 서식]**을 선택합니다.

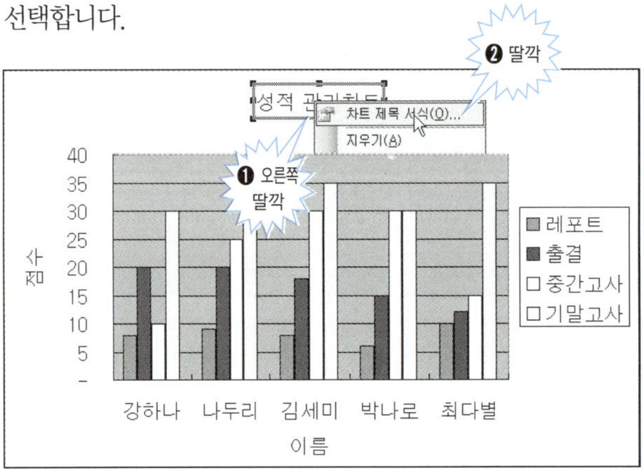

2. '차트 제목 서식' 대화상자를 이용하여 글꼴과 글꼴 크기, 글꼴 색 등을 지정한 후에 [확인] 버튼을 클릭합니다.

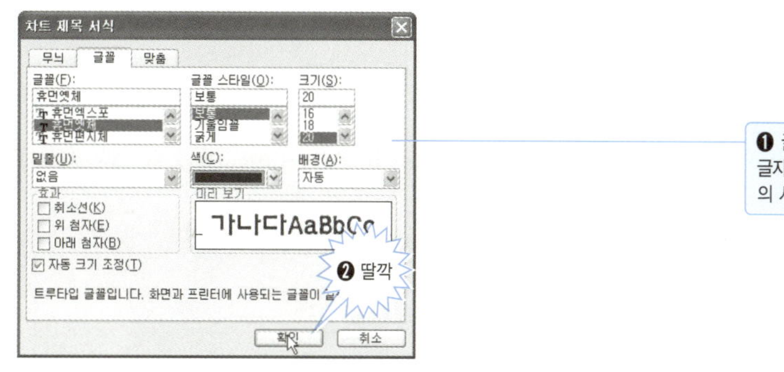

❶ 글꼴, 글꼴 스타일, 글자 크기, 글꼴 색 등의 서식을 지정합니다.

❷ 딸깍

3. 지정한 글꼴 스타일이 차트 제목에 적용됩니다.

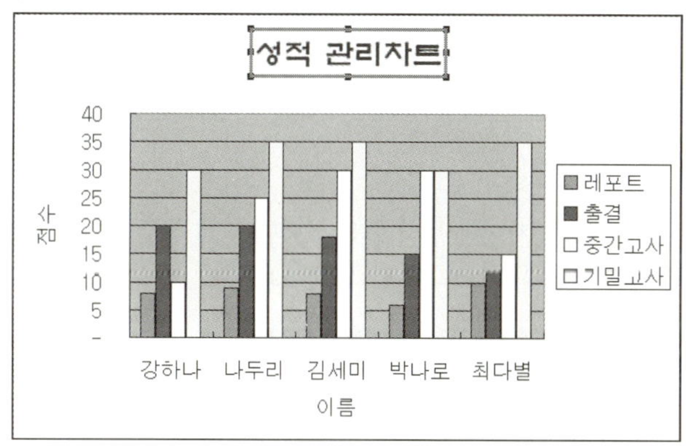

그림과 같이 축과 범례의 글꼴 서식을 변경해 보세요.

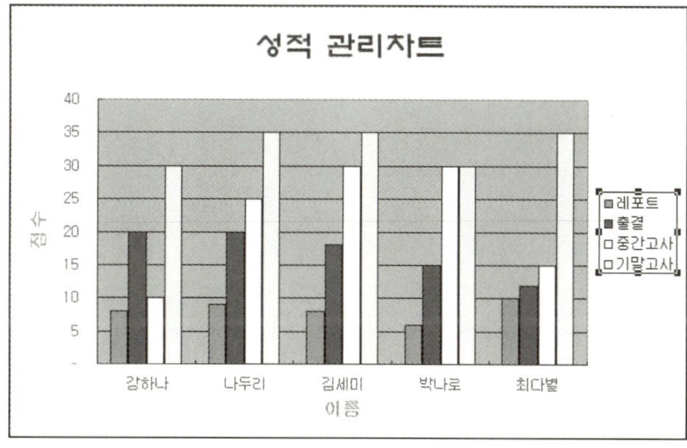

· 축 제목 : 굴림, 굵게, 12, 주황
· 축 값 : 굴림, 10, 파랑
· 범례 : 굴림, 10

무늬 서식 지정하기

차트 각 부분의 구성 요소의 테두리나 배경 색 등을 지정합니다.

따라하기 **제목 서식 지정하기**

1. 차트 제목을 선택한 후에 바로 가기 메뉴의 **[차트 제목 서식]**을 선택합니다.

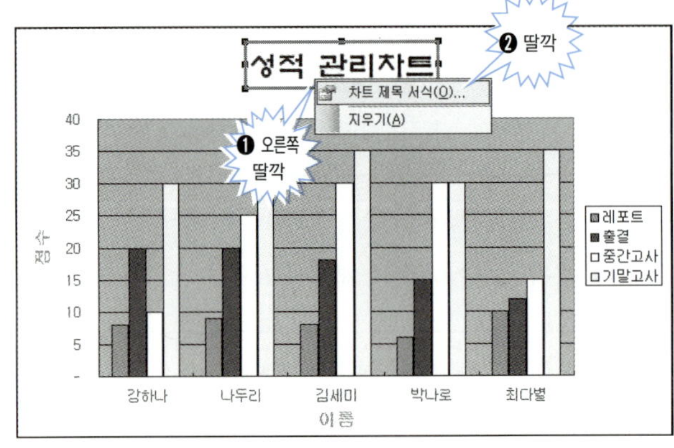

2. 서식 대화상자에서 무늬 탭을 선택한 후에 테두리와 영역의 색상을 지정하고 **[확인]** 버튼을 클릭합니다(테두리 색 : 녹색, 영역 색 : 연한 노랑).

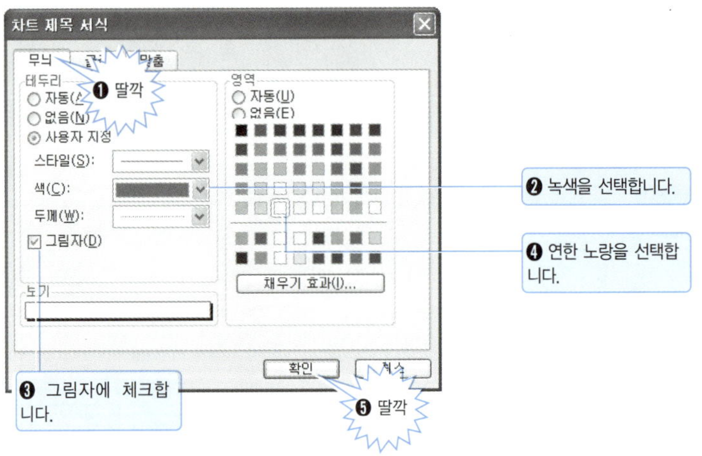

3. 차트 제목 영역에 무늬 서식이 지정됩니다.

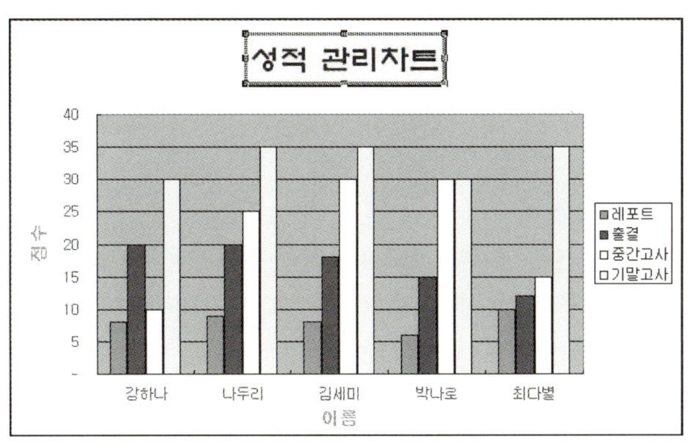

Self   test

그림과 같이 차트 영역과 그림 영역에 무늬 서식을 적용해 보세요.

· 차트 영역 : 그림자, 하늘색 그라데이션

· 그림 영역 : 연한 주황

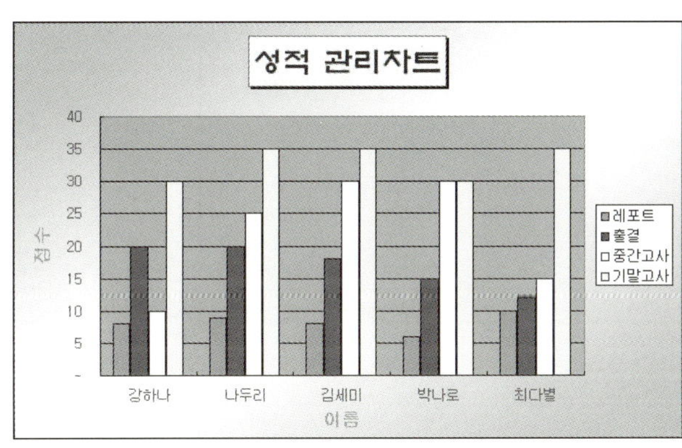

Self   test

그림과 같이 데이터 막대의 색상을 변경해 보세요.

· 레포트 막대 : 다홍

· 출결 막대 : 옥색

· 중간고사 막대 : 밝은 녹색

· 기말고사 막대 : 진한 노랑

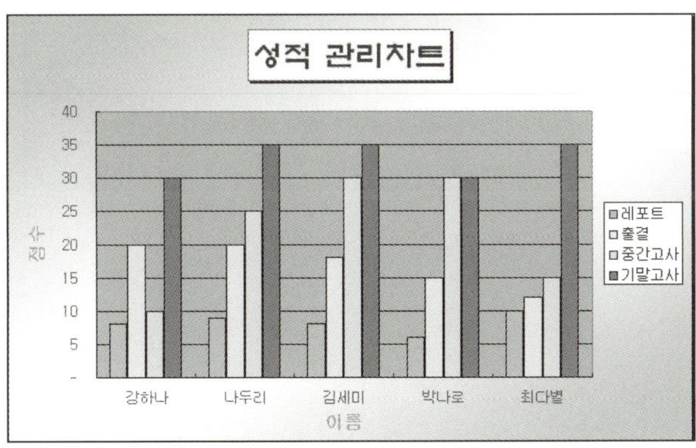

06-4 차트 변경하기

차트 종류 변경하기

차트가 만들어진 이후에라도 차트의 종류는 사용자가 원하는 대로 바꿀 수 있습니다. 이 때 미리 지정되어 있던 개체 서식은 그대로 유지됩니다.

차트를 선택한 후에 **[차트]–[차트 종류]** 메뉴를 선택하거나 차트 영역의 바로 가기 메뉴에서 **[차트 종류]**를 선택하면 '차트 종류' 대화상자가 표시됩니다. 이 대화상자를 이용하여 변경할 차트의 종류를 지정합니다.

Note

차트 종류 대화상자

'차트 종류' 대화상자는 차트 마법사 1단계 대화상자와 같은 모양으로 구성되어 있습니다.

Note

사용자 지정 종류

사용자 지정 종류 탭을 선택하면 좀 더 세부적인 옵션을 지정해야 하는 차트 종류를 선택할 수 있습니다. 또, 사용자가 직접 차트 모양을 만들어 정의할 수도 있습니다.

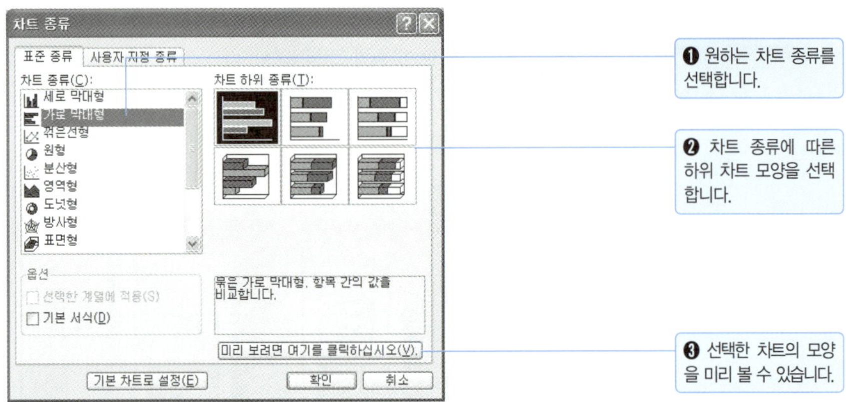

❶ 원하는 차트 종류를 선택합니다.

❷ 차트 종류에 따른 하위 차트 모양을 선택합니다.

❸ 선택한 차트의 모양을 미리 볼 수 있습니다.

Self test

그림과 같이 차트의 종류를 3차원 세로 막대형으로 변경해 보세요.

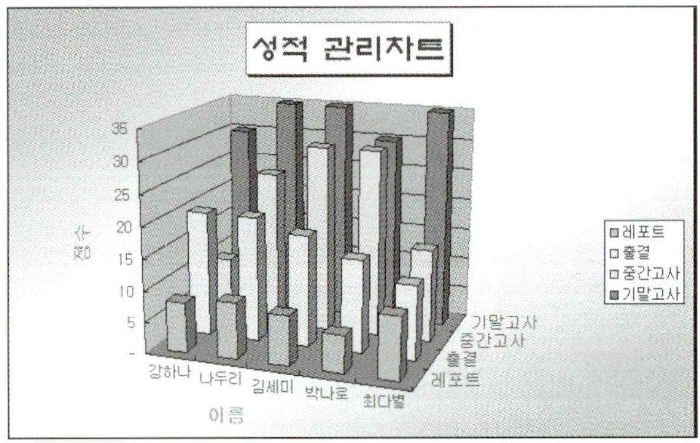

원본 데이터 변경하기

데이터 범위를 변경하거나 데이터 계열을 추가, 삭제할 때 사용하는 기능입니다.

차트를 선택한 후에 [차트]-[원본 데이터]를 선택하거나 차트 영역의 바로 가기 메뉴에서
[원본 데이터]를 선택합니다. '원본 데이터' 대화상자가 표시되면 데이터 범위와 계열의
위치 등을 변경합니다.

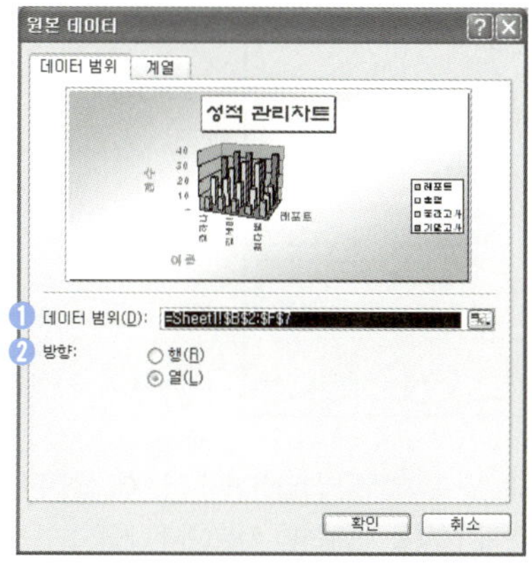
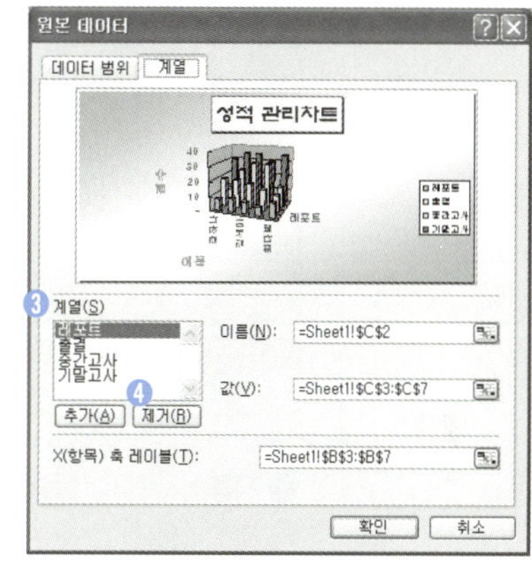

❶ **데이터 범위** : 데이터 범위를 지정하려면 범위 지정 버튼()을 클릭한 후에 범위로 지정할 영
역을 마우스로 드래그합니다.
❷ **방향** : 행과 열을 각각 선택하면 X축과 Y축을 서로 바꿀 수 있습니다.
❸ **계열** : 각각의 데이터 계열 영역이 표시됩니다.
❹ **추가/제거 버튼** : 새로운 데이터 계열을 추가하거나 기존 데이터 계열을 제거합니다.

그림과 같이 원본 데이터의 '종합 점수' 항목을 데이터 계열에 추가해 보세요.

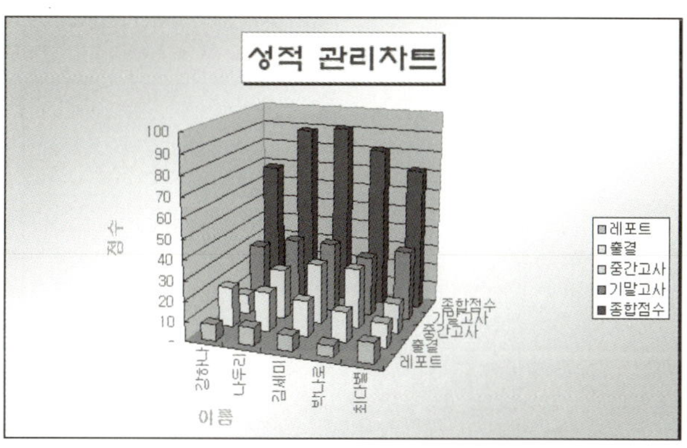

차트 옵션 변경하기

제목이나 축, 눈금선, 범례 같은 차트의 구성 요소를 변경할 때 사용합니다.

차트를 선택한 후에 [차트]–[차트 옵션] 메뉴를 선택하거나 차트 영역의 바로 가기 메뉴에서 [차트 옵션]을 선택합니다. '차트 옵션' 대화상자가 표시되면 각 탭을 이용하여 구성 요소를 변경할 수 있습니다.

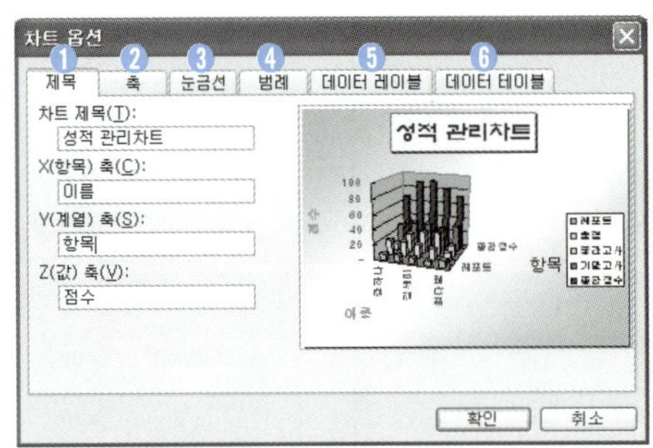

❶ **제목** : 차트의 제목과 X 축, Y 축 제목을 삽입하거나 기존에 삽입된 제목을 수정합니다.

❷ **축** : X(항목) 축과 Y(값) 축의 선택을 해제하면 차트에서 해당 축이 숨겨집니다.

❸ **눈금선** : 눈금선을 세밀하게 표시하거나 표시하지 않도록 설정합니다.

❹ **범례** : 범례의 표시 유무와 위치 등을 지정합니다.

❺ **데이터 레이블** : 원본 데이터의 값이나 계열 이름 등을 차트에 표시합니다.

❻ **데이터 테이블** : 원본 데이터의 내용을 차트 아래쪽에 표로 표시합니다.

그림과 같이 차트의 옵션을 변경해 보세요.

· 차트의 제목을 '성적 관리 차트'로 변경

· X 축의 주 눈금선 표시

· 범례를 왼쪽에 표시

· 데이터 레이블의 값 표시

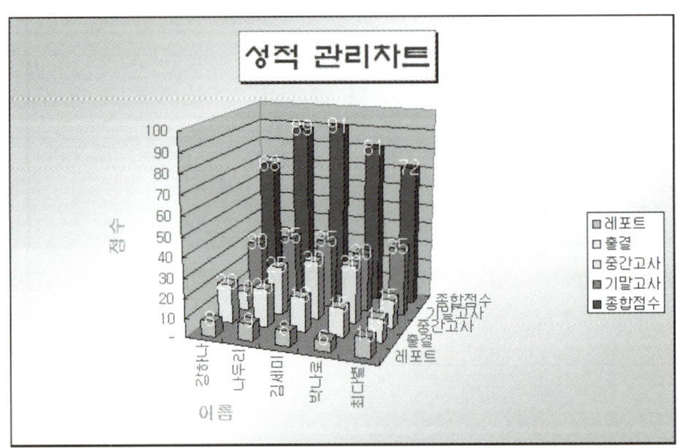

그림과 같이 차트의 종류를 바꾼 후에 범례를 표시해 보세요.

· 차트 종류를 '묶은 세로 막대형'으로 변경

· 데이터 테이블 표시

· 테이블의 범례 표지 표시 해제

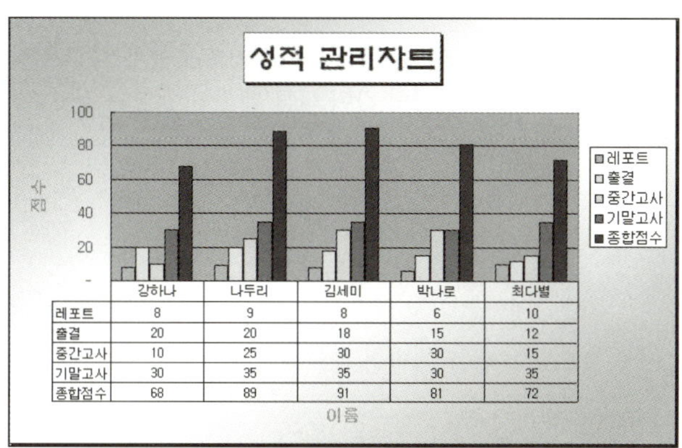

	강하나	나두리	김세미	박나로	최다별
레포트	8	9	8	6	10
출결	20	20	18	15	12
중간고사	10	25	30	30	15
기말고사	30	35	35	30	35
종합점수	68	89	91	81	72

차트 위치 변경하기

차트를 선택한 후에 **[차트]–[위치]** 메뉴를 선택하거나 차트 영역에서 바로 가기 메뉴의 **[위치]**를 선택합니다. '차트 위치' 대화상자가 표시되면 차트를 삽입할 위치를 지정한 후에 **[확인]** 버튼을 클릭합니다.

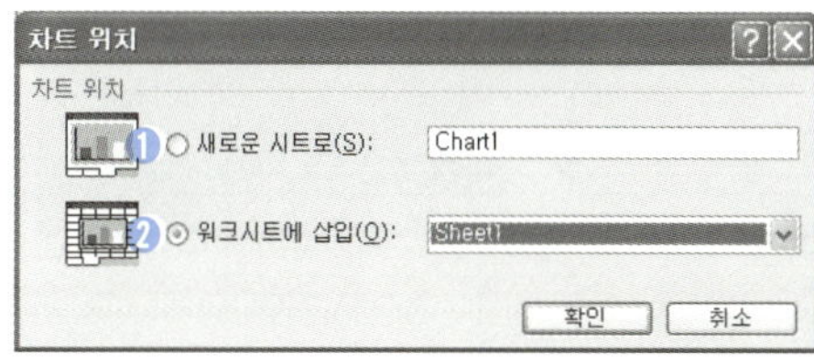

① '새로운 시트로'를 선택하고 시트의 이름을 입력하면, 새로운 워크시트가 만들어지면서 그 워크시트 안에 차트가 만들어집니다.

② '워크시트에 삽입'을 선택하면 현재의 워크시트에 차트가 만들어집니다.

성적 관리 차트를 새로운 시트로 옮겨 보세요.

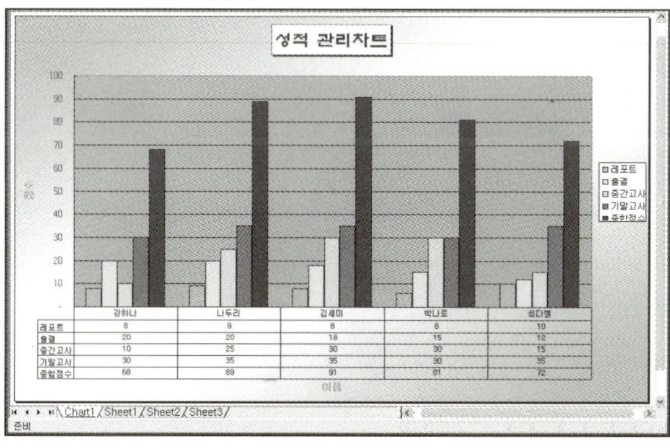

06-5 이중 축 차트와 혼합형 차트 만들기

이중 축 차트

이중 축 차트는 현재의 차트에 값 축 등을 추가하여 이중으로 값을 표시하는 차트를 말합니다. 특정 데이터 계열의 값이 다른 데이터 계열의 값보다 현저하게 차이가 날 때 유용하게 사용할 수 있습니다.

따라하기　　**이중 축 차트 만들기**

1. 이중 축으로 변환할 데이터 계열을 선택한 후에 바로 가기 메뉴의 **[데이터 계열 서식]**을 선택합니다.

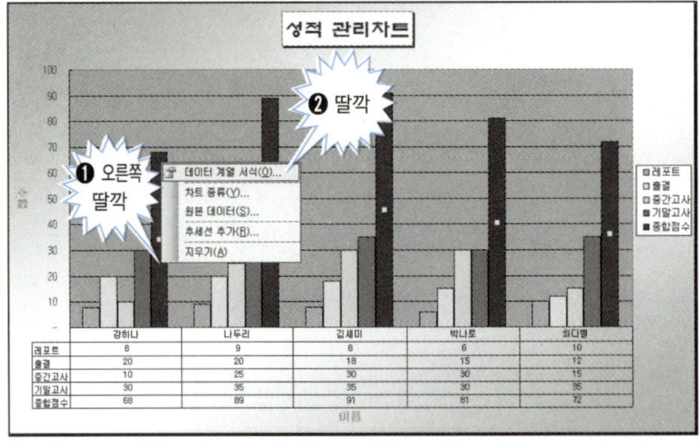

2. '데이터 계열 서식' 대화상자의 축 탭에서 '데이터 계열 지정' 항목의 '보조 축'을 선택한 후에 **[확인]** 버튼을 클릭하면 이중 축 차트가 만들어집니다.

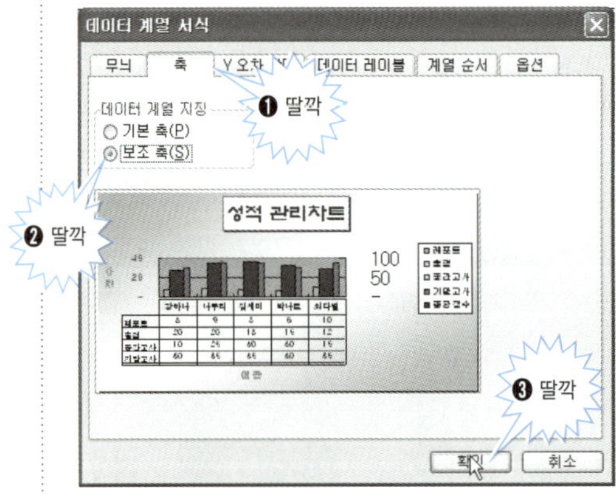

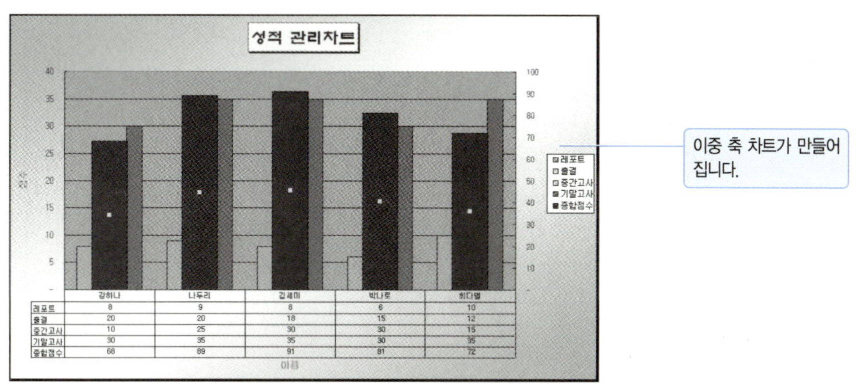

이중 축 차트가 만들어
집니다.

	강하나	나두리	김세미	박나롯	최다별
레포트	8	9	6	6	10
출결	20	20	18	15	12
중간고사	10	25	30	30	15
기말고사	30	35	35	30	35
종합점수	68	89	91	81	72

다음과 같은 표를 작성한 후에 '비디오' 계열을 기준으로 이중 축 차트를 작성해 보세요.

	냉장고	세탁기	텔레비전	비디오
1사분기	20	18	30	5
2사분기	25	22	32	6
3사분기	30	25	33	7
4사분기	28	26	35	8

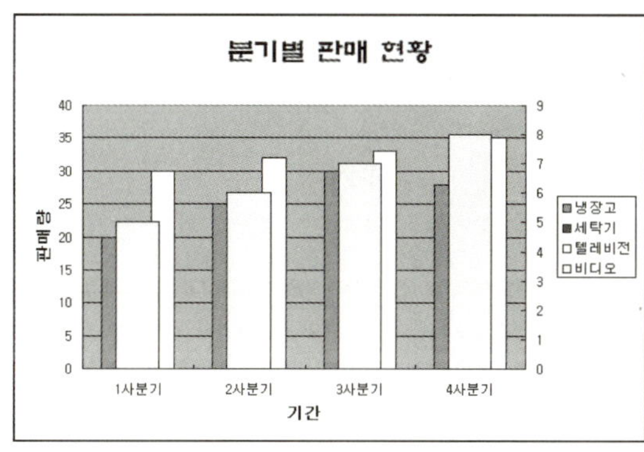

혼합형 차트

혼합형 차트는 2개 이상의 데이터 계열을 가지는 차트에서 특정 데이터 계열을 강조하기 위하여 특정 계열만 다른 차트 종류로 표현한 차트를 말합니다.

따라하기　　혼합형 차트 만들기

1. 앞에서 작성한 이중 축 차트에서 변경할 데이터 계열(종합점수)을 선택한 후에 [차트]-[차트 종류] 메뉴를 선택하거나 바로 가기 메뉴의 [차트 종류]를 선택합니다.
2. '차트 종류' 대화상자에서 차트의 종류(꺾은선형)를 선택하면 데이터 계열의 차트 모양이 바뀝니다.

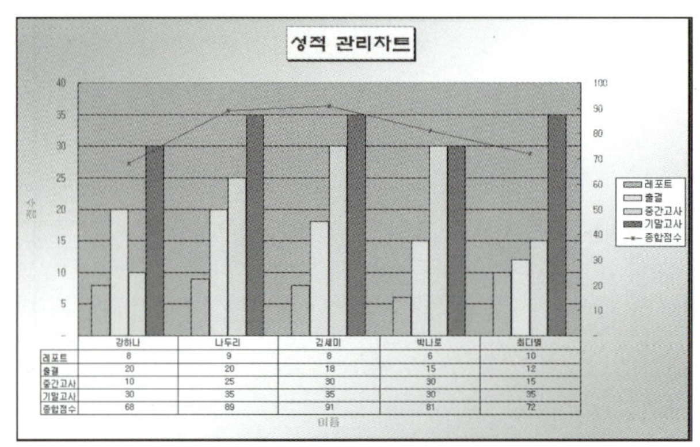

앞서 작성한 이중 축 차트의 모양을 꺾은선형 차트 모양으로 변경해 보세요.

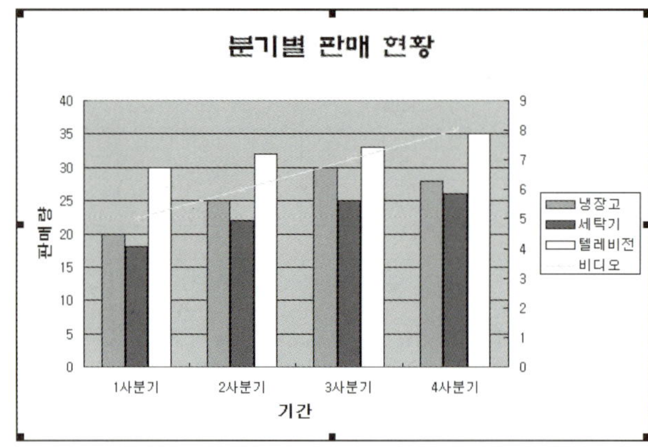

판매 실적률 분석 차트 만들기

일반적으로 같은 단위와 비슷한 값을 데이터로 하는 표를 이용하여 차트를 만드는 것은 간단하지만, 서로 다른 단위를 사용하거나 표에 사용된 값의 차이가 크면 보기 좋은 차트를 만들기가 어려워집니다. 이번에는 서로 다른 단위를 사용하는 표를 이용하여 판매 실적 분석 차트를 만들어봅시다.

차트 마법사로 차트 만들기

직원별 실적률 분석표를 이용하여 차트를 만들어 봅시다.

예제 파일 : 실적 분석.xls

1. 직원별 실적률 분석표에서 [B3:E8] 범위를 블록으로 지정한 후에 '차트 마법사' (🔲) 아이콘을 클릭합니다.

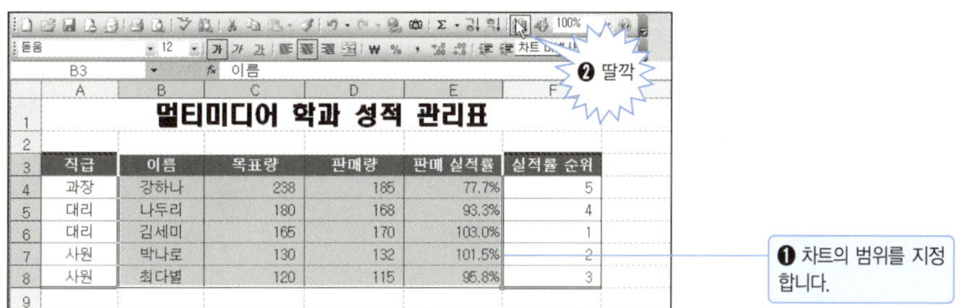

2. 차트 마법사 4단계를 순서대로 실행하여 그림과 같은 모양의 실적 분석 차트를 만듭니다.

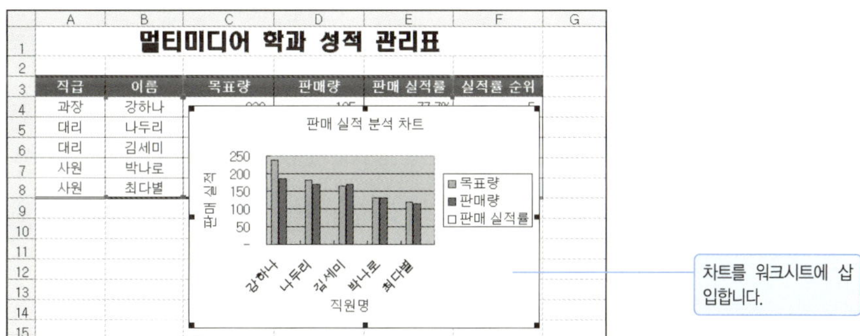

차트의 위치와 크기 지정하기

1. 키보드의 [Alt] 키를 누른 상태에서 차트 영역 부분을 드래그 & 드롭하여 차트가 A9 셀에 접하도록 합니다.

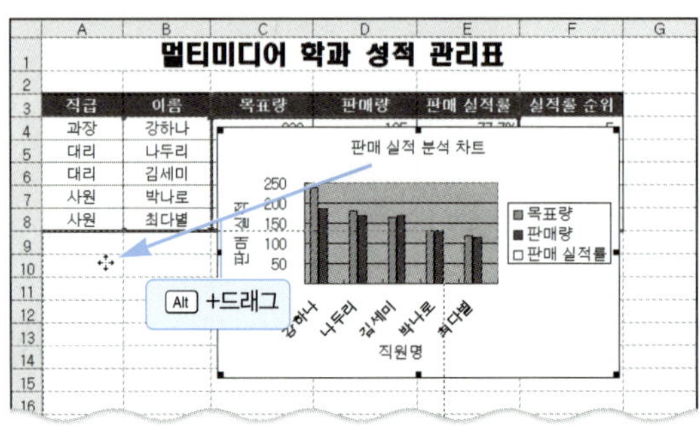

2. 작업 화면을 약간 아래로 이동시킨 후에 [Alt] 키를 누른 상태에서 차트의 조절점을 F31 셀까지 드래그합니다. 크기가 변경되면 [Esc] 키를 눌러서 차트를 고정시킵니다.

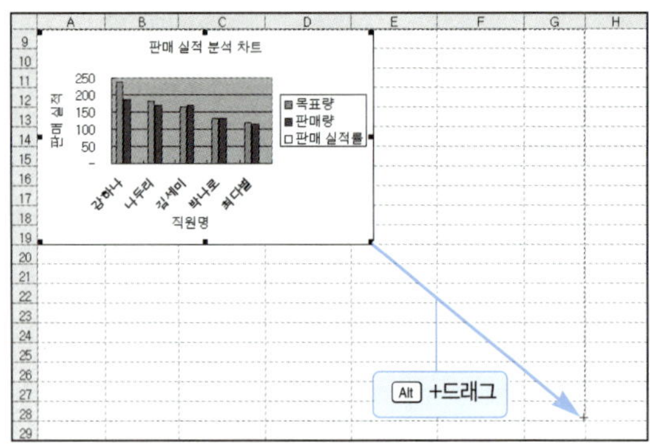

축 제목과 내용 글꼴 조절하기

1. 차트의 제목 부분을 선택한 후에 글꼴과 글꼴 스타일, 글꼴 크기 등의 서식을 변경합니다(글꼴 : 휴먼옛체, 글꼴 스타일 : 굵게, 글꼴 크기 : 18, 글꼴 색 : 남색).

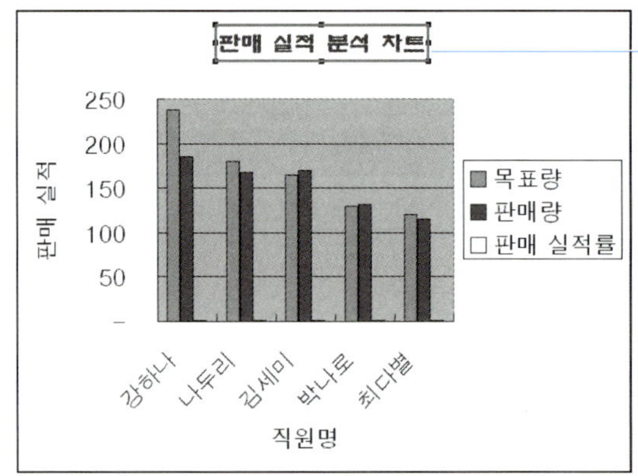

2. 같은 방법으로 축과 범례의 서식을 지정합니다(글꼴 : 새굴림, 글꼴 스타일 : 굵게, 글꼴 크기 : 11, 글꼴 색 : 남색).

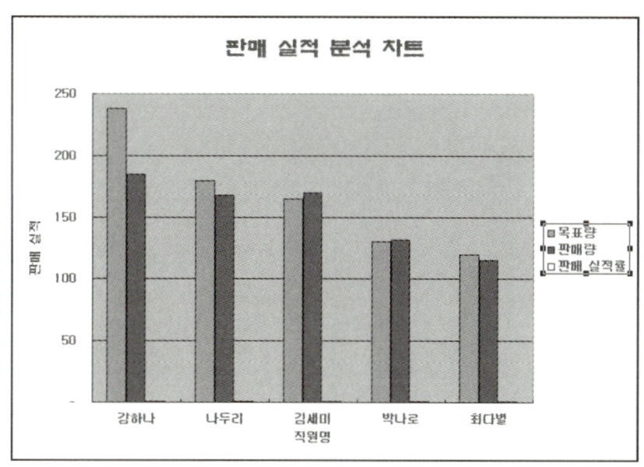

보조 눈금 적용하기

1. 판매 실적률 데이터 막대에서 바로 가기 메뉴의 **[데이터 계열 서식]**을 선택합니다.

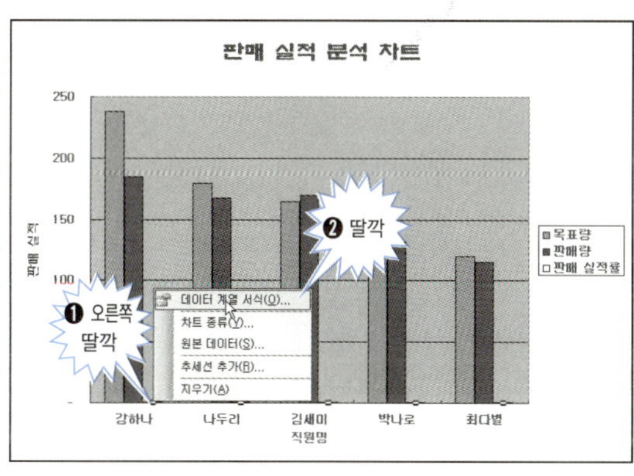

2. 서식 대화상자가 표시되면 축 탭에 있는 '보조 축' 항목을 선택한 후에 **[확인]** 버튼을 클릭합니다.

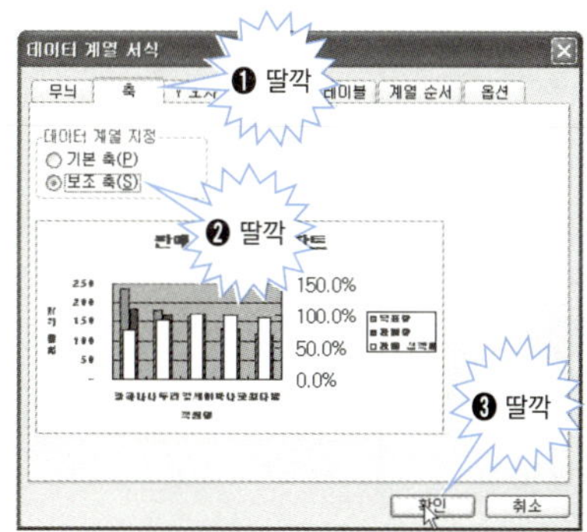

3. 서식 도구 모음을 이용하여 새로 만들어진 보조 축의 글꼴과 글꼴 크기를 지정합니다
(글꼴 : 새굴림, 글꼴 크기 : 11).

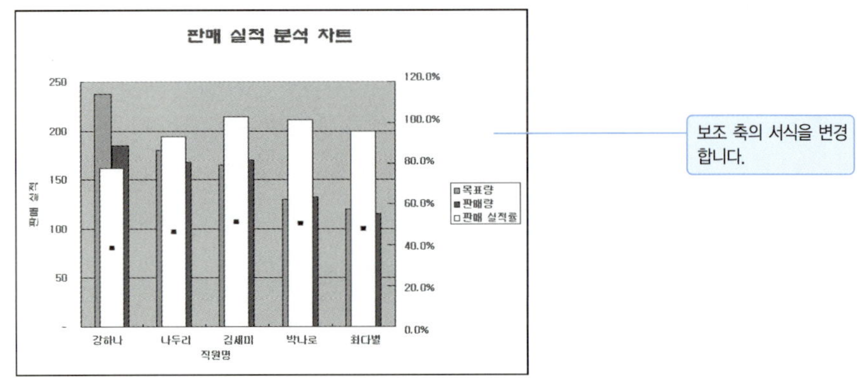

보조 축의 서식을 변경
합니다.

계열 막대의 서식 변경하기

1. 판매량 데이터 막대에서 바로 가기 메뉴의 **[데이터 계열 서식]**을 선택합니다.

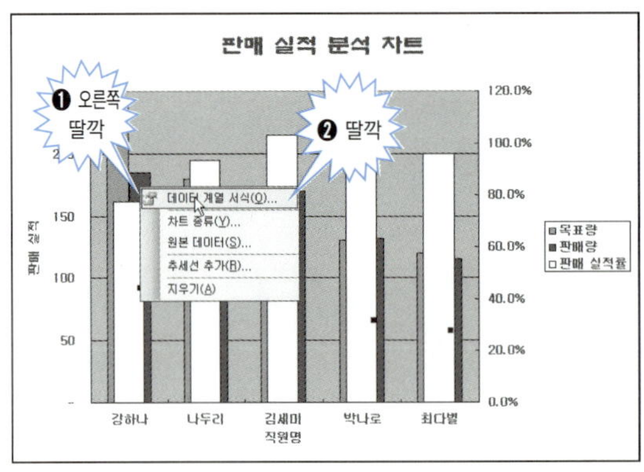

2. 서식 대화상자의 옵션 탭에 있는 '겹치기'와 '간격 너비' 값을 각각 '70'과 '50'으로
지정한 후에 **[확인]** 버튼을 클릭합니다.

❶ 겹치기와 간격 너비
값을 지정합니다.

3. 같은 방법으로 판매 실적률 데이터 막대의 '겹치기'와 '간격 너비' 값을 '0'과 '80'으로 지정합니다. 각 직원의 실적률과 목표 및 실제 판매량을 한눈에 확인할 수 있는 차트가 만들어집니다.

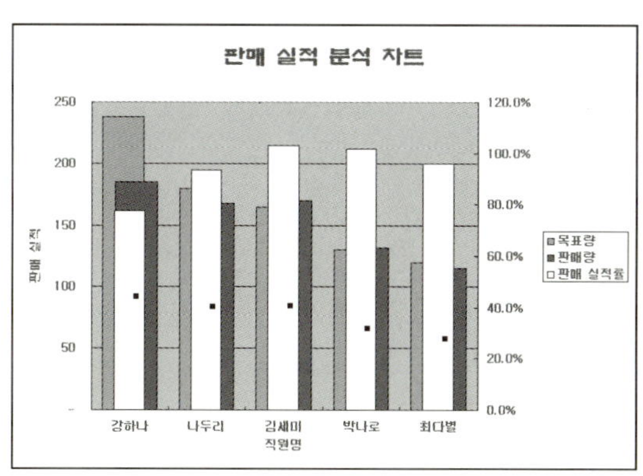

Note

데이터 계열 막대만으로는 각 막대의 값이 어느 정도 되는지 확인하기 어렵습니다. 이번에는 실적률 막대에 그림을 적용하여 실적률 10%마다 화살표가 한 개씩 표시되도록 만들어 봅시다. 이렇게 하면 차트 막대만 보더라도 대략적인 차트 막대의 값을 쉽게 확인할 수 있을 것입니다.

계열 막대 그림으로 채우기

1. 실적률 데이터 막대에서 바로 가기 메뉴의 **[데이터 계열 서식]**을 선택합니다.

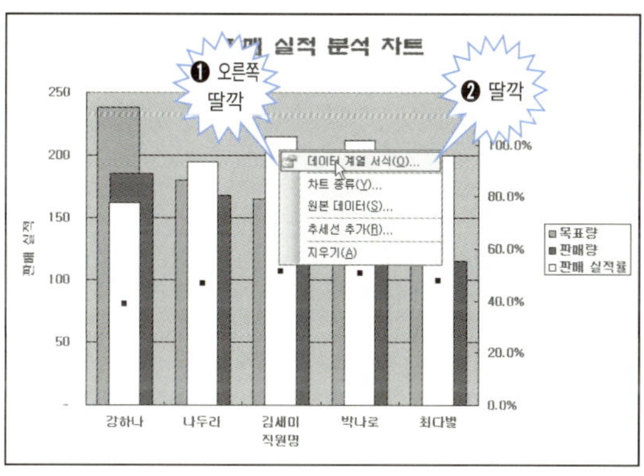

2. 서식 대화상자의 무늬 탭에 있는 **[채우기 효과]** 버튼을 클릭합니다.

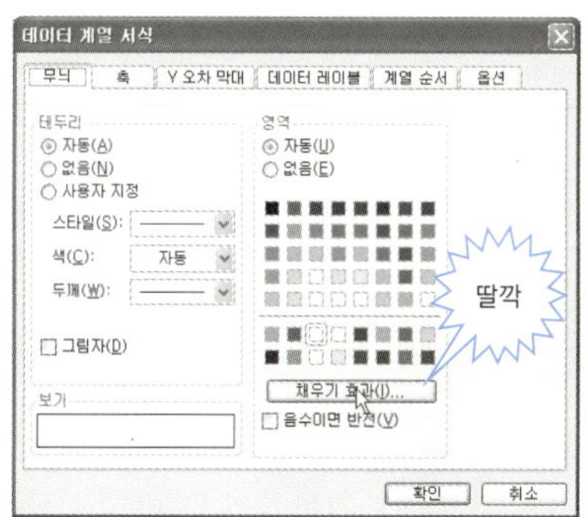

3. '채우기 효과' 대화상자의 그림 탭에 있는 **[그림 선택]** 버튼을 클릭합니다. **[예제]** 폴더에 있는 '화살표.jpg' 파일을 선택한 후에 **[삽입]** 버튼을 클릭합니다.

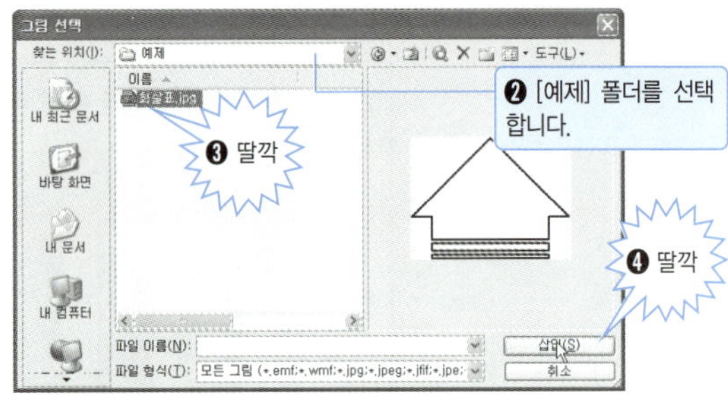

4. 다시 '채우기 효과' 대화상자로 돌아오면 '서식' 목록에서 '다음 배율에 맞게 쌓기'를 선택한 후에 배율 값을 '0.1'로 지정하고 **[확인]** 버튼을 클릭합니다.

5. 다시 서식 대화상자로 돌아오면 테두리 옵션을 '자동'으로 지정한 후에 **[확인]** 버튼을 클릭합니다.

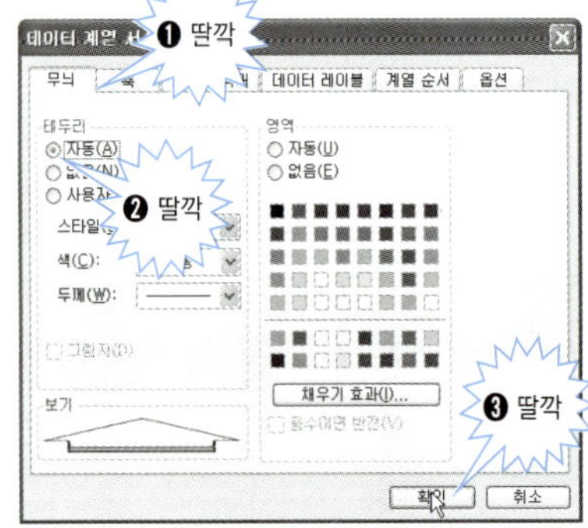

6. 각 직원의 실적률 막대에 화살표 모양이 채워집니다.

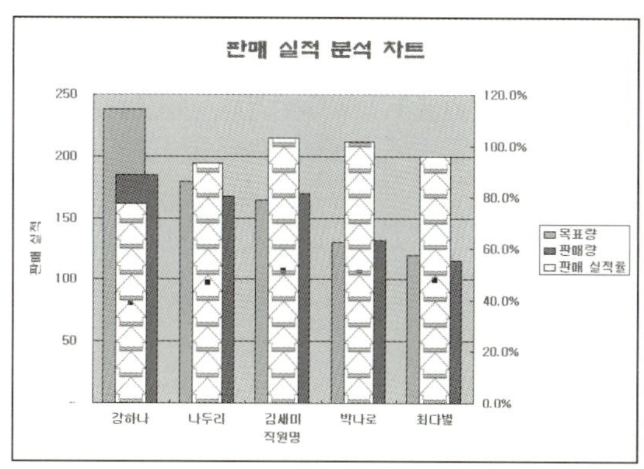

데이터 레이블 표시하기

1. 실적률이 가장 높은 직원의 실적률 막대를 천천히 두 번 클릭한 후에 바로 가기 메뉴의 **[데이터 요소 서식]**을 선택합니다.

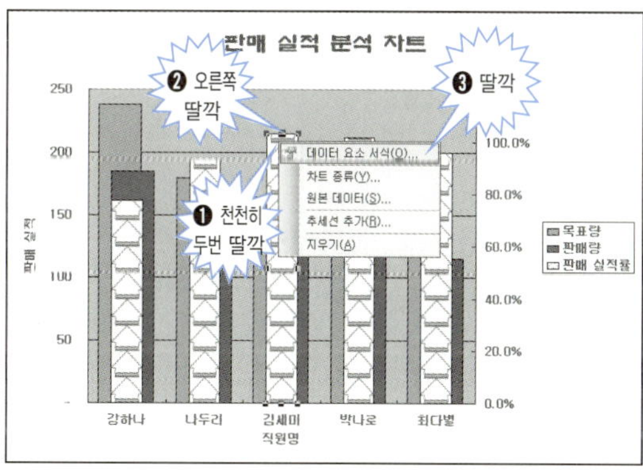

2. 서식 대화상자가 표시되면 데이터 레이블 탭에 있는 '계열 이름'과 '항목 이름', '값'을 모두 선택합니다. '구분 기호' 목록에서 '(줄 바꿈)'을 선택한 후에 **[확인]** 버튼을 클릭합니다.

3. 삽입된 데이터 레이블에서 바로 가기 메뉴의 [**데이터 레이블 서식**]을 선택합니다.

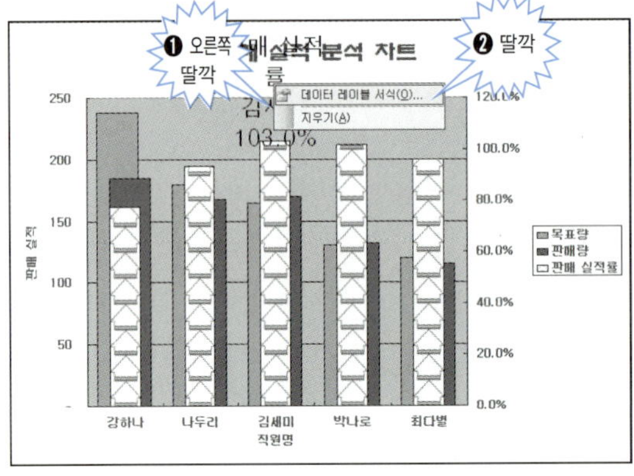

4. 서식 대화상자의 무늬 탭과 글꼴 탭을 이용하여 데이터 레이블에 적용할 적당한 서식을 지정합니다.

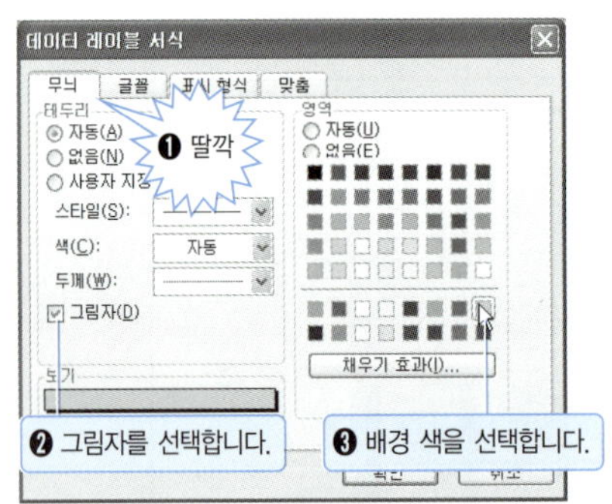

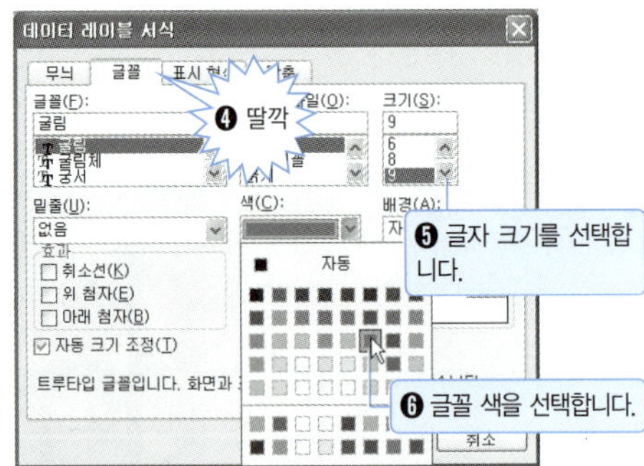

5. 데이터 레이블에 지정한 서식이 적용됩니다.

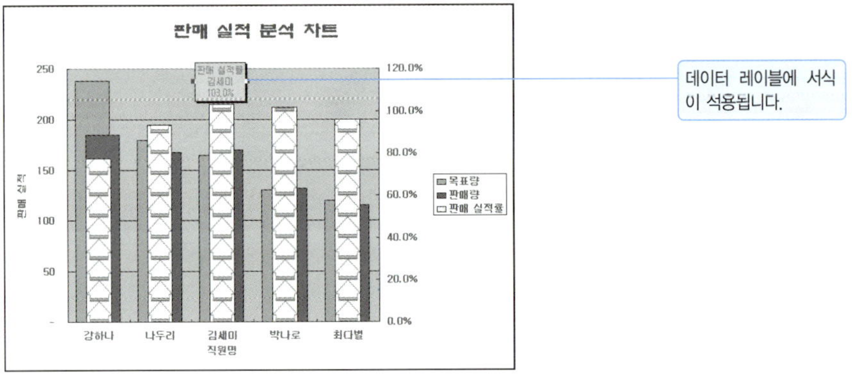

실무 활용 연습

EX 1   1학기 모의고사 분석 차트 만들기

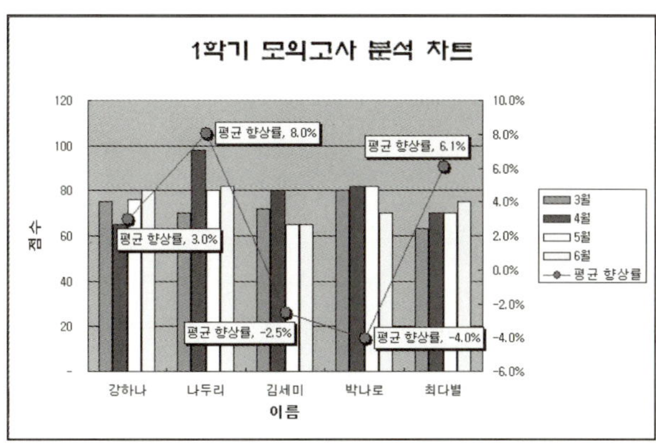

[지시 사항]

❶ '모의고사 분석표.xls' 파일을 불러오세요.
❷ [B3:E8] 범위를 블록으로 지정하고 차트 마법사 기능을 이용하여 분석 차트를 만드세요.
❸ 차트를 구성하는 각 영역에 서식을 지정하세요.
❹ [F3:F8] 범위를 차트에 추가하세요.
❺ 추가된 평균 향상률 데이터 막대에 보조 눈금을 적용하세요.
❻ 평균 향상률의 차트 종류를 꺾은선형으로 바꾸세요.
❼ 꺾은선형 차트의 서식을 지정하세요.
❽ 꺾은선형 차트에 그림과 같은 모양의 데이터 레이블을 표시하세요.

EX 2   주가 지수와 거래량 추이 차트 만들기

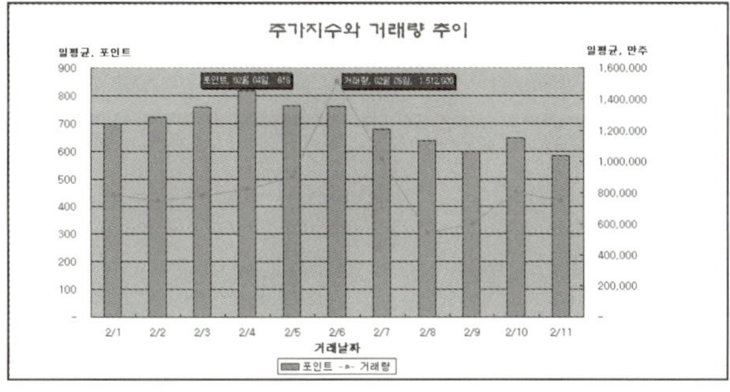

[지시 사항]

❶ '주가 지수와 거래량.xls' 파일을 불러오세요.
❷ 표의 범위를 지정한 후에 차트 마법사 기능을 이용하여 현재의 워크시트에 세로 막대형 차트를 만드세요.
❸ 차트의 크기를 조절한 후에 차트의 제목과 각 축의 값 서식이 잘 보이도록 설정하세요.
❹ 거래량을 보조 축으로 하는 이중 축 차트를 만든 후에 거래량의 차트 종류를 꺾은선형으로 변경하세요.
❺ 각 축의 제목을 삽입한 후에 제목의 위치가 그림과 같이 가로 방향으로 축 위에 위치하도록 설정하세요.
❻ 범례의 위치를 그림 영역 아래에 위치시키세요.
❼ 거래량과 주가 지수 중에서 가장 높은 값을 가지는 항목에 데이터 레이블을 표시하세요(데이터 레이블의 글꼴 크기 : 9, 글꼴 색 : 흰색, 배경 색 : 진한 보라, 구분 기호 : 쉼표).

<table>
<tr><td>EX</td><td>3</td><td>주요국 외환 보유액 차트 만들기</td></tr>
</table>

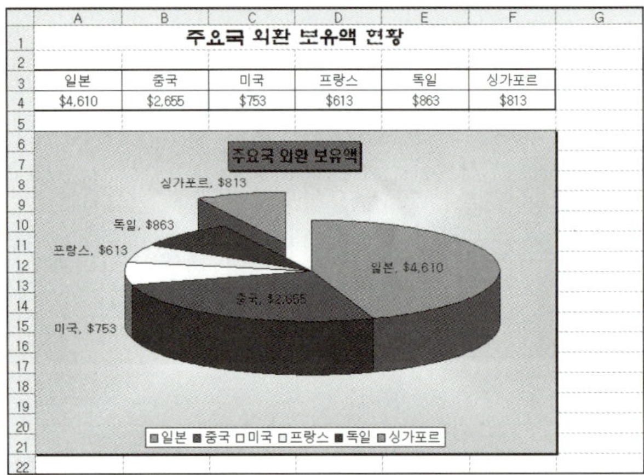

[지시 사항]

❶ 그림과 같이 차트로 만들 원본 데이터를 입력하세요.

❷ [A3:F3] 범위를 지정하여 그림과 같이 현재 워크시트에 원형 차트를 만드세요.

❸ 데이터 레이블에서 항목 이름과 같이 표시되도록 하세요.

❹ 제목의 글꼴은 'HY헤드라인M'으로 하고 글꼴 크기는 '16'으로 적용하세요.

❺ 제목 영역의 배경에 그림자 효과를 적용하고 배경 색은 녹색으로 채우세요.

❻ 그림 영역의 크기와 위치를 그림과 같이 되도록 조절하세요.

❼ 데이터 레이블의 글꼴 크기를 '11'로 변경한 후에 일본과 중국의 데이터 레이블은 데이터 계열 안으로 이동시키세요.

❽ 범례는 차트의 아래쪽에 표시되도록 설정하세요.

❾ 싱가포르 데이터 계열만 원형 차트에서 분리시키세요.

❿ 차트 영역의 배경 색은 황금색 그라데이션으로 설정하세요. 그라데이션의 음영 스타일은 '가운데서'를 적용하세요.

⓫ 차트 영역 외곽에 그림자 효과를 적용하세요.

⓬ 작성한 차트를 '주요국 외환 보유액.xls'로 저장하세요.

07

수식의 이해와 활용

이번 장에서는 엑셀을 사용하는 가장 중요한 목적이라고도 할 수 있는 수식의 작성과 활용방법에 대해 알아봅니다. 엑셀을 사용하는 사람이라면 누구라도 수식을 이용하여 계산을 하게 될 것입니다. 이 방법을 이용하면 계산기나 다른 계산 방법을 사용하는 것과는 비교도 되지 않을 만큼 빠르고 정확한 계산을 할 수 있습니다.

07-1   수식 사용하기

07-2   수식에 사용할 수 있는 연산자

07-3   상대 참조와 절대 참조

07-4   3차원 수식 입력하기

현장 실습   급여 관리표 만들기

실무 활용 연습

실습 예제 미리 보기 | 급여 관리표 만들기

각 부서의 급여 명세표를 이용하여 급여 지급 현황을 한 눈에 볼 수 있는 관리표를 만듭니다.

	A	B	C	D	E	F	G	H	I
1				급여 관리표					
2									
3			관 리 부					총 무 부	
4	사원명	지급금액	공제세액	실지급액		사원명	지급금액	공제세액	실지급액
5	김일남	2,579,400	121,800	2,457,600		강남식	1,595,700	109,620	2,017,440
6	최용석	2,160,000	102,000	2,058,000		최근영	1,425,600	91,800	1,722,600
7	이준석	1,593,000	74,800	1,518,200		이서희	1,231,200	67,320	1,366,380
8	이순영	1,670,400	75,100	1,595,300		최용필	1,198,800	67,590	1,228,410
9	강용식	1,382,400	67,000	1,315,400		박희선	1,101,600	60,300	1,119,060
10									
11			마 케 팅						
12	사원명	지급금액	공제세액	실지급액					
13	조인희	2,192,490	103,530	2,088,960					
14	강일석	1,836,000	86,700	1,749,300					
15	김준남	1,354,050	63,580	1,290,470					
16	유철호	1,419,840	63,835	1,356,005					
17	최현숙	1,175,040	56,950	1,118,090					

급여 관리표 / 관리부 / 총무부 / 마케팅 /

07-1 수식 사용하기

수식 이해하기

워크시트에 입력된 데이터를 이용하여 계산하려면 특별한 계산식을 사용해야 하는데, 이런 계산식을 수식이라고 합니다.

- 수식은 등호(=)나 '+', '-' 기호로 시작해야 합니다.
- 수식을 이용하면 문자열의 조합이나 비교와 같은 계산도 할 수 있습니다.
- 수식에 문자열을 사용해야 할 때에는 큰 따옴표("")로 묶어 줍니다.
- 수식이 입력된 셀에는 수식의 결과 값이 표시됩니다. 선택한 셀에 입력된 수식은 수식 입력줄에서 확인할 수 있습니다.
- 수식은 워크시트의 셀이나 다른 시트에 입력된 셀, 다른 문서에 입력된 셀 값 등을 참조하여 작성할 수 있습니다.

> **Note**
> **수식 보기**
> Ctrl + `~` 키를 누르면 워크시트에 입력된 수식들이 화면에 표시됩니다.

수식 입력하기

수식을 입력하는 방법은 손으로 계산식을 쓰는 것과 거의 비슷합니다. 몇 가지 간단한 규칙만 알고 있다면 쉽게 원하는 수식을 입력하여 결과 값을 얻어낼 수 있습니다.

- **직접 입력** : 원하는 셀에 수식을 직접 입력합니다. 먼저 등호(=)를 입력한 후에 데이터가 입력된 각 셀 주소를 참조하여 식을 작성합니다.

> **Note**
> **참조 계산식**
> 수식에는 숫자뿐만 아니라 계산해야 할 값이 입력되어 있는 셀 주소도 사용할 수 있습니다. 이처럼 셀 주소를 이용하여 만드는 수식을 참조 계산식이라고 합니다.

	A	B	C	D	E
1					
2	15	25	35	=A2+B2+C2	
3					

- **셀 선택으로 입력** : 수식에서 참조할 셀을 마우스와 키보드로 선택하면서 입력합니다.

	A	B	C	D	E
1					
2	15	25	35	=A2+B2+C2	
3					

> **Note**
> **수식 입력줄에서 입력하기**
> 수식 입력줄에서 수식을 입력할 수도 있습니다.
> 

입력 순서 : D2 셀에 등호(=) 입력 → A2 셀 클릭 → `+` 키 누름 → B2 셀 클릭 → `+` 키 누름 → C2 셀 클릭 → Enter 키 누름

Self test

그림과 같이 각 셀에 내용을 입력한 후에 [A2:C2] 셀의 값을 계산한 결과가 '0'이 되도록 D2 셀에 수식을 입력해 보세요.

	A	B	C	D	E
1					
2	100	200	300	0	
3					

07-2 수식에 사용할 수 있는 연산자

연산자는 계산할 값들의 관계를 설정하는 수식의 한 요소입니다. 엑셀에서는 일반적으로 사용하는 산술 연산자 뿐 아니라 다양한 연산자들을 사용할 수 있습니다.

괄호 사용하기
순서를 가지는 좀 더 복잡한 수식을 작성하고 싶다면 괄호( )를 사용할 수 있습니다. 괄호는 모든 연산자에 앞서 계산됩니다.

산술 연산자

기본적인 사칙 연산과 지수, 백분율 등을 계산할 때 사용합니다.

연산자	기능	입력 예	결과
+	더하기	=5+3	8
−	빼기	=5−3	2
*	곱하기	=5*3	15
/	나누기	=5/3	1.666667
^	지수	=5^3	125
%	백분율	=5%	0.05

비교 연산자

입력된 내용이나 수식의 결과 값 등을 비교하여 그 논리 값을 TRUE(참)나 FALSE(거짓)로 산출합니다.

연산자	기능	입력 예	결과
=	같다	=5=3	FALSE
⟩	크다	=5⟩3	TRUE
⟨	작다	=5⟨3	FALSE
⟩=	크거나 같다	=5⟩=3	TRUE
⟨=	작거나 같다	=5⟨=3	FALSE
⟨⟩	다르다	=5⟨⟩3	TRUE

그림과 같이 표를 만든 후에 6월 총점의 값이 7월 목표보다 큰 경우에는 TRUE를 그렇지 않은 경우에는 FALSE가 표시되도록 수식을 작성해 보세요.

번호	이름	6월 총점	7월 목표	7월 총점	목표 달성 여부
1	강용식	326	350	352	TRUE
2	김일남	348	365	358	FALSE
3	이순영	285	320	335	TRUE
4	이준석	362	385	380	FALSE
5	최용석	305	430	365	FALSE

텍스트 연산자

연산자	기능	입력 예	결과
&	두 문자열을 연결하여 하나의 문자열로 만듦	="엑셀 "&"2003"	엑셀 2003

& 연산자를 이용하여 A10 셀에 그림과 같은 텍스트가 표시되도록 수식을 입력해 보세요.

	A	B	C	D	E	F	G
1			**목표점수 달성 결과표**				
2							
3	번호	이름	6월 총점	7월 목표	7월 총점	목표 달성 여부	
4	1	강용식	326	350	352	TRUE	
5	2	김일남	348	365	358	FALSE	
6	3	이순영	285	320	335	TRUE	
7	4	이준석	362	385	380	FALSE	
8	5	최용석	305	430	365	FALSE	
9							
10	1번 강용식 학생의 목표 달성 판정 결과는 [TRUE] 입니다.						
11							

참조 연산자

수식을 계산할 셀 주소나 셀 범위를 참조하기 위해 사용하는 연산자입니다.

연산자	기능	입력 예	결과
콜론(:)	연속적인 셀 범위 지정	A1:A5	A1 셀에서 A5 셀까지를 참조 영역으로 지정
쉼표(,)	비연속적인 셀 범위 지정	A1:A3, B6	A1 셀에서 A3 셀까지의 범위와 B6 셀을 참조 영역으로 지정
공백( )	두 개의 참조 영역에서 공통인 셀을 참조 영역으로 지정	A1:A5 A3:E3	지정한 두 영역의 공통 영역인 A3 셀을 참조 영역으로 지정

	A	B	C	D
1	10	20	30	
2	40	50	60	
3				
4	=A1:C2			
5				

A1 셀에서 C2 셀까지를 범위로 지정한 모습

연산자의 우선순위

수식에 여러 개의 연산자가 사용될 경우 연산자의 우선순위에 따라 식을 계산합니다.

- 우선순위가 같은 연산자는 왼쪽부터 오른쪽으로 계산됩니다.
- 연산자 간의 우선순위는 참조 연산자〉산술 연산자〉텍스트 연산자〉비교 연산자 순입니다.

순서	연산자	내용
1	괄호 ()	괄호 안의 수식이 가장 먼저 계산
2	콜론 (:)	범위 연산자
3	쉼표 (,)	결합 연산자
4	공백 ( )	교점 연산자
5	음수	− 값을 가진 수
6	%	백분율
7	^	지수
8	*, /	곱하기와 나누기
9	+, −	더하기와 빼기
10	&	문자열 연산자
11	=, 〉, 〈, 〉=, 〈=, 〈〉	비교 연산자

07-3 상대 참조와 절대 참조

엑셀에서는 계산식을 효과적으로 작성할 수 있도록 하기 위해 상대 참조와 절대 참조라는 참조 형식을 지원하고 있습니다.

상대 참조와 절대 참조에 의해 만들어진 수식의 결과는 기본적으로는 똑같습니다. 반면에 이 수식을 자동 채우기하거나 복사, 이동시키면 그 결과가 달라지기 때문에 두 참조 형식의 차이를 잘 이해하고 있어야 합니다.

상대 참조

지금까지 우리가 수식에 사용한 셀의 주소 형식을 상대 참조라고 합니다. 상대 참조에 의해 작성된 수식을 복사하거나 이동하면 수식이 이동된 셀의 위치에 따라 참조하는 셀 주소가 자동으로 바뀝니다.

	A	B	C	D
1				
2	10	20	=A2+B2	
3	20	30		
4	30	40		
5				

셀을 참조하여 수식을 작성한 후에 자동 채우기를 실행합니다.

	A	B	C	D
1				
2	10	20	=A2+B2	
3	20	30	=A3+B3	
4	30	40	=A4+B4	
5				

셀의 위치에 따라 셀 주소가 상대적으로 변하면서 계산됩니다.

Self test

상대 참조와 자동 채우기를 이용하여 엑셀과 파워포인트의 총점을 구해보세요.

	A	B	C	D	E
1					
2	이 름	엑셀	파워포인트	총점	
3	김말순	30	60	90	
4	이미자	40	50	90	
5	박복순	30	40	70	
6	최필승	60	30	90	
7					

절대 참조

일반적으로 상대 참조에 의한 수식을 많이 사용하게 됩니다. 하지만 상황에 따라서는 수식을 복사하여도 처음에 참조했던 셀을 그대로 참조해야 하는 경우가 있습니다. 이런 경우에 셀 주소의 행과 열 번호 앞에 $ 표시를 하면 됩니다. 이런 형식의 참조 형식을 절대 참조 형식이라고 합니다.

	A	B	C	D
1				
2	10	20	=$A$2+B2	
3	20	30		
4	30	40		
5				

	A	B	C	D
1				
2	10	20	=$A$2+B2	
3	20	30	=$A$2+B3	
4	30	40	=$A$2+B4	
5				

Self test

C7 셀의 인상률을 절대 참조하여 각 제품의 인상 가격을 구해보세요.

	A	B	C	D	E
1					
2		제품	가격	인상 가격	
3		냉장고	500,000	560,000	
4		세탁기	420,000	470,400	
5		TV	680,000	761,600	
6					
7		인상률	12%		
8					

Self test

각 셀을 참조하여 판매 금액이 '판매 가격×공급률×수량'으로 계산 되도록 수식을 작성해 보세요.

	A	B	C	D	E
1		**제 품 판 매 현 황**			
2	판매가격 :	128,000			
3	매장이름	공급률	수량	금액	
4	매장A	65%	128	10,649,600	
5	매장B	70%	63	5,644,800	
6	매장C	60%	35	2,688,000	
7	매장D	65%	80	6,656,000	
8					

혼합 참조

셀 주소를 입력할 때 행과 열 번호 중 하나에만 $ 표시를 하여 해당 행이나 열의 값만 고정하는 형태의 참조 형식을 혼합 참조라고 합니다.

	A	B	C
2			
3	10	20	=$A3+B$3
4	20	30	
5	30	40	
6			

	A	B	C
2			
3	10	20	=$A3+B$3
4	20	30	=$A4+B$3
5	30	40	=$A5+B$3
6			

07-4 　3차원 수식 입력하기

엑셀에서는 같은 워크시트뿐 아니라 다른 워크시트나 다른 통합 문서 파일에 있는 워크시트의 셀 값도 수식에 참조할 수 있습니다. 사용하는 방법은 셀 값을 참조할 때와 같습니다. 다만 다른 워크시트나 통합 문서 파일의 값이라는 것을 알려주기 위해 특별한 표시를 해 주어야 합니다.

다른 워크시트의 셀 참조

다른 워크시트에 있는 셀의 값을 참조하려면 셀 주소의 앞쪽에 해당 워크시트 이름과 함께 '!' 표시를 해 줍니다.

따라하기　　**다른 워크시트의 셀을 참조하여 계산하기**

1. 그림과 같이 각각의 워크시트에 데이터를 입력한 후에 워크시트의 이름을 바꿉니다.

	A	B	C	D
1				
2	회사	판매액		
3	A사	10,000		
4	B사	20,000		
5	C사	30,000		
6				

◀ ◀ ▶ ▶▌\ 1사분기 / 2사분기 / Sheet3 /

	A	B	C	D
1				
2	회사	판매액		
3	A사	15,000		
4	B사	25,000		
5	C사	35,000		
6				

◀ ◀ ▶ ▶▌\ 1사분기 / 2사분기 / Sheet3 /

2. 'Sheet3' 시트에 데이터를 입력한 후에 A사의 1사분기와 2사분기 판매액의 합계를 구하기 위해 B3 셀에 등호(=)를 입력합니다.

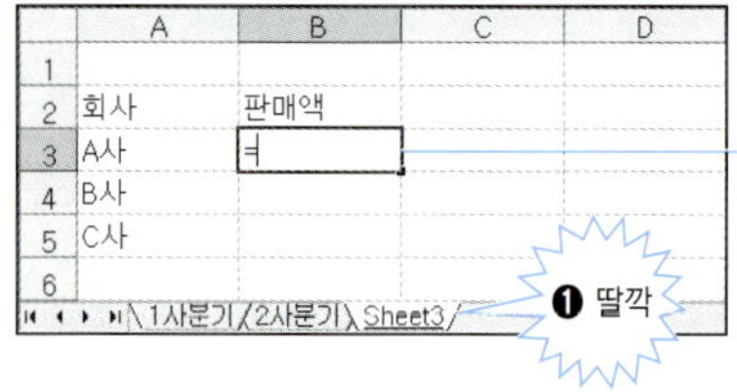

❷ 데이터를 입력한 후에 B3 셀에 등호(=)를 입력합니다.

3. '1사분기' 시트를 선택한 후에 A사의 1사분기 판매액 셀(B3)을 선택합니다. 수식 입력줄에 = '1사분기' !B3이 입력됩니다.

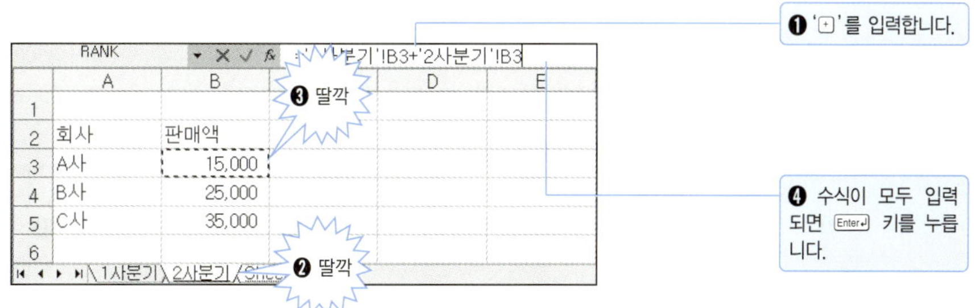

4. 수식 입력줄에서 ⊞ 키를 눌러서 더하기 표시를 입력한 후에 '2사분기' 시트와 A사의 2사분기 판매액이 입력된 셀(B3)을 선택하고 Enter↵ 키를 누릅니다.

5. 'sheet3' 시트에 각 시트의 A사 판매액 합계가 계산되어 표시됩니다. 채우기 핸들을 드래그하여 B사와 C사의 판매액 합계를 구합니다.

다른 통합문서의 셀 참조하기

다른 통합문서에 있는 셀의 값을 참조하려면, 셀 주소와 해당 워크시트의 이름 앞에 해당 통합문서의 파일 이름(파일 경로 포함)을 대괄호[ ]로 묶어서 표시합니다.

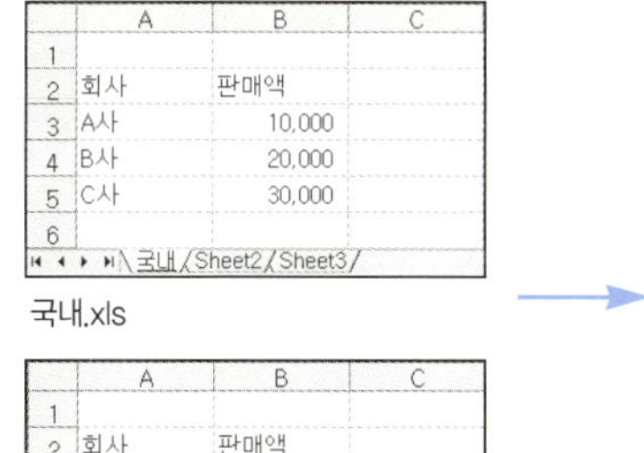

국내.xls

해외.xls

각 통합문서의 셀을 참조하는 것은 각 문서의 이름을 대괄호[ ]로 표시하는 것을 제외하고는 모두 다른 워크시트의 셀 참조와 같습니다.

Note

에러 메시지

입력한 수식이 잘못되어 결과 값을 정상적으로 표시할 수 없을 때에는 각 상황에 해당하는 에러 메시지가 셀에 표시됩니다. 엑셀에서 표시되는 에러 메시지의 종류는 다음과 같습니다.

· ##### : 셀의 너비보다 큰 숫자나 날짜, 시간이 입력되거나 계산 결과에 음수인 날짜나 시간이 있을 때

· #DIV/0! : 나누는 수가 0이거나 빈 셀을 참조할 때

· #N/A : 함수나 수식에 사용할 수 없는 값을 지정했을 때

· #NAME? : 인식할 수 없는 텍스트를 수식에 사용했을 때

· #NULL! : 교차하지 않는 두 영역의 교점을 지정했을 때

· #NUM! : 표현할 수 있는 숫자의 범위를 벗어났을 때

· #REF! : 셀 참조가 유효하지 않을 때

· #VALUE! : 잘못된 인수나 피연산자를 사용할 때, 수식 자동 고침 기능으로 수식을 고칠 수 없을 때

현장실습 급여 관리표 만들기

이번에는 지금까지 배운 수식 기능을 급여 관리표에 적용해 보겠습니다.

급여 총액 계산하기

기본적으로 제공되는 '급여 관리표.xls' 에는 '급여 총액' 과 '실지급액' 항목이 비어있습니다. 먼저, 가장 기본적인 방법을 이용하여 '급여 총액' 을 구하는 수식을 입력해봅니다.

1. 먼저, '관리부' 시트 탭을 클릭합니다. 급여 총액 수식을 입력하기 위해 '관리부' 시트의 F4 셀을 선택한 후에 '=C4+D4+E4' 를 입력하고 Enter↲ 키를 누릅니다.

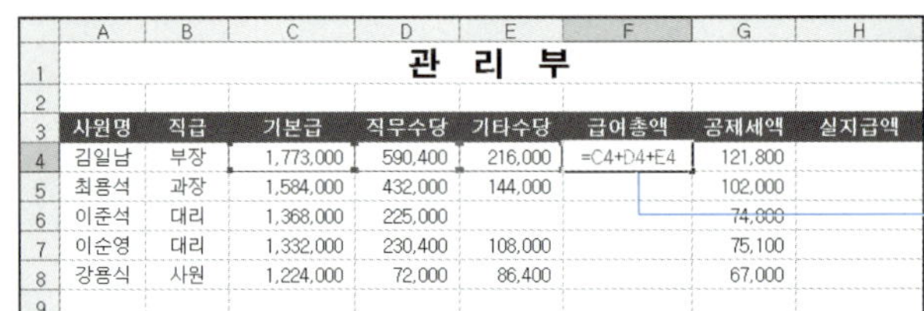

2. F4 셀에 급여 총액의 계산 결과가 표시됩니다. 이 수식을 F8 셀까지 자동 채우기합니다.

실지급액 계산하기

이번에는 마우스로 참조할 셀을 클릭하는 방법을 이용하여 '실지급액' 을 구해보겠습니다.

1. H4 셀을 선택한 후에 등호(=)를 입력합니다. 마우스를 이용하여 F4 셀을 선택하면 선택한 셀의 주소가 수식에 자동으로 표시됩니다.

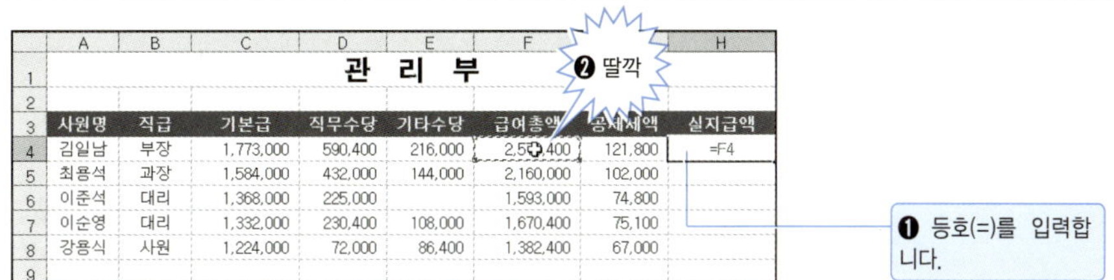

2. 이번에는 '−' 표시를 한 뒤에 G4 셀을 선택하여 수식을 완성하고 [Enter↵] 키를 누릅
니다.

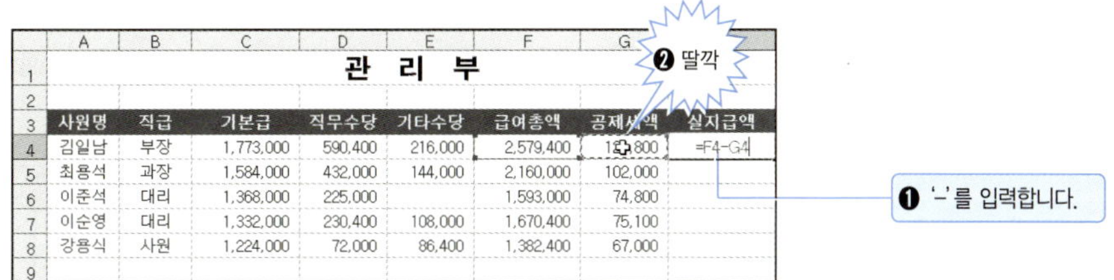

3. H4 셀의 채우기 핸들을 드래그하여 수식을 자동 채우기합니다.

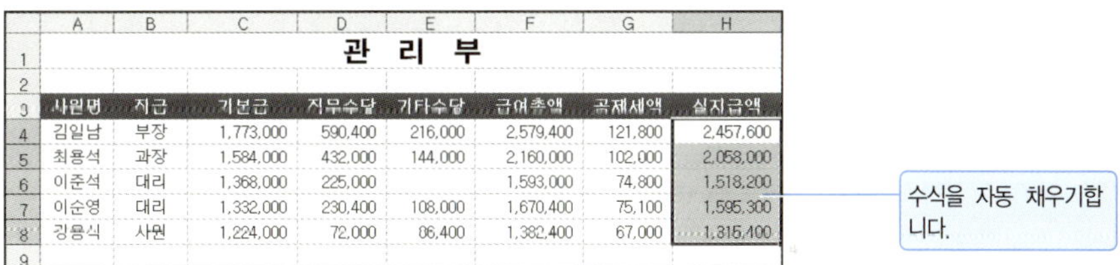

여러 시트에 같은 수식 입력하기

'총무부' 와 '마케팅' 시트에서도 '급여 총액' 과 '실지급액' 을 한 번에 계산해 봅시다.

1. 먼저, '총무부' 시트의 시스 탭을 선택한 후에 [Ctrl] 키를 누른 상태에서 '마케팅' 시
트 탭을 클릭합니다. 이렇게 하면 두 개의 시트 탭이 모두 선택됩니다.

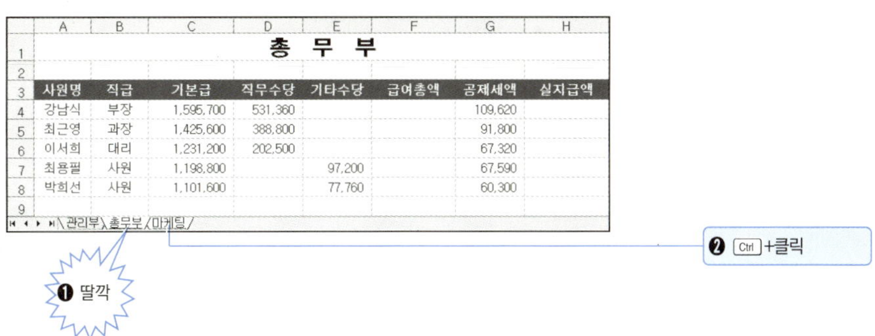

2. '총무부' 시트의 급여 총액과 실지급액을 구합니다.

3. 시트의 범위 지정을 해제하기 위해 '관리부' 시트 탭을 클릭합니다. '마케팅' 시트 탭을 클릭하여 열어보면 해당 시트에 급여 총액과 실지급액이 계산된 것을 확인할 수 있습니다.

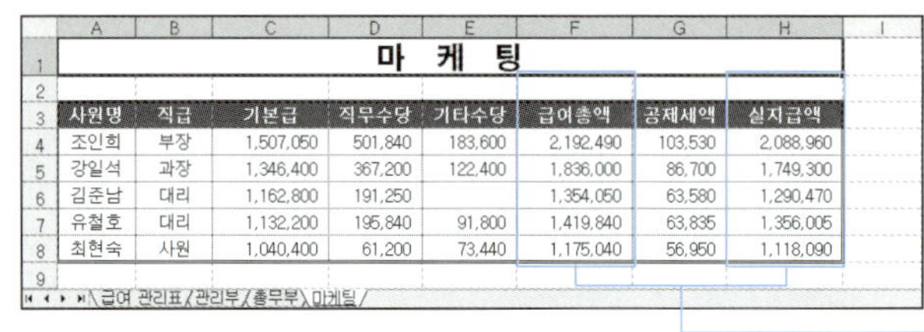

3차원 수식 입력하기

이번에는 각 부서의 주요 급여 내용만을 정리하여 한 화면에서 확인할 수 있는 '급여 관리표'를 만들어 봅시다.

1. 새로운 워크시트를 삽입하여 '급여 관리표'라고 시트 이름을 변경합니다. 그림처럼 표를 만든 후에 B5 셀에 등호(=)를 입력합니다.

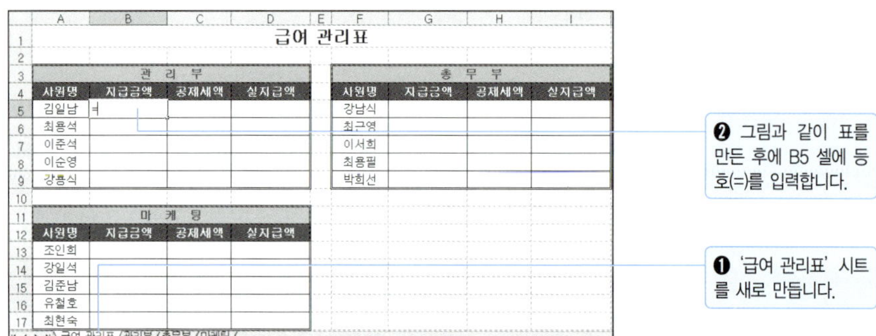

2. 김일남 부장의 급여 총액이 표시되어 있는 '관리부' 시트의 F4 셀을 선택한 후에
Enter↵ 키를 누릅니다.

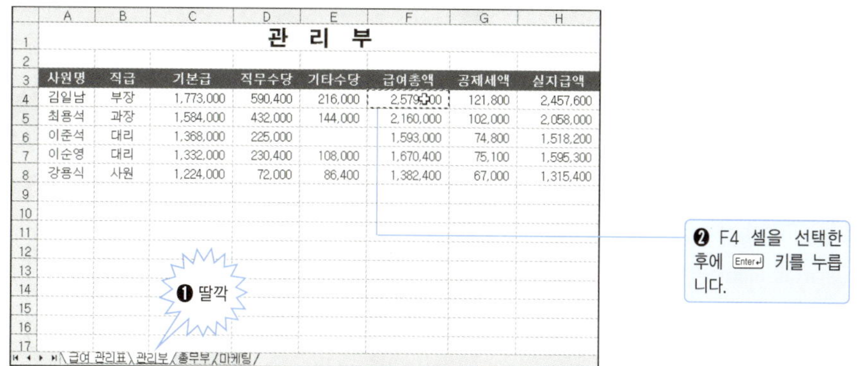

3. '급여 관리표' 시트의 B5 셀에 김일남 부장의 급여 총액 값이 표시되면 B5 셀의 채우기 핸들을 드래그하여 수식을 자동 채우기합니다.

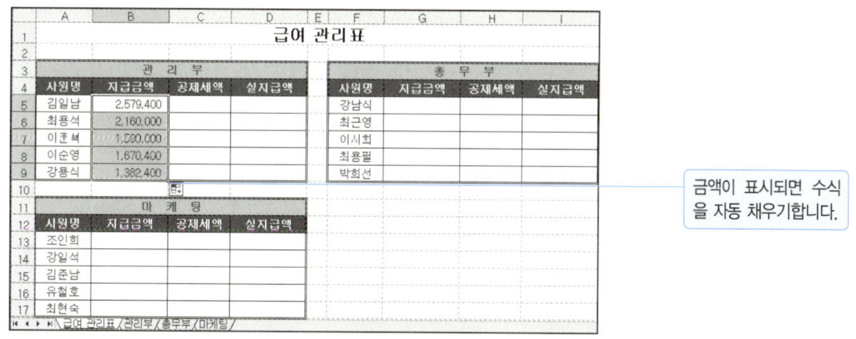

4. 자동 채우기를 하고 나면 표가 망가집니다. 망가진 표를 복구하기 위해 자동 채우기 옵션 목록에서 '서식 없이 채우기'를 선택합니다.

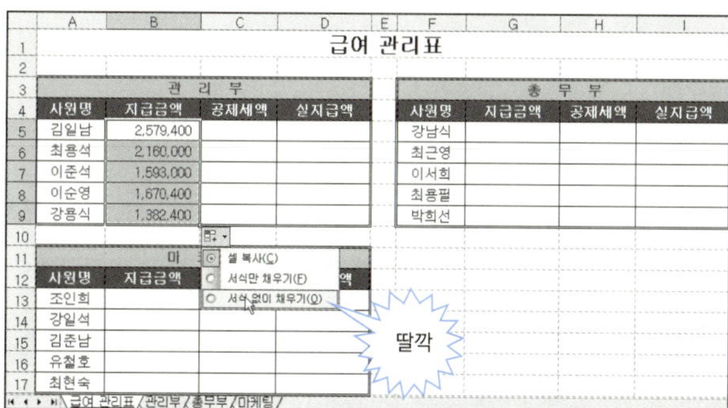

여러 셀에 같은 수식 입력하기

앞에서 보았듯이 표가 그려져 있는 상태에서 자동 채우기를 적용하면 표가 망가집니다. 이런 문제를 해결하고 보다 쉽게 수식을 입력하려면 다음 방법을 사용합니다.

1. 같은 내용의 수식이 입력될 [C5:C9] 범위를 블록으로 지정한 후에 C5 셀에 등호를 입력합니다.

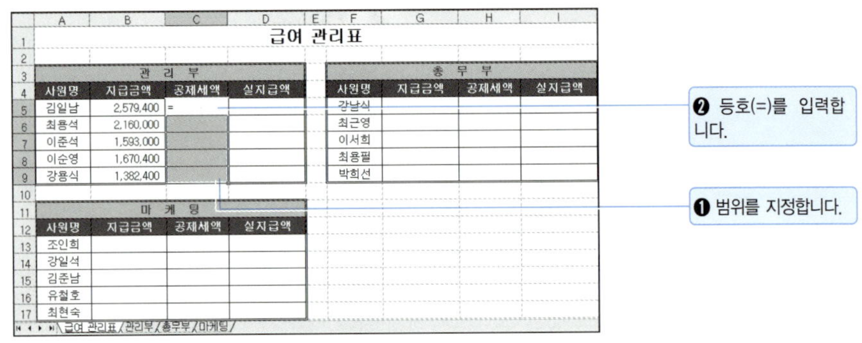

2. '관리부' 시트의 G4 셀을 선택한 후에 키보드의 Ctrl 키를 누른 상태에서 Enter↵ 키를 누릅니다.

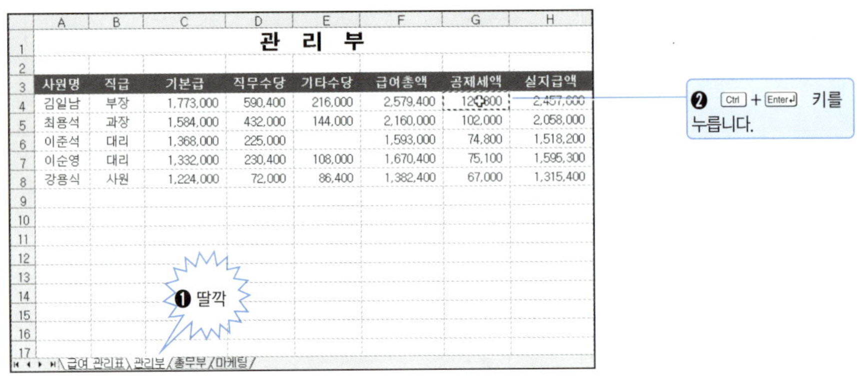

3. 표가 망가지지 않으면서도 범위로 지정한 셀에 각 직원의 공제 세액이 표시되는 것을 확인할 수 있습니다.

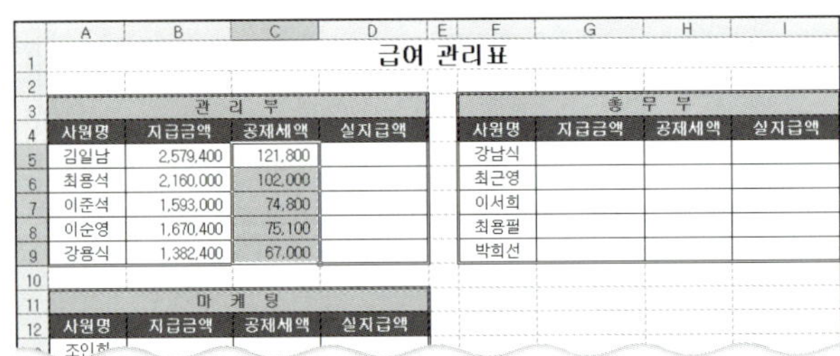

통합 문서 정리하기

통합 문서의 나머지 부분을 완성한 후에 셀 구분선을 숨겨서 표를 좀 더 보기 좋게 꾸밉니다.

1. 앞서 사용한 방법으로 그림과 같이 표의 나머지 부분에 수식을 입력합니다. 그런 다음 화면을 지저분하게 채우고 있는 셀 구분선을 숨깁니다.

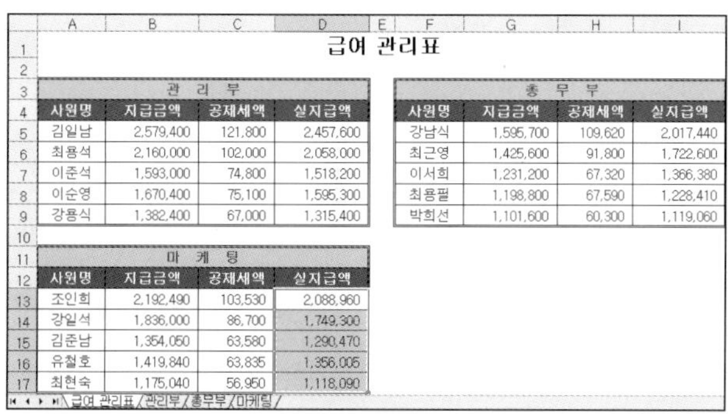

2. 관리부와 총무부, 마케팅 시트의 셀 구분선도 없애고 그림과 같이 표에 테두리를 표시합니다.

실무 활용 연습

EX 1 급여 세액 및 지급액 계산하기

	A	B	C	D	E	F	G	H	I
1				1월 급여 내역					
2									
3	이름	직위	지급액	갑근세	주민세	국민연금	의료보험	수령액	
4	강용식	과장	1,580,000						
5	김일남	대리	1,340,000						
6	이순영	사원	1,120,000						
7	이준석	주임	1,280,000						
8	조인희	부장	2,350,000						
9	최용석	대리	1,450,000						
10									
11		갑근세율	3%						
12		주민세율	10%	(갑근세의 10%)					
13		국민연금	7%						
14		의료보험	5%						
15									

[지시 사항]

❶ 그림처럼 데이터를 입력한 후에 표에 테두리를 적용하세요.

❷ 갑근세율(C11)을 참조하여 지급액에서 공제되는 갑근세(D4:D9)를 구하세요.

❸ 주민세율(C12)을 참조하여 갑근세의 10%에 해당하는 주민세(E4:E9)를 구하세요.

❹ 국민연금(C13)을 참조하여 지급액의 7%에 해당하는 국민연금(F4:F9)을 구하세요.

❺ 의료보험(C14)을 참조하여 지급액의 5%에 해당하는 의료보험(G4:G9)을 구하세요.

❻ '지급액-갑근세-주민세-국민연금-의료보험' 식을 계산하여 수령액(H4:H9)을 구하세요.

EX 2 모의고사 분석표 만들기

월별 모의고사 결과표 시트

	A	B	C	D	E	F	G	H
1				3월 모의고사 결과표				
2								
3	번호	이름	국어	영어	수학	총 점	평 균	
4	1	강하나	75	90	80	245	82	
5	2	나두리	70	85	80	235	78	
6	3	김세미	65	65	85	215	72	
7	4	박나로	50	60	70	180	60	
8	5	최다별	80	70	75	225	75	
9								
10								
11								

`|◀ ◀ ▶ ▶|\1학기 모의고사 분석표\3월/4월/5월/6월/`

모의고사 분석 시트

	A	B	C	D	E	F	G	H
1				1학기 모의고사 분석표				
2								
3	번호	이름	3월	4월	5월	6월	평균	평균 향상률
4	1	강하나	75	65	50	80	67.5	7.9%
5	2	나두리	70	70	55	70	66.3	1.9%
6	3	김세미	65	80	60	60	66.3	-0.6%
7	4	박나로	50	90	70	60	67.5	14.5%
8	5	최다별	80	95	80	75	82.5	-1.1%
9								
10								
11								

`|◀ ◀ ▶ ▶|\1학기 모의고사 분석표/3월/4월/5월/6월/`

[지시 사항]

❶ '모의고사 분석표.xls' 파일을 불러온 후에 각 월별 모의고사 총점을 구하는 수식을 입력하세요.

❷ 각 월별 평균 점수를 계산하는 수식을 입력하세요(월별 시트를 범위로 지정한 후에 수식을 입력하면 쉽게 필요한 수식을 입력할 수 있습니다).

❸ '1학기 모의고사 분석표' 시트의 각 항목에 학생들의 월별 평균 점수를 연결하세요.

❹ '1학기 모의고사 분석표' 시트의 평균과 평균 향상률 항목에 적당한 수식을 입력하세요. 단, 평균 향상률은 '3월' 평균 점수와 '6월' 평균 점수를 비교한 결과로 계산하세요.

❺ 그림과 같이 테두리 선을 그린 후에 셀 구분선을 숨겨서 각 시트의 표를 완성하세요.

08

함수의 이해와 활용 I

엑셀의 수식 기능을 이용해도 다양한 계산을 할 수 있지만, 그것만으로는 처리하기 어려운 것들도 있습니다. 함수는 기본 수식을 이용하여 계산하기 어렵거나 아주 복잡한 계산을 해야 할 때 사용할 수 있도록 만들어진 특수한 계산 기능입니다.

08-1   함수의 의미와 기본 형식

08-2   함수 마법사 사용하기

08-3   함수식 직접 입력하기

08-4   날짜/시간 함수 사용하기

08-5   수학/삼각 함수 사용하기

08-6   통계 함수 사용하기

현장 실습 급여 관리표 분석하기

실무 활용 연습

실습 예제 미리 보기 | 급여 관리표 분석하기

급여 관리표를 이용하여 직급별 인원과 평균 급여 등을 계산한 후에 각 직원들의 급여 순위를 계산하는 함수식을 만들어봅니다.

	A	B	C	D	E	F	G	H	I
1	관리부 급여관리표								
2	사원명	직급	기본급	직무수당	기타수당	공제세액	실지급액	급여순위	
3	김일남	부장	1,773,000	590,400	216,000	121,800	2,457,600	1	
4	강일석	과장	1,346,400	367,200	122,400	102,000	1,734,000	3	
5	최근영	과장	1,425,600	388,800		74,000	1,740,400	2	
6	김준남	대리	1,162,800	191,250		75,100	1,278,950	8	
7	이서희	대리	1,231,200	202,500		67,110	1,366,590	6	
8	이준석	대리	1,368,000	225,000		53,000	1,540,000	4	
9	강용식	사원	1,224,000	72,000	86,400	15,000	1,367,400	5	
10	최용필	사원	1,198,800		97,200	14,500	1,281,500	7	
11	평 균		1,341,225	291,021	130,500	65,314	1,595,805		
12									
13	직급별 급여분석표								
14	직 급		인 원	총급여	평균급여				
15	부 장		1	2,457,600	2,457,600				
16	과 장		2	3,474,400	1,737,200				
17	대 리		3	4,185,540	1,395,180				
18	사 원		2	2,648,900	1,324,450				
19									

08-1 함수의 의미와 기본 형식

함수의 의미

- 함수는 일일이 계산해야 하는 번거로움을 덜기 위해 지원되는 확장된 수식 기능입니다.
- 엑셀에서는 수학, 통계와 논리 등 다양한 함수 유형을 통해 250여 가지의 함수를 지원하고 있습니다.
- 엑셀의 함수들을 이용하면 여러 단계의 계산도 간결하게 만들 수 있습니다.
- 엑셀의 함수 기능을 이용하면 수식으로는 계산할 수 없는 복잡하고 다양한 작업들을 간단히 처리할 수 있습니다.

함수식의 기본 형식

- 함수식은 수식과 같이 등호(=)로 시작되며 그 뒤에 함수명과 인수를 표시하여 구성됩니다.

=SUM(A3:B5,C6:D8,E3,F5)

인수 / 함수 / 등호

- 함수식의 맨 앞쪽에는 수식과 마찬가지로 등호(=)를 입력해야 합니다. 함수식이 입력된 셀에는 입력한 함수식 대신 해당 함수식의 결과 값만 표시됩니다.
- 인수는 괄호로 묶어서 표기합니다.
- NOW나 TODAY처럼 인수가 필요 없는 함수도 있습니다.
- 문자열을 인수로 사용할 때에는 따옴표("")로 묶어 줍니다.
- 인수에 사용하는 데이터 범위는 콜론(:)과 콤마(,)를 이용하여 구분합니다. 인수에 사용하는 데이터 범위 기호의 의미는 다음과 같습니다.

순서	모양	설명	입력 예	결과
콜론	:	콜론의 왼쪽과 오른쪽에 있는 셀 주소를 범위 값으로 인식	A3:B5	A3 셀에서 B5 셀 범위에 입력된 데이터
콤마	,	콤마의 왼쪽과 오른쪽에 있는 셀 주소의 셀 값을 인식	A3,B5	A3과 B5 셀에 입력된 데이터

Note

함수식 예의 의미
[A3:B5] 범위와 [C6:D8], E3, F5 범위에 입력되어 있는 수치 데이터의 합계 값을 계산합니다. 이런 계산을 수식을 이용해서 만든다면 아주 긴 수식이 될 것입니다.

Note

인수
인수는 함수의 연산이나 계산에 필요한 값으로 사용됩니다. 인수는 함수의 전체 문자가 1,024자를 넘지 않는 범위 내에서 30개까지 사용할 수 있습니다.

Note

인수에 사용할 수 있는 데이터 유형
수치 데이터와 문자 데이터, 셀 주소, 논리값(TRUE나 FALSE), 배열, 오류 값 등

그림과 같은 모양의 성적 관리표를 만든 후에 G3 셀에 강하나 학생의 종합 점수를 계산하는 함수를 입력해 보세요.

	A	B	C	D	E	F	G	H
1		**멀티미디어 학과 성적 관리표**						
2	학 번	이 름	레포트	출 결	중간고사	기말고사	종합점수	
3	701001	강하나	8	20	10	30	=SUM(C3:F3)	
4	701002	나두리	9	20	25	35		
5	701003	김세미	8	18	30	35		
6	701004	박나로	6	15	30	30		
7	701005	최다별	10	12	15	35		
8	전체평균							
9								

자동 합계 목록

자동 합계 목록을 이용하면 합계와 평균, 개수, 최대, 최소값을 자동으로 구해낼 수 있습니다. 사용법은 먼저 값을 구할 데이터 범위를 지정한 후에 자동 합계 목록에서 원하는 기능을 선택하기만 하면 됩니다.

자동 합계 아이콘 사용하기

엑셀 2003의 '자동 합계'(Σ ▼)아이콘을 이용하면 합계와 평균, 순위 등 다양한 함수식을 자동으로 만들어 사용할 수 있습니다.

따라하기 합계 계산하기

1. 성적 관리표의 G4 셀을 선택한 상태에서 '자동 합계'(Σ) 아이콘을 클릭합니다.

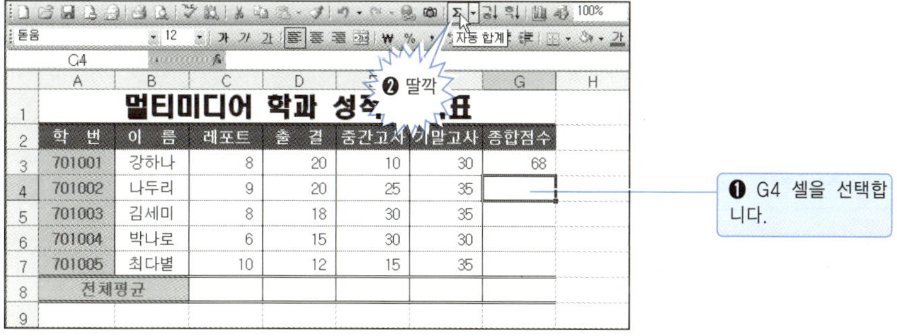

2. 합계 값을 구할 데이터 범위 [C4:F4]를 블록으로 지정한 후에 Enter↵ 키를 누릅니다.

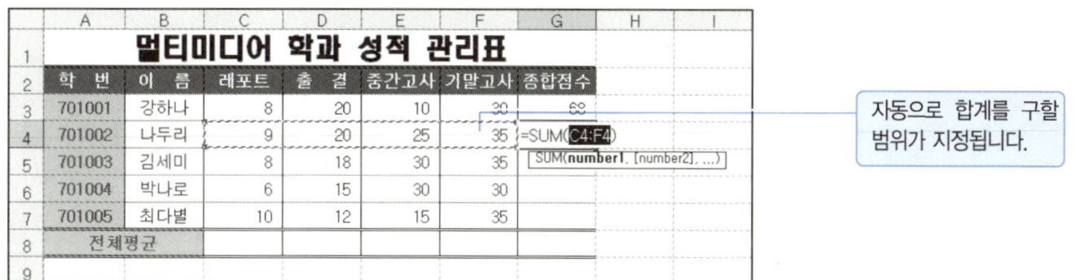

3. G4 셀에 나두리 학생의 종합 점수가 계산되어 표시됩니다.

	A	B	C	D	E	F	G	H
1		**멀티미디어 학과 성적 관리표**						
2	학 번	이 름	레포트	출 결	중간고사	기말고사	종합점수	
3	701001	강하나	8	20	10	30	68	
4	701002	나두리	9	20	25	35	89	
5	701003	김세미	8	18	30	35		
	701004	박나로	6	15	30	30		

'자동 합계'(Σ ▾) 아이콘을 이용하여 나머지 학생들의 종합 점수를 계산해 보세요.

	A	B	C	D	E	F	G	H
1		**멀티미디어 학과 성적 관리표**						
2	학 번	이 름	레포트	출 결	중간고사	기말고사	종합점수	
3	701001	강하나	8	20	10	30	68	
4	701002	나두리	9	20	25	35	89	
5	701003	김세미	8	18	30	35	91	
6	701004	박나로	6	15	30	30	81	
7	701005	최다별	10	12	15	35	72	
8	전체평균							
9								

자동 합계 목록의 '평균' 기능을 이용하여 각 항목의 평균을 구해 보세요.

	A	B	C	D	E	F	
1		**멀티미디어 학과 성적 관리**					
2	학 번	이 름	레포트	출 결	중간고사	기말	
3	701001	강하나	8	20	10		
4	701002	나두리	9	20	25	35	89
5	701003	김세미	8	18	30	35	91
6	701004	박나로	6	15	30	30	81
7	701005	최다별	10	12	15	35	72
8	전체평균						
9							

자동 합계 목록의 '개수'와 '최대', '최소' 기능을 이용하여 응시 인원수와 최고 종합 점수, 최저 종합 점수를 구해 보세요.

	A	B	C	D	E	F	G	H
1		**멀티미디어 학과 성적 관리표**						
2	학 번	이 름	레포트	출 결	중간고사	기말고사	종합점수	
3	701001	강하나	8	20	10	30	68	
4	701002	나두리	9	20	25	35	89	
5	701003	김세미	8	18	30	35	91	
6	701004	박나로	6	15	30	30	81	
7	701005	최다별	10	12	15	35	72	
8	전체평균		8	17	22	33	80	
9	응시인원		5					
10	최고종합점수		91					
11	최저종합점수		68					
12								

08-2 함수 마법사 사용하기

엑셀에서 지원하는 다양한 함수의 이름과 사용법을 모두 외우는 것은 무척 어려울 뿐만 아니라 불필요한 일이기도 합니다.

여기에서는 함수 마법사를 이용하여 필요한 함수를 찾고 해당 함수를 사용하는 방법들에 대해 알아봅니다.

함수 마법사의 실행

함수식을 입력할 셀을 선택한 후에 **[삽입]-[함수]** 메뉴를 선택합니다. 또는 수식 표시줄 옆에 있는 '함수 마법사' (*fx*) 아이콘을 클릭하면 '함수 마법사' 대화상자가 표시됩니다. 여기에서 사용할 함수를 선택한 후에 **[확인]** 버튼을 클릭합니다.

❶ 함수 검색 : 사용하고 싶은 기능을 입력한 후에 **[검색]** 버튼을 클릭하면 관련 함수 목록이 검색됩니다.

❷ 범주 선택 : 사용할 함수의 유형을 선택합니다.

❸ 함수 선택 : 사용할 함수를 선택합니다.

❹ 함수 설명 : 선택한 함수의 기능과 사용법 등이 표시됩니다.

함수 입력 상자가 표시되면 인수로 사용할 데이터 범위를 지정하거나 값을 입력한 후에 **[확인]** 버튼을 클릭합니다.

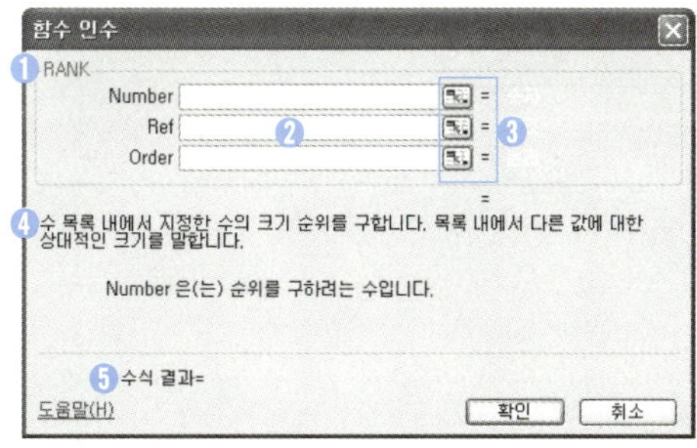

Note

범주 선택 유형

· 최근에 사용한 함수 : 최근에 사용함 함수 목록이 표시됩니다.

· 모두 : 엑셀에서 사용할 수 있는 모든 함수가 알파벳 순서대로 표시됩니다.

❶ **함수명** : 선택한 함수 이름이 표시됩니다.

❷ **인수 입력 상자** : 각 유형에 해당하는 인수를 직접 입력합니다.

❸ **연결 단추** : 워크시트에 있는 데이터를 함수 입력 상자에 연결합니다.

❹ **설명 창** : 현재 입력해야 할 인수의 종류와 입력 방법이 표시됩니다.

❺ **결과 표시 창** : 만들어진 함수식의 결과 값이 표시됩니다.

따라하기　성적 순위 계산하기

함수 마법사를 이용하여 각 학생의 종합 점수에 따른 석차를 계산해 봅시다.

1. 그림처럼 석차가 표시될 영역을 만든 후에 H3 셀을 선택하고 '함수 마법사'(f_x) 아이콘을 클릭합니다.

2. 범주 선택에서 '통계'를 선택한 후에 표시되는 함수 중에서 'RANK'를 선택하고 [확인] 버튼을 클릭합니다.

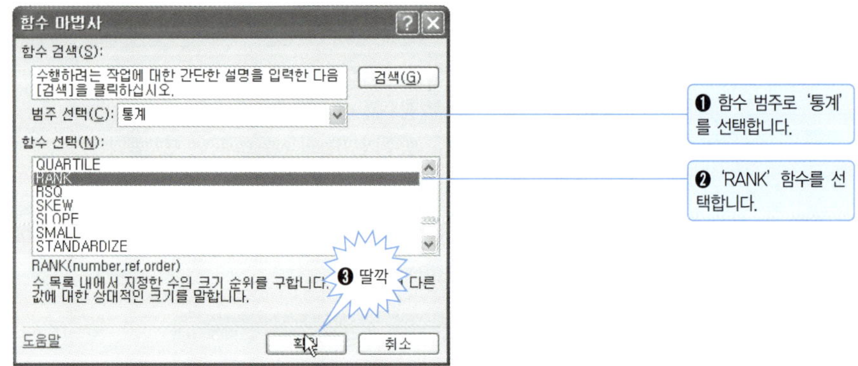

3. 'Number' 입력 상자를 클릭한 후에 G3 셀을 클릭하여 G3 셀의 데이터 값을 대화상자에 연결합니다.

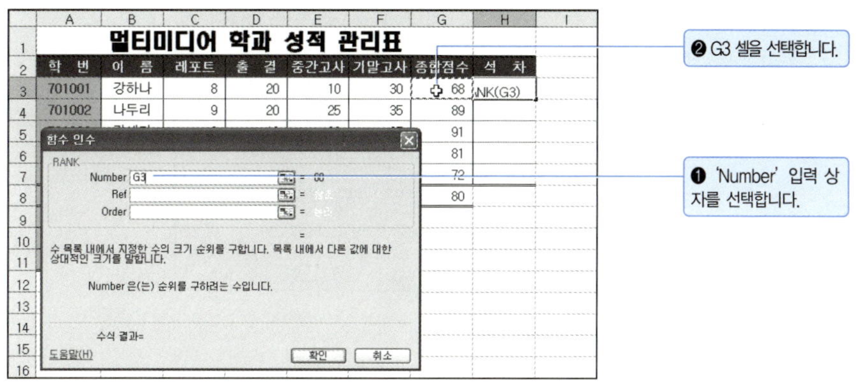

4. 이번에는 석차를 계산할 전체 데이터 범위를 지정하기 위해 'Ref' 입력 상자에 달려 있는 (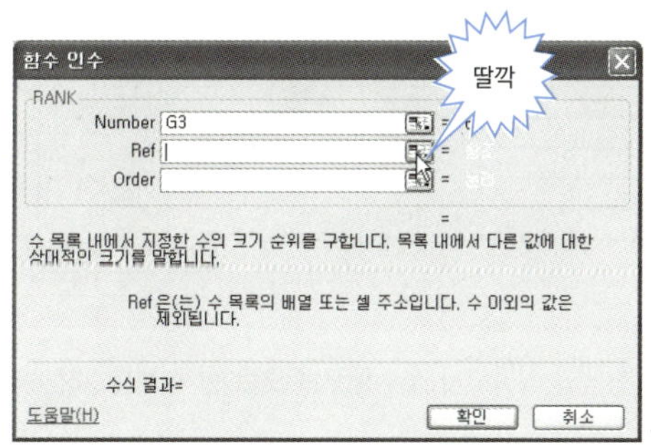)아이콘을 클릭합니다.

5. [G3:G7] 범위를 블록으로 지정한 후에 '함수 인수' 입력 상자의 (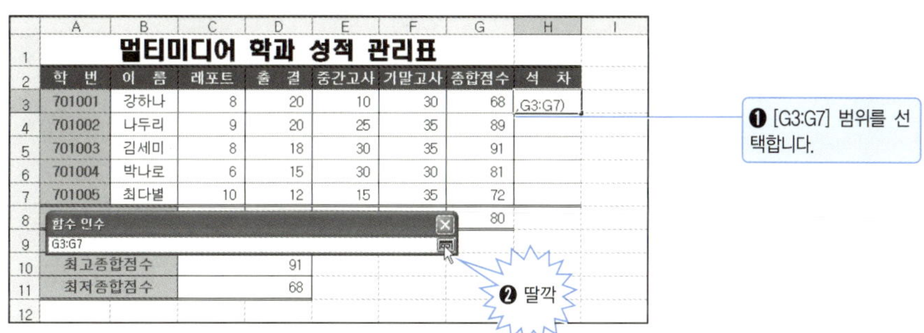) 아이콘을 클릭합니다.

6. 'Ref' 입력 상자에 연결된 데이터 범위를 확인한 후에 'Order' 입력 상자에 '0'을 입력하고 **[확인]** 버튼을 클릭합니다.

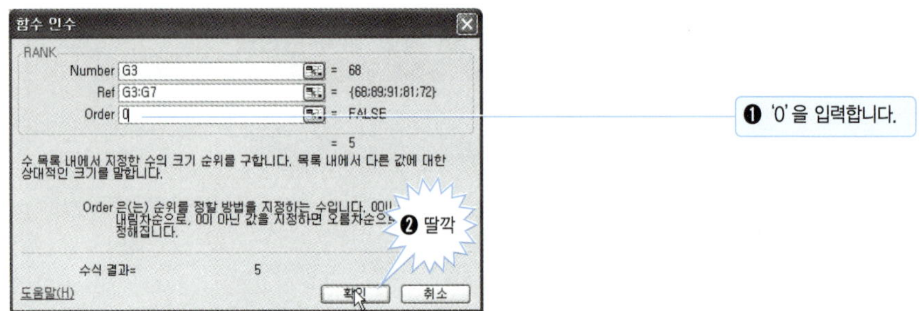

7. 강하나 학생의 석차가 계산됩니다.

	A	B	C	D	E	F	G	H	I
1	멀티미디어 학과 성적 관리표								
2	학 번	이 름	레포트	출 결	중간고사	기말고사	종합점수	석 차	
3	701001	강하나	8	20	10	30	68	5	
4	701002	나두리	9	20	25	35	89		
5	701003	김세미	8	18	30	35	91		
6	701004	박나로	6	15	30	30	81		
7	701005	최다별	10	12	15	35	72		
8	전체평균		8	17	22	33	80		
9	응시인원			5					
10	최고종합점수			91					
11	최저종합점수			68					
12									

그림과 같이 강하나 학생의 기말고사 점수를 기준으로 한 석차를 계산해 보세요.

	A	B	C	D	E	F	G	H	I	J
1	멀티미디어 학과 성적 관리표									
2	학 번	이 름	레포트	출 결	중간고사	기말고사	종합점수	석 차	기말석차	
3	701001	강하나	8	20	10	30	68	5	4	
4	701002	나두리	9	20	25	35	89			
5	701003	김세미	8	18	30	35	91			
6	701004	박나로	6	15	30	30	81			
7	701005	최다별	10	12	15	35	72			
8	전체평균		8	17	22	33	80			
9	응시인원			5						
10	최고종합점수			91						
11	최저종합점수			68						
12										

강하나 학생의 중간고사 점수를 기준으로 한 석차를 계산해 보세요.

	A	B	C	D	E	F	G	H	I	J
1	멀티미디어 학과 성적 관리표									
2	학 번	이 름	레포트	출 결	중간고사	기말고사	종합점수	석 차	중간석차	
3	701001	강하나	8	20	10	30	68	5	5	
4	701002	나두리	9	20	25	35	89			
5	701003	김세미	8	18	30	35	91			
6	701004	박나로	6	15	30	30	81			
7	701005	최다별	10	12	15	35	72			
8	전체평균		8	17	22	33	80			
9	응시인원			5						
10	최고종합점수			91						
11	최저종합점수			68						
12										

08-3 함수식 직접 입력하기

• 자주 사용하거나 사용법을 정확히 알고 있는 함수라면 직접 함수식을 입력하는 것이 훨씬 빠르고 편리합니다.

• 함수식을 직접 입력할 때에도 데이터 범위나 셀 주소 등은 마우스로 지정할 수 있습니다. 때문에 함수 마법사를 이용하는 것보다 훨씬 빨리 원하는 함수식을 완성할 수 있습니다.

따라하기　　**석차 계산하기**

앞서 RANK 함수를 이용하여 계산했던 석차를 이번에는 직접 함수식을 입력하는 방법으로 만들어봅시다.

Note

RANK 함수 사용법
=RANK(Number, Ref, Order)
❶ Number : 순위를 계산할 값이나 값이 입력되어 있는 셀 주소
❷ Ref : 순위를 구할 기준 데이터 범위
❸ Order : 순위 계산 방법('0'을 입력하면 내림차순으로 '0' 이외의 수를 입력하면 오름차순으로 순위가 구해짐)

1. H4 셀을 선택한 후에 '=RANK(' 를 입력합니다. 석차를 구할 점수가 입력되어 있는 G4 셀을 클릭합니다.

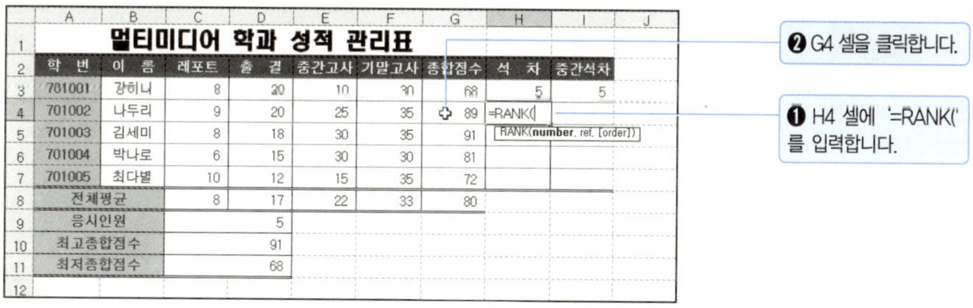

2. 클릭한 G4 셀의 주소가 함수식에 입력되면 콤마(,)를 입력한 후에 전체 종합 점수 범위 [G3:G7] 범위를 블록으로 지정합니다.

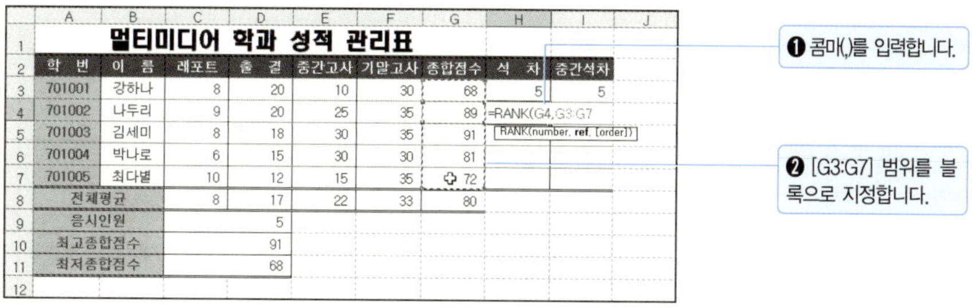

3. 블록으로 지정한 데이터 범위가 함수식에 연결되면 ',0)' 을 입력하여 함수식을 완성한 후에 [Enter↵] 키를 누릅니다.

	A	B	C	D	E	F	G	H	I	J
1	멀티미디어 학과 성적 관리표									
2	학 번	이 름	레포트	출 결	중간고사	기말고사	종합점수	석 차	중간석차	
3	701001	강하나	8	20	10	30	68	5	5	
4	701002	나두리	9	20	25	35	89	=RANK(G4,G3:G7,0)		
5	701003	김세미	8	18	30	35	91			
6	701004	박나로	6	15	30	30	81			
7	701005	최다별	10	12	15	35	72			
8	전체평균		8	17	22	33	80			
9	응시인원			5						
10	최고종합점수			91						
11	최저종합점수			68						
12										

4. 나두리 학생의 석차가 계산됩니다.

	A	B	C	D	E	F	G	H	I	J
1	멀티미디어 학과 성적 관리표									
2	학 번	이 름	레포트	출 결	중간고사	기말고사	종합점수	석 차	중간석차	
3	701001	강하나	8	20	10	30	68	5	5	
4	701002	나두리	9	20	25	35	89	2		
5	701003	김세미	8	18	30	35	91			
6	701004	박나로	6	15	30	30	81			
7	701005	최다별	10	12	15	35	72			
8	전체평균		8	17	22	33	80			
9	응시인원			5						
10	최고종합점수			91						
11	최저종합점수			68						
12										

RANK 함수를 이용하여 나두리 학생의 중간고사 기준 석차를 계산해 보세요.

	A	B	C	D	E	F	G	H	I	J
1	멀티미디어 학과 성적 관리표									
2	학 번	이 름	레포트	출 결	중간고사	기말고사	종합점수	석 차	중간석차	
3	701001	강하나	8	20	10	30	68	5	5	
4	701002	나두리	9	20	25	35	89	2	=RANK(E4,E3:E7,0)	
5	701003	김세미	8	18	30	35	91			
6	701004	박나로	6	15	30	30	81			
7	701005	최다별	10	12	15	35	72			
8	전체평균		8	17	22	33	80			
9	응시인원			5						
10	최고종합점수			91						
11	최저종합점수			68						
12										

RANK 함수를 이용하여 나머지 학생들의 석차와 중간 석차를 계산해 보세요.

	A	B	C	D	E	F	G	H	I	J
1	멀티미디어 학과 성적 관리표									
2	학 번	이 름	레포트	출 결	중간고사	기말고사	종합점수	석 차	중간석차	
3	701001	강하나	8	20	10	30	68	5	5	
4	701002	나두리	9	20	25	35	89	2	3	
5	701003	김세미	8	18	30	35	91	1	1	
6	701004	박나로	6	15	30	30	81	3	1	
7	701005	최다별	10	12	15	35	72	4	4	
8	전체평균		8	17	22	33	80			
9	응시인원			5						
10	최고종합점수			91						
11	최저종합점수			68						
12										

08-4 날짜/시간 함수 사용하기

- 날짜와 시간에 관련된 함수 그룹입니다.
- 인수를 사용하지 않는 NOW와 TODAY는 자주 사용하는 날짜/시간 함수입니다.

함수	설명
YEAR(날짜)	입력된 날짜 중 연도만 표시
MONTH(날짜)	입력된 날짜 중 월만 표시
HOUR(시간)	입력된 시간 중 시간만 표시
MINITE(시간)	입력된 시간 중 분만 표시
SECOND(시간)	입력된 시간 중 초만 표시
WEEKEND(날짜)	· 날짜에 해당하는 요일 번호 표시 · 요일은 1(일요일)~7(토요일)까지의 정수로 표시
DAYS360(날짜, 날짜)	1년을 12달, 350일로 하여 두 날짜 사이의 일수를 계산
DATE(년, 월, 일)	년, 월, 일에 대한 일련번호를 구함(기준 1900년 1월 1일)
NOW()	현재 날짜와 시간 표시
TIME(시, 분, 초)	지정한 시간에 대한 일련번호를 구함(0.0~0.999)
DAY(날짜)	날짜에서 일만 표시
TODAY()	현재 날짜 표시

따라하기   **입원 날짜 계산하기**

2007년 3월 6일에 입원한 사람이 2007년 6월 8일까지 입원해 있었을 경우의 입원 날짜를 계산해 봅시다.

1. 그림처럼 입원 날짜 계산표를 만든 후에 C3 셀에 날짜형 표시 형식을 그림처럼 지정합니다. C4 셀을 선택한 후에 '=DATE(2007,6,8)−DATE(2007,3,6)' 을 입력합니다.

	A	B	C	D	E
1					
2		입원 날짜 계산기			
3		입원 날짜		2007년 3월 6일	
4		퇴원		=DATE(2007,6,8)−DATE(2007,3,6)	
5					

2. C4 셀에 입원 날짜가 표시됩니다.

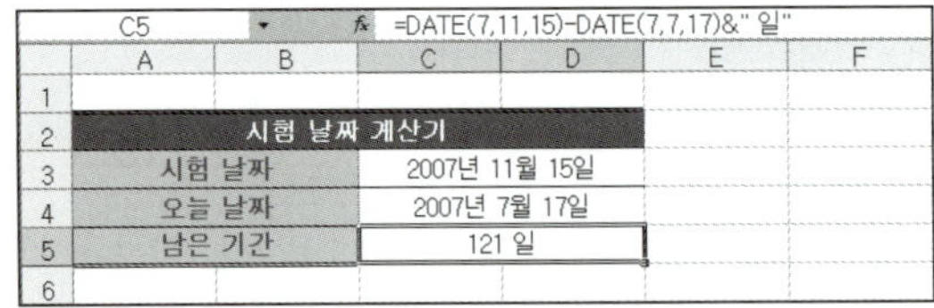

그림처럼 수능 시험일까지 남은 날짜를 계산하는 표를 만들고 C5 셀에 남은 기간이 표시되도록 함수식을 입력하세요.

날짜 단위 표시하기
남은 기간의 단위로 '일'을 표시
하려면 함수식 괄호의 마지막 부
분에 '&"일"'을 입력해야 합니다.

C1 셀에 오늘 날짜와 시간이 자동으로 표시되는 함수식을 입력해 보세요.

C5 셀에 TODAY 함수를 사용하여 파일을 불러올 때마다 자동으로 수능 시험일까지 남은 날짜를 계산해 주는 함수식을 만들어보세요.

C4 셀에 파일을 열 때마다 오늘 날짜가 자동으로 표시되는 함수식을 입력해 보세요.

08-5 수학/삼각 함수 사용하기

- 일반적으로 생각할 수 있는 계산과 관련된 함수 유형들입니다.
- 간단한 계산이나 반올림 등에 사용할 수치 데이터를 인수로 사용합니다.

함수	설명
SUM(인수1, 인수2…)	인수의 합계를 구함
SUMIF(조건이 적용될 범위, 조건, 합계를 구할 범위)	조건에 맞는 셀들의 합계를 구함
ROUND(인수, 반올림 자릿수)	지정한 자릿수로 반올림
ROUNDUP(인수, 올림 자릿수)	지정한 자릿수로 올림
ROUNDDOWN(인수, 내림 자릿수)	지정한 자릿수로 내림
ABS(인수)	인수의 절대값 계산
INT(인수)	인수보다 크지 않은 정수를 구함
RAND( )	0과 1 사이의 난수 발생
MOD(인수1, 인수2)	인수1을 인수2로 나눈 나머지 값
FACT(인수)	인수의 계승 값
SQRT(인수)	인수의 양의 제곱근, 인수가 음수이면 에러
PI( )	수치 상수 파이(π)를 15자리까지 나타냄
EXP(인수)	e(자연로그의 밑)를 인수만큼 거듭 제곱한 값
POWER(인수, 제곱값)	인수의 거듭 제곱 값
TRUNC(인수, 자릿수)	소수점 이하를 버리고 인수를 정수로 변환

Self test

그림과 같이 입력한 후에 ABS 함수를 이용하여 [A2:A5] 범위에 입력된 숫자의 절대값을 계산해 보세요.

	A	B	C	D	E	F
1						
2	−5	=ABS(				
3	5	ABS(**number**)				
4	5.0					
5	−5.0					
6						

그림처럼 [A2:A5] 범위에 서로 다른 값을 입력한 후에 INT 함수를 이용하여 A2 셀의 정수 값을 구하는 함수식을 B2 셀에 입력하세요. 그리고 B2 셀에 입력한 함수식을 B5 셀까지 자동 채우기하고 차이점을 확인해 보세요.

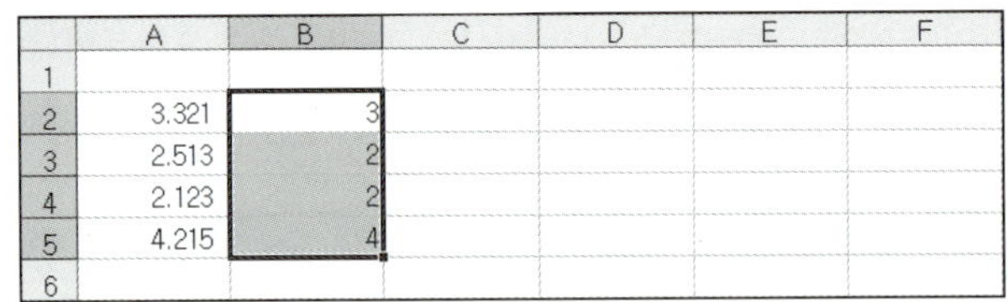

그림과 같이 내용을 입력한 후에 ROUND 함수를 이용하여 반올림 값을 적용해 보세요.
· A2 셀에 입력되어 있는 데이터의 값을 반올림하여 B2 셀에 소수점 둘째 다리까지 표시해보세요.
· B3 셀의 숫자 '258.12345'를 소수점 셋째 자리에서 반올림한 값으로 계산하는 함수식을 만들어 보세요.
· A4 셀에 '321.5214'를 입력한 후에 A4 셀의 내용을 10단위 숫자까지만 표시되도록 하는 반올림 함수식을 B4 셀에 만들어 보세요.

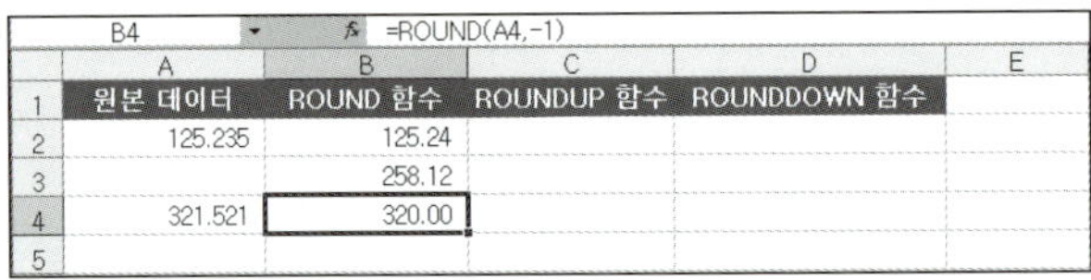

ROUNDUP/ROUNDDOWN 함수를 사용하여 다음과 같이 숫자에 올림과 내림 유형을 적용해 보세요.
· A2 셀에 입력되어 있는 데이터를 올림하여 소수점 둘째 자리까지만 C2 셀에 표시해 보세요.
· A2 셀에 입력되어 있는 데이터를 소수점 셋째 자리에서 내림한 결과 값을 D2 셀에 표시해 보세요.
· C3 셀의 '258.12345'를 소수점 셋째 자리에서 올림한 결과를 표시하는 함수식을 만들어 보세요.
· D2 셀의 '258.12345'를 소수점 셋째 자리에서 내림한 결과를 표시하는 함수식을 만들어 보세요.
· A4 셀에 입력된 숫자를 올림하여 10단위 숫자까지만 표시하는 함수식을 C4 셀에 만들어 보세요.
· A4 셀에 입력된 숫자를 내림하여 10단위 숫자까지만 표시하는 함수식을 D4 셀에 만들어보세요.

	A	B	C	D	E
1	원본 데이터	ROUND 함수	ROUNDUP 함수	ROUNDDOWN 함수	
2	125.235	125.24	125.24	125.23	
3		258.12	258.13	258.12	
4	321.521	320.00	330.00	320.00	
5					

부서별 기본급 총액 계산하기

급여 관리 데이터 표에서 SUMIF 함수를 사용하여 각 부서별 기본급을 자동으로 계산하는 함수식을 만들어 봅시다.

1. 그림처럼 급여 관리표를 만든 후에 C11 셀에 '=SUMIF(' 를 입력합니다. 부서명이 입력되어 있는 데이터 범위 [B2:B9]를 블록으로 지정합니다.

	A	B	C	D	E	F	G
1	사원명	부서	직급	기본급	직무수당	기타수당	
2	김일남	관리부	부장	1,773,000	590,400	216,000	
3	이준석	관리부	대리	1,368,000	225,000		
4	강용식	관리부	사원	1,224,000	72,000	86,400	
5	최근영	총무부	과장	1,425,600	388,800		
6	이서희	총무부	대리	1,231,200	202,500		
7	최용필	총무부	사원	1,198,800		97,200	
8	강일석	영업부	과장	1,346,400	367,200	122,400	
9	김준남	영업부	대리	1,162,800	191,250		
10							
11	관리부 기본급 총액		=SUMIF(B2:B9				
12	총무부 기본급 총액		SUMIF(**range**, criteria, [sum_range])				
13	영업부 기본급 총액						
14							

2. 키보드를 이용하여 ' , "관리부", ' 를 입력합니다.

	A	B	C	D	E	F	G
1	사원명	부서	직급	기본급	직무수당	기타수당	
2	김일남	관리부	부장	1,773,000	590,400	216,000	
3	이준석	관리부	대리	1,368,000	225,000		
4	강용식	관리부	사원	1,224,000	72,000	86,400	
5	최근영	총무부	과장	1,425,600	388,800		
6	이서희	총무부	대리	1,231,200	202,500		
7	최용필	총무부	사원	1,198,800		97,200	
8	강일석	영업부	과장	1,346,400	367,200	122,400	
9	김준남	영업부	대리	1,162,800	191,250		
10							
11	관리부 기본급 총액		=SUMIF(B2:B9,"관리부")				
12	총무부 기본급 총액						
13	영업부 기본급 총액						
14							

3. 이번에는 관리부 직원의 기본급을 검색할 데이터 범위 [D2:D9]를 블록으로 지정하고 ')' 를 입력한 후에 Enter↵ 키를 누릅니다.

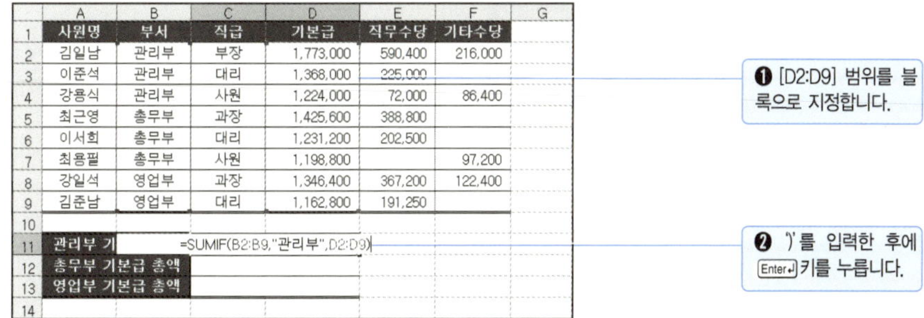

	A	B	C	D	E	F	G
1	사원명	부서	직급	기본급	직무수당	기타수당	
2	김일남	관리부	부장	1,773,000	590,400	216,000	
3	이준석	관리부	대리	1,368,000	225,000		
4	강용식	관리부	사원	1,224,000	72,000	86,400	
5	최근영	총무부	과장	1,425,600	388,800		
6	이서희	총무부	대리	1,231,200	202,500		
7	최용필	총무부	사원	1,198,800		97,200	
8	강일석	영업부	과장	1,346,400	367,200	122,400	
9	김준남	영업부	대리	1,162,800	191,250		
10							
11	관리부 기		=SUMIF(B2:B9,"관리부",D2:D9)				
12	총무부 기본급 총액						
13	영업부 기본급 총액						
14							

4. 전체 데이터에서 관리부 직원의 기본급 총액이 계산됩니다.

	A	B	C	D	E	F	G
1	사원명	부서	직급	기본급	직무수당	기타수당	
2	김일남	관리부	부장	1,773,000	590,400	216,000	
3	이준석	관리부	대리	1,368,000	225,000		
4	강용식	관리부	사원	1,224,000	72,000	86,400	
5	최근영	총무부	과장	1,425,600	388,800		
6	이서희	총무부	대리	1,231,200	202,500		
7	최용필	총무부	사원	1,198,800		97,200	
8	강일석	영업부	과장	1,346,400	367,200	122,400	
9	김준남	영업부	대리	1,162,800	191,250		
10							
11	관리부 기본급 총액			4,365,000			
12	총무부 기본급 총액						
13	영업부 기본급 총액						
14							

그림처럼 총무부와 영업부 직원들의 기본급 총액을 계산하는 함수식을 만들어 보세요.

	A	B	C	D	E	F	G
1	사원명	부서	직급	기본급	직무수당	기타수당	
2	김일남	관리부	부장	1,773,000	590,400	216,000	
3	이준석	관리부	대리	1,368,000	225,000		
4	강용식	관리부	사원	1,224,000	72,000	86,400	
5	최근영	총무부	과장	1,425,600	388,800		
6	이서희	총무부	대리	1,231,200	202,500		
7	최용필	총무부	사원	1,198,800		97,200	
8	강일석	영업부	과장	1,346,400	367,200	122,400	
9	김준남	영업부	대리	1,162,800	191,250		
10							
11	관리부 기본급 총액			4,365,000			
12	총무부 기본급 총액			3,855,600			
13	영업부 기본급 총액			2,509,200			
14							

그림처럼 직급별 기본급 총액을 표시할 수 있는 표를 만든 후에 각 부서별 기본급 총액을 계산하는 함수식을 만들어 보세요.

	A	B	C	D	E	F	G
1	사원명	부서	직급	기본급	직무수당	기타수당	
2	김일남	관리부	부장	1,773,000	590,400	216,000	
3	이준석	관리부	대리	1,368,000	225,000		
4	강용식	관리부	사원	1,224,000	72,000	86,400	
5	최근영	총무부	과장	1,425,600	388,800		
6	이서희	총무부	대리	1,231,200	202,500		
7	최용필	총무부	사원	1,198,800		97,200	
8	강일석	영업부	과장	1,346,400	367,200	122,400	
9	김준남	영업부	대리	1,162,800	191,250		
10							
11	관리부 기본급 총액			4,365,000			
12	총무부 기본급 총액			3,855,600			
13	영업부 기본급 총액			2,509,200			
14	부장 기본급 총액			1,773,000			
15	과장 기본급 총액			2,772,000			
16	대리 기본급 총액			3,762,000			
17	사원 기본급 총액			2,422,800			
18							

08-6 통계 함수 사용하기

- 평균, 최고/최저값, 순위, 개수와 같이 통계와 관련된 함수 유형입니다.
- 대부분 표나 배열의 범위를 인수로 사용하는 것이 특징입니다.

함수	설명
AVERAGE(인수1, 인수2…)	인수의 평균값
AVERAGEA(인수1, 인수2…)	수치가 아닌 셀을 포함하는 인수의 평균값
MAX(인수1, 인수2…)	인수 중 가장 큰 값
MIN(인수1, 인수2…)	인수 중 가장 적은 값
COUNT(인수1, 인수2…)	인수 중 숫자가 들어 있는 셀의 개수
COUNTA(인수1, 인수2…)	인수 중 비어 있지 않은 셀의 개수
COUNTBLANK(인수1, 인수2…)	인수 중 비어 있는 셀의 개수
COUNTIF(범위, 조건)	지정된 범위에서 조건에 맞는 셀의 개수
LARGE(범위, n번째)	범위 중 n번째로 큰 값
SMALL(범위, n번째)	범위 중 n번째로 적은 값
RANK(인수, 범위, 논리값)	지정된 범위 안에서 인수의 순위
VAR(인수1, 인수2…)	인수의 분산
STDEV(인수1, 인수2…)	인수의 표준편차
MEDIAN(인수1, 인수2…)	인수들의 중간 값
MODE(인수1, 인수2…)	인수 중 가장 많이 발생한 값

Note

RANK 함수의 논리 값
RANK 함수에서 논리값이 '0'
이거나 생략되면 내림차순, '0'
이외의 값이 입력되면 오름차순
으로 순위가 매겨집니다.

AVERAGE 함수를 이용하여 각 급여 유형별 평균값을 계산해 보세요.

· 그림처럼 평균 금액 표시란을 만든 후에 전체 직원의 평균 기본급을 D10 셀에 표시해 보세요.
· 전체 직원의 평균 직무 수당을 계산하는 함수식을 만들어 보세요.
· 전체 직원의 평균 기타 수당을 계산하는 함수식을 만들어 보세요.

Note

AVERAGE 함수
AVERAGE 함수는 평균을 구할
데이터를 직접 입력하거나 수치
데이터가 입력되어 있는 셀 범
위를 인수로 사용합니다.

F10			*fx* =AVERAGE(F2:F9)			
	A	B	C	D	E	F	G
1	사원명	부서	직급	기본급	직무수당	기타수당	
2	김일남	관리부	부장	1,773,000	590,400	216,000	
3	이준석	관리부	대리	1,368,000	225,000		
4	강용식	관리부	사원	1,224,000	72,000	86,400	
5	최근영	총무부	과장	1,425,600	388,800		
6	이서희	총무부	대리	1,231,200	202,500		
7	최용필	총무부	사원	1,198,800		97,200	
8	강일석	영업부	과장	1,346,400	367,200	122,400	
9	김준남	영업부	대리	1,162,800	191,250		
10	평 균 금 액			1,341,225	291,021	130,500	
11							

COUNT 함수를 사용하여 직무 수당과 기타 수당을 받는 직원의 수를 구해보세요. 단, 기타 수당을 받는 직원 수에는 '명' 이라는 단위를 붙여야 합니다.

	F10		fx	=COUNT(F2:F9)&" 명"			
	A	B	C	D	E	F	G
1	사원명	부서	직급	기본급	직무수당	기타수당	
2	김일남	관리부	부장	1,773,000	590,400	216,000	
3	이준석	관리부	대리	1,368,000	225,000		
4	강용식	관리부	사원	1,224,000	72,000	86,400	
5	최근영	총무부	과장	1,425,600	388,800		
6	이서희	총무부	대리	1,231,200	202,500		
7	최용필	총무부	사원	1,198,800		97,200	
8	강일석	영업부	과장	1,346,400	367,200	122,400	
9	김준남	영업부	대리	1,162,800	191,250		
10	수 당 적 용 인 원				7	4 명	
11							

COUNT 함수를 사용하여 전체 직원의 수를 계산해 보세요.

	A	B	C	D	E	F	G
1	사원명	부서	직급	기본급	직무수당	기타수당	
2	김일남	관리부	부장	1,773,000	590,400	216,000	
3	이준석	관리부	대리	1,368,000	225,000		
4	강용식	관리부	사원	1,224,000	72,000	86,400	
5	최근영	총무부	과장	1,425,600	388,800		
6	이서희	총무부	대리	1,231,200	202,500		
7	최용필	총무부	사원	1,198,800		97,200	
8	강일석	영업부	과장	1,346,400	367,200	122,400	
9	김준남	영업부	대리	1,162,800	191,250		
10							
11	총 인 원		8				
12							

그림처럼 COUNTIF 함수를 사용하여 각 부서의 직원 수를 구해 보세요.

	C14		fx	=COUNTIF(B2:B9,"영업부")			
	A	B	C	D	E	F	G
1	사원명	부서	직급	기본급	직무수당	기타수당	
2	김일남	관리부	부장	1,773,000	590,400	216,000	
3	이준석	관리부	대리	1,368,000	225,000		
4	강용식	관리부	사원	1,224,000	72,000	86,400	
5	최근영	총무부	과장	1,425,600	388,800		
6	이서희	총무부	대리	1,231,200	202,500		
7	최용필	총무부	사원	1,198,800		97,200	
8	강일석	영업부	과장	1,346,400	367,200	122,400	
9	김준남	영업부	대리	1,162,800	191,250		
10	부시별 인원						
11	총 인 원		8				
12	관 리 부		3				
13	총 무 부		3				
14	영 업 부		2				
15							

그림처럼 직급별 인원 표시란을 만든 후에 COUNTIF 함수를 사용하여 각 직급별 인원이 표시되는
함수식을 입력해 보세요.

C14		fx	=COUNTIF(C2:C9,"대리")			
	A	B	C	D	E	F	G
1	사원명	부서	직급	기본급	직무수당	기타수당	
2	김일남	관리부	부장	1,773,000	590,400	216,000	
3	이준석	관리부	대리	1,368,000	225,000		
4	강용식	관리부	사원	1,224,000	72,000	86,400	
5	최근영	총무부	과장	1,425,600	388,800		
6	이서희	총무부	대리	1,231,200	202,500		
7	최용필	총무부	사원	1,198,800		97,200	
8	강일석	영업부	과장	1,346,400	367,200	122,400	
9	김준남	영업부	대리	1,162,800	191,250		
10	직급별 인원						
11	총 인 원		8				
12	부　　장		1				
13	과　　장		2				
14	대　　리		3				
15							

MAX 함수와 MIN 함수를 사용하여 최고 기본급과 최저 기본급을 구해 보세요.

C12		fx	=MIN(D2:D9)			
	A	B	C	D	E	F	G
1	사원명	부서	직급	기본급	직무수당	기타수당	
2	김일남	관리부	부장	1,773,000	590,400	216,000	
3	이준석	관리부	대리	1,368,000	225,000		
4	강용식	관리부	사원	1,224,000	72,000	86,400	
5	최근영	총무부	과장	1,425,600	388,800		
6	이서희	총무부	대리	1,231,200	202,500		
7	최용필	총무부	사원	1,198,800		97,200	
8	강일석	영업부	과장	1,346,400	367,200	122,400	
9	김준남	영업부	대리	1,162,800	191,250		
10							
11	최고 기본급			1,773,000			
12	최저 기본급			1,162,800			
13							

RANK 함수를 사용하여 기본급이 가장 많은 직원 순으로 순위를 구해보세요.

G9		fx	=RANK(D9,D2:D9)				
	A	B	C	D	E	F	G	H
1	사원명	부서	직급	기본급	직무수당	기타수당	기본급 순위	
2	김일남	관리부	부장	1,773,000	590,400	216,000	1	
3	이준석	관리부	대리	1,368,000	225,000		3	
4	강용식	관리부	사원	1,224,000	72,000	86,400	6	
5	최근영	총무부	과장	1,425,600	388,800		2	
6	이서희	총무부	대리	1,231,200	202,500		5	
7	최용필	총무부	사원	1,198,800		97,200	7	
8	강일석	영업부	과장	1,346,400	367,200	122,400	4	
9	김준남	영업부	대리	1,162,800	191,250		8	
10								

급여 관리표 분석하기

앞서 배운 함수들 중에서 자주 사용하는 함수를 이용하여 급여 관리표를 분석해 봅시다.

실제 지급액 계산하기

SUM 함수를 이용하여 각 직원의 실지급액을 계산해 봅시다.

1. G3 셀에 '=SUM(' 을 입력한 후에 [C3:E3] 범위를 블록으로 지정합니다.

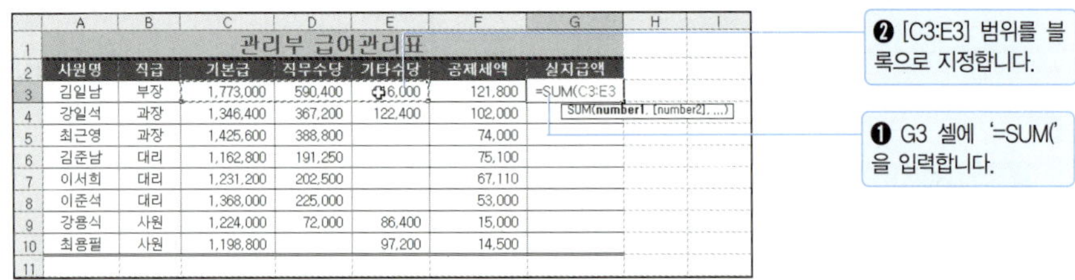

2. 합계를 계산한 값에서 공제 세액을 빼기 위해 ')-' 를 입력한 후에 F3 셀을 선택합니다.

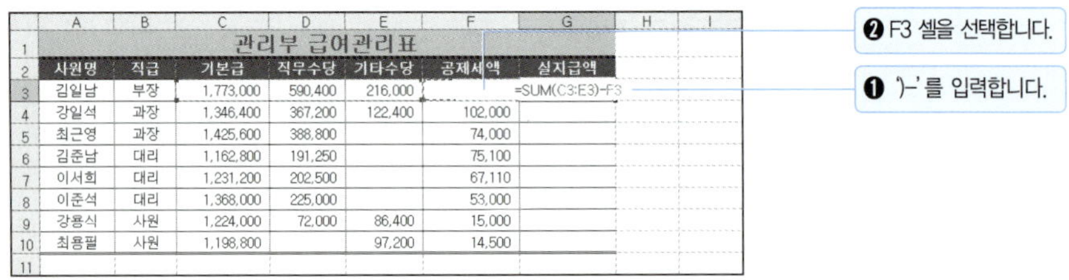

3. Enter↵ 키를 누르면 첫 번째 직원의 실지급액이 계산됩니다. 함수식을 자동채우기하여 각 직원의 실지급액을 표시합니다.

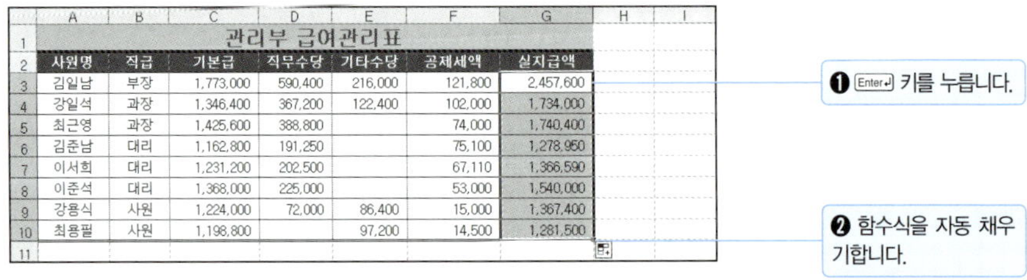

급여 순위 구하기

순위를 계산하는 RANK 함수를 이용하여 실지급액을 기준으로 한 각 직원의 급여 순위
를 구해봅시다.

1. H2 셀에 급여 순위 항목을 새로 만든 후에 H3 셀에 '=RANK(' 를 입력하고 G3 셀을
선택합니다.

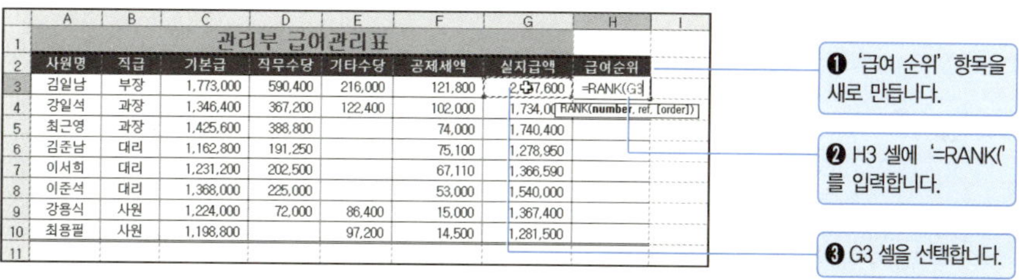

2. ','를 입력하고 전체 실지급액이 입력되어 있는 데이터 범위 [G3:G10]을 블록으로
지정합니다. ')'를 입력하여 함수식을 완성한 후에 Enter↵ 키를 누릅니다.

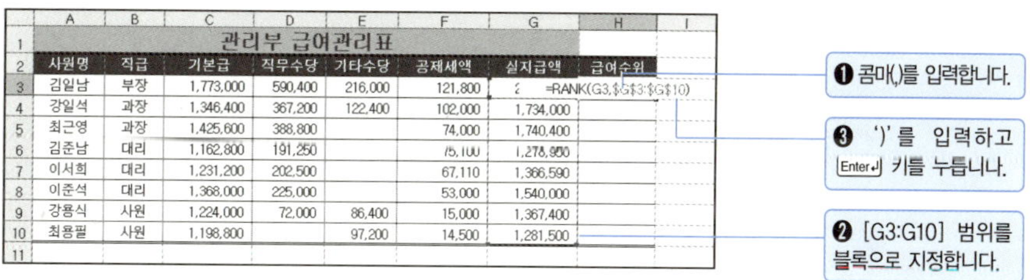

3. 첫 번째 직원의 급여 순위가 계산되면 채우기 핸들을 드래그하여 다른 직원들의 급
여 순위를 구합니다.

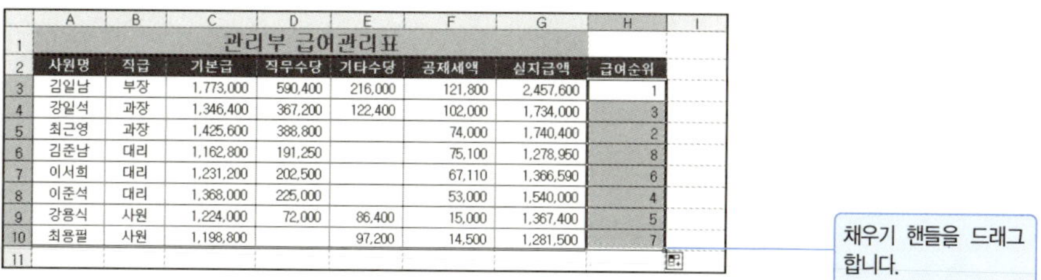

지급 항목별 평균 금액 구하기

AVERAGE 함수를 이용하여 지급 항목별 평균 금액을 계산해 봅시다.

1. 그림처럼 평균 표시란을 만든 후에 C11 셀에 '=AVERAGE(' 를 입력합니다. 기본급이 입력되어 있는 데이터 범위 [C3:C10]을 블록으로 지정합니다.

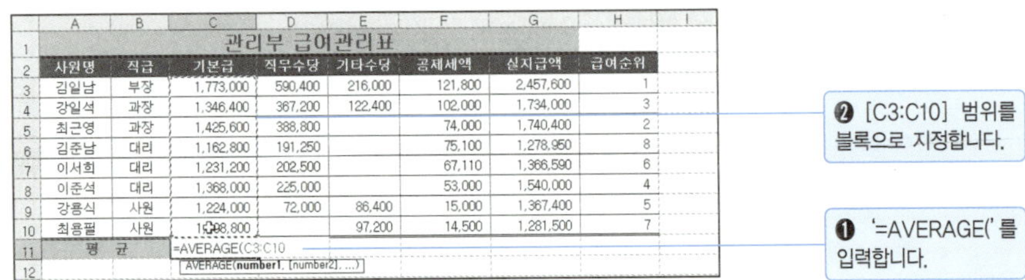

2. ')' 를 입력한 후에 Enter↵ 키를 누르면 기본급의 평균값이 구해집니다. 만들어진 함수 식을 자동 채우기하여 다른 직급 항목의 평균값을 계산합니다.

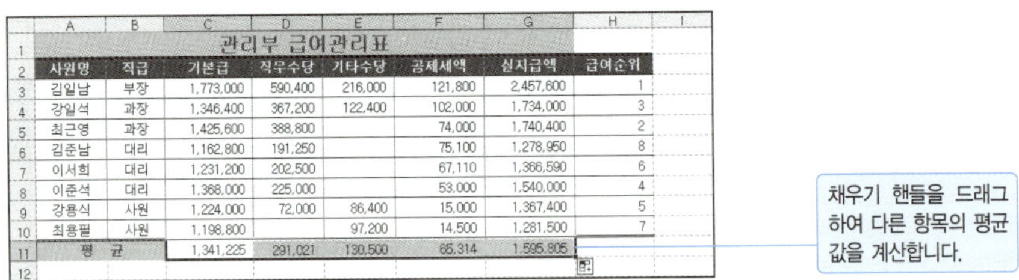

직급별 인원 구하기

COUNTIF 함수를 이용하여 각 직급별 직원 수를 계산해 봅시다.

1. 먼저, 그림처럼 직급별 급여 분석표를 만든 후에 C15 셀에 '=COUNTIF(' 를 입력합니다. 직급이 입력되어 있는 데이터 범위 [B3:B10]을 블록으로 지정합니다.

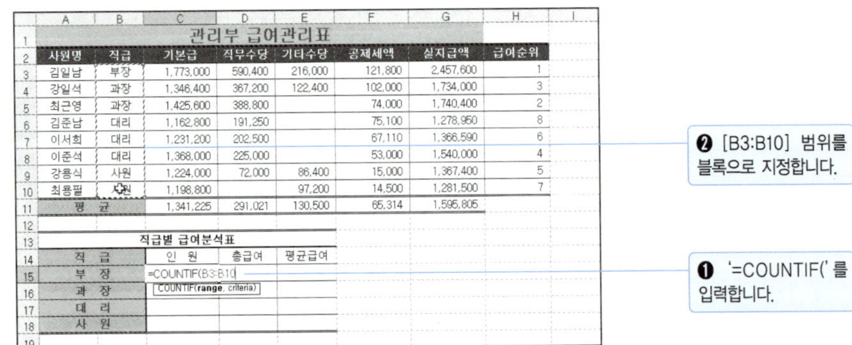

2. 부장의 인원을 계산하기 위해 ', "부장")' 을 입력한 후에 Enter⏎ 키를 누릅니다.

	A	B	C	D	E	F	G	H	I
1			관리부 급여관리표						
2	사원명	직급	기본급	직무수당	기타수당	공제세액	실지급액	급여순위	
3	김일남	부장	1,773,000	590,400	216,000	121,800	2,457,600	1	
4	강일석	과장	1,346,400	367,200	122,400	102,000	1,734,000	3	
5	최근영	과장	1,425,600	388,800		74,000	1,740,400	2	
6	김준남	대리	1,162,800	191,250		75,100	1,278,950	8	
7	이서희	대리	1,231,200	202,500		67,110	1,366,590	6	
8	이준석	대리	1,368,000	225,000		53,000	1,540,000	4	
9	강용식	사원	1,224,000	72,000	86,400	15,000	1,367,400	5	
10	최용필	사원	1,198,800		97,200	14,500	1,281,500	7	
11	평　균		1,341,225	291,021	130,500	65,314	1,595,805		
12									
13			직급별 급여분석표						
14	직　급		인　원	총급여	평균급여				
15	부　장		=COUNTIF(B3:B10,"부장")						
16	과　장								
17	대　리								
18	사　원								
19									

3. 부장의 인원이 계산되면 같은 방법으로 다른 직급의 인원을 구하는 함수식을 입력하여 각 직급별 인원을 계산합니다.

C18 ▼ ƒx =COUNTIF(B3:B10,"사원")

	A	B	C	D	E	F	G	H	I
1			관리부 급여관리표						
2	사원명	직급	기본급	직무수당	기타수당	공제세액	실지급액	급여순위	
3	김일남	부장	1,773,000	590,400	216,000	121,800	2,457,600	1	
4	강일석	과장	1,346,400	367,200	122,400	102,000	1,734,000	3	
5	최근영	과장	1,425,600	388,800		74,000	1,740,400	2	
6	김준남	대리	1,162,800	191,250		75,100	1,278,950	8	
7	이서희	대리	1,231,200	202,500		67,110	1,366,590	6	
8	이준석	대리	1,368,000	225,000		53,000	1,540,000	4	
9	강흠식	사원	1,224,000	72,000	86,400	15,000	1,367,400	5	
10	최용필	사원	1,198,800		97,200	14,500	1,281,500	7	
11	평　균		1,341,225	291,021	130,500	65,314	1,595,805		
12									
13			직급별 급여분석표						
14	직　급		인　원	총급여	평균급여				
15	부　장		1						
16	과　장		2						
17	대　리		3						
18	사　원		2						
19									

직급별 급여 총액 계산하기

이번에는 SUMIF 함수를 이용하여 각 직급별 총 급여액을 계산하는 함수식을 만들어봅시다.

1. D15 셀에 '=SUMIF(' 를 입력하고 직급이 입력되어 있는 데이터 범위 [B3:B10]을 블록으로 지정합니다.

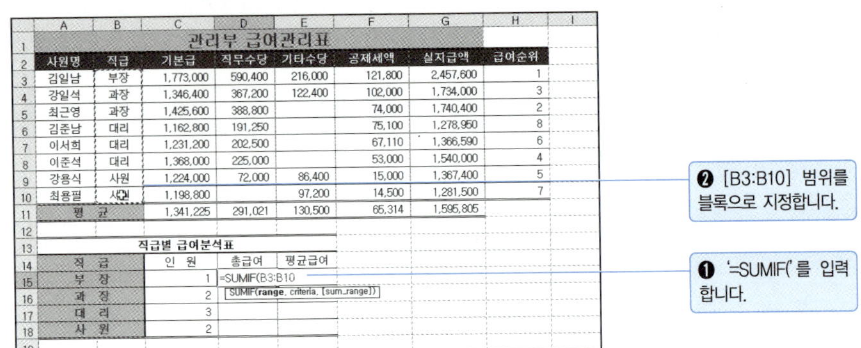

2. 부장의 총 급여액을 계산하기 위해 ' , "부장" ' 을 입력한 후에 실지급액이 입력되어 있는 데이터 범위 [G3:G10]을 블록으로 지정합니다.

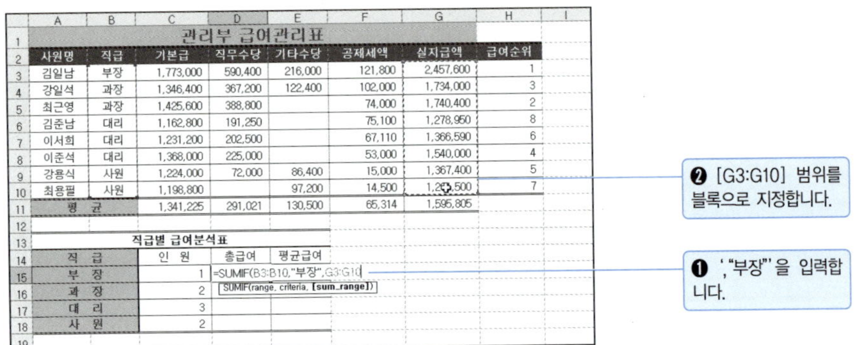

3. ')' 를 입력한 후에 Enter↵ 키를 누르면 부장의 총 급여액이 표시됩니다.

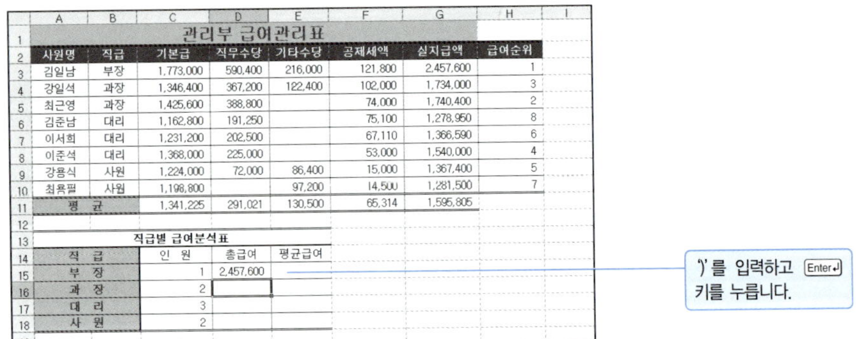

4. 다른 직급의 총 급여액도 같은 방법으로 계산합니다.

	A	B	C	D	E	F	G	H
	D18		=SUMIF(B3:B10,"사원",G3:G10)					
1			관리부 급여관리표					
2	사원명	직급	기본급	직무수당	기타수당	공제세액	실지급액	급여순위
3	김일남	부장	1,773,000	590,400	216,000	121,800	2,457,600	1
4	강일석	과장	1,346,400	367,200	122,400	102,000	1,734,000	3
5	최근영	과장	1,425,600	388,800		74,000	1,740,400	2
6	김준남	대리	1,162,800	191,250		75,100	1,278,950	8
7	이서희	대리	1,231,200	202,500		67,110	1,366,590	6
8	이준석	대리	1,368,000	225,000		53,000	1,540,000	4
9	강용식	사원	1,224,000	72,000	86,400	15,000	1,367,400	5
10	최용필	사원	1,198,800		97,200	14,500	1,281,500	7
11	평 균		1,341,225	291,021	130,500	65,314	1,595,805	
12								
13			직급별 급여분석표					
14	직 급		인 원	총급여	평균급여			
15	부 장		1	2,457,600				
16	과 장		2	3,474,400				
17	대 리		3	4,185,540				
18	사 원		2	2,648,900				
19								

직급별 평균 급여액 계산하기

앞서 계산한 직급별 인원과 총 급여액을 이용하여 직급별 평균 급여액을 계산해 봅시다.

1. E15 셀에 '=D15/C15'를 입력하고 Enter↵ 키를 누릅니다.

	A	B	C	D	E	F	G	H
1			관리부 급여관리표					
2	사원명	직급	기본급	직무수당	기타수당	공제세액	실지급액	급여순위
3	김일남	부장	1,773,000	590,400	216,000	121,800	2,457,600	1
4	링일식	괴장	1,346,400	367,200	122,400	102,000	1,734,000	3
5	최근영	과장	1,425,600	388,800		74,000	1,740,400	2
6	김준남	대리	1,162,800	191,250		75,100	1,278,950	8
7	이서희	대리	1,231,200	202,500		67,110	1,366,590	6
8	이준석	대리	1,368,000	225,000		53,000	1,540,000	4
9	강용식	사원	1,224,000	72,000	86,400	15,000	1,367,400	5
10	최용필	사원	1,198,800		97,200	14,500	1,281,500	7
11	평 균		1,341,225	291,021	130,500	65,314	1,595,805	
12								
13			직급별 급여분석표					
14	직 급		인 원	총급여	평균급여			
15	부 장		1	2,457,600	=D15/C15			
16	과 장		2	3,474,400				
17	대 리		3	4,185,540				
18	사 원		2	2,648,900				
19								

'=D15/C15'를 입력하고 Enter↵ 키를 누릅니다.

2. 부장의 평균 급여액이 계산되면 같은 방법으로 다른 직급의 평균 급여액도 구합니다.

	A	B	C	D	E	F	G	H
1			관리부 급여관리표					
2	사원명	직급	기본급	직무수당	기타수당	공제세액	실지급액	급여순위
3	김일남	부장	1,773,000	590,400	216,000	121,800	2,457,600	1
4	강일석	과장	1,346,400	367,200	122,400	102,000	1,734,000	3
5	최근영	과장	1,425,600	388,800		74,000	1,740,400	2
6	김준남	대리	1,162,800	191,250		75,100	1,278,950	8
7	이서희	대리	1,231,200	202,500		67,110	1,366,590	6
8	이준석	대리	1,368,000	225,000		53,000	1,540,000	4
9	강용식	사원	1,224,000	72,000	86,400	15,000	1,367,400	5
10	최용필	사원	1,198,800		97,200	14,500	1,281,500	7
11	평 균		1,341,225	291,021	130,500	65,314	1,595,805	
12								
13			직급별 급여분석표					
14	직 급		인 원	총급여	평균급여			
15	부 장		1	2,457,600	2,457,600			
16	과 장		2	3,474,400	1,737,200			
17	대 리		3	4,185,540	1,395,180			
18	사 원		2	2,648,900	1,324,450			
19								

실무 활용 연습

EX 1 판매 동향 분석표 만들기

	A	B	C	D	E	F 판매수량 (수량기준)	G 판매순위 (금액기준)	H
1			신제품 판매동향 분석표					
2	제품명	제품유형	단 가	수 량	금 액	판매수량 (수량기준)	판매순위 (금액기준)	
3	제품A	의류	128,500	128	16,448,000	①	②	
4	제품B	잡화	248,000	352	87,296,000	①	②	
5	제품C	의류	210,000	357	74,970,000	①	②	
6	제품D	잡화	100,000	125	12,500,000	①	②	
7	제품E	잡화	312,000	357	111,384,000	①	②	
8	합 계			③	③			
9	평 균		④	④	④			
10								
11			제품 유형별 판매분석					
12	제품유형	종류	총 판매량	총 판매금액				
13	의류	⑤	⑥	⑦				
14	잡화	⑤	⑥	⑦				
15								

[지시 사항]

❶ '신제품 판매 동향 분석표.xls' 파일을 실행하세요.
❷ 수량을 기준으로 RANK 함수를 사용하여 판매 순위(①)를 구하세요.
❸ 금액을 기준으로 RANK 함수를 사용하여 판매 순위(②)를 구하세요.
❹ SUM 함수를 사용하여 수량과 금액의 합계(③)를 구하세요.
❺ AVERAGE 함수를 사용하여 단가, 수량, 금액의 평균(④)을 구하세요.
❻ COUNTIF 함수를 사용하여 의류와 잡화의 개수(⑤)를 구하세요.
❼ SUMIF 함수를 이용하여 의류와 잡화의 총 판매량(⑥)을 구하세요.
❽ SUMIF 함수를 사용하여 의류와 잡화의 총 판매금액(⑦)을 구하세요.

EX 2 정기 평가 성적 현황표 만들기

	A	B	C	D	E	F	G
1		정기 평가 성적 현황					
2							
3					작성일	①	
4					총 응시자	②	
5	이 름	엑셀	워드	파워포인트	평균	순위	
6	김이순	82	86	82	③	④	
7	박나리	84	87	75	③	④	
8	조용해	78	80	70	③	④	
9	고두남	92	85	62	③	④	
10	가감순	88	92	83	③	④	
11	유지태	90	83	90	③	④	
12	최영희	85	62	85	③	④	
13	민영수	76	81	75	③	④	
14	배병준	83	90	70	③	④	
15	최대값	⑤	⑤	⑤			
16	최소값	⑤	⑤	⑤			
17							

[지시 사항]

❶ '정기 평가 성적 현황.xls' 파일을 불러오세요.
❷ TODAY 함수를 사용하여 작성일(①)을 구하세요.
❸ COUNTA 함수를 사용하여 시험에 응시한 사람의 수(②)를 구하세요.
❹ AVERAGE 함수를 사용하여 각 과목의 평균(③)을 구하세요(단, ROUND 함수를 사용하고, 소수점 이하는 반올림합니다).
❺ 평균을 기준으로 RANK 함수를 사용하여 순위(④)를 구하세요.
❻ MAX 함수를 사용하여 각 과목별 최대 점수(⑤)와 최대 평균 점수(⑤)를 구하세요.
❼ MIN 함수를 사용하여 각 과목별 최소 점수(⑥)와 최소 평균 점수(⑥)를 구하세요.

09

함수의 이해와 활용 Ⅱ

이번에는 엑셀에서 사용하는 함수들 중 찾기/참조 영역 함수와 데이터베이스, 텍스트, 논리 함수들의 사용법과 적당한 활용 예에 대해서 알아봅니다. 이번에 알아볼 함수 중 VLOOKUP과 HLOOKUP, IF 함수는 엑셀에서 자주 사용되는 중요한 함수입니다. 사용법들을 확실히 이해하고 넘어가길 바랍니다.

09-1	찾기/참조 영역 함수	09-4	논리 함수
09-2	데이터베이스 함수	현장 실습	성적표 분석하기
09-3	텍스트 함수	실무 활용 연습	

실습 예제 미리 보기 │ 성적표 분석하기

모의고사 분석표에 여러 가지 함수식을 적용하여 다양한 분석 작업을 해 봅니다.

수능모의고사분석표

| 번호 | 이름 | 언어영역 | 수리탐구영역-1 | 수리탐구영역-2 | | 외국어영역 | 총점 | 판정 | 등급 |
				과학탐구	사회탐구				
1	강하나	110	75	40	70	40	335	합격	중
2	나두리	95	65	45	35	55	295	불합격	하
3	김세미	115	80	30	58	45	328	합격	중
4	박나로	85	75	25	52	40	277	불합격	하
5	최다별	100	55	30	60	35	280	불합격	하
6	유나연	105	60	40	72	75	352	합격	상
7	박금동	90	60	42	65	50	307	합격	중

총 인 원	7
합 격 인 원	4
합 격 률	57%
합격자평균	330.5

등급기준표

250	하
300	중
350	상

| 번호 | 이름 | 언어영역 | 수리탐구영역-1 | 수리탐구영역-2 | | 외국어영역 | 총점 | 판정 | 등급 |
				과학탐구	사회탐구				
								합격	

09-1 찾기/참조 영역 함수

- 데이터 범위에서 원하는 값이나 데이터를 찾아주는 함수 유형입니다.
- 인수로 검색에 사용할 데이터 범위와 조건을 함께 지정해 주어야 합니다.

함수	설명
VLOOKUP(기준 값, 범위, 열 번호, 옵션)	지정한 범위의 첫 번째 열에서 기준 값과 같은 데이터를 찾은 후에 기준 값이 있는 행에서 지정한 열 번호 위치에 있는 데이터를 표시
HLOOKUP(기준 값, 범위, 행 번호, 옵션)	범위의 첫 번째 행에서 기준 값과 같은 데이터를 찾은 후에 기준 값이 있는 열에서 지정된 행 번호 위치에 있는 데이터를 표시
CHOOSE(찾을 데이터 순서, 데이터 범위)	데이터 순서가 1이면 첫 번째, 데이터 순서가 2면 두 번째를 입력
INDEX(데이터 범위, 행 번호, 열 번호)	지정된 범위에서 행 번호와 열 번호에 위치한 데이터를 입력

CHOOSE

지정한 순서에 해당하는 값을 찾아서 표시합니다.

> 구문 형식
> =CHOOSE(찾을 데이터의 순서, 데이터 범위)

Note

데이터 범위 지정
데이터 범위로는 직접 여러 개의 데이터를 입력하거나 데이터가 입력되어 있는 셀의 범위를 지정할 수 있습니다.

다음 그림과 같이 '=CHOOSE(3,A2,A3,A4,A5,A6)' 이라고 입력하면 세 번째로 지정한 A4 셀의 값이 표시됩니다.

	A	B	C	D	E	F
1	제품명	판매가격		=CHOOSE(3,A2,A3,A4,A5,A6)		
2	마우스	12,000				
3	키보드	15,000				
4	CD-R	9,800				
5	DVD-R	12,000				
6	스피커	20,000				

Self test

그림과 같이 입력한 후에 제품명 중에서 두 번째에 입력되어 있는 데이터를 표시하는 함수식을 만들어보세요.

D2		fx	=CHOOSE(2,A2,A3,A4,A5,A6)		
	A	B	C	D	E
1	제품명	판매가격		CD-R	
2	마우스	12,000		키보드	
3	키보드	15,000			
4	CD-R	9,800			
5	DVD-R	12,000			
6	스피커	20,000			

그림처럼 전체 데이터 중에서 두 번째에 표시된 제품과 그 가격을 인식하여 하나의 완성된 문장을 표시하는 함수식을 만들어보세요.

	A	B	C	D	E	F	G	H	I
	D3			=CHOOSE(2,A2,A3,A4,A5,A6)&"의 가격은 "&CHOOSE(2,B2,B3,B4,B5,B6)&"원 입니다."					
1	제품명	판매가격		CD-R					
2	마우스	12,000		키보드					
3	키보드	15,000		키보드의 가격은 15000원 입니다.					
4	CD-R	9,800							
5	DVD-R	12,000							
6	스피커	20,000							
7									

HLOOKUP

검색 방법
· 검색 방법을 생략하거나 '0'
(또는 TRUE)을 입력하면 근사값(왼쪽 값)이 표시됩니다.
· 검색 방법에 '0'이 아닌 값
(또는 FALSE)을 입력하면 정확히 일치하는 값을 표시합니다.

• 가로 방향으로 입력된 데이터 표에서 지정한 조건을 만족하는 데이터를 찾아서 표시합니다.

• 데이터 범위의 첫 번째 행에서 찾은 조건으로 입력한 값을 검색한 후에 해당 칸의 검색할 행 번호로 지정한 항에 있는 값을 표시합니다.

> **구문 형식**
> =HLOOKUP(찾을 조건, 데이터 범위, 검색할 행 번호, 검색 방법)

'=HLOOKUP(A7,B2:F4,2,0)' 이라고 입력하면 [B2:F4] 범위 내에서 A7 셀과 일치하는 값, 즉 키보드를 찾은 다음 키보드 열의 2번째 행에 입력된 값을 찾아서 표시합니다.

	A	B	C	D	E	F	G
1							
2	제품명	마우스	키보드	CD-R	DVD-R	스피커	
3	재고수량	12	15	20	50	38	
4	판매가격	12,000	15,000	9,800	12,000	20,000	
5							
6	제품명	재고수량					
7	키보드	=HLOOKUP(A7,B2:F4,2,0)					
8							

- 찾을 조건
- 검색할 행 번호
- 검색 방법
- 데이터 범위

그림처럼 입력한 제품의 판매 가격이 표시되도록 함수식을 만들어 보세요.

	A	B	C	D	E	F	G
	C7		=HLOOKUP(A7,B2:F4,3,0)				
1							
2	제품명	마우스	키보드	CD-R	DVD-R	스피커	
3	재고수량	12	15	20	50	38	
4	판매가격	12,000	15,000	9,800	12,000	20,000	
5							
6	제품명	재고수량	판매가격				
7	키보드	15	15,000				
8							

A7 셀의 제품명을 스피커로 바꾼 후에 스피커의 재고 수량과 판매 가격이 정확히 표시되는지 확인해 보세요.

	A	B	C	D	E	F	G
1							
2	제품명	마우스	키보드	CD-R	DVD-R	스피커	
3	재고수량	12	15	20	50	38	
4	판매가격	12,000	15,000	9,800	12,000	20,000	
5							
6	제품명	재고수량	판매가격				
7	스피커	38	20,000				
8							

INDEX

데이터 범위의 지정한 행과 열 번호에 해당하는 값을 찾아서 표시합니다.

> **구문 형식**
> =INDEX(데이터 범위, 행 번호, 열 번호)

'=INDEX(B2:F4,2,3)' 이라고 입력하면 [B2:F4] 범위의 2번째 행과 3번째 열에 해당하는 셀의 데이터가 표시됩니다.

	A	B	C	D	E	F	G
1							
2	제품명	마우스	키보드	CD-R	DVD-R	스피커	
3	재고수량	12	15	20	50	38	
4	판매가격	12,000	15,000	9,800	12,000	20,000	
5							
6	=INDEX(B2:F4,2,3)						
7							

- 데이터 번호
- 행 번호
- 열 번호

그림처럼 별도의 표를 만든 후에 지정한 내용을 표시하는 INDEX 함수식을 만들어 보세요.

- A7 셀에 입력된 숫자를 열 번호로 하고 첫 번째 행에 표시되어 있는 데이터를 표시하는 함수식을 B7 셀에 입력해 보세요.
- A7 셀에 입력된 숫자를 열 번호로 하고 두 번째 행에 표시되어 있는 데이터를 표시하는 함수식을 C7 셀에 입력해 보세요.
- A7 셀에 입력된 숫자를 열 번호로 하고 세 번째 행에 표시되어 있는 데이터를 표시하는 함수식을 D7 셀에 입력해 보세요.

	A	B	C	D	E	F	G
1			제 품 가 격 표				
2	제품명	마우스	키보드	CD-R	DVD-R	스피커	
3	재고수량	12	15	20	50	38	
4	판매가격	12,000	15,000	9,800	12,000	20,000	
5							
6	순서	제품명	재고수량	판매가격			
7	5	스피커	38	20,000			
8							

VLOOKUP

- 세로 방향으로 입력된 데이터 표에서 지정한 조건을 만족하는 데이터를 찾아서 표시합니다.
- 데이터 범위의 첫 번째 열에서 찾을 조건을 입력한 값을 검색한 후에 해당 행의 검색할 열 번호로 지정한 열에 있는 값을 표시합니다.

> **구문 형식**
> =VLOOKUP(찾을 조건, 데이터 범위, 검색할 열 번호, 검색 방법)

'=VLOOKUP(F2,A3:C7,2,0)' 이라고 입력하면 [A3:C7] 범위 내에서 F2 셀의 값, 즉 마우스와 같은 값을 갖는 셀을 찾은 후에 2번째 열의 값을 표시합니다.

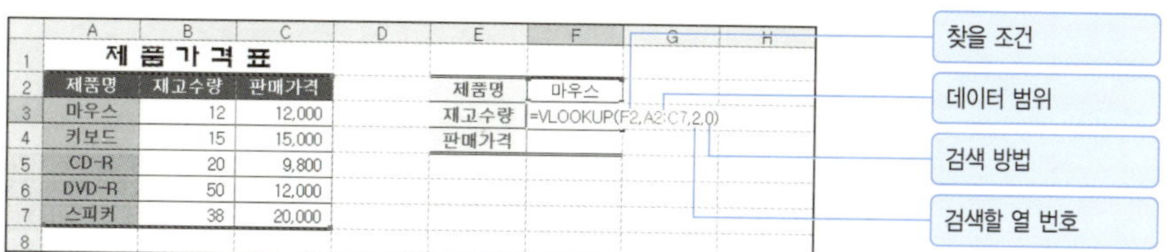

VLOOKUP 함수를 이용하여 F2 셀에 입력된 제품의 판매 가격이 표시되는 함수식을 만들어보세요.

	A	B	C	D	E	F	G
1	제 품 가 격 표						
2	제품명	재고수량	판매가격		제품명	마우스	
3	마우스	12	12,000		재고수량	12	
4	키보드	15	15,000		판매가격	12,000	
5	CD-R	20	9,800				
6	DVD-R	50	12,000				
7	스피커	38	20,000				
8							

그림처럼 석정 관리표를 만든 후에 첫 번째 학생의 학점을 계산하는 함수식을 만들어보세요.

	A	B	C	D	E	F	G	H	I
1	멀티미디어 학과 성적 관리표								
2	학번	이름	레포트	출결	중간고사	기말고사	총합점수	학점	
3	701001	강하나	8	20	10	30	68	D	
4	701002	나두리	9	20	25	35	89		
5	701003	김세미	8	18	30	35	91		
6	701004	박니로	6	15	30	30	81		
7	701005	최다별	10	12	15	35	72		
8									
9	학점기준표								
10	50	F							
11	60	D							
12	70	C							
13	80	B							
14	90	A							
15									

앞에서와 같은 방법으로 나머지 학생들의 학점을 계산하는 함수식을 만들어보세요.

	A	B	C	D	E	F	G	H	I
1	멀티미디어 학과 성적 관리표								
2	학번	이름	레포트	출결	중간고사	기말고사	총합점수	학점	
3	701001	강하나	8	20	10	30	68	D	
4	701002	나두리	9	20	25	35	89	B	
5	701003	김세미	8	18	30	35	91	A	
6	701004	박나로	6	15	30	30	81	B	
7	701005	최다별	10	12	15	35	72	C	
8									
9	학점기준표								
10	50	F							
11	60	D							
12	70	C							
13	80	B							
14	90	A							
15									

09-2 데이터베이스 함수

데이터베이스 범위에서 합계나 평균 등의 값을 구하는 데이터베이스 관련 함수 유형입니다.

• 데이터베이스 함수에 사용할 조건 데이터 표는 함수식을 만들기 전에 워크시트에 만들어져 있어야 합니다.
• 데이터베이스 함수의 인수에서 열 번호는 반드시 수치 데이터가 입력되어 있는 열을 지정해야 합니다.

함수	설명
DSUM(범위, 열 번호, 조건)	해당 범위에서 조건에 맞는 자료를 대상으로 지정된 열에서 합계를 계산
DAVERAGE(범위, 열 번호, 조건)	해당 범위에서 조건에 맞는 자료를 대상으로 지정된 열에서 평균을 계산
DCOUNT(범위, 열 번호, 조건)	해당 범위에서 조건에 맞는 자료를 대상으로 지정된 열에서 수치 데이터가 입력된 셀의 개수를 카운트
DCOUNTA(범위, 열 번호, 조건)	해당 범위에서 조건에 맞는 자료를 대상으로 지정된 열에서 비어 있지 않은 셀의 개수를 카운트
DMAX(범위, 열 번호, 조건)	해당 범위에서 조건에 맞는 자료를 대상으로 지정된 열에서 가장 큰 값을 찾음
DMIN(범위, 열 번호, 조건)	해당 범위에서 조건에 맞는 자료를 대상으로 지정된 열에서 가장 작은 값을 찾음

DAVERAGE

데이터 범위의 지정한 열에서 특정 조건을 만족하는 데이터들의 평균값을 계산합니다.

> 구문 형식
> =DAVERAGE(데이터베이스 범위, 열 번호, 조건 범위)

'=DAVERAGE(A2:G10,6,A12:G13)' 이라고 입력하면 [A2:G10] 범위의 6번째 열, 즉 종합 점수 항목에서 [A12:G13] 범위의 조건(C 학점)을 만족하는 점수의 평균을 계산합니다.

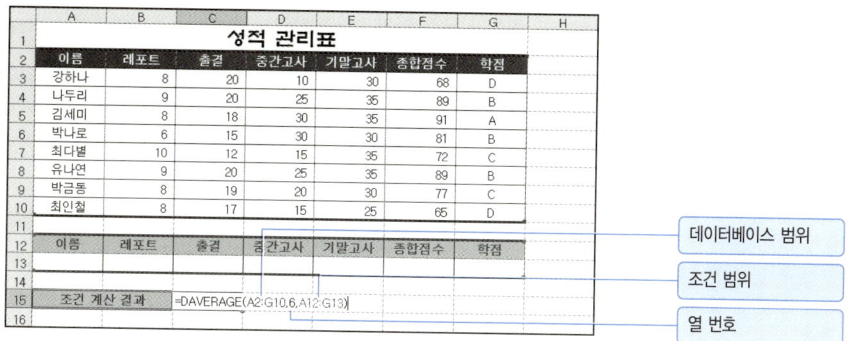

	A	B	C	D	E	F	G	H
1				성적 관리표				
2	이름	레포트	출결	중간고사	기말고사	종합점수	학점	
3	강하나	8	20	10	30	68	D	
4	나두리	9	20	25	35	89	B	
5	김세미	8	18	30	35	91	A	
6	박나로	6	15	30	30	81	B	
7	최다별	10	12	15	35	72	C	
8	유나연	9	20	25	35	89	B	
9	박금동	8	19	20	30	77	C	
10	최인철	8	17	15	25	65	D	
11								
12	이름	레포트	출결	중간고사	기말고사	종합점수	학점	
13								
14								
15	조건 계산 결과		=DAVERAGE(A2:G10,6,A12:G13)					
16								

<table>
<tr><td>Self</td><td>test</td></tr>
</table>

DAVERAGE 함수를 이용하여 학점이 B인 학생들의 종합 점수 평균값을 계산하는 함수식을 만들어 보세요.

	A	B	C	D	E	F	G	H
1				성적 관리표				
2	이름	레포트	출결	중간고사	기말고사	종합점수	학점	
3	강하나	8	20	10	30	68	D	
4	나두리	9	20	25	35	89	B	
5	김세미	8	18	30	35	91	A	
6	박나로	6	15	30	30	81	B	
7	최다별	10	12	15	35	72	C	
8	유나연	9	20	25	35	89	B	
9	박금동	8	19	20	30	77	C	
10	최인철	8	17	15	25	65	D	
11								
12	이름	레포트	출결	중간고사	기말고사	종합점수	학점	
13							B	
14								
15	조건 계산 결과		86					
16								

DSUM

데이터 범위의 지정한 열에서 특정 조건을 만족하는 데이터들의 합계 값을 계산합니다.

> **구문 형식**
> =DSUM(데이터베이스 범위, 열 번호, 조건 범위)

'=DSUM(A2:G10,6,A12:G13)' 이라고 입력하면 [A2:G10] 범위의 6번째 열, 즉 종합 점수 항목에서 [A12:G13] 범위의 조건(B 학점)을 만족하는 점수의 합계를 구합니다.

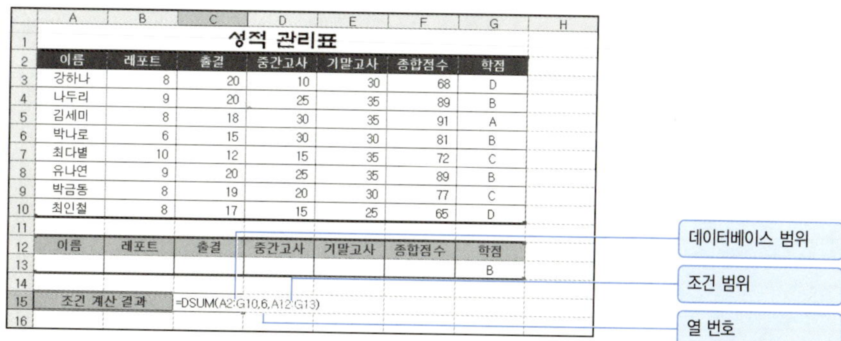

	A	B	C	D	E	F	G	H
1				성적 관리표				
2	이름	레포트	출결	중간고사	기말고사	종합점수	학점	
3	강하나	8	20	10	30	68	D	
4	나두리	9	20	25	35	89	B	
5	김세미	8	18	30	35	91	A	
6	박나로	6	15	30	30	81	B	
7	최다별	10	12	15	35	72	C	
8	유나연	9	20	25	35	89	B	
9	박금동	8	19	20	30	77	C	
10	최인철	8	17	15	25	65	D	
11								
12	이름	레포트	출결	중간고사	기말고사	종합점수	학점	
13							B	
14								
15	조건 계산 결과		=DSUM(A2:G10,6,A12:G13)					
16								

그림처럼 학점이 B인 학생들의 레포트 점수 총점을 계산하는 함수식을 만들어보세요.

D15		fx	=DSUM(A2:G10,2,A12:G13)				
	A	B	C	D	E	F	G	H

성적 관리표

이름	레포트	출결	중간고사	기말고사	종합점수	학점
강하나	8	20	10	30	68	D
나두리	9	20	25	35	89	B
김세미	8	18	30	35	91	A
박나로	6	15	30	30	81	B
최다별	10	12	15	35	72	C
유나연	9	20	25	35	89	B
박금동	8	19	20	30	77	C
최인철	8	17	15	25	65	D
이름	레포트	출결	중간고사	기말고사	종합점수	학점
						B
조건 계산 결과		259	24			

DCOUNT

데이터 범위의 지정한 열에서 특정 조건을 만족하는 데이터의 개수를 표시합니다.

> **구문 형식**
> =DCOUNT(데이터베이스 범위, 열 번호, 조건 범위)

'=DCOUNT(A2:G10,2,A12:G13)' 이라고 입력하면 [A2:G10] 범위의 2번째 열에서 [A12:G13] 범위의 조건(D 학점)을 만족하는 학생의 수를 구합니다.

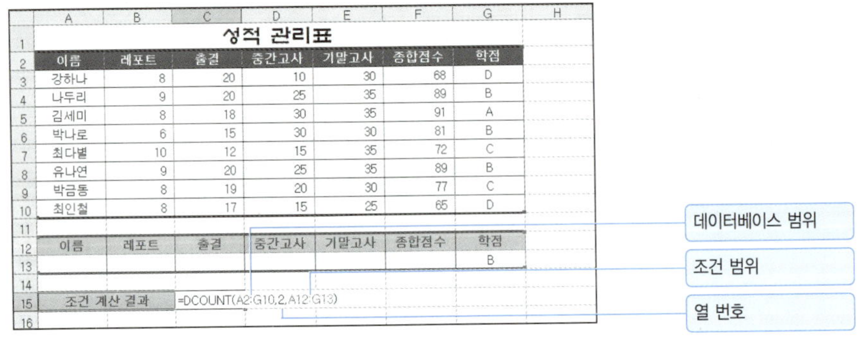

성적 관리표

이름	레포트	출결	중간고사	기말고사	종합점수	학점
강하나	8	20	10	30	68	D
나두리	9	20	25	35	89	B
김세미	8	18	30	35	91	A
박나로	6	15	30	30	81	B
최다별	10	12	15	35	72	C
유나연	9	20	25	35	89	B
박금동	8	19	20	30	77	C
최인철	8	17	15	25	65	D
이름	레포트	출결	중간고사	기말고사	종합점수	학점
						B
조건 계산 결과		=DCOUNT(A2:G10,2,A12:G13)				

종합 점수가 70점을 초과하는 학생의 수를 구하는 함수식을 만들어보세요.

C15		fx	=DCOUNT(A2:G10,6,A12:G13)				
	A	B	C	D	E	F	G	H

성적 관리표

이름	레포트	출결	중간고사	기말고사	종합점수	학점
강하나	8	20	10	30	68	D
나두리	9	20	25	35	89	B
김세미	8	18	30	35	91	A
박나로	6	15	30	30	81	B
최다별	10	12	15	35	72	C
유나연	9	20	25	35	89	B
박금동	8	19	20	30	77	C
최인철	8	17	15	25	65	D
이름	레포트	출결	중간고사	기말고사	종합점수	학점
					>70	
조건 계산 결과		6				

DMAX/DMIN

데이터 범위의 지정한 열에서 특정 조건을 만족하는 데이터 가운데 최대값/최소값을 검색하여 표시합니다.

> 구문 형식
>
> =DMAX(데이터베이스 범위, 열 번호, 조건 범위)
>
> =DMIN(데이터베이스 범위, 열 번호, 조건 범위)

'=DMAX(A2:G10,6,A12:G13)' 이라고 입력하면 [A2:G10] 범위의 6번째 열, 즉 종합 점수 항목에서 [A12:G13] 범위의 조건(C 학점)에 만족하는 최대값을 구합니다.

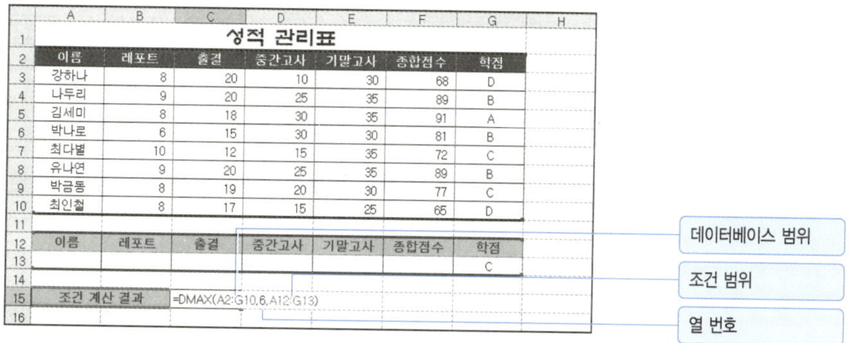

그림처럼 학점이 C인 학생 중에서 가장 높은 레포트 점수를 표시하는 함수식을 만들어보세요.

학점이 C인 학생 중에서 종합 점수가 가장 낮은 학생의 점수를 구해보세요.

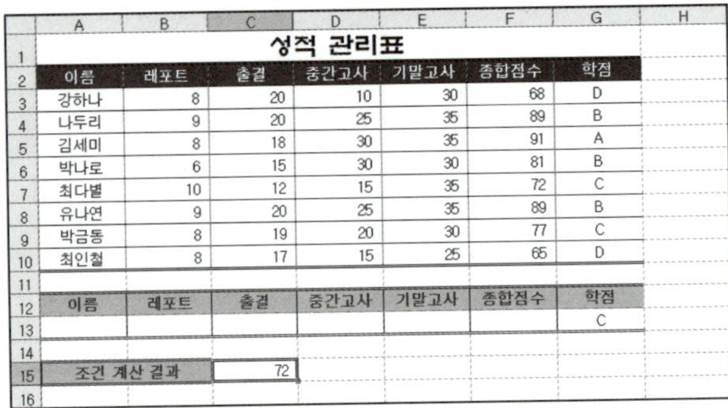

	A	B	C	D	E	F	G	H
1	성적 관리표							
2	이름	레포트	출결	중간고사	기말고사	종합점수	학점	
3	강하나	8	20	10	30	68	D	
4	나두리	9	20	25	35	89	B	
5	김세미	8	18	30	35	91	A	
6	박나로	6	15	30	30	81	B	
7	최다별	10	12	15	35	72	C	
8	유나연	9	20	25	35	89	B	
9	박금동	8	19	20	30	77	C	
10	최인철	8	17	15	25	65	D	
11								
12	이름	레포트	출결	중간고사	기말고사	종합점수	학점	
13							C	
14								
15	조건 계산 결과		72					
16								

학점이 C인 학생 중에서 가장 낮은 출결 점수를 찾아서 표시하는 함수식을 만들어보세요.

	A	B	C	D	E	F	G	H
1	성적 관리표							
2	이름	레포트	출결	중간고사	기말고사	종합점수	학점	
3	강하나	8	20	10	30	68	D	
4	나두리	9	20	25	35	89	B	
5	김세미	8	18	30	35	91	A	
6	박나로	6	15	30	30	81	B	
7	최다별	10	12	15	35	72	C	
8	유나연	9	20	25	35	89	B	
9	박금동	8	19	20	30	77	C	
10	최인철	8	17	15	25	65	D	
11								
12	이름	레포트	출결	중간고사	기말고사	종합점수	학점	
13							C	
14								
15	조건 계산 결과		12					
16								

09-3 텍스트 함수

입력되어 있는 문자형 데이터 중에서 필요한 내용을 추출하거나 가공하기 위해 사용되는 함수 유형입니다.

함수	설명
LEFT(원본 문자열, 잘라낼 글자 수)	입력된 내용의 왼쪽을 기준으로 지정한 수만큼의 글자를 잘라내어 표시
MID(원본 문자열, 잘라내기 시작할 자릿수, 잘라낼 글자 수)	입력된 내용의 중간(원하는 시작 위치)에서 지정한 수만큼의 글자를 잘라내어 표시
RIGHT(원본 문자열, 잘라낼 글자 수)	입력된 내용의 오른쪽을 기준으로 지정한 수만큼의 글자를 잘라내어 표시
LOWER(원본 문자열)	문자열을 모두 소문자로 표시
UPPER(원본 문자열)	문자열을 모두 대문자로 표시
PROPER(원본 문자열)	문자열의 첫 글자만 대문자로 표시
TRIM(원본 문자열)	문자열의 양쪽 공백을 제거

Self test

Note

힌트
원본 문자열이 있는 셀 주소 (B2)와 잘라낼 글자 수(2)를 인수로 사용하여 함수식을 만들어 주면 됩니다.
=LEFT(B2,2)

그림과 같은 표를 만든 후에 LEFT 함수를 이용하여 다음의 값을 구하는 함수식을 만들어보세요.

• A4 셀에 B2 셀에 입력되어 있는 주소 중에서 '서울'만 표시해 보세요.

	A	B	C	D	E
1					
2	주소	서울 마포구 서교동 1234번지			
3	시	구	동	번지	
4	서울				
5					
6	주민번호	741212-1234567			
7	년	월	일	성별	
8					
9					

• A8 셀에 주민번호의 왼쪽 두 글자(출생년도)를 인식하여 표시하는 함수식을 만들어보세요.

	A	B	C	D	E
1					
2	주소	서울 마포구 서교동 1234번지			
3	시	구	동	번지	
4	서울				
5					
6	주민번호	741212-1234567			
7	년	월	일	성별	
8	74				
9					

힌트

원본 문자열이 있는 셀 주소
(B2)와 잘라내기를 시작할 자릿
수(4), 잘라낼 글자 수(3)를 인수
로 사용하여 함수식을 만들어보
세요. 입력된 내용 중 공백도 하
나의 글자로 취급됩니다.
=MID(B2,4,3)

B4 셀에 MID 함수를 이용하여 다음의 값을 구해보세요.

• 주소에서 구의 이름만 추출하는 함수식을 만들어 보세요.

	A	B	C	D	E
1					
2	주소	서울 마포구 서교동 1234번지			
3	시	구	동	번지	
4	서울	마포구			
5					
6	주민번호	741212-1234567			
7	년	월	일	성별	
8	74				
9					

• 주소의 동 이름을 추출하는 함수식을 만들어 보세요.

C4   fx   =MID(B2,8,3)

	A	B	C	D	E
1					
2	주소	서울 마포구 서교동 1234번지			
3	시	구	동	번지	
4	서울	마포구	서교동		
5					
6	주민번호	741212-1234567			
7	년	월	일	성별	
8	74				
9					

• 주민번호에서 출생 월과 일, 성별 구분 코드를 추출하는 함수식을 만들어 보세요.

	A	B	C	D	E
1					
2	주소	서울 마포구 서교동 1234번지			
3	시	구	동	번지	
4	서울	마포구	서교동		
5					
6	주민번호	741212-1234567			
7	년	월	일	성별	
8	74	12	12	1	
9					

힌트

원본 문자열이 있는 셀 주소(B2)
와 잘라낼 글자 수(6)를 인수로
하여 함수식을 만들면 됩니다.

D4 셀에 RIGHT 함수를 이용하여 전체 주소에서 번지수만 추출하는 함수식을 만들어 보세요.

	A	B	C	D	E
1					
2	주소	서울 마포구 서교동 1234번지			
3	시	구	동	번지	
4	서울	마포구	서교동	1234번지	
5					
6	주민번호	741212-1234567			
7	년	월	일	성별	
8	74	12	12	1	
9					

09-4 논리 함수

IF, AND, OR, NOT처럼 논리식을 판단하거나 논리 값을 구하는데 사용되는 함수 유형입니다.

함수	설명
IF(조건식, 인수1, 인수2)	조건식을 비교하여 참이면 인수1을 거짓이면 인수2를 실행
NOT(인수)	인수의 반대 논리 값을 표시
AND(조건식1, 조건식2…)	인수로 지정한 모든 조건식이 참일 때에만 'TRUE'를 표시
OR(조건식1, 조건식2…)	인수로 지정한 조건식 중 하나라도 참이면 'TRUE'를 표시
FALSE()	논리 값 FALSE 표시
TRUE()	논리 값 TRUE 표시

Self test

다음의 함수를 입력하여 그 결과를 확인해 보세요.

· A6 셀에 '=AND(C3>15,D3>15)'를 입력하세요.

· A7 셀에 '=AND(D3>15,E3>15)'를 입력하세요.

Note

AND 함수

AND 함수는 입력한 조건식이 하나라도 거짓이면 'FALSE'(거짓)을 표시합니다.

	A7	▼	*fx*	=AND(D3>15,E3>15)		
	A	B	C	D	E	F	G
1	제 품 가 격 표						
2	제품명	마우스	키보드	CD-R	DVD-R	스피커	
3	재고수량	12	15	20	50	38	
4	판매가격	12,000	15,000	9,800	12,000	20,000	
5							
6	FALSE						
7	TRUE						
8							

Self test

다음의 함수식을 입력하여 그 결과를 확인해 보세요.

· B6 셀에 '=OR(C3>15,D3>30)'을 입력하세요.

· B7 셀에 '=OR(D3>30,E3>30)'을 입력하세요.

Note

OR 함수

OR 함수는 입력한 조건식 모두가 거짓이어야 'FALSE'(거짓)을 표시합니다.

	A	B	C	D	E	F	G
1	제 품 가 격 표						
2	제품명	마우스	키보드	CD-R	DVD-R	스피커	
3	재고수량	12	15	20	50	38	
4	판매가격	12,000	15,000	9,800	12,000	20,000	
5							
6	FALSE	FALSE					
7	TRUE	TRUE					
8							

따라하기   **목표 달성 여부 판정하기**

IF 함수를 이용하여 각 직원의 실적 목표 달성 여부를 판정하는 함수식을 만들어 봅시다.

1. 그림처럼 목표 달성 여부를 표시할 수 있는 칸을 만든 후에 F4 셀에 '=IF(' 를 입력하고 E4 셀을 선택합니다.

	A	B	C	D	E	F	G
1			직원별 실적률 분석표				
2							
3	직급	직원명	목표량	판매량	판매 실적률	목표달성여부	
4	과장	강하나	238	185	78%	=IF(E4	
5	대리	나두리	180	168	IF(**logical_test**, [value_if_true], [value_if_false])		
6	대리	유나리	165	170	103%		
7	사원	박금동	130	132	102%		
8	사원	최인철	120	115	96%		
9							

2. '>=1, "달성", "실패")' 를 입력하여 함수식을 완성한 후에 [Enter↵] 키를 누릅니다.

	A	B	C	D	E	F	G
1			직원별 실적률 분석표				
2							
3	직급	직원명	목표량	판매량	판매 실적률	목표달성여부	
4	과장	강하나	238	185	78%	=IF(E4>1,"달성","실패")	
5	대리	나두리	180	168	93%		
6	대리	유나리	165	170	103%		
7	사원	박금동	130	132	102%		
8	사원	최인철	120	115	96%		
9							

3. 첫 번째 직원의 판매 실적률이 100% 미만이므로 '실패' 라고 표시됩니다. 채우기 핸들을 드래그하여 나머지 직원들의 판매 목표 달성 여부도 구할 수 있습니다.

	A	B	C	D	E	F	G
1			직원별 실적률 분석표				
2							
3	직급	직원명	목표량	판매량	판매 실적률	목표달성여부	
4	과장	강하나	238	185	78%	실패	
5	대리	나두리	180	168	93%	실패	
6	대리	유나리	165	170	103%	달성	
7	사원	박금동	130	132	102%	달성	
8	사원	최인철	120	115	96%	실패	
9							

Self test

성적 관리표에서 종합 점수가 '75' 를 초과하면 '합격'을 표시하고 그렇지 않으면 '불합격' 이 표시되는 함수식을 만들어 보세요.

G3 =IF(F3>75,"합격","불합격")

	A	B	C	D	E	F	G	H
1				성 적 관 리 표				
2	이 름	레포트	출 결	중간고사	기말고사	종합점수	판 정	
3	강하나	8	20	10	30	68	불합격	
4	나두리	9	20	25	35	89	합격	
5	김세미	8	18	30	35	91	합격	
6	박나로	6	15	30	30	81	합격	
7	최다별	10	12	15	35	72	불합격	
8	유나연	9	20	25	35	89	합격	
9	박금동	8	19	20	30	77	합격	
10	최인철	8	17	15	25	65	불합격	
11								

성적표 분석하기

수능 성적 데이터를 이용하여 각 학생의 시험 통과 여부와 등급 판정, 그리고 통과자의 평균 및 인원 등을 계산하는 함수식을 만들어 봅시다.

예제 파일 : 수능 모의고사 분석.xls

합격 여부 판정하기

IF 함수를 이용하여 총점이 300점을 초과하는 학생에게는 '합격', 300점 이하인 학생에 게는 '불합격' 을 판정하는 함수식을 만들어 봅시다.

1. '수능 모의고사 분석표' 의 I4 셀에 '=IF(' 를 입력하고 H4 셀을 선택합니다.

2. 300점을 초과하는 것을 기준으로 하기 위해 '>300, "합격", "불합격")' 를 입력하여 함 수식을 완성합니다.

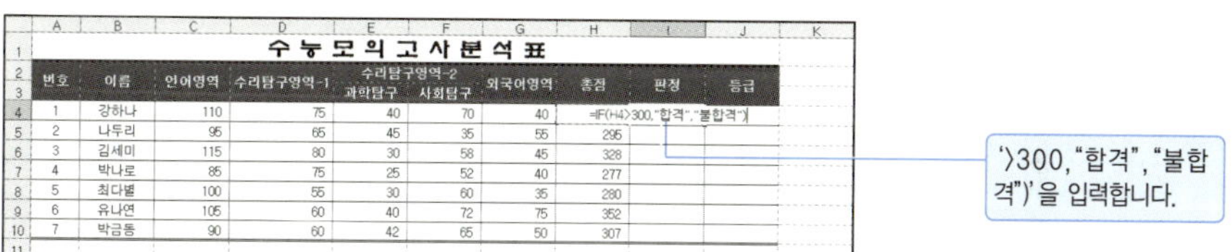

3. Enter↵ 키를 누르면 첫 번째 학생의 합격 여부가 표시됩니다. 채우기 핸들을 드래그하 여 다른 학생들의 합격 여부도 표시합니다.

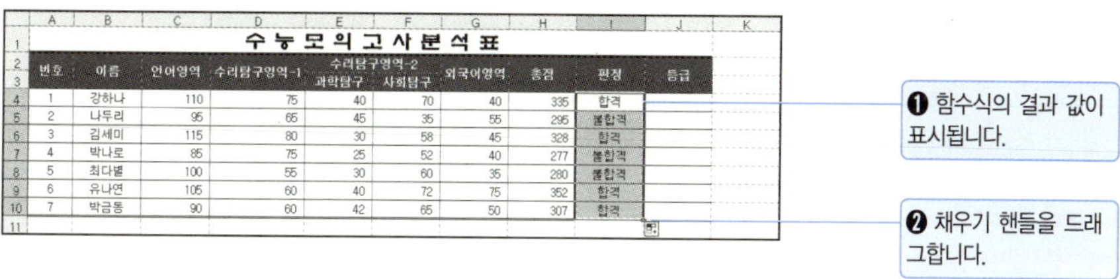

IF 함수로 등급 표시하기

총점이 350점 이상일 경우에는 '상', 349~300점 일 경우에는 '중', 299점 이하일 경우
에는 '하' 의 등급을 표시하는 IF 함수식을 만들어 봅시다.

1. J4 셀에 '=IF(' 를 입력하고 H4 셀을 선택합니다.

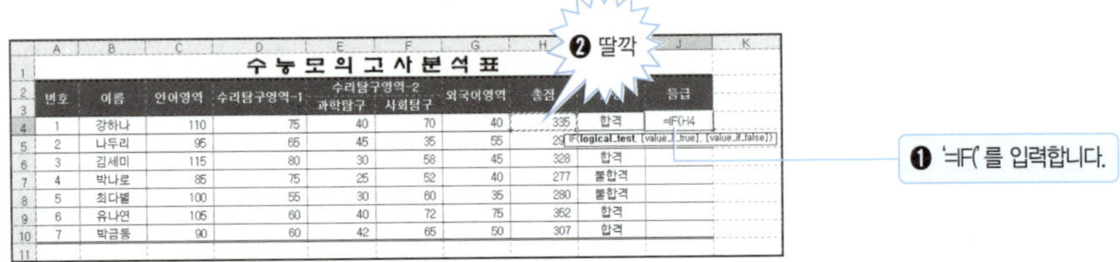

2. 350점 이상일 때 '상' 을 표시하기 위해 '>=350,"상"' 을 입력합니다.

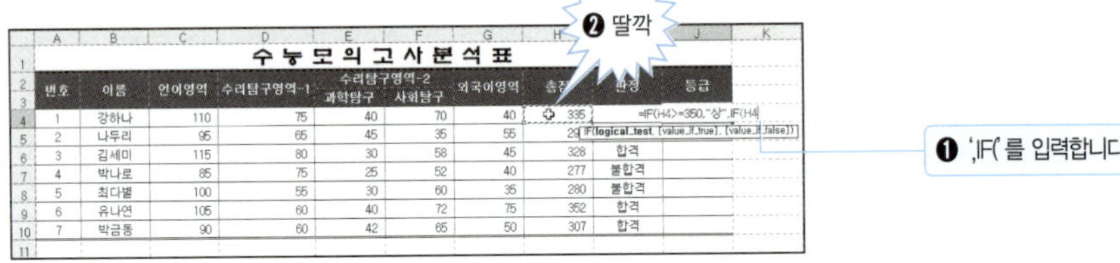

중첩 함수
함수의 인수로 또 다른 함수를
사용하는 중첩 함수를 사용할
경우, 7단계까지 중첩할 수 있습
니다.

3. 총점이 350점 미만일 경우, '중' 과 '하' 의 등급을 표시하기 위해 다시 ',IF(' 를 입력
하고 H4 셀을 선택합니다.

중첩 함수식의 괄호
함수를 중첩하여 사용할 경우에
는 괄호가 제대로 입력되었는지
잘 확인해야 합니다. 중첩된 함
수의 괄호가 생략될 경우 오류
가 발생합니다.

4. '>=300,"중","하"))' 를 입력하여 함수식을 완성합니다.

5. 키보드의 Enter↵ 키를 눌러 첫 번째 학생의 등급이 표시되면, 자동 채우기로 나머지
학생들의 등급도 표시해 줍니다.

VLOOKUP 함수로 등급 표시하기

여러 단계의 등급을 쉽게 표시할 수 있는 VLOOKUP 함수를 이용하여 같은 내용의 등급을 표시해 봅시다.

1. [J4:J10] 범위의 함수식을 지운 후에 그림처럼 '등급 기준표'를 만듭니다.

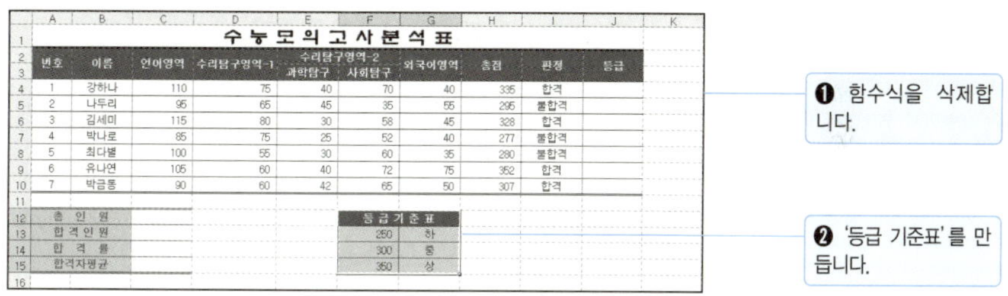

2. J4 셀에 '=VLOOKUP('을 입력하고 H4 셀을 선택합니다.

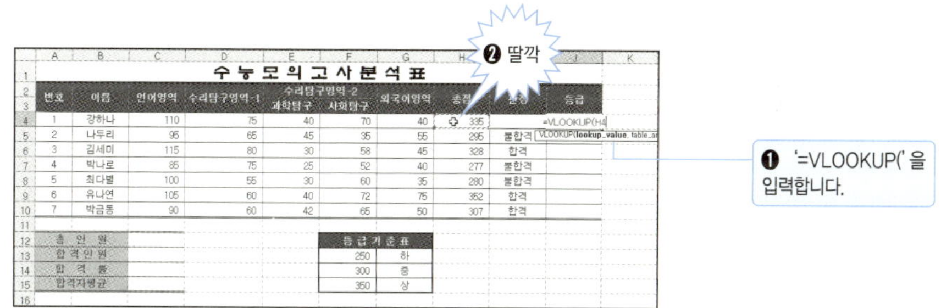

3. ','를 입력하고 등급 기준표 데이터 범위 [F13:G15]를 블록으로 지정합니다.

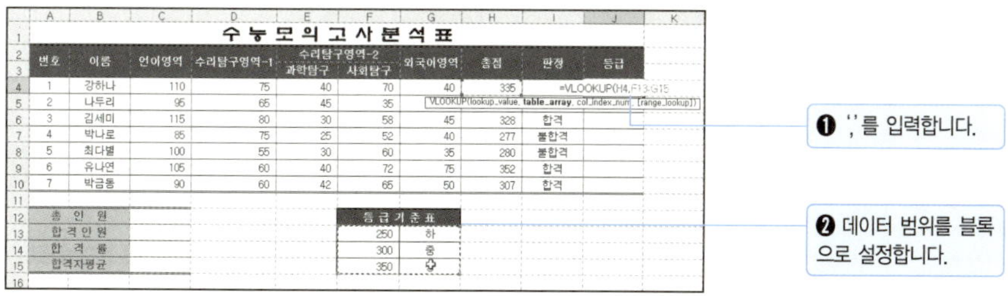

4. 등급 기준표의 두 번째 열에서 등급을 추출하기 위해 ',2'를 입력한 후에 참조할 등급 기준표의 범위 [F13:G15]를 절대 참조로 바꿉니다.

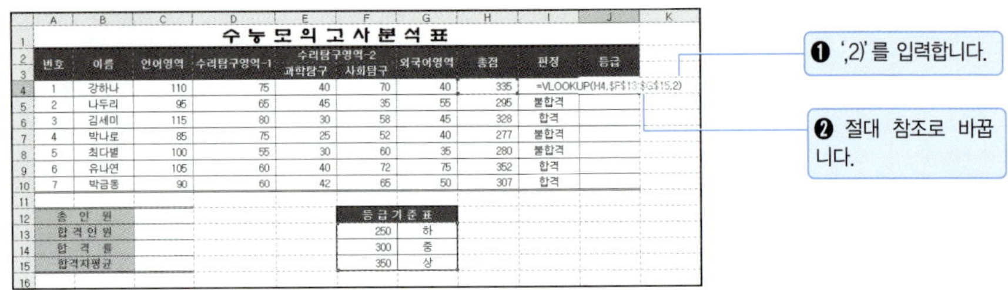

5. 등급이 표시됩니다. 자동 채우기로 다른 학생들의 등급도 표시합니다.

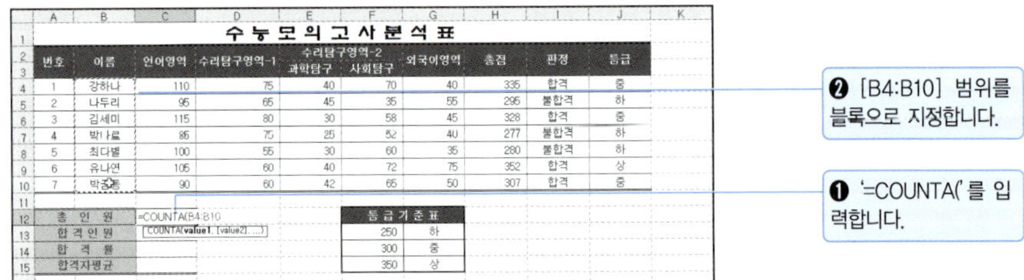

총 인원과 합격 인원 구하기

이번에는 COUNTA와 DCOUNT 함수를 이용하여 전체 응시 인원과 합격 인원을 표시하는 함수식을 만들어 봅시다.

1. C12 셀에 '=COUNTA(' 를 입력한 후에 학생들의 이름이 입력되어 있는 데이터 범위 [B4:B10]을 블록으로 지정합니다.

2. ‘)’를 입력한 후에 Enter↵ 키를 누르면 총 응시 인원수가 표시됩니다.

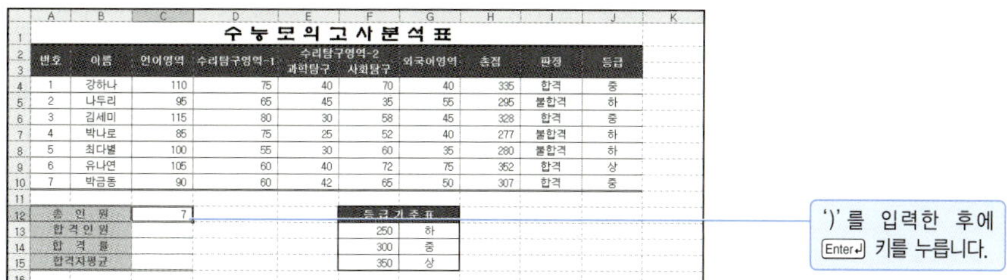

3. C13 셀에 ‘=DCOUNT(’ 를 입력하고 전체 데이터 범위 [A2:J10]을 블록으로 지정합니다.

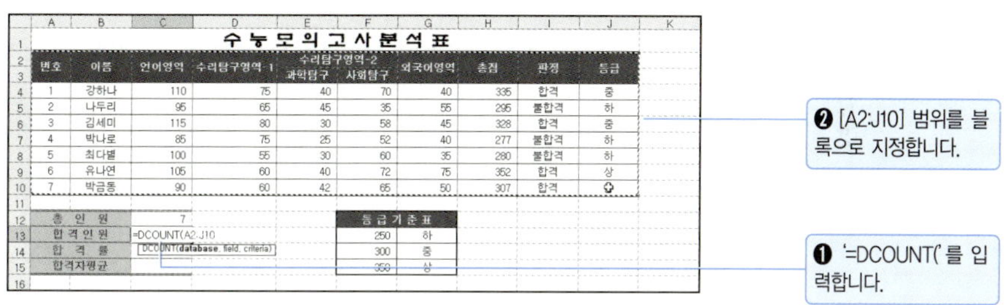

4. ‘,3,’ 을 입력한 후에 조건표 범위 [A18:J20]을 블록으로 지정합니다.

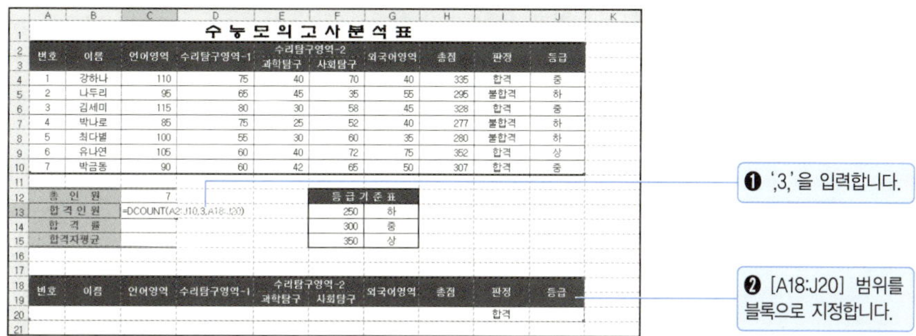

5. ')' 를 입력한 후에 [Enter↵] 키를 누르면 합격자 인원이 표시됩니다. 계속해서 학생들의 합격률을 표시하기 위해 C14 셀에 '=C13/C12' 를 입력하고 [Enter↵] 키를 누릅니다.

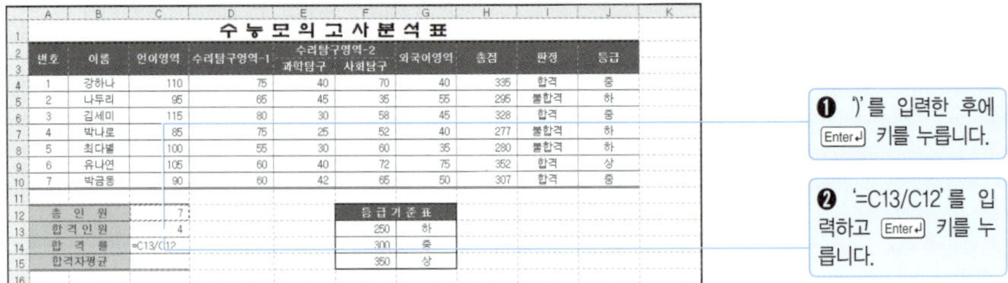

6. 합격률이 계산되면 백분율 표시 형식을 적용합니다.

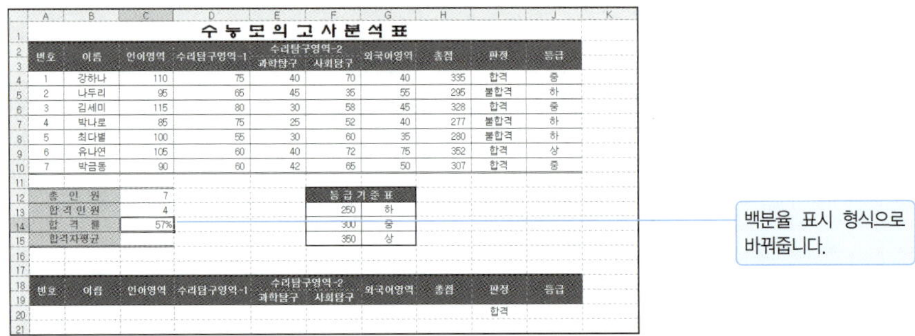

합격자 평균 점수 구하기

이번에는 DAVERAGE 함수를 이용하여 합격자들의 평균 총점을 계산하는 함수식을 만들어 봅시다.

1. C15 셀에 '=DAVERAGE(' 를 입력하고 전체 데이터 범위 [A2:J10]을 블록으로 지정합니다.

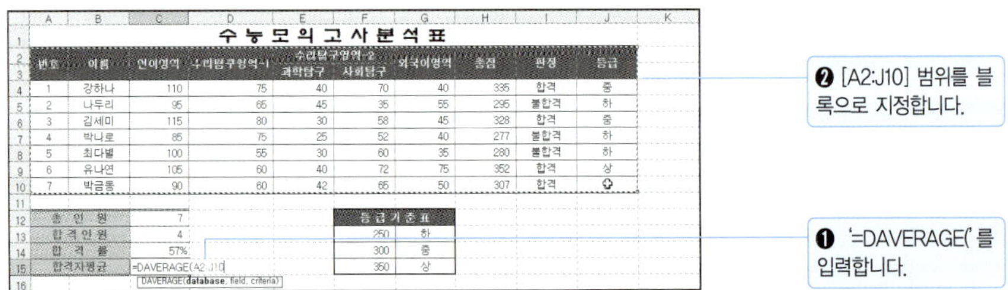

2. '`,8,`'을 입력한 후에 조건표 범위 [A18:J20]을 블록으로 지정합니다.

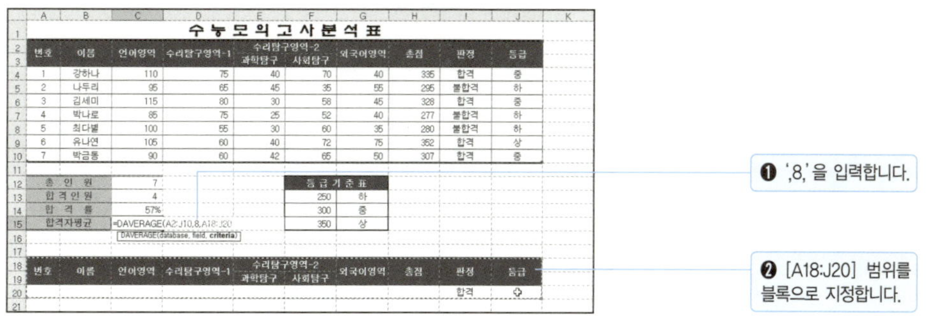

3. '`)`'를 입력한 후에 [Enter↵] 키를 누르면 합격한 학생들의 평균 총점이 표시됩니다.

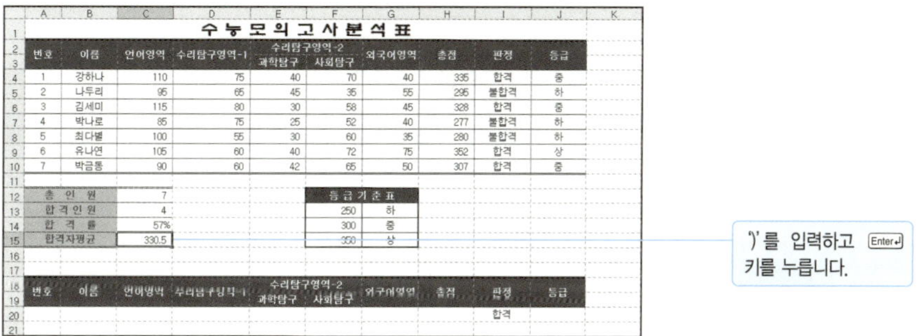

실무 활용 연습

EX 1   비만도 측정표 만들기

	A	B	C	D	E
1	신장과 체중을 입력하면 BMI 수치와 비만 등급을 확인할 수 있습니다.				
2	신장(기준 : m)	체중(기준 : kg)			
3	1.78	120			
4					
5	BMI(kg/m^2)	범 위	비만 등급	관련질환의 발병위험성	
6	37.9	비만	1	높다	
7					
8	BMI(kg/m^2)	범 위	비만 등급	관련질환의 발병위험성	
9	18.5	저체중		–	
10	24.9	정상체중		–	
11	29.9	과체중		증가	
12	34.9	비만	1	높다	
13	39.9	비만	2	매우 높다	
14	45	극단적인 비만	3	극단적으로 높다	
15	※ BMI 계산법 : BMI = 체중(kg) / 신장(m)^2				
16					

예제 파일 : 비만도 측정표.xls

[지시 사항]

❶ A3와 B3 셀에 각각 m 기준 신장과 kg 기준 체중을 입력하세요.

❷ A6 셀에 '=B3/(A3^2)'를 입력하여 비만도를 표시하세요.

❸ B6 셀에 VLOOKUP 함수를 사용하여 비만도에 따른 범위가 표시되도록 함수식을 작성하세요.

❹ C6 셀에 VLOOKUP 함수를 사용하여 비만도에 따른 비만 등급이 표시되도록 함수식을 작성하세요.

❺ D6 셀에 VLOOKUP 함수를 사용하여 비만도에 따른 발병 위험성이 표시되도록 함수식을 작성하세요.

EX 2   거래 내역 분석하기

	A	B	C	D
1	**10월 거래 내역표**			
2				
3	9월 결산금액	664,680		
4	날짜	구분	금액	
5	10월 10일	입고	200,000	
6	10월 11일	출고	51,600	
7	10월 18일	출고	50,400	
8	10월 21일	출고	50,400	
9	10월 22일	출고	37,200	
10	10월 23일	출고	108,000	
11	10월 24일	반품	28,800	
12	10월 31일	입고	17,400	
13	10월 결산		51,400	
14				
15	날짜	구분	금액	
16		출고		
17				
18	총 출고 금액	297,600		
19	출고 횟수	5		
20	평균 출고 금액	59,520		
21				

예제 파일 : 거래 내역.xls

[지시 사항]

❶ [A4:C4] 범위에 입력되어 있는 항목 제목을 [A15:C15] 범위로 복사하세요.

❷ B16 셀에 '출고'라고 입력하세요.

❸ B18 셀에 데이터베이스 함수식 DSUM 함수를 사용하여 총 출고 금액을 구하세요.

❹ B19 셀에 DCOUNT 함수를 사용하여 출고 횟수를 구하세요.

10

데이터 관리 기능의 이해와 활용

엑셀을 사용하다보면 다양한 데이터를 다루게 됩니다. 하지만 데이터의 양이 너무 많아지면 원하는 데이터를 찾거나 필요한 형태로 변형하기가 쉽지 않습니다. 이번에는 엑셀에서 지원하는 데이터 관리 기능들을 이용하여 많은 양의 데이터 중에서 원하는 데이터만을 추출해내는 방법들에 대해 알아보겠습니다.

10-1   데이터베이스 이해하기

10-2   레코드 관리 기능 활용하기

10-3   데이터 정렬하기

10-4   자동 필터

10-5   고급 필터

현장 실습   야구부 데이터 관리하기

실무 활용 연습

실습 예제 미리 보기 | 야구부 데이터 관리하기

데이터 관리 기능을 이용하여 야구부 데이터베이스에서 원하는 내용만 필터링하고, 필요한 항목을 기준으로 데이터를 정렬해 봅니다.

10-1 데이터베이스 이해하기

데이터베이스란 많은 양의 데이터를 효과적으로 관리하기 위해 사용되는 데이터의 집합이라고 생각하면 됩니다. 엑셀에서는 수많은 데이터를 효과적으로 관리하기 위해 데이터베이스 관리 기능을 지원하고 있습니다. 이 기능들을 사용하려면 먼저 다음과 같은 요소로 구성되어 있는 데이터베이스 파일이 있어야 합니다.

사원번호	사원명	성별	부서	직급	전화번호
a0103	강만일	남	총무부	부장	123-4567
b0105	나애리	여	총무부	과장	357-3357
b0128	박진철	남	❸총무부	과장	102-4125
a0123	강은숙	여	자재부	대리	110-2214

필드명

❶ **필드(Field)** : 데이터베이스를 구성하는 열 방향의 데이터 모음을 필드라고 합니다(필드의 가장 위쪽에 있는 항목 제목은 '필드명' 이라고 부릅니다).

❷ **레코드(Record)** : 데이터베이스를 구성하는 행 방향의 데이터 모음을 레코드라고 합니다.

❸ **데이터(Data)** : 데이터베이스를 이루는 각각의 독립된 내용(셀에 입력된 내용)을 데이터라고 합니다.

❹ **데이터베이스(Database)** : 앞에서 설명한 데이터들로 구성된 데이터 표를 데이터베이스라고 합니다.

데이터베이스 구성 시 주의사항

• 필드의 맨 위쪽에는 해당 필드를 대표할 수 있는 필드명을 입력해야 합니다.

• 같은 필드에는 반드시 같은 속성의 데이터를 입력해야 합니다.

• 데이터 표의 중간에 빈 행이나 빈 열이 없어야 합니다(빈 행이나 빈 열이 있을 경우에는 서로 다른 데이터베이스로 인식됩니다).

사원번호	사원명	성별	부서	직급	전화번호
a0103	강만일	남	총무부	부장	123-4567
b0105	나애리	여	총무부	과장	357-3357
b0128	박진철	남	총무부	과장	102-4125
a0123	강은숙	여	자재부	대리	110-2214

두 개의 데이터베이스로 인식됩니다.

10-2 레코드 관리 기능 활용하기

엑셀에서는 레코드 관리 대화상자를 사용하여 데이터를 추가하거나 삭제, 수정, 검색할 수 있습니다.

관리할 데이터베이스 범위에 마우스 포인터를 위치시킨 후에 **[데이터]-[레코드 관리]** 메뉴를 선택하면 레코드 관리 대화상자가 표시됩니다.

레코드 단위로 검색하기

레코드 관리 대화상자의 **[이전 찾기]**와 **[다음 찾기]** 버튼을 클릭하면 한 행씩 위나 아래로 이동하면서 해당 레코드의 내용을 확인할 수 있습니다. 화면에 표시된 레코드의 내용은 대화상자를 이용하여 수정할 수도 있습니다.

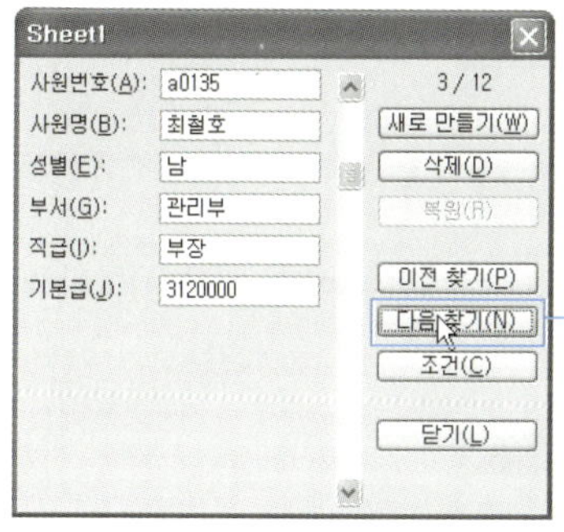

조건에 맞는 레코드만 검색하기

레코드 관리 대화상자의 **[조건]** 버튼을 클릭한 후에 각 입력 상자에 검색어를 입력하고 **[레코드 관리]** 버튼을 클릭하면 지정한 조건에 해당하는 레코드로 이동하면서 데이터를 검색할 수 있습니다.

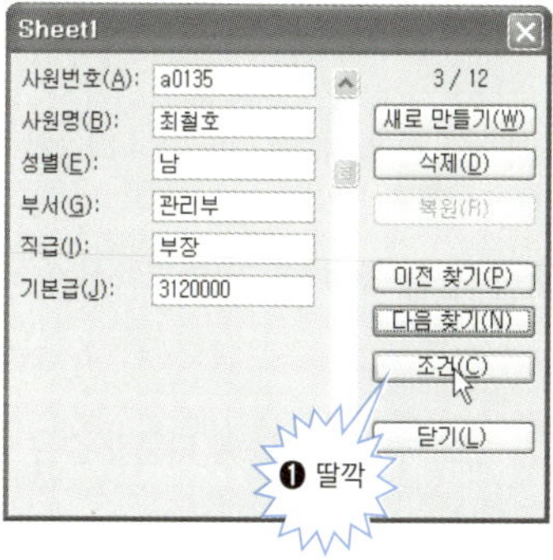

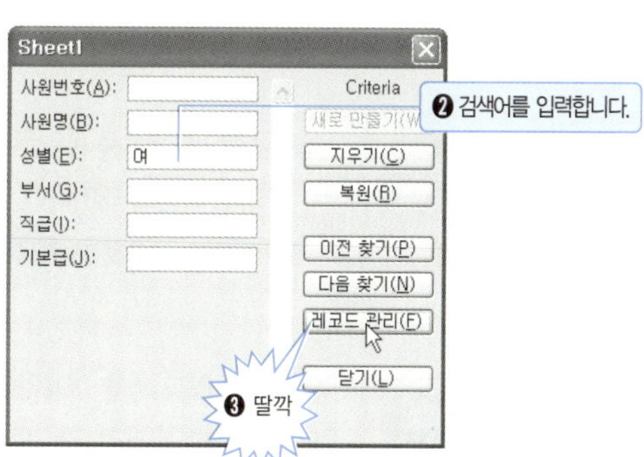

새로운 레코드 입력하기

• 레코드 관리 대화상자의 스크롤바를 맨 아래쪽으로 이동시키면 새 레코드 입력상태가 됩니다. 또는, **[새로 만들기]** 버튼을 클릭해도 됩니다.

• 새 레코드 입력상태에서 새로운 레코드의 내용을 입력한 후에 **[새로 만들기]** 버튼을 클릭합니다. 입력한 내용이 새로운 레코드에 추가되고 다시 새 레코드 입력상태로 전환됩니다.

필요 없는 레코드 제거하기

필요 없는 레코드를 화면에 표시한 후에 **[삭제]** 버튼을 클릭하면 해당 레코드가 원본 데이터베이스에서 제거됩니다.

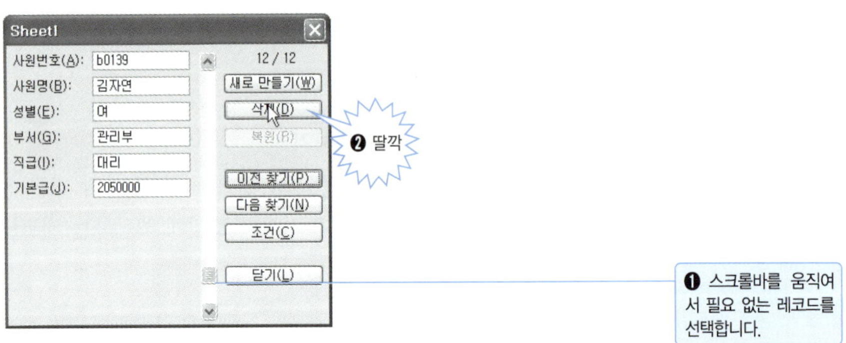

Self test

'사원 관리표.xls'를 불러온 후에 레코드 관리 기능을 이용하여 다음의 데이터를 검색해보세요.

· 관리부 사원의 데이터만 검색

· 기본급이 '150만 원'을 초과하는 사원의 데이터만 검색

Self test

레코드 관리 기능을 이용하여 사원 정보 데이터베이스에 다음과 같은 내용의 새로운 레코드를 삽입한 후에 삽입한 레코드를 제거해 보세요.

삽입할 레코드 데이터					
사원번호	사원명	성별	부서	직급	기본급
a0143	최진주	여	총무부	차장	2,860,000

10-3 데이터 정렬하기

이번에는 많은 양의 데이터를 원하는 순서대로 정렬하는 방법에 대해 알아봅니다.

데이터 정렬의 이해

- 오름차순과 내림차순 방식 중 하나를 선택하여 데이터를 정렬할 수 있습니다.
- 오름차순으로 정렬하면 '숫자〉문자〉논리값〉오류값〉빈 셀' 순으로 정렬됩니다.

순서	데이터 형식		데이터 형식별 정렬 순서
❶	숫자		작은 수 → 큰 수
❷	문자	특수문자	– 공백 ! " # $ ( ) * . / : ; [ ] ^ {	} ~ + 〈 =
		한글	ㄱ → ㅎ
		영문	A → Z(소문자 → 대문자)
❸	논리값		거짓(False) → 참(True)
❹	오류값		발견된 순서대로
❺	빈 셀		항상 마지막에 정렬

- 내림차순으로 정렬하면 오름차순의 반대 순서로 정렬됩니다.

도구 아이콘으로 정렬하기

- 데이터베이스에서 기준 열의 한 셀에 마우스 포인터를 위치시킨 후에 '오름차순 정렬'(⬇) 아이콘을 클릭하면, 마우스 포인터가 위치한 열을 기준 열로 하여 오름차순 정렬 기능이 실행됩니다.
- 데이터베이스에서 기준 열의 한 셀에 마우스 포인터를 위치시키고 '내림차순 정렬'(⬇) 아이콘을 클릭하면 마우스 포인터가 위치한 열을 기준 열로 하여 내림차순 기능이 실행됩니다.

❷ 오름차순이나 내림차순 아이콘을 클릭합니다.

❶ 기준이 되는 열에서 한 셀을 선택합니다.

Self test

다음의 조건에 맞춰 데이터를 정렬해 보세요.

- 사원번호를 이용하여 데이터베이스를 오름차순으로 정렬하세요.
- 기본급이 가장 많은 직원부터 순서대로 데이터를 정렬하세요.

복수 기준으로 정렬하기

[데이터]–[정렬] 메뉴를 선택하면 정렬 대화상자가 표시됩니다. 이 대화상자를 이용하면 최대 세 가지의 기준을 이용하여 데이터를 정렬할 수 있습니다.

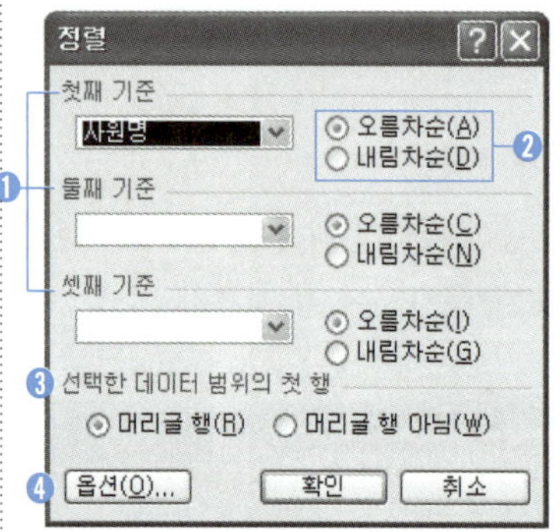

❶ 정렬 기준 설정 : 총 세 가지의 정렬 기준을 지정할 수 있습니다. 첫째 기준부터 셋째 기준까지 순차적으로 정렬됩니다.

❷ 정렬 방식 : 각 기준에 해당하는 정렬 방식을 오름차순이나 내림차순으로 지정합니다.

❸ 선택한 데이터 범위의 첫 행

· **머리글 행** : 첫 번째 행이 필드명일 경우에 선택하면, 정렬 대상에서 첫 번째 행을 제외시킬 수 있습니다.

· **머리글 행 아님** : 첫 번째 행이 필드명이 아닐 경우 선택하여 첫 번째 행까지 정렬 대상에 포함시킵니다.

❹ 옵션 : 사용자 정의 정렬 순서나 대소문자 구분, 정렬 방향 등의 옵션을 지정합니다.

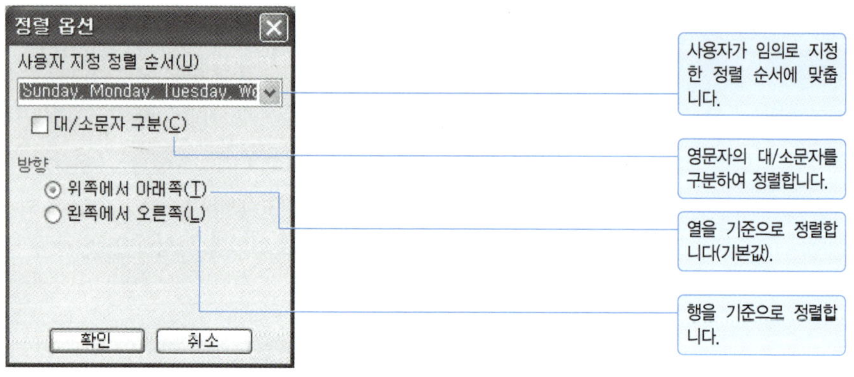

다음과 같은 정렬 기준을 적용하여 데이터를 정렬해 보세요.

· 첫째 기준으로 '부서'를 '내림차순'으로, 둘째 기준으로 '사원명'을 '오름차순'으로 지정하여 정렬하세요.

· 성별에 의해 정렬한 후에 다시 이름순으로 데이터를 정렬해보세요(이때, 성별의 정렬 형식은 '내림차순', 사원명의 정렬 형식은 '오름차순'으로 지정).

· 직급별로 데이터를 구분한 후에 기본급이 많은 사원부터 순서대로 데이터가 표시되도록 정렬하세요.

10-4 자동 필터

관리해야 하는 데이터의 양이 많은 경우, 원하는 정보를 찾는 것은 쉽지 않은 일입니다. 물론, 앞서 배운 레코드 관리 기능을 이용하면 원하는 정보를 하나씩 검색할 수는 있겠지만, 조건을 만족하는 여러 데이터를 한눈에 볼 수는 없습니다. 이번에는 많은 양의 데이터 중에서 원하는 데이터만을 선택적으로 화면에 나타낼 수 있는 필터링 기능에 대해 알아봅시다.

자동 필터의 이해

- 자동 필터는 레코드의 데이터를 단순 비교하여 조건에 맞는 데이터를 현재 시트에 표시합니다.
- 자동 필터 기능을 적용하려면 반드시 필드명이 있어야합니다.

자동 필터 실행하기

- 자동 필터 버튼 표시하기 : 데이터베이스에 셀 포인터를 위치시킨 후에 **[데이터]–[필터]–[자동 필터]** 메뉴를 선택합니다.
- 필드명에 필터 버튼(▼)이 표시되면 이를 클릭하여 표시하고자하는 조건을 선택합니다.
- 다시 필터 버튼(▼)을 클릭한 후에 '(모두)'를 선택하면 필터링이 해제되고 다시 모든 데이터가 화면에 표시됩니다.

따라하기   원하는 데이터만 표시하기

1. 사원정보.xls파일을 불러온 후에 **[데이터]–[필터]–[자동 필터]** 메뉴를 선택합니다. 사원정보 데이터베이스의 성별 자동 필터 버튼(▼)을 클릭한 후에 '남'을 선택합니다.

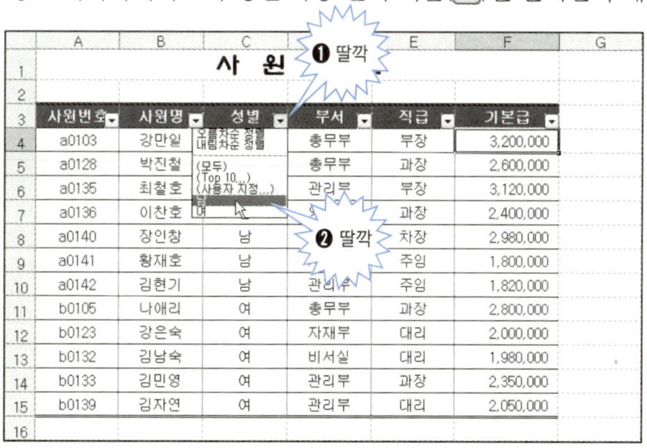

사원번호	사원명	성별	부서	직급	기본급
a0103	강만일	남	총무부	부장	3,200,000
a0128	박진철	남	총무부	과장	2,600,000
a0135	최철호	남	관리부	부장	3,120,000
a0136	이찬호	남		과장	2,400,000
a0140	장인창	남		차장	2,980,000
a0141	황재호	남		주임	1,800,000
a0142	김현기	남	관리부	주임	1,820,000
b0105	나애리	여	총무부	과장	2,800,000
b0123	강은숙	여	자재부	대리	2,000,000
b0132	김남숙	여	비서실	대리	1,980,000
b0133	김민영	여	관리부	과장	2,350,000
b0139	김자연	여	관리부	대리	2,050,000

2. 남자 직원의 데이터만 화면에 표시되고 나머지 데이터는 숨겨집니다.

	A	B	C	D	E	F	G
1		사 원 정 보					
2							
3	사원번호	사원명	성별	부서	직급	기본급	
4	a0103	강만일	남	총무부	부장	3,200,000	
5	a0128	박진철	남	총무부	과장	2,600,000	
6	a0135	최철호	남	관리부	부장	3,120,000	
7	a0136	이찬호	남	영업부	과장	2,400,000	
8	a0140	장인창	남	관리부	차장	2,980,000	
9	a0141	황재호	남	자재부	주임	1,800,000	
10	a0142	김현기	남	관리부	주임	1,820,000	
16							

3. 다시 성별 자동 필터 버튼(▼)을 클릭한 후에 '(모두)'를 선택합니다. 필터링이 해제되고 숨겨졌던 데이터들이 모두 화면에 표시됩니다.

	A	B	C	D	E	F	G
1		사 원	❶ 딸깍				
2							
3	사원번호	사원명	성별	부서	직급	기본급	
4	a0103	강만일	오름차순 정렬 / 내림차순 정렬	총무부	부장	3,200,000	
5	a0128	박진철	(모두) (Top 10...) (사용자 지정...)	총무부	과장	2,600,000	
6	a0135	최철호	남		부장	3,120,000	
7	a0136	이찬호	여	❷ 딸깍	과장	2,400,000	
8	a0140	장인창	남	관	차장	2,980,000	
9	a0141	황재호	남	자재부	주임	1,800,000	
10	a0142	김현기	남	관리부	주임	1,820,000	
16							

Self test

직급이 '과장'인 사원의 데이터만 필터링해 보세요.

	A	B	C	D	E	F	G
1		사 원 정 보					
2							
3	사원번호	사원명	성별	부서	직급	기본급	
5	a0128	박진철	남	총무부	과장	2,600,000	
7	a0136	이찬호	남	영업부	과장	2,400,000	
11	b0105	나애리	여	총무부	과장	2,800,000	
14	b0133	김민영	여	관리부	과장	2,350,000	
16							

Self test

여자 사원 중에 직급이 '대리'인 사원의 데이터만 필터링해 보세요.

	A	B	C	D	E	F	G
1		사 원 정 보					
2							
3	사원번호	사원명	성별	부서	직급	기본급	
12	b0123	강은숙	여	자재부	대리	2,000,000	
13	b0132	김남숙	여	비서실	대리	1,980,000	
15	b0139	김자연	여	관리부	대리	2,050,000	
16							

관리부 남자 사원에 대한 데이터만 필터링해 보세요.

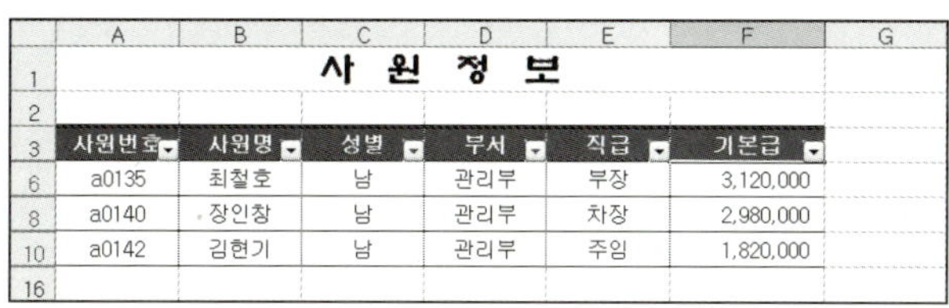

선택적 자동 필터

• 필터 버튼(▼)을 클릭한 후에 '(TOP 10)'을 선택하면 '선택적 자동 필터' 대화상자가
표시됩니다.

• 원하는 표시 조건을 지정한 후에 [확인] 버튼을 클릭하면 조건에 맞는 레코드를 추출
하여 표시합니다.

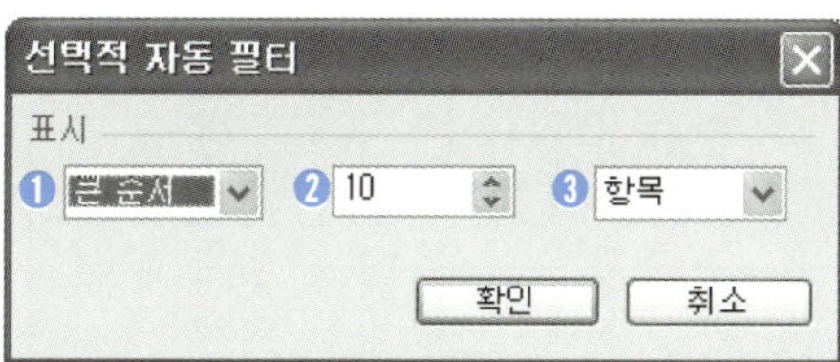

❶ 큰 순서와 작은 순서로 데이터 범위를 지
정합니다.

❷ 추출할 레코드의 개수를 설정합니다.

❸ 항목이나 퍼센트를 기준으로 데이터 범위
를 지정합니다.

기본급이 가장 적은 직원 순으로 5명만 필터링해 보세요.

전체 사원 중에서 기본급이 많은 사람 50%를 필터링한 후에 기본급이 많은 사람 순으로 표시해 보
세요.

사용자 지정 자동 필터

하나의 필드에 한 개나 두 개의 조건을 지정하여 레코드를 추출하는 기능입니다.

- 필터 단추를 클릭한 후에 '(사용자 지정)' 을 선택합니다.
- '사용자 지정 자동 필터' 대화상자를 이용하여 원하는 필터링 조건을 설정한 후에 [확인] 버튼을 클릭합니다.

따라하기 김씨 성을 가진 사원 정보 필터링하기

1. 사원명 자동 필터 버튼(▼)을 클릭한 후에 '(사용자 지정)' 을 선택합니다.

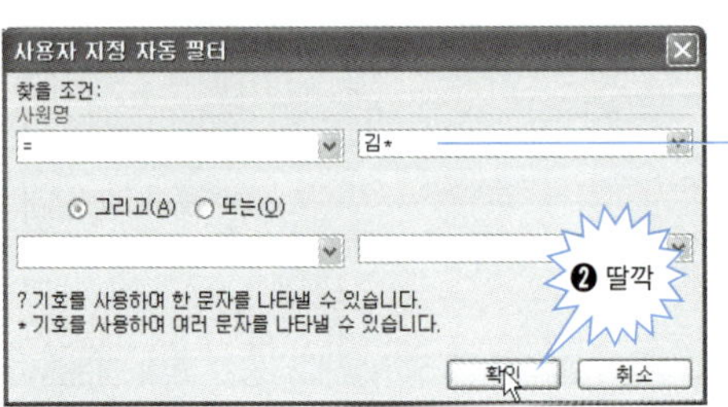

2. 김씨 성을 가진 사원의 정보를 확인하기 위해 찾을 조건을 그림처럼 지정한 후에 [확인] 버튼을 클릭합니다.

3. 김씨 성을 가진 사원의 정보만 필터링됩니다.

	A	B	C	D	E	F	G
1		사 원 정 보					
2							
3	사원번호	사원명	성별	부서	직급	기본급	
10	a0142	김현기	남	관리부	주임	1,820,000	
13	b0132	김남숙	여	비서실	대리	1,980,000	
14	b0133	김민영	여	관리부	과장	2,350,000	
15	b0139	김자연	여	관리부	대리	2,050,000	
16							

여자 사원 가운데 강씨와 김씨 성을 가진 사원의 데이터를 필터링해 보세요.

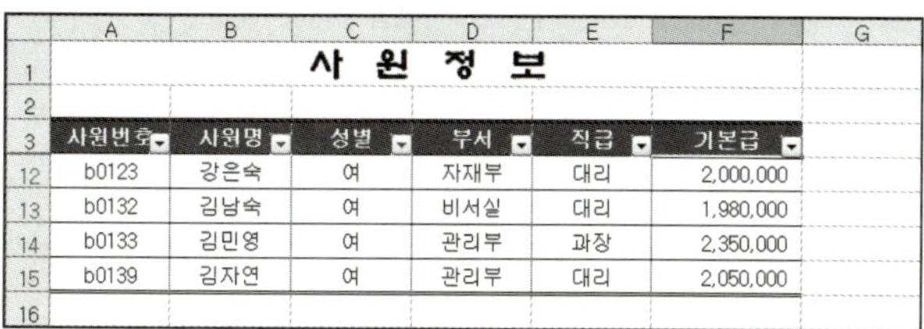

	A	B	C	D	E	F	G
1	사 원 정 보						
2							
3	사원번호	사원명	성별	부서	직급	기본급	
12	b0123	강은숙	여	자재부	대리	2,000,000	
13	b0132	김남숙	여	비서실	대리	1,980,000	
14	b0133	김민영	여	관리부	과장	2,350,000	
15	b0139	김자연	여	관리부	대리	2,050,000	
16							

기본급이 180만 원에서 250만 원 사이인 사원의 데이터를 필터링해 보세요.

	A	B	C	D	E	F	G
1	사 원 정 보						
2							
3	사원번호	사원명	성별	부서	직급	기본급	
7	a0136	이찬호	남	영업부	과장	2,400,000	
9	a0141	황재호	남	자재부	주임	1,800,000	
10	a0142	김현기	남	관리부	주임	1,820,000	
12	b0123	강은숙	여	자재부	대리	2,000,000	
13	b0132	김남숙	여	비서실	대리	1,980,000	
14	b0133	김민영	여	관리부	과장	2,350,000	
15	b0139	김자연	여	관리부	대리	2,050,000	
16							

10-5 고급 필터

고급 필터는 필터링할 조건표를 직접 만든 후에 이 조건표를 기준으로 필터링하는 기능입니다. 사용법은 조금 어렵지만 고급 필터를 사용하면 자동 필터로 해결할 수 없는 다양한 조건을 이용하여 데이터를 필터링 할 수 있습니다.

필터링 조건표 만들기

고급 필터 기능을 사용하려면 워크시트에 필터링 조건표를 먼저 만들어야 합니다. 필터링 조건표는 다음 조건들을 기준으로 만듭니다.

- 데이터베이스에서 사용하는 것과 같은 필드명을 사용해야 합니다(띄어쓰기 포함).
- 가로 방향으로 입력되는 조건은 AND, 세로 방향으로 입력되는 조건은 OR 연산자로 조합됩니다.
- **AND 조건** : 가로 방향으로 입력한 모든 조건을 만족하는 데이터를 필터링합니다.

예) '강' 씨이면서 남자, 기본급이 200만 원 이하인 사원 필터링 조건표

이름	성별	기본급
강 *	남	<=2000000

> **Note**
>
> **AND와 OR 조건**
> AND 조건으로 지정하려면 조건을 모두 같은 행에 입력해야 합니다. 반대로 OR 조건으로 지정하려면 조건을 모두 다른 행에 입력해야 합니다.

- **OR 조건** : 세로 방향으로 입력한 조건 중 하나라도 만족하는 데이터를 모두 필터링합니다.

예) '강' 씨이거나 성별이 남자거나, 기본급이 200만 원 이하인 사원 필터링 조건표

이름	성별	기본급
강 *	남	
		<=2000000

- **AND와 OR의 혼합 조건** : AND와 OR가 결합되어 있는 조건 방식입니다. 조건표에 가로와 세로 방향 모두에 필요한 조건 데이터를 입력합니다.

예) 강씨이면서 남자이거나 200만 원 이하인 사원 필터링 조건표

이름	성별	기본급
강 *		
	남	
		<=2000000

고급 필터링 실행하기

- 고급 필터에 사용할 조건표가 만들어진 상태에서 고급 필터 기능을 실행시켜야 합니다.
- 데이터베이스의 한 셀을 선택하고 [데이터]–[필터]–[고급 필터] 메뉴를 선택합니다.
- 화면에 표시되는 '고급 필터' 대화상자를 이용하여 조건표가 입력된 범위를 지정한 후에 [확인] 버튼을 클릭합니다.

따라하기　　기본급 150만 원 이상인 과장과 기본급 130만 원 이하인 사원의 데이터 추출하기

예제 파일 : 사원정보-1.xls

1. 그림과 같이 [A2:B4] 셀에 고급 필터 조건표를 작성한 후에 원본 데이터베이스의 한 셀을 선택한 상태에서 [데이터]–[필터]–[고급 필터] 메뉴를 선택합니다.

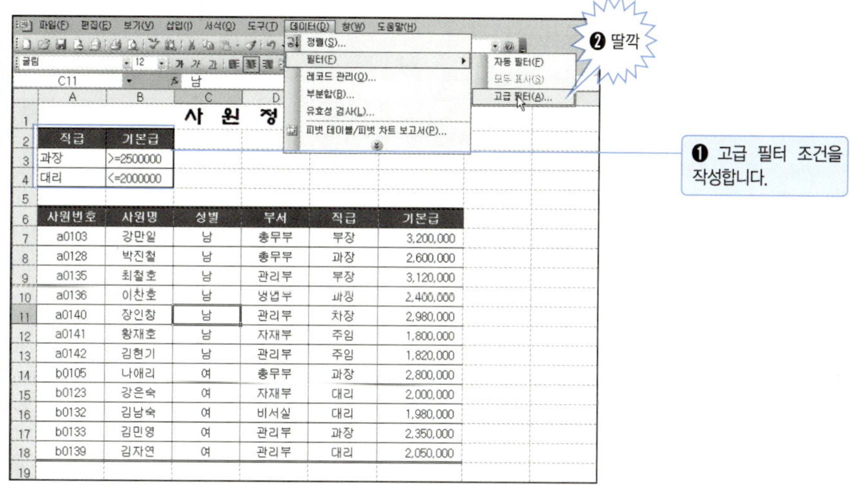

2. '고급 필터' 대화상자가 표시되면 '목록 범위'를 블록으로 지정한 후에 '조건 범위'를 '$A$2:$B$4'로 지정하고 [확인] 버튼을 클릭합니다.

Note

다른 장소에 복사하기
'고급 필터' 대화상자에서 '다른 장소에 복사' 옵션을 선택하면 필터링 된 데이터를 원본 데이터가 있는 범위가 아닌, 다른 장소에 표시할 수 있습니다.

3. 기본급이 250만 원 이상인 과장과 기본급이 200만 원 이하인 대리의 사원 정보가 필터링됩니다.

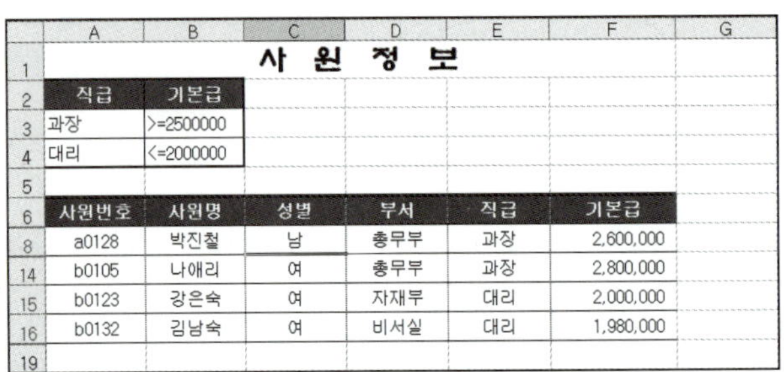

	A	B	C	D	E	F	G
1			**사 원 정 보**				
2	직급	기본급					
3	과장	>=2500000					
4	대리	<=2000000					
5							
6	사원번호	사원명	성별	부서	직급	기본급	
8	a0128	박진철	남	총무부	과장	2,600,000	
14	b0105	나애리	여	총무부	과장	2,800,000	
15	b0123	강은숙	여	자재부	대리	2,000,000	
16	b0132	김남숙	여	비서실	대리	1,980,000	
19							

남자 중에서 기본급이 250만 원을 초과하는 사원과 여자 중에서 기본급이 230만 원을 초과하는 사원의 데이터를 필터링하고, 성별을 기준으로 필터링 된 데이터를 정렬해 보세요.

	A	B	C	D	E	F	G
1			**사 원 정 보**				
2	성별	기본급					
3	남	>2500000					
4	여	>2300000					
5							
6	사원번호	사원명	성별	부서	직급	기본급	
7	a0103	강만일	남	총무부	부장	3,200,000	
8	a0128	박진철	남	총무부	과장	2,600,000	
9	a0135	최철호	남	관리부	부장	3,120,000	
11	a0140	장인창	남	관리부	차장	2,980,000	

김씨 성을 가진 관리부 사원과 나씨 성을 가진 총무부 사원의 데이터를 필터링해 보세요.

	A	B	C	D	E	F	G
1			**사 원 정 보**				
2	사원명	부서					
3	김*	관리부					
4	나*	총무부					
5							
6	사원번호	사원명	성별	부서	직급	기본급	
13	a0142	김현기	남	관리부	주임	1,820,000	
14	b0105	나애리	여	총무부	과장	2,800,000	

관리부와 총무부 사원 중에서 기본급이 250만 원 이상인 사원의 데이터를 필터링해 보세요.

	A	B	C	D	E	F	G
1			**사 원 정 보**				
2	부서	기본급					
3	관리부	>=2500000					
4	총무부	>=2500000					
5							
6	사원번호	사원명	성별	부서	직급	기본급	
7	a0103	강만일	남	총무부	부장	3,200,000	
8	a0128	박진철	남	총무부	과장	2,600,000	
9	a0135	최철호	남	관리부	부장	3,120,000	
11	a0140	장인창	남	관리부	차장	2,980,000	
14	b0105	나애리	여	총무부	과장	2,800,000	
19							

야구부 데이터 관리하기

주어진 데이터를 조건에 맞게 정렬하고 필터링 기능을 이용하여 탈삼진 100회 이상인 선수만 화면에 표시해 봅시다.

예제 파일 : 야구부.xls

데이터 관리하기

'야구부.xls' 파일을 불러온 후에 레코드 관리 기능을 이용하여 원하는 데이터를 선택적으로 확인해 봅시다.

1. 데이터베이스 범위의 한 셀을 선택한 후에 [데이터]–[레코드 관리] 메뉴를 선택합니다.

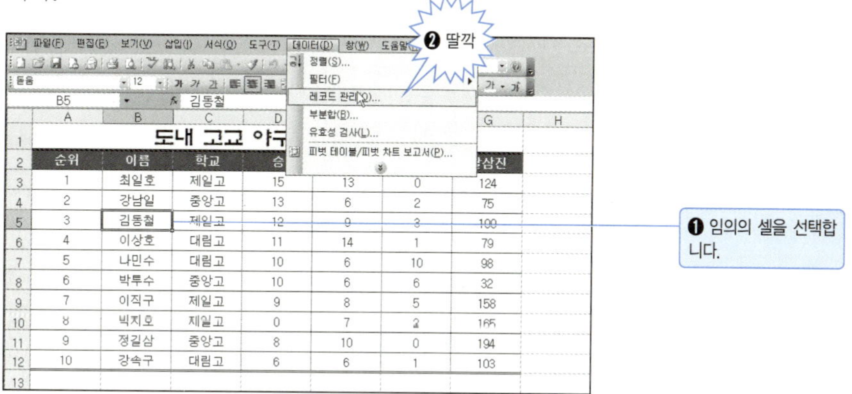

2. 제일고 야구부 선수의 데이터만을 확인하기 위해 **[조건]** 버튼을 클릭합니다. 조건 입력 화면이 표시되면 '학교' 입력 상자에 '제일고'를 입력하고 **[레코드 관리]** 버튼을 클릭합니다.

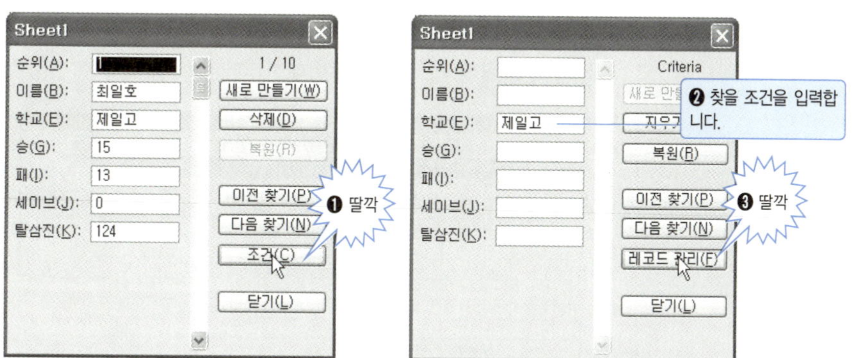

3. [이전 찾기]와 [다음 찾기] 버튼을 클릭하면 제일고 학생의 데이터만 화면에 표시됩니다.

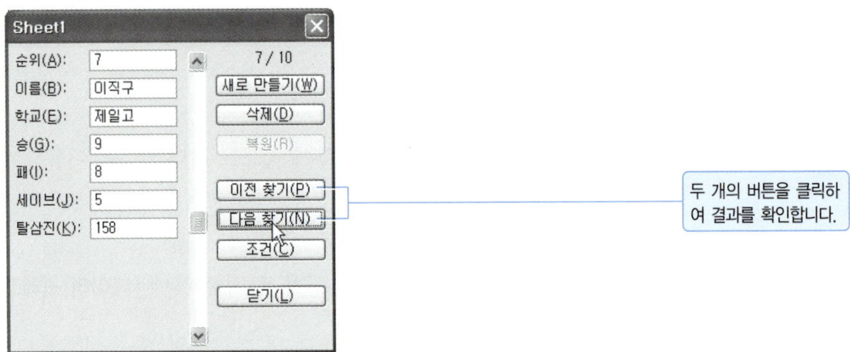

두 개의 버튼을 클릭하여 결과를 확인합니다.

4. 이번에는 새로운 선수 데이터를 입력하기 위해 [새로 만들기] 버튼을 클릭한 후에 그림처럼 새로운 레코드 내용을 입력하고 다시 [새로 만들기] 버튼을 클릭합니다.

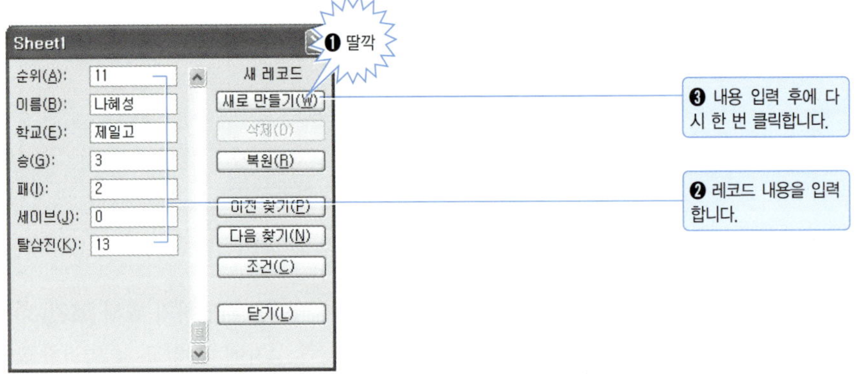

❸ 내용 입력 후에 다시 한 번 클릭합니다.

❷ 레코드 내용을 입력합니다.

5. 새로 입력된 내용을 확인하기 위해 레코드 관리 대화상자의 [닫기] 버튼을 클릭합니다. 앞서 입력한 레코드 내용이 데이터베이스 범위에 추가된 것을 확인할 수 있습니다.

	A	B	C	D	E	F	G	H
1			도내 고교 야구부 투수정보					
2	순위	이름	학교	승	패	세이브	탈삼진	
3	1	최일호	제일고	15	13	0	124	
4	2	강남일	중앙고	13	6	2	75	
5	3	김동철	제일고	12	9	3	100	
6	4	이상호	대림고	11	14	1	79	
7	5	나민수	대림고	10	6	10	98	
8	6	박투수	중앙고	10	6	6	32	
9	7	이직구	제일고	9	8	5	158	
10	8	박지호	제일고	8	7	2	165	
11	9	정길삼	중앙고	8	10	0	194	
12	10	강속구	대림고	6	6	1	103	
13	11	나혜성	제일고	3	2	0	13	
14								

새 레코드가 추가되었습니다.

데이터 정렬하기

이번에는 투수 관련 데이터를 원하는 형태로 정렬해 봅시다.

1. 선수의 이름이 입력되어 있는 셀 중 하나를 선택한 상태에서 '오름차순 정렬'(田) 아이콘을 클릭합니다.

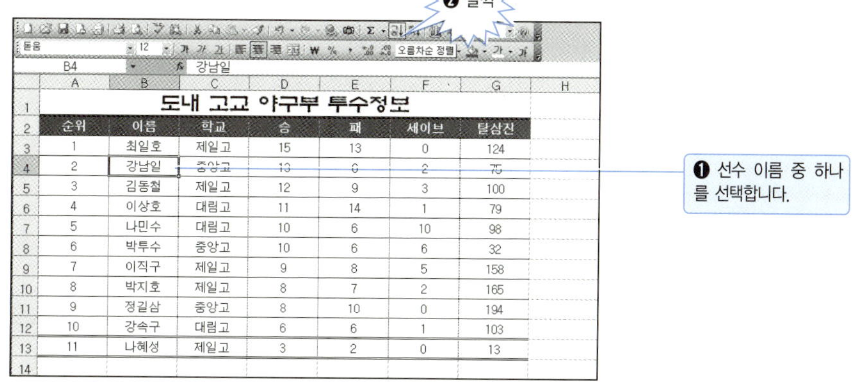

2. 선수 이름을 기준으로 모든 데이터가 재정렬됩니다.

순위	이름	학교	승	패	세이브	탈삼진
2	강남일	중앙고	13	6	2	75
10	강속구	대림고	6	6	1	103
3	김동철	제일고	12	9	3	100
5	나민수	대림고	10	6	10	98
11	나혜성	제일고	3	2	0	13
8	박지호	제일고	8	7	2	165
6	박투수	중앙고	10	6	6	32
4	이상호	대림고	11	14	1	79
7	이직구	제일고	9	8	5	158
9	정길삼	중앙고	8	10	0	194
1	최일호	제일고	15	13	0	124

3. 이번에는 보다 다양한 조건을 이용하여 데이터를 정렬해 보기 위해, 데이터베이스 범위에 셀 포인터를 위치시킨 상태에서 **[데이터]-[정렬]** 메뉴를 선택합니다.

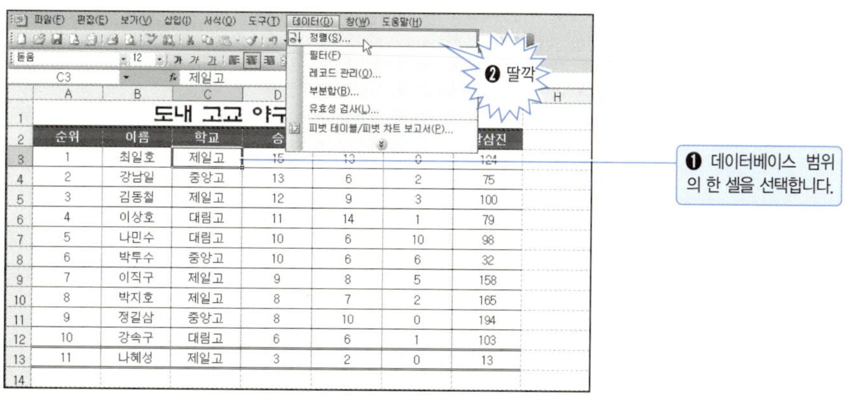

4. '정렬' 대화상자가 표시되면 정렬 기준을 그림처럼 지정한 후에 **[확인]** 버튼을 클릭합니다.

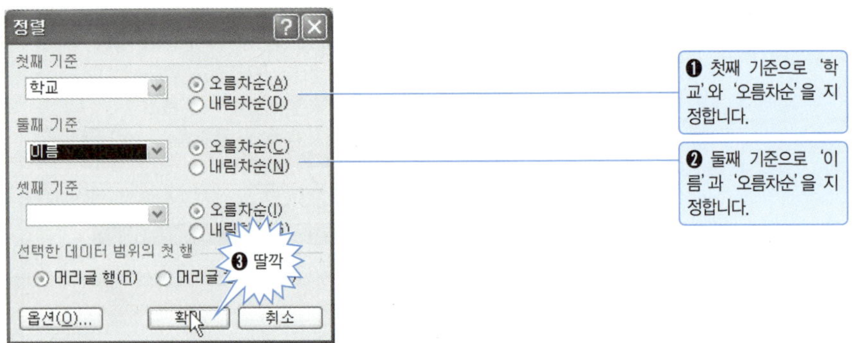

❶ 첫째 기준으로 '학교'와 '오름차순'을 지정합니다.

❷ 둘째 기준으로 '이름'과 '오름차순'을 지정합니다.

5. 각 학교별로 선수가 구분된 상태에서 선수들의 이름에 따라 오름차순으로 모든 데이터가 정렬됩니다.

	A	B	C	D	E	F	G	H
1			도내 고교 야구부 투수정보					
2	순위	이름	학교	승	패	세이브	탈삼진	
3	10	강속구	대림고	6	6	1	103	
4	5	나민수	대림고	10	6	10	98	
5	4	이상호	대림고	11	14	1	79	
6	3	김동철	제일고	12	9	3	100	
7	11	나혜성	제일고	3	2	0	13	
8	8	박지호	제일고	8	7	2	165	
9	7	이직구	제일고	9	8	5	158	
10	1	최일호	제일고	15	13	0	124	
11	2	강남일	중앙고	13	6	2	75	
12	6	박투수	중앙고	10	6	6	32	
13	9	정길삼	중앙고	8	10	0	194	
14								

탈삼진 100회 이상인 선수 선별하기

이번에는 데이터 자동 필터 기능을 이용하여 탈삼진 횟수가 100 이상인 선수만 선별하여 화면에 표시해 봅시다.

1. 데이터베이스 범위에 셀 포인터를 위치시킨 상태에서 **[데이터]-[필터]-[자동 필터]** 메뉴를 선택합니다.

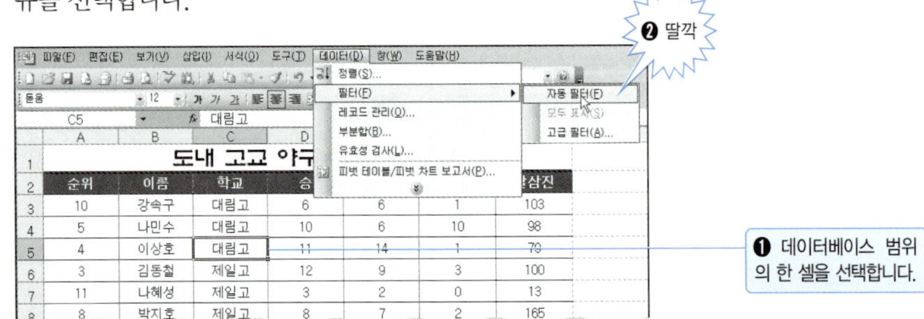

❶ 데이터베이스 범위의 한 셀을 선택합니다.

2. '탈삼진' 항목의 필터 버튼(▼)을 클릭한 후에 '(사용자 지정)'을 선택합니다.

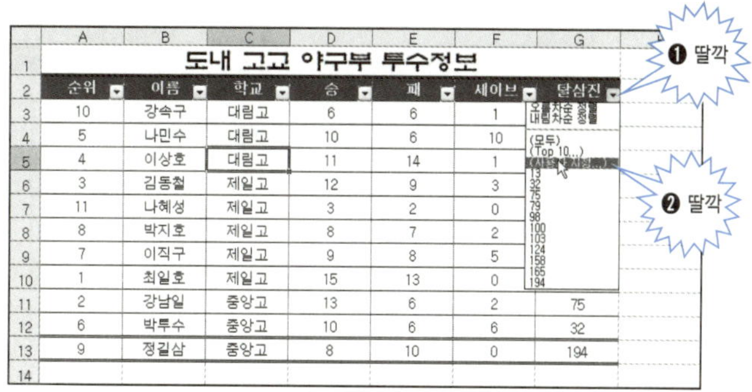

3. 찾을 조건을 그림처럼 지정한 후에 [확인] 버튼을 클릭합니다.

4. 탈삼진 횟수가 100회 이상인 선수의 데이터가 필터링됩니다. 이번에는 G4 셀을 선택하고 '내림차순 정렬'(획)아이콘을 클릭하여 삼진 횟수가 가장 많은 선수부터 순서대로 표시합니다.

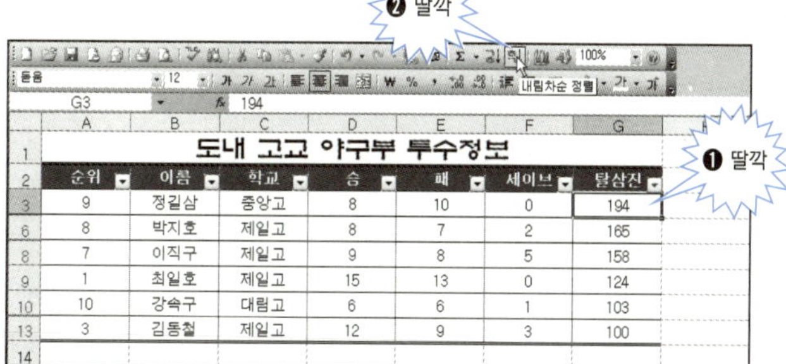

실무 활용 연습

EX 1 자동 필터 기능으로 성적 향상 학생 목록 만들기

	A	B	C	D	E	F	G	H
1			학생별 성적 분석					
2								
3	성명	중간고사	기말고사	향상률	수행평가	총점	석차	
4	나잘해	75	80	6.7%	95	250	1	
6	이상호	80	90	12.5%	75	245	2	
7	나혜성	65	75	15.4%	90	230	5	
10	김박사	70	80	14.3%	85	235	4	
11	남열공	60	75	25.0%	70	205	7	
12	황철수	80	85	6.3%	45	210	6	
13								
14			성적향상 학생					
15								
16	성명	중간고사	기말고사	향상률	수행평가	총점	석차	
17	나잘해	75	80	6.7%	95	250	1	
18	이상호	80	90	12.5%	75	245	2	
19	나혜성	65	75	15.4%	90	230	5	
20	김박사	70	80	14.3%	85	235	4	
21	남열공	60	75	25.0%	70	205	7	
22	황철수	80	85	6.3%	45	210	6	
23								

[지시 사항]

① '성적 분석.xls' 파일을 실행하세요.
② '향상률' 항목에서 필터링 조건을 '>=0.05'로 지정하여 향상률이 5% 이상인 데이터를 추출하세요.
③ 필터링된 데이터 범위를 블록으로 지정한 데이터를 A14 셀을 기준으로 복사하여 붙여 넣으세요.

EX 2 고급 필터로 상위 순위 제품의 판매량과 판매 금액 구하기

	A	B	C	D	E	F	G	H	I
1			제품 판매 현황						
2									
3		제품코드	입고량	판매량	단가	판매금액	판매비율	판매순위	
4		a100	209	132	3,200	422,400	63.2%	8	
5		a101	311	243	2,400	583,200	78.1%	4	
6		b102	212	165	3,300	544,500	77.8%	6	
7		b104	124	98	5,200	509,600	79.0%	7	
8		c103	390	301	2,200	662,200	77.2%	3	
9		c104	264	199	4,100	815,900	75.4%	1	
10		d340	198	116	5,000	580,000	58.6%	5	
11		d220	280	204	3,700	754,800	72.9%	2	
12		계	1,988	1,458		4,872,600			
13									

[지시 사항]

① 그림과 같이 '제품 판매 현황.xls' 파일을 실행하세요.
② 고급 필터 기능을 사용하여 판매 순위 5위까지의 범위 내에서 판매량이 100 이상이면서 판매 금액이 500,000원 이상인 데이터를 현재 시트에 표시하세요.

	A	B	C	D	E	F	G	H	I
1			제품 판매 현황						
2									
3		제품코드	입고량	판매량	단가	판매금액	판매비율	판매순위	
5		a101	311	243	2,400	583,200	78.1%	4	
8		c103	390	301	2,200	662,200	77.2%	3	
9		c104	264	199	4,100	815,900	75.4%	1	
10		d340	198	116	5,000	580,000	58.6%	5	
11		d220	280	204	3,700	754,800	72.9%	2	
13									

11

데이터 분석 기능의 이해와 활용

엑셀은 데이터 관리 뿐 아니라 이미 입력된 데이터들을 이용하여 좀 더 다양하게 활용할 수 있도록 데이터 분석기능도 제공하고 있습니다. 엑셀에서 제공되는 데이터 분석 기능 중에는 입력된 데이터들을 그룹화하여 관리하고 복잡한 계산 등을 자동으로 처리해주는 부분합 기능과 다양한 분석 레포트를 만들어 볼 수 있는 피벗 테이블 등이 있습니다. 이번에는 엑셀의 데이터 분석 기능과 그 활용법들에 대해 알아봅시다.

11-1   부분합
11-2   피벗 테이블
11-3   시나리오

11-4   목표값 찾기
현장 실습   제품 분류별 지급액 구하기
실무 활용 연습

실습 예제 미리 보기 | 제품 분류별 지급액 구하기

부분합 기능을 이용하여 쇼핑몰 제품들의 분류별 지급액 합계를 구해 봅니다.

11-1 부분합

무작위로 입력되어 있는 많은 양의 데이터베이스에서 각 부서나 날짜별 판매 금액을 계산해 내는 것은 참 어려운 일입니다. 부분합 기능은 바로 이런 경우에 데이터를 그룹화하여 관리하고 계산해 주는 데이터 분석 및 자동 계산 기능입니다.

부분합 구하기

- 부분합을 구하려면 먼저 각 데이터를 부분합에 사용할 기준에 의해 데이터들을 그룹화해야 합니다. 데이터를 그룹화하려면 해당 항목을 기준으로 데이터베이스를 정렬하면 됩니다.
- [데이터]-[부분합] 메뉴를 선택하면 '부분합' 대화상자가 실행됩니다. 이 대화상자에서 그룹화할 항목과 사용할 연산자를 지정한 후에 [확인] 버튼을 클릭합니다.

Note

데이터 정렬

부분합을 작성하려면 기준이 되는 필드를 반드시 정렬해 주어야 합니다. 데이터를 정렬하지 않은 상태에서 부분합 기능을 실행하면 원하는 부분합 결과를 얻을 수 없습니다.

따라하기 · **부분합으로 부서별 기본급 합계 계산하기**

1. 부서별 기본급 합계를 계산하기 위해 먼저 사원 정보 데이터베이스의 부서를 오름차순으로 정렬합니다.

2. 데이터베이스 범위 안의 한 셀을 선택한 상태에서 [데이터]-[부분합] 메뉴를 선택합니다.

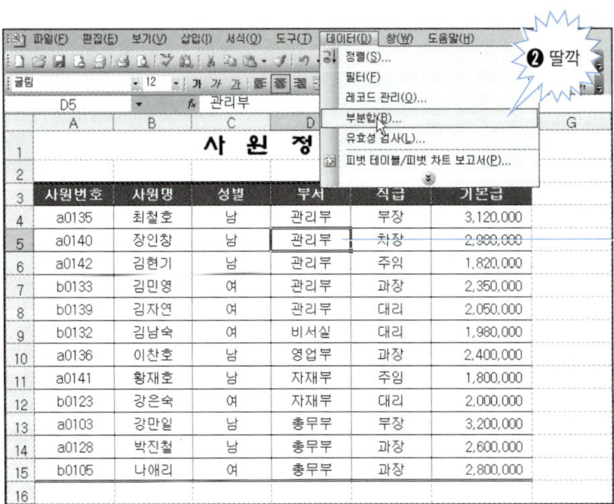

	A	B	C	D	E	F
3	사원번호	사원명	성별	부서	직급	기본급
4	a0135	최철호	남	관리부	부장	3,120,000
5	a0140	장인창	남	관리부	차장	2,990,000
6	a0142	김현기	남	관리부	주임	1,820,000
7	b0133	김민영	여	관리부	과장	2,350,000
8	b0139	김자연	여	관리부	대리	2,050,000
9	b0132	김남숙	여	비서실	대리	1,980,000
10	a0136	이찬호	남	영업부	과장	2,400,000
11	a0141	황재호	남	자재부	주임	1,800,000
12	b0123	강은숙	여	자재부	대리	2,000,000
13	a0103	강만일	남	총무부	부장	3,200,000
14	a0128	박진철	남	총무부	과장	2,600,000
15	b0105	나애리	여	총무부	과장	2,800,000
16						

3. '부분합' 대화상자가 표시되면 각 옵션을 그림처럼 지정한 후에 [**확인**] 버튼을 클릭합니다.

4. 부서별로 각 사원들의 기본급 합계 값이 계산됩니다.

사 원 정 보

	사원번호	사원명	성별	부서	직급	기본급
4	a0135	최철호	남	관리부	부장	3,120,000
5	a0140	장인창	남	관리부	차장	2,980,000
6	a0142	김현기	남	관리부	주임	1,820,000
7	b0133	김민영	여	관리부	과장	2,350,000
8	b0139	김자연	여	관리부	대리	2,050,000
9				관리부 요약		12,320,000
10	b0132	긴남수	여	비서실	대리	1,980,000
11				비서실 요약		1,980,000
12	a0136	이찬호	남	영업부	과장	2,400,000
13				영업부 요약		2,400,000
14	a0141	황재호	남	자재부	주임	1,800,000
15	b0123	강은숙	여	자재부	대리	2,000,000
16				자재부 요약		3,800,000
17	a0103	강만일	남	총무부	부장	3,200,000
18	a0128	박진철	남	총무부	과장	2,600,000
19	b0105	나애리	여	총무부	과장	2,800,000
20				총무부 요약		8,600,000
21				총합계		29,100,000

윤곽 기호로 부분합 관리하기

부분합 기능을 실행하면 총 5가지 모양의 부분합 관리 버튼(윤곽 기호)이 표시됩니다.

· **1** : 총 합계 행만 화면에 표시합니다.

사 원 정 보

		사원명	성별	부서	직급	기본급
21				총합계		29,100,000
22						

- **2** : 부분합과 총 합계 행만 화면에 표시합니다.

	A	B	C	D	E	F	G
1				사 원 정 보			
2							
3	사원번호	사원명	성별	부서	직급	기본급	
9				관리부 요약		12,320,000	
11				비서실 요약		1,980,000	
13				영업부 요약		2,400,000	
16				자재부 요약		3,800,000	
20				총무부 요약		8,600,000	
21				총합계		29,100,000	
22							

- **3** : 부분합과 총 합계를 포함한 전체 데이터 목록을 화면에 표시합니다.

	A	B	C	D	E	F	G
1				사 원 정 보			
2							
3	사원번호	사원명	성별	부서	직급	기본급	
4	a0135	최철호	남	관리부	부장	3,120,000	
5	a0140	장인창	남	관리부	차장	2,980,000	
6	a0142	김현기	남	관리부	주임	1,820,000	
7	b0133	김민영	여	관리부	과장	2,350,000	
8	b0139	김자연	여	관리부	대리	2,050,000	
9				관리부 요약		12,320,000	
10	b0132	김남숙	여	비서실	대리	1,980,000	
11				비서실 요약		1,980,000	
12	a0136	이찬호	남	영업부	과장	2,400,000	
13				영업부 요약		2,400,000	
14	a0141	황재호	남	자재부	주임	1,800,000	
15	b0123	강은숙	여	자재부	대리	2,000,000	
16				자재부 요약		3,800,000	
17	a0103	강만일	남	총무부	부장	3,200,000	
18	a0128	박진철	남	총무부	과장	2,600,000	
19	b0105	나애리	여	총무부	과장	2,800,000	
20				총무부 요약		8,600,000	
21				총합계		29,100,000	

- **−** : 해당 계열의 데이터 목록을 숨깁니다.

	A	B	C	D	E	F	G
1				사 원 정 보			
2							
3	사원번호	사원명	성별	부서	직급	기본급	
4	a0135	최철호	남	관리부	부장	3,120,000	
5	a0140	장인창	남	관리부	차장	2,980,000	
6	a0142	김현기	남	관리부	주임	1,820,000	
7	b0133	김민영	여	관리부	과장	2,350,000	
8	b0139	김자연	여	관리부	대리	2,050,000	
9				관리부 요약		12,320,000	
10	b0132	김남숙	여	비서실	대리	1,980,000	
11				비서실 요약		1,980,000	
12	a0136	이찬호	남	영업부	과장	2,400,000	
13				영업부 요약		2,400,000	
14	a0141	황재호	남	자재부	주임	1,800,000	
15	b0123	강은숙	여	자재부	대리	2,000,000	
16				자재부 요약		3,800,000	
17	a0103	강만일	남	총무부	부장	3,200,000	
18	a0128	박진철	남	총무부	과장	2,600,000	
19	b0105	나애리	여	총무부	과장	2,800,000	
20				총무부 요약		8,600,000	
21				총합계		29,100,000	

관리부 직원의 정보를 숨기기 위해 관리부 계열의 **−** 아이콘을 클릭합니다.

- **+** : 숨겨진 데이터 목록을 표시합니다.

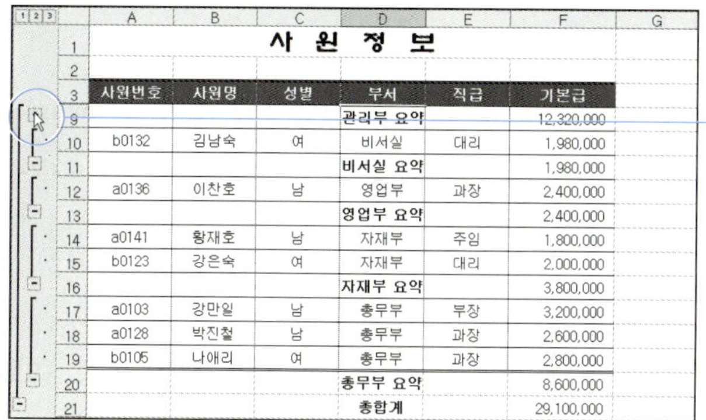

'업체별 매출 현황.xls'를 실행한 후에 부분합 기능을 이용하여 업종별 매출 현황을 계산해 보세요.

업체명	업종	1사분기	2사분기	3사분기	4사분기	매출총액
미래건설	건설	27	23	31	37	118
서울건설	건설	17	12	20	49	98
한국투신	금융	12	23	23	68	126
배움닷컴증권	금융	13	12	14	32	71
대박은행	금융	19	36	28	19	102
새별전자	전자	20	48	23	23	114
아이디컴퓨터	전자	23	42	39	29	133
대한화학	화학	34	10	18	39	101
나노화학	화학	12	23	29	21	85

업체명	업종	1사분기	2사분기	3사분기	4사분기	매출총액
미래건설	건설	27	23	31	37	118
서울건설	건설	17	12	20	49	98
	건설 요약					216
한국투신	금융	12	23	23	68	126
배움닷컴증권	금융	13	12	14	32	71
대박은행	금융	19	36	28	19	102
	금융 요약					299
새별전자	전자	20	48	23	23	114
아이디컴퓨터	전자	23	42	39	29	133
	전자 요약					247
대한화학	화학	34	10	18	39	101
나노화학	화학	12	23	29	21	85
	화학 요약					186
	총합계					948

각 업종별 합계와 총 합계만 표시되도록 설정해 보세요.

업체명	업종	1사분기	2사분기	3사분기	4사분기	매출총액
	건설 요약					216
	금융 요약					299
	전자 요약					247
	화학 요약					186
	총합계					948

11-2 피벗 테이블

피벗 테이블은 데이터 관리와 부분합의 장점을 결합시킨 분석용 데이터 테이블입니다. 피벗 테이블을 사용하면 많은 양의 데이터 중에서 원하는 데이터만을 이용하여 분석 레포트를 만들어 볼 수 있습니다.

피벗 테이블 만들기

데이터베이스의 한 셀을 선택한 상태에서 **[데이터]-[피벗 테이블/피벗 차트 보고서]** 메뉴를 선택하면 '피벗 테이블/피벗 차트 마법사'가 실행됩니다. 이 대화상자를 이용하면 복잡한 데이터를 원하는 모양으로 가공하고 요약 분석할 수 있습니다.

> **Note**
>
> **피벗 테이블이란?**
> 피벗 테이블(Pivot Table)은 많은 양의 데이터를 하나의 테이블에 요약하고 분석해 볼 수 있는 기능을 나타내주는 이름입니다.

따라하기　　**피벗 테이블 만들기**

1. '판매 현황.xls' 파일을 불러온 후에 데이터베이스의 한 셀을 선택한 상태에서 **[데이터]-[피벗 테이블/피벗 차트 보고서]** 메뉴를 선택합니다.

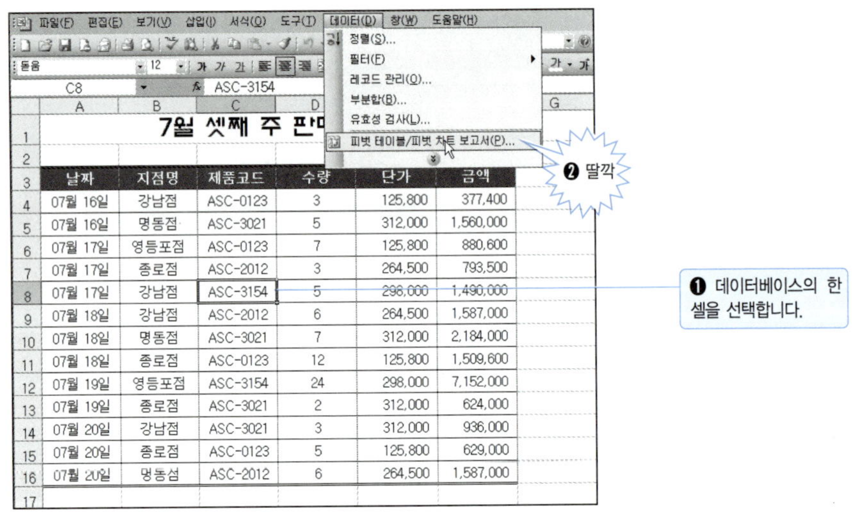

2. '피벗 테이블/피벗 차트마법사 – 3단계 중 1단계' 대화상자가 나타나면 분석할 데이터의 위치와 종류를 선택합니다.

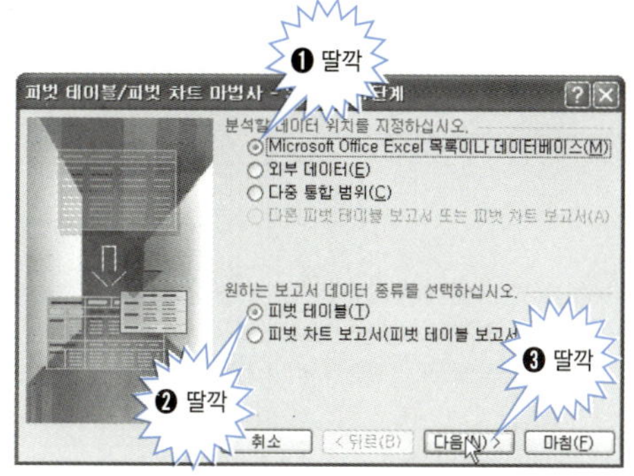

3. '피벗 테이블/피벗 차트 마법사 – 3단계 중 2단계' 대화상자가 나타나면 데이터베이스의 범위를 지정한 후에 **[다음]** 버튼을 클릭합니다.

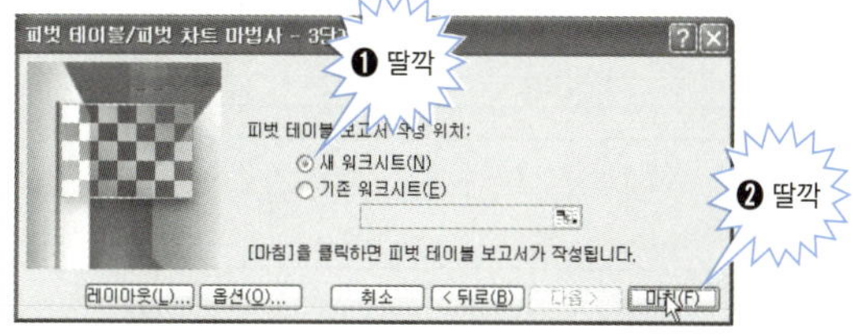

	A	B	C	D	E	F
3	날짜	지점명	제품코드	수량	단가	금액
4	07월 16일	강남점	ASC-0123	3	125,800	377,400
5	07월 16일	명동점	ASC-3021	5		
6	07월 17일	영등포점	ASC-0123	7		
7	07월 17일	종로점	ASC-2012	3		
8	07월 17일	강남점	ASC-3154	5		
9	07월 18일	강남점	ASC-2012	6	264,500	1,587,000
10	07월 18일	명동점	ASC-3021	7	312,000	2,184,000
11	07월 18일	종로점	ASC-0123	12	125,800	1,509,600
12	07월 19일	영등포점	ASC-3154	24	298,000	7,152,000
13	07월 19일	종로점	ASC-3021	2	312,000	624,000
14	07월 20일	강남점	ASC-3021	3	312,000	936,000
15	07월 20일	종로점	ASC-0123	5	125,800	629,000
16	07월 20일	명동점	ASC-2012	6	264,500	1,587,000
17						

4. '피벗 테이블/피벗 차트 마법사 – 3단계 중 3단계' 대화상자가 나타나면 피벗 테이블 보고서 작성 위치를 '새 워크시트' 옵션으로 지정하고 **[마침]** 버튼을 클릭합니다.

5. 피벗 테이블의 기본 틀과 피벗 테이블 필드 목록이 화면에 표시됩니다.

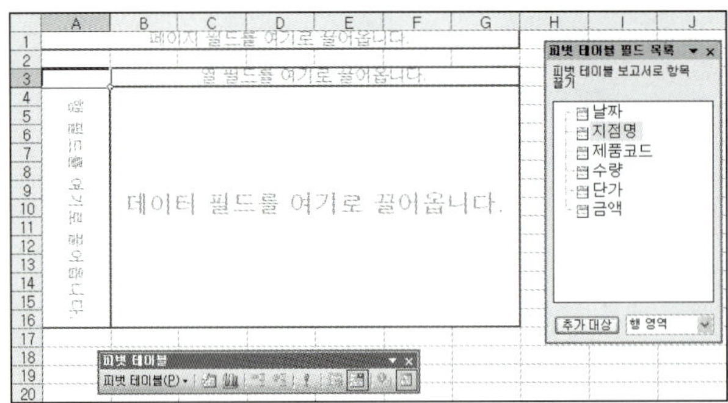

Note

피벗 테이블의 필터링 기능
피벗 테이블을 구성하고 난 후에 각 필드 목록에서 원하는 항목을 선택하면 해당 항목과 관련된 데이터만 요약해서 확인할 수 있습니다.

6. 화면에 표시되는 '피벗 테이블 필드 목록' 항목에서 테이블을 구성하는 데 사용할 필드 이름을 테이블에 드래그 & 드롭하면 해당 필드의 데이터들이 자동으로 피벗 테이블에 표시됩니다. 이런 방법을 이용하여 테이블을 구성합니다.

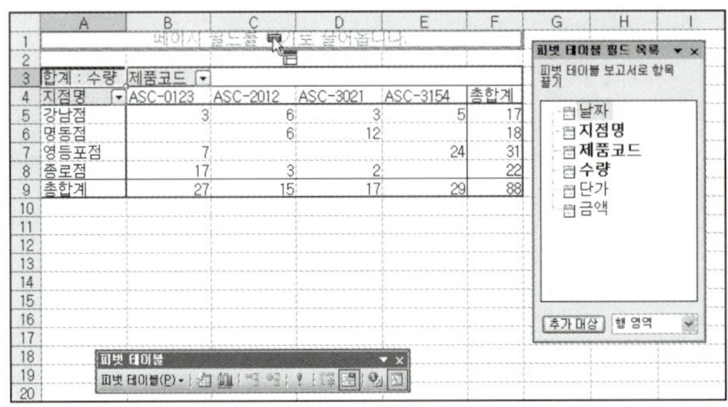

Self test

	A	B	C	D	E	F	G
1							
2	지점명	(모두)					
3							
4	합계 : 수량	제품코드					
5	날짜	ASC-0123	ASC-2012	ASC-3021	ASC-3154	총합계	
6	07월 16일	3		5		8	
7	07월 17일	7	3		5	15	
8	07월 18일	12	6	7		25	
9	07월 19일			2	24	26	
10	07월 20일	5	6	3		14	
11	총합계	27	15	17	29	88	
12							

그림과 같이 지점명을 페이지 필드로하고 날짜별 제품 판매 수량을 한눈에 볼 수 있는 피벗 테이블을 구성해 보세요.

Self test

	A	B	C	D	E	F	G
1							
2	제품코드	(모두)					
3							
4	합계 : 수량	지점명					
5	날짜	강남점	명동점	영등포점	종로점	총합계	
6	07월 16일	3	5			8	
7	07월 17일	5		7	3	15	
8	07월 18일	6	7		12	25	
9	07월 19일			24	2	26	
10	07월 20일	3	6		5	14	
11	총합계	17	18	31	22	88	
12							

제품 코드를 페이지 필드로 하고 지점별 판매 내역을 한눈에 확인할 수 있는 피벗 테이블을 구성해 보세요.

제품 코드를 페이지 필드로 하고 사원별 판매 수량과 판매 금액을 한눈에 확인할 수 있는 피벗 테이블을 구성해 보세요.

	A	B	C	D	E	F	G	H
1								
2	제품코드	(모두)						
3								
4			지점명					
5	날짜	데이터	강남점	명동점	영등포점	종로점	총합계	
6	07월 16일	합계 : 수량	3	5			8	
7		합계 : 금액	377400	1560000			1937400	
8	07월 17일	합계 : 수량	5		7	3	15	
9		합계 : 금액	1490000		880600	793500	3164100	
10	07월 18일	합계 : 수량	6	7		12	25	
11		합계 : 금액	1587000	2184000		1509600	5280600	
12	07월 19일	합계 : 수량			24	2	26	
13		합계 : 금액			7152000	624000	7776000	
14	07월 20일	합계 : 수량	3	6		5	14	
15		합계 : 금액	936000	1587000		629000	3152000	
16	전체 합계 : 수량		17	18	31	22	88	
17	전체 합계 : 금액		4390400	5331000	8032600	3556100	21310100	
18								

피벗 테이블의 구성 요소

피벗 테이블은 페이지 필드와 데이터 필드, 열 필드, 행 필드, 데이터 영역으로 구성됩니다.

	A	B	C	D	E	F	G
1							
2	제품코드	(모두)					
3							
4	합계 : 수량	지점명					
5	날짜	강남점	명동점	영등포점	종로점	총합계	
6	07월 16일	3	5			8	
7	07월 17일	5		7	3	15	
8	07월 18일	6	7		12	25	
9	07월 19일			24	2	26	
10	07월 20일	3	6		5	14	
11	총합계	17	18	31	22	88	
12							

Note

필드 버튼

피벗 테이블의 각 필드 버튼을 클릭하면 테이블에 표시할 내용을 선택할 수 있습니다.

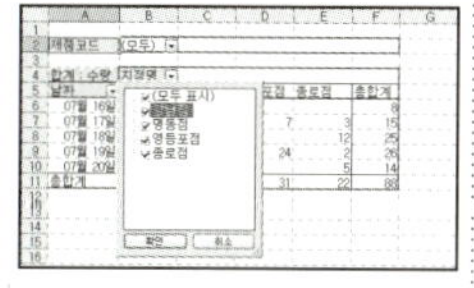

피벗 테이블 도구 모음

피벗 테이블 도구 모음을 사용하면 만들어진 피벗 테이블에 다양한 효과나 옵션 등을 지정할 수 있습니다.

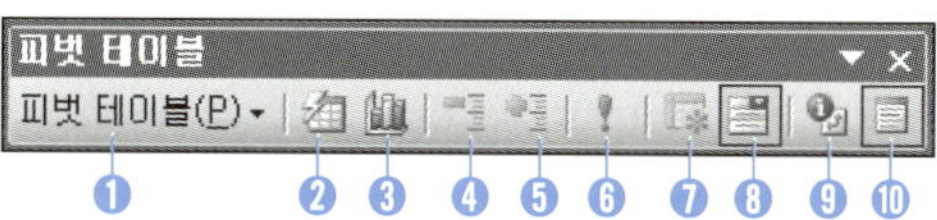

❶ **피벗 테이블 메뉴** : 피벗 테이블과 관련된 기능을 실행시킬 수 있는 메뉴가 표시됩니다.

❷ **보고서 서식** : 만들어진 피벗 테이블에 적용할 서식을 지정합니다.

❸ **차트 마법사** : 피벗 테이블의 내용을 피벗 차트로 바꿉니다.

❹ **하위 수준 숨기기** : 선택한 필드의 하위 수준 데이터를 숨깁니다.

❺ **하위 수준 표시** : 선택한 필드의 하위 수준 데이터를 표시합니다.

❻ **데이터 새로 고침** : 피벗 테이블의 원본 데이터 값이 변경되었을 경우 피벗 테이블의 데이터 값을 원본 데이터에 맞춰 갱신합니다.

❼ **숨겨진 항목을 총 합계에 포함** : 숨겨져 있는 데이터를 포함하여 총 합계를 계산합니다.

❽ **항상 항목 표시** : 지정한 항목이 항상 화면에 표시되도록 고정합니다.

❾ **필드 설정** : 피벗 테이블을 재구성합니다.

❿ **필드 목록 표시/숨기기** : '피벗 테이블 필드 목록' 창의 표시 상태를 조절합니다.

피벗 테이블 변경하기

이번에는 만들어진 피벗 테이블의 내용을 변경하여 새로운 형태로 만드는 방법들에 대해 알아봅시다.

필드 삭제하기

필드를 삭제하려면 필드를 피벗 테이블 밖으로 드래그합니다.

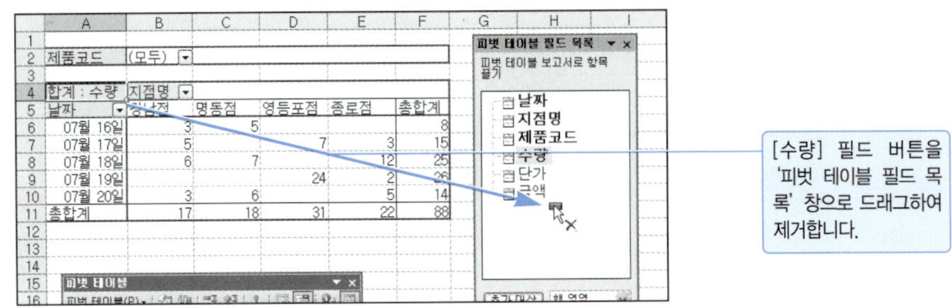

필드 추가하기

'피벗 테이블 필드 목록' 에서 필드를 선택하여 해당 영역으로 드래그합니다.

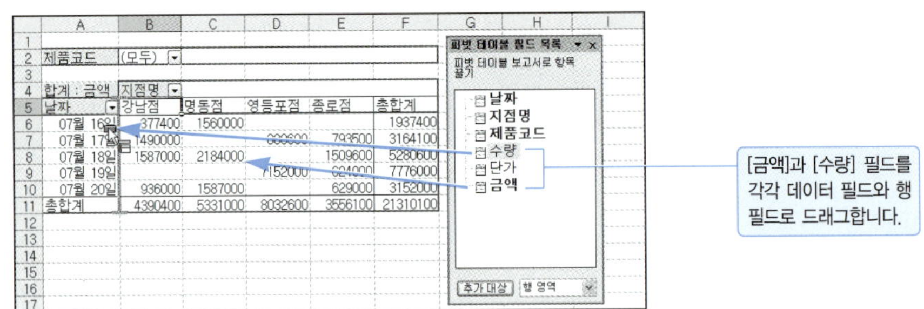

필드의 이동

이동할 필드를 선택한 후에 원하는 위치로 드래그합니다.

데이터 필드의 함수 바꾸기

데이터 필드/데이터 영역의 바로 가기 메뉴에서 **[필드 설정]**을 선택하거나 피벗 테이블 도구 모음에서 '필드 설정'( )아이콘을 클릭하면 '피벗 테이블 필드' 대화상자에서 사용할 함수를 변경할 수 있습니다.

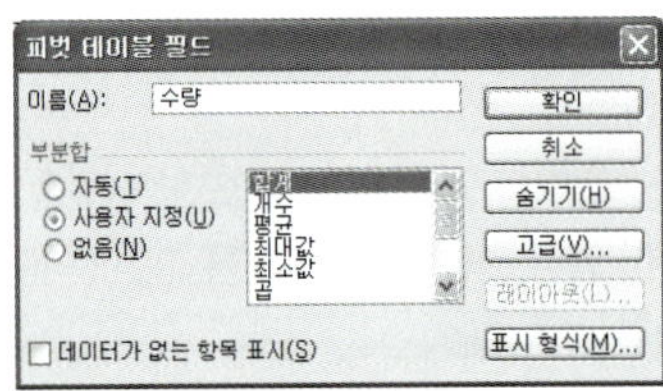

피벗 테이블 서식 지정하기

피벗 테이블 도구 모음의 '보고서 서식' (📄) 아이콘을 클릭하면 '자동 서식' 대화상자가 표시됩니다. '자동 서식' 대화상자의 서식 목록에서 원하는 스타일의 서식을 선택합니다.

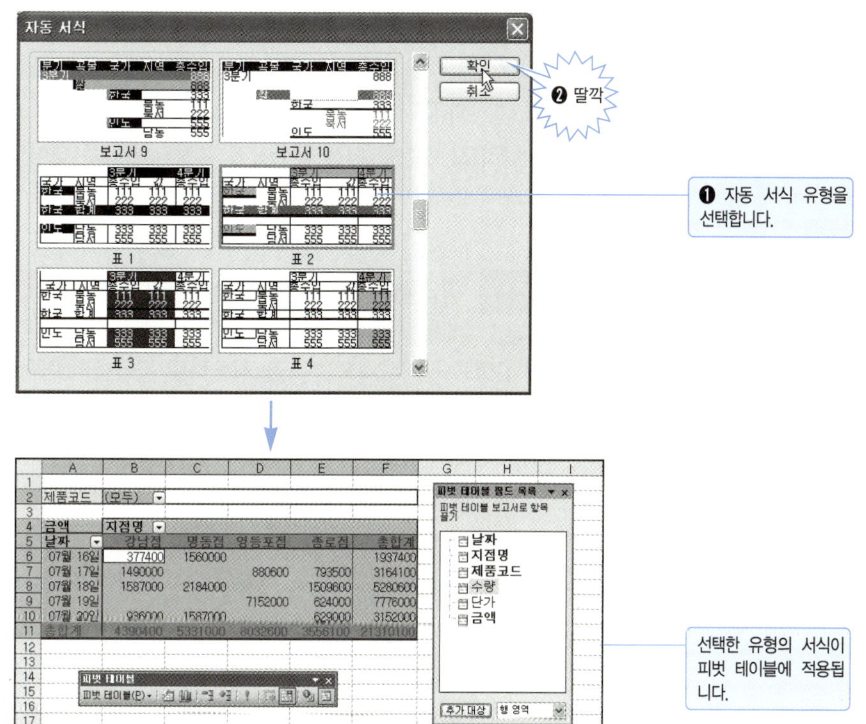

그림과 같은 모양이 되도록 피벗 테이블을 재구성한 후에 서식을 적용하세요.

	A	B	C	D	E	F	G	H
2	날짜	(모두)						
3								
4	금액		제품코드					
5	지점명	수량	ASC-0123	ASC-2012	ASC-3021	ASC-3154	총합계	
6	강남점	3	377400		936000		1313400	
7		5				1490000	1490000	
8		6		1587000			1587000	
9	강남점 요약		377400	1587000	936000	1490000	4390400	
10								
11	명동점	5			1560000		1560000	
12		6		1587000			1587000	
13		7			2184000		2184000	
14	명동점 요약			1587000	3744000		5331000	
15								
16	영등포	7	880600				880600	
17		24				7152000	7152000	
18	영등포점 요약		880600			7152000	8032600	
19								
20	종로점	2			624000		624000	
21		3		793500			793500	
22		5	629000				629000	
23		12	1509600				1509600	
24	종로점 요약		2138600	793500	624000		3556100	
25								
26	총합계		3396600	3967500	5304000	8642000	21310100	
27								

11-3   시나리오

시나리오는 아직 결정되지 않은 값을 유추해 내기 위해 사용하는 기능입니다. 이미 결정되어 있는 값들을 대입하여 변수의 변화에 따른 결과를 미리 확인해 볼 수 있습니다.

시나리오 정의하기

[도구]-[시나리오] 메뉴를 이용하여 아직 결정되지 않은 데이터의 값을 미리 예측해 봅니다.

따라하기   **공급률에 따른 예상 수익률 계산하기**

수익 금액 산출표에 시나리오 기능을 적용하여 공급률이 변화함에 따라 수익률이 어떻게 변화하는지 계산해 봅시다.

1. 먼저, 그림처럼 판매 수량과 판매 금액이 결정된 상태에서 공급률의 변화에 따른 수익률의 변화 값을 계산할 수 있도록 만들어진 표에서 C6 셀을 선택한 후에 **[도구]-[시나리오]** 메뉴를 선택합니다.

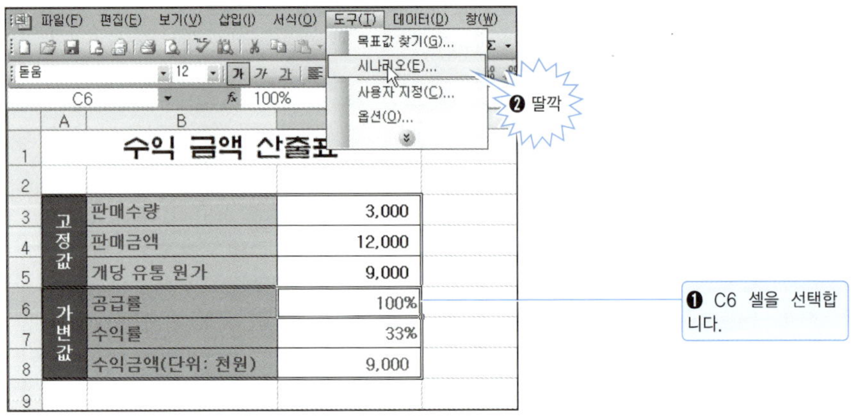

2. '시나리오 관리자' 대화사자가 표시되면 **[추가]** 버튼을 클릭합니다. 시나리오 이름과 변경 셀의 값을 각각 '70%'와 'C6'으로 지정한 후에 설명 내용을 입력하고 **[확인]** 버튼을 클릭합니다.

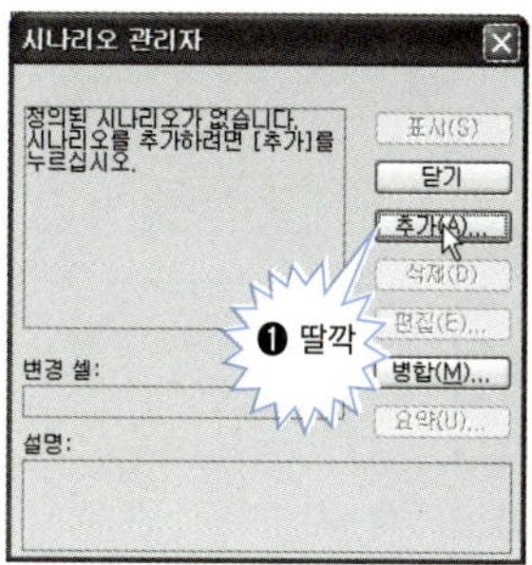
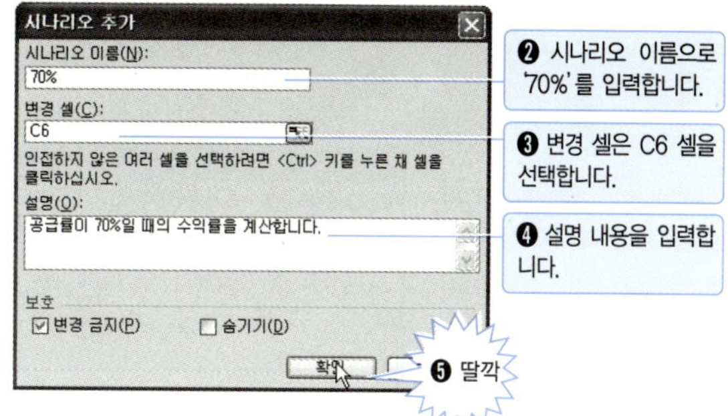

3. 지정한 C6 셀에 적용할 공급률 값을 '0.7'로 지정한 후에 [**확인**] 버튼을 클릭합니다.

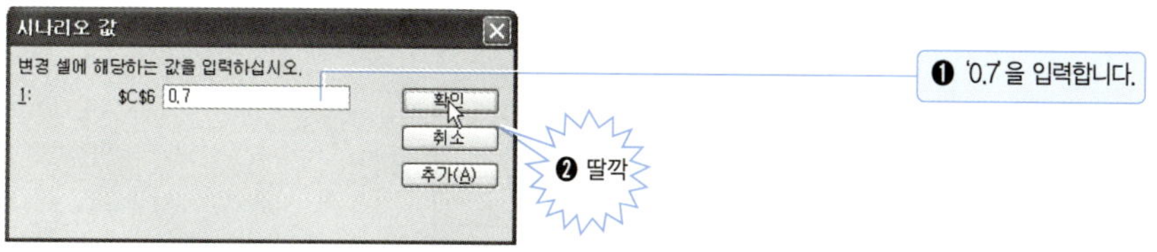

4. 시나리오 목록에서 '70%'를 선택한 후에 [**표시**] 버튼을 클릭합니다. 공급률이 70%
일 때의 수익률과 수익 금액이 표에 표시됩니다.

시나리오 추가하기

'시나리오 관리자' 대화상자의 [**추가**] 버튼을 클릭하면 새로운 상황에 대한 시나리오를
추가할 수 있습니다.

따라하기　　**시나리오 추가하기**

1. '시나리오 관리자' 대화상자에서 [**추가**] 버튼을 클릭합니다. C6 셀의 공급률이 75%일
때의 수익률과 수익금액을 추산해 보기 위해, 각 입력 상자에 그림처럼 입력한 후에 [**확
인**] 버튼을 클릭합니다.

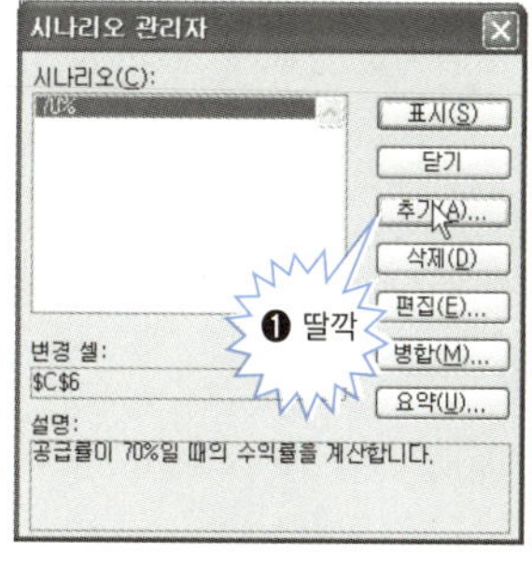
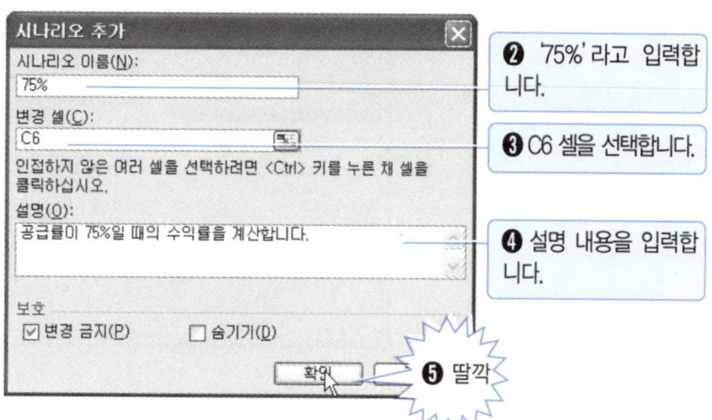

2. C6 셀에 적용할 공급률을 '0.75'로 지정하고 **[추가]** 버튼을 클릭하면 새로운 시나리오가 추가됩니다.

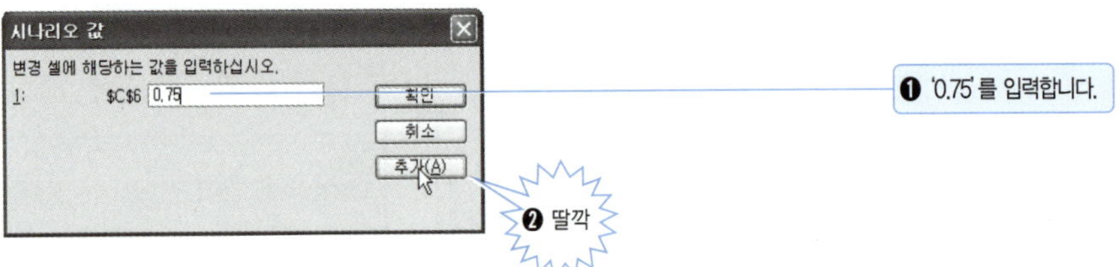

그림처럼 각 상황에 따른 할인율을 적용하여 수익률과 수익 금액을 계산하는 시나리오를 만들어 보세요.

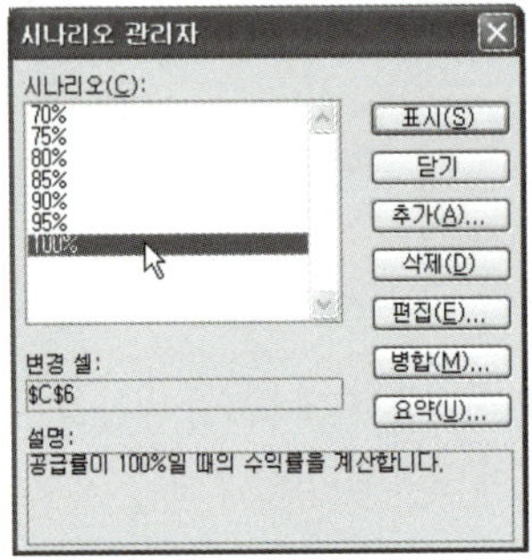

시나리오 요약하기

'시나리오 관리자' 대화상자의 **[요약]** 버튼을 이용하면 다양한 상황에 따른 시나리오 적용 결과를 표 형태의 보고서로 정리해서 확인할 수 있습니다.

따라하기   시나리오 요약하기

1. '시나리오 관리자' 대화상자의 **[요약]** 버튼을 클릭합니다.

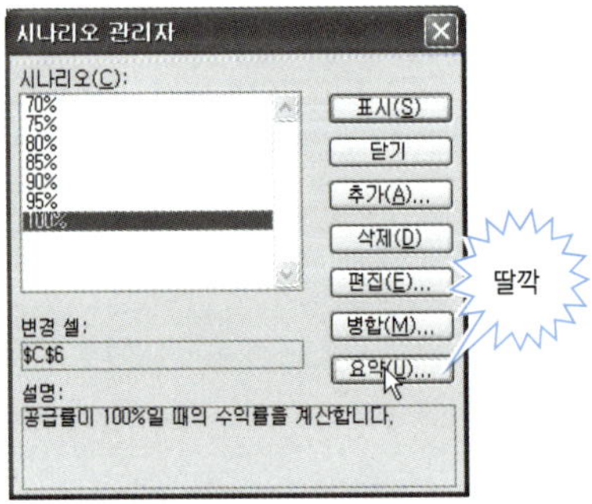

2. '시나리오 요약' 대화상자가 표시되면 '시나리오 요약' 옵션을 선택한 후에 '결과 셀' 입력 상자에 [C3:C8] 범위를 지정하고 **[확인]** 버튼을 클릭합니다.

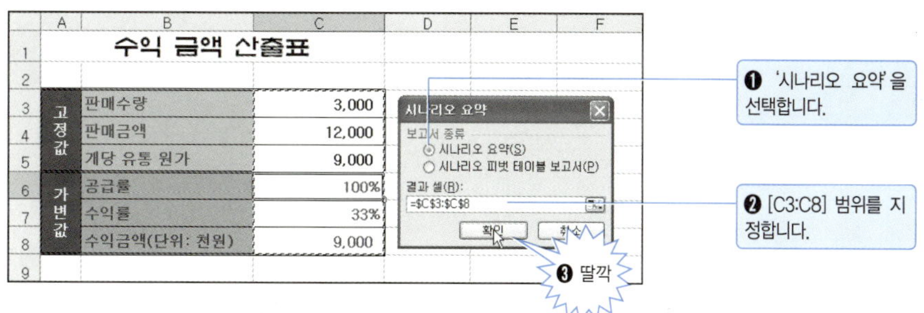

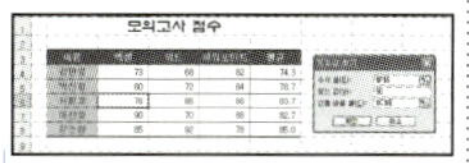

3. 시나리오 요약표가 만들어집니다.

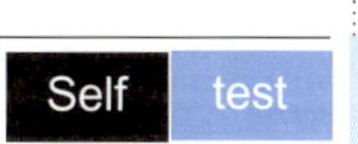

Self test

다음 표는 판매금액에 대한 할부 이율이 3%일 때, 매월 불입해야 할 할부 금액과 총 할부 금액의 액수입니다. 만약 할부 이율이 4%와 5%, 6%, 7%, 8%일 경우에는 월 불입액과 총 불입액이 어떻게 되는지 시나리오 요약표를 작성해 보세요.

	A	B	C	D
1				
2		판매금액	₩ 2,000,000	
3		할부기간	12	
4		할부이율	3%	
5		월불입액	₩ 171,667	
6		총불입액	₩ 2,060,000	
7				

11-4 목표값 찾기

목표값 찾기는 원하는 결과 값을 얻기 위해 입력해야 할 값을 찾고자 할 때 사용하는 기능입니다.

- 목표값 찾기를 실행하기 위해서는 **[도구]–[목표값 찾기]** 메뉴를 선택합니다.
- 목표값 찾기는 주어진 결과 값에 대해 하나의 입력 값만을 변경할 수 있습니다. 여러 개의 입력 값을 변경하려면 '해 찾기'를 사용해야 합니다.

따라하기 **목표값 찾기**

1. '모의고사 점수.xls'를 실행한 후에 '최철호' 학생의 평균이 90점이 되기 위해 얻어야 할 엑셀 점수를 구하기 위해 **[도구]–[목표값 찾기]**를 선택합니다.

2. '목표값 찾기' 대화상자가 표시되면 '수식 셀' 입력상자에 'F6'을 지정합니다. 같은 방법으로 '찾는 값'과 '값을 바꿀 셀'에 각각 '90'과 'C6'을 지정한 후에 **[확인]** 버튼을 클릭합니다.

Note

'목표값 찾기' 대화상자
- **수식 셀** : 결과 값이 출력되는 셀 주소. 해당 셀에는 반드시 수식이 입력되어 있어야 함(평균이 입력되어 있는 셀)
- **찾는 값** : 목표로 하는 값(평균 90)
- **값을 바꿀 셀** : 목표값을 만들기 위해 변경될 값이 있는 셀(엑셀 점수 셀)

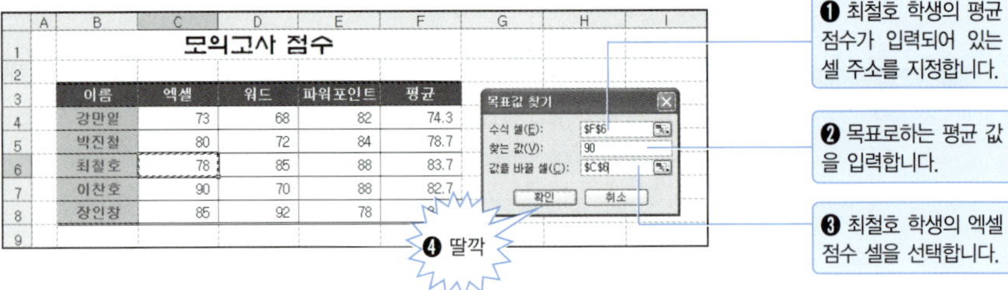

3. '목표값 찾기' 대화상자가 표시되면 **[확인]** 버튼을 클릭합니다. 그러면 최철호 학생의 평균과 엑셀 점수가 변경됩니다.

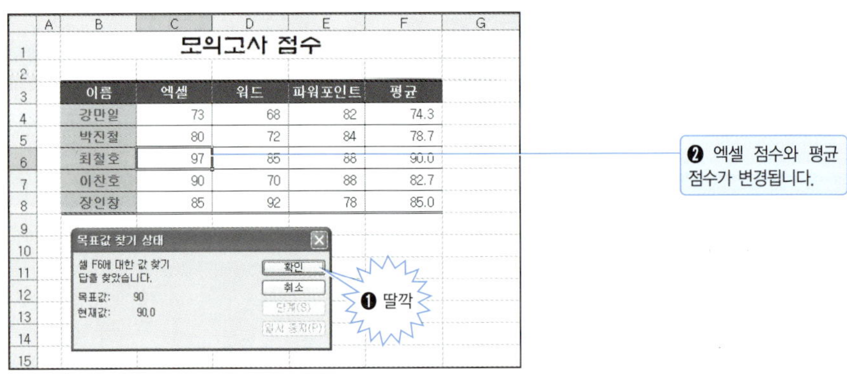

Self test

강만일 학생의 평균 점수가 80점이 되기 위한 워드 점수와 장인창 학생의 평균 점수가 90점이 되기 위한 파워포인트 점수를 구하세요.

제품 분류별 지급액 구하기

'쇼핑몰 판매량.xls' 파일을 실행하여 피벗 테이블과 시나리오를 작성해 봅시다.

피벗 테이블 만들기

순위를 페이지 필드로 하고 판매자와 분류별 제품 판매 현황을 한눈에 알아볼 수 있도록
하는 피벗 테이블을 작성해 봅시다.

1. '쇼핑몰 판매량.xls' 파일을 불러온 후에 **[데이터]−[피벗 테이블/피벗 차트 보고서]** 메뉴
를 선택합니다.

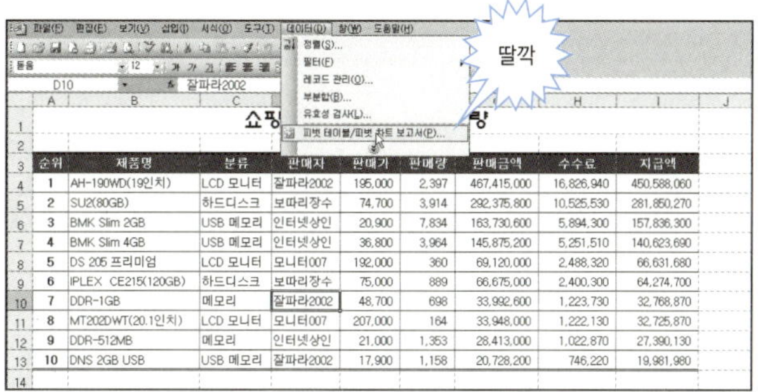

2. '피벗 테이블/피벗 차트 마법사 − 3단계 중 1단계' 대화상자가 나타나면 그림과 같이
선택한 후에 **[다음]** 버튼을 클릭합니다.

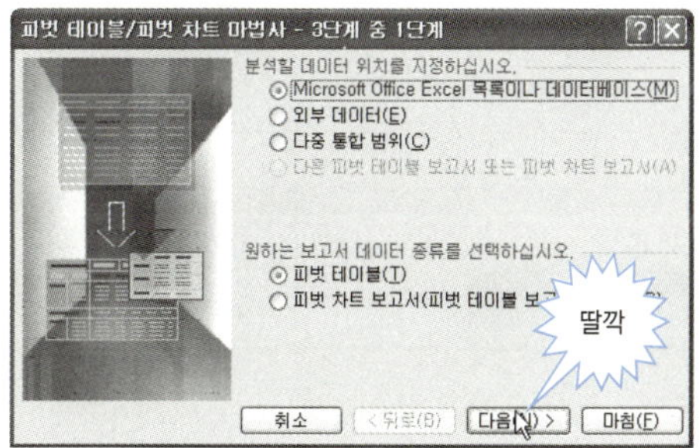

3. 데이터가 입력될 범위를 지정한 후에 [**다음**] 버튼을 클릭합니다.

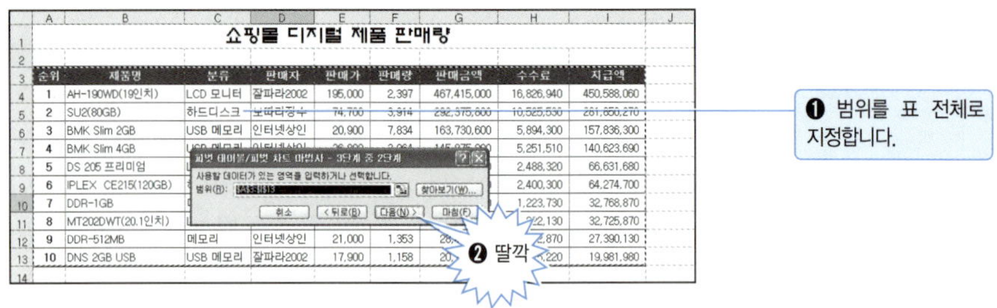

4. 피벗 테이블 보고서 작성 위치로 '새 워크시트'를 선택한 후에 [**마침**] 버튼을 클릭합니다.

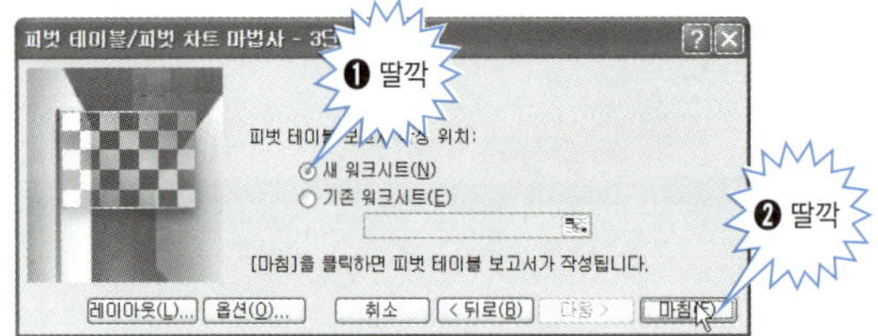

5. 피벗 테이블의 틀과 '피벗 테이블 필드 목록' 창이 화면에 표시됩니다. '피벗 테이블 필드 목록' 창에서 [**순위**] 필드를 페이지 필드로 드래그합니다.

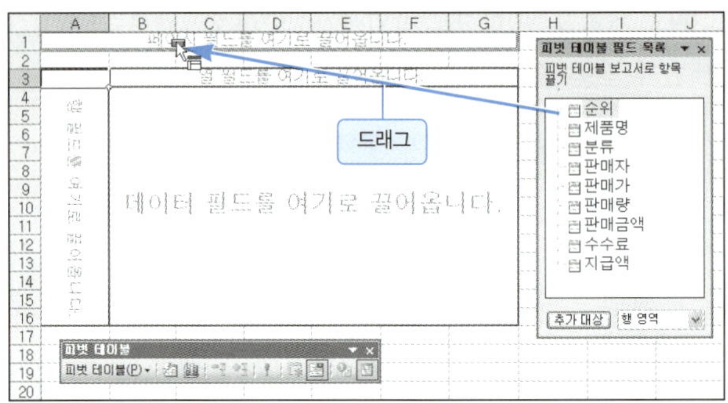

6. 계속해서 행 필드에 '분류', 열 필드에 '판매자', 데이터 필드에 '판매량'을 드래그하여 피벗 테이블을 완성합니다.

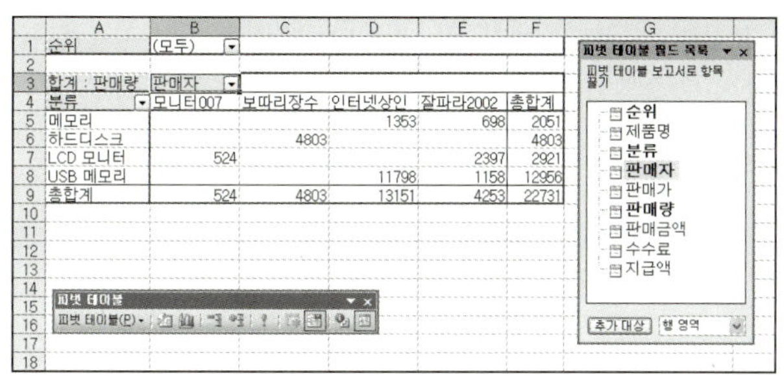

부분합 계산하기

제품 분류별 누계 판매액을 한눈에 알아볼 수 있도록 부분합을 계산해 봅시다.

1. 먼저 분류 항목의 한 셀을 선택한 후에 오름차순으로 정렬을 적용하고, [데이터]-[부분합] 메뉴를 선택합니다.

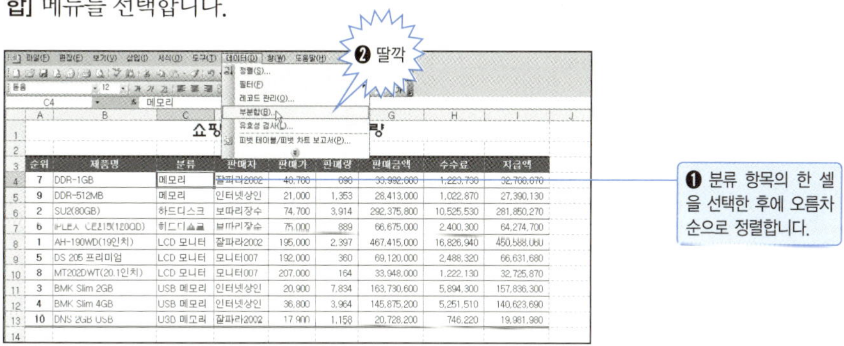

2. '부분합' 대화상자가 표시되면 그룹화할 항목과 사용할 함수, 부분합 계산 항목을 지정한 후에 [확인] 버튼을 클릭합니다.

3. 분류별 지급액 합계가 표시됩니다. 제품 분류별 지급액 합계 금액을 한눈에 확인할 수 있도록 윤곽기호 (2)를 클릭합니다.

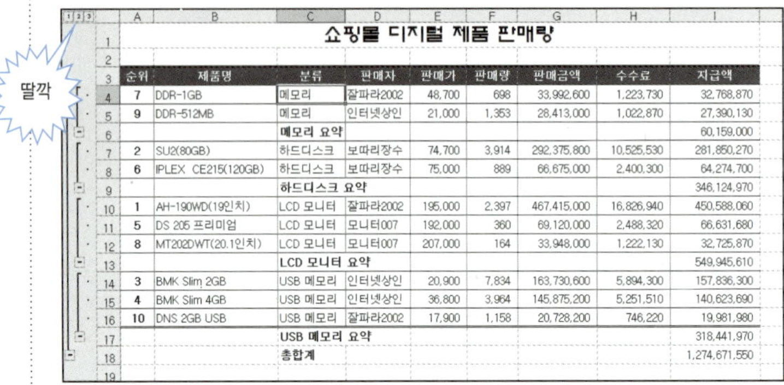

	순위	제품명	분류	판매자	판매가	판매량	판매금액	수수료	지급액
				쇼핑몰 디지털 제품 판매량					
4	7	DDR-1GB	메모리	잘파라2002	48,700	698	33,992,600	1,223,730	32,768,870
5	9	DDR-512MB	메모리	인터넷상인	21,000	1,353	28,413,000	1,022,870	27,390,130
6			메모리 요약						60,159,000
7	2	SU2(80GB)	하드디스크	보따리장수	74,700	3,914	292,375,800	10,525,530	281,850,270
8	6	IPLEX CE215(120GB)	하드디스크	보따리장수	75,000	889	66,675,000	2,400,300	64,274,700
9			하드디스크 요약						346,124,970
10	1	AH-190WD(19인치)	LCD 모니터	잘파라2002	195,000	2,397	467,415,000	16,826,940	450,588,060
11	5	DS 205 프리미엄	LCD 모니터	모니터007	192,000	360	69,120,000	2,488,320	66,631,680
12	8	MT202DWT(20.1인치)	LCD 모니터	모니터007	207,000	164	33,948,000	1,222,130	32,725,870
13			LCD 모니터 요약						549,945,610
14	3	BMK Slim 2GB	USB 메모리	인터넷상인	20,900	7,834	163,730,600	5,894,300	157,836,300
15	4	BMK Slim 4GB	USB 메모리	인터넷상인	36,800	3,964	145,875,200	5,251,510	140,623,690
16	10	DNS 2GB USB	USB 메모리	잘파라2002	17,900	1,158	20,728,200	746,220	19,981,980
17			USB 메모리 요약						318,441,970
18			총합계						1,274,671,550

4. 제품 분류별 판매량을 한눈에 확인할 수 있습니다.

	순위	제품명	분류	판매자	판매가	판매량	판매금액	수수료	지급액
				쇼핑몰 디지털 제품 판매량					
6			메모리 요약						60,159,000
9			하드디스크 요약						346,124,970
13			LCD 모니터 요약						549,945,610
17			USB 메모리 요약						318,441,970
18			총합계						1,274,671,550

실무 활용 연습

EX 1 장르별 도서 판매 현황의 피벗 테이블 작성하기

순위	도서명	정가	판매수량	판매액	장르
			도서 판매 현황		
1	야생화 편지	9,500	321	3,049,500	비소설
2	불꽃	12,000	298	3,576,000	비소설
3	두시 이야기	13,000	290	3,770,000	아동서
4	여덟살 인생	9,000	268	2,412,000	아동서
5	기억의 사진 한 장	15,000	230	3,450,000	예술
6	산 위의 토토	12,000	210	2,520,000	소설
7	심	11,500	199	2,288,500	소설
8	마당 넓은 집	11,500	196	2,254,000	소설
9	열심히 살아라	12,000	153	1,836,000	경제/경영
10	삼국유사	10,000	138	1,380,000	인문과학
11	인생	9,500	135	1,282,500	소설
12	한국인이야기	9,800	120	1,176,000	인문과학
13	엑셀의 기술	16,000	198	3,168,000	컴퓨터

[지시 사항]

❶ '도서 판매 현황.xls' 파일을 실행한 후에 [B4:G17] 범위를 블록으로 하는 피벗 테이블을 작성하세요.

❷ 장르별 도서의 판매액 현황을 알 수 있도록 피벗 테이블을 새 워크시트에 작성한 후에 비소설 분야의 판매액 합계를 표시해 보세요.

A	B	C
장르	(모두)	
합계 : 판매액		
도서명	요약	
기억의 사진 한 장	3450000	
두시 이야기	3770000	
마당 넓은 집	2254000	
불꽃	3576000	
산 위의 토토	2520000	
삼국유사	1380000	
심	2288500	
야생화 편지	3049500	
엑셀의 기술	3168000	
여덟살 인생	2412000	
열심히 살아라	1836000	
인생	1282500	
한국인이야기	1176000	
총합계	32162500	

A	B	C
장르	비소설	
합계 : 판매액		
도서명	요약	
불꽃	3576000	
야생화 편지	3049500	
총합계	6625500	

❸ 완성된 문서를 '장르별 도서 판매 현황.xls' 파일로 저장하세요.

| | EX | **2** | 판매 수익 시나리오 작성하기 |

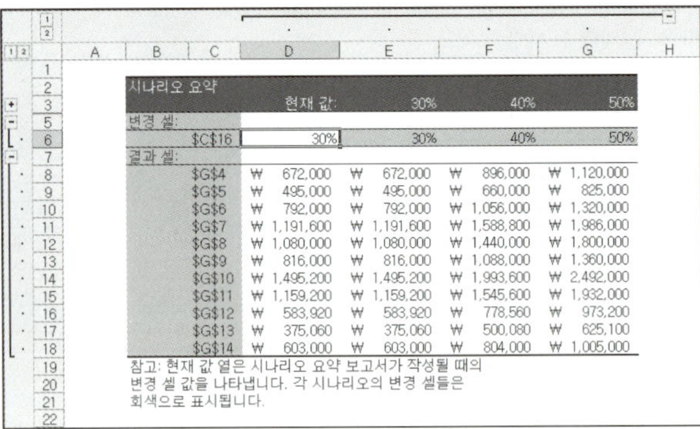

[지시 사항]

① '수산물 판매 수익.xls' 파일을 실행하세요.

② 수익률이 30%와 40%, 50% 일 때의 예상 판매 금액 시나리오를 작성해보세요.

③ 시나리오 요약표에서 결과 셀의 주소에 맞는 품목 이름을 입력하세요.

④ 완성된 문서를 '판매 수익 시나리오.xls' 파일로 저장하세요.

12

매크로의 작성과 활용

엑셀은 참으로 다양하고 강력한 기능들을 지원하고 있지만 그렇다고 해도 필요한 기능을 모두 지원할 수는 없을 것입니다. 그래서 엑셀은 프로그램에서 지원하지 않는 기능 중 필요한 기능이 있다면 사용자가 직접 만들어서 사용할 수 있도록 매크로 기능을 지원하고 있습니다.

엑셀의 매크로는 단순한 키 조작 매크로뿐 아니라 Visual Basic이라는 프로그래밍 언어를 기반으로 하여 다양한 기능을 자유롭게 만들 수 있다는 특징이 있습니다. 여기에서 엑셀 매크로의 기능을 모두 다룰 수는 없겠지만 간단한 조작을 통해 업무를 빠르고 편리하게 해 주는 매크로 작성 방법들에 대해 알아봅시다.

12-1   매크로 기록하기   12-4   매크로 편집하기
12-2   매크로 실행하기   현장 실습 자동 서식 매크로 만들기
12-3   매크로 옵션 지정하기   실무 활용 연습

실습 예제 미리 보기 | 자동 서식 매크로 만들기

데이터 범위를 자동으로 인식한 후에 원하는 각각의 요소에 적당한 서식을 적용해 주는 매크로를 만들어 봅시다.

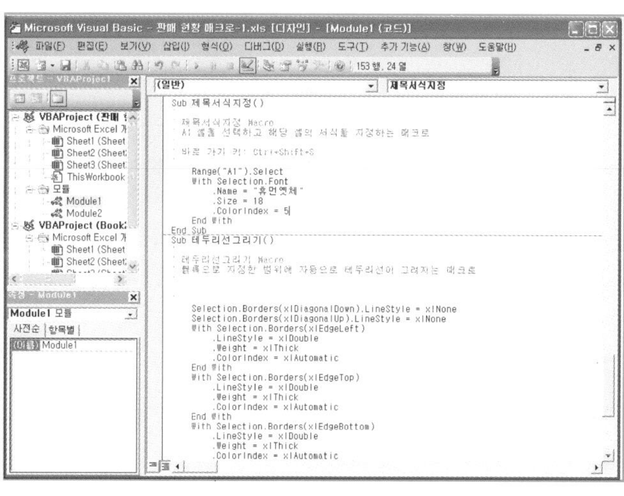

12-1 매크로 기록하기

매크로의 정의

- 자주 사용하는 일련의 기능들을 순서대로 조합하여 기록해 두었다가 필요할 때마다 간단한 조작으로 모든 내용을 한 번에 실행시킬 수 있는 기능입니다.
- 엑셀의 매크로기능을 이용하면 원하는 대부분의 새로운 기능을 만들 수 있습니다.
- 기록한 매크로는 'Visual Basic Editor'를 이용하여 수정할 수 있습니다. 이렇게 만든 매크로는 명령 표시줄이나 도구 모음에 등록하여 사용할 수도 있습니다.

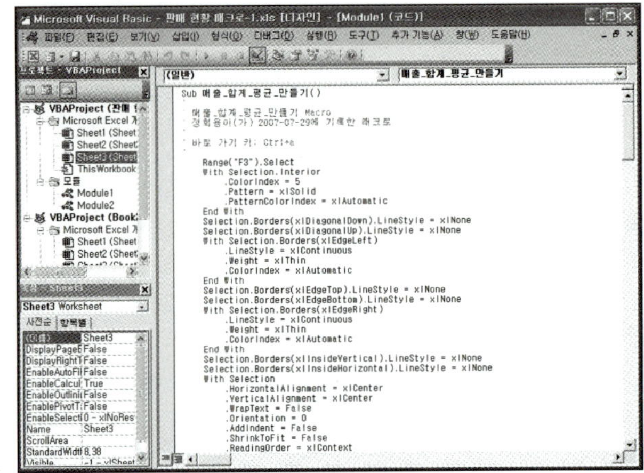

기록된 매크로의 내용을 확인한 후에 수정할 수 있는 Visual Basic Editor

매크로 기록하기

- **[도구]–[매크로]–[새 매크로 기록]** 메뉴를 선택하면 새로운 매크로를 기록할 수 있습니다.
- 매크로에는 사용자가 실수로 실행한 동작까지 기록됩니다.
- 따라서 매크로에 기록할 내용을 여러 번 연습해 본 후에 매크로를 기록하는 것이 좋습니다.

'매크로 기록' 대화상자

매크로를 기록할 때 화면에 표시되는 '매크로 기록' 대화상자를 이용하면 매크로의 이름과 설명 내용, 매크로가 기록될 위치와 바로 가기 키 등을 지정할 수 있습니다.

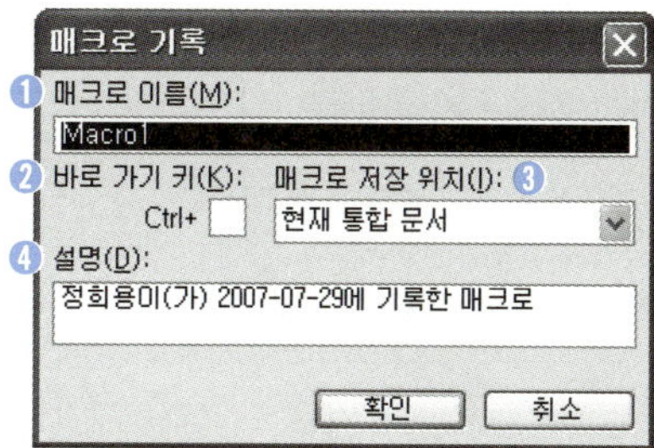

❶ **매크로 이름** : 기록될 매크로의 이름을 입력합니다.

❷ **바로 가기 키** : 매크로를 실행시키기 위해 사용할 단축키를 지정합니다.

❸ **매크로 저장 위치** : 매크로가 기록될 파일의 위치를 지정합니다.

❹ **설명** : 기록할 매크로의 내용을 쉽게 확인할 수 있는 설명을 입력합니다.

따라하기　　**매출액 합계와 평균을 구하는 매크로 작성하기**

각 지점의 매출액 합계와 평균을 구하는 과정을 매크로로 작성해 봅시다.

1. '판매 현황 매크로.xls' 문서를 불러온 후에 **[도구]-[매크로]-[새 매크로 기획]** 메뉴를 선택합니다.

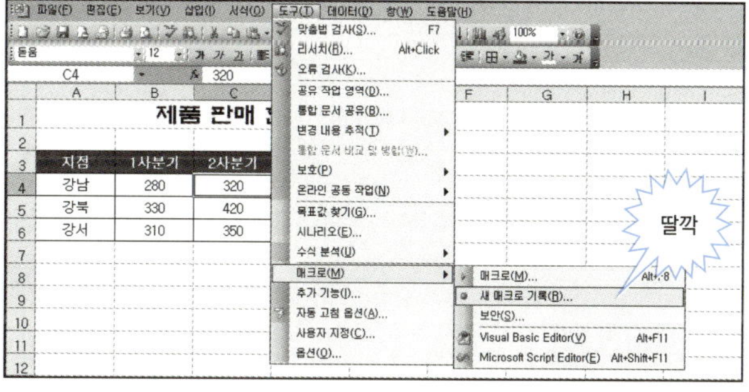

2. '매크로 기록' 대화상자에서 그림과 같이 입력한 후에 **[확인]** 버튼을 클릭하면 기록 중지 도구 모음이 표시됩니다.

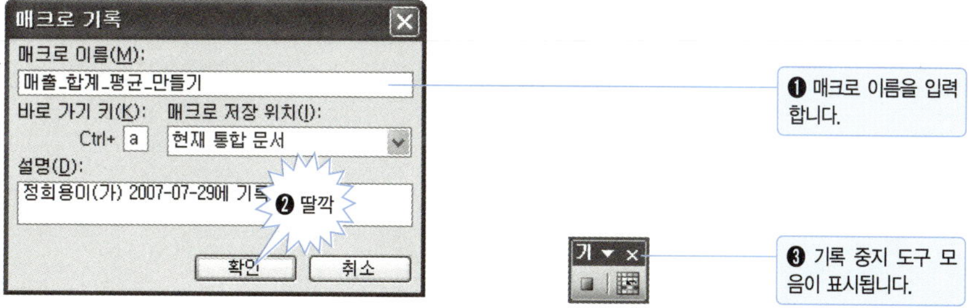

❶ 매크로 이름을 입력합니다.

❸ 기록 중지 도구 모음이 표시됩니다.

3. '합계'와 '평균' 항목을 새로 만든 후에 F4 셀에 매출액의 합계를 구하는 수식 '=SUM(B4:E4)'를 입력하고 Enter↵ 키를 누릅니다.

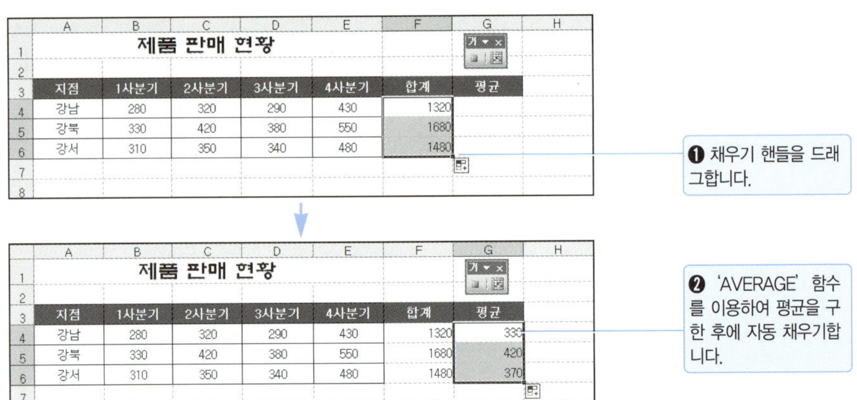

4. 채우기 핸들을 드래그하여 나머지 지점의 매출액 합계를 표시한 후에 G4 셀에 평균을 구하는 함수식을 작성합니다. 만들어진 함수식을 자동 채우기하여 각 지점별 매출액 평균을 구합니다.

5. [F3:G6] 범위를 선택한 후에 가운데 맞춤과 모든 테두리를 적용합니다.

6. 기록 중지 버튼을 클릭하여 매크로 작성을 종료합니다. 워크시트에서 합계와 평균 항목의 데이터를 삭제한 후에 [도구]-[매크로]-[매크로]를 선택합니다.

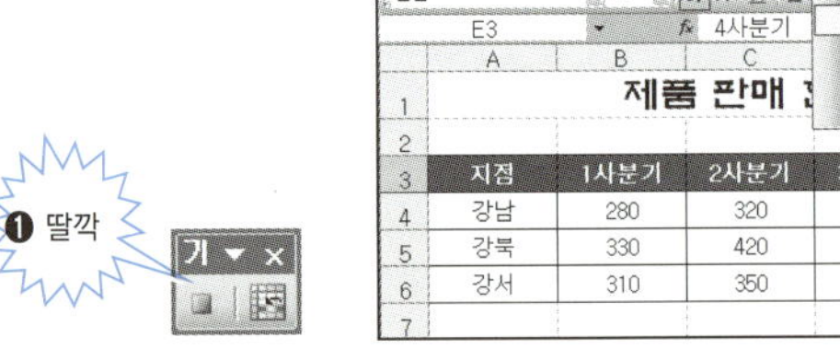

7. '매크로' 대화상자에서 앞서 만든 매크로를 선택한 후에 [실행] 버튼을 클릭합니다.

A1 셀에 그림과 같은 모양의 서식이 적용되는 매크로를 만들어 보세요(글꼴 : 휴먼 옛체, 글꼴 크기 : 18, 글꼴 색 : 파랑).

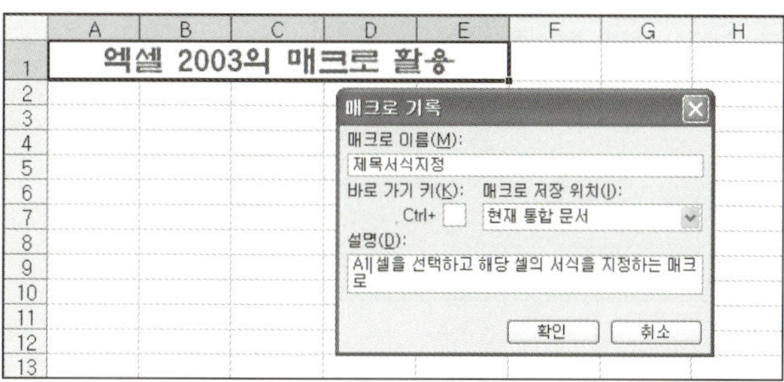

블록으로 지정한 범위(A2:D9)에 원하는 모양의 테두리가 자동으로 그려지도록 매크로를 기록해 보세요.

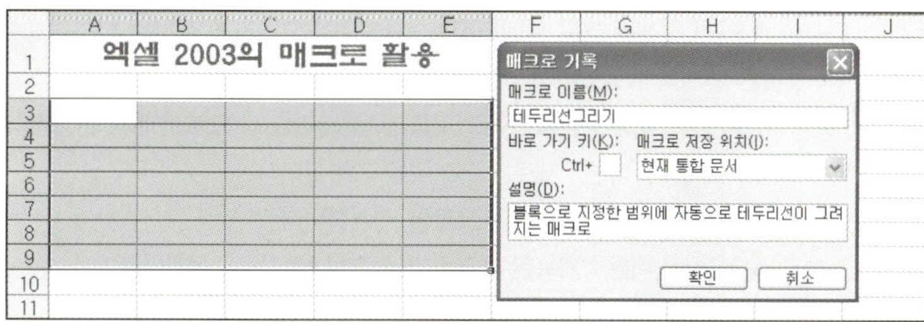

12-2 매크로 실행하기

메뉴를 이용하여 실행하기

[도구]-[매크로]-[매크로] 메뉴를 선택하면 기록해 놓은 매크로를 실행할 수 있습니다.

'매크로' 대화상자

기록해 놓은 매크로를 실행시키거나 편집할 매크로를 선택할 때 사용할 수 있는 대화상자입니다.

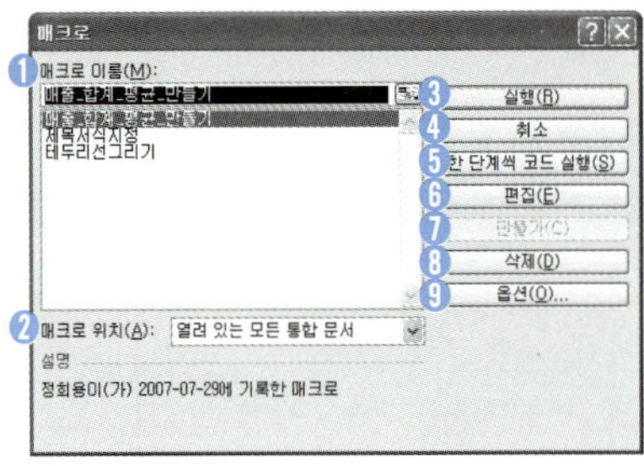

❶ **매크로 이름** : 기록되어 있는 매크로 이름이 표시되는 목록입니다. 여기서 실행하거나 수정할 매크로의 이름을 선택합니다.

❷ **매크로 위치** : 목록에 표시할 매크로가 기록되어 있는 파일 범위를 선택합니다.

❸ **[실행] 버튼** : 매크로 이름 목록에서 선택한 매크로를 실행시킵니다.

❹ **[취소] 버튼** : '매크로' 대화상자를 닫습니다.

❺ **[한 단계씩 코드 실행] 버튼** : 매크로의 오류가 발생하는 부분을 찾아내기 위해 선택한 매크로를 한 단계씩 실행합니다.

❻ **[편집] 버튼** : 선택한 매크로를 'Visual Basic Editor'에서 편집합니다.

❼ **[만들기] 버튼** : 새로운 매크로를 기록합니다.

❽ **[삭제] 버튼** : 선택한 매크로를 제거합니다.

❾ **[옵션] 버튼** : 기록한 매크로와 관련된 옵션을 지정합니다.

바로 가기 키를 이용하여 실행하기

- 바로 가기 키 [Alt]+[F8]을 누르면 '매크로' 대화상자가 표시됩니다.
- 매크로 기록 시 지정해 놓은 바로 가기 키를 누르면 해당 매크로가 바로 실행됩니다.

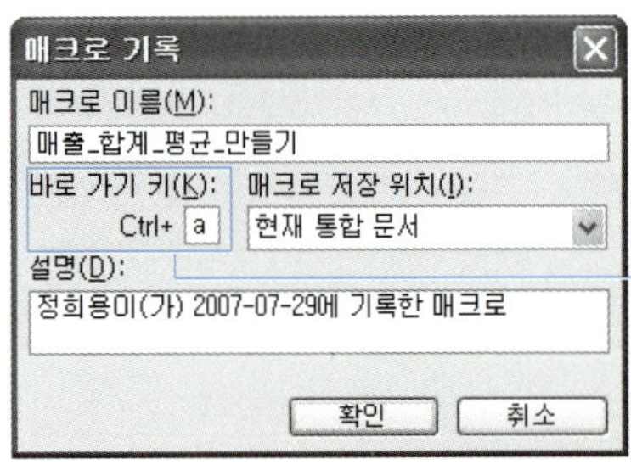

사용자가 임의로 각 매크로의 바로 가기 키를 지정할 수 있습니다.

그리기 개체나 도형을 이용하여 실행하기

그리기 개체나 도형을 워크시트에 삽입한 후에 바로 가기 메뉴에서 **[매크로 지정]**을 선택하여 원하는 매크로를 연결할 수 있습니다. 매크로가 연결된 도형을 클릭하면 해당 매크로가 실행됩니다.

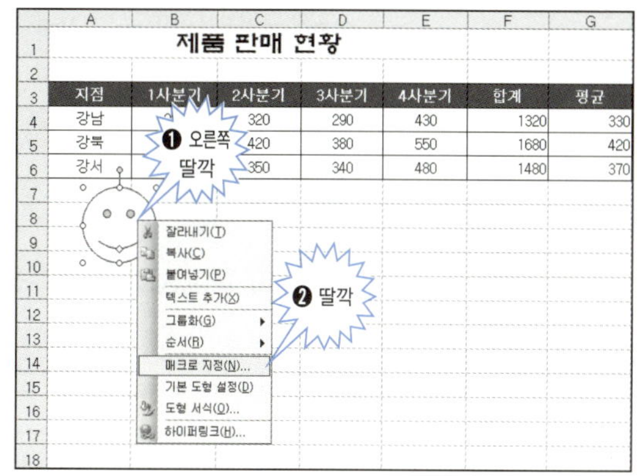

매크로 실행 버튼을 이용하여 실행하기

양식 도구 모음이나 컨트롤 도구 모음의 도구를 이용하여 매크로를 실행시킬 수 있습니다.

- **양식 도구 모음** : [보기]–[도구 모음]–[양식]

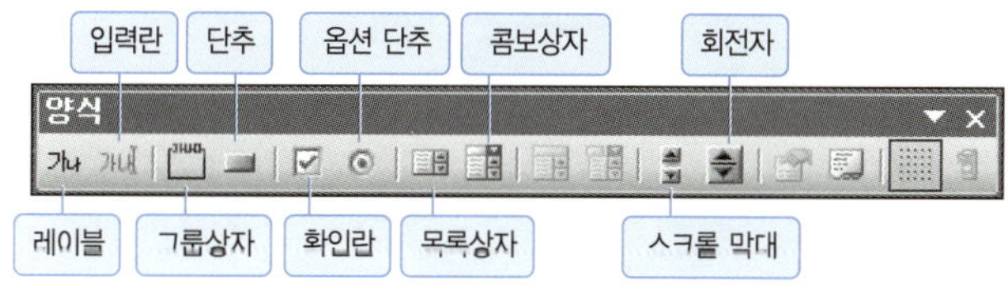

- **컨트롤 도구 모음** : [보기]–[도구 모음]–[컨트롤 도구 상자]

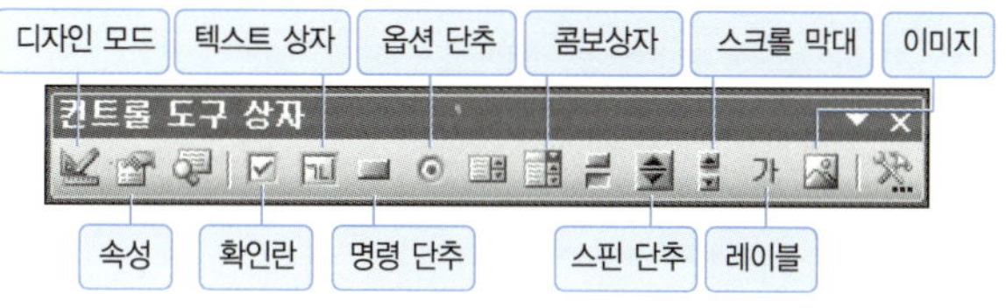

그림과 같이 워크시트에 매크로 실행 버튼을 삽입한 후에 '매출_합계_평균_만들기' 매크로를 실행해 보세요.

	A	B	C	D	E	F	G	H
1		제품 판매 현황						
2								
3	지점	1사분기	2사분기	3사분기	4사분기	합계	평균	
4	강남	280	320	290	430	1320	330	
5	강북	330	420	380	550	1680	420	
6	강서	310	350	340	480	1480	370	
7	실 행							
8								
9								

Note

힌트

양식 도구 모음에서 '단추'를 클릭한 후에 워크시트에서 적당한 크기로 드래그하면 '매크로 지정' 대화상자가 실행됩니다. 필요한 매크로와 연결하면 매크로를 실행할 수 있습니다.

사용자 지정 메뉴/사용자 지정 단추를 이용하여 실행하기

도구 모음이나 메뉴의 사용자 지정 메뉴나 사용자 지정 단추를 추가하여 매크로를 실행시킬 수 있습니다.

따라하기 　사용자 지정 메뉴/사용자 지정 단추에 매크로 지정하기

1. [도구]–[사용자 지정] 메뉴를 선택하여 '사용자 지정' 대화상자를 불러옵니다.
2. 명령 탭의 '범주' 목록에서 '매크로'를 선택한 후에 '사용자 지정 메뉴 항목'이나 '사용자 지정 단추'를 원하는 도구 모음이나 메뉴 위치로 드래그합니다.

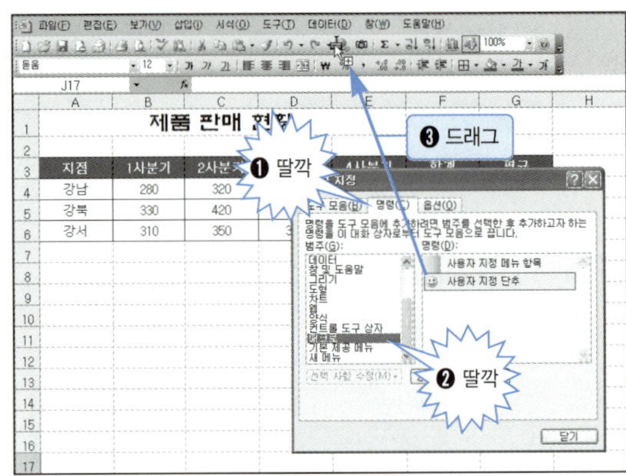

3. 추가된 사용자 지정 메뉴나 사용자 지정 단추를 선택한 후에 '매크로 지정' 대화상자에서 매크로를 연결합니다.

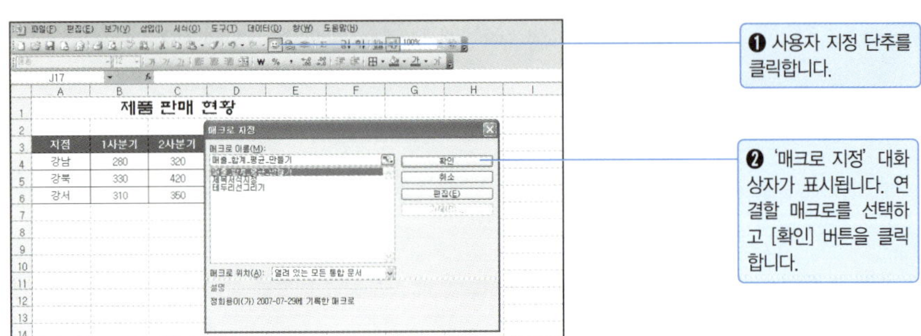

4. 추가한 '사용자 지정 메뉴 항목'이나 '사용자 지정 단추'를 클릭하여 실행해 봅니다.

12-3 매크로 옵션 지정하기

이미 기록한 매크로라 하더라도 옵션 지정 기능을 이용하면 매크로를 실행할 때 사용할 바로 가기 키와 설명 내용 등을 수정할 수 있습니다.

- 매크로 실행에 사용할 수 있는 바로 가기 키는 Ctrl 키를 기본 조합으로 하여 만들어야 합니다.
- 엑셀의 기본 바로 가기 키와 같은 바로 가기 키를 사용하면 안 되기 때문에, 보통 Ctrl + Shift 키와 알파벳 키를 조합하여 바로 가기 키를 조합하는 것이 좋습니다.

따라하기   **매크로 바로 가기 키 지정하기**

'제목입력' 매크로에 바로 가기 키를 지정하고, 지정한 바로 가기 키를 이용하여 매크로를 실행해 봅시다.

1. '제목입력.xls' 파일을 실행한 후에 모든 내용을 삭제하고 **[도구]–[매크로]–[매크로]** 메뉴를 선택합니다.

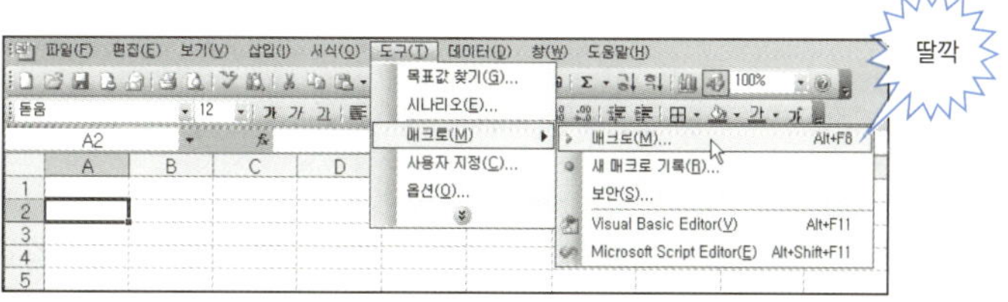

2. 매크로 이름 목록에서 '제목입력'을 선택한 후에 **[옵션]** 버튼을 클릭합니다.

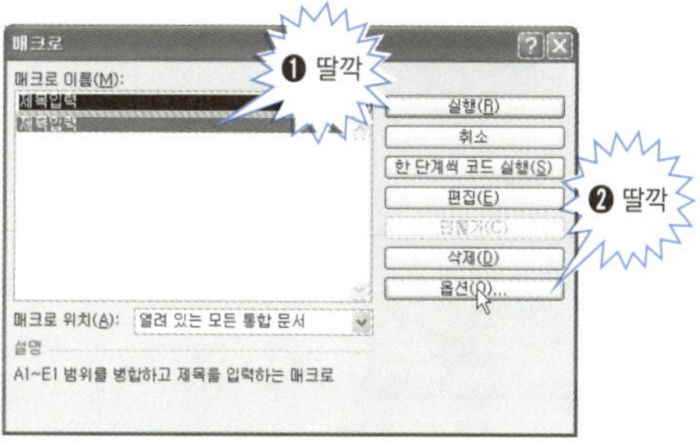

Note

바로 가기 키 지정

Caps Lock 키가 눌러져 있는 상태라면 정상적으로 바로 가기 키를 지정할 수 없습니다. 바로 가기 키를 지정할 때에는 Caps Lock 키의 실행 상태와 한/영 입력 상태를 확인하세요.

3. '매크로 옵션' 대화상자가 표시되면 바로 가기 키 입력상자에서 Shift + T 키를 눌러서 바로 가기 키를 지정한 후에 **[확인]** 버튼을 클릭합니다.

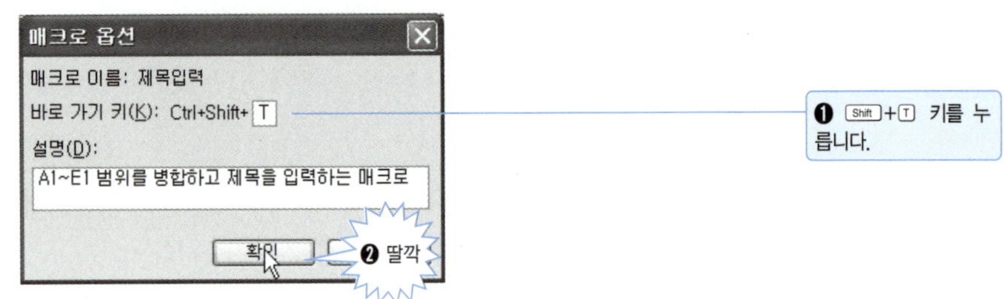

4. '매크로' 대화상자를 닫은 후에 지정한 바로 가기 키를 눌러서 해당 매크로가 정상적으로 실행되는지 확인해 봅니다.

	A	B	C	D	E	F
1		엑셀 2003의 매크로 활용				
2						
3						
4						
5						

'제목서식지정' 매크로에 바로 가기 키를 Ctrl + Shift +S로 지정하고, 지정한 바로 가기 키를 이용하여 매크로를 실행시켜 보세요.

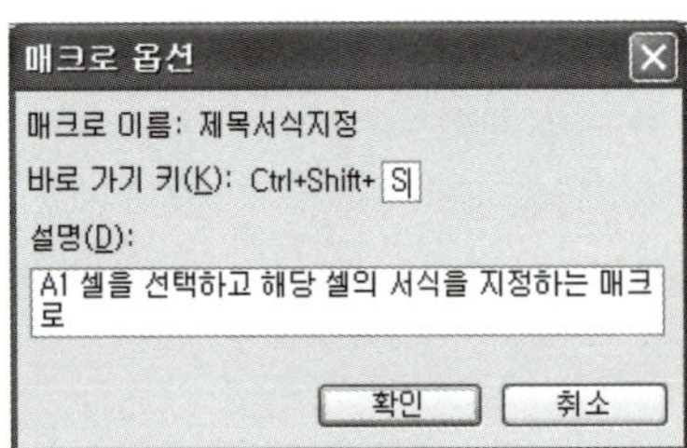

'테두리선그리기' 매크로에 바로 가기 키를 Ctrl + Shift +L로 지정하고, 지정한 바로 가기 키를 이용하여 매크로를 실행시켜 보세요.

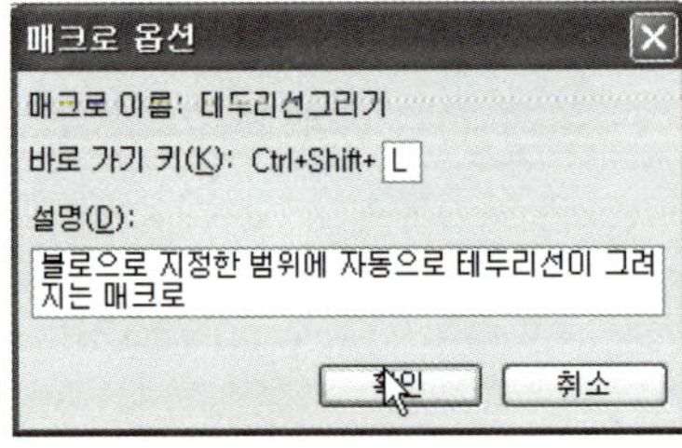

12-4 매크로 편집하기

이번에는 매크로의 내용을 분석하고 잘못된 부분을 찾아서 수정하는 방법에 대해 알아
봅시다.

Visual Basic Editor 실행하기

- [도구]-[매크로]-[Visual Basic Editor] 메뉴를 선택합니다.
- [도구]-[매크로]-[매크로] 메뉴를 선택한 뒤에 [편집] 버튼을 클릭합니다.
- 매크로 실행 개체의 바로 가기 메뉴에서 [매크로 지정]의 [편집]을 선택합니다.
- 시트 탭의 바로 가기 메뉴에서 [코드 보기]를 선택합니다.
- 단축키 Alt + F11 를 입력하면 Visual Basic Editor를 이용하여 매크로의 내용을 확인하고 편집할 수 있습니다.

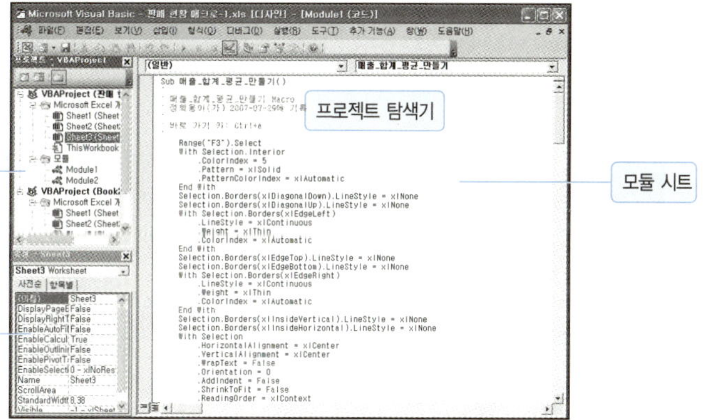

Visual Basic 도구 모음

[보기]-[도구 모음]-[Visual Basic] 메뉴를 선택하면 매크로와 관련된 기능을 쉽게 실행할 수 있는 Visual Basic 도구모음을 화면에 표시할 수 있습니다.

❶ **매크로 실행** : '매크로' 대화상자를 실행하여 매크로를 실행시킵니다.

❷ **매크로 기록** : '매크로 기록' 대화상자를 실행하여 새로운 매크로를 작성합니다.

❸ **보안** : '보안' 대화상자를 실행하여 보안 수준을 설정합니다.

❹ **Visual Basic Editor** : 매크로를 편집할 수 있는 Visual Basic Editor를 실행합니다.

❺ **컨트롤 도구 상자** : 컨트롤 도구 상자를 화면에 표시하거나 숨깁니다.

❻ **디자인 모드** : 워크시트에 삽입된 컨트롤 도구를 편집하거나 실행하기 위해 작업 모드로 전환합니다.

❼ **Microsoft Script Editor** : Microsoft Script Editor를 실행합니다.

 '제목서식지정' 매크로 편집하기

A1 셀을 선택하고 있는 상태에서 만들어진 매크로의 내용을 살펴보고, 잘못된 부분을 찾아 고쳐 봅시다. 매크로의 내용은 매크로 기록 도중에 사용한 명령의 종류에 따라 다릅니다. 여기에서는 서식 도구 모음을 이용하여 서식을 지정하는 매크로 내용을 기준으로 다뤄 보겠습니다.

1. [도구]–[매크로]–[Visual Basic Editor] 메뉴를 선택합니다.

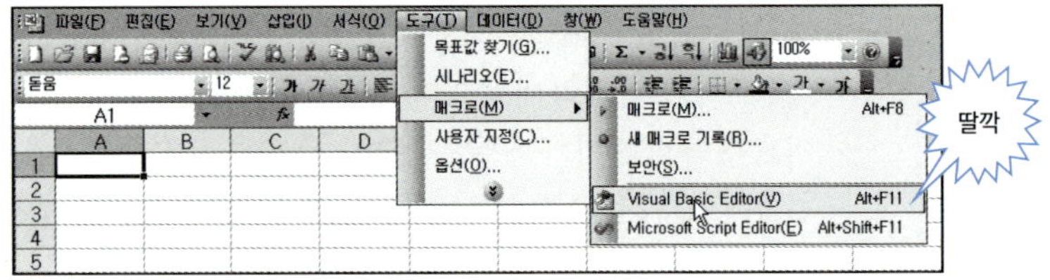

2. 프로젝트 창에서 **VBAProject(매크로가 기록된 파일 이름) → 모듈 → Module1**을 순서대로 선택합니다.

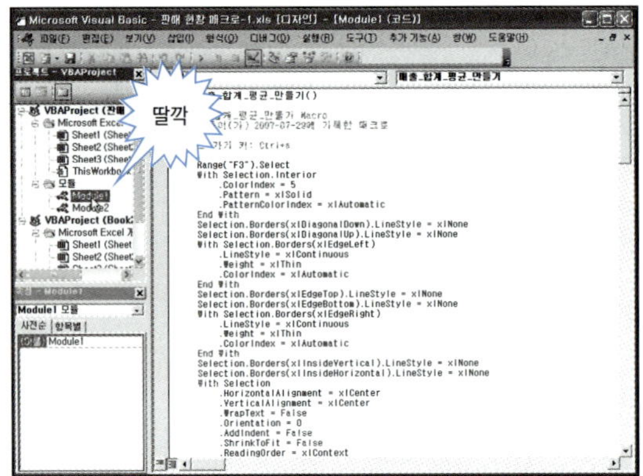

3. 화면 오른쪽에 있는 매크로 코드 중에서 '제목서식지정' 부분을 화면에 잘 보이도록 표시합니다.

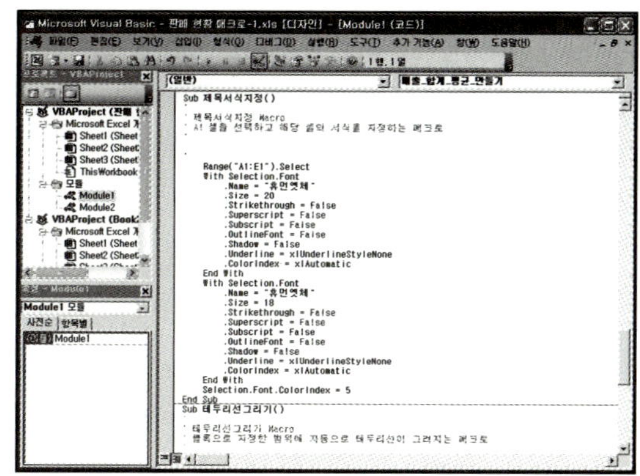

Note

추가 설명

이 매크로는 A1 셀을 선택한 상태에서 만들어졌기 때문에 A1 셀을 선택하는 동작이 기록되어 있지 않습니다. 만약, A1 셀을 선택하지 않은 상태에서 매크로를 기록했다면 'Range("A1").Select'와 같은 문장이 추가되어 있을 것입니다.

매크로 내용 설명

이 매크로는 비효율적으로 만들어져 있습니다. 매크로의 내용을 살펴본 후에 필요 없는 부분을 찾아봅시다.

```
Sub 제목서식지정()                          <= 매크로의 제목과 매크로가 시작됨을 알림
'
' 제목서식지정 Macro
' A1 셀을 선택하고 해당 셀의 서식을 지정하는 매크로    <= 매크로의 설명 내용
'
' 바로 가기 키: Ctrl+Shift+S                 <= 매크로의 단축키
'
    With Selection.Font        <= 선택한 범위에 다음의 글꼴 관련 서식을 적용함
                               (서식 도구 모음의 글꼴 목록에서 글꼴을 선택할 때 생긴 매크로)
        .Name = "휴먼옛체"        <= 글꼴 : 휴먼옛체(유일하게 필요한 내용)
        .Size = 10             <= 글꼴 크기 : 10(지정하지 않은 내용은 기존의 내용이 그대로 적용됨)
        .Strikethrough = False                     <= 취소선 : 사용 안 함
        .Superscript = False                       <= 위첨자 : 사용 안 함
        .Subscript = False                         <= 아래첨자 : 사용 안 함
        .OutlineFont = False                       <= 테두리 글자 : 사용 안 함
        .Shadow = False                            <= 그림자 효과 : 사용 안 함
        .Underline = xlUnderlineStyleNone          <= 밑줄 : 사용 안 함
        .ColorIndex = xlAutomatic                  <= 글꼴 색 : 자동
    End With                                        <= 적용할 글꼴 스타일 끝
    With Selection.Font        <= 선택한 범위에 아래의 글꼴 관련 서식을 적용함
                               (서식 도구 모음의 글꼴 크기 목록에서 크기를 지정할 때 생긴 매크로)
        .Name = "휴먼옛체"       <= 기존에 적용해 두었던 글꼴이 그대로 적용
        .Size = 18             <= 글꼴 크기 : 18
        .Strikethrough = False                     <= 이하 내용은 위의 매크로와 같음
        .Superscript = False
        .Subscript = False
        .OutlineFont = False
        .Shadow = False
        .Underline = xlUnderlineStyleNone
        .ColorIndex = xlAutomatic
    End With
    Selection.Font.ColorIndex = 5                  <= 글꼴 색을 색상 번호 5번으로 지정
End Sub
```

4. 매크로 본문의 첫 번째 줄에 'Range("A1").Select' 를 입력합니다.

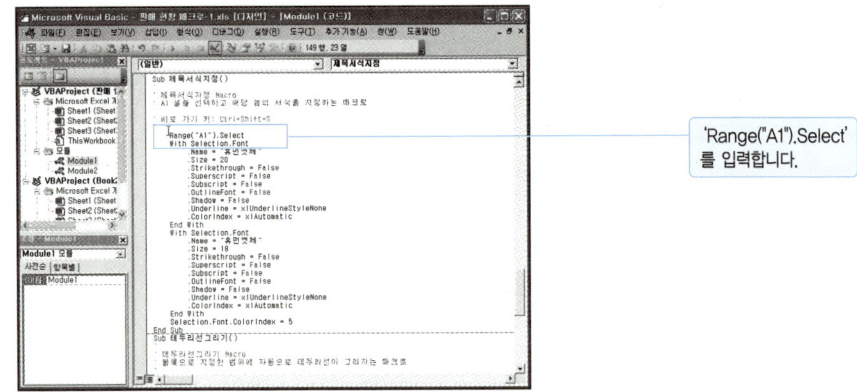

5. 그림처럼 매크로 본문의 4~11 행을 블록으로 지정한 후에 바로 가기 메뉴의 **[잘라내기]**를 선택합니다.

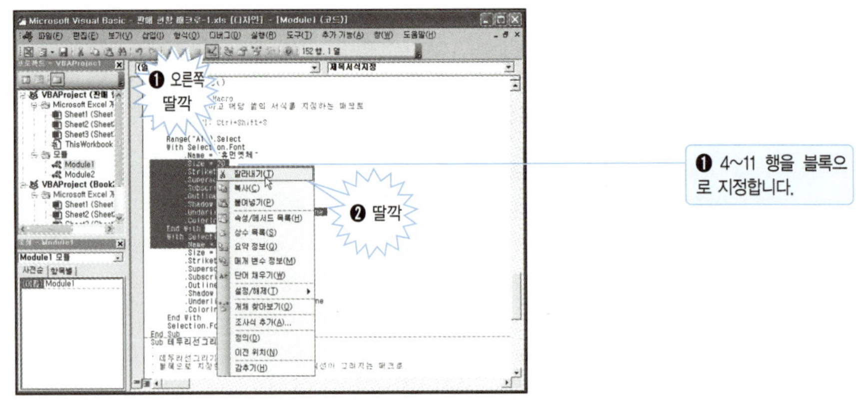

6. 이번에는 본문의 5~10 행을 블록으로 지정하여 지웁니다.

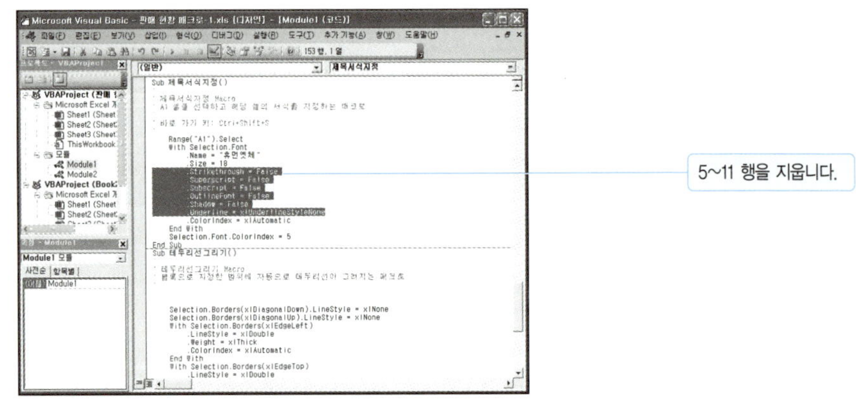

7. 마지막으로 ColorIndex의 값을 '5'로 지정한 후에 'Selection.Font.ColorIndex = 5'를 지웁니다.

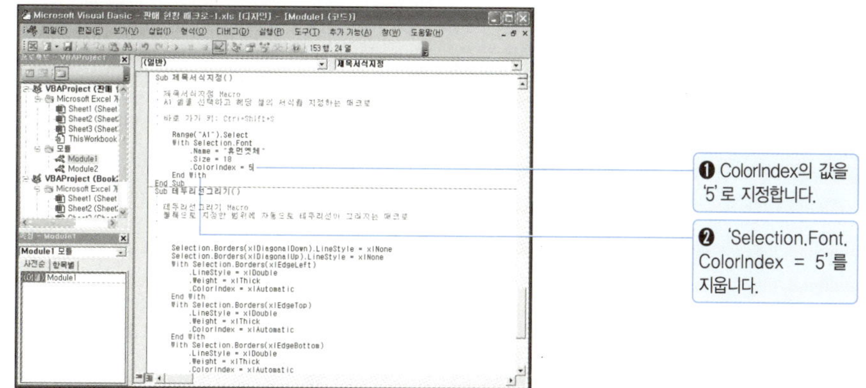

8. 수정된 매크로를 저장하기 위해 파일 저장 기능을 실행하고 Visual Basic Editor를 닫습니다.

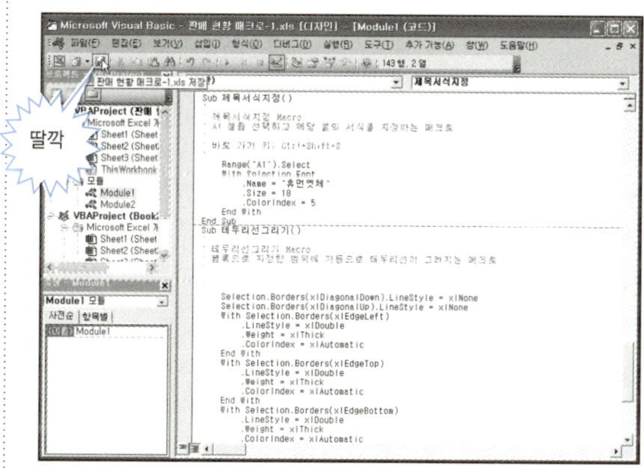

9. 그림처럼 제목을 입력한 상태에서 C4 셀을 선택하고 '제목서식지정' 매크로를 실행시켜 봅니다.

	A	B	C	D	E	F
1		엑셀 2003의 매크로 활용				
2						
3						
4						
5						

'제목입력' 매크로에서 필요 없는 내용을 제거하여 그림처럼 간결하게 만든 후에 매크로를 테스트해 보세요.

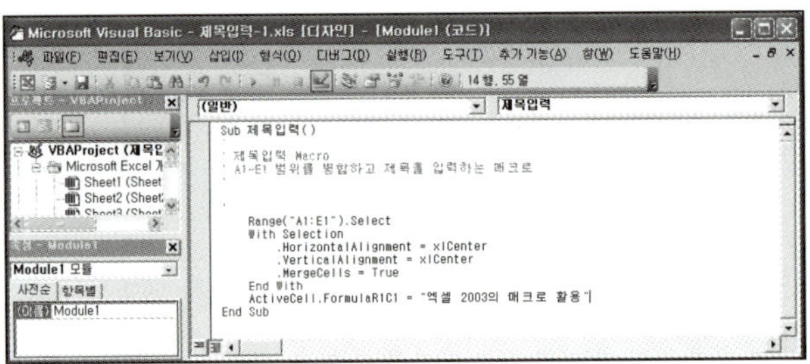

'제목입력' 매크로와 '제목서식지정' 매크로를 합쳐서 하나의 매크로를 구성해 보세요.

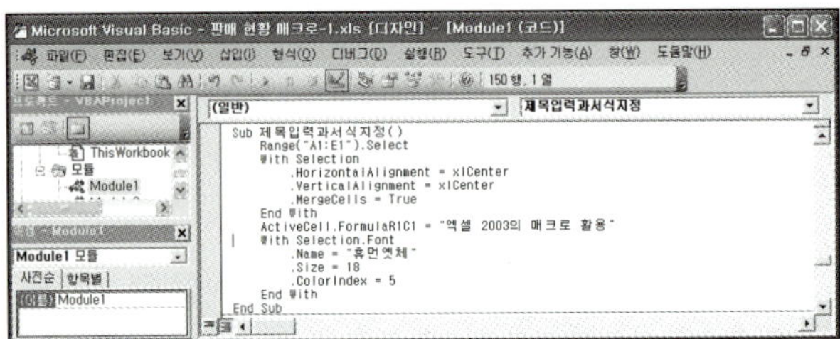

자동 서식 매크로 만들기

이번에는 자동 서식 기능처럼 데이터 범위를 자동으로 인식하여 원하는 모양의 테두리를 그리고 항목 제목과 전체 제목의 서식까지 자동으로 지정해 주는 매크로를 만들어 봅시다.

주 매크로 기록하기

많은 기능을 실행하는 매크로를 작성해야 할 때에는 단계를 나누어서 매크로를 기록한 후에 각각의 매크로를 하나로 합치는 것이 좋습니다. 여기에서는 데이터 범위를 인식하여 테두리를 지정하는 매크로를 먼저 만들어 보겠습니다.

1. '자동서식매크로.xls' 파일을 불러온 후에 [도구]–[매크로]–[새 매크로 기록] 메뉴를 선택합니다.

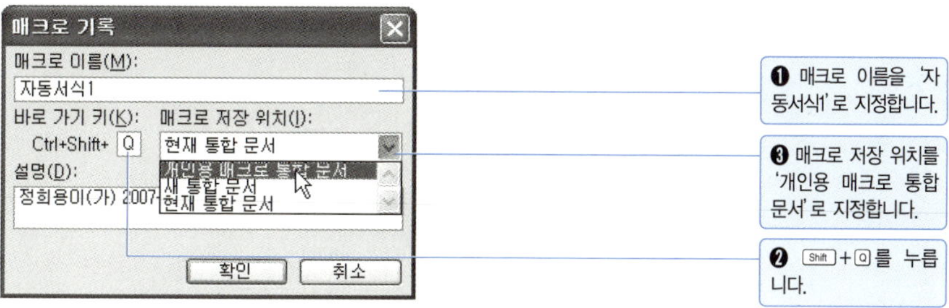

2. 매크로 이름을 '자동서식1'로 지정하고 단축키를 Ctrl + Shift + Q 로 지정합니다. 매크로 저장 위치를 '개인용 매크로 통합 문서'로 지정하고 [확인] 버튼을 클릭합니다.

3. 키보드의 Ctrl + ← 키를 눌러서 데이터 범위의 가장 왼쪽으로 셀 포인터를 이동시킵니다.

4. 키보드의 Ctrl + ↑ 키를 눌러서 데이터 범위의 가장 위쪽으로 셀 포인터를 이동시킵니다.

---

5. 키보드의 Ctrl + Shift + → 와 Ctrl + Shift + ↓ 키를 순서대로 눌러서 전체 데이터 범위를 블록으로 지정합니다.

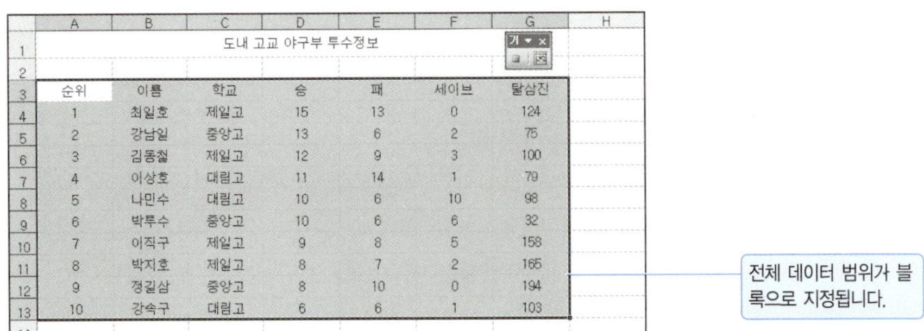

전체 데이터 범위가 블록으로 지정됩니다.

6. 블록으로 지정된 범위에서 바로 가기 메뉴의 **[셀 서식]**을 선택합니다.

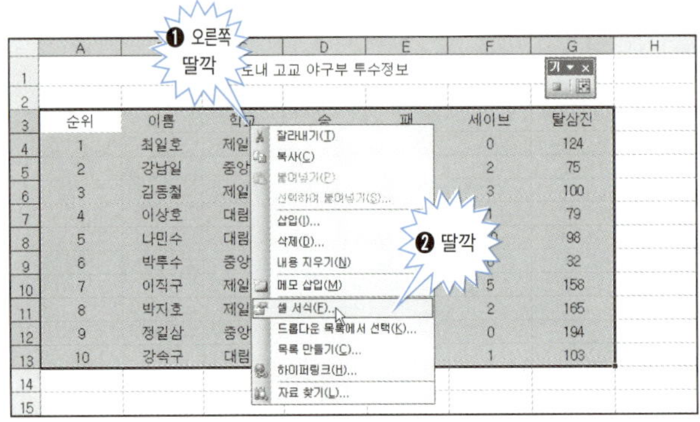

7. '셀 서식' 대화상자의 테두리 탭을 이용하여 원하는 모양의 테두리를 지정하고 **[확인]** 버튼을 클릭합니다.

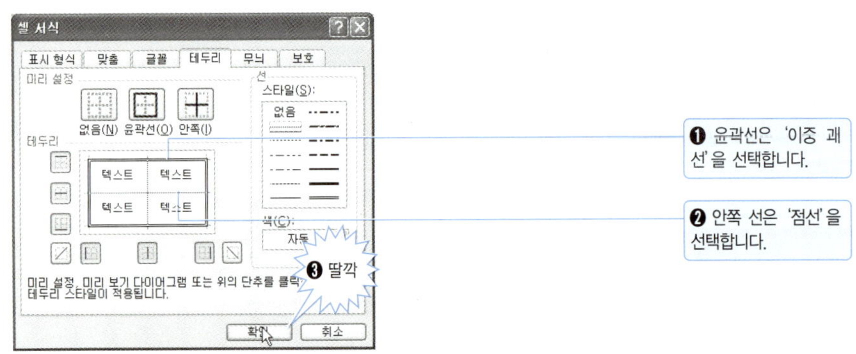

❶ 윤곽선은 '이중 괘선'을 선택합니다.

❷ 안쪽 선은 '점선'을 선택합니다.

8. [도구]-[매크로]-[기록 중지] 메뉴를 선택하여 매크로 기록을 마칩니다.

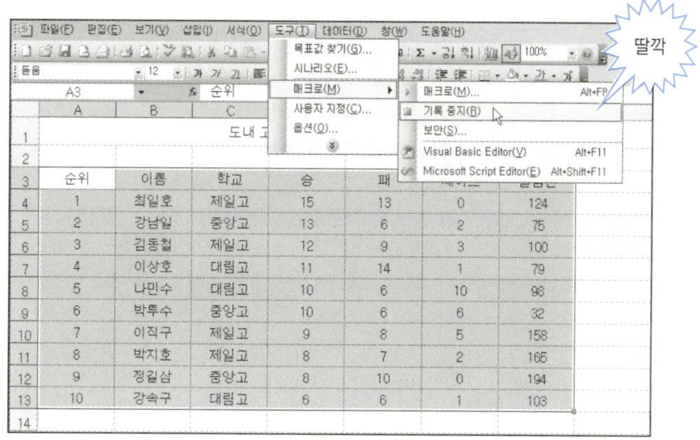

'항목제목서식' 지정 매크로 만들기

이번에는 데이터 표의 가장 위쪽에 있는 항목에 적당한 서식을 적용해 봅시다.

1. 새로운 매크로를 작성하기 위해 [도구]-[매크로]-[새 매크로 기록] 메뉴를 선택합니다.

2. 매크로 이름을 '항목제목서식' 으로 지정한 후에 [확인] 버튼을 클릭합니다. 이 매크로는 앞에서 만든 매크로의 뒤쪽에 연결할 것이므로 별도로 바로 가기 키를 지정할 필요는 없습니다.

3. ↓ 키를 한 번 눌러서 지정된 블록을 해제합니다.

	A	B	C	D	E	F	G	H
1			도내 고교 야구부 투수정보					
2								
3	순위	이름	학교	승	패	세이브	탈삼진	
4	1	최일호	제일고	15	13	0	124	
5	2	강남일	중앙고	13	6	2	75	
6	3	김동철	제일고	12	9	3	100	
7	4	이상호	대림고	11	14	1	79	
8	5	나민수	대림고	10	6	10	98	
9	6	박투수	중앙고	10	6	6	32	
10	7	이직구	제일고	9	8	5	158	
11	8	박지호	제일고	8	7	2	165	
12	9	정길삼	중앙고	8	10	0	194	
13	10	강속구	대림고	6	0	1	103	
14								

4. `Ctrl`+`↑` 키를 눌러서 데이터 범위의 맨 위쪽으로 셀 포인터를 이동시킵니다.

5. `Ctrl`+`Shift`+`→` 키를 눌러서 항목 제목이 입력되어 있는 범위를 블록으로 지정합니다.

6. 바로 가기 메뉴의 **[셀 서식]**을 선택합니다.

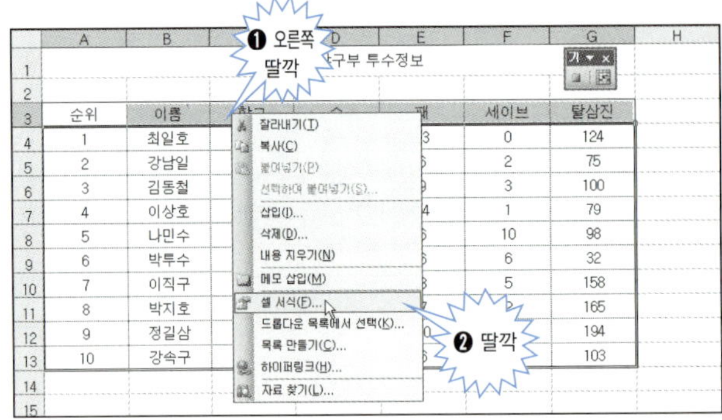

7. 글꼴 탭을 이용하여 항목 제목에 사용할 글꼴 서식을 지정합니다. 무늬 탭을 이용하여 항목 제목에 사용할 배경 색을 선택하고 **[확인]** 버튼을 클릭합니다.

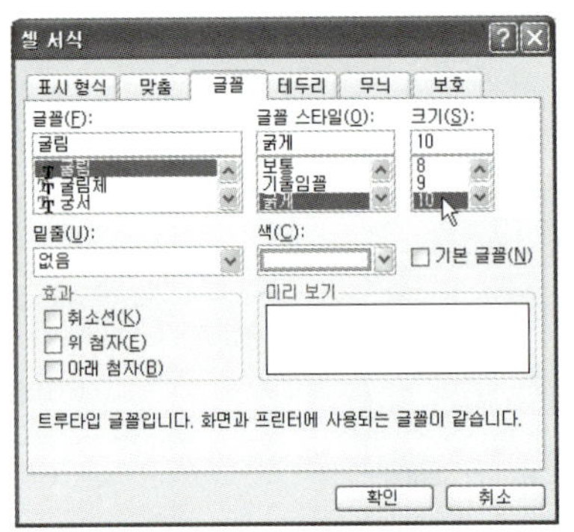
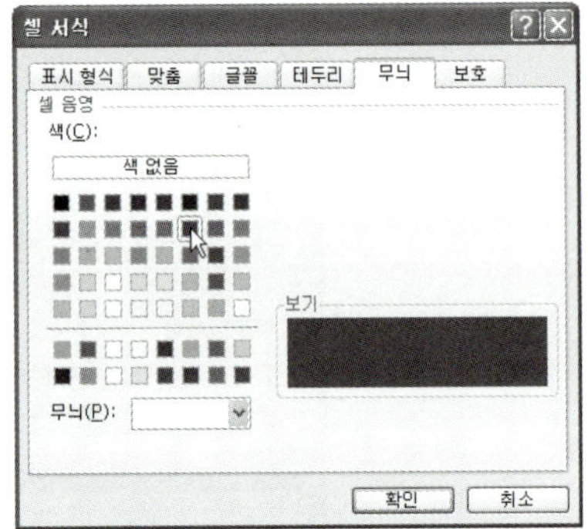

8. **[도구]**–**[매크로]**–**[기록 중지]** 메뉴를 선택하여 매크로 기록을 마칩니다.

'제목서식' 지정 매크로 만들기

이제, 표의 제목 서식을 지정하는 매크로를 만들어 봅시다.

1. **[도구]**–**[매크로]**–**[새 매크로 기록]** 메뉴를 선택합니다.

2. 매크로 이름을 '제목서식'으로 지정한 후에 **[확인]** 버튼을 클릭합니다.

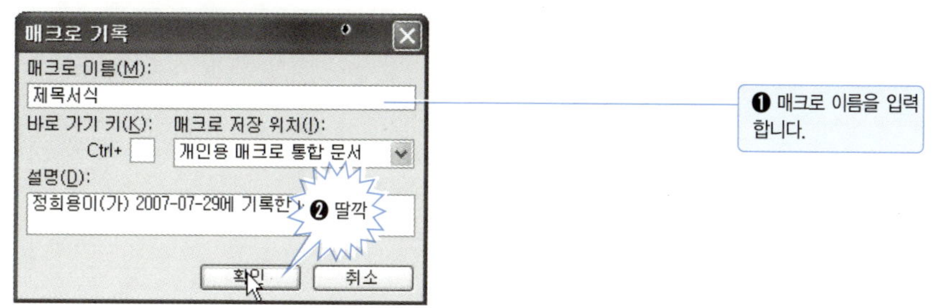

3. A1 셀을 클릭한 후에 '셀 서식' 대화상자의 글꼴 탭을 이용하여 표의 제목에 적용될 글꼴 서식을 지정하고 **[확인]** 버튼을 클릭합니다.

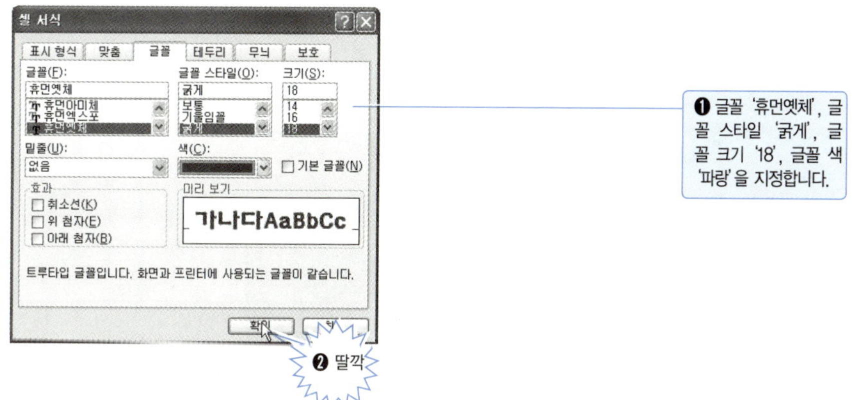

4. **[도구]**-**[매크로]**-**[기록 중지]** 메뉴를 선택하여 매크로 기록을 마칩니다.

매크로 테스트하기

앞에서 만든 각 매크로들을 테스트해 본 결과 정상적으로 실행되지 않는 매크로가 있다면 해당 매크로를 다시 기록해야 합니다. 우리가 만든 매크로는 데이터 표의 칸 수에 상관없이 전체 데이터 범위를 인식하고, 테두리를 그리거나 제목을 인식하여 글꼴을 적용할 수 있어야 합니다.

1. 그림처럼 적당한 모양의 연습용 표를 만들고 데이터 범위에 셀 포인터를 위치시킵니다.

2. '자동서식1' 매크로를 실행시키기 위해 Ctrl+Shift+Q 키를 누릅니다.

	A	B	C	D	E	F
1			연습용 표			
2						
3	데이터1	데이터2	데이터3	데이터4	데이터5	
4	200	200	200	200	200	
5	200	200	200	200	200	
6	200	200	200	200	200	
7	200	200	200	200	200	
8	200	200	200	200	200	
9	200	200	200	200	200	
10	200	200	200	200	200	
11	200	200	200	200	200	
12	200	200	200	200	200	
13	200	200	200	200	200	
14						

3. 매크로가 정상적으로 실행되는지 확인하기 위해 나머지 다른 두 개의 매크로도 순서대로 실행시켜 봅니다.

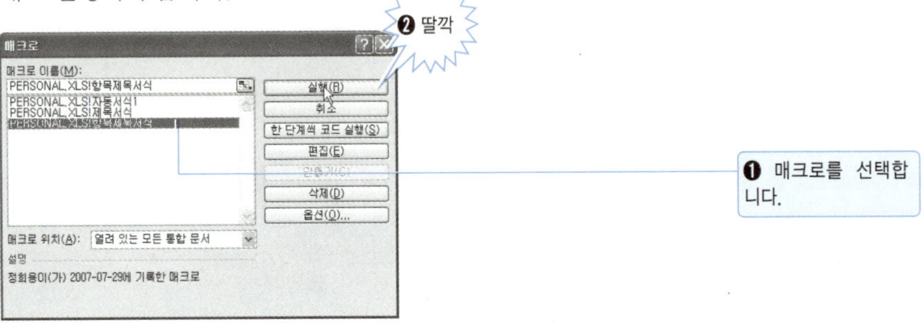

매크로 합치기

만들어 놓은 모든 매크로가 정상적으로 실행된다면 Visual Basic Editor를 이용하여 세 개의 매크로를 하나로 합쳐 봅시다.

1. 개인용 매크로 통합문서의 내용을 수정하려면, 먼저 숨겨져 있는 개인용 매크로 통합문서를 화면에 표시해야 합니다. **[창]–[숨기기 취소]** 메뉴를 선택합니다.

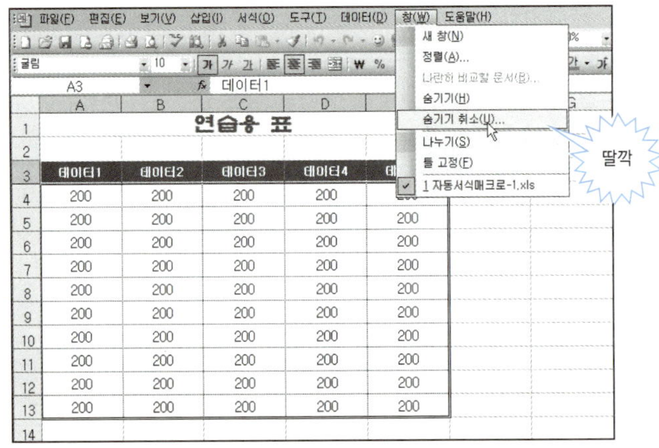

2. '숨기기 취소' 대화상자의 통합 문서 목록에서 'PERSONAL.XLS'를 선택한 후에
[**확인**] 버튼을 클릭합니다.

3. [**도구**]–[**매크로**]–[**매크로**] 메뉴를 선택한 후에 매크로 목록에서 '자동서식1'을 선택하
고 [**편집**] 버튼을 클릭합니다.

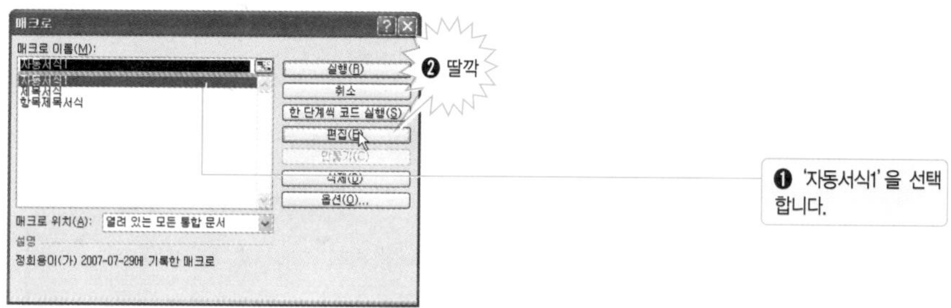

4. '항목제목서식' 매크로의 본문 전체를 블록으로 지정한 후에 바로 가기 메뉴의 [**잘라
내기**]를 선택합니다.

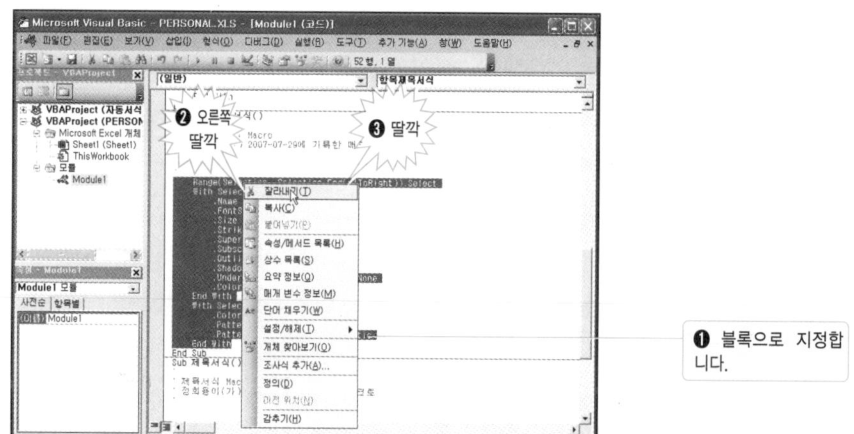

5. '자동서식1' 매크로의 'End Sub' 바로 위에 새로운 행을 삽입한 후에 바로 가기 메뉴의 **[붙여넣기]**를 선택합니다.

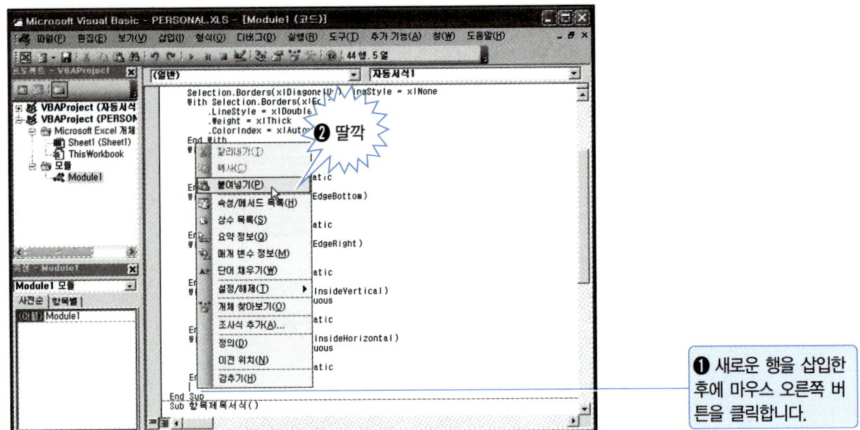

6. 같은 방법으로 '제목서식' 매크로의 본문 내용을 붙여 넣고 변경된 내용을 저장합니다.

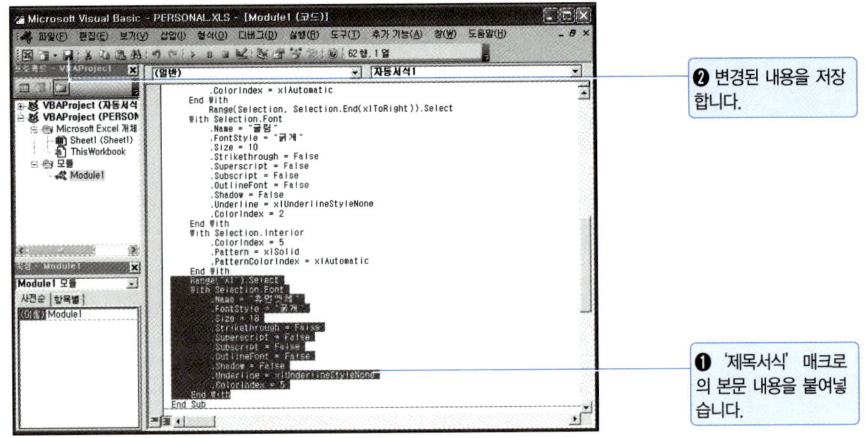

7. 개인용 매크로 통합 문서를 다시 숨기기 위해 **[창]–[숨기기]** 메뉴를 선택합니다.

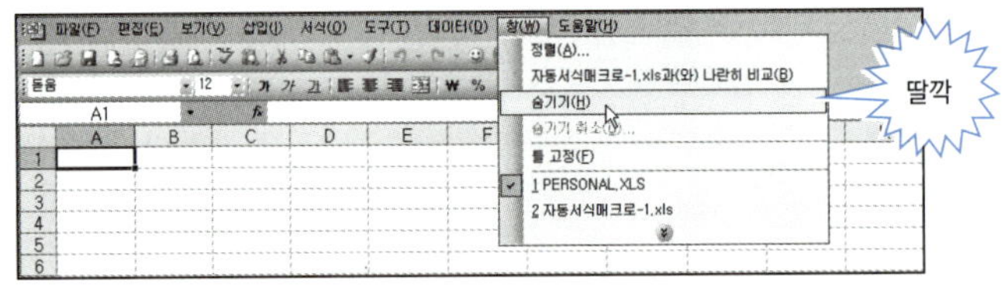

8. 연습용 표에서 매크로가 정상적으로 실행되는지 테스트해 봅니다.

실무 활용 연습

EX 1 물품 구매 금액 매크로로 만들기

	A	B	C	D	E	F	G
1	**물품 구매 내역**						
2							
3	제품코드	제품명	제조사	수량	단가	금액	
4	HD-001	하드디스크	삼성	20	120,000	2,400,000	
5	CD-002	CD-ROM	LG	30	60,000	1,800,000	
6	HD-002	하드디스크	시게이트	20	130,000	2,600,000	
7	PR-003	프린터	HP	14	170,000	2,380,000	
8	KB-002	키보드	삼성	20	15,000	300,000	
9	MU-023	마우스	로지텍	40	10,000	400,000	
10	MB-004	메인보드	유니텍	50	140,000	7,000,000	
11	CD-003	CD-ROM	라이트온	60	65,000	3,900,000	
12	PR-004	프린터	엡손	23	150,000	3,450,000	
13							
14	구매금액		통화표시				
15							

[지시 사항]

❶ '물품 구매 내역.xls' 파일을 실행하세요.
❷ '수량×단가'의 수식으로 금액을 계산하는 매크로를 작성하세요.
❸ 매크로의 이름은 '구매금액'으로 지정하세요.
❹ [E3:F12] 범위에 '통화(\) 스타일'을 표시하는 매크로를 만들고, 매크로 이름을 '통화표시'로 지정하세요.
❺ 양식 도구 모음의 버튼을 두 개 삽입하여 '구매금액', '통화표시'로 이름을 변경한 후에 [구매금액] 버튼에는 '구매 금액' 매크로로, [통화표시] 버튼에는 '통화표시' 매크로를 연결하세요.
❻ 매크로 실행 버튼을 클릭하여 매크로를 실행하세요.

EX 2 판매 실적 달성률과 순위 구하기

	A	B	C	D	E	F	G	H
1	**영업부 판매 실적 대비표**							
2								
3	팀명	이름	당월목표	실적	달성률	순위	달성률	
4	영업1팀	김종신	3,000	3,100	103.3%	3		
5	영업1팀	박만수	2,400	2,000	83.3%	11	순 위	
6	영업1팀	이세윤	2,500	2,100	84.0%	10		
7	영업2팀	주진수	3,200	3,200	100.0%	6		
8	영업2팀	강호일	3,300	3,000	90.9%	8		
9	영업2팀	민수빈	3,000	3,100	103.3%	3		
10	영업3팀	나대치	2,800	3,700	132.1%	1		
11	영업3팀	고경철	2,700	2,200	81.5%	12		
12	영업3팀	신해순	2,800	2,900	103.6%	2		
13	영업4팀	조병무	3,200	3,300	103.1%	5		
14	영업4팀	양우준	3,300	3,000	90.9%	8		
15	영업4팀	노무웅	3,100	2,900	93.5%	7		
16								

[지시 사항]

❶ '판매 실적 대비표.xls' 파일을 불러오세요.
❷ 달성률은 '당월목표/실적'입니다. 이를 백분율로 표시하는 매크로를 작성하세요.
❸ 매크로 이름을 '달성률'로 지정하세요.
❹ RANK 함수를 이용하여 달성률에 따른 순위를 구하는 매크로를 작성하고, 매크로 이름을 '순위'로 지정하세요.
❺ 그리기 개체의 도형을 삽입하여 '달성률'과 '순위'로 이름을 입력한 후에 매크로를 연결하세요.
❻ 도형을 클릭하여 매크로를 실행하세요.

| EX | **3** | 고급 필터 매크로 작성하기 |

영업부 판매 실적 대비표

팀명	이름	당월목표	실적	달성률	순위		
영업1팀	김종신	3,000	3,100	103.3%	3	달성률	
영업1팀	박만수	2,400	2,000	83.3%	11		
영업1팀	이세윤	2,500	2,100	84.0%	10	순 위	
영업2팀	주진수	3,200	3,200	100.0%	6		
영업2팀	강호일	3,300	3,000	90.9%	8	100% 이상	
영업2팀	민수빈	3,000	3,100	103.3%	3		
영업3팀	나대치	2,800	3,700	132.1%	1		
영업3팀	고경철	2,700	2,200	81.5%	12		
영업3팀	신해순	2,800	2,900	103.6%	2		
영업4팀	조병무	3,200	3,300	103.1%	5		
영업4팀	양우준	3,300	3,000	90.9%	8		
영업4팀	노무웅	3,100	2,900	93.5%	7		

달성률
>=100%

팀명	이름	당월목표	실적	달성률	순위
영업1팀	김종신	3,000	3,100	103.3%	3
영업2팀	주진수	3,200	3,200	100.0%	6
영업2팀	민수빈	3,000	3,100	103.3%	3
영업3팀	나대치	2,800	3,700	132.1%	1
영업3팀	신해순	2,800	2,900	103.6%	2
영업4팀	조병무	3,200	3,300	103.1%	5

[지시 사항]

❶ 고급 필터를 사용하여 달성률이 100% 이상인 영업부원의 데이터를 표시하는 매크로를 작성하세요.

❷ 매크로 이름을 '백퍼센트이상' 으로 지정하세요.

❸ 도형을 삽입하여 '100% 이상' 이라고 이름을 입력한 후에 매크로를 연결하세요.

❹ 도형을 클릭하여 고급 필터 매크로를 실행해 보세요.

파워포인트 2003
기초와 실습

PowerPoint 2003

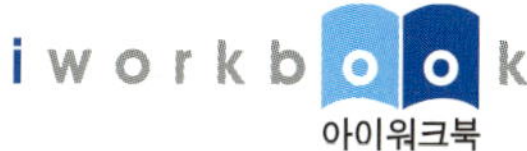

이 책의 예제 파일 사용하는 방법

이 책에서 사용하는 모든 예제 파일은 웹하드(iworkbook.webhard.co.kr)에서 무료로 다운받을 수 있습니다.
아래에서 설명하는 방법을 참고하여 예제 파일을 다운로드 받아 이용하면 됩니다.

1. 주소창에서 http://iworkbook.webhard.co.kr/를 입력합니다.

2. 웹하드에 접속한 후 아이디와 비밀번호(ID: student, 비밀번호: 1234)를 입력합니다.

3. 학생용님의 GUEST폴더에서 내리기전용 폴더를 선택 클릭합니다.

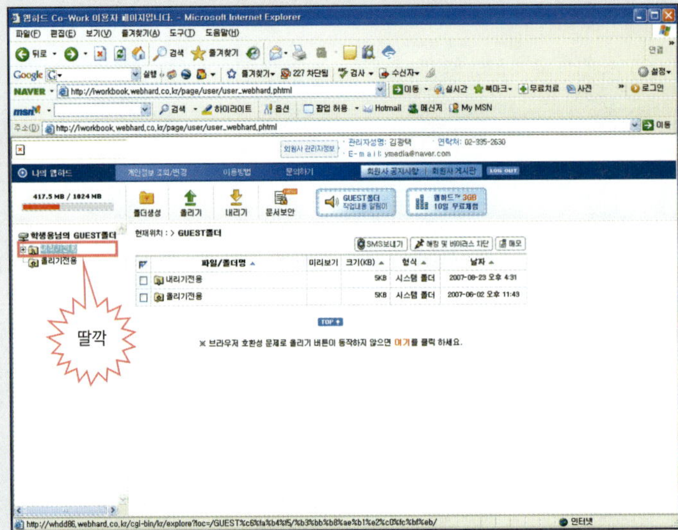

4. 여러 목록이 나타납니다. 여기서 [파워포인트 2003 기초와 실습] 예제 파일 폴더를 선택하여 예제 파일을 다운로드합니다.

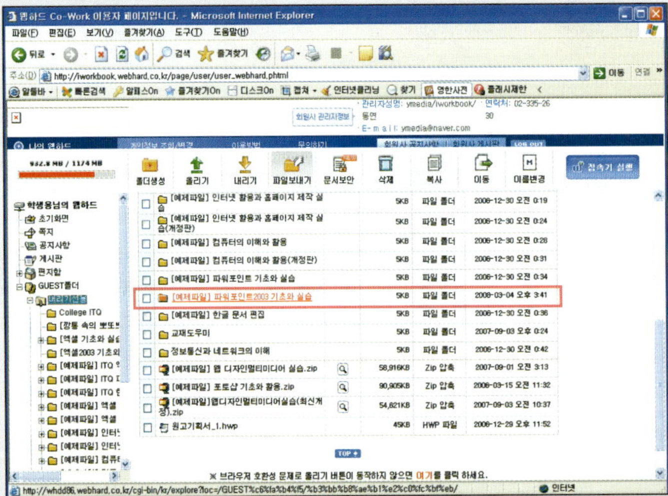

IT Workbook
Contents

이 책의 예제 파일 사용하는 방법   3

01 파워포인트 이해와 기초

01-1 파워포인트의 개요와 역할   10
01-2 파워포인트의 실행과 종료   12
01-3 파워포인트의 화면 구성 익히기   13
01-4 간편한 프레젠테이션 제작 방법   17
01-5 파워포인트 2003의 화면 보기 유형   21
01-6 프레젠테이션 문서로 저장하기   23
01-7 프레젠테이션 문서 불러오기   24

02 슬라이드 제작을 위한 기본 기능 익히기

02-1 텍스트 상자 만들기   26
02-2 글꼴과 맞춤 서식 지정하기   28
02-3 텍스트 상자 서식 지정하기   32
02-4 한자 및 기호 사용하기   36
02-5 슬라이드 추가 및 편집하기   39
02-6 개요 창 사용하기   43
02-7 슬라이드 배경 편집하기   47
02-8 글머리 기호 및 번호 매기기   52
현장 실습 환경보호 슬라이드 만들기   55
실무 활용 연습   66

IT Workbook
Contents

03 그래픽 요소의 삽입과 편집

03-1 그리기 도구 모음 살펴보기	70
03-2 그림 그리기	71
03-3 도형 목록으로 도형 그리기	74
03-4 도형의 복사 · 이동 · 삭제하기	76
03-5 도형의 회전과 모양 조절하기	78
03-6 도형에 텍스트 입력하기	79
03-7 3차원 도형 만들기	80
03-8 도형의 순서, 맞춤 및 배분, 그룹화	83
현장 실습 그리기 도구로 슬라이드 디자인하기	86
실무 활용 연습	102

04 멀티미디어 개체 사용하기

04-1 워드아트로 문자열 디자인하기	104
04-2 클립 아트와 그림 다루기	106
04-3 동영상 다루기	108
04-4 슬라이드 배경 음악 사용하기	110
04-5 Office Online 사이트에서 클립 다운받기	112
현장 실습 영화 홍보 슬라이드 만들기	115
실무 활용 연습	126

05 표 슬라이드의 제작과 편집

05-1 표 만들기	128
05-2 텍스트 입력과 편집	131
05-3 표 및 셀 서식 설정하기	133
05-4 셀 다루기	136
05-5 그리기 개체로 변환하기	139
05-6 그리기 도구로 표 디자인하기	140
현장 실습 비교 슬라이드 만들기	141
실무 활용 연습	146

06 차트 슬라이드의 제작과 편집

06-1 파워포인트의 차트 살펴보기 — 148
06-2 차트 만들기 — 151
06-3 차트 개체의 서식 지정하기 — 156
06-4 차트의 변경과 차트 옵션 설정하기 — 162
현장 실습 실적률 분석 차트 슬라이드 만들기 — 164
실무 활용 연습 — 175

07 조직도 슬라이드의 제작과 편집

07-1 조직도 실행 및 화면 구성 — 178
07-2 조직도 상자 추가 및 삭제 — 182
07-3 조직도 상자 꾸미기 — 185
07-4 조직도 유형 변경하기 — 187
07-5 슬라이드 조직도 조절 및 편집 — 188
현장 실습 통일부 조직도 슬라이드 제작하기 — 189
실무 활용 연습 — 195

08 슬라이드 마스터 편집과 인쇄

08-1 슬라이드 마스터란 — 198
08-2 슬라이드 제목 마스터란 — 199
08-3 슬라이드 마스터 디자인하기 1 — 201
08-4 슬라이드 마스터 디자인하기 2 — 202
08-5 머리글 및 바닥글 입력하기 — 203
08-6 슬라이드 마스터에 개체 삽입하기 — 204
08-7 유인물 마스터 적용하기 — 206
08-8 디자인 서식 파일 만들기 — 207
08-9 슬라이드의 인쇄 — 209
08-10 페이지 설정 대화상자 — 210
현장 실습 '전시회 프리뷰' 슬라이드 마스터 만들기 — 211
실무 활용 연습 — 221

09 애니메이션 효과와 슬라이드 쇼 연출

09-1 화면 전환 효과 적용하기	224
09-2 '여러 슬라이드 보기'에서 애니메이션 적용	225
09-3 애니메이션 효과 지정하기	226
09-4 애니메이션 효과 만들기	229
09-5 차트 효과 적용하기	231
09-6 슬라이드 쇼 진행하기	234
09-7 슬라이드 쇼 재구성하기	235
09-8 슬라이드 쇼 설정하기	236
현장 실습 역동적인 슬라이드 쇼 연출하기	238
실무 활용 연습	246

10 파워포인트와 인터넷

10-1 하이퍼링크 지정하기	248
10-2 하이퍼링크 편집하기	249
10-3 하이퍼링크 대상 지정하기	252
10-4 실행 단추의 이용	253
10-5 웹 문서로 변환과 슬라이드 쇼	255
10-6 전자 메일로 슬라이드 보내기	257
현장 실습 대화형 프레젠테이션 문서 만들기	258
실무 활용 연습	269

파워포인트 이해와 기초

마이크로소프트 파워포인트는 간단한 문서 작성뿐만 아니라 회의 자료, 학습 자료 등을 만들 때 많이 사용하는 프로그램입니다. 파워포인트는 다른 프로그램에 비해 사용 방법이 간단하여 누구나 손쉽게 프레젠테이션을 제작할 수 있습니다. 이번 장에서는 파워포인트의 개요와 구성에 대해 알아보겠습니다.

01-1 파워포인트의 개요와 역할

01-2 파워포인트의 실행과 종료

01-3 파워포인트의 화면 구성 익히기

01-4 간편한 프레젠테이션 제작 방법

01-5 파워포인트 2003의 화면 보기 유형

01-6 프레젠테이션 문서로 저장하기

01-7 프레젠테이션 문서 불러오기

01-1 파워포인트의 개요와 역할

파워포인트는 프레젠테이션 제작을 위한 프로그램으로, 각종 세미나, 학술 발표회, 회사의 업무 보고 및 제품 홍보 등 다양한 분야에서 활용되고 있습니다. 파워포인트를 사용하면 종이 또는 워드프로세서 프로그램을 사용하여 준비했던 단순한 발표 자료를 벗어나 그래픽 요소와 다이나믹한 요소를 포함하는 보다 전문적인 자료를 준비할 수 있습니다. 무엇보다 누구나 쉽게 배우고 사용할 수 있으며, 초보자도 전문적인 프레젠테이션을 만들 수 있는 유용한 프로그램입니다.

파워포인트의 주 역할은 프레젠테이션을 위한 슬라이드 제작

파워포인트 프로그램의 주 역할은 프레젠테이션을 위한 자료 즉, 슬라이드를 제작하는 것입니다. 파워포인트로 제작한 슬라이드는 프로젝터를 통해 청중에게 보여줌으로써, 효과적으로 의사를 전달할 수 있는 유용한 도구가 되었습니다.

프로젝터를 통해 스크린에 비친 슬라이드 내용

다양한 디자인 서식 및 그래픽 기능의 지원

프레젠테이션 슬라이드를 제작할 때 가장 중요하게 고려해야 할 점은 가독성과 명시성입니다. 가독성과 명시성은 슬라이드에서 사용하고 있는 개체의 크기와 색상 등에 의해 결정됩니다. 파워포인트 프로그램은 다양한 채우기 형식과 그래픽 기능을 지원함으로써, 슬라이드의 구성 요소들을 한 눈에 확인할 수 있도록 도와줍니다.

프레젠테이션을 위한 슬라이드를 제작할 때에는 명조 계열의 글꼴보다는 강한 느낌을 전달하는 고딕 계열의 글꼴을 사용하는 것이 좋습니다. 또한 윈도우가 제공하는 기본 글꼴을 사용하고, 한글과 영문 각각의 전용 글꼴을 사용하는 것이 바람직합니다.

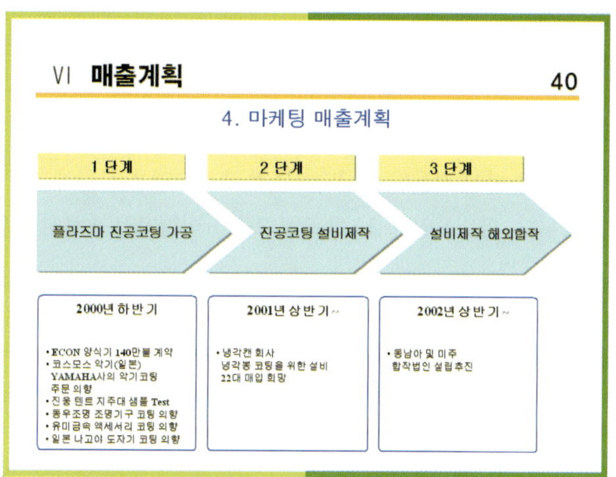

텍스트와 도형의 서식을 활용한 슬라이드

긴 문장을 함축적으로 전달할 수 있는 다양한 유형의 표와 차트 기능 제공

프레젠테이션은 공간적·시간적 제한이 있으므로 내용을 함축하여 전달하는 것이 무엇보다 중요하다. 파워포인트의 표와 차트는 내용을 데이터화함으로써, 청중들의 내용 분석과 이해를 도와줍니다. 또한 다양한 유형과 개체 서식을 통해 시각적 효과를 높일 수 있습니다.

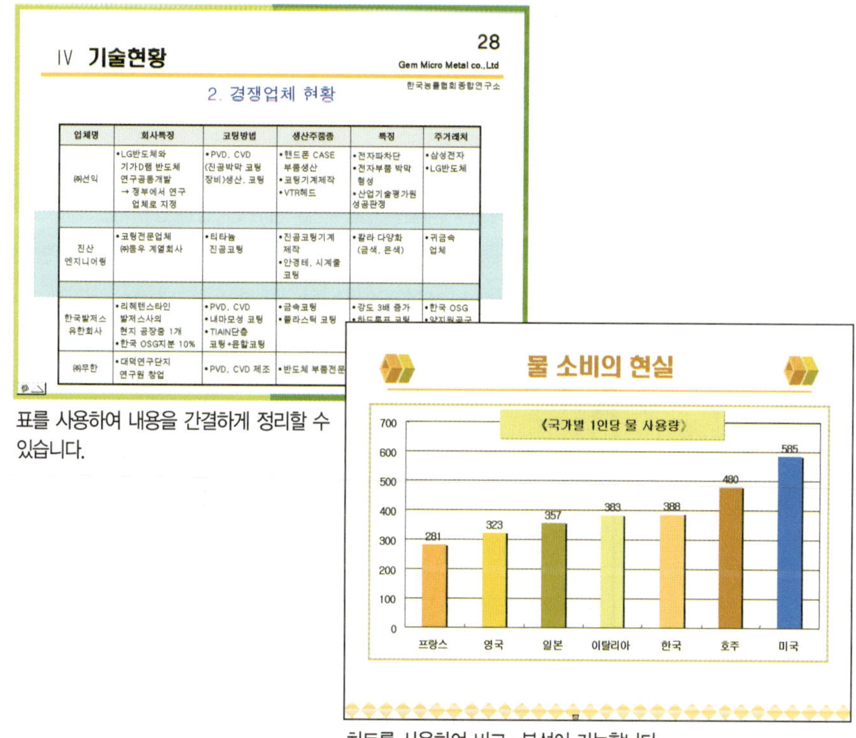

표를 사용하여 내용을 간결하게 정리할 수 있습니다.

차트를 사용하여 비교·분석이 가능합니다.

01-2 파워포인트 2003의 실행과 종료

윈도우 시스템이 적용되기 시작하면서 프로그램을 실행하고 종료하는 방법은 쉽고 다양해졌습니다. 파워포인트 2003 프로그램을 실행하고 종료하는 몇 가지 방법에 대해 알아봅시다.

파워포인트 실행하기

- 〈시작〉→[모든 프로그램]→[Microsoft PowerPoint 2003]을 선택합니다.
- 〈시작〉→[모든 프로그램]→[새 오피스 문서]를 선택합니다.

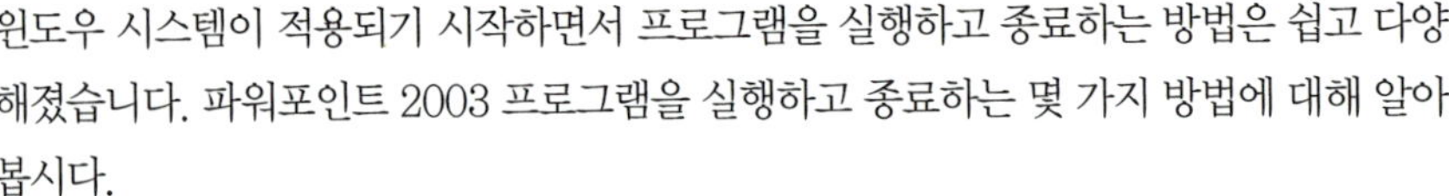
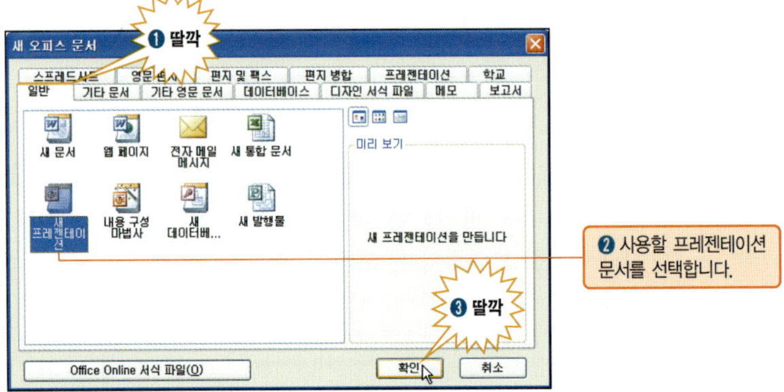

사용할 프레젠테이션 문서를 선택한 후 〈확인〉을 클릭하세요.

파워포인트 종료하기

- 메뉴 이용하기 : [파일]→[끝내기] 메뉴를 선택합니다.
- 제목 표시줄의 오른쪽 끝에 있는 〈닫기〉 버튼(X)을 클릭합니다.
- 단축키 : Alt + F4 를 누릅니다.

> **Note**
>
> **문서만 종료할 경우**
> 현재 열려 있는 문서만 닫을 경우 [파일]→[닫기] 메뉴를 선택하거나 메뉴 표시줄 오른쪽 끝에 있는 〈닫기〉 버튼(X)을 클릭합니다.

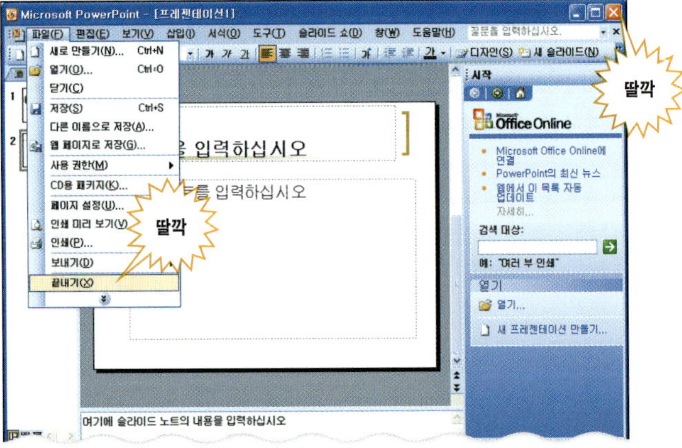

01-3 파워포인트 20003 화면구성 익히기

파워포인트 2003은 윈도우XP의 기본 창 구성을 따르고 있으며, 여기에 개요 및 슬라이드 보기 영역, 슬라이드 편집 영역, 슬라이드 노트 보기 영역, 작업창으로 크게 구분됩니다. 앞으로 학습을 원활하게 하려면 화면 각 부분의 이름과 기능을 알아야 합니다. 파워포인트 2003의 화면 구성을 자세히 살펴봅시다.

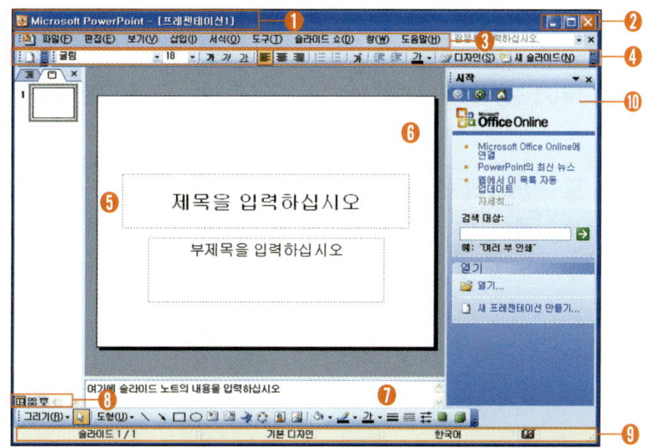

❶ **제목 표시줄** : 프로그램의 정식 명칭인 ‘Microsoft PowerPoint’가 표시되고, 옆으로 현재 작업 중인 파워포인트 파일의 이름이 표시됩니다.
· 제목 표시줄을 드래그&드롭하면 파워포인트 창의 위치를 이동할 수 있습니다.
· 제목 표시줄의 가장 왼쪽에 있는 █을 더블클릭하면 프로그램이 종료됩니다.
· 제목 표시줄을 더블클릭하면 창 최대화와 이전 화면 복귀가 반복됩니다.

❷ **창 조절 버튼** : 파워포인트 프로그램의 창 크기를 조절합니다.

최소화 버튼		파워포인트 프로그램 창을 숨기고 작업 표시줄에 작업 단추만을 남깁니다.
최대화 버튼		파워포인트 프로그램 창을 화면 크기만큼 확대합니다.
이전 크기로 버튼		파워포인트 프로그램 창을 최대화 이전의 크기로 되돌립니다.
닫기 버튼		파워포인트 프로그램 창을 닫습니다.

❸ **메뉴 표시줄** : 파워포인트에서 사용하는 모든 메뉴를 항목별로 구분하여 모아 놓았습니다. 메뉴에 표시되는 명령들은 각 명령의 특성에 따라 조금씩 다르게 표시됩니다. 각 메뉴의 유형별 특징은 다음과 같습니다.
· **일반 명령** : 명령어만 표시되어 있는 일반 명령어를 선택하면, 해당 명령이 바로 실행됩니다.
· **대화상자를 포함하는 명령** : 명령어 뒤에 [...] 표시가 있는 명령어를 선택하면, 명령어에 해

당하는 대화상자가 실행됩니다.

· **하위 메뉴를 가지는 명령** : 명령어 뒤에 [▶] 표시가 있는 명령어는 하위 메뉴를 가지고 있는 명령어입니다.

❹ **도구 모음** : 파워포인트에서 자주 사용하는 명령을 아이콘 형태로 모아 놓은 것입니다. 도구 모음의 도구를 사용하면 여러 단계의 메뉴를 거치지 않고 클릭만으로 빠르고 간단하게 명령을 실행할 수 있습니다. 기본 화면에 표시되는 대표적인 도구 모음은 다음과 같습니다.

· **표준 도구 모음** : 파일 관리와 기본 편집 및 개체 삽입 등에서 자주 쓰이는 명령을 모아 놓았습니다.

· **서식 도구 모음** : 문자열의 모양 편집, 개체의 속성 설정 등의 서식과 관련하여 자주 쓰이는 명령을 모아 놓았습니다.

· **그리기 도구 모음** : 그림 및 그리기와 관련된 도구들을 모아 놓았습니다.

■ 도구 모음의 위치 변경 및 표시 여부 지정

파워포인트의 도구 모음은 작업 영역을 최대화하기 위하여 표준 도구 모음과 서식 도구 모음을 한 줄에 표시하고 있습니다. 하지만 작업자의 스타일과 작업 내용에 따라 도구 모음의 위치와 도구 모음의 표시 여부를 설정할 수 있습니다. 도구 모음의 위치와 표시 여부를 변경하는 방법에 대해 알아봅시다.

도구 모음의 위치 변경

1. 표준 도구 모음과 서식 도구 모음의 경계선에 마우스 포인터를 맞춥니다.

2. 표준 도구 모음 아래로 서식 도구 모음을 드래그하면 두 도구 모음이 서로 다른 줄로 분리됩니다.

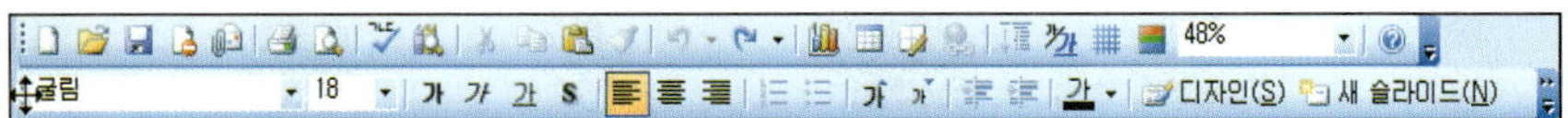

도구 모음 표시와 해제

1. 메뉴 표시줄의 [보기] 메뉴를 클릭한 후, [도구 모음] 메뉴를 선택합니다.

2. 하위 메뉴 항목이 표시되면 표시 또는 해제할 도구 모음을 선택합니다.

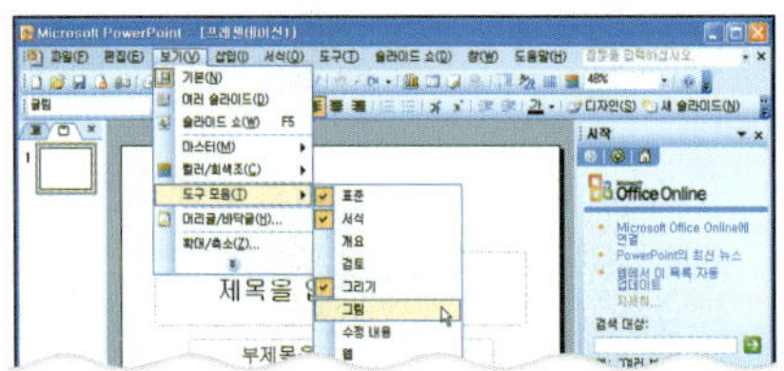

도구 모음을 표시하기 위한 메뉴 선택 화면

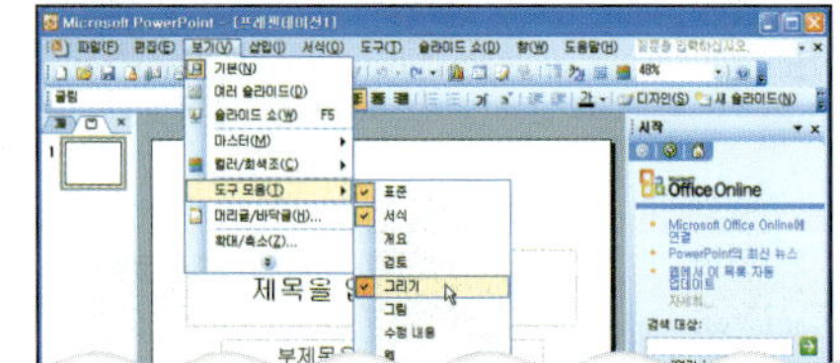

도구 모음 표시를 해제하기 위한 메뉴 선택 화면

그림과 같이 개요 보기 영역 개요 도구 모음을 표시해 보세요.

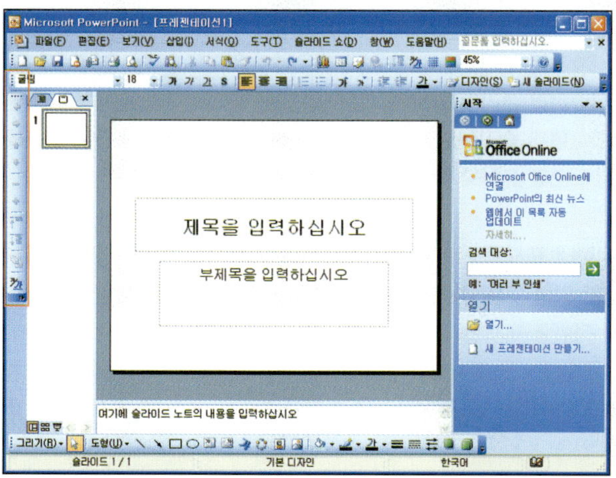

프로그램 창 하단의 그리기 도구 모음을 보이지 않게 설정해 보세요.

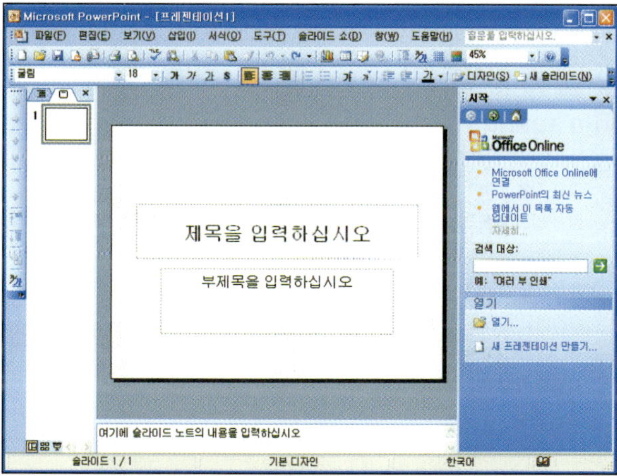

⑤ **개요 보기 영역** : 각 슬라이드의 제목과 본문의 문자열이 표시됩니다. 또한 이곳에서 내용 입력과 수정이 가능합니다.

⑥ **슬라이드 보기 영역** : 슬라이드를 제작하는 실제 작업 영역입니다. 이곳에서 텍스트 입력, 개체 삽입과 편집 등의 모든 작업이 이루어집니다.

⑦ **슬라이드 노트 보기 영역** : 발표자와 청중의 이해를 돕기 위한 슬라이드의 부연 설명을 입력하는 영역입니다. 이 영역이 입력된 내용은 유인물의 형태로 인쇄하여 프레젠테이션 자료로 청중에게 배포할 수 있습니다. 그러나 '슬라이드쇼' 상태에서는 보이지 않습니다.

⑧ **화면 보기 전환 단추** : 기본 보기, 여러 슬라이드 보기, 슬라이드 쇼 등 슬라이드 보기의 형태를 전환하기 위한 단추를 모아 놓았습니다.

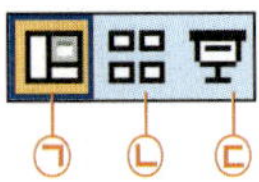

ⓐ **기본 보기** : 슬라이드 및 개요와 슬라이드 노트, 슬라이드 편집 영역이 모두 표시됩니다.
ⓑ **여러 슬라이드 보기** : 문서의 모든 슬라이드가 순서대로 화면에 표시됩니다.
ⓒ **현재 슬라이드부터 슬라이드 쇼** : 현재 슬라이드 영역에 표시된 슬라이드부터 전체화면
　으로 표시되면서 슬라이드 쇼가 실행됩니다.

❾ **상태 표시줄** : 그리기 도구 모음의 아래에 위치하며, 현재 작업 중인 슬라이드의 번호와 선
택한 명령 또는 아이콘의 설명, 적용된 디자인 서식 파일의 이름 등 현재의 작업 상태와 관련
된 정보를 표시합니다.

❿ **작업창** : 슬라이드를 편집할 때 자주 사용하는 메뉴들을 모아 놓은 곳으로 '작업창' 상단의
▐새 프레젠테이션▌을 클릭하면 슬라이드 디자인, 레이아웃, 애니메이션 설정 등을 빠르게 실행할
수 있습니다.

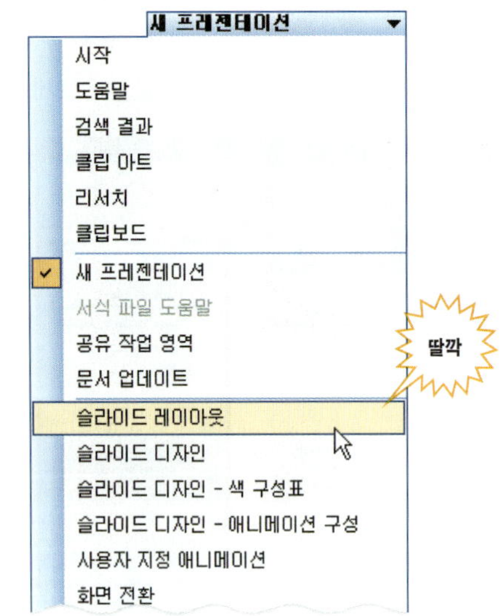

01-4 간편한 프레젠테이션 제작 방법

파워포인트 2003은 초보자도 쉽고 빠르게 슬라이드를 편집할 수 있도록 프레젠테이션의 목적과 유형에 따른 템플릿을 제공하고 있습니다. 이 템플릿은 '새 오피스 문서' 창의 '내용 구성 마법사' 와 [프레젠테이션 탭]에서 사용할 수 있습니다.

내용 구성 마법사

프레젠테이션을 만드는 과정에서 가장 중요한 점은 전체적인 내용의 흐름을 파악하여 슬라이드를 구성하는 기획력입니다. 하지만 초보자가 처음부터 슬라이를 기획하여 구성하기는 어렵습니다. 내용 구성 마법사는 누구나 손쉽게 짜임새 있는 새 프레젠테이션 문서를 만들 수 있도록 도와주는 기능입니다.

내용 구성 마법사는 총 5단계입니다. 마법사의 안내에 따라 단계 설정을 거치면 디자인 서식, 배경, 글꼴 등을 따로 지정하지 않아도 일정 정도 완성된 형태의 슬라이드를 만들 수 있습니다. 이렇게 만들어진 슬라이드에 알맞는 내용을 입력하면 빠르고 쉽게 프레젠테이션 문서를 완성할 수 있습니다

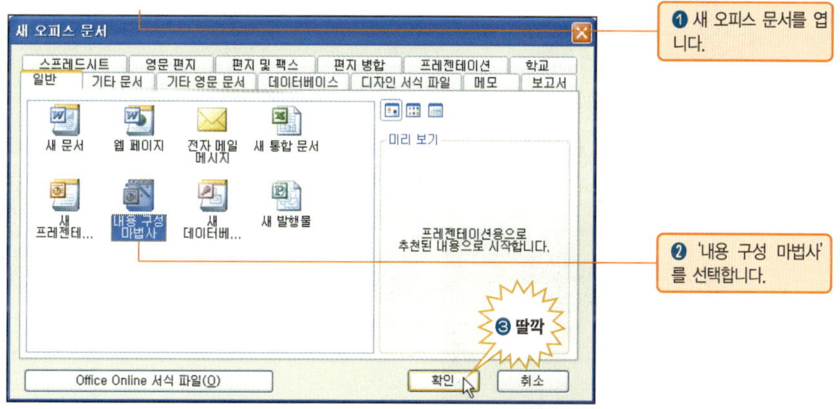

❶ 〈시작〉→[모든 프로그램]→[새 오피스 문서] 선택
❷ '내용 구성 마법사' 를 선택한 후 〈확인〉 버튼 클릭

따라하기 ▶

내용 구성 마법사 사용하기

1. '내용 구성 마법사' 를 실행하면 다음과 같이 '내용 구성 마법사' 의 1단계 대화상자가 나타납니다. 이 대화상의 〈다음〉 버튼을 클릭합니다.

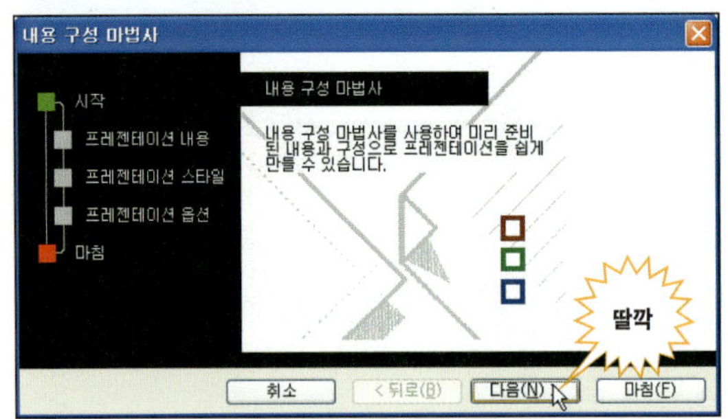

2. '내용 구성 마법사'의 2단계는 작성할 슬라이드의 주제를 선택하는 단계입니다. 프레젠테이션의 주제에 맞는 카테고리와 항목을 선택한 후, 〈다음〉 버튼을 클릭합니다.

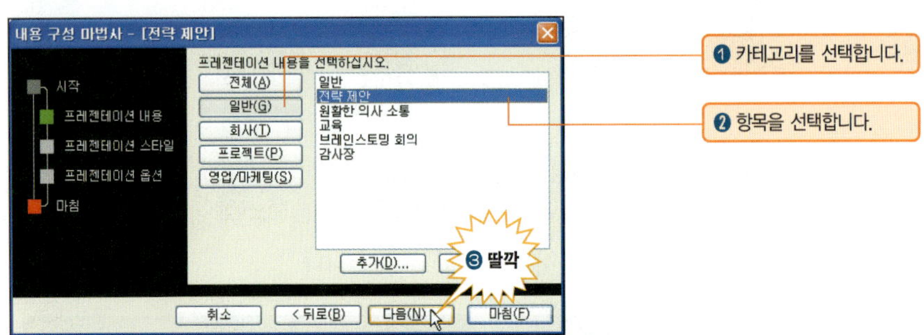

3. '내용 구성 마법사'의 3단계에서는 프레젠테이션 형식을 선택한 후, 〈다음〉 버튼을 클릭합니다.

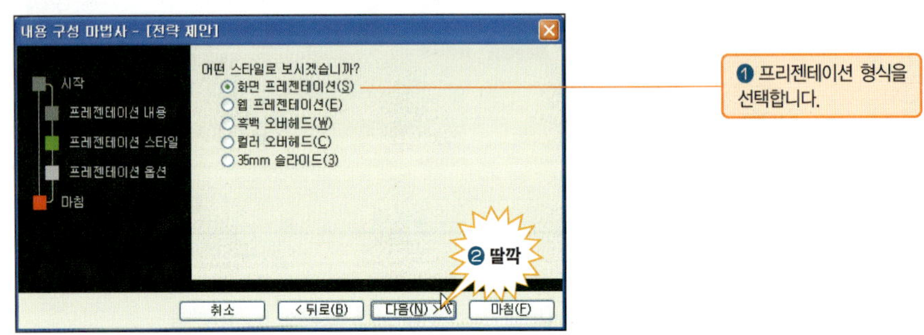

4. '내용 구성 마법사'의 4단계에서는 프레젠테이션의 제목과 바닥글 내용을 입력합니다. 그 외 슬라이드에 표시할 항목을 선택하고, 〈다음〉 버튼을 클릭합니다.

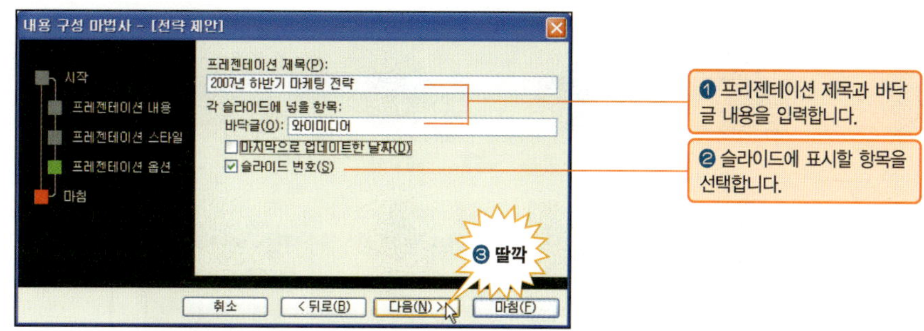

❶ 프리젠테이션 제목과 바닥 글 내용을 입력합니다.

❷ 슬라이드에 표시할 항목을 선택합니다.

❸ 딸깍

5. 모든 설정이 완료되고 마지막 5단계에서 〈마침〉 버튼을 클릭하면 설정한 프레젠테이션의 주제와 제목에 따라 새 프레젠테이션 문서가 열립니다.

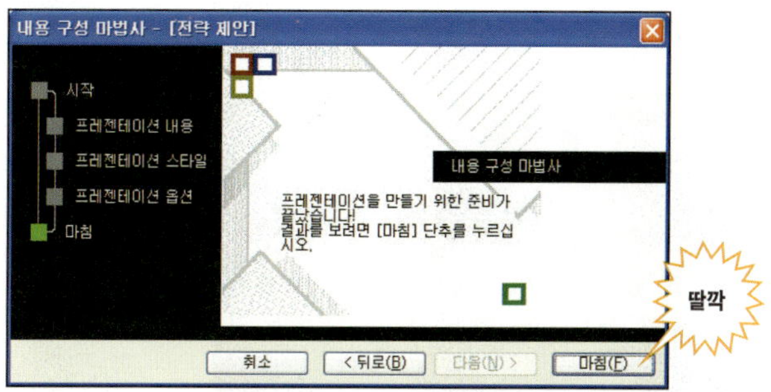

딸깍

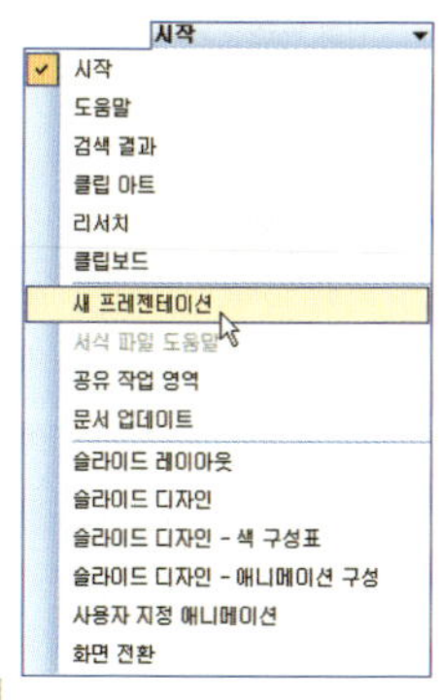

내용 구성 마법사 기능을 사용하여 새 프레젠테이션을 만들어 보세요.

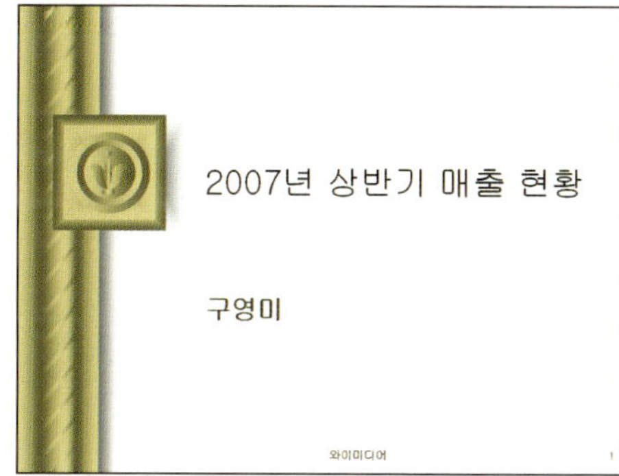

[프레젠테이션] 탭

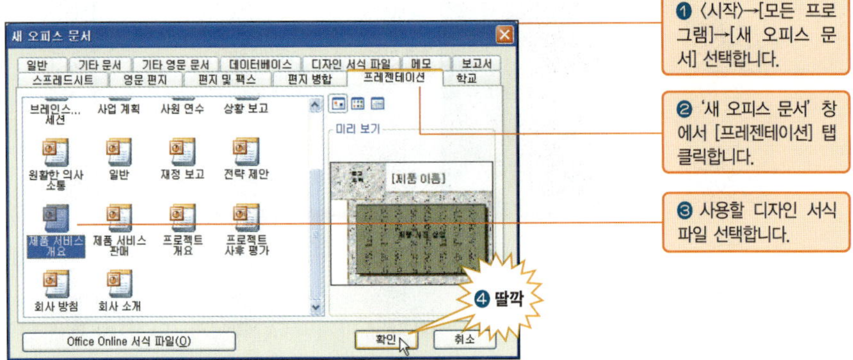

self test

디자인 서식 파일을 활용하여 새 프레젠테이션 문서를 만들어 보세요.

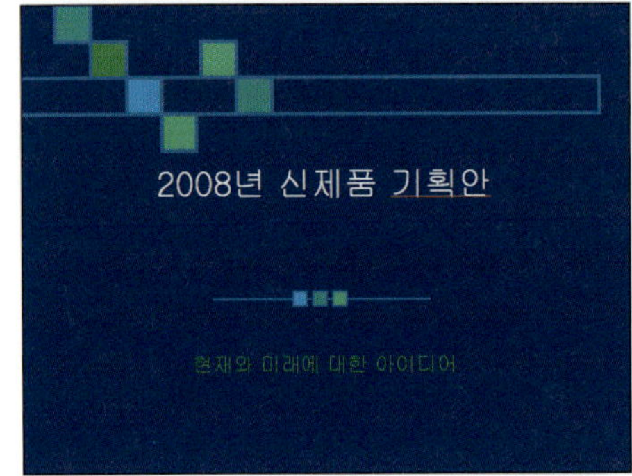

01-5 파워포인트 2003의 화면 보기 유형

파워포인트는 다른 프로그램과 달리 여러 가지 보기 화면으로 이루어져 있습니다. 이는 프레젠테이션 문서가 독립된 슬라이드로 이루어져 있기 때문입니다. 하지만 슬라이드 전체를 보면서 작업해야 하거나 슬라이드 쇼를 미리보기로 확인해야 하는 경우도 있기 때문에, 각각의 상황에 맞는 화면 보기 유형이 필요합니다. 파워포인트 2003이 제공하는 화면 보기 유형을 살펴봅시다.

기본 보기(圖)

기본 보기 창은 텍스트 입력과 편집을 위한 개요 창, 그래픽 작업을 위한 슬라이드 창, 부연 설명을 덧붙이기 위한 슬라이드 노트 창으로 이루어져 있습니다. 기본 보기 유형에서는 작업창이 추가되어 슬라이드 편집의 효율성을 높였으며, 각 창의 경계선을 드래그하여 사용자가 직접 작업 환경을 조절할 수 있습니다.

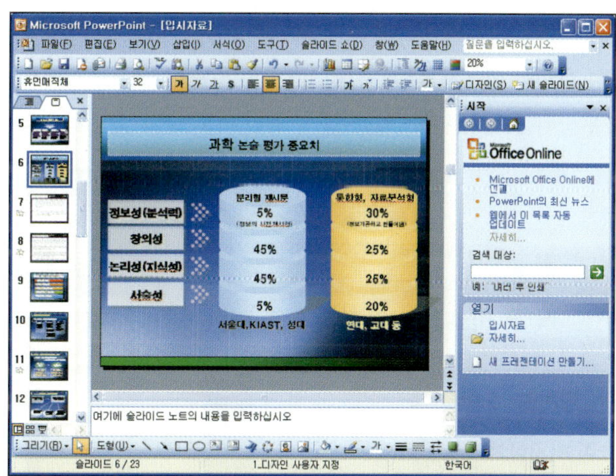

개요 및 슬라이드 창, 슬라이드 노트 창, 작업창과 함께 열린 기본 보기 화면

여러 슬라이드 보기(圖)

여러 개의 슬라이드를 축소된 크기로 한 화면에 나열합니다. 따라서 프레젠테이션의 흐름을 한눈에 확인할 수 있습니다. 이 화면 보기는 주로 슬라이드의 위치를 바꾸거나, 삭제 및 복사 등의 작업에서 많이 사용합니다. 또한 화면 전환 효과와 애니메이션 효과 등을 여러 슬라이드에 공통으로 적용할 때에 편리합니다.

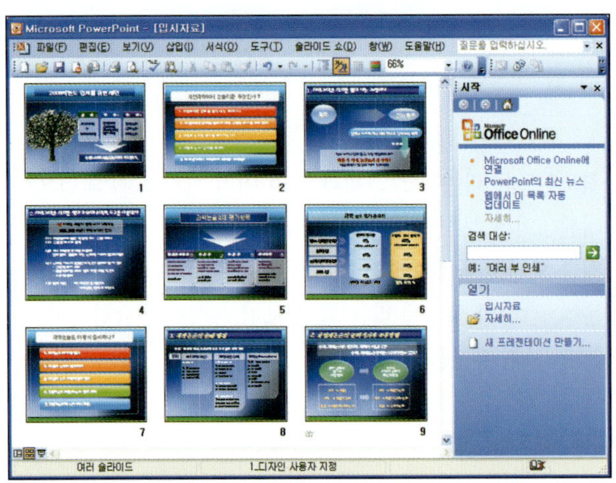

여러 개의 슬라이드를 한 화면에 나열합니다

슬라이드 쇼(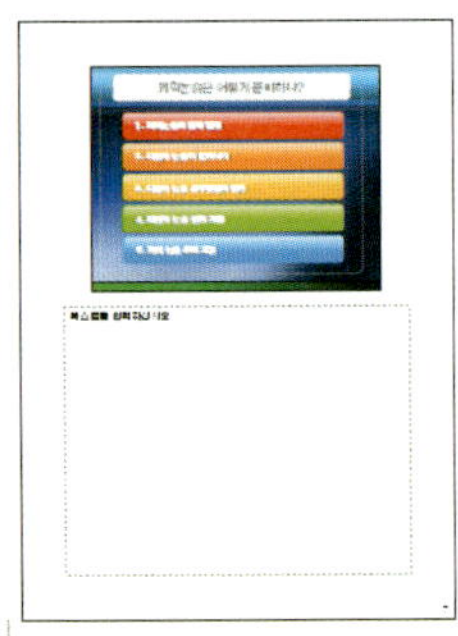)

작성된 슬라이드의 순서에 따라 화면 전체에 슬라이드가 나타납니다. 여기서 직접 화면 전환과 애니메이션 효과를 구현하므로, 실전 프레젠테이션 실행 전에 결과를 미리보기 하여 확인할 수 있습니다. 그리고 이 화면이 바로 프로젝터를 통해 대형 스크린에 그대로 투사되는 것입니다. F5 키를 누르면 바로 슬라이드 쇼로 화면이 전환됩니다.

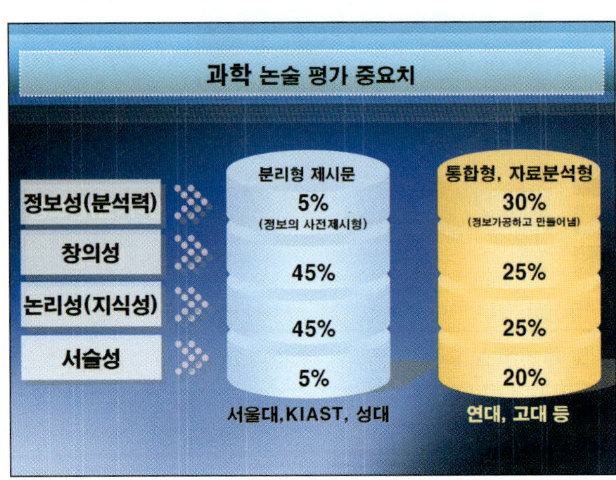

완성된, 또는 작업 중인 슬라이드 결과를 미리 보기 형식으로 확인합니다.

01-6 프레젠테이션 문서로 저장하기

작성한 문서를 다시 불러와 재편집하고 내용을 수정하려면 프레젠테이션 문서의 형태로 저장해야 합니다. 파워포인트에서 작성한 프레젠테이션 문서는 기본적으로 '*.ppt'로 저장되며, 저장 방법은 아래와 같습니다.

문서 저장 방법

- 메뉴 표시줄에서 [파일]→[저장] 메뉴 선택
- 단축키 사용 : Ctrl + S
- 표준 도구 모음 : '저장(📁)' 아이콘 클릭

위의 방법 중 하나를 실행하면 '다른 이름으로 저장' 대화상자가 나타납니다. 저장할 폴더로 이동한 후, 파일 이름을 입력하고 〈저장〉 버튼을 클릭합니다.

> **Note**
>
> **다른 이름으로 저장**
> 이미 저장되어 있는 문서의 파일 이름을 다르게 저장하려면 [파일]→[다른 이름으로 저장] 메뉴를 선택합니다.

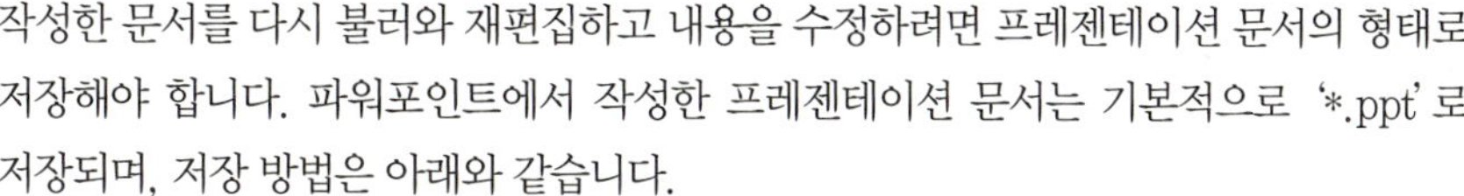

서식 파일로 저장

파워포인트가 제공하는 템플릿 파일을 서식 파일이라고 합니다. 서식 파일로 저장하려면 '다른 이름으로 저장' 대화상자에서 '파일 형식'을 클릭하여 '디자인 서식 파일'로 지정하면 됩니다. '디자인 서식 파일'을 선택하면 저장 위치가 'Templates' 폴더로 이동합니다.

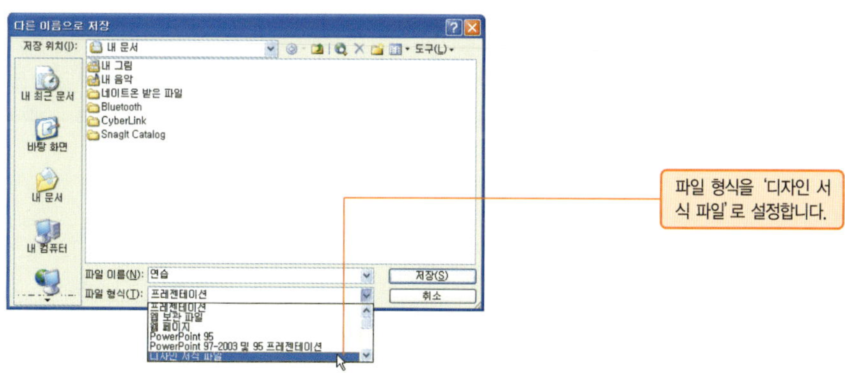

01-7 프레젠테이션 문서 불러오기

저장 파일 열기

- 메뉴 표시줄에서 [파일]→[열기] 메뉴 선택
- 단축키 사용 : Ctrl + O
- 표준 도구 모음 사용 : '열기( )' 아이콘 클릭

위의 방법 중 하나를 실행하면 '열기' 대화상자가 나타납니다. 불러올 파일이 저장되어 있는 폴더로 이동한 후, 파일을 선택하여 〈열기〉 버튼을 클릭합니다.

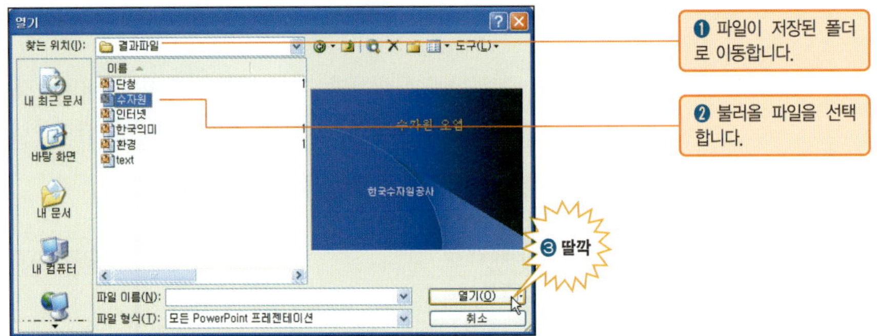

문서 열기 옵션

〈열기〉 버튼의 오른쪽에 위치한 ▼을 클릭하면 문서 열기의 옵션 메뉴가 나타납니다. 각 메뉴의 기능은 다음과 같습니다.

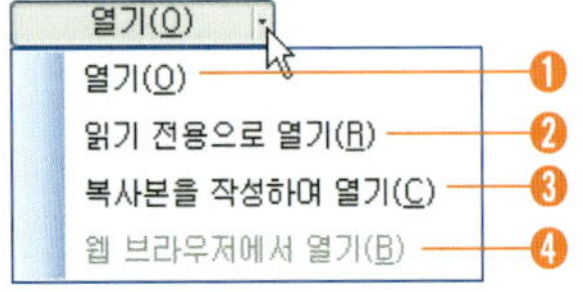

❶ **열기(O)** : 일반 열기 메뉴입니다.

❷ **읽기 전용으로 열기(R)** : 슬라이드의 내용 수정이 불가능하고, 확인만 가능한 상태로 열립니다.

❸ **복사본을 작성하여 열기(C)** : 원본 보존을 위하여 복사본을 만들어 불러옵니다.

❹ **웹 브라우저에서 열기(B)** : 웹 브라우저 형식으로 저장된 프레젠테이션 문서를 선택하면 나타나는 메뉴로 웹 브라우저에서 문서를 엽니다.

02

슬라이드 제작을 위한 기본 기능 익히기

프레젠테이션의 핵심은 주어진 시간 안에 내용을 충분히 전달하여 청중을 사로잡는 것입니다. 청중을 사로잡으려면 무엇보다도 핵심을 간결하고, 상징적으로 전달할 수 있도록 구성하는 것이 중요합니다. 이를 위해서는 우선 슬라이드를 만들기 위한 여러 가지 기본 기능을 충분히 익히고 능숙하게 다룰 수 있어야 합니다. 이번 장에서는 슬라이드 제작을 위한 파워포인트의 기본 기능들에 대해 알아보겠습니다.

02-1   텍스트 상자 만들기

02-2   글꼴과 맞춤 서식 지정하기

02-3   텍스트 상자 서식 지정하기

02-4   한자 및 기호 사용하기

02-5   슬라이드 추가 및 편집하기

02-6   개요 창 사용하기

02-7   슬라이드 배경 편집하기

02-8   글머리 기호 및 번호 매기기

현장 실습   환경 보호 슬라이드 만들기

실무 활용 연습

실습 예제 미리보기 | '환경' 프레젠테이션 여러 슬라이드로 보기

모두 5개의 슬라이드로 구성된 프레젠테이션 문서입니다. 한 화면에서 확인하기 위하여 '여러 슬라이드 보기' 화면 상태에서 확인합니다.

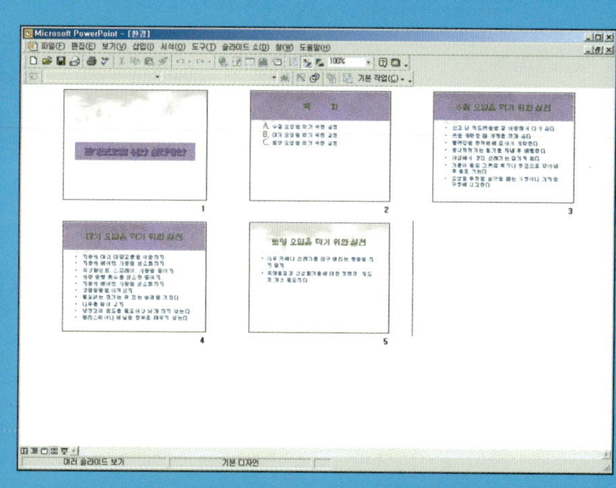

02-1 텍스트 상자 만들기

프레젠테이션 문서에서 슬라이드는 기본 단위입니다. 그리고 슬라이드는 각각의 개체들로 구성됩니다. 다양한 개체들 중 텍스트 상자는 기본이 되는 개체로서, 단순한 텍스트 입력뿐만 아니라 서식 설정을 통해 다양하게 꾸며볼 수 있습니다.

가로/세로 텍스트 상자

텍스트 상자는 가로 텍스트 상자와 세로 텍스트 상자 두 종류가 있습니다. 각각의 텍스트 상자를 만드는 방법에 대해 알아봅시다.

- 메뉴 표시줄에서 [삽입]→[텍스트 상자]→[가로(세로)] 메뉴 선택
- 그리기 도구 모음 : 가로 텍스트 상자 – '텍스트 상자( )' 아이콘 클릭

  세로 텍스트 상자 – '세로 텍스트 상자( )' 아이콘 클릭

파워포인트 기초와 실습

가로 텍스트 상자에 텍스트를 입력한 상태와 커서 모양

세로 텍스트 상자에 텍스트를 입력한 상태와 커서 모양

가로와 세로 텍스트 상자를 사용하여 다음과 같은 슬라이드를 만들어 저장해 보세요(파일 이름 : text.ppt).

self test

> **Note**
>
> **문제 도우미**
> 파워포인트 프로그램을 실행하여 작업창의 ▼을 클릭한 후, '슬라이드 레이아웃'을 선택합니다. 그리고 '슬라이드 레이아웃 적용' 창의 스크롤바를 이동하여 '빈 화면' 슬라이드 레이아웃을 클릭하면 빈 슬라이드를 적용할 수 있습니다.

프레젠테이션 디자인 산업 분야

프레젠테이션 디자인 컨설팅	프레젠테이션 디자인 기획 및 제작	프레젠테이션 디자인 교육	프레젠테이션 디자인 관련

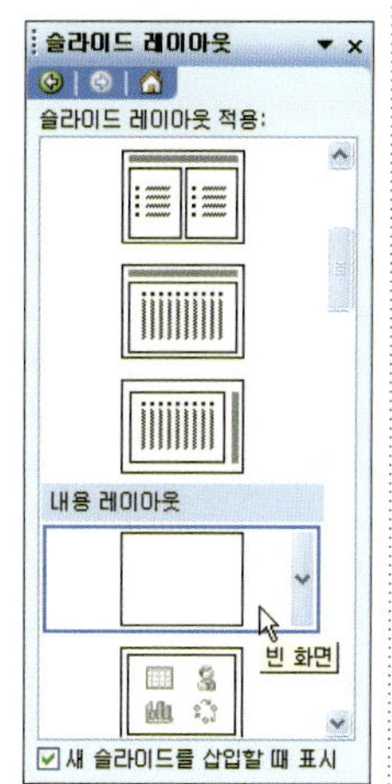

텍스트 상자 선택과 위치 및 크기 조절하기

텍스트 상자 선택

텍스트 상자의 테두리 부분으로 마우스 포인터를 이동합니다. 마우스 포인터가 ⊕ 모양으로 바뀌면 마우스를 클릭합니다.

텍스트 상자가 선택된 상태

텍스트 상자 구분

텍스트 상자의 선택 상태와 입력 상태에 따라 테두리 모양이 달라집니다.

- 선택 상태의 테두리 모양은 점 무늬입니다.

- 입력 상태의 테두리 모양은 빗금 무늬입니다.

텍스트 상자의 위치 조절

텍스트 상자를 선택한 후, 원하는 위치로 마우스를 드래그합니다.

텍스트 상자를 이동하고 있는 화면

02-2 글꼴과 맞춤 서식 지정하기

글꼴 서식 지정

글꼴 서식이란 텍스트 상자 안의 문자열의 글꼴, 크기, 글자색 등의 글자 모양을 변경하는 것입니다. 글꼴 서식을 변경하려면 먼저 텍스트 상자를 선택하거나, 변경할 문자열을 블록 지정합니다. 그리고 [서식]→[글꼴] 메뉴를 선택하거나 서식 도구 모음을 사용하여 글자 모양을 변경합니다.

'글꼴' 대화상자 사용

글꼴 서식을 변경할 텍스트 상자를 선택한 후, 메뉴 표시줄에서 [서식]→[글꼴] 메뉴를 선택합니다. '글꼴' 대화상자가 실행되면 각 항목의 설정값을 변경하고 〈확인〉 버튼을 클릭하면, 다양하게 글자 모양을 변경할 수 있습니다.

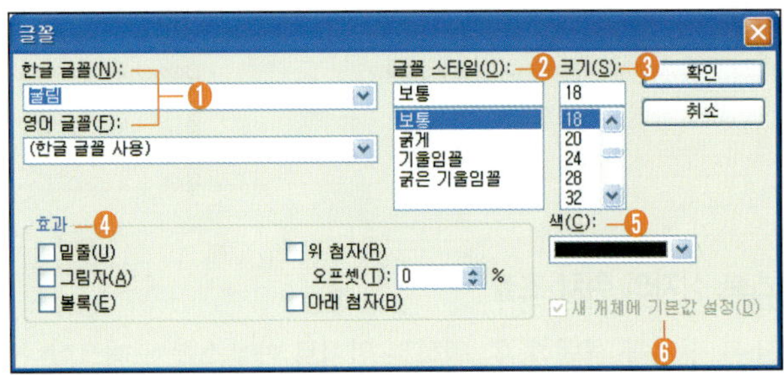

❶ 한글(영문) 글꼴 : 한글과 영문의 글꼴을 변경합니다. 이 경우 각각의 전용 글꼴을 사용하는 것이 좋습니다.

❷ 글꼴 스타일 : 굵은 글자, 기울임 글자, 굵고 기울어진 글자 등의 글자 스타일을 지정합니다.

❸ 크기 : 글자의 크기를 확대 또는 축소합니다. 크기 입력란에 원하는 크기를 직접 입력할 수도 있습니다.

❹ 효과 : 글자에 밑줄, 음영, 첨자 등의 효과를 지정합니다.

❺ 색 : 목록 단추를 누르면 나타나는 색상 목록에서 글자의 색을 지정합니다.

❻ 새 개체에 기본값 설정 : 이 항목을 선택하면 앞으로 만들어지는 텍스트 상자의 모든 글꼴 서식의 기본 설정값으로 현재의 설정값이 적용됩니다.

앞서 실습한 'text.ppt' 파일을 불러와 텍스트 상자의 글자 모양을 변경해 보세요.

프레젠테이션 디자인 산업 분야

프레젠테이션 디자인 컨설팅　　프레젠테이션 디자인 기획 및 제작　　프레젠테이션 디자인 교육　　프레젠테이션 디자인 관련

서식 도구 모음 사용

서식 도구 모음을 사용하면 원하는 글자 모양으로 쉽게 변경할 수 있습니다. 글꼴과 글꼴 크기는 직접 입력하여 사용할 수 있습니다.

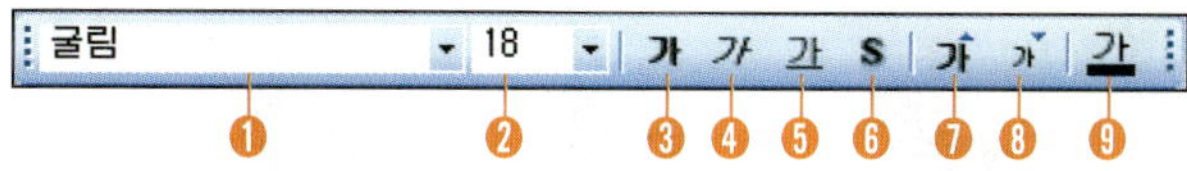

번 호	도구 이름	도구 설명	단축키
❶	글꼴	입력한 문자의 글꼴을 변경합니다.	
❷	글꼴 크기	글꼴의 크기를 조절합니다.	
❸	굵게	문자열의 굵기를 굵게 합니다.	Ctrl + B
❹	기울임	문자열을 오른쪽으로 기울입니다.	Ctrl + I
❺	밑줄	문자열 아래에 밑줄을 그어줍니다.	Ctrl + U
❻	텍스트 그림자	문자열에 그림자를 만들어 그림자 효과를 줍니다.	
❼	글꼴 크기 늘임	글꼴의 크기를 4pt씩 늘립니다.	Ctrl + Shift + ?
❽	글꼴 크기 줄임	글꼴의 크기를 4pt씩 줄입니다.	Ctrl + Shift + ‹
❾	글꼴 색	텍스트 상자 혹은 블록 지정된 부분의 글자 색을 변경합니다. 이 도구는 그리기 도구 모음에도 있습니다.	

'글꼴 색(가)' 도구 사용 방법

'글꼴 색(가)' 도구 오른쪽에 있는 드롭다운 버튼( )을 클릭하면 색상 목록이 나타납니다. 이 목록에서 원하는 색을 선택하여 텍스트 상자 또는 블록 지정한 문자열에 적용합니다.

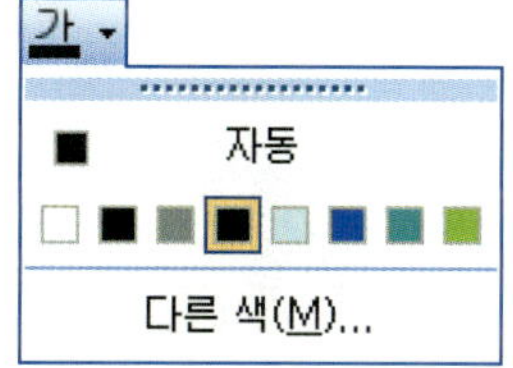

색상 목록에 표시된 색 외의 다른 색을 사용하려면 색상 목록에서 [다른 색] 메뉴를 선택하여 '색상표' 대화상자를 실행합니다. '색상표' 대화상자는 [표준] 탭과, [사용자 정의] 탭으로 이루어져 있습니다.

• [표준] 탭 : 144개의 표준 색상이 색상 계열별로 배열되어 있습니다.
• [사용자 정의] 탭 : 색상, 채도, 명도를 조절하고, 각각의 색상 값을 조절하여 원하는 색상을 만들 수 있습니다.

표준 색상표

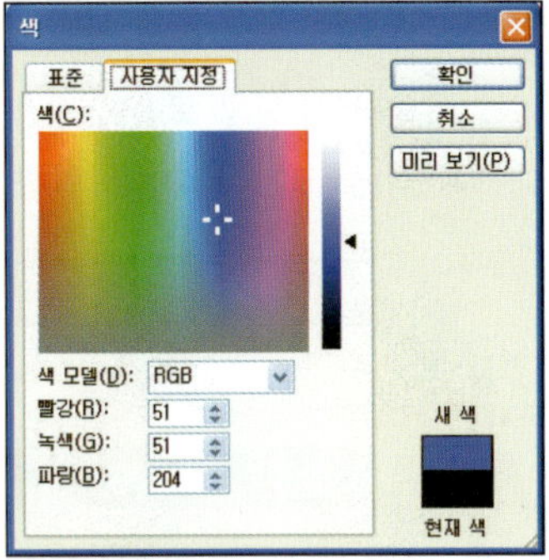
색상표 무한 확장

맞춤 서식 지정

맞춤 서식이란 텍스트 상자 안의 문자열의 정렬 방식을 지정하는 것입니다. 맞춤 서식을
지정하려면 [맞춤] 메뉴를 실행하거나 서식 도구 모음을 사용하는 방법이 있습니다.

[맞춤] 메뉴 사용

문자열의 정렬 방식을 변경할 텍스트 상자를 선택한 후, [서식]→[맞춤] 메뉴를 선택합니
다. 그리고 하위 메뉴에서 원하는 맞춤 메뉴를 선택합니다.

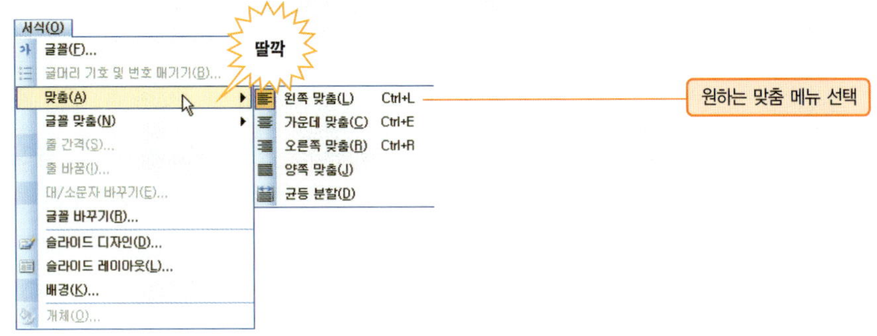

서식 도구 모음 사용

서식 도구 모음을 사용하면 쉽게 정렬 방식을 변경할 수 있습니다. 단, 기본 설정의 서식
도구 상자에는 '왼쪽 맞춤'과 '가운데 맞춤' 도구만 활성화되어 있습니다. 따라서 다른
맞춤 도구를 사용하려면 도구 모음 옵션(🔽)을 클릭하여 감추어진 도구에서 원하는 맞춤
도구를 선택합니다. 이렇게 한번 선택한 도구는 이후 계속해서 서식 도구 모음에 활성화
되어 있습니다.

self test

그림과 같이 슬라이드에 텍스트 상자를 만들고 내용을 입력하세요. 그리고 각 텍스트 상자의 맞춤 서식을 지정해 보세요.

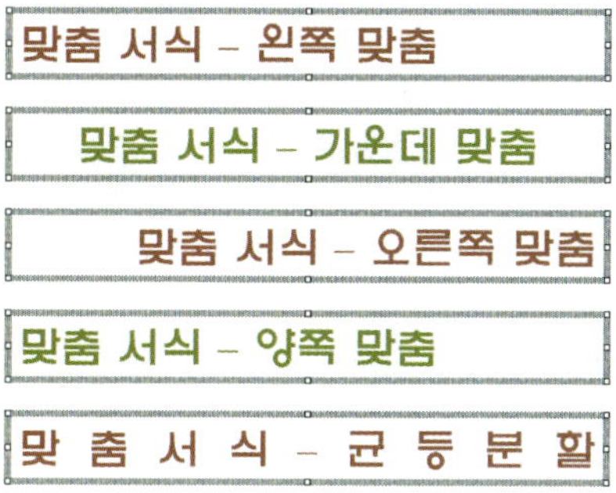

02-3 | 텍스트 상자 서식 지정하기

텍스트 상자의 서식 지정은 뒤에서 학습할 개체의 서식 지정과 대부분 동일하기 때문에
이 방법을 정확히 알아두면 개체의 서식 지정에 큰 도움이 될 것입니다.

텍스트 상자 서식 지정 방법

- 메뉴 표시줄에서 [서식]→[개체 틀] 또는 [색/선] 메뉴 선택❶
- 서식을 지정할 텍스트 상자 더블클릭❷
- 그리기 도구 모음 : '색 채우기( )', '선 색( )' 도구 사용❸

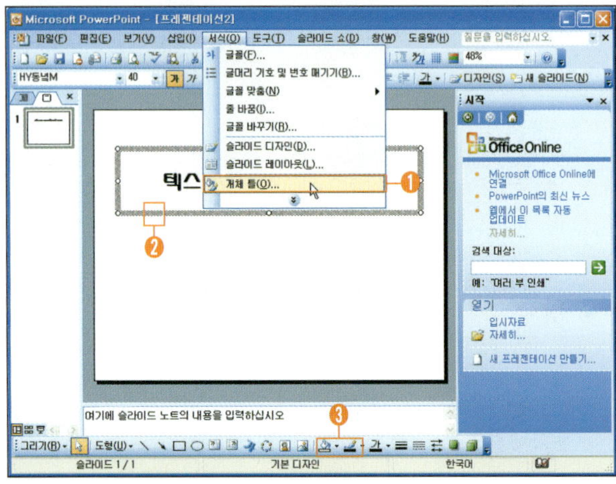

도형 서식 대화상자를 실행하는 세 가지 방법

[색 및 선] 탭

텍스트 상자를 비롯하여 개체의 면과 선에 대한 서식을 지정합니다.

채우기

텍스트 상자의 면을 채우는 것으로 '색' 항목
의 목록 단추를 클릭하여 면 색 또는 채우기
효과를 선택합니다.

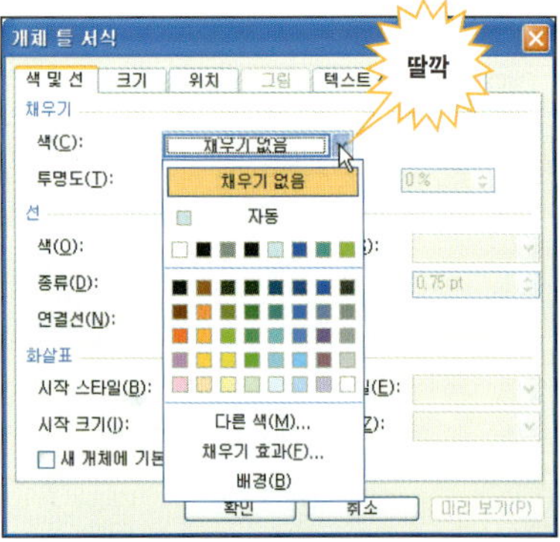

채우기 없음	텍스트 상자의 면 색 또는 채우기 효과를 취소합니다.
자동	현재 슬라이드의 색 구성표에 정해진 도형의 채우기 색을 적용합니다.
다른 색	색상표에 없는 색을 사용할 수 있습니다.
채우기 효과	그라데이션 효과, 무늬, 질감, 그림 등으로 면을 채울 수 있습니다.
배경	현재 슬라이드의 색 구성표에 정해진 배경 색으로 텍스트 상자의 면을 채웁니다.
투명도	'자동', '다른 색', '채우기 효과'를 사용하여 선택한 색의 투명도를 지정하여 슬라이드의 배경이나 아래에 위치한 다른 개체의 색이 비춰질 수 있도록 설정합니다.

'연습—01.ppt' 파일을 불러와 텍스트 상자의 크기와 서식을 그림과 같이 변경하여 저장해 보세요(파일 이름 : 미술사.ppt).

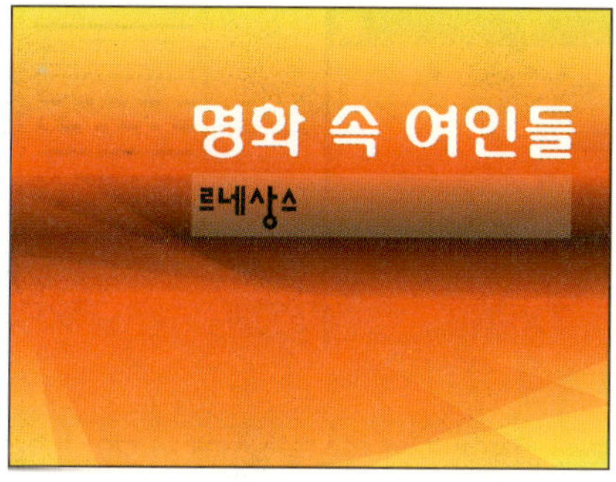

채우기 효과 사용하기

'도형 서식' 대화상자 '색' 항목의 목록 단추를 클릭하여 [채우기 효과] 메뉴를 선택하면, '채우기 효과' 대화상자가 실행됩니다. 채우기 효과는 그라데이션, 질감, 무늬, 그림의 모두 4개 탭으로 이루어져 있습니다. 각 탭의 기능과 효과는 다음과 같습니다.

[그라데이션] 탭	그라데이션 효과란 색의 단계적 변화를 주는 효과입니다. 그라데이션 효과에는 사용하는 색의 수에 따라 '한 색'과 '두 색'의 옵션이 있으며, 미리 설정되어 있는 '기본 설정 색' 옵션이 있습니다. 이 외에도 음영 스타일과 적용 방향 등을 설정하여 독특한 느낌을 살릴 수 있습니다.
[질감] 탭	종이, 대리석, 나무 등 물체의 질감 이미지를 사용하여 면을 채우는 효과입니다. 〈다른 질감〉 버튼을 클릭하면 컴퓨터에 저장되어 있는 질감 이미지를 불러와 사용할 수도 있습니다.
[무늬] 탭	준비되어 있는 패턴을 사용하여 면을 채우는 효과입니다. 전경색과 배경색을 지정하면 면의 바탕색과 무늬색을 설정할 수 있습니다.
[그림] 탭	그림이나 사진 이미지를 면의 배경 이미지로 불러와 사용하는 효과입니다. 그림을 불러 오기 위해서는 〈그림 선택〉 버튼을 클릭합니다.

'연습─02.ppt' 파일을 불러와 그림과 같이 텍스트 상자에 채우기 효과를 적용해 보세요.

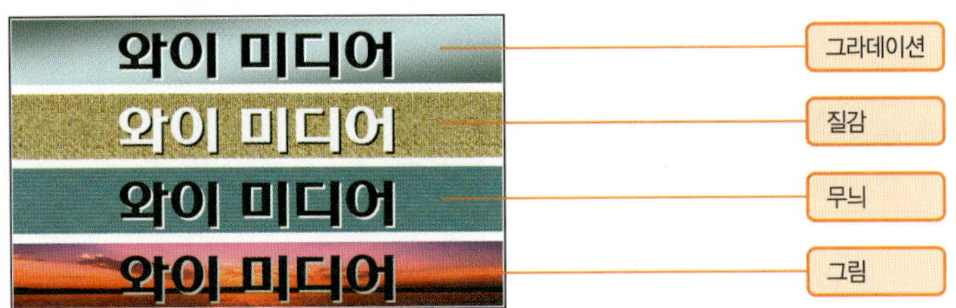

선

테두리 선의 색, 스타일, 종류, 굵기 등을 설정합니다. '선─색' 항목의 목록 단추를 클릭하여 선 색을 선택하면 다른 항목도 모두 활성화됩니다.

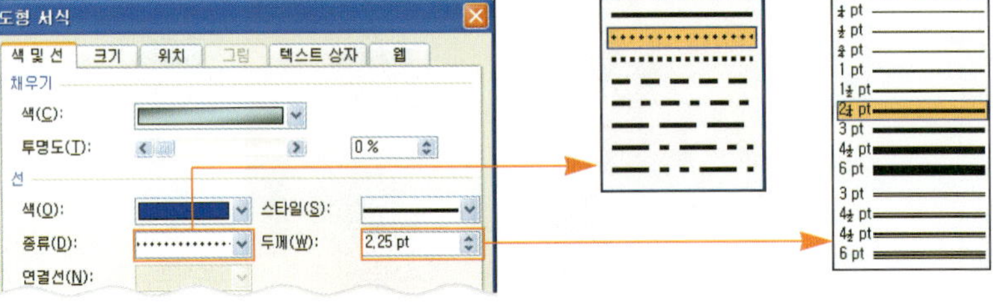

'미술사.ppt' 파일을 불러와 그림과 같이 텍스트 상자에 선 모양과 채우기 효과를 적용해 보세요.

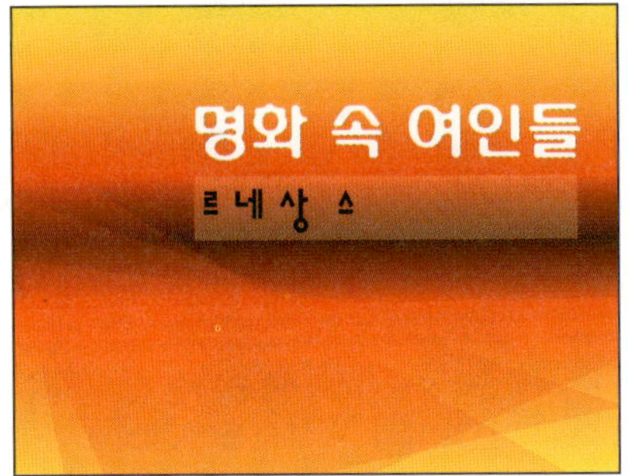

[텍스트 상자] 탭

텍스트 상자 내의 텍스트 위치와 안쪽 여백 등을 설정합니다.

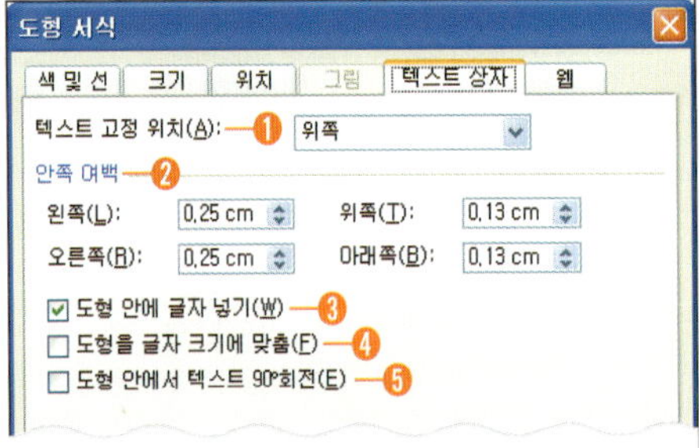

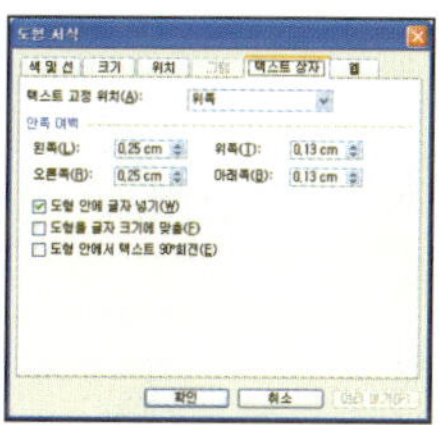

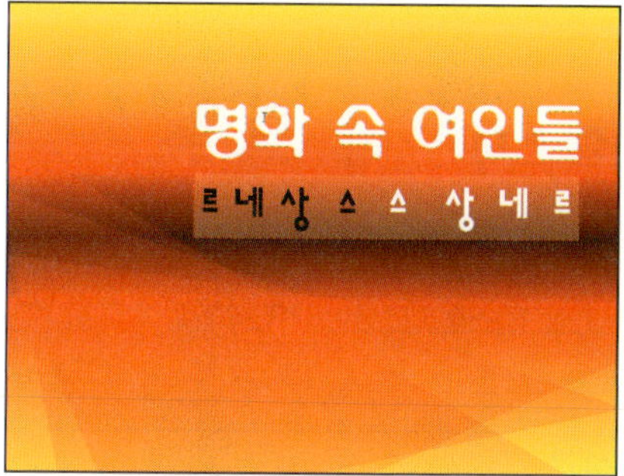

❶ **텍스트 고정 위치** : 텍스트 상자 내에서의 텍스트 위치를 설정합니다. '맞춤' 기능이 문자열의 수평 정렬이라면, 이 옵션은 문자열의 수직 정렬에 해당하는 기능입니다.

❷ **안쪽 여백** : 텍스트 상자의 상하좌우 안쪽 여백을 설정합니다.

❸ **도형 안에 글자 넣기** : 텍스트 상자의 경우 기본으로 선택되어 있는 항목입니다.

❹ **도형을 글자 크기에 맞춤** : 입력되는 문자열에 따라 텍스트 상자의 크기가 자동으로 늘어납니다. 이 항목의 선택을 취소하면 가로/세로 텍스트 상자의 크기를 조절점을 사용하여 자유롭게 조절할 수 있습니다.

❺ **도형 안에서 텍스트 90° 회전** : 텍스트가 거울에 비춰진 형태로 회전됩니다.

텍스트 상자의 크기 조절

'가로/세로 텍스트' 기능을 사용하면 추가한 텍스트 상자의 크기는 너비만 조절점으로 조절할 수 있습니다. 따라서 높이를 조절하려면 [텍스트 상자] 탭의 '텍스트 크기에 맞게 도형 크기 조정' 항목의 선택을 취소하거나, [크기] 탭에서 임의로 원하는 높이를 입력해야 합니다. 개체를 선택하면 공통적으로 8개의 조절점이 나타납니다. 개체의 크기를 확대 또는 축소하는 방향에 따라 알맞은 조절점을 마우스로 드래그하여 크기를 조절합니다.

조절점에 따른 확대/축소 방향

'미술사.ppt' 파일을 불러와 텍스트 상자를 복사하여 다음과 같이 텍스트의 모양을 설정해 보세요.

02-4 한자 및 기호 사용하기

한자 변환하기

한자로 변환할 한글을 먼저 입력한 후, 변환할 단어로 커서를 이동합니다. 그리고 [한자] 키를 누르거나 [도구]→[한글/한자 변환] 메뉴를 선택하면, '한글/한자 변환' 창이 실행됩니다. 이 창에서 변환할 한자와 변환 옵션을 선택한 후, 〈변환〉 버튼을 클릭합니다.

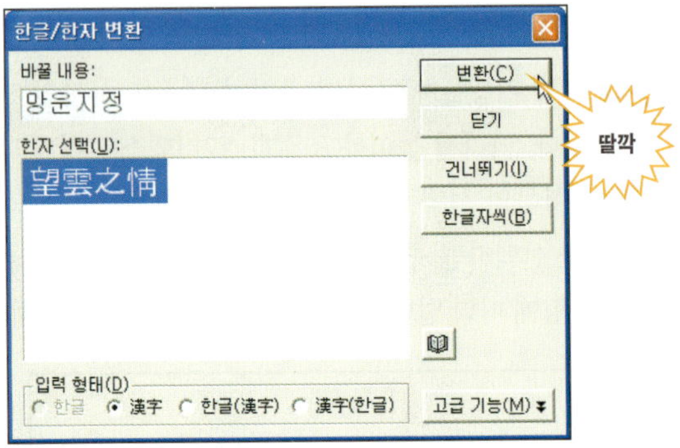

변환 옵션

한글	한자를 다시 한글로 변환합니다.	한글(漢字)	'대한민국(大韓民國)' 형태로 변환합니다.
漢字	'大韓民國' 형태로 변환합니다.	漢字(한글)	'大韓民國(대한민국)' 형태로 변환합니다.

그림과 같이 한글을 한자로 변환해 보세요.

> 朋友有信
>
> 형설지공(螢雪之功)
>
> 烏飛梨落(오비이락)

따라하기 ▶

■ **새로운 한자 등록하기**

Micorsoft Office의 한자 사전에 등록되어 있는 한자의 경우 한 글자마다 직접 알맞은 한자를 선택하여 새로운 한자로 등록할 수 있습니다. 자신의 이름을 한자로 사용할 경우가 종종 있으므로 한자 사전에 등록하여 사용하는 방법을 알아봅시다.

1. 한자로 변환할 단어의 맨 앞에 커서를 놓고 [한자] 키를 눌러 '한글/한자 변환' 창을 실행한 후, 나타나는 창에서 〈고급 기능〉 버튼을 클릭합니다.

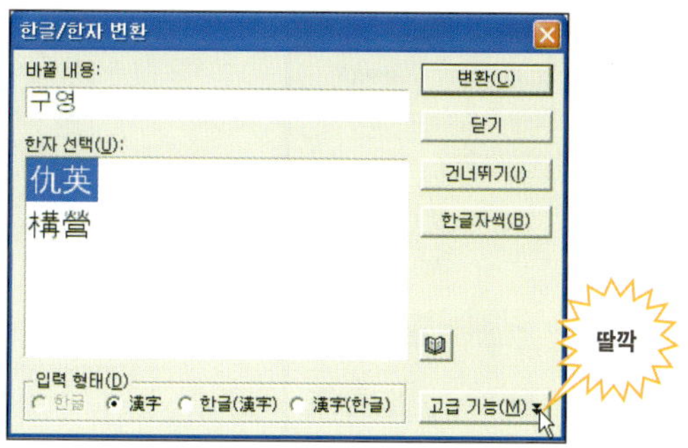

2. '고급 기능'의 확장 메뉴가 나타납니다. 이 중 〈새 단어 등록〉 버튼을 클릭합니다.

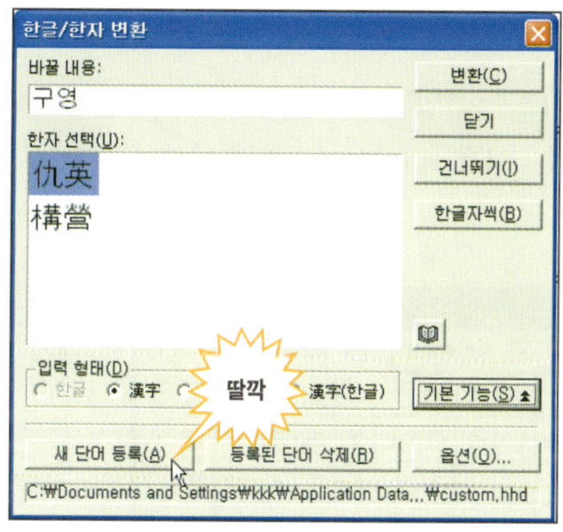

3. 한 글자마다 알맞은 한자를 선택하고 〈선택〉 버튼을 클릭하면 선택한 한자로 바뀝니다. 같은 방법으로 모든 글자의 한자를 선택한 후, 〈목록에 추가〉 버튼을 클릭하여 새로운 한자로 등록합니다.

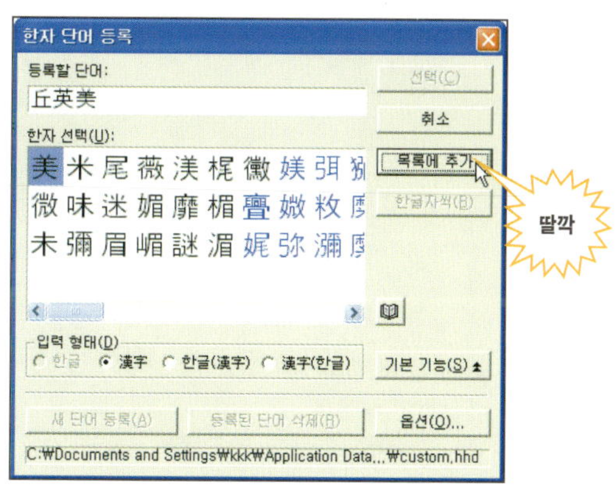

4. 기본 '한글/한자 변환' 창에 새로 등록한 한자가 기존에 등록되어 있는 한자 목록과 함께 표시됩니다. 변환할 한자가 등록되어 있지 않을 경우 등록하여 사용하면 편리합니다.

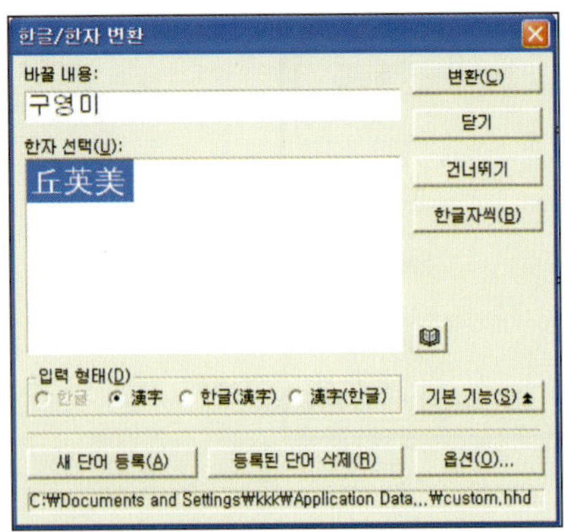

기호 사용하기

텍스트 상자 안에서 기호를 삽입할 위치로 커서를 이동한 후, 메뉴 표시줄에서 [삽입]→[기호] 메뉴를 선택합니다. '기호' 대화상자가 나타나면 삽입할 기호를 선택한 후, 〈삽입〉 버튼을 클릭합니다.

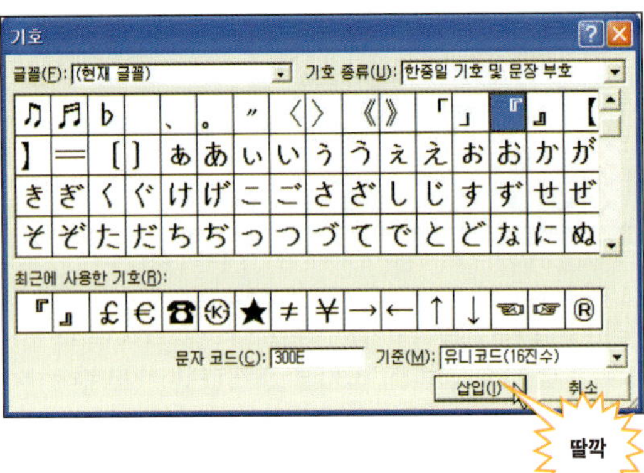

02-5 슬라이드 추가 및 편집하기

프레젠테이션 문서는 여러 개의 슬라이드로 이루어진 문서입니다. 따라서 제작 · 편집 과정에서 새 슬라이드를 추가 · 삭제, 슬라이드 구성 변경 등의 편집이 필요합니다. 슬라이드 편집 방법에 대해 알아봅시다.

새 슬라이드 추가 및 슬라이드 구성

- 메뉴 표시줄에서 [삽입]→[새 슬라이드] 메뉴 선택
- 단축키 : Ctrl + M
- 서식 도구 모음 : '새 슬라이드(새 슬라이드(N))' 아이콘 클릭

따라하기 ▶ ○ ■ **슬라이드 추가 및 구성 변경하기**

1. 'PowerPoint 2003' 프로그램을 실행한 후, 다음과 같이 제목 슬라이드를 만듭니다.

2007년 통계청 업무계획

담담부서 : 재정기획관실
담당자 : 송재원

2. 목차 슬라이드를 만들기 위하여 서식 도구 모음의 '새 슬라이드(새 슬라이드(N))' 아이콘을 클릭합니다.

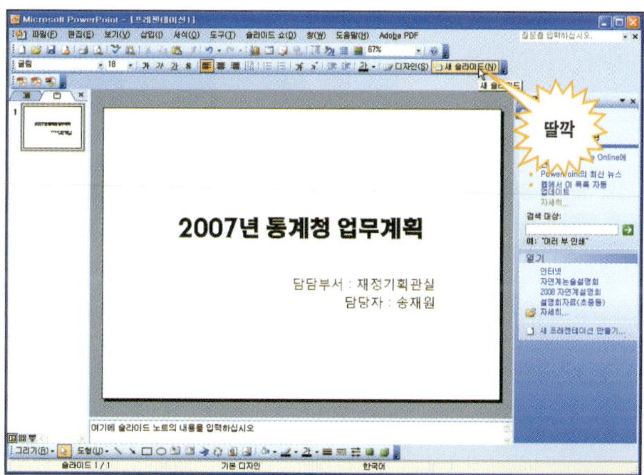

3. 새 슬라이드가 추가되면 오른쪽 작업 창이 '슬라이드 레이아웃' 작업 창으로 변경됩니다. 슬라이드 레이아웃 중 '제목 및 세로텍스트' 레이아웃을 클릭하여 추가된 슬라이드의 구성을 변경합니다.

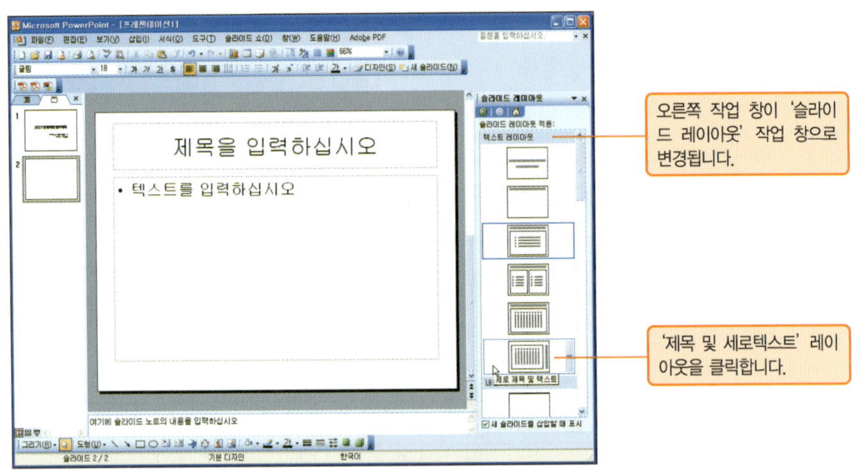

4. 다음과 같이 목차 내용을 입력한 후, '통계청.ppt' 파일로 저장하세요.

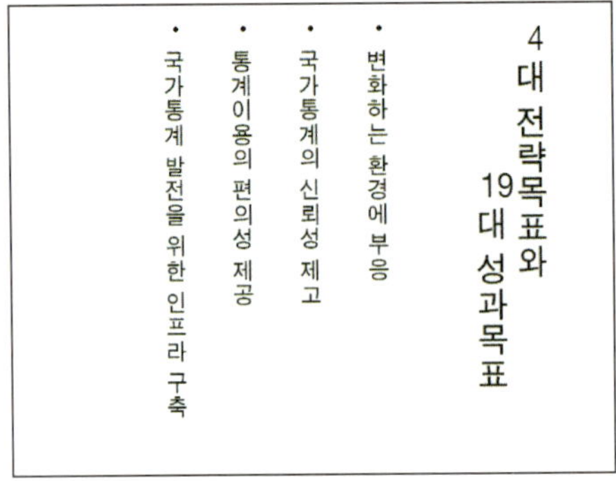

'통계청.ppt' 파일을 불러와 새 슬라이드를 추가하고 그림과 같이 내용을 입력하고, 변경된 내용을 저장해 보세요.

3번 슬라이드

4번 슬라이드

5번 슬라이드

6번 슬라이드

위의 4번 슬라이드의 구성을 '2단 텍스트'로 변경하여 저장해 보세요.

슬라이드 복사, 이동, 삭제

여러 개의 슬라이드로 구성된 프레젠테이션 문서에서 텍스트와 마찬가지로 슬라이드를 복사, 이동, 삭제해야 하는 경우가 있습니다. 이러한 슬라이드 단위의 편집 작업은 '여러 슬라이드 보기' 화면에서 작업하는 것이 편리합니다.

간단한 프레젠테이션 문서의 경우에는 슬라이드 보기 영역에서 슬라이드의 복사, 이동, 삭제도 같은 방법으로 가능합니다.

슬라이드 복사

❶ 여러 슬라이드 보기 화면으로 이동
❷ 복사할 슬라이드 선택
❸ 빠른 메뉴를 실행하여 [복사] 메뉴 선택 혹은 Ctrl+C
❹ 복사할 위치로 이동한 후, 빠른 메뉴에서 [붙여넣기] 메뉴 선택 혹은 Ctrl+V

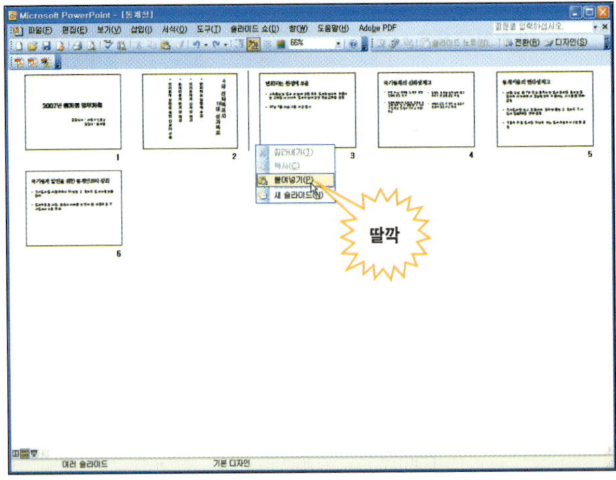

슬라이드 이동

① 여러 슬라이드 보기 화면으로 이동
② 이동할 슬라이드 선택
③ 빠른 메뉴를 실행하여 [잘라내기] 메뉴 선택 혹은 Ctrl+X
④ 이동할 위치로 이동한 후, 빠른 메뉴에서 [붙여넣기] 메뉴 선택 혹은 Ctrl+V

슬라이드 삭제

① 슬라이드 보기 영역에서 삭제할 슬라이드 선택
② [편집]→[슬라이드 삭제] 메뉴 선택

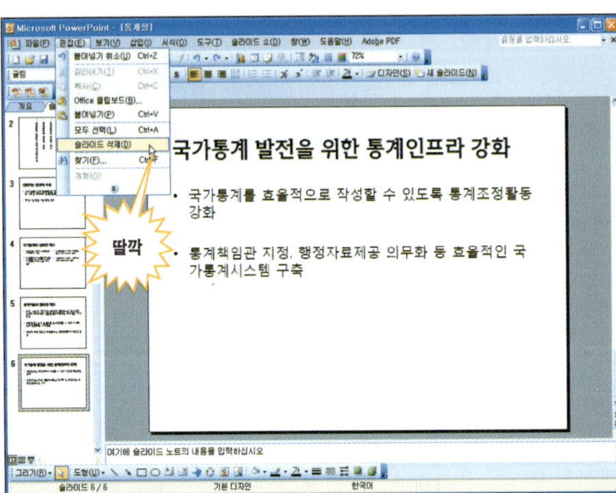

02-6 개요 창 사용하기

개요 도구 모음 표시

- 메뉴 표시줄에서 [보기]→[도구 모음]→[개요] 메뉴 선택
- 메뉴 표시줄 또는 도구 모음줄에서 빠른 메뉴를 실행하여 [개요] 메뉴 선택

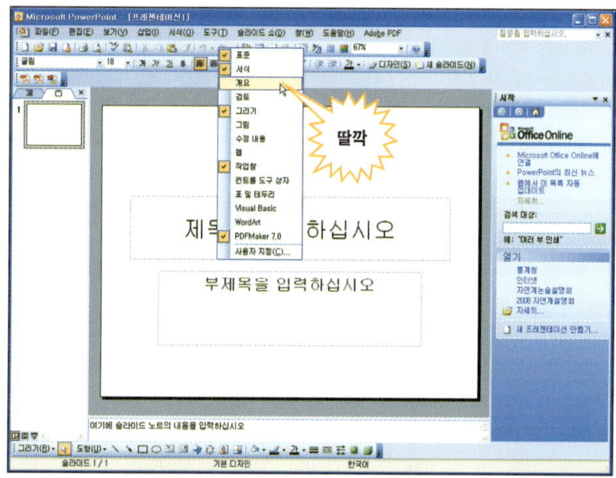

개요 도구 모음 사용

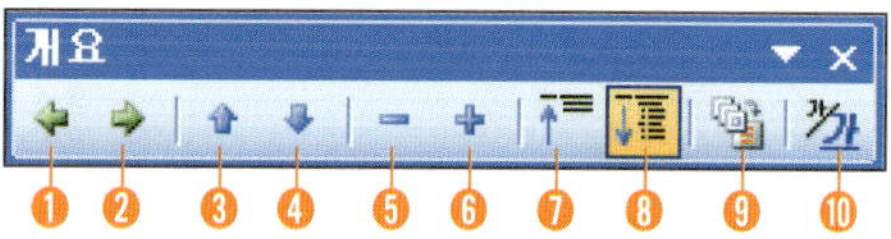

① 수준 올리기 : 개요 창의 내용을 한 단계 올립니다.
② 수준 내리기 : 개요 창의 내용을 한 단계 내립니다.
③ 위로 이동 : 현재 커서가 위치한 곳의 내용을 위의 내용과 자리바꿈합니다.
④ 아래로 이동 : 현재 커서가 위치한 곳의 내용을 아래 내용과 자리바꿈합니다.
⑤ 축소 : 커서가 위치한 슬라이드의 제목만 남기고 하위 내용을 감춥니다.
⑥ 확장 : 커서가 위치한 슬라이드의 제목과 하위 내용을 모두 표시합니다.

> **Note**
>
> **축소/확장**
> 개요 보기 영역의 □ 을 더블클릭해도 축소/확장이 번갈아 실행됩니다.

⑦ 모두 축소 : 슬라이드의 제목만 남기고 하위 내용은 모두 감춥니다.
⑧ 모두 확장 : 슬라이드의 제목과 하위 내용을 모두 표시합니다.
⑨ 슬라이드 요약 : 선택한 슬라이드의 제목을 사용하여 목차 슬라이드를 추가합니다.

⑩ **서식 표시** : 텍스트의 글꼴, 글자 크기, 글꼴 스타일 등을 표시합니다. 단, 글자색은 표시되지 않습니다.

■ 개요 작업

'개요 보기' 는 텍스트 위주의 슬라이드를 만들 때 제목이나 본문의 내용을 일괄적으로 기록하는 기능입니다. '슬라이드 보기' 에서 문자열 영역을 클릭하여 입력해도 되지만 '개요 보기' 에서 입력하면 쉽게 문자열을 입력할 수 있습니다.

1. 'PowerPoint 2003' 프로그램을 실행 한 후, 슬라이드 보기 영역에서 [개요] 탭을 클릭하여 개요 보기 영역으로 전환합니다.

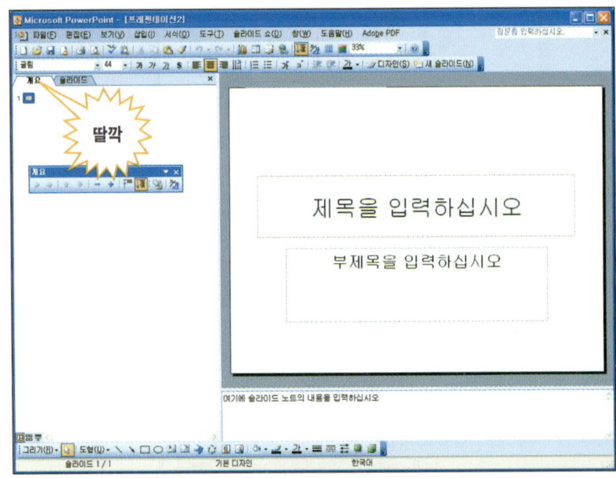

2. 개요 보기 영역의 옆으로 커서를 이동하여 제목 '수자원 오염 실태' 를 입력하고 Enter 키를 눌러 부제목 '한국수자원공사' 를 입력합니다.

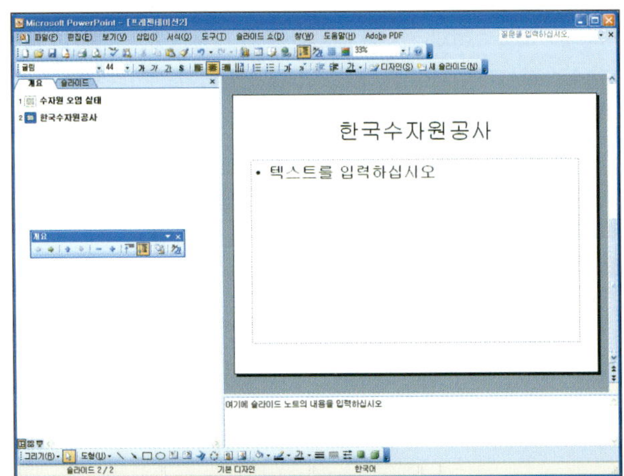

3. 새 슬라이드가 만들어지고 부제목이 입력되었습니다. 2번 슬라이드에 커서를 놓은 후, '수준 내리기(→)' 아이콘을 클릭하면 제목 슬라이드로 이동합니다.

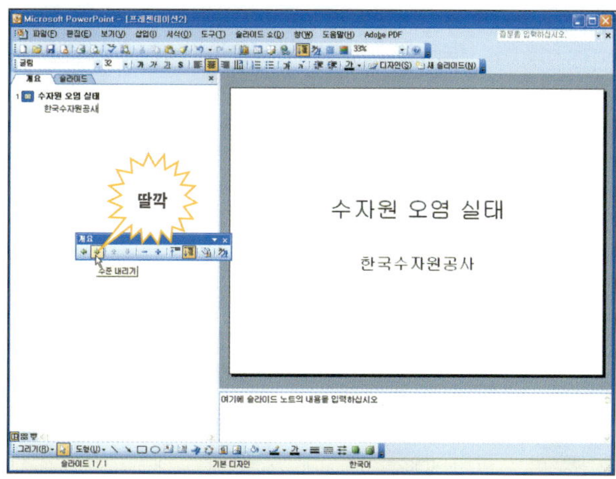

4. '한국수자원공사' 뒤에 커서를 이동한 후, Ctrl + Enter 키를 눌러 새 슬라이드를 추가합니다. 그리고 그림과 같이 내용을 입력하고, 각 내용의 수준을 조정합니다.

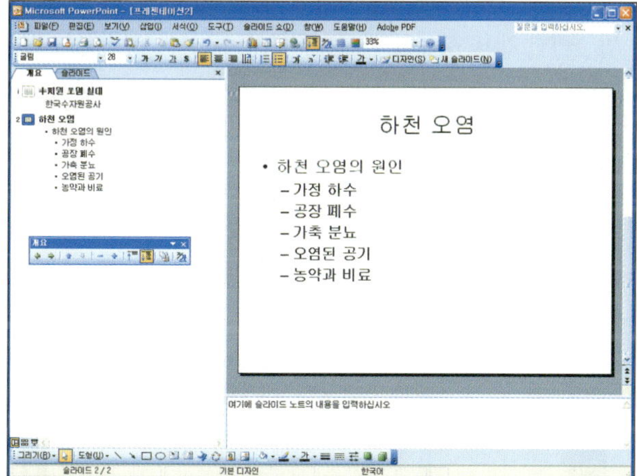

개요 작업을 통해서 3번 슬라이드와 4번 슬라이드를 그림과 같이 추가하여 '수자원.ppt' 로 저
장해 보세요.

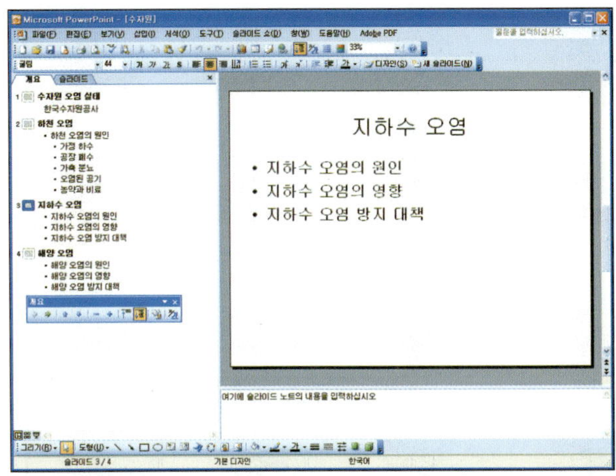

요약 슬라이드 만들기

요약 슬라이드는 일종의 프레젠테이션 문서의 목차와 같습니다. 개요 도구 모음 중 '슬
라이드 요약' 아이콘을 사용하면 요약 슬라이드를 쉽게 만들 수 있습니다. 이 슬라이드
를 만들려면 개요 창에서 본문 슬라이드를 블록 지정하여 개요 도구 모음의 '슬라이드
요약(圖)' 아이콘을 클릭하면, 선택한 슬라이드들의 제목을 사용하여 블록 지정을 시작
한 슬라이드 앞에 요약 슬라이드를 만듭니다.

'수자원.ppt' 파일의 2번에서 4번까지의 슬라이드 제목을 사용하여 요약 슬라이드를 만들어
보세요.

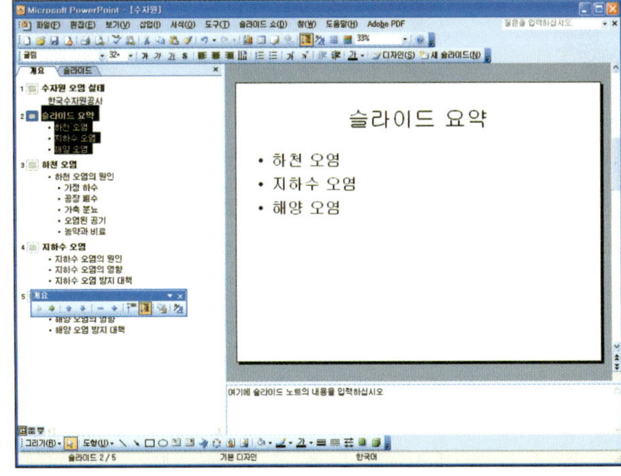

02-7 슬라이드 배경 편집하기

슬라이드의 배경 편집은 디자인 서식 파일 적용, 배경색 지정, 색 구성표 사용 등의 방법이 있습니다. 각각의 방법에 대해 알아봅시다.

디자인 서식 파일 적용

디자인 서식 파일은 미리 준비된 템플릿을 작업 중인 슬라이드에 적용하는 것으로, 문서의 모든 슬라이드에 일괄 적용됩니다.

- 메뉴 표시줄에서 [서식]→[슬라이드 디자인] 메뉴 선택(❶)
- 표준 도구 모음 : '디자인 서식 파일 적용(　디자인(S))' 아이콘 클릭(❷)
- '슬라이드 디자인' 작업창이 나타나면 적용할 슬라이드 디자인을 클릭(❸)

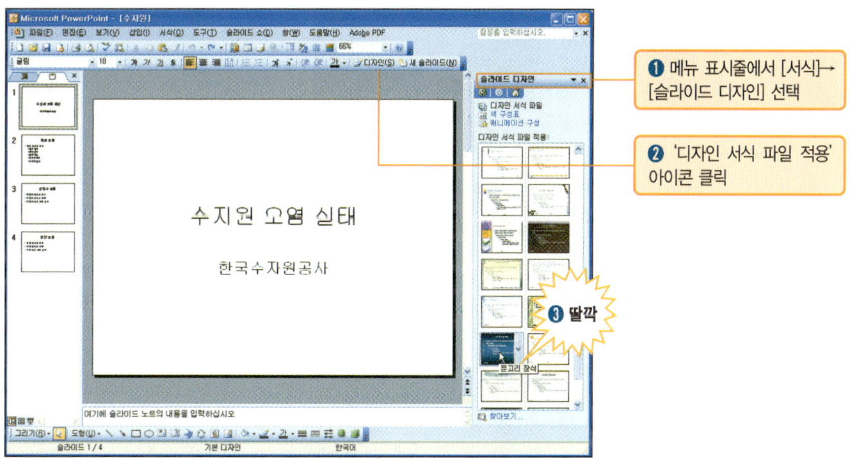

'수자원.ppt' 파일을 불러와 마음에 드는 디자인 서식을 적용하고, 글꼴을 편집하여 저장해 보세요.

배경과 색 구성표

디자인 서식 파일은 이미 디자인된 템플릿을 적용하기만 하면 되므로 처음 슬라이드를 편집할 경우 많이 사용합니다. 하지만 프레젠테이션의 환경과 내용에 어울리는 디자인 서식이 없을 경우도 있습니다. 무엇보다 나만의 슬라이드 디자인, 또는 조직의 이미지에 어울리는 슬라이드 디자인이 필요합니다. 이 때 배경과 색 구성표를 함께 활용하면 발표자의 의도가 반영된 슬라이드를 제작할 수 있습니다.

배경

배경은 슬라이드의 배경색 또는 채움 효과를 설정하는 것으로 슬라이드 전체에 적용할 수도 있으며, 원하는 슬라이드에만 선택적으로 적용할 수도 있습니다.

- 메뉴 표시줄에서 [서식]→[배경] 메뉴 선택
- '배경' 대화상자의 목록 단추를 클릭하여 배경 설정

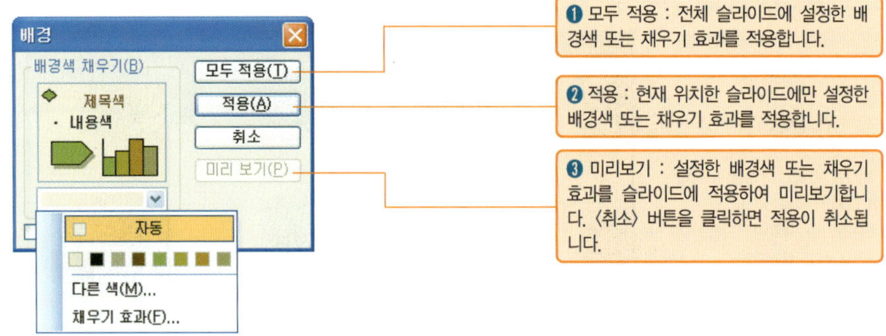

색 구성표

색 구성표란 제작할 프레젠테이션의 글자, 차트, 표 등의 개체가 사용할 기본 색을 구성하는 것입니다. 이미 만들어진 색 구성표도 있지만, 배경에 어울리도록 색 구성표를 편집하여 사용할 수도 있습니다.

- 기본 색 구성 : '슬라이드 디자인' 작업 창의 '색 구성표'를 클릭하면 기본 색 구성 목록이 나타납니다. 원하는 색 구성을 클릭하면 현재 편집 중이 프레젠테이션 문서의 색 구성을 변경할 수 있습니다.

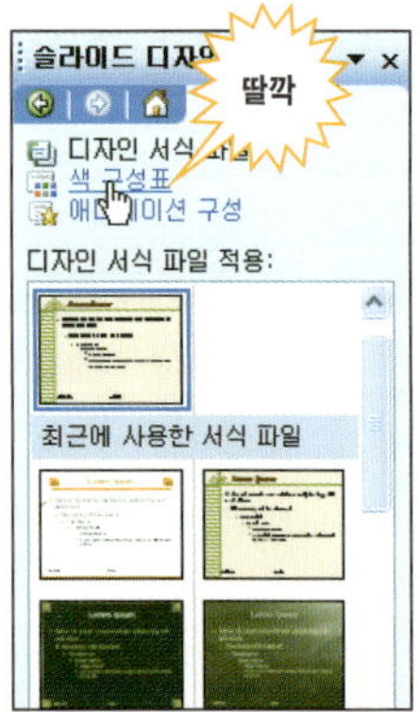

• **색 구성표 편집** : '슬라이드 디자인' 작업 창 하단의 '색 구성표 편집...'을 클릭하면 슬라이드를 구성하는 각 요소를 원하는 색으로 변경할 수 있습니다. 또한 '색 구성표 편집' 창의 [표준] 탭을 클릭하면 '슬라이드 디자인' 작업 창에서 '색 구성표'를 클릭했을 때의 기본 색 구성표가 나타납니다. 여기서 색 구성을 선택한 후 [사용자 지정] 탭으로 이동하면 구성표의 색이 선택한 기본 색상표로 변경됩니다.

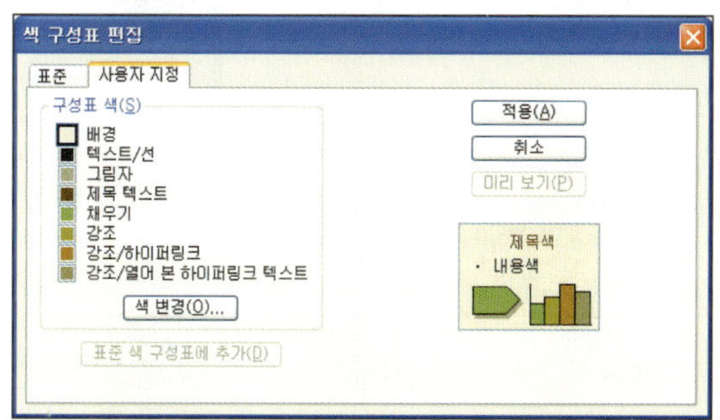

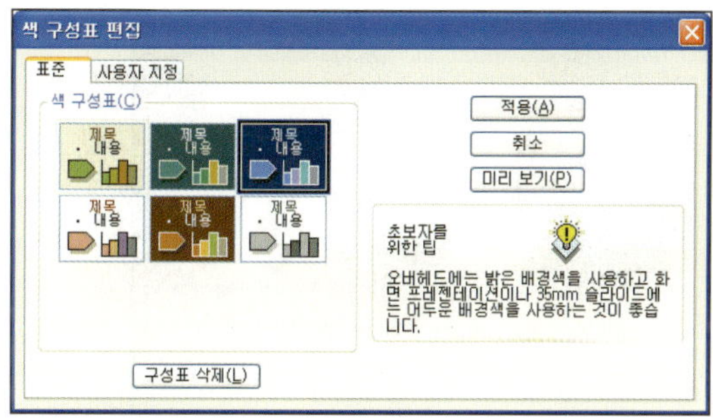

따라하기 ▶ ■ **색 구성표 편집**

색 구성표의 편집은 배경에 어울리도록 개체의 기본 색을 구성하거나, 적용된 디자인 서식에서 색 구성이 맞지 않을 경우에 사용하면 편리합니다. 색 구성표를 편집하는 방법에 대해 알아봅시다.

1. 색 구성표를 편집하기 위하여 '슬라이드 디자인' 작업 창에서 '색 구성표'를 선택한 후, 작업 창 하단으로 이동하여 '색 구성표 편집...'을 클릭합니다.

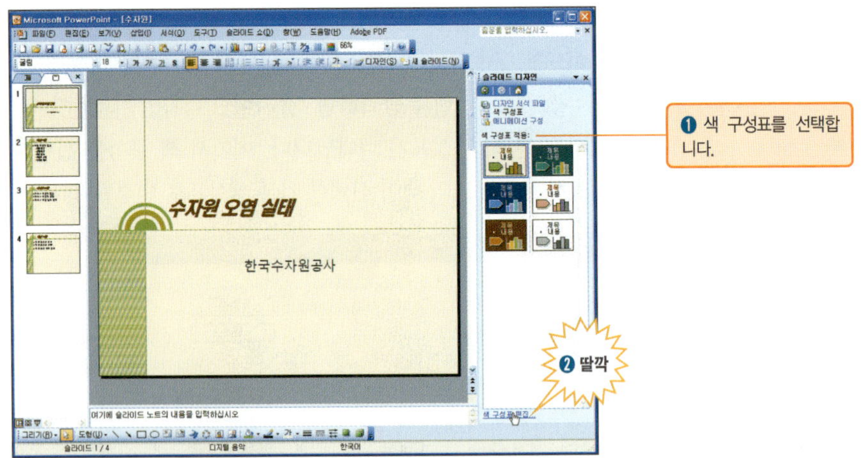

2. '색 구성표 편집' 창이 나타나면 [표준] 탭을 클릭한 후, [사용자 지정] 탭을 클릭합니다.

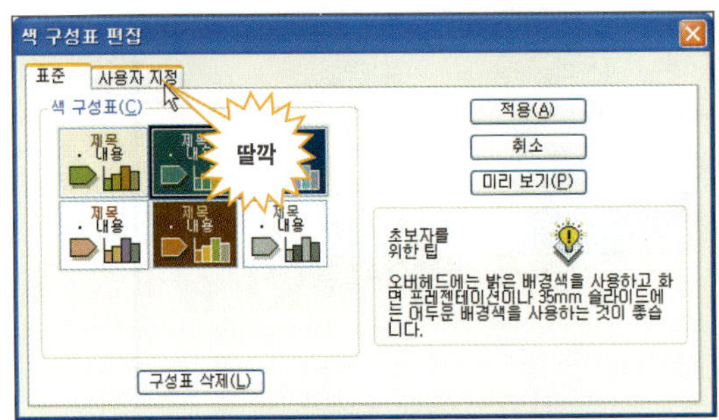

3. 구성표의 색 중에서 변경할 요소를 선택한 후, 〈색 변경〉 버튼을 클릭합니다.

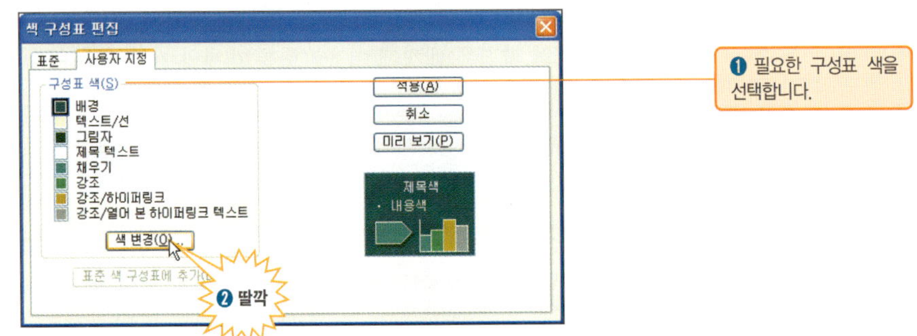

4. '배경색' 창에서 원하는 색상을 조합한 후, 〈확인〉 버튼을 클릭합니다.

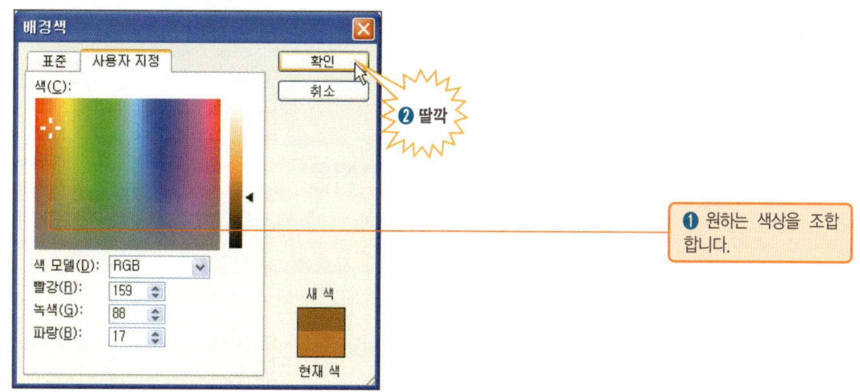

5. '색 구성표 편집' 창에서 색이 변경된 것을 확인하고, 〈미리보기〉 버튼을 클릭합니다. 슬라이드에서 해당 개체의 색이 변경된 것을 확인할 수 있습니다.

'통계청.ppt' 파일을 불러와 마음에 드는 배경색을 편집하여 적용해 보세요.

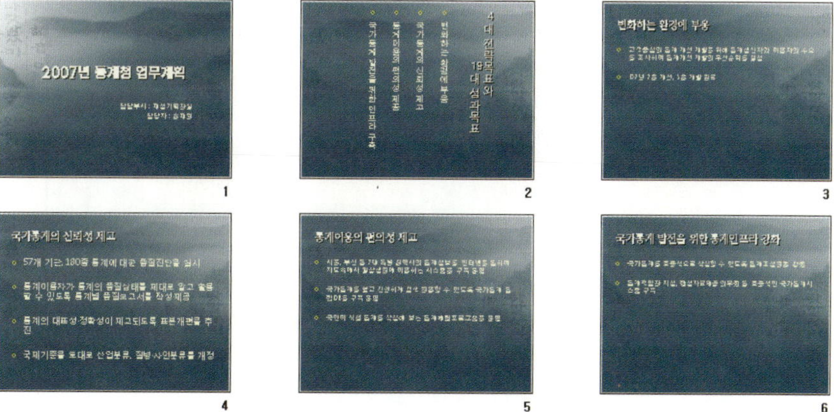

02-8 글머리 기호 및 번호 매기기

글머리 기호 해제 및 적용

· 글머리 기호를 해제할 단락에 커서를 놓은 후, 서식 도구 모음의 '글머리 기호(🔳)' 아이콘을 클릭하면 글머리 기호의 해제/적용이 반복됩니다.

· 한 번에 여러 단락의 글머리 기호를 해제 또는 적용하려면 해당 단락들을 블록 지정하고, 서식 도구 모음의 '글머리 기호(🔳)' 아이콘을 클릭합니다.

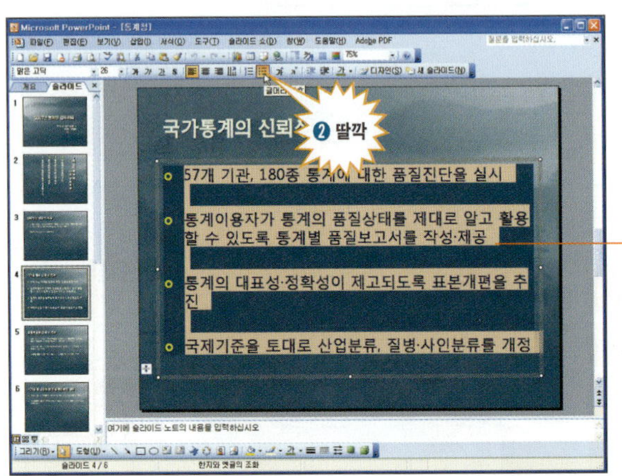

따라하기 ▶ ── ■ 글머리 기호 변경하기

1. 글머리 기호란 텍스트 상자에 글자를 입력할 때 단락의 맨 앞에 붙는 기호, 점, 블릿 등을 통틀어 일컫는 것입니다. 글머리 기호를 변경하려면 변경할 글머리 기호가 있는 단락에 커서를 위치시킨 후, [서식]→[글머리 기호 및 번호 매기기] 메뉴를 선택합니다.

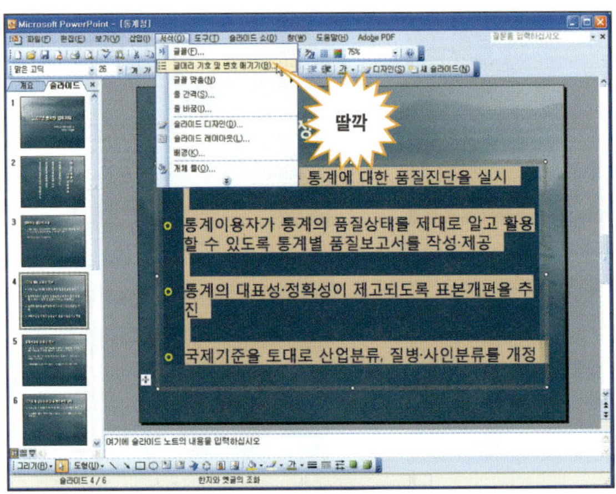

2. '글머리 기호 및 번호 매기기' 대화상자가 실행됩니다. 변경할 글머리 기호와 글머리 기호의 색을 선택한 후, 〈확인〉 버튼을 클릭합니다.

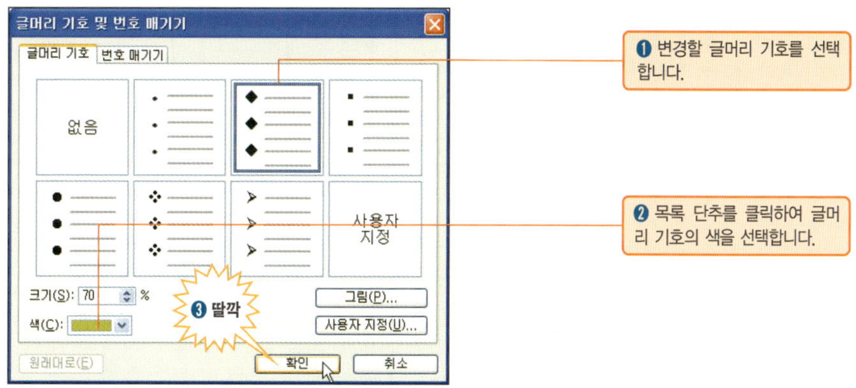

'인터넷.ppt' 파일을 불러와 글머리 기호를 변경하여 저장해 보세요.

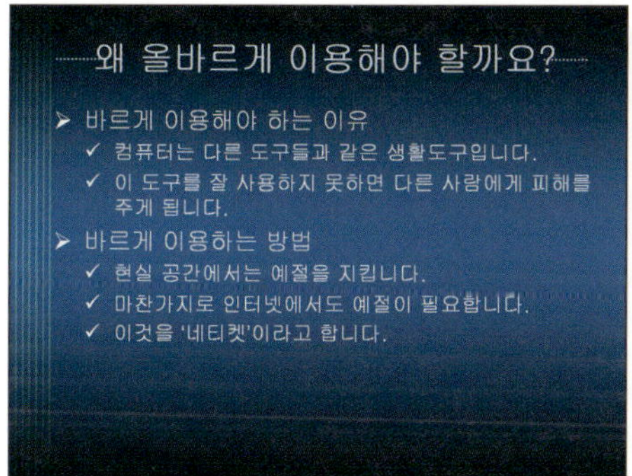

5번 슬라이드

번호 매기기

각 단락의 글머리 기호 번호를 바꾸는 방법을 알아봅시다.

• 서식 도구 모음 : '번호 매기기(▤)' 아이콘 클릭
• '글머리 기호 및 번호 매기기' 대화상자 사용

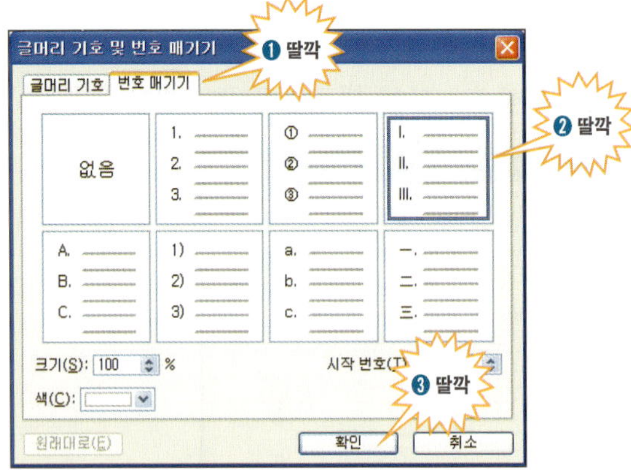

❶ [번호 매기기] 탭 클릭
❷ 번호 유형 선택
❸ 〈확인〉 버튼 클릭

self test

'인터넷.ppt' 파일의 2번 슬라이드의 번호 유형을 변경해 보세요.

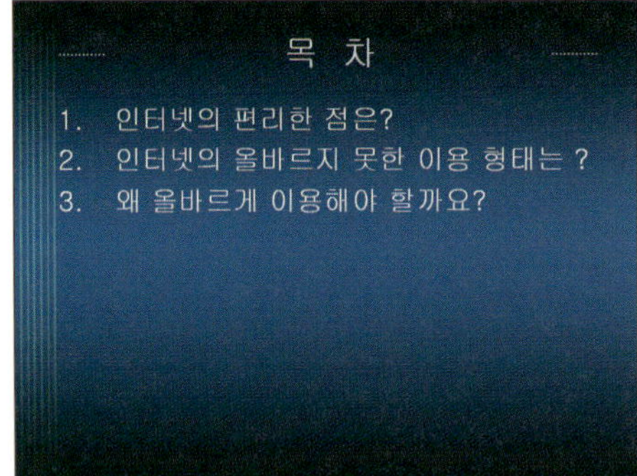

2번 슬라이드

현장 실습 환경보호 슬라이드 만들기

파워포인트의 기본 기능을 활용하여 환경보호를 주제로 한 슬라이드를 만들어 봅시다.

새 프레젠테이션 준비 및 슬라이드 추가하기

새 프레젠테이션 실행하기, 제목 슬라이드 만들기, 본문에 해당하는 슬라이드를 만들기
위한 새 슬라이드 추가하기, 내용에 알맞은 슬라이드 구성하기를 선택해 봅시다.

1. [시작]→[모든 프로그램]→[Microsoft Office]→[Microsoft Office PowerPoint 2003]을 차
례로 클릭하여 파워포인트 프로그램을 실행합니다.

2. 제목 텍스트 상자에 '환경보호를 위한 실천 방안' 을 입력하고, 부제목 텍스트 상자를
선택하여 삭제합니다.

환경보호를 위한 실천방안

3. 메뉴 표시줄에서 [삽입]→[새 슬라이드] 또는 단축키 Ctrl + M 키를 누릅니다.

4. '새 슬라이드' 대화상자가 나타나면 '글머리 기호 목록' 을 선택한 후, 〈확인〉 버튼을
클릭합니다.

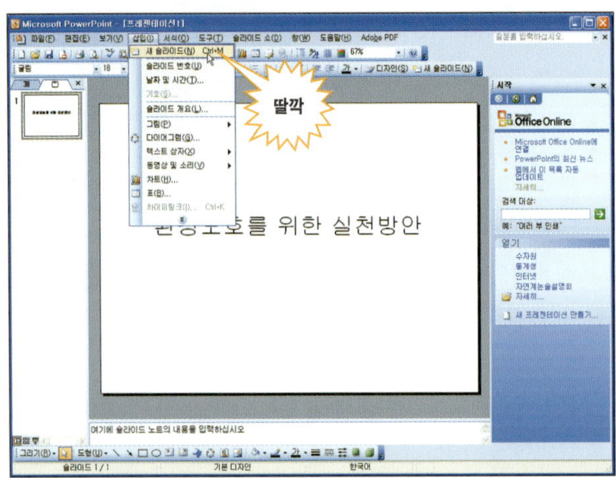

5. 새 슬라이드가 추가되면 다음과 같이 제목과 내용을 입력한 후, '환경.ppt' 로 저장합니다.

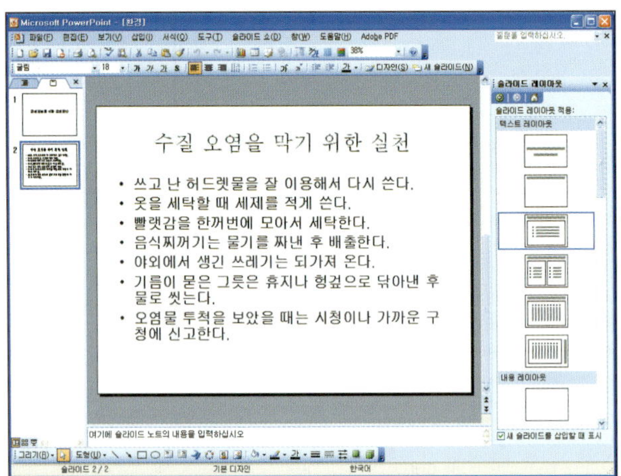

슬라이드 디자인 설정하기

프레젠테이션의 내용과 잘 어울릴 수 있는 슬라이드 디자인을 설정해 봅시다.

1. 슬라이드의 디자인을 선택하기 위하여 오른쪽 작업 창의 '▼'을 클릭한 후, [슬라이드 디자인] 메뉴를 선택합니다.

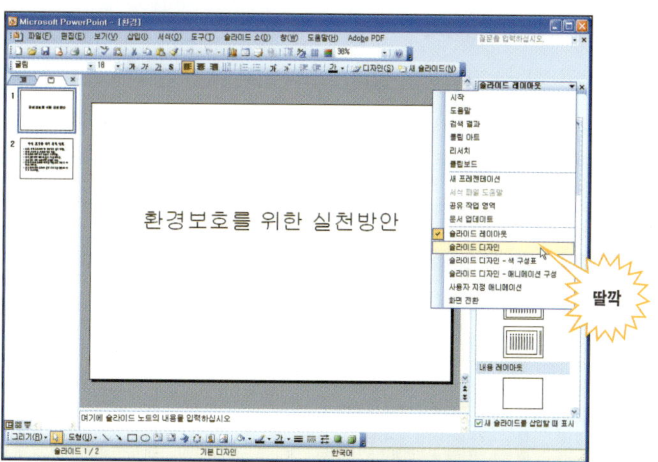

2. '슬라이드 디자인' 작업 창이 나타나면 적용할 디자인 서식의 목록 단추를 클릭한 후, [모든 슬라이드에 적용] 메뉴를 선택합니다.

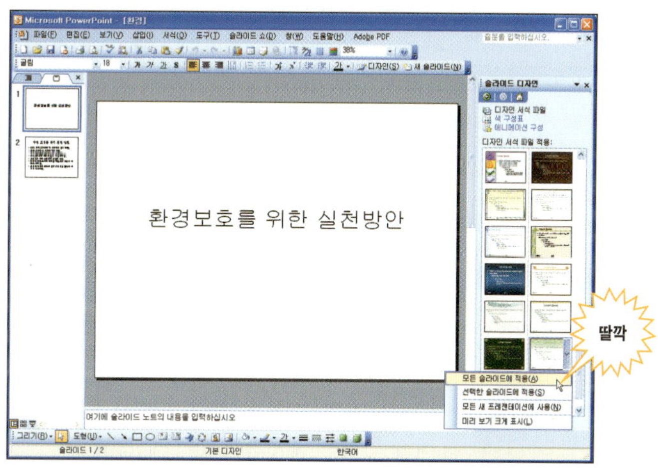

3. 슬라이드 디자인 서식이 적용된 것을 확인한 후, 각 슬라이드의 글꼴을 알맞게 조정합니다.

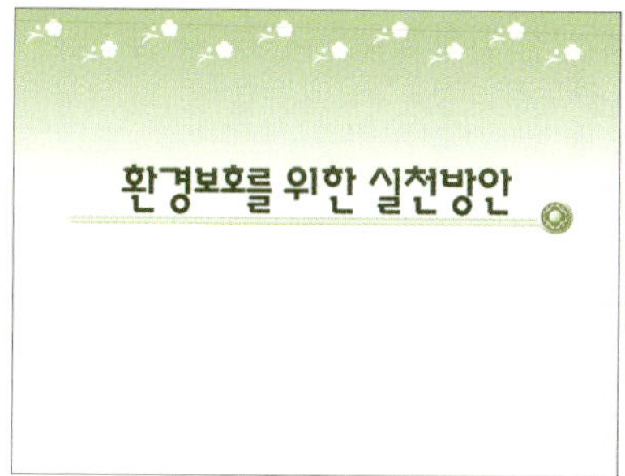

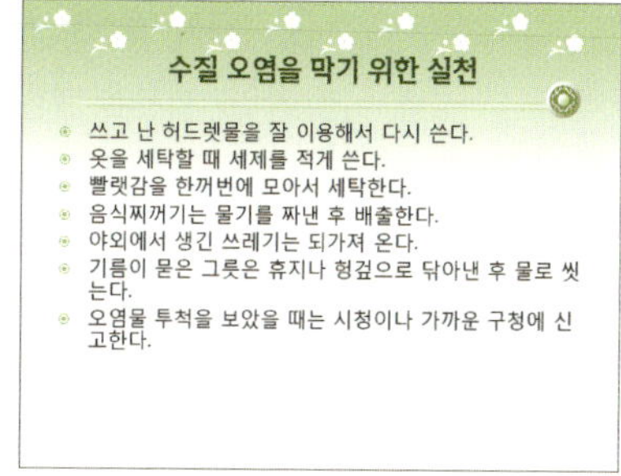

색 구성표 편집하기

색 구성표를 편집하여 슬라이드의 기본 색을 설정해 봅시다.

1. 색 구성표를 편집하기 위하여 '슬라이드 디자인' 작업 창의 '색 구성표'를 클릭한 후, 하단의 '색 구성표 편집...'을 클릭합니다.

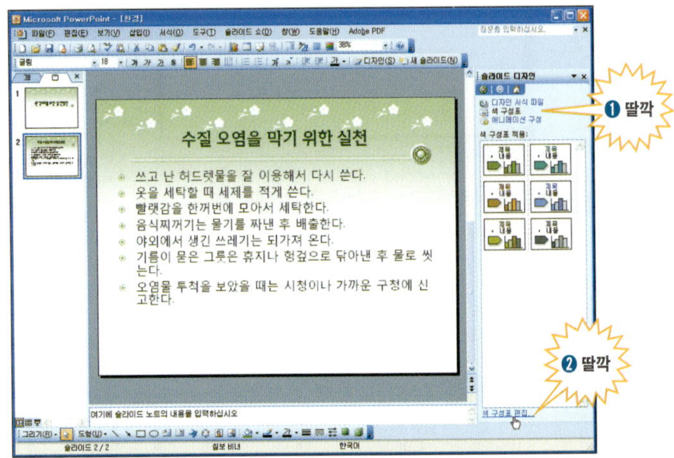

2. '색 구성' 대화상자가 나타나면 [사용자 지정] 탭을 클릭합니다. '구성표 색'에서 '제목 텍스트'를 선택한 후, 〈색 변경〉 버튼을 클릭합니다.

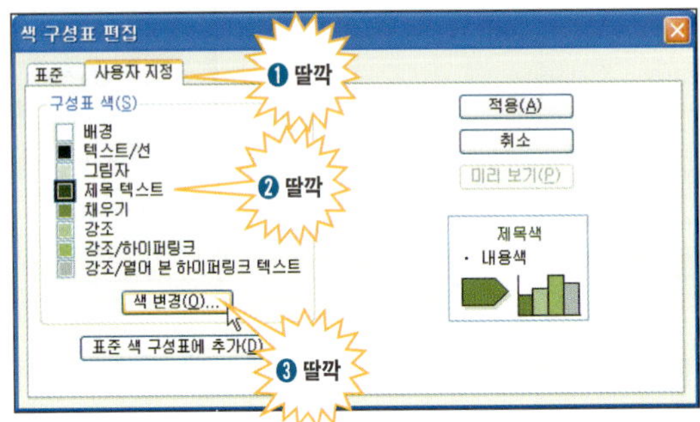

3. '제목 텍스트 색' 대화상자가 실행되면 [사용자 지정] 탭을 클릭하여 색을 설정한 후, 〈확인〉 버튼을 클릭합니다.

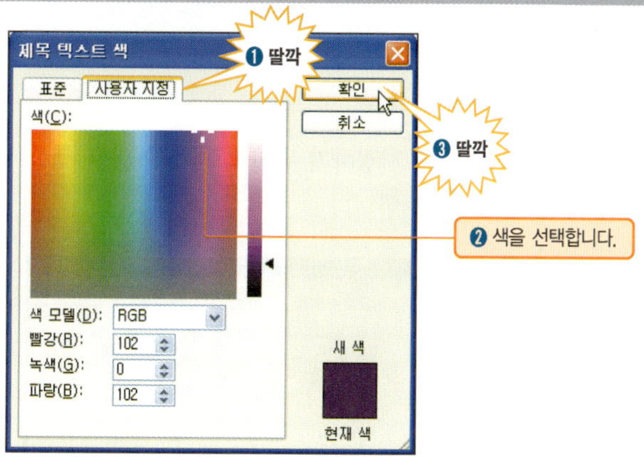

4. '제목 텍스트'의 색이 변경된 것을 확인한 후, 다른 요소들도 같은 방법으로 변경합니다. 색 구성 변경이 완료되면 〈표준 색 구성표에 추가〉 버튼을 클릭하여 기본 색 구성표에 추가합니다.

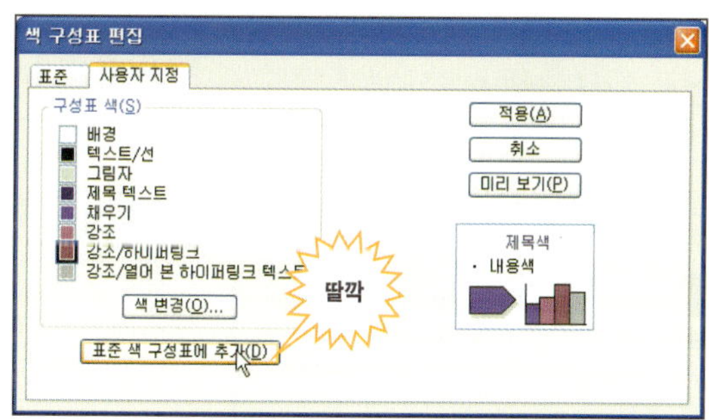

5. [표준] 탭을 클릭하여 기본 색 구성표에 추가된 것을 확인한 후, 〈적용〉 버튼을 클릭합니다.

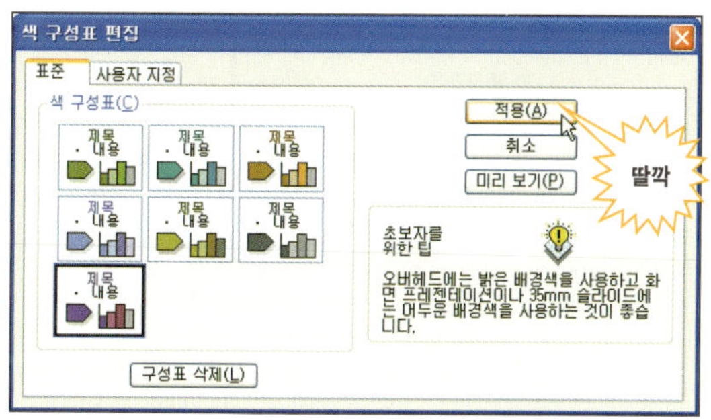

텍스트 상자 서식 설정하기

1. 텍스트 상자의 서식을 지정하기 위하여 개체 틀을 선택한 후, 빠른 메뉴를 실행하여 [개체 틀 서식] 메뉴를 선택합니다.

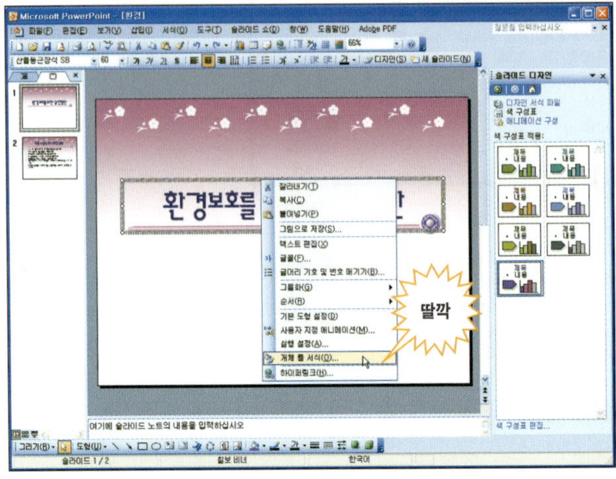

2. '도형 서식' 대화상자가 나타나면 채우기 색을 선택한 후, 투명도를 조절합니다.

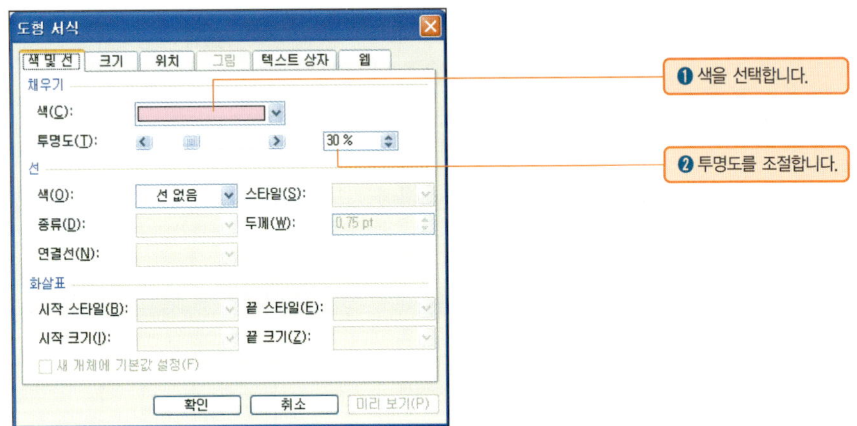

3. 선 모양을 변경하기 위하여 선 색과 종류와 두께를 설정한 후 〈확인〉 버튼을 클릭합니다.

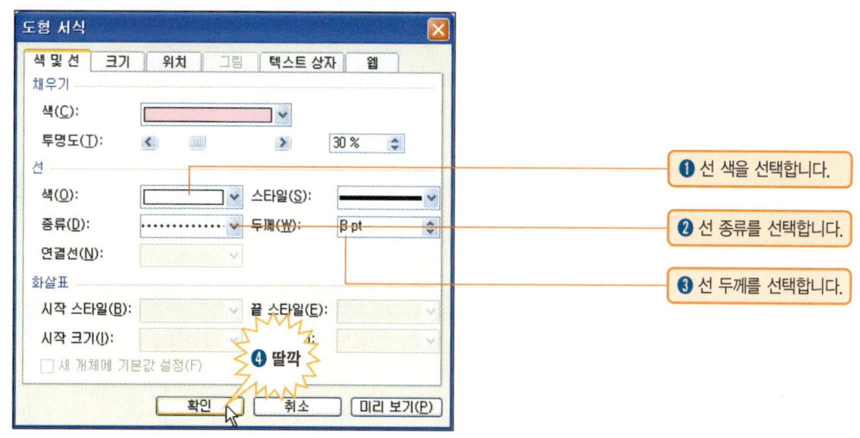

4. 텍스트 상자의 서식이 적용된 것을 확인한 후, 제목 슬라이드의 텍스트 상자 크기와 위치를 조절합니다.

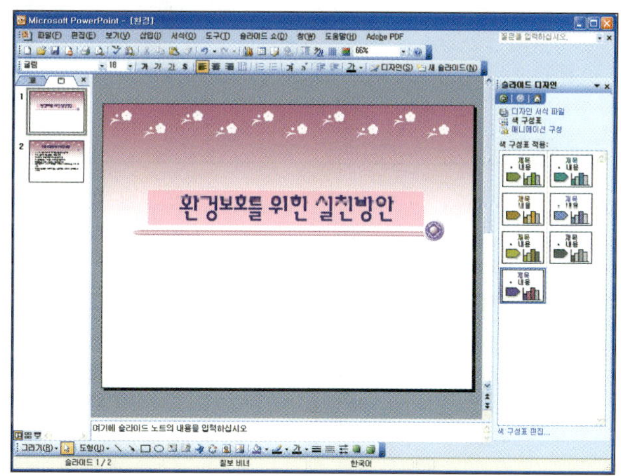

5. 2번 슬라이드로 이동하여 본문 슬라이드의 제목도 그림과 같이 설정합니다.

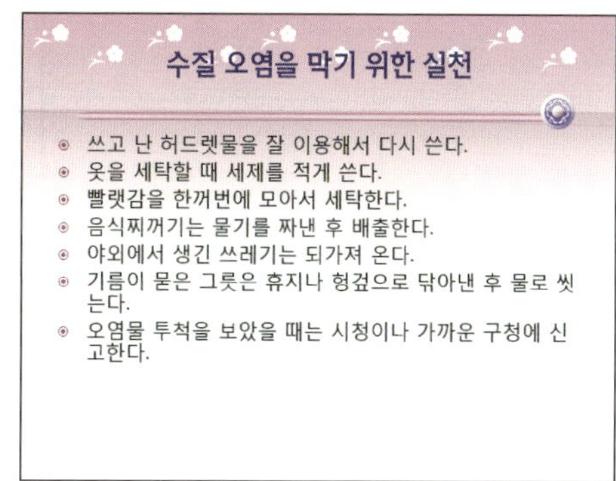

슬라이드 복제와 개요 작업하기

동일한 디자인의 본문 슬라이드를 추가하기 위하여 2번 슬라이드를 복제하여 본문 슬라이드를 완성해 봅시다.

1. 여러 슬라이드 보기 화면으로 전환하기 위하여 화면 전환 아이콘 중 '여러 슬라이드 보기' 아이콘을 클릭합니다.

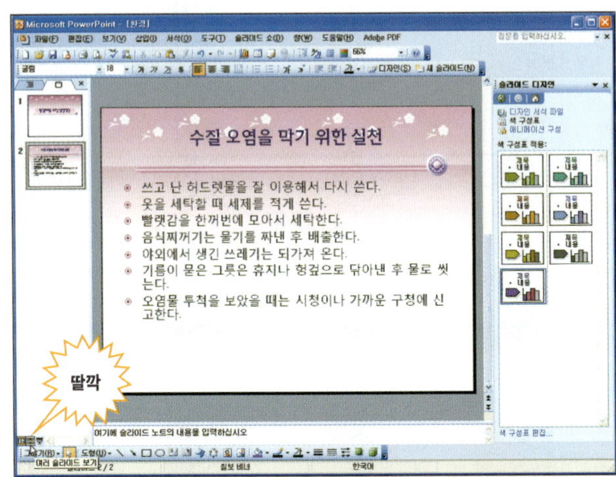

2. 복제할 슬라이드를 선택한 후, [삽입]→[슬라이드 복제] 메뉴를 선택합니다.

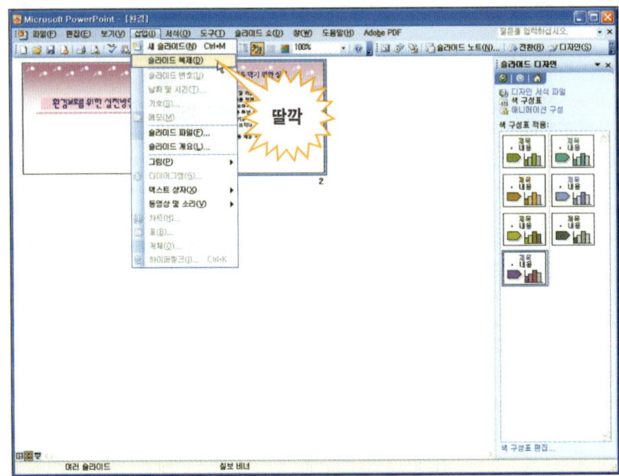

3. 필요한 수만큼 슬라이드를 복제하고 내용을 입력할 슬라이드를 선택한 후, 개요 보기 상태로 전환합니다.

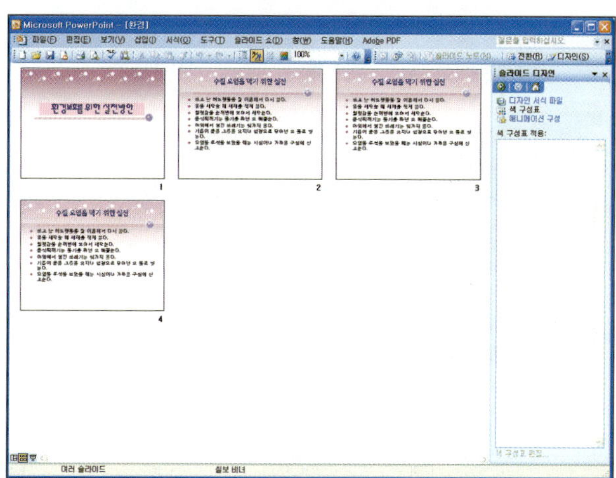

4. '개요' 창에 그림과 같이 내용을 입력합니다.

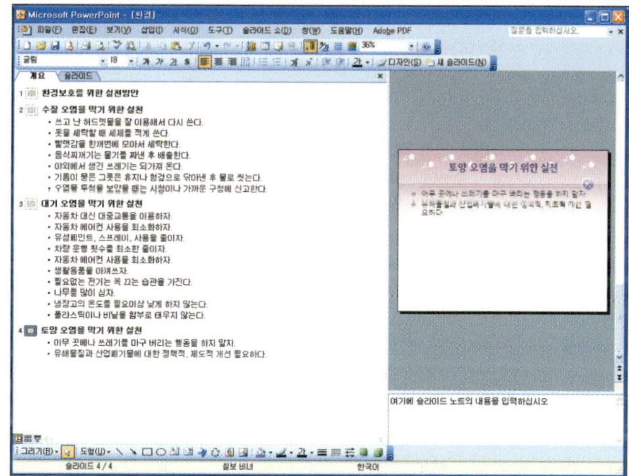

슬라이드 요약 및 번호 매기기

개요 도구를 사용하여 본문 슬라이드에 대한 목차 슬라이드를 만들어 봅시다.

1. 경계선을 드래그하여 개요 보기 영역의 크기를 조절한 후, [보기]→[도구 모음]→[개요]를 실행하여 '개요' 도구 모음을 실행합니다.

2. 요약할 본문 슬라이드를 모두 블록 지정한 후, 개요 도구 모음에서 '슬라이드 요약' 아이콘을 클릭합니다.

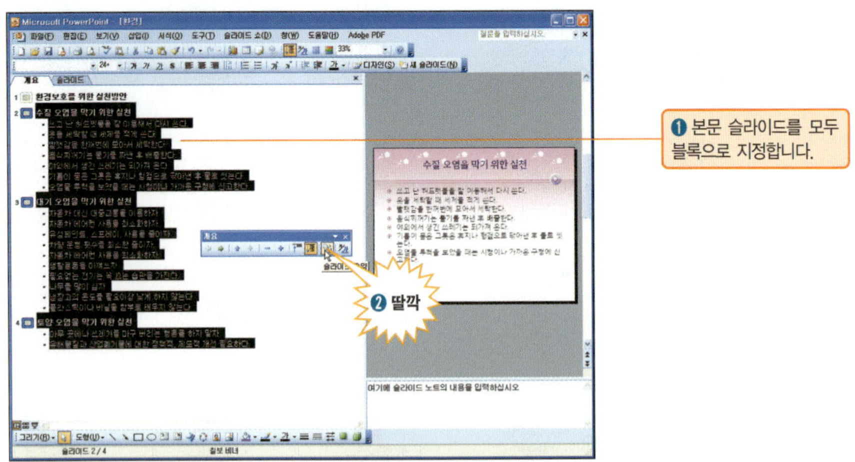

3. 다시, 개요 보기 영역의 크기를 축소한 후, 요약 슬라이드의 제목과 텍스트 모양을 다음과 같이 변경합니다.

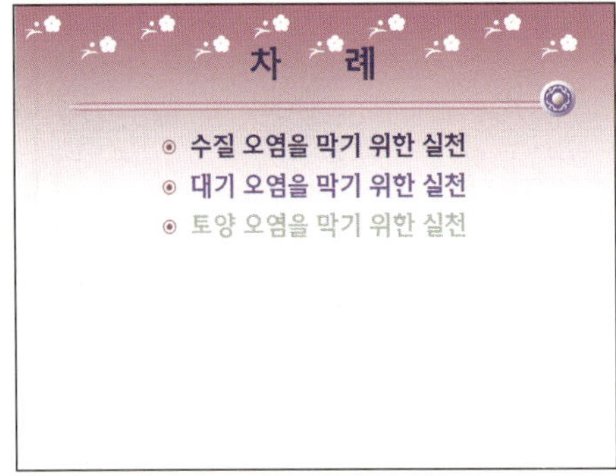

4. 다음과 같이 슬라이드를 편집한 후, 글머리 기호를 변경하기 위하여 [서식]→[글머리 기호 및 번호 매기기] 메뉴를 선택합니다.

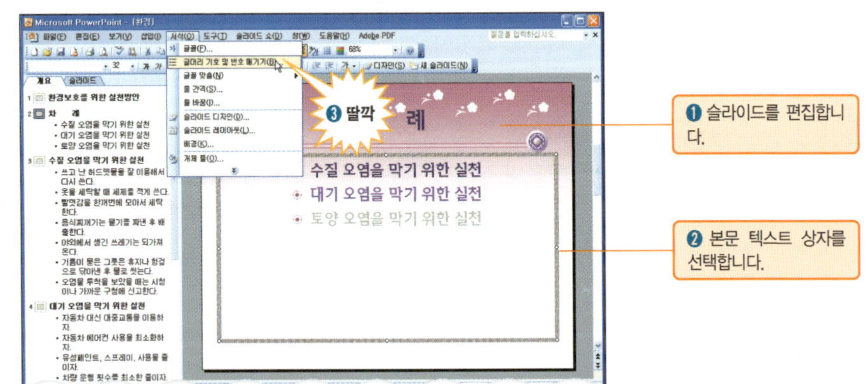

5. '글머리 기호 및 번호 매기기' 대화상자에서 [글머리 기호] 탭을 클릭한 후, 변경할 글머리 기호와 글머리 기호의 색을 설정하고 〈확인〉 버튼을 클릭합니다.

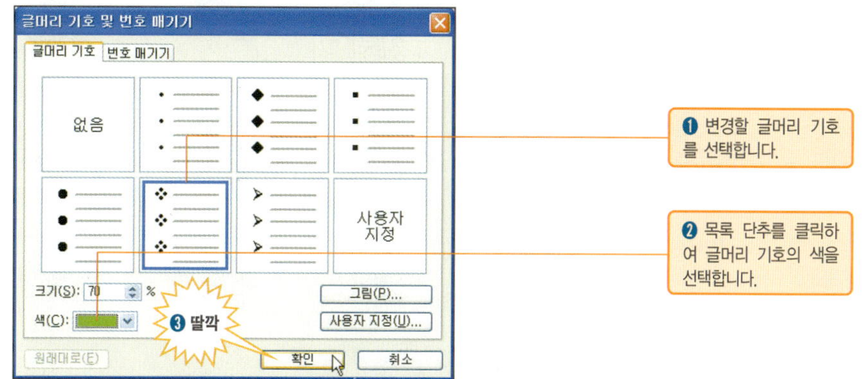

6. '글머리 기호 및 번호 매기기' 대화상자에서 [글머리 기호] 탭을 클릭한 후, 변경할 글머리 기호와 글머리 기호의 색을 설정하고 〈확인〉 버튼을 클릭합니다.

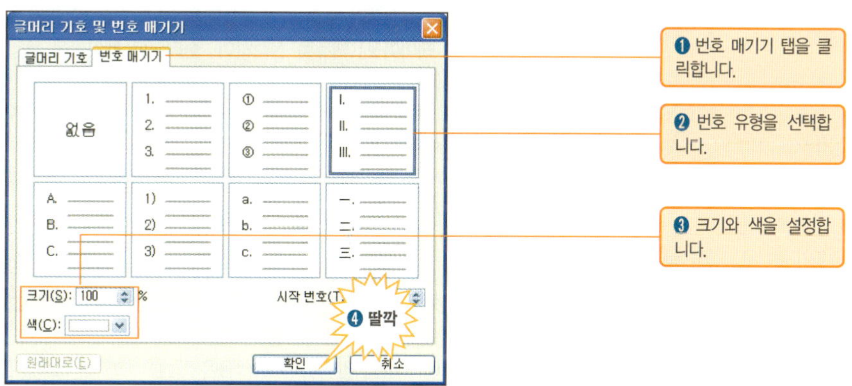

7. 다음과 같이 글머리 기호가 번호로 변경된 것을 확인하고, 변경된 내용을 '환경.ppt'' 파일로 저장합니다.

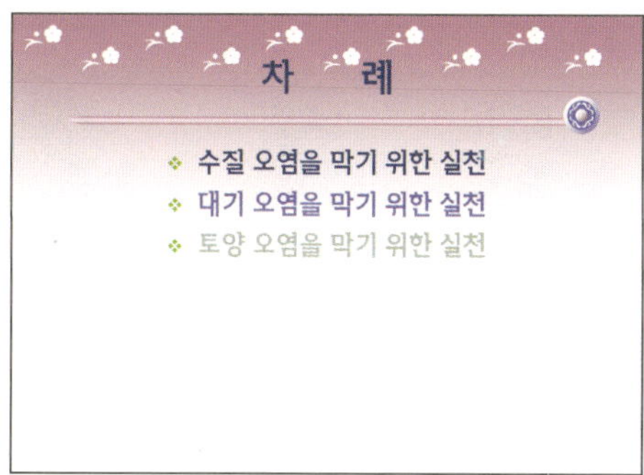

실무 활용 연습

EX 1 새 문서를 열고 한국의 대표적인 섬을 소개하는 슬라이드 만들기

❶ 윈도우의 〈시작〉 버튼을 클릭하고 [**프로그램**]→[Microsoft Office]→[Microsoft Office PowerPoint 2003]의 순으로 선택하여 파워포인트 2003을 실행합니다.

❷ 파워포인트 2003이 실행되면 표준 도구 모음에서 '새로 만들기' 도구를 클릭합니다.

❸ [**서식**]→[**슬라이드 레이아웃**] 메뉴를 선택하여 '슬라이드 레이아웃' 작업창이 나타나면 '구름' 서식을 클릭하여 적용합니다.

❹ [**서식**]→[**슬라이드 디자인**] 메뉴를 선택하여 '슬라이드 디자인' 작업창이 나타나면 '내용 레이아웃'에서 '빈 화면'을 클릭합니다.

❺ 그리기 도구 모음에서 '텍스트 상자'를 클릭하고 제목 텍스트 상자를 만듭니다.

❻ 제목 텍스트 상자에 텍스트를 입력하고 글꼴은 '굴림', 크기는 '54'로, '굵게', '그림자' 등을 지정하고 '가운데 맞춤'을 선택하여 텍스트를 가운데로 정렬합니다.

❼ '한국'이라는 텍스트를 블록으로 설정하고 한자로 변환합니다.

❽ 그리기 도구 모음에서 '텍스트 상자'를 클릭하고 텍스트 상자를 만들고 [**서식**]→[**글머리 기호 및 번호 매기기**] 메뉴를 선택하여 글머리 기호를 선택합니다.

❾ 텍스트 상자에 섬의 이름을 입력합니다. 글꼴은 '굴림', 크기는 '24'로, 색상은 노란색으로 각각 지정합니다.

❿ [**파일**]→[**저장**] 메뉴를 선택하여 완성한 문서를 '한국의 섬.ppt'로 저장합니다.

  새 슬라이드 추가하기

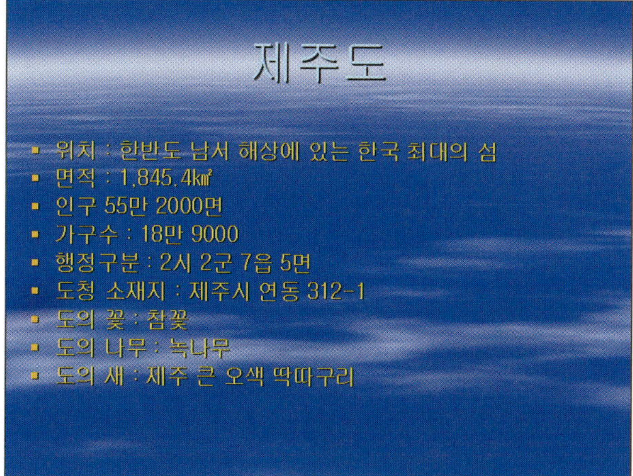

❶ [슬라이드] 탭에서 빠른 메뉴를 실행하고 [새 슬라이드]를 선택하여 새 슬라이드를 추가합니다.

❷ 기본적으로 나타나는 제목 텍스트 상자에 텍스트를 입력하고 글꼴은 '굴림', 크기는 '54'로, '굵게', '그림자' 등을 지정하고 '가운데 맞춤'을 선택하여 텍스트를 가운데로 정렬합니다.

❸ 내용 텍스트 상자에 해당 섬에 대한 설명을 그림과 같이 입력하고 글꼴은 '굴림', 크기는 '24'로 지정 하고 텍스트의 색상을 노란색으로 변경합니다.

❹ 추가로 작업한 내용을 저장하기 위해 [파일]→[저장] 메뉴를 선택합니다.

03

그래픽 요소의 삽입과 편집

프레젠테이션을 할 때는 주어진 시간 내에 준비한 내용을 설득력 있게 전달하는 것이 가장 중요합니다. 하지만 인쇄물이 아닌 영상으로 보여지는 것이기 때문에 한 슬라이드에서 담을 수 있는 내용에는 제약이 많습니다. 따라서 슬라이드의 내용은 가장 핵심적인 것만을 함축하여 표시하고, 이를 통해 청중을 압도할 수 있어야 합니다. 파워포인트의 그리기 도구는 단순한 드로잉 도구가 아니라, 슬라이드의 내용을 함축하여 도식화하는 데 매우 중요한 도구입니다. 파워포인트의 그리기 도구 사용 방법과 그리기 도구를 사용하여 슬라이드를 구성하는 방법에 대해 알아봅시다.

03-1   그리기 도구 모음 살펴보기
03-2   그림 그리기
03-3   도형 목록으로 도형 그리기
03-4   도형의 복사, 이동, 삭제하기
03-5   도형의 회전과 모양 조절하기

03-6   도형에 텍스트 입력하기
03-7   3차원 도형 만들기
03-8   도형의 순서, 맞춤 및 배분, 그룹화
현장 실습   그리기 도구로 슬라이드 디자인하기
실무 활용 연습

실습 예제 미리보기 — 그리기 도구로 슬라이드 디자인하기

도형이나 그림자 효과와 같은 그리기 도구를 이용하여 슬라이드 내용을 효과적으로 전달할 수 있습니다.

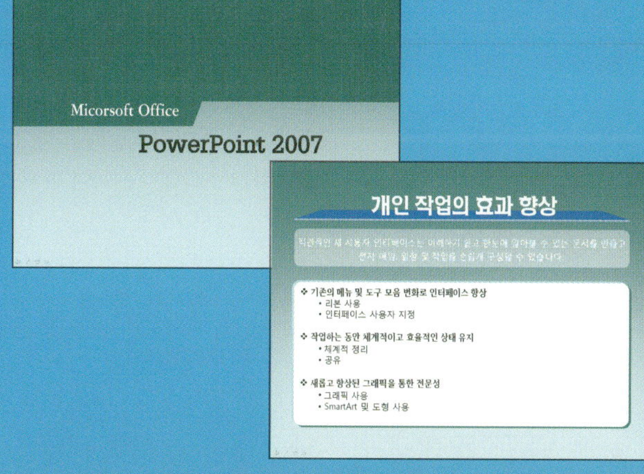

03-1 그리기 도구 모음 살펴보기

파워포인트의 그리기 도구 모음을 사용하면 직접 도형을 그리거나 편집할 수 있습니다. 그리기 도구 모음은 간단한 도형을 그리는 것뿐만 아니라 슬라이드를 디자인하는 데에도 매우 유용하게 활용할 수 있습니다.

- 그리기 도구 모음은 기본적으로 파워포인트 창의 하단에 위치합니다. 만약 그리기 도구 모음이 사라진 경우에는 [보기]→[도구 모음]→[그리기] 메뉴를 선택합니다.
- 그리기 도구 모음을 숨기려면 다시 [보기]→[도구 모음]→[그리기] 메뉴를 선택합니다.

① 그리기 : 그리기와 관련된 여러 가지 메뉴가 있습니다.

② 개체 선택 : 슬라이드의 개체를 클릭하여 선택합니다.

③ 도형 : 마우스 드래그만으로 만들 수 있는 각종 도형 메뉴가 유형별로 분류되어 있습니다.

④ 선 : 선을 그립니다.

⑤ 화살표 : 화살표를 그립니다.

⑥ 직사각형 : 직사각형을 그립니다.

⑦ 타원 : 타원을 그립니다.

⑧ 텍스트 상자 : 가로로 문자열을 입력할 수 있는 텍스트 상자를 만듭니다.

⑨ 세로 텍스트 상자 : 세로로 문자열을 입력할 수 있는 텍스트 상자를 만듭니다.

⑩ WordArt 삽입 : 워드아트를 삽입합니다.

⑪ 다이어그램 또는 조직도 삽입 : 프레젠테이션 문서에 다이어그램 또는 조직도를 삽입합니다.

⑫ 클립아트 삽입 : 클립아트를 삽입합니다.

⑬ 그림 삽입 : 그림을 삽입합니다.

⑭ 채우기 색 : 도형의 면을 색으로 채우거나 그라데이션, 질감, 무늬, 그림 등의 채우기 효과를 적용합니다.

⑮ 선 색 : 선의 색을 적용합니다.

⑯ 글꼴 색 : 문자열의 색을 적용합니다.

⑰ 선 스타일 : 선의 굵기와 유형을 적용합니다.

⑱ 대시 스타일 : 여러 가지 점선 유형의 선을 적용합니다.

⑲ 화살표 스타일 : 여러 가지 화살표의 유형을 적용합니다.

⑳ 그림자 스타일 : 선택한 개체에 그림자 효과를 적용합니다.

㉑ 3차원 스타일 : 선택한 개체에 3차원 효과를 적용합니다.

> **Note**
>
> **다이어그램이란?**
> 다이어그램이란 텍스트를 사용하여 설명하거나 표현하기에 적합하지 않은 내용을 도형이나 도표 등을 사용하여 한눈에 이해하기 쉽도록 만들어 놓은 것으로 일종의 '그림 도표'라고 할 수 있습니다.

03-2 그림 그리기

선과 화살표 그리기

선과 화살표를 그리는 방법은 동일합니다. 차이가 있다면 선을 그린 후, 화살표의 스타일을 추가로 지정해야 한다는 점뿐입니다.

선 그리기

선을 그리려면 먼저 그리기 도구 모음에서 '선(＼)' 아이콘을 클릭합니다. 그리고 선 그리기를 시작할 위치로 마우스 포인터를 이동한 후, 원하는 길이와 방향으로 마우스를 드래그합니다.

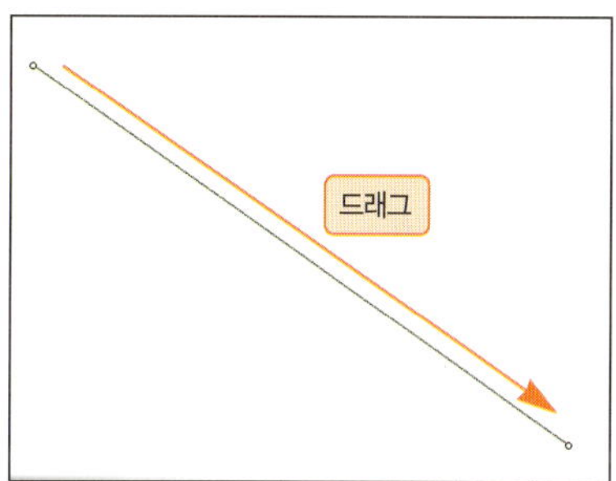

선을 화살표로

화살표를 그릴 때 직접 '화살표(＼)' 아이콘을 사용하기도 하지만 선을 그리고 화살표 스타일의 속성을 설정하여 화살표를 만들 수도 있습니다.

선을 화살표로 만들려면 먼저 선을 선택합니다. 그리고 그리기 도구 모음에서 '화살표 스타일(⇄)' 아이콘을 클릭한 후, 나타나는 목록 메뉴에서 원하는 화살표 유형을 클릭합니다.

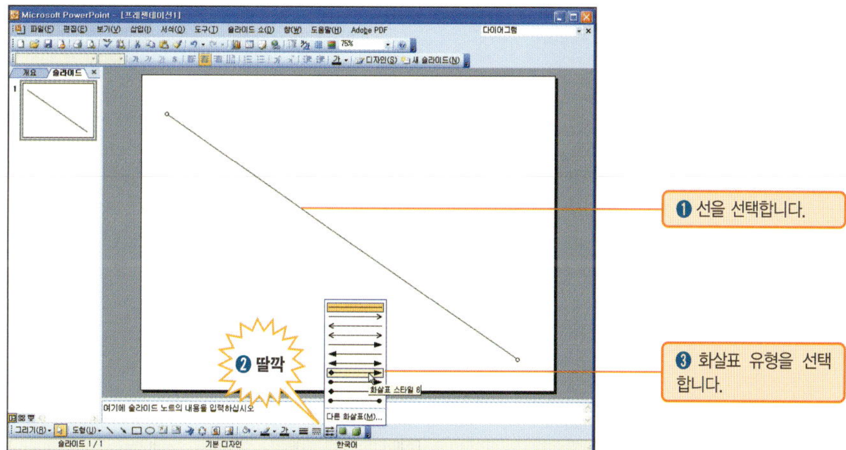

선과 화살표 속성 설정

이미 02-3에서 텍스트 상자의 서식을 설정해 보았습니다. 선이나 화살표, 그리고 그 외의 도형들의 속성 설정은 텍스트 상자의 서식을 설정하는 것과 대부분 동일합니다(34쪽 '02-3. 텍스트 상자 서식 지정하기' 참조). 단, 선과 화살표는 면이 없는 개체이므로 '색 채우기' 도구는 활성화되지 않습니다. 여기서는 그리기 도구 모음의 속성 설정 도구를 살펴봅시다.

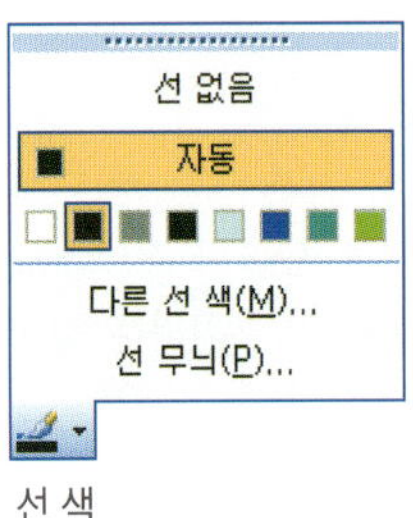

선 색

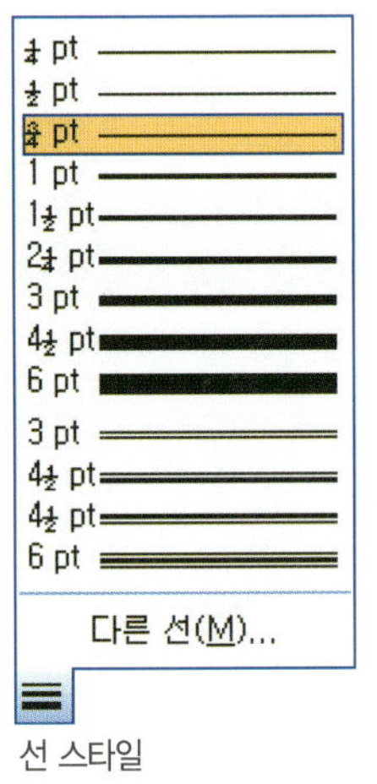

선 스타일

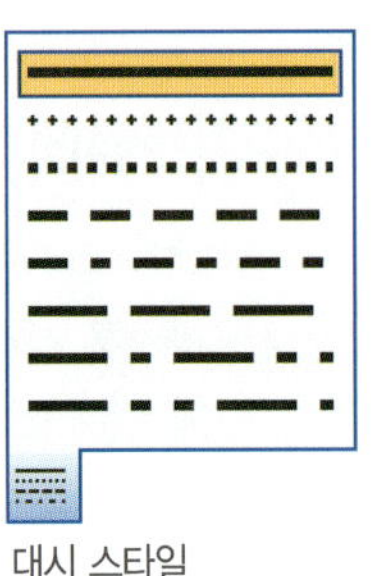

대시 스타일

'도형 서식' 대화상자

개체의 속성을 보다 세밀하게 설정하려면 도형을 더블클릭하여 '도형 서식' 대화상자를 실행합니다.

• 선 두께 : 직접 두께를 입력하면 '선 스타일'에 없는 두께로 속성을 설정할 수 있습니다.
• 화살표 : 화살표의 시작과 끝 모양의 조합, 시작과 끝 모양의 크기를 조절할 수 있습니다.

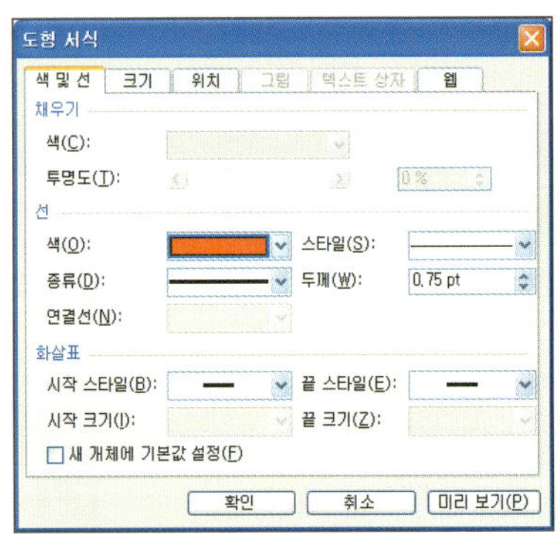

그림과 같이 여러 가지 유형의 선과 화살표를 그려 보세요.

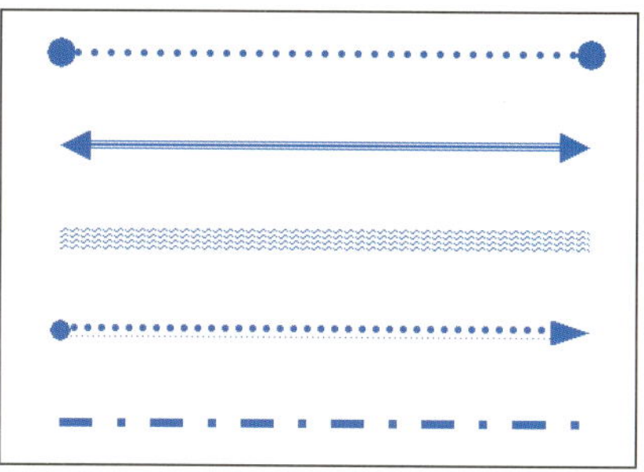

직사각형과 타원 그리기

• 직사각형과 타원도 마찬가지로 그리기 도구 모음의 해당 아이콘을 클릭한 후, 원하는 크기만큼 마우스로 드래그합니다.(직사각형 : ▢, 타원 : ◯)

• 직사각형과 타원의 서식 설정은 면을 가진 도형이므로 채우기 속성의 설정이 추가되고, 화살표 속성은 적용할 수 없습니다.

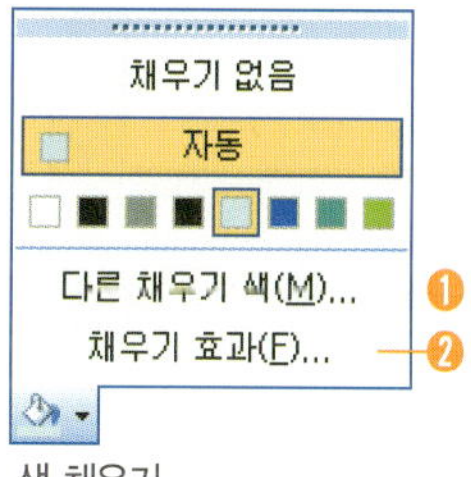

색 채우기

❶ **다른 채우기 색** : '채우기 색'의 펼침 메뉴에 표시되지 않는 색을 선택하려면 [**다른 채우기 색**] 메뉴를 클릭합니다.

❷ **채우기 효과** : 도형의 면에 그라데이션 효과를 설정하거나, 질감/무늬 등을 사용하여 면을 채웁니다. 또한 [그림] 탭에서는 디스크에 저장되어 있는 이미지 파일을 불러와 면을 채울 수도 있습니다.

그림과 같이 직사각형과 타원, 원을 그리고, 속성을 설정해 보세요.

테두리

면색

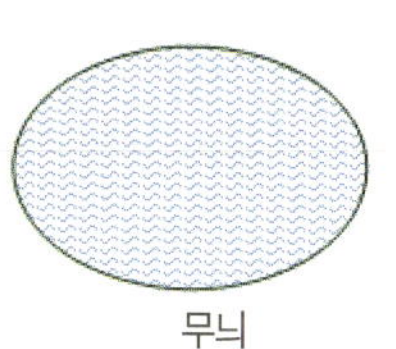

무늬

그라데이션

03-3 도형 목록으로 도형 그리기

도형 목록 선택

그리기 도구 모음의 '도형'을 클릭하면 유형별로 분류되어 있는 도형의 목록이 나타납니다. 여기서 원하는 도형을 찾아 선택한 후, 마우스를 드래그하면 다양한 모양의 도형을 슬라이드에 쉽게 삽입할 수 있습니다.

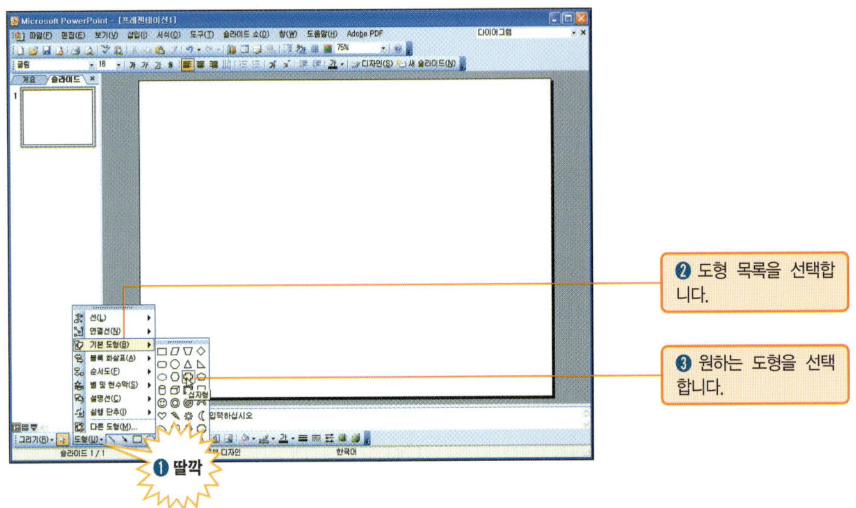

그리기 도구 모음의 분리

그리기 도구 모음에는 많은 도구들이 집약되어 있기 때문에, 어떤 도구를 사용하려면 여러 단계를 거쳐야 사용할 수 있습니다. 매번 여러 단계를 거쳐 도구를 선택하는 것은 매우 번거로운 작업입니다. 이 경우 자주 사용하는 도구 모음을 그리기 도구 모음에서 분리하여 화면에 독립된 도구 모음으로 만들어 사용하는 것이 편리합니다.

- 분리 배치할 도구 모음을 활성화한 후, 위쪽의 이동막대에 마우스 포인터를 가져가 드래그합니다. 원하는 위치에서 마우스 버튼을 놓으면 도구 모음이 분리되어 화면에 독립된 도구 모음으로 존재하게 됩니다.
- 분리된 도구 모음을 화면에 감추려면 〈닫기〉 버튼을 클릭합니다. 도구 모음이 화면에서 사라지고, 원래의 위치로 돌아갑니다.

Note

다른 도형
'도형' 목록의 '다른 도형'을 클릭하면 '다른 도형' 창이 나타납니다. 이 창에서 원하는 도형이나 클립아트를 삽입할 수 있습니다. 자세한 사용 방법은 ○○쪽의 '클립아트 삽입하기'를 참고하세요.

Note

크기 조절
텍스트 상자와 마찬가지로 선택하면 나타나는 조절점을 드래그하여 크기를 조절합니다.

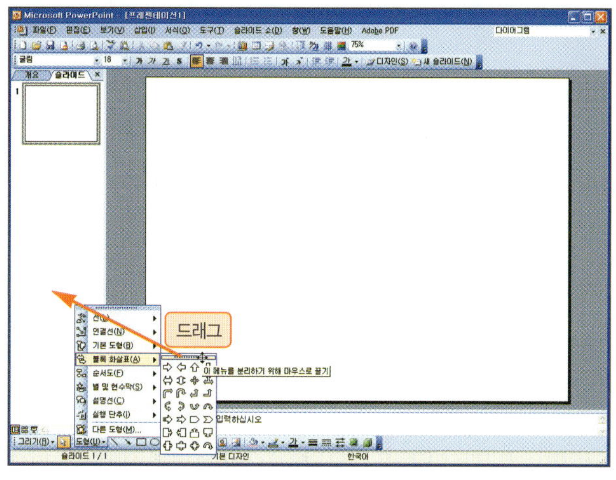

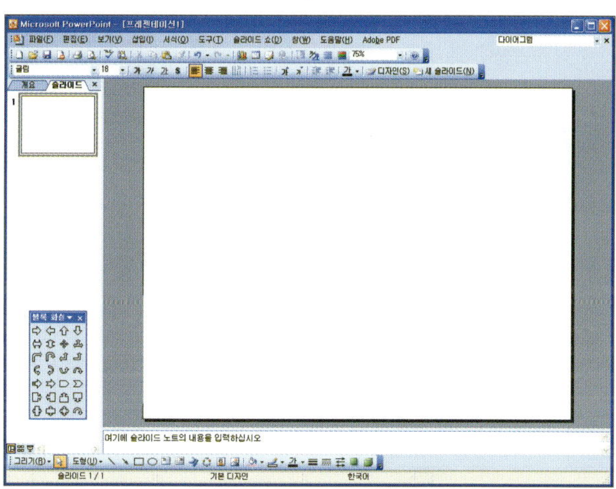

self test

그림과 같이 다양한 도형을 사용하여 순환 형태의 도형을 그려 보세요.(왼쪽)

self test

그림과 같이 도형을 사용하여 순서도를 그려 보세요.(오른쪽)

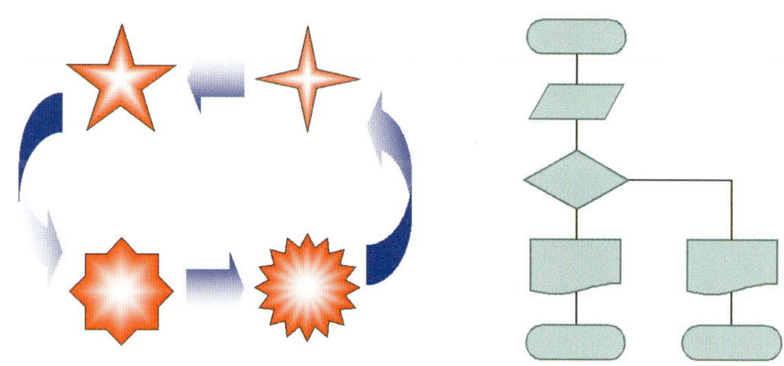

03-4 | 도형의 복사 · 이동 · 삭제하기

• **도형 복사** : 복사할 도형을 선택한 후, Ctrl 키를 누른 상태에서 복사할 위치로 드래그합니다. 만약 수직 또는 수평 방향으로 복사한다면, Ctrl + Shift 키를 동시에 누른 상태에서 드래그합니다.

Ctrl + Shift 키를 동시에 누른 상태에서 드래그

• **도형 이동** : 이동할 도형을 마우스로 선택한 후, 원하는 위치로 드래그합니다. 이때에도 수직 또는 수평 방향으로 이동한다면, Shift 키를 누른 상태에서 드래그합니다.

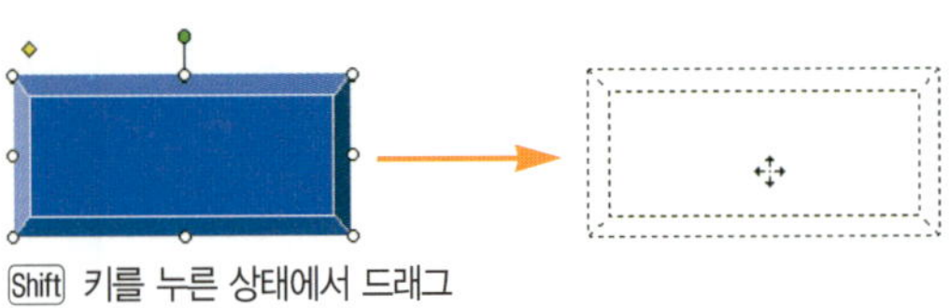

Shift 키를 누른 상태에서 드래그

• **도형 삭제** : 삭제할 도형을 선택한 후, Delete 또는 숫자 키의 Del 키를 누릅니다.

self test

그림과 같이 같은 도형을 수평 방향으로 복사해 보세요.

self test

정육면체 도형을 사용하여 그림과 같이 만들어 보세요.

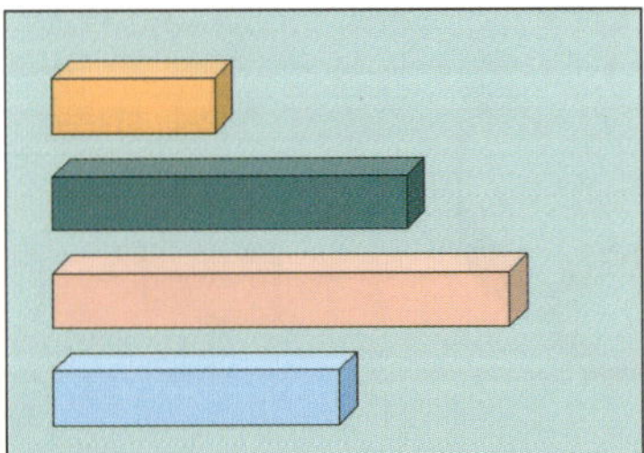

Shift, Ctrl, Alt 키 활용

그리기 도구를 사용하여 도형을 그리고, 크기·위치 등을 조절할 때 Shift, Ctrl, Alt 키를 함께 사용하면 편리하고, 정교하게 도형을 그리고 조절할 수 있습니다. Shift, Ctrl, Alt 키의 활용 방법에 대해 알아봅시다.

키	기능	방법
Shift 키	수직·수평선 그리기	Shift 키를 누른 상태에서 마우스를 드래그합니다.
	정사각형·원 그리기	
	수직·수평 이동하기	
	같은 비율로 크기 조절하기	
	여러 개체 선택하기	Shift 키를 누른 상태에서 선택할 개체를 클릭합니다.
Ctrl 키	개체 복사하기	Ctrl 키를 누른 상태에서 마우스를 드래그합니다.
	중심부터 도형 그리기	
	중심부터 크기 조절하기	
	픽셀 단위로 개체 이동하기	
Alt 키	픽셀 단위로 도형 그리기	Alt 키를 누른 상태에서 마우스를 드래그합니다.
	픽셀 단위로 크기 조절하기	
Del 키	개체 삭제	Del 키를 누르면 선택되어 있는 개체가 삭제됩니다.

활용의 예

- Shift+Ctrl 키를 누른 상태에서 마우스를 드래그하여 중심에서부터 그린 정원

- Shift+Ctrl 키를 누른 상태에서 마우스를 드래그하여 중앙을 중심으로 같은 비율로 축소

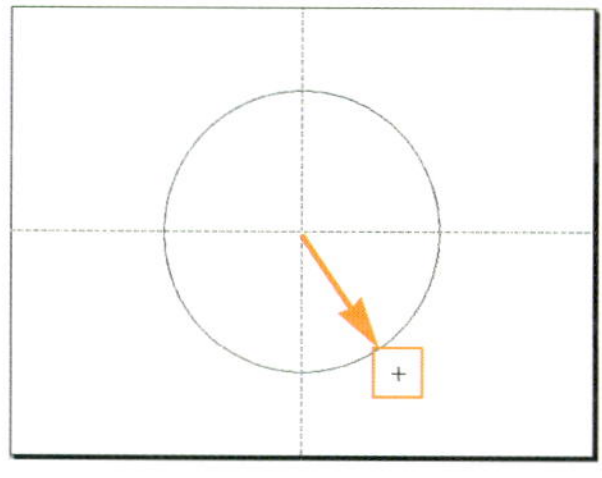

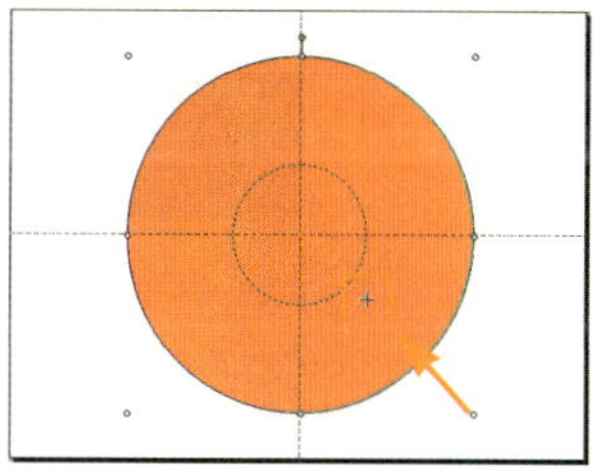

- Shift+Ctrl 키를 누른 상태에서 마우스를 드래그하여 수평으로 도형 복사

- Shift+Ctrl 키를 누른 상태에서 마우스를 드래그하여 수직으로 도형 복사

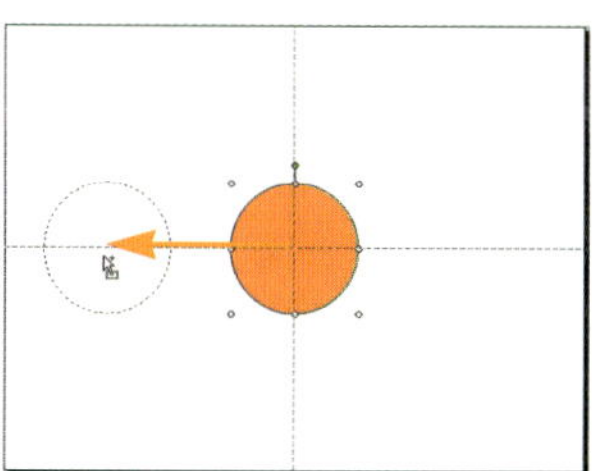

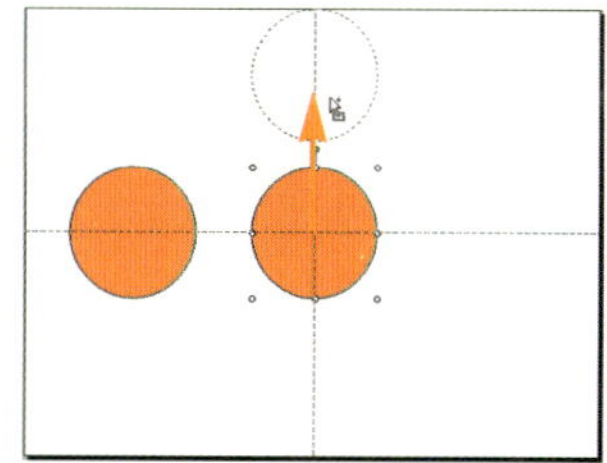

03-5 도형의 회전과 모양 조절하기

도형 회전

회전할 도형을 선택하면 회전 핸들이 나타납니다. 이 회전 핸들에 마우스 포인터를 맞춘 후, 원하는 방향으로 마우스를 드래그합니다. 이때 마우스 포인터는 ↻ 모양으로 바뀝니다.

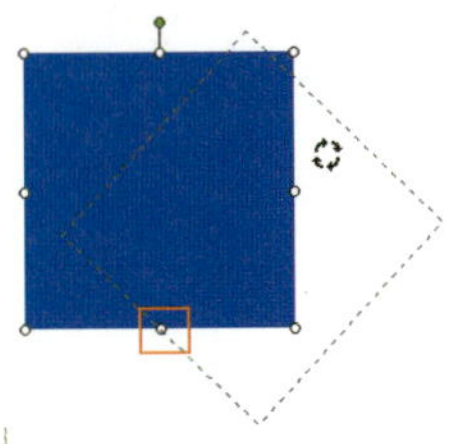

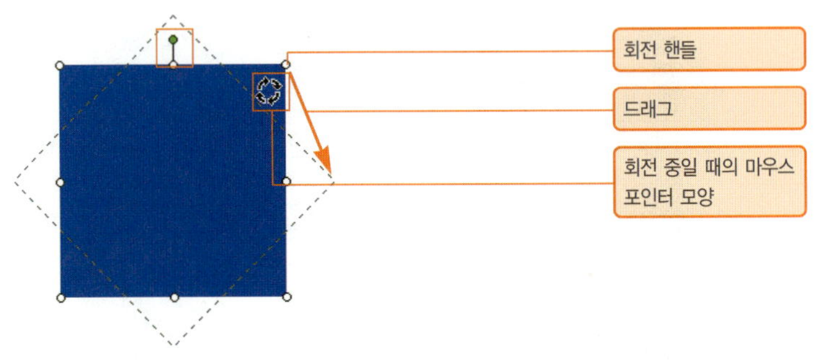

도형의 모양 조절

삽입된 도형의 종류에 따라 주변에 크기 조절점 외에 노란색의 점이 함께 있는 도형이 있습니다. 이 점은 모양 조절점(◇)이라고 하며, 모양 조절점을 드래그하여 도형의 모양을 조절할 수 있습니다.

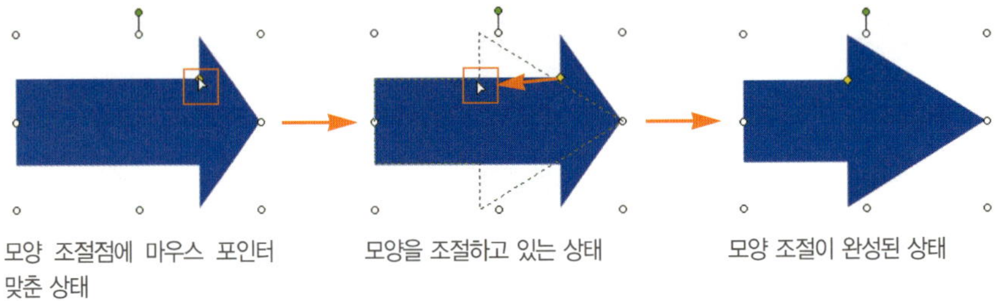

모양 조절점에 마우스 포인터 맞춘 상태　　　모양을 조절하고 있는 상태　　　모양 조절이 완성된 상태

'연습─04.ppt' 파일을 불러와 그림과 같이 모양과 크기를 조절하고 회전시켜 보세요.

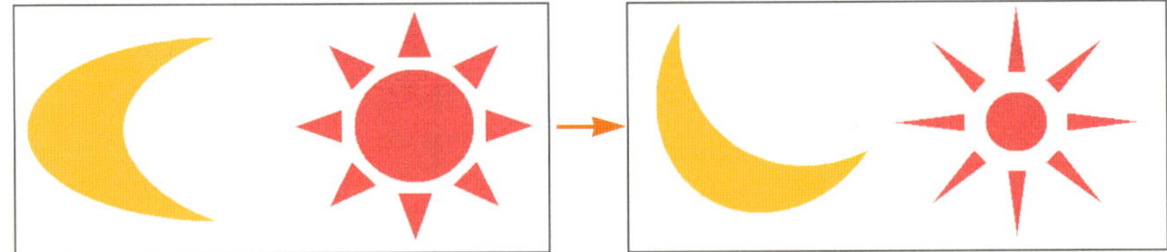

03-6 도형에 텍스트 입력하기

슬라이드에 삽입된 도형은 텍스트 상자와 같이 문자열을 입력하고, 글꼴과 맞춤 서식을 적용할 수 있습니다. 일반 텍스트 상자와는 달리 의미가 담긴 혹은 특정 도형 모양의 텍스트 입력이 필요할 때 사용하면 편리합니다.

• 도형을 선택한 상태에서 내용을 입력하면 도형이 텍스트 상자로 전환되면서 문자열이 입력됩니다.

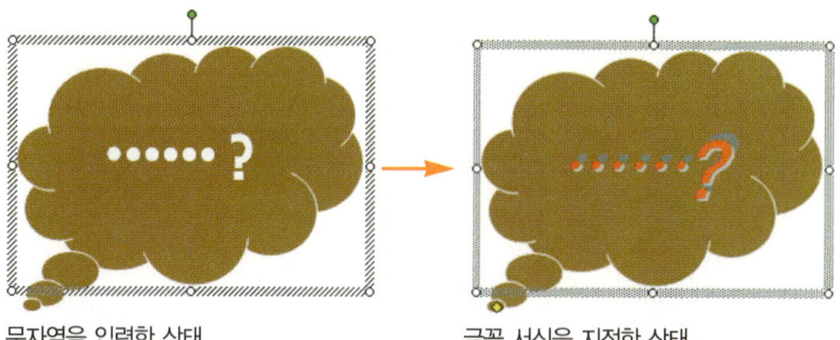

문자열을 입력한 상태   글꼴 서식을 지정한 상태

• 텍스트 상자로 전환된 도형의 '도형 서식' 대화상자를 실행해 보면 [텍스트 상자] 탭이 활성화되어 있고, 이 탭에서 문자열의 고정 위치와 여백, 세로쓰기 등을 설정할 수 있습니다.

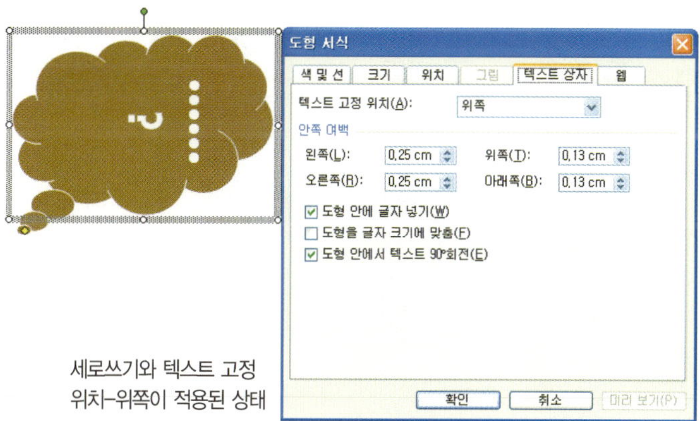

세로쓰기와 텍스트 고정
위치–위쪽이 적용된 상태

도형에 문자열을 입력하여 그림과 같이 만들어 보세요.

03-7   3차원 도형 만들기

그리기 도구 모음의 도형은 2차원적인 평면 도형입니다. 이 도형에 3차원 효과와 그림자 효과를 적용하면 입체인 도형을 만들 수 있습니다. 그림자 효과와 3차원 효과를 적용하는 방법에 대해 알아봅시다.

그림자 효과의 적용과 속성 설정

그림자 효과 적용

삽입된 도형을 선택하고 그리기 도구 모음의 '그림자( )' 아이콘을 클릭합니다. 나타나는 그림자 스타일 목록에서 원하는 스타일을 선택합니다.

그림자 효과 적용 전   그림자 효과 적용 후

그림과 같이 도형에 다양한 스타일의 그림자 효과를 적용해 보세요.

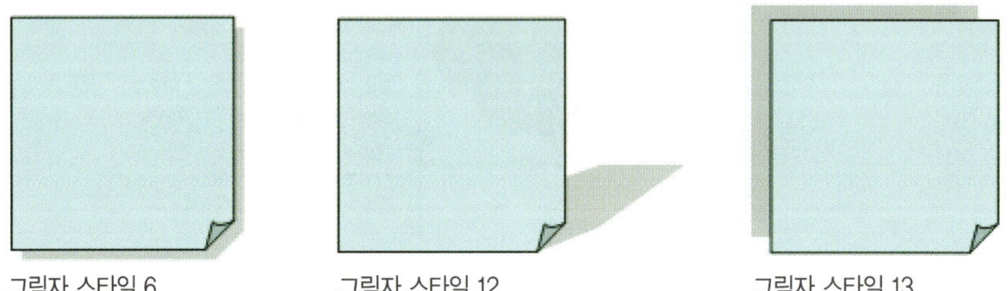

그림자 스타일 6   그림자 스타일 12   그림자 스타일 13

그림자 속성 설정

그리기 도구 모음의 '그림자(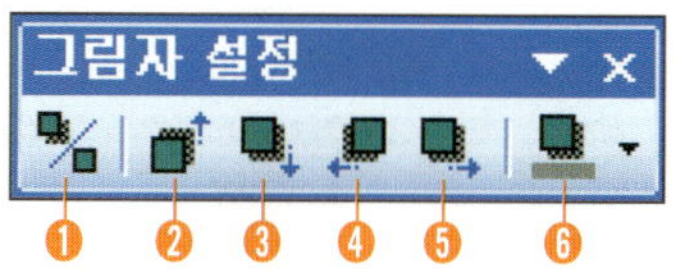)' 아이콘을 클릭하여 [그림자 설정] 메뉴를 클릭하면 그림자의 속성을 설정에 필요한 도구 모음이 실행됩니다.

❶ **그림자 적용/해제** : 그림자 효과를 적용하거나 해제합니다.
❷ **그림자를 위로 이동** : 그림자의 위치를 위로 이동합니다.
❸ **그림자를 아래로 이동** : 그림자의 위치를 아래로 이동합니다.
❹ **그림자를 왼쪽으로 이동** : 그림자의 위치를 왼쪽으로 이동합니다.
❺ **그림자를 오른쪽으로 이동** : 그림자의 위치를 오른쪽으로 이동합니다.
❻ **그림자 색** : 그림자의 색을 변경하거나 반투명 효과를 적용합니다.

그림자 도구 모음의 '그림자 색' 도구를 사용하여 그림처럼 그림자의 색을 변경해보세요.

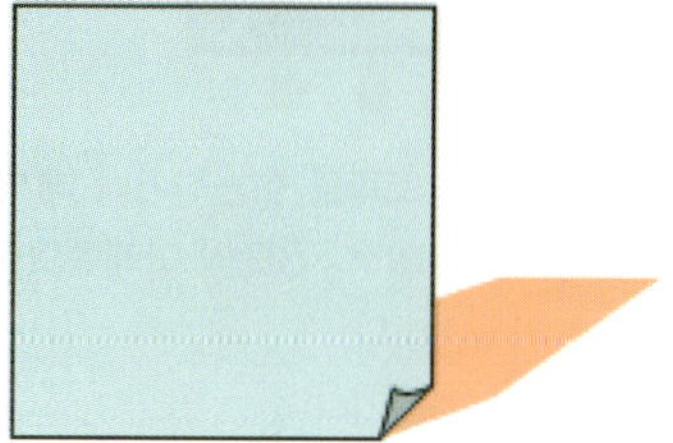

3차원 효과의 적용과 속성 설정

3차원 효과 적용

삽입된 도형을 선택하고 그리기 도구 모음의 '3차원()' 아이콘의 목록 단추를 클릭합니다. 나타나는 3차원 스타일 목록에서 원하는 스타일을 선택하면 평명 도형이 입체 도형으로 바뀝니다.

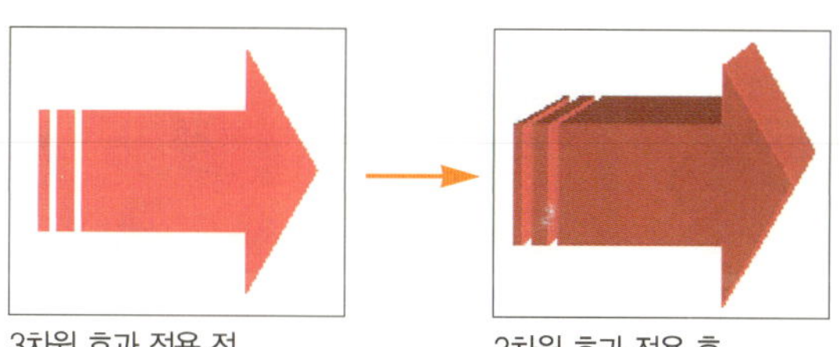

3차원 효과 적용 전   3차원 효과 적용 후

그림과 같이 도형에 다양한 스타일의 3차원 효과를 적용해 보세요.

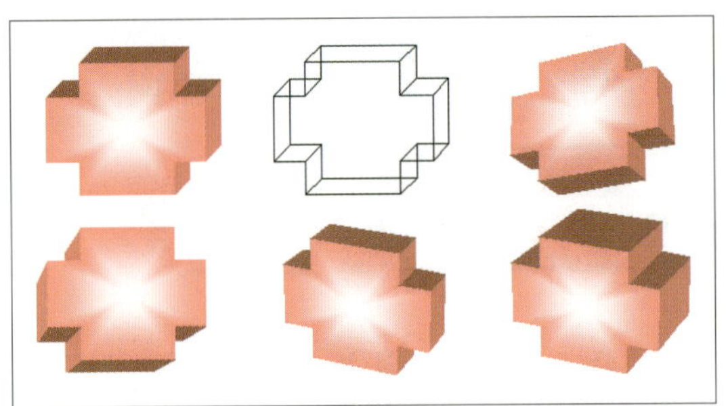

3차원 속성 설정

그리기 도구 모음의 '3차원( )' 아이콘을 클릭하여 나타나는 목록에서 [3차원 설정]을 클릭하면, 3차원 속성 설정을 위한 도구 모음이 실행됩니다.

① **3차원 설정/해제** : 선택한 도형에 3차원 효과를 적용하거나 해제합니다.
② **아래로 기울이기** : 도형을 한 번 클릭할 때마다 5도씩 아래쪽으로 기울입니다.
③ **위로 기울이기** : 도형을 위쪽으로 기울입니다.
④ **왼쪽으로 기울이기** : 도형을 왼쪽으로 기울입니다.
⑤ **오른쪽으로 기울이기** : 도형을 오른쪽으로 기울입니다.
⑥ **깊이 조정** : 3차원 도형의 깊이(두께)를 선택합니다. '사용자 지정' 입력란에 값을 직접 입력할 수도 있습니다.
⑦ **방향 돌리기** : 3차원 도형의 입체 표시 방향과 원근감을 지정합니다.
⑧ **조명 비추기** : 3차원 도형에 적용될 조명 방향과 밝기를 지정합니다.
⑨ **표면 바꾸기** : 3차원 도형의 표면 질감을 지정합니다.
⑩ **3차원 색** : 3차원 도형의 3차원 색상을 지정합니다.

그림과 같이 도형에 3차원 효과의 속성을 설정해 보세요.

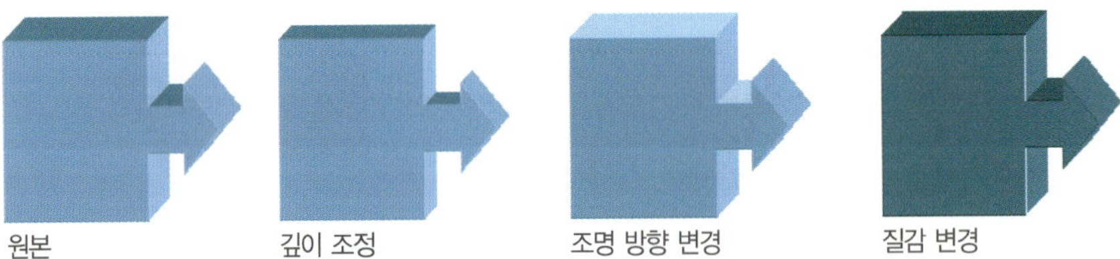

03-8 도형의 순서, 맞춤 및 배분, 그룹화

도형은 주로 슬라이드의 배경을 디자인하거나, 내용을 도식화하기 위한 목적으로 많이 사용합니다. 이때 도형의 배치 순서, 간격 등을 맞추거나 여러 개의 도형으로 만들어진 것을 하나의 개체로 만들어야 하는 경우가 있습니다. 그리기 도구 모음의 '그리기' 목록에는 이러한 도형(개체)을 다루기 위한 여러 가지 기능이 모여 있습니다. 주요한 기능에 대해 알아봅시다.

순서

도형과 도형이 겹쳐질 경우 도형을 그린 순서대로 겹쳐집니다. 즉, 제일 처음 그린 도형이 맨 아래에 그리고 가장 마지막에 그린 도형이 맨 위에 위치하는 것입니다. 도형의 순서란 겹쳐져 있는 도형의 차례를 바꾸는 것입니다.

• 개체를 선택한 후, 그리기 도구 모음의 '그리기'→[순서]를 선택하면 도형의 차례를 바꾸기 위한 메뉴 목록이 나타납니다.

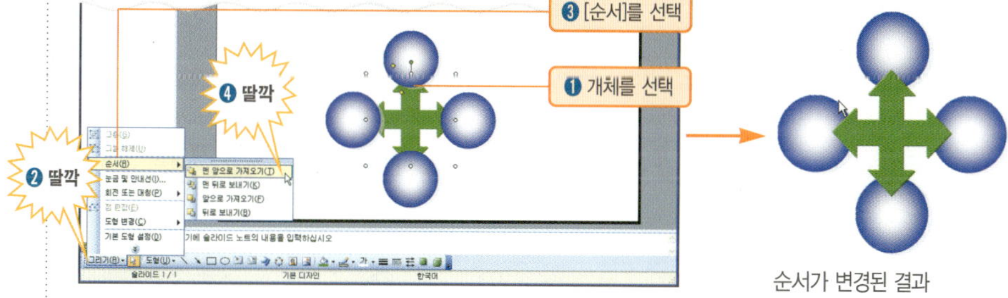

순서가 변경된 결과

맞춤 및 배분

'맞춤 및 배분' 기능을 사용하면 여러 개의 도형을 일정한 간격으로 배열할 수 있습니다. 또한 왼쪽, 오른쪽, 가로, 세로 등의 기준으로 정하여 여러 개의 도형을 맞출 수도 있습니다.

• 맞춤 또는 배분할 도형들을 선택한 후, '그리기'→[맞춤/배분]을 선택하면 맞춤 및 배분을 위한 메뉴 목록이 나타납니다.

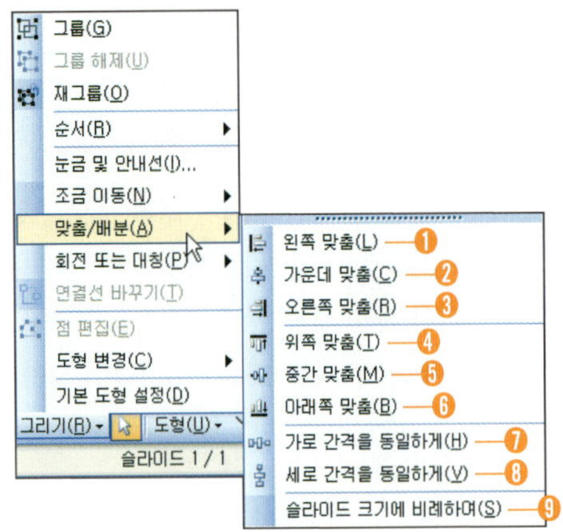

❶ **왼쪽 맞춤** : 가장 왼쪽에 있는 도형에 맞추어 모든 도형의 왼쪽을 맞춥니다.

❷ **가운데 맞춤** : 선택한 도형들의 최대 너비의 가운데를 기준으로 도형을 맞춥니다.

❸ **오른쪽 맞춤** : 가장 오른쪽에 있는 도형에 맞추어 모든 도형의 오른쪽을 맞춥니다.

❹ **위쪽 맞춤** : 가장 위에 있는 도형에 맞추어 모든 도형의 위쪽을 맞춥니다.

❺ **중간 맞춤** : 선택한 도형들의 최대 높이의 중간을 기준으로 도형을 맞춥니다.

❻ **아래쪽 맞춤** : 가장 아래에 있는 도형에 맞추어 모든 도형의 아래쪽을 맞춥니다.

❼ **가로 간격을 동일하게** : 시작과 마지막 도형의 너비 내에서 가로 간격을 일정하게 배치합니다.

❽ **세로 간격을 동일하게** : 시작과 마지막 도형의 높이 내에서 세로 간격을 일정하게 배치합니다.

❾ **슬라이드 크기에 비례하여** : 이 항목을 선택한 상태에서 '맞춤 및 배분'을 적용하면 시작과 끝 도형 또는 기준 도형의 위치는 무시되고, 슬라이드의 크기가 기준이 됩니다.

self test

'맞춤 및 배분' 기능을 사용하여 그림과 같이 도형을 배치해 보세요.

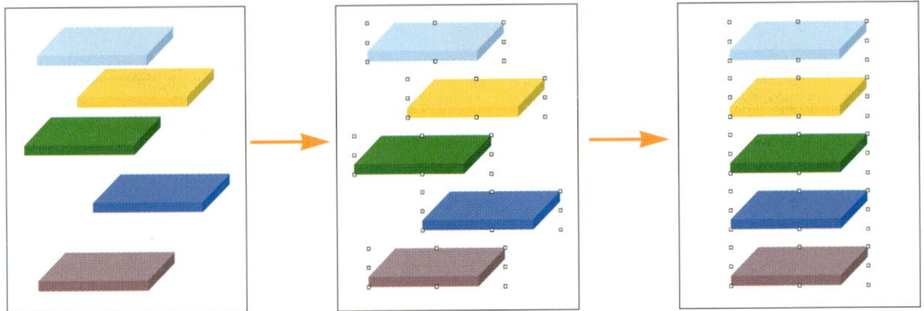

그룹 설정 및 해제

그룹 설정을 하면 여러 개의 도형을 하나의 도형으로 만들어 작업할 수 있습니다. 반대로 하나로 묶여진 도형의 그룹을 해제하면 각각의 개체에 대한 개별적 작업을 할 수 있습니다.

• 그룹 설정 : '그리기'→[그룹] 선택

• 그룹 해제 : '그리기'→[그룹 해제] 선택

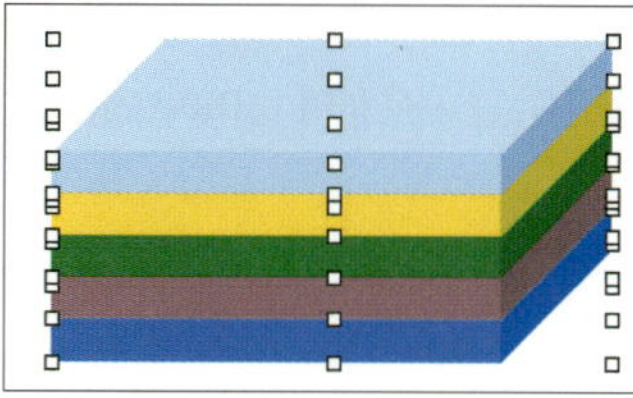
그룹 해제 된 상태

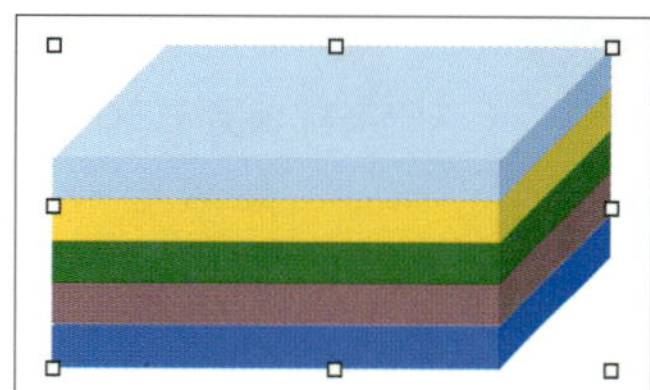
그룹 적용 상태

도형을 사용하여 그림처럼 디자인하고 그룹화하세요.

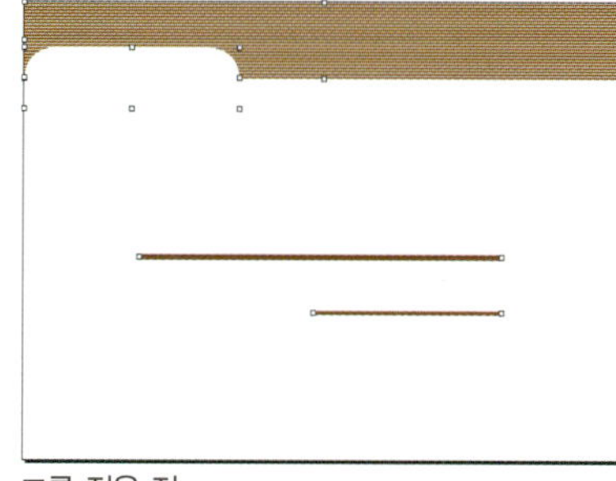
그룹 적용 전

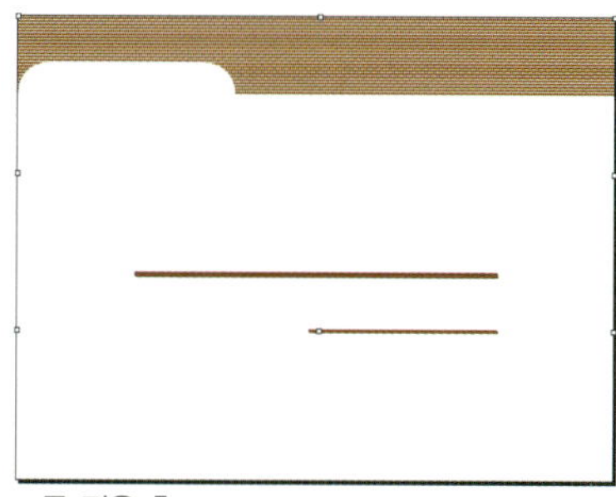
그룹 적용 후

현장 실습   그리기 도구로 슬라이드 디자인하기

지금까지 배운 그리기 도구 모음의 기능을 사용하여 슬라이드를 디자인해 봅시다.

제목 슬라이드 및 슬라이드 추가

1. 파워포인트를 실행한 후 제목 슬라이드의 텍스트 상자에 다음과 같이 입력합니다.

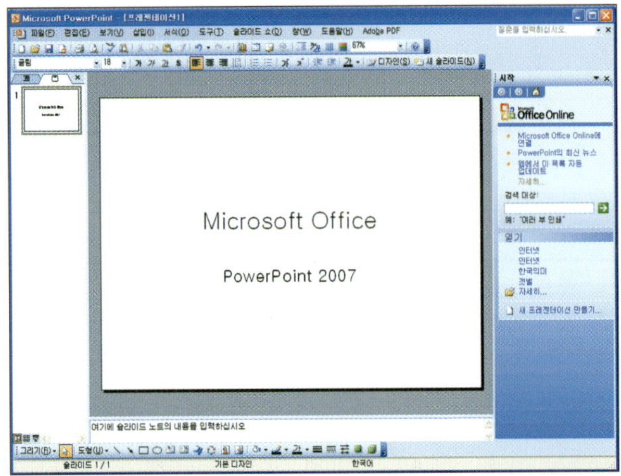

2. 각각의 텍스트 상자를 선택하여 다음과 같이 글꼴 모양과 텍스트의 크기/위치 등을 알맞게 조절합니다.

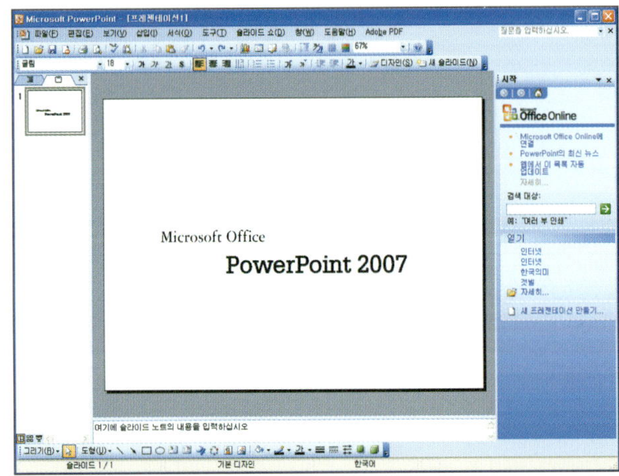

3. 본문 슬라이드를 편집하기 위하여 삽입 도구 모음의 '새 슬라이드' 아이콘을 클릭합니다.

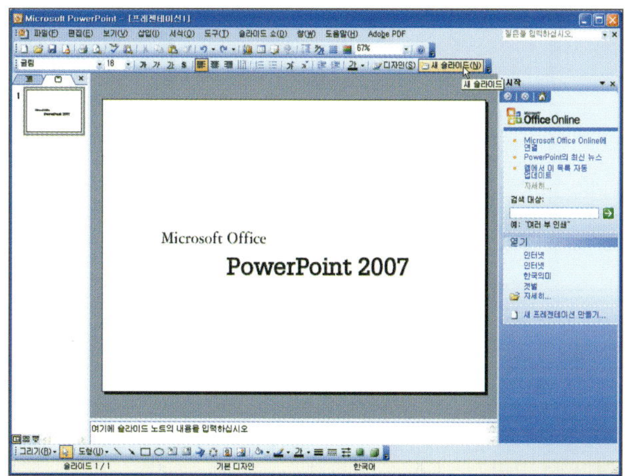

4. '2번 슬라이드'가 추가되었습니다. 오른쪽의 레이아웃을 변경하기 위하여 '슬라이드 레이아웃' 작업 창에서 '빈 화면'을 클릭합니다.

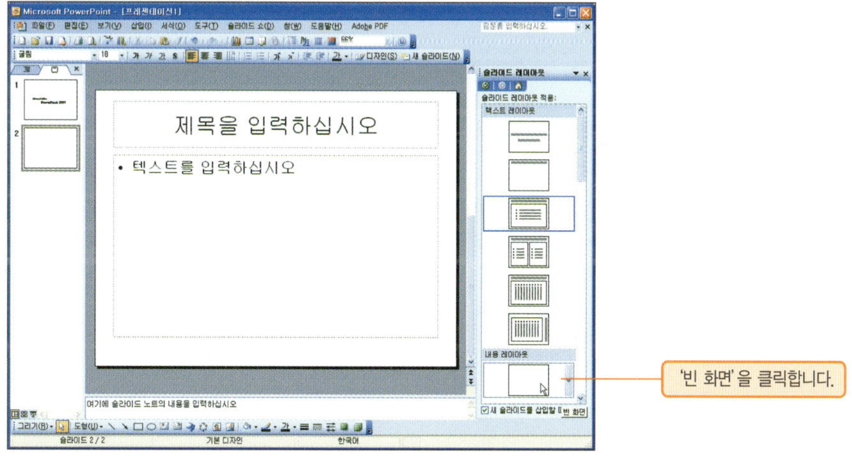

5. '2번 슬라이드의 레이아웃이 변경된 것을 확인한 후, 작업 창을 닫아 슬라이드의 편집 영역을 확장합니다.

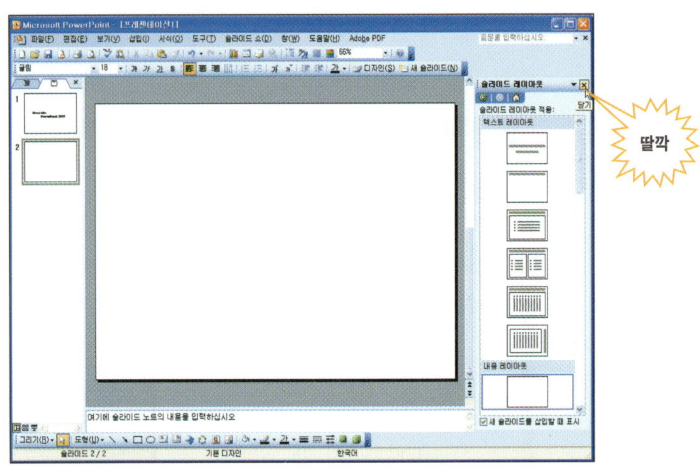

도형과 선 그리기

도형과 선을 사용하여 본문 슬라이드의 기본 레이아웃을 디자인해 봅시다.

1. 본문 슬라이드를 디자인하기 위하여 프로그램 창 하단의 그리기 도구 모음에서 '직사각형' 아이콘을 클릭한 후, 슬라이드 크기만큼 드래그합니다.

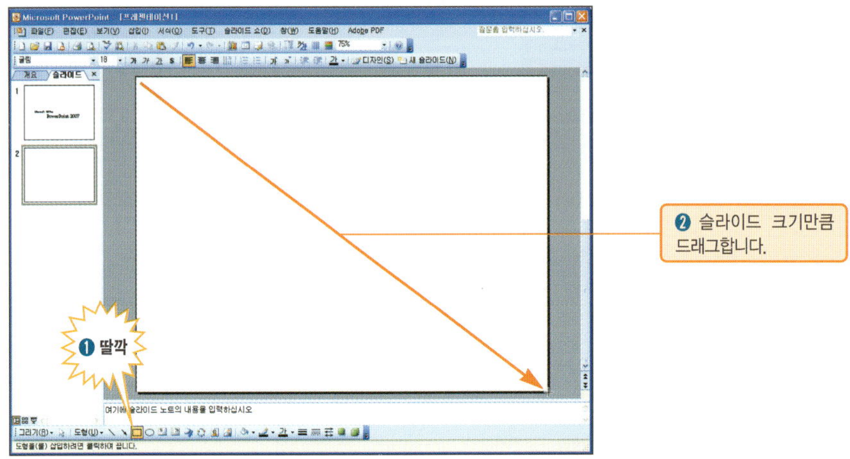

2. 편집 영역 가득 직사각형 개체가 만들어집니다. 채우기 색을 변경하기 위하여 그리기 도구 모음에서 '채우기 색' 아이콘을 클릭한 후, 펼침 메뉴에서 [채우기 효과]를 선택합니다.

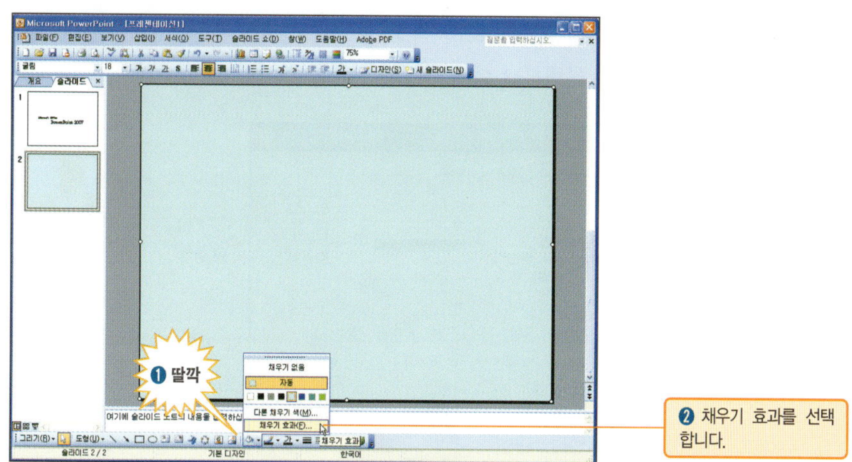

3. '채우기 효과' 대화상자가 나타납니다. 그라데이션 설정을 위하여 '두 가지 색' 옵션을 선택한 후, '색 1' 항목의 목록 버튼을 클릭하여 [다른 색] 메뉴를 선택합니다.

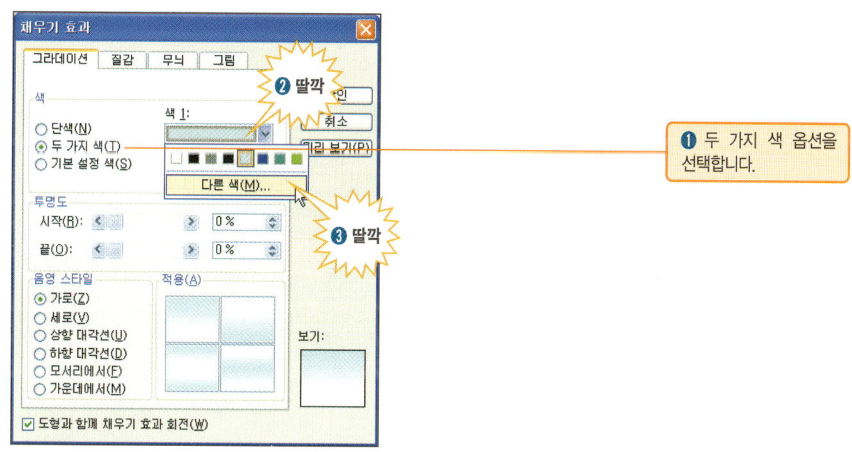

4. 같은 방법으로 '색 2' 항목도 선택한 후, 〈확인〉 버튼을 클릭합니다. 〈미리보기〉 버튼을 클릭하면 현재 설정된 상태를 확인할 수 있습니다.

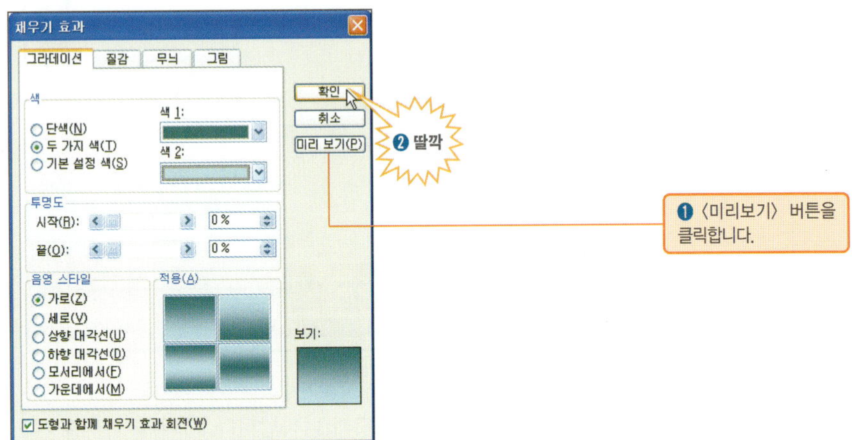

5. 선 그리기를 위하여 그리기 도구 모음의 '선' 아이콘을 클릭한 후, Shift 키를 누른 상태에서 마우스를 다음과 같이 드래그합니다.

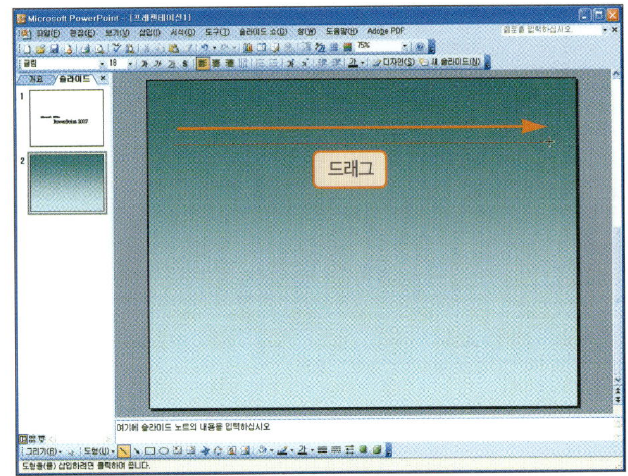

6. 선이 선택된 상태에서 선 색과 굵기, 스타일 등을 지정합니다.

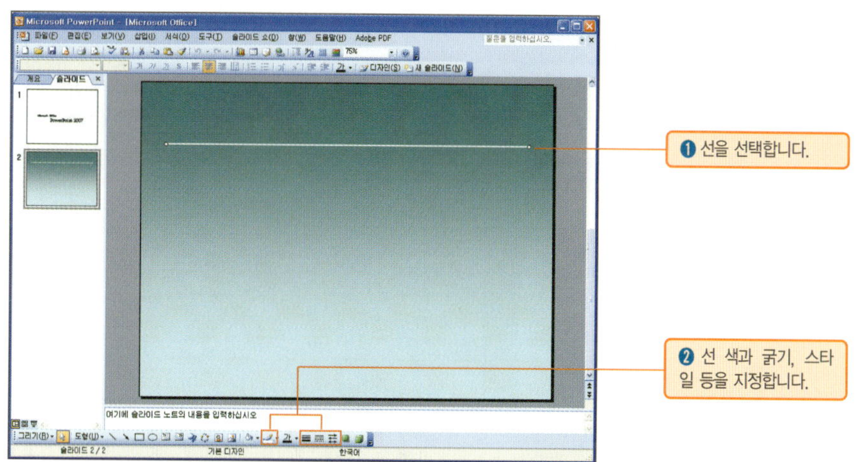

7. 모서리가 둥근 사각형을 그리기 위하여 그리기 도구 모음에서 '도구' 아이콘을 클릭
한 후, [기본 도형] 메뉴에서 '모서리가 둥근 직사각형' 아이콘을 클릭합니다.

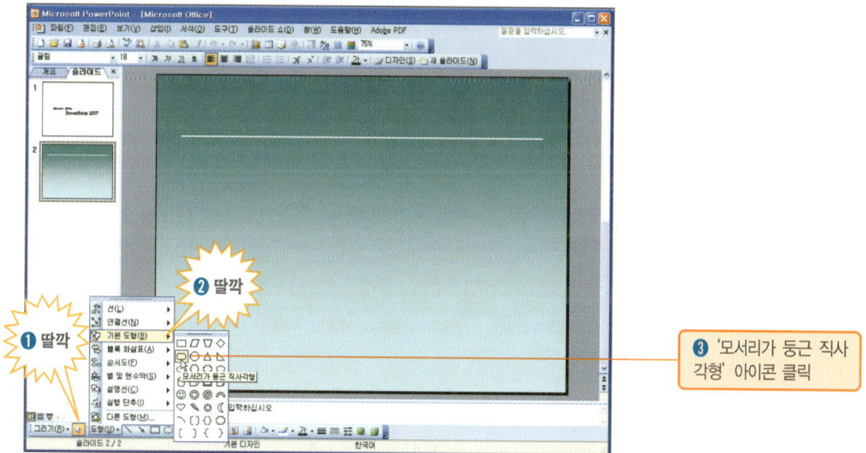

8. 사각형이 그려지면 도형 서식을 설정하기 위하여 도형을 더블클릭합니다.

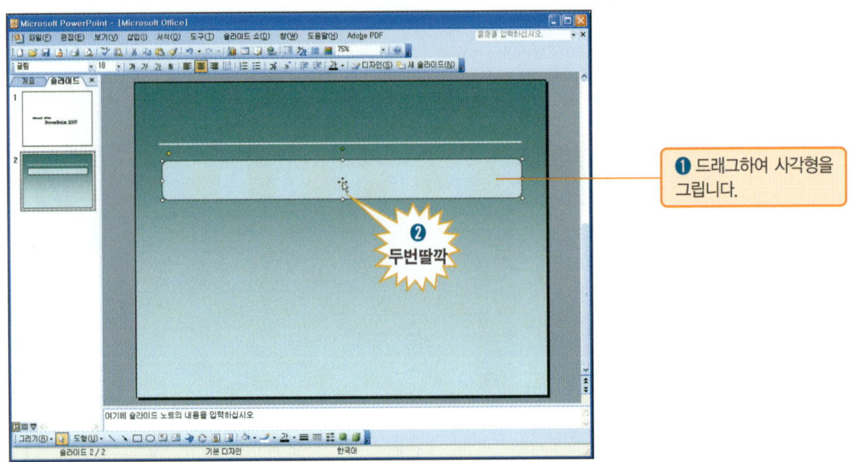

9. '도형 서식' 대화상자가 나타나면 채우기 색 '흰색', 투명도 '60', 선 색 '없음' 으로
지정한 후, 〈확인〉 버튼을 클릭합니다.

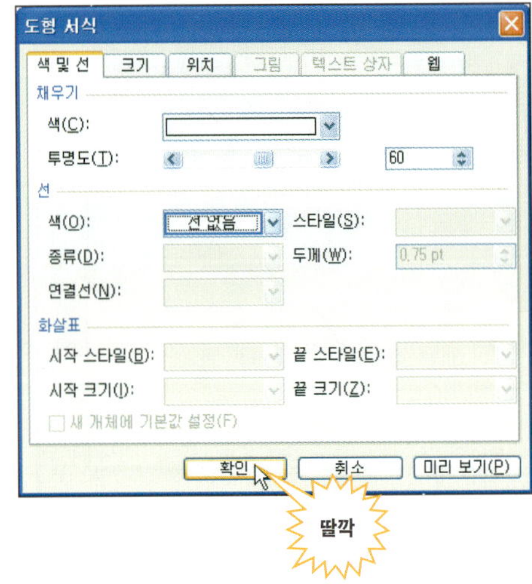

10. 투명도를 설정하면 다음과 같이 배경색이 비치는 직사각형이 됩니다.

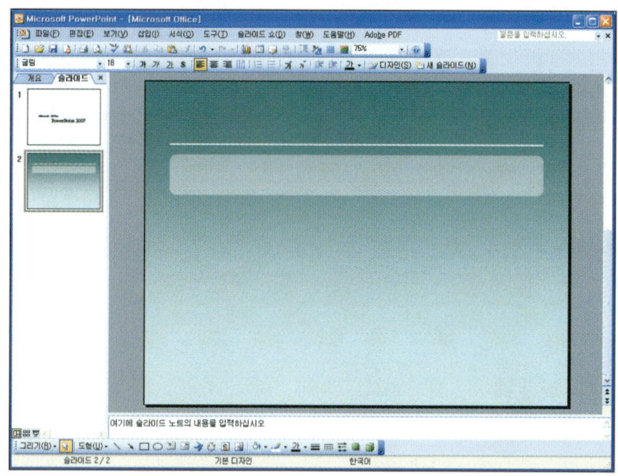

개체 복사

1. 또 다른 사각형을 만들기 위하여 프레젠테이션 문서의 사각형을 선택한 후, [Ctrl]+[Shift] 키를 누른 상태에서 도형을 마우스로 드래그합니다.

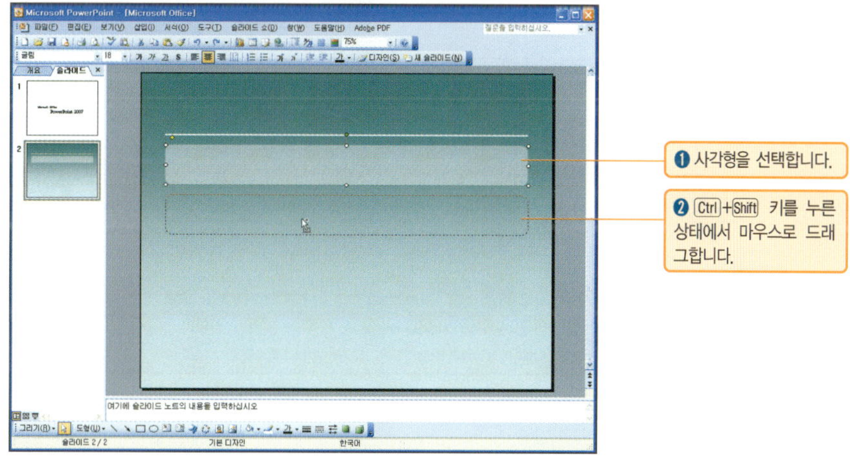

2. 도형의 조절점을 드래그하여 크기를 조정한 후, 모양 조절점을 드래그하여 모서리의 굴림 각도를 조절합니다.

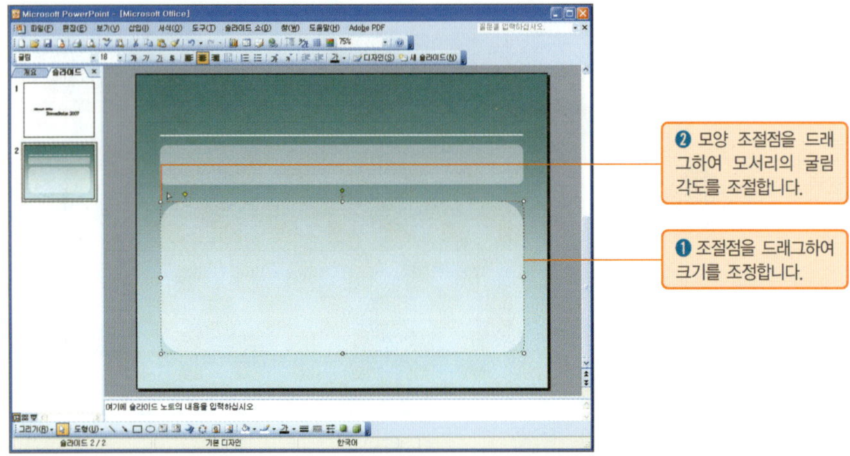

3. [채우기 효과] 아이콘을 클릭하여 도형의 면 색을 지정합니다.

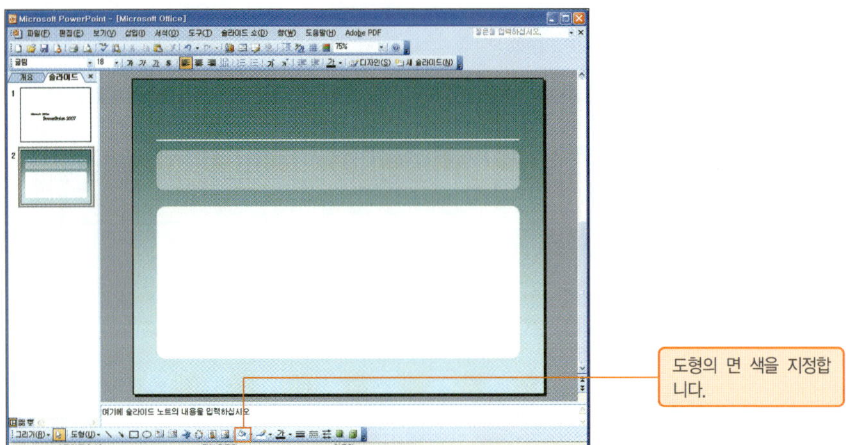

그림자 설정하기

프레젠테이션 문서의 도형에 그림자를 설정해 봅시다.

1. 그림자를 설정할 도형을 선택한 후, 그리기 도구 모음에서 '그림자 스타일' 아이콘을 클릭합니다.

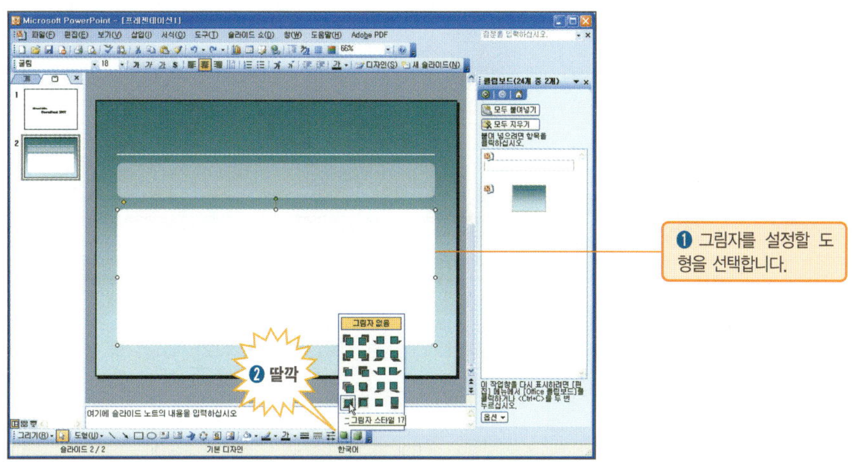

2. 나타나는 메뉴에서 '그림자 스타일 17(▣)' 아이콘을 클릭한 후, 다시 '그림자 스타일' 아이콘을 클릭하고, [그림자 설정] 메뉴를 선택합니다.

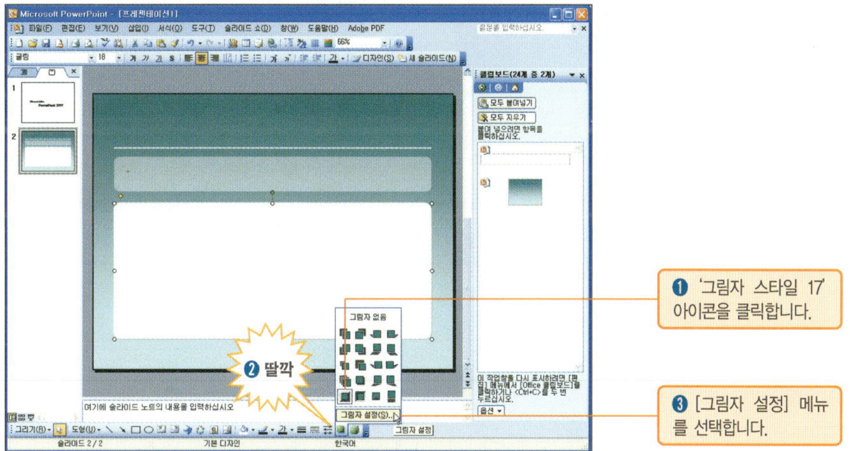

3. '그림자 설정' 대화상사가 나타나면 그림자 위치를 조정합니다.

4. 그림자의 색을 지정하기 위하여 '그림자 설정' 대화상자에서 '그림자 색( )' 아이콘을 클릭하여 색을 선택합니다.

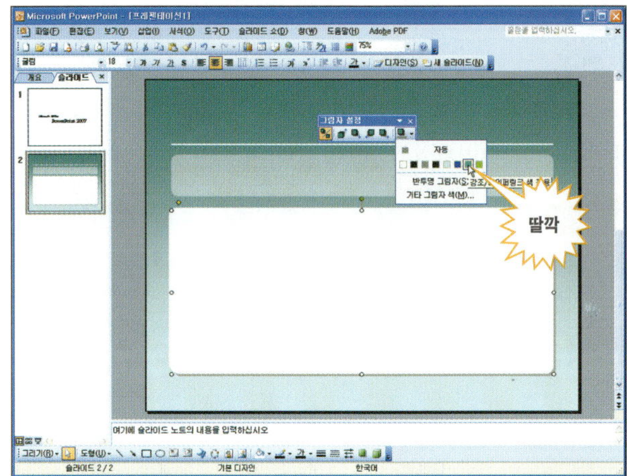

3차원 설정하기

도형에 3차원 효과를 설정하는 방법에 대해 알아봅시다.

1. 문서의 선을 선택한 후, 그리기 도구 모음에서 '3차원 스타일' 아이콘을 클릭하여 '3차원 스타일 12(▨)'를 클릭합니다. 그리고 다시 '3차원 스타일' 아이콘을 클릭하여 [3차원 설정] 메뉴를 선택합니다.

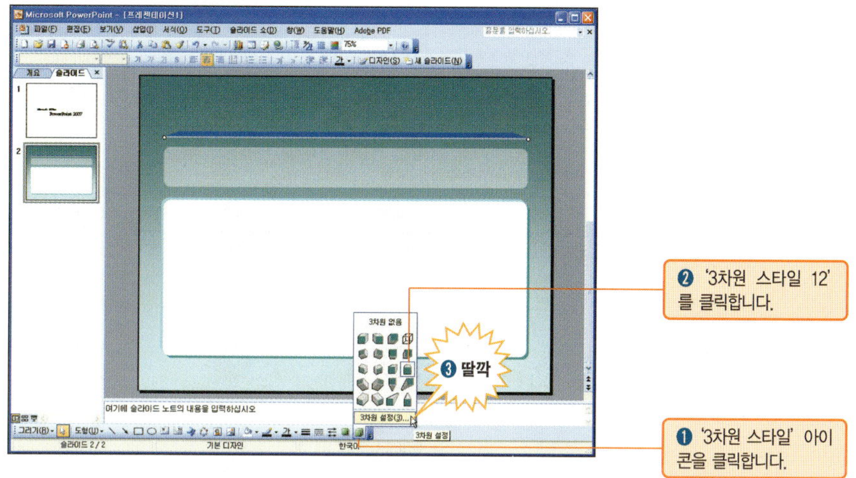

2. '3차원 설정' 대화상자가 나타나면 '깊이(▨)' 아이콘을 클릭한 후, [114pt] 메뉴를 선택합니다.

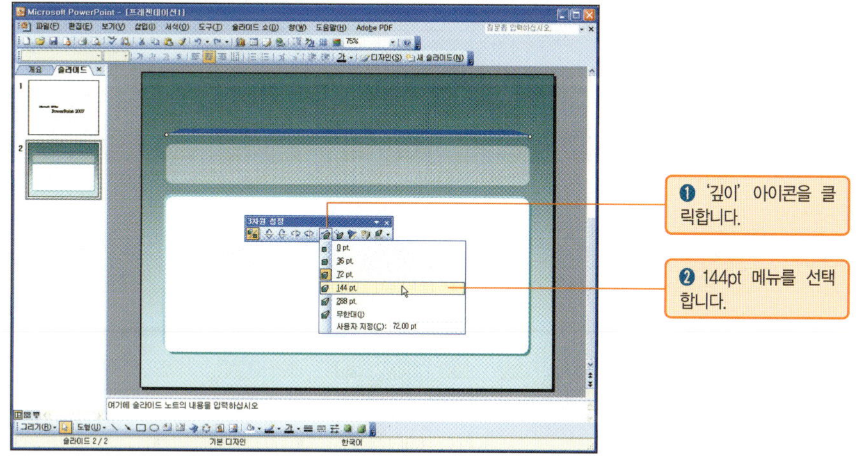

3. 개체를 선택하여 다음과 같이 입력합니다. 모든 도형에는 텍스트를 입력할 수 있지만, 선은 텍스트 입력이 안 되므로 그리기 도구 모음의 '텍스트 상자' 아이콘을 사용하여 제목을 입력합니다.

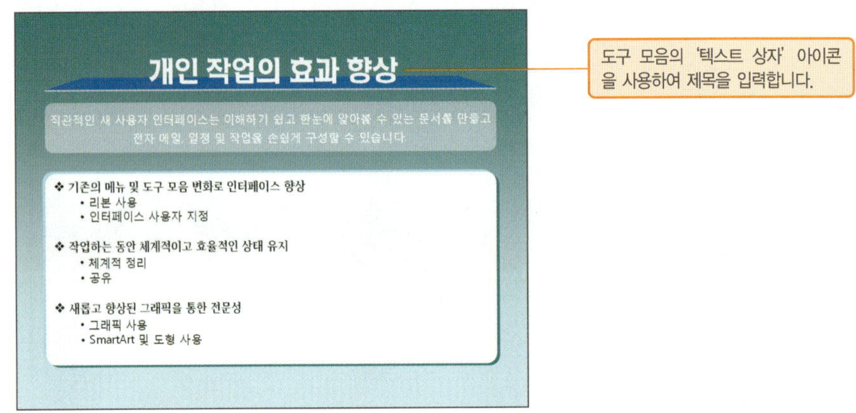

개체 순서 지정 및 그룹 지정하기

1. 2번 슬라이드의 배경인 직사각형을 복사한 후, 1번 슬라이드로 이동하여 붙여넣기합니다.

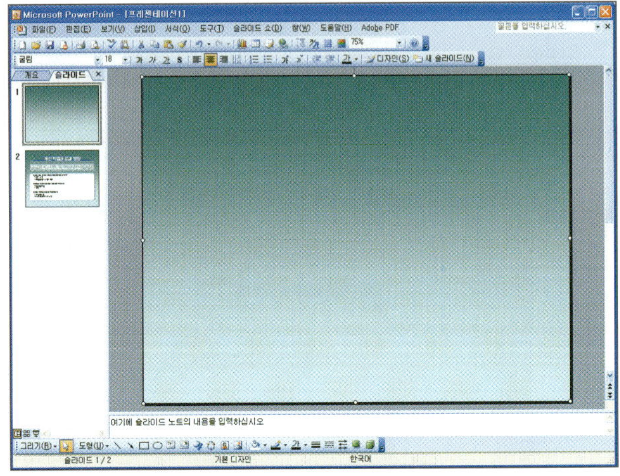

2. 가려진 텍스트와 순서를 바꾸기 위하여 도형에서 빠른 메뉴를 실행한 후, [순서]→[맨 뒤로 보내기] 메뉴를 선택합니다.

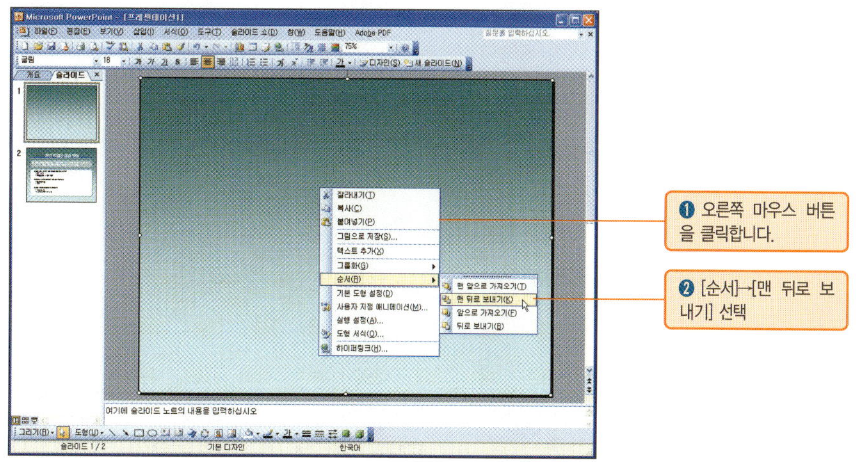

3. 도형의 '다각형' 기능을 사용하여 다음과 같이 도형을 그리고 도형의 속성을 설정합니다.

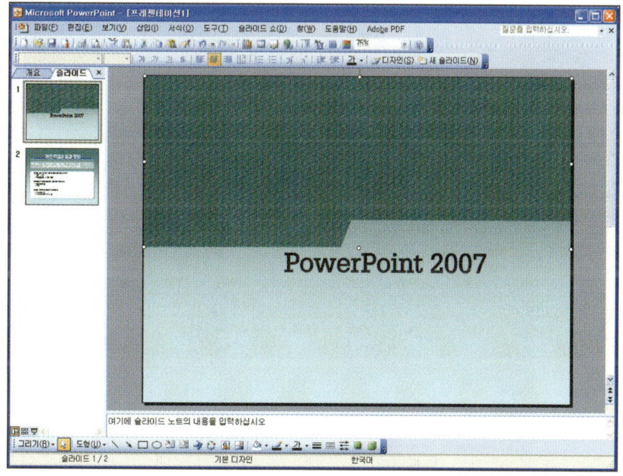

4. 앞서와 마찬가지로 새로 추가된 도형을 선택한 후, 빠른 메뉴를 실행하여 [순서]→[뒤로 보내기] 메뉴를 선택합니다.

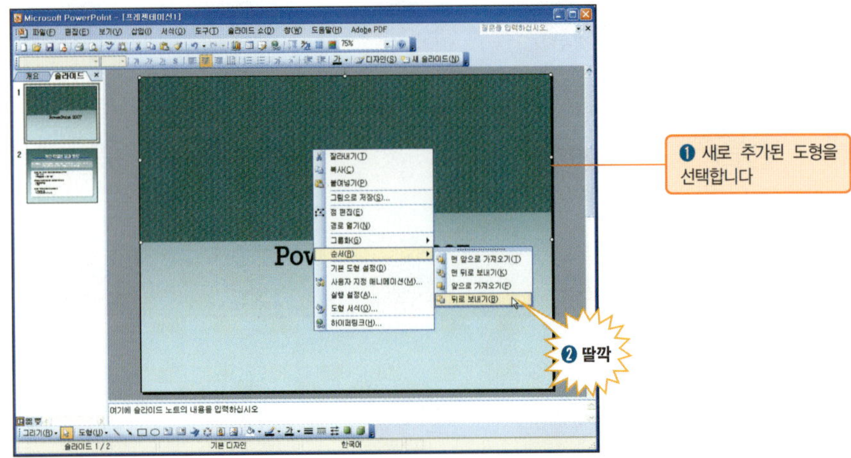

5. 이 과정을 두 번 반복한 후, 문서의 모든 개체를 선택하고 빠른 메뉴를 실행하여 [그룹화]→[그룹] 메뉴를 선택합니다. 이때 여러 개체 선택은 Shift 키를 누른 상태에서 각 개체를 클릭하면 됩니다.

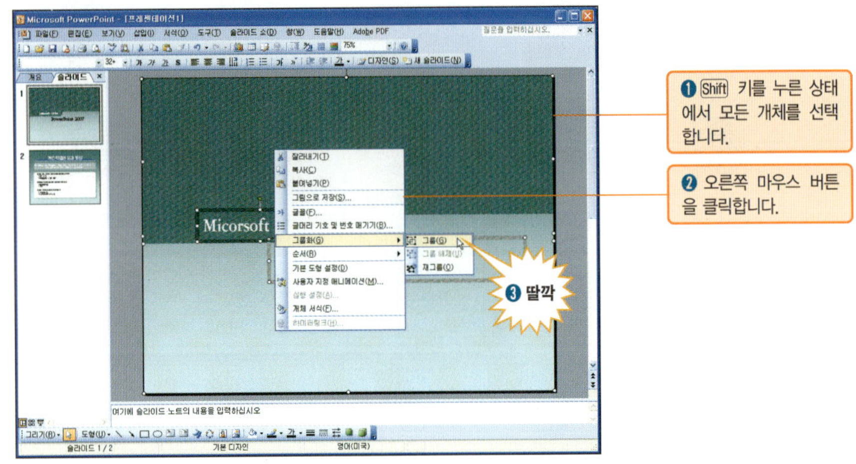

6. 그룹이 실행되면 조절점의 변화를 통해 여러 개체가 하나의 개체로 묶인 것을 확인할 수 있습니다.

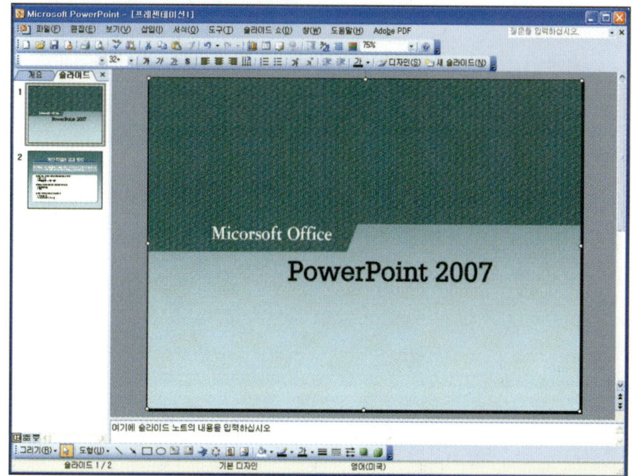

7. 2번 슬라이드로 이동하여 같은 방법으로 개체를 그룹으로 지정합니다.

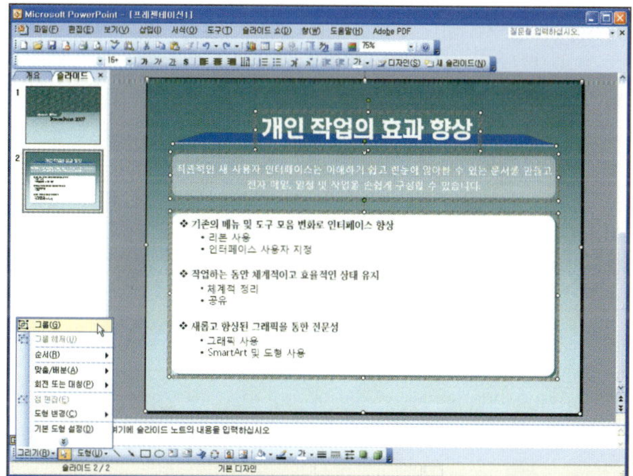

실무 활용 연습

EX 1 그리기 도구를 사용하여 슬라이드 만들기

❶ 새 슬라이드를 시작하고 슬라이드 레이아웃 작업창을 열어 '빈 화면'을 선택한 후, 슬라이드 디자인 작업창을 열고 '슬릿' 디자인을 선택·적용합니다.

❷ 그리기 도구 모음에서 [도형]→[기본 도형]→[육각형]을 선택하여 슬라이드에 그립니다.

❸ Ctrl 키를 누른 상태에서 육각형을 드래그하여 여러 개 복사합니다.

❹ 육각형 하나를 선택하고 빠른 메뉴를 실행하여 [도형 서식]을 선택합니다.

❺ '도형 서식' 대화상자가 나타나면 [색 및 선] 탭의 '색' 목록에서 '채우기 효과'를 선택하여 '채우기 효과' 대화상자를 열고 [질감] 탭에서 적절한 질감을 적용합니다.

❻ 다른 도형을 선택하고 '도형 서식' 대화상자와 '채우기 효과' 대화상자를 차례로 열고 [무늬] 탭에서 적절한 무늬를 지정합니다.

❼ [삽입]→[그림]→[클립아트]를 선택하여 클립아트 작업창을 열고 사무기기와 관련된 클립아트를 선택하여 슬라이드에 삽입하고 크기를 조절한 후, 육각형 안에 위치시킵니다.

❽ 육각형과 육각형 안에 있는 클립아트를 함께 선택하고 빠른 메뉴를 열어 [그룹화]→[그룹]을 선택하여 그룹으로 묶어줍니다.

❾ 다른 도형에도 적절히 질감이나 무늬, 클립아트 등을 삽입하고 각 도형의 크기와 위치도 보기 좋게 변경합니다.

❿ 육각형 하나는 크기를 키우고 그림과 같이 텍스트를 입력하고 글꼴과 색상을 지정합니다.

⓫ 모든 육각형을 선택하고 그리기 도구 모음에서 그림자 스타일을 적용합니다.

⓬ 완성된 문서를 '사무기기백화점.ppt' 파일로 저장합니다.

멀티미디어 개체 사용하기

멋진 배경으로 디자인한 슬라이드라도 텍스트만으로 제작한다면 청중들에게는 지루하고 딱딱할 수 있습니다. 슬라이드에 소리, 동영상 등의 개체를 삽입하면 슬라이드에 재미를 더하고 전달 효과를 상승시킬 수 있습니다. 이번 장에서는 멀티미디어 개체들을 슬라이드에 삽입하고, 이 개체들의 속성을 설정하는 다양한 방법들에 대해 알아봅시다.

04-1 　워드아트로 문자열 디자인하기

04-2 　클립아트와 그림 다루기

04-3 　동영상 다루기

04-4 　슬라이드 배경 음악 사용하기

04-5 　Office Online 사이트에서 클립 다운 받기

현장 실습 　영화 홍보 슬라이드 만들기

실무 활용 연습

실습 예제 미리보기 | 영화 홍보 슬라이드 만들기

다양한 멀티미디어 개체를 슬라이드에 삽입하고 편집해 봅시다.

04-1 워드아트로 문자열 디자인하기

슬라이드의 제목이나 중요한 부분을 강조하려면 어떻게 해야 할까요? 파워포인트 2003 에서는 이럴 때 사용할 수 있도록 워드아트라는 문자열 디자인 기능을 제공하고 있습니다. 워드아트로 문자열을 예쁘게 꾸미는 방법에 대해 알아봅시다.

워드아트 삽입하기

• 메뉴 사용하기 : [삽입]→[그림]→[WordArt] 메뉴를 선택하여 워드아트를 삽입합니다.
• 도구 아이콘 사용하기 : 그리기 도구 모음에 있는 'WordArt 삽입(📷)' 아이콘을 클릭합니다.

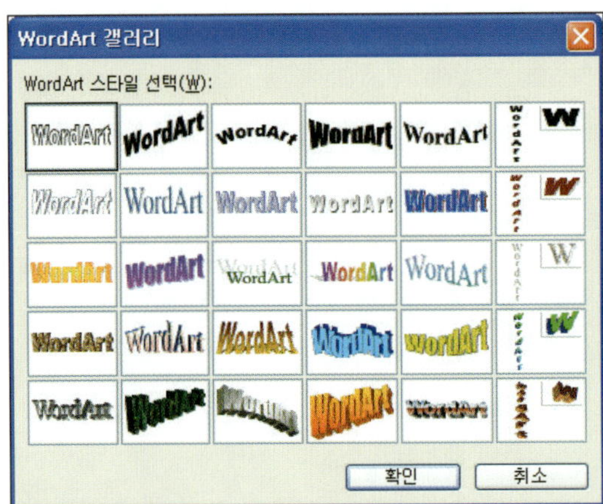

WordArt 실행 화면

워드아트 텍스트 편집

'WordArt 갤러리' 화면에서 원하는 모양의 워드아트를 선택하면 'WordArt 텍스트 편집' 대화상자가 표시됩니다. 이 대화상자를 이용하여 디자인할 문자열과 글꼴 등의 서식을 지정합니다.

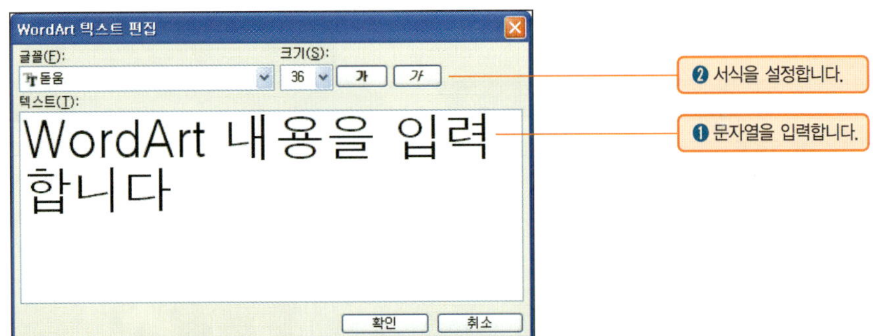

워드아트 도구 모음 사용하기

[보기]→[도구 모음] 메뉴를 선택하여 [WordArt]를 실행합니다.

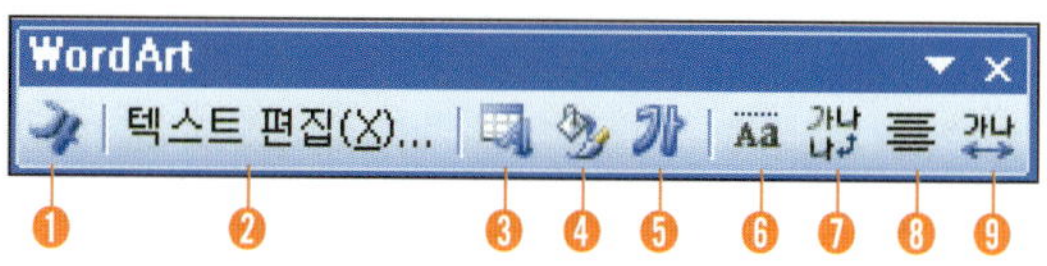

❶ **WordArt 삽입** : 워드아트를 삽입합니다.
❷ **텍스트 편집** : 선택한 워드아트의 내용을 수정합니다.
❸ **WordArt 갤러리** : WordArt 갤러리를 이용하여 워드아트의 모양을 수정합니다.
❹ **WordArt 서식** : 워드아트의 채우기 색이나 투명도 등의 세부 서식을 지정합니다.
❺ **WordArt 도형** : 워드아트에 적용할 외곽선의 도형을 지정합니다.
❻ **WordArt와 같은 문자 높이** : 워드아트에 적용된 모든 글자의 높이 값을 동일하게 설정합니다.
❼ **WordArt 세로 텍스트** : 클릭할 때마다 워드아트 문자열의 방향이 가로와 세로 방향으로 전환됩니다.
❽ **WordArt 정렬** : 워드아트 문자열의 정렬 형식을 지정합니다.
❾ **WordArt 문자 간격** : 워드아트 문자열의 글자 간격을 지정합니다.

self test

그림과 같이 워드아트를 삽입해 보세요.

self test

삽입된 워드아트에 3차원 효과를 적용해 보세요.

04-2 클립아트와 그림 다루기

때에 따라서는 글 열 줄보다 한 장의 그림이 전하고자 하는 내용을 훨씬 효과적으로 표현하는 수단이 되기도 합니다. 이번에는 그림 파일과 클립아트를 슬라이드에 삽입하고 꾸미는 방법에 대해 알아봅니다.

그림 파일 삽입하기

• 메뉴 사용하기 : [삽입]→[그림]→[그림 파일] 메뉴를 선택합니다.
• 도구 아이콘 사용하기 : 그리기 도구 모음에 있는 '그림 삽입(⬛)' 아이콘을 클릭합니다.

• 그림 삽입 대화상자가 표시되면 삽입할 경로와 파일을 지정한 후에 [삽입] 버튼을 클릭합니다.

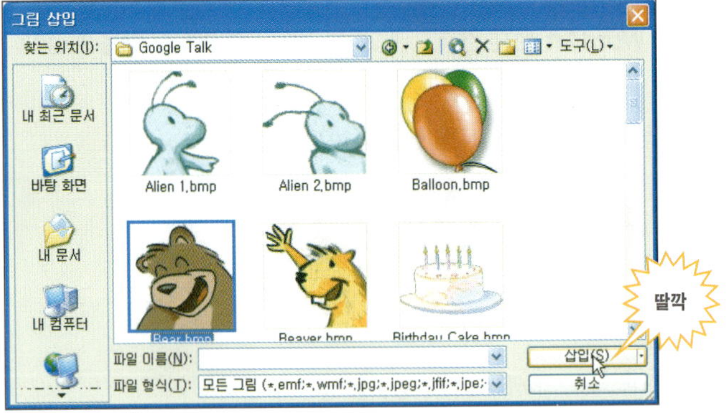

클립아트 삽입하기

• 메뉴 사용하기 : [삽입]→[그림]→[클립아트] 메뉴를 선택합니다.
• 도구 아이콘 사용하기 : 그리기 도구 모음에 있는 '클립아트 삽입(⬛)' 아이콘을 클릭합니다.

• 클립아트 창이 표시되면 검색 대상 입력상자에 삽입할 클립아트와 관련된 검색어를 입력한 후에 [이동] 버튼을 클릭합니다. 화면에 표시되는 클립아트 중 삽입할 그림을 클릭한 후에 [삽입]을 선택합니다.

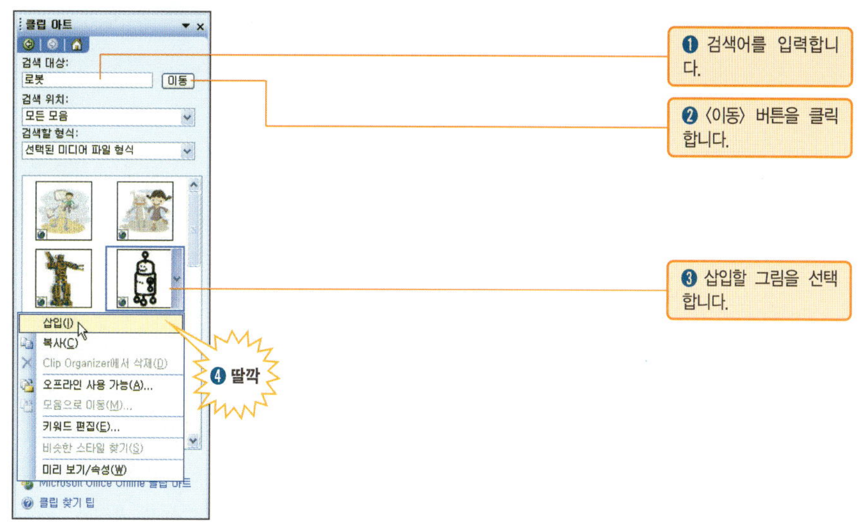

❶ 검색어를 입력합니다.

❷ 〈이동〉 버튼을 클릭합니다.

❸ 삽입할 그림을 선택합니다.

❹ 딸깍

그림 도구 모음 사용하기

[보기]→[도구 모음] 메뉴를 선택하여 [그림]을 실행합니다.

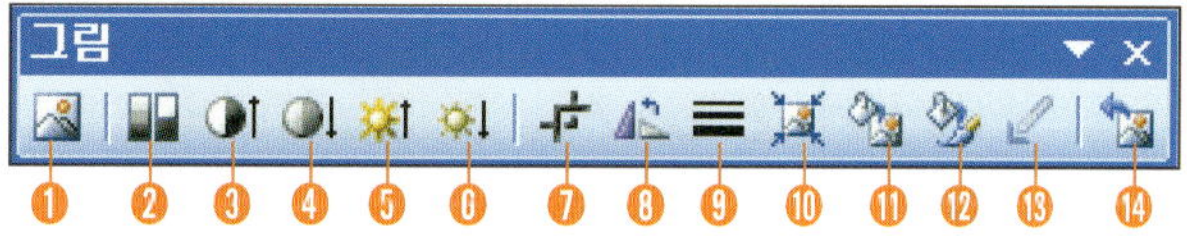

❶ 그림 삽입 : 그림 파일을 삽입합니다.

❷ 색 : 그림의 색상 유형을 지정합니다.

❸ 선명하게 : 그림의 선명도를 높입니다.

❹ 희미하게 : 그림의 선명도를 낮춥니다.

❺ 밝게 : 그림의 밝기를 높입니다.

❻ 어둡게 : 그림의 밝기를 낮춥니다.

❼ 자르기 : 그림의 필요 없는 부분을 잘라냅니다.

❽ 왼쪽으로 90도 회전 : 그림을 시계 반대 방향으로 90도 회전합니다.

❾ 선 스타일 : 그림의 테두리 선 스타일을 지정합니다.

❿ 그림 압축 : 그림을 압축하여 파일의 크기를 줄입니다.

⓫ 그림 다시 칠하기 : 그림 각 부분의 색상을 다른 색상으로 바꿉니다.

⓬ 그림 서식 : 그림 서식 대화상자를 이용하여 그림과 관련된 각종 서식을 지정합니다.

⓭ 투명한 색 설정 : 클릭한 부분에 있는 색상을 투명하게 설정합니다.

⓮ 그림 원래대로 : 그림에 적용한 각종 서식을 제거하고 원래 모양대로 만듭니다.

04-3 동영상 다루기

최근 디지털 캠코더를 사용하여 일반인들도 손쉽게 영상을 찍고 간단하게 편집할 수 있게 되었습니다. 프레젠테이션에서 회사 또는 상품의 홍보 동영상을 삽입하여 청중에게 보여준다면, 그 효과는 정적인 다른 개체와는 확연히 다르게 나타납니다. 슬라이드에 동영상을 삽입하고, 삽입된 동영상의 슬라이드 쇼 설정 방법에 대해 알아봅시다.

동영상 삽입

• 동영상 파일 : [삽입]→[동영상 및 소리]→[동영상 파일] 메뉴를 선택하여, 컴퓨터에 저장되어 있는 동영상 파일을 삽입합니다.

• Clip Organizer 동영상 : [삽입]→[동영상 및 소리]→[Clip Organizer 동영상] 메뉴를 선택하면 동영상 갤러리인 '동영상 삽입' 창이 실행됩니다.

Clip Organizer 동영상 실행 화면

• [삽입]→[동영상 및 소리]→[동영상 파일] 메뉴를 이용하여 동영상 파일을 삽입하면 다음과 같은 메시지 상자가 표시됩니다. 이 메시지 상자를 이용하여 프레젠테이션 시 동영상을 실행할 방법을 선택합니다.

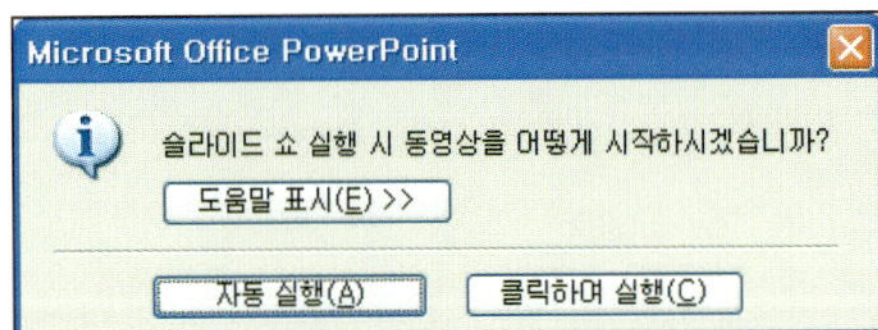

동영상 옵션 설정

삽입된 동영상의 빠른 메뉴를 실행하여 [동영상 개체편집] 메뉴를 선택하면 '동영상 옵션' 대화상자가 실행됩니다.

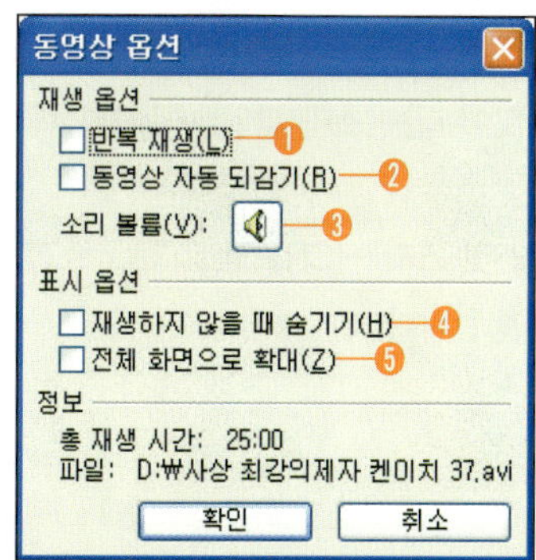

① **반복 재생** : 동영상이 삽입된 슬라이드를 프레젠테이션하는 동안 동영상을 반복하여 재생합니다.

② **동영상 자동 되감기** : 동영상 재생 후 동영상의 맨 앞으로 자동 되감기를 실행합니다.

③ **소리 볼륨** : 동영상의 소리 크기를 지정합니다.

④ **재생하지 않을 때 숨기기** : 동영상의 재생이 끝나면 동영상을 숨깁니다.

⑤ **전체 화면으로 확대** : 동영상을 화면에 가득 차게 재생합니다.

대표적 동영상 파일 형식

파일 형식	특 징
AVI	윈도우에서 지원하는 표준 동영상 형식입니다. 윈도우의 매체 재생기 또는 윈도우 미디어 플레이어를 사용하여 재생할 수 있습니다.
MOV	매킨토시에서 제공하는 표준 동영상 형식입니다. 윈도우에서 재생하려면 퀵타임 플레이어가 설치되어 있어야 합니다.
MPEG(MPG)	압축된 동영상 형식입니다. AVI나 MOV 같은 비압축 동영상 형식에 용량이 작으면서 화질도 뛰어납니다.
Motion-JPEG	동영상 프레임마다 JPEG 합축 형식으로 압축한 동영상 형식입니다. MPEG 형식보다 압축률은 다소 떨어지지만 프레임 단위의 편집이 가능하다는 장점이 있습니다. 파일의 확장명은 AVI를 사용합니다.

04-4 슬라이드 배경 음악 사용하기

소리 삽입

- 소리 파일 : [삽입]→[동영상 및 소리]→[소리 파일] 메뉴를 선택하여, 컴퓨터에 저장되어 있는 소리 파일을 삽입합니다.
- 소리 모음집 : [삽입]→[동영상 및 소리]→[Clip Organizer 소리] 메뉴를 선택하면 사운드 갤러리인 '소리 삽입' 창이 실행됩니다.

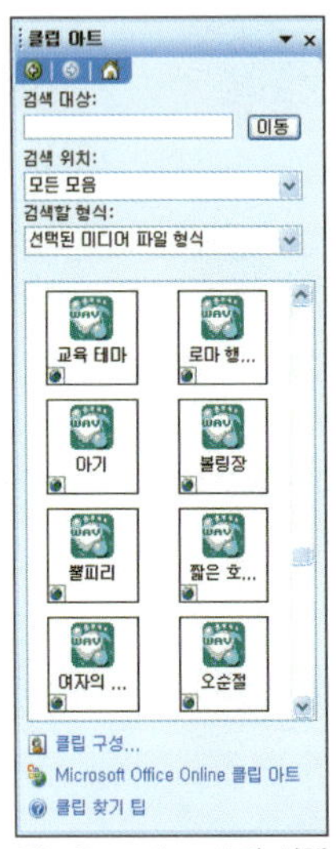

Clip Organizer 소리 실행 화면

- 선택한 소리가 슬라이드에 삽입됨과 동시에 메시지 창이 나타납니다. 이 창에서 슬라이드 쇼에서 소리를 자동으로 재생할 것인지 아닌지를 설정합니다. 〈자동 실행〉 버튼을 클릭하면 슬라이드 쇼 시작과 함께 소리가 재생됩니다.

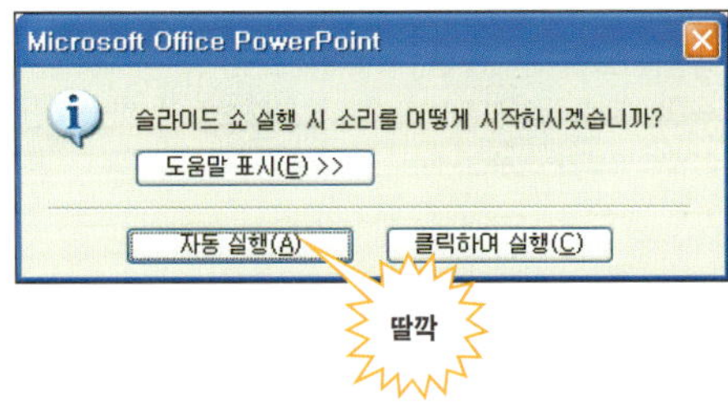

소리 옵션 설정

소리가 삽입되면 슬라이드에 스피커 아이콘이 만들어집니다. 빠른 메뉴를 실행하여 [소리 개체 편집] 메뉴를 선택하면 '소리 옵션' 대화상자가 실행됩니다.

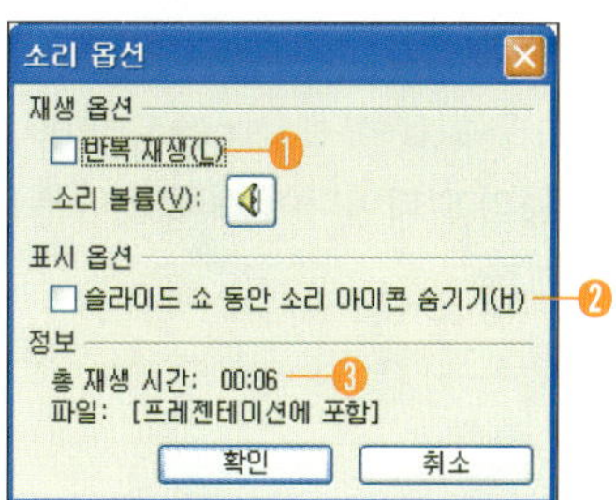

❶ **반복 재생** : 소리가 삽입된 슬라이드를 프레젠테이션하는 동안 반복하여 재생합니다.

❷ **슬라이드 쇼 동안 소리 아이콘 숨기기** : 슬라이드 쇼를 실행하는 동안 슬라이드에 삽입된 소리 아이콘을 표시하지 않습니다.

❸ **총 재생 시간** : 소리의 총 재생 시간을 표시합니다.

04-5 Office Online 사이트에서 클립 다운받기

'클립아트' 창에 원하는 클립이 없을 경우, Microsoft사의 'Office Online 사이트'에서 클립아트를 다운로드하여 사용할 수 있습니다. Office Online 사이트에서는 클립아트뿐만 아니라 동영상, 사운드, 사진 등의 멀티미디어 개체도 다운로드할 수 있습니다.

• Office Online의 클립을 다운로드하려면 '클립아트' 창에서 〈Microsoft Office Online 클립아트〉를 클릭합니다.

office online 클립아트 선택

'Office Online' 사이트의 첫 화면은 새롭게 업데이트된 클립에 대한 소개 화면입니다. 따라서 실제로 사이트에 접속할 때 나오는 첫 화면은 그림과 다를 수 있습니다.

• 웹 브라우저가 실행되고, 'Office Online' 웹 페이지가 화면에 나타납니다. 원하는 클립을 찾기 위해 클립아트 입력상자에 원하는 검색어를 입력한 후에 〈검색〉 버튼을 클릭합니다.

■ 클립 다운로드하기

분류 항목 또는 검색어를 사용하여 검색된 클립은 '클립아트 삽입' 창으로 다운로드하여 계속해서 사용할 수 있습니다.

1. 사용할 클립을 검색하여 결과가 나타나면 다운로드할 클립을 선택합니다. 클립의 체크 박스에 ✔ 표시를 하면 여러 개 클립을 동시에 다운로드할 수 있습니다. 화면 오른쪽의 '◁' 또는 '▷' 을 클릭하면 다음 또는 이전 목록으로 이동할 수 있습니다.

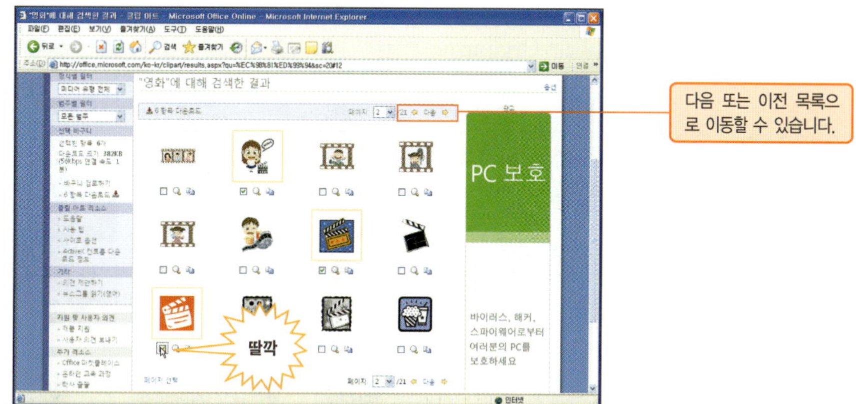

다음 또는 이전 목록으로 이동할 수 있습니다.

2. 화면의 왼쪽에 있는 선택 바구니 목록에서 선택된 클립아트의 개수와 '다운로드' 라고 씌어 있는 부분을 클릭합니다. 다운로드 화면이 표시되면 〈지금 다운로드〉를 클릭합니다.

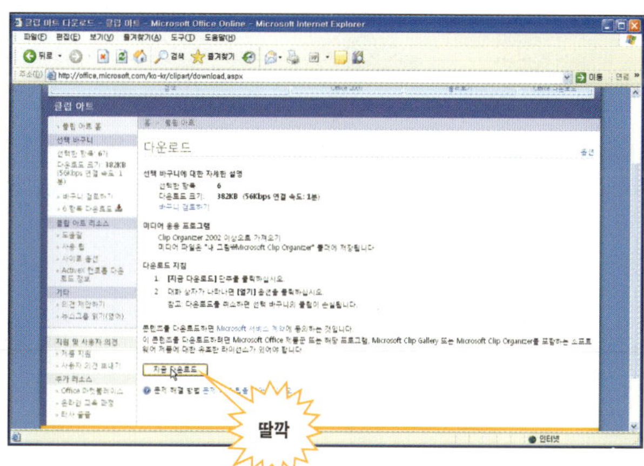

3. 파일 다운로드 메시지 화면이 나타나면 〈열기〉 버튼을 클릭합니다.

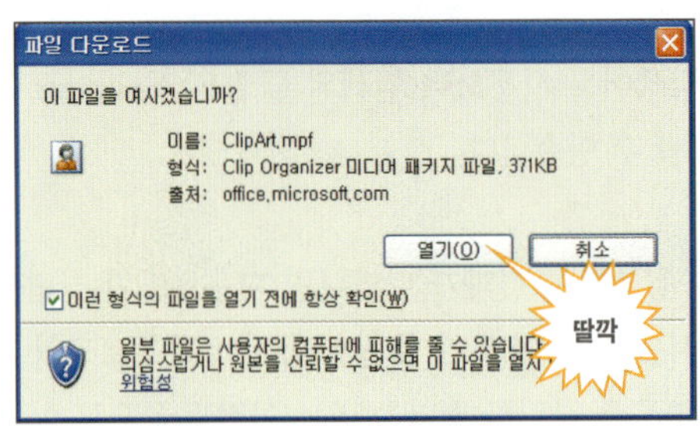

4. Clip Organizer가 실행되면서 좀 전에 다운로드 받은 클립아트들이 표시됩니다.

워드아트와 클립아트를 사용하여 그림과 같이 제목 슬라이드를 만들어 보세요.

현장 실습 — 영화 홍보 슬라이드 만들기

앞서 배운 멀티미디어 개체들을 슬라이드에 삽입하고, 설정을 편집하여 영화 홍보 슬라이드를
완성해 봅시다.

워드아트 삽입하기

'WordArt 삽입' 기능을 사용하여 영화의 제목을 만들어 봅시다.

1. 예제 폴더에서 '영화 홍보.ppt' 파일을 불러오고, 그리기 도구 모음에서 'WordArt
삽입( )' 아이콘을 클릭합니다.

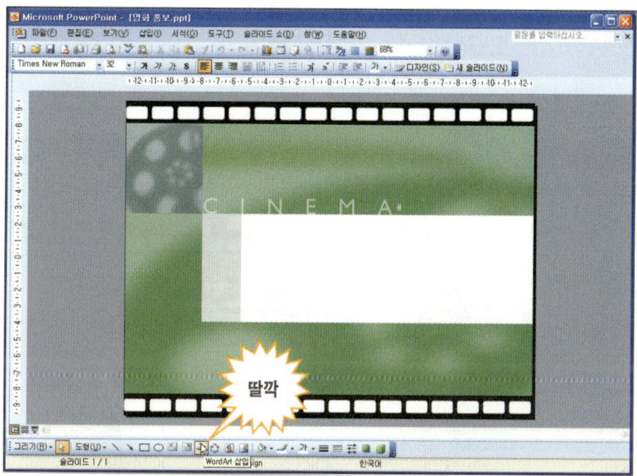

2. 'WordArt 갤러리' 대화상자가 나타나면 워드아트의 스타일을 선택한 후에 〈확인〉
버튼을 클릭합니다.

3. 'WordArt 텍스트 편집' 대화상자가 나타나면 제목을 입력하고 글꼴을 선택한 후에 〈확인〉 버튼을 클릭합니다.

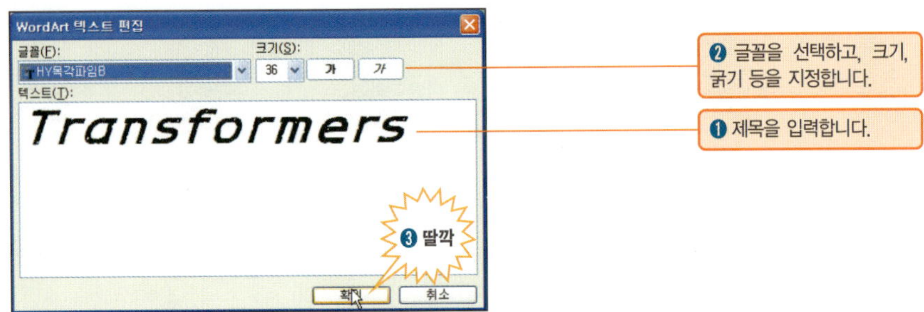

4. WordArt 도구 모음의 'WordArt 도형( )' 아이콘을 클릭한 후, '이중 물결1( )'을 선택하여 슬라이드에 삽입된 워드아트의 도형을 변경합니다.

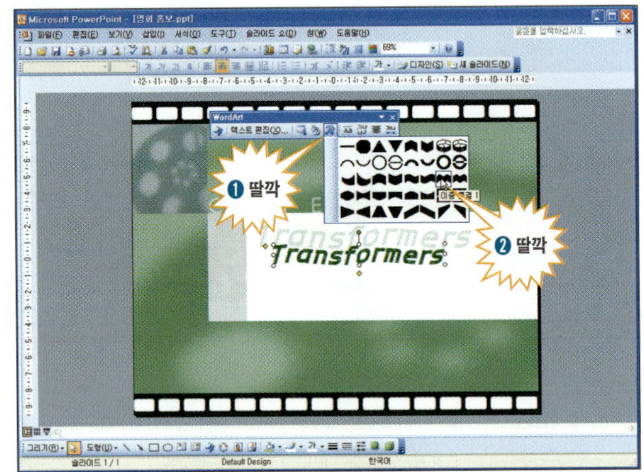

5. 워드아트의 문자열 흐름이 변경된 것을 확인하고, 워드아트의 크기와 위치를 그림과 같이 조절합니다. 그리고 모양 조절점을 드래그하여 모양을 조절합니다.

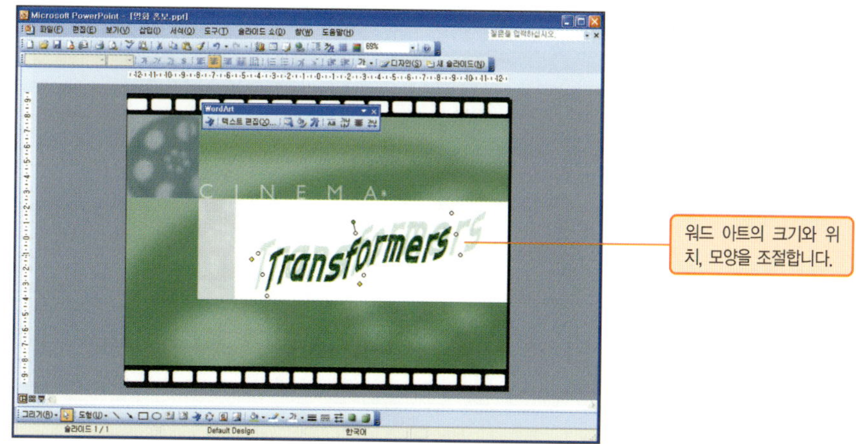

워드 아트의 크기와 위치, 모양을 조절합니다.

6. WordArt 도구 모음의 'WordArt 서식(　)' 아이콘을 클릭하여 'WordArt 서식' 대화상자를 실행합니다. 면과 선의 서식을 설정한 후, 〈확인〉 버튼을 클릭합니다.

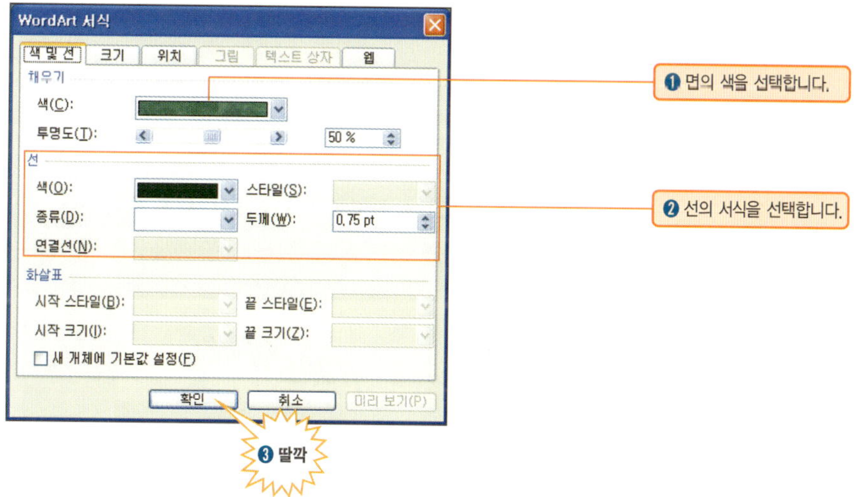

❶ 면의 색을 선택합니다.

❷ 선의 서식을 선택합니다.

❸ 딸깍

7. 적용한 설정이 워드아트에 적용된 것을 확인합니다.

클립아트의 삽입과 편집

영화의 포스터 클립아트를 삽입하고, 삽입된 클립아트를 편집해 봅시다.

1. 클립아트를 삽입하기 위하여 그리기 도구 모음의 '클립아트 삽입( )' 아이콘을 클릭
합니다.

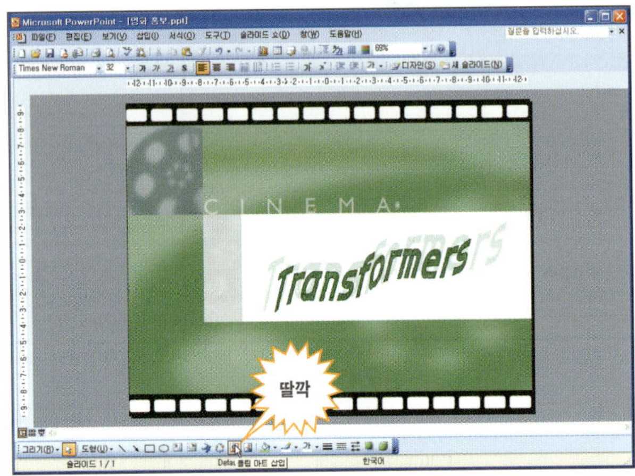

2. '클립아트' 창이 나타나면 '로봇'을 입력한 후에 〈이동〉 버튼을 클릭합니다. 화면에 표시되는 클립아트 중 하나를 선택한 후에 목록 버튼을 클릭하고 [삽입]을 클릭합니다.

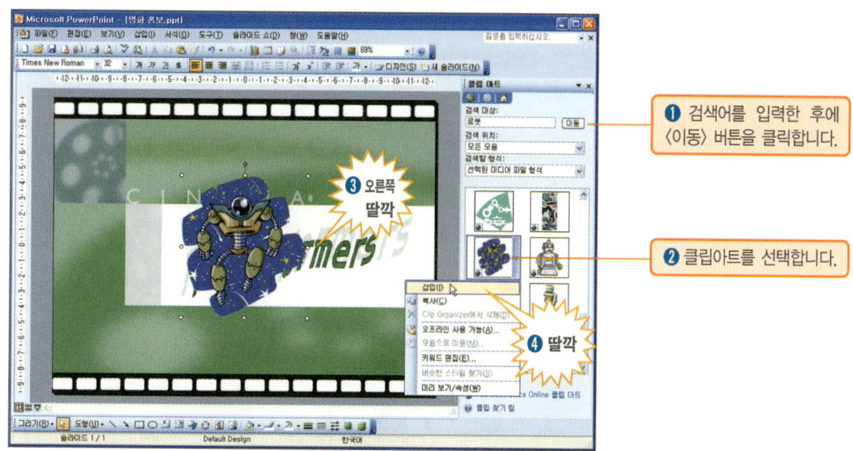

3. 삽입된 클립 개체를 편집하기 위하여 빠른 메뉴를 실행하여 [그룹화]→[그룹 해제] 메뉴를 선택합니다.

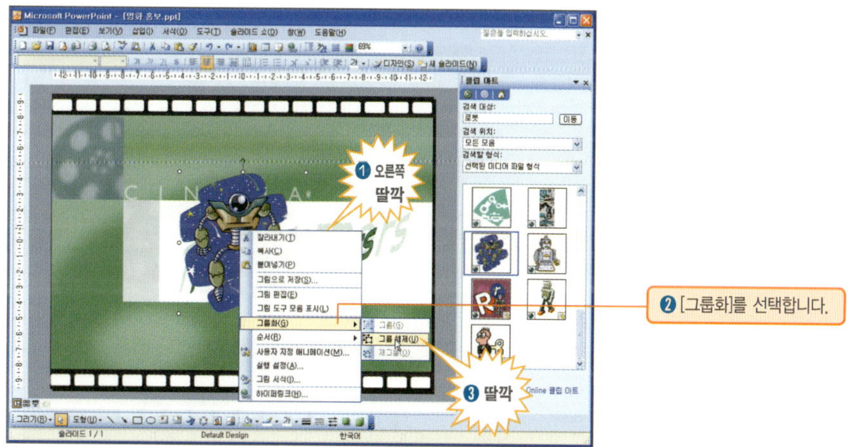

4. 그리기 개체로의 변환을 묻는 메시지 창에서 〈예〉 버튼을 클릭합니다.

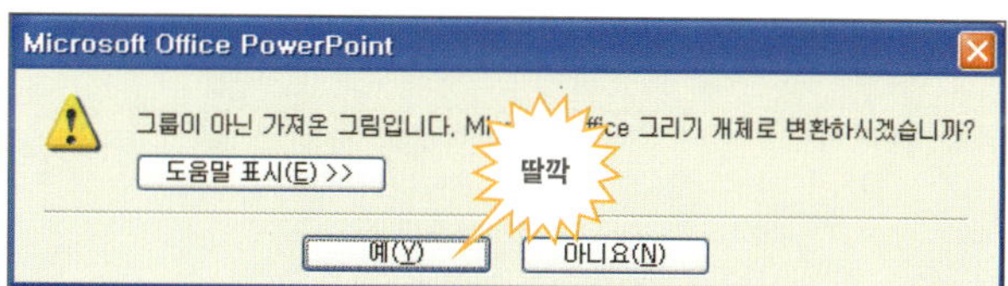

5. 클립아트의 배경을 삭제하고 남은 그리기 개체를 모두 선택한 후, 빠른 메뉴를 실행하여 [그룹 만들기]→[재그룹] 메뉴를 선택합니다. 그룹이 해제된 후 개체의 삭제는 선택한 후, Delete 키를 누릅니다.

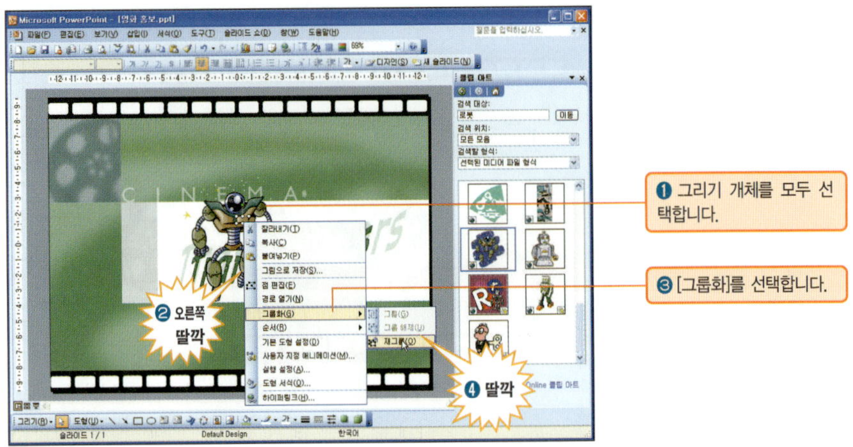

6. 다시 그룹화된 개체의 크기와 위치를 조절한 후, 그리기 도구 모음의 [그리기]→[회전 또는 대칭]→[좌우 대칭]을 선택하여 클립아트의 좌우를 바꿉니다.

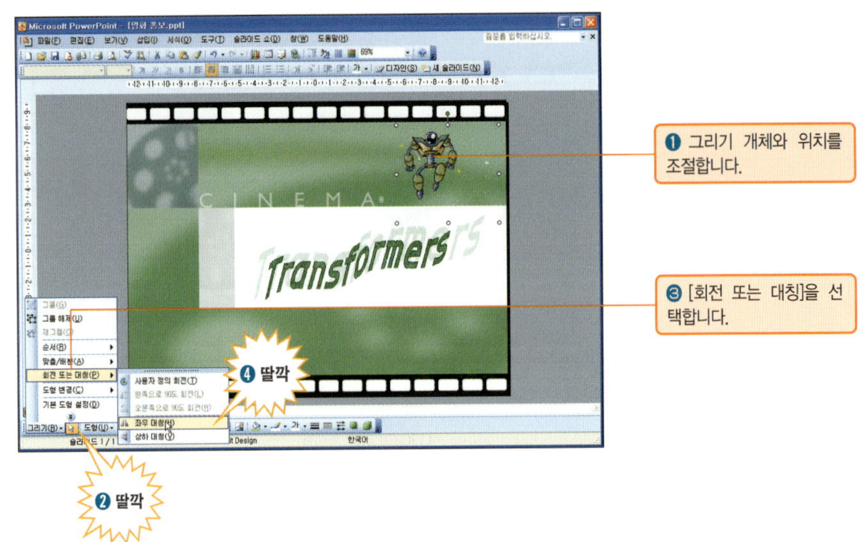

7. 삽입 및 설정이 모두 완료된 클립아트를 확인합니다.

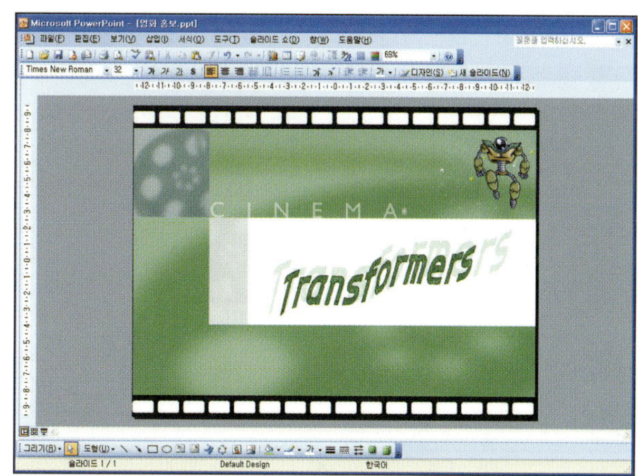

그림 삽입 및 설정

슬라이드에 영화 포스터를 삽입하고, 그림의 속성과 서식을 설정해 봅시다.

1. 그림을 삽입하기 위하여 [삽입]→[그림]→[그림 파일] 메뉴를 선택합니다.

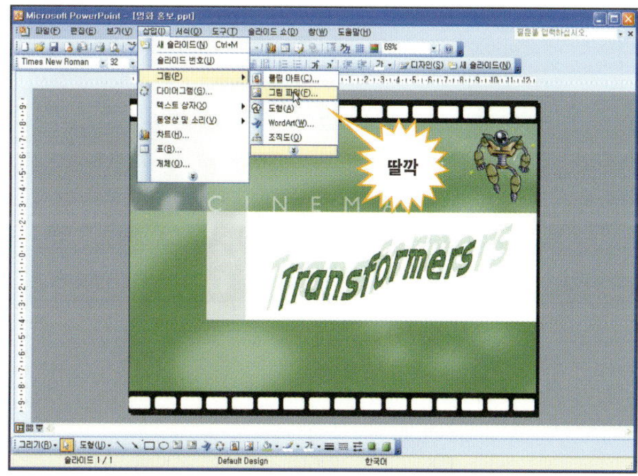

2. '그림 삽입' 대화상자가 나타나면 예제 폴더로 이동하여 삽입할 그림을 선택한 후, 〈삽입〉 버튼을 클릭합니다. 삽입할 그림을 더블클릭해도 됩니다.

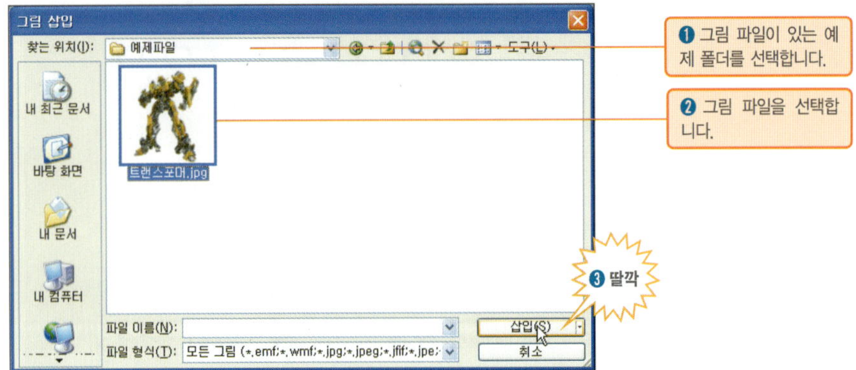

① 그림 파일이 있는 예제 폴더를 선택합니다.

② 그림 파일을 선택합니다.

③ 딸깍

3. 삽입된 그림의 크기와 위치를 적당히 지정합니다. [투명한 색 설정] 기능을 실행한 후에 그림의 배경 부분을 클릭합니다.

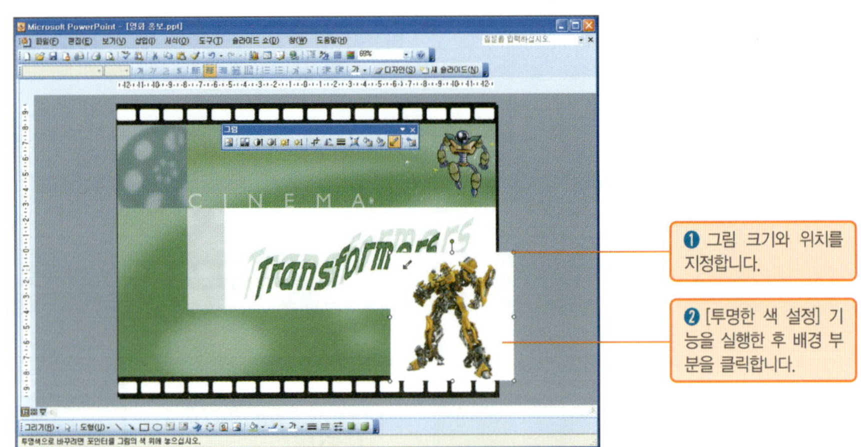

① 그림 크기와 위치를 지정합니다.

② [투명한 색 설정] 기능을 실행한 후 배경 부분을 클릭합니다.

4. 삽입된 그림의 배경이 지워진 것을 확인할 수 있습니다.

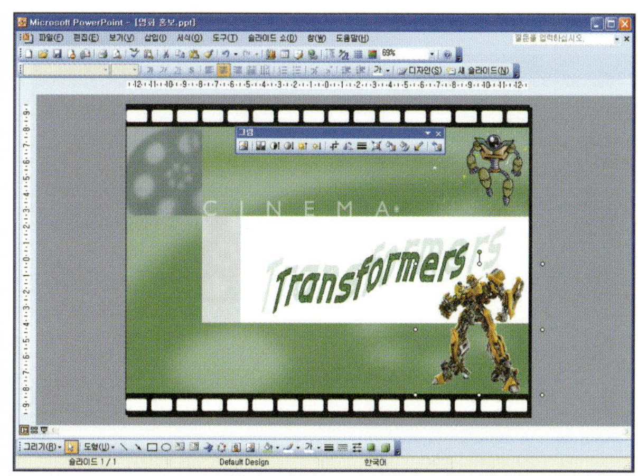

동영상 삽입 및 옵션 설정

영화 예고 동영상을 삽입하고, 슬라이드 쇼에서 동영상의 재생 옵션을 설정해 봅시다.

1. 동영상 파일을 삽입하기 위하여 [삽입]→[동영상 및 소리]→[동영상 파일] 메뉴를 선택합니다.

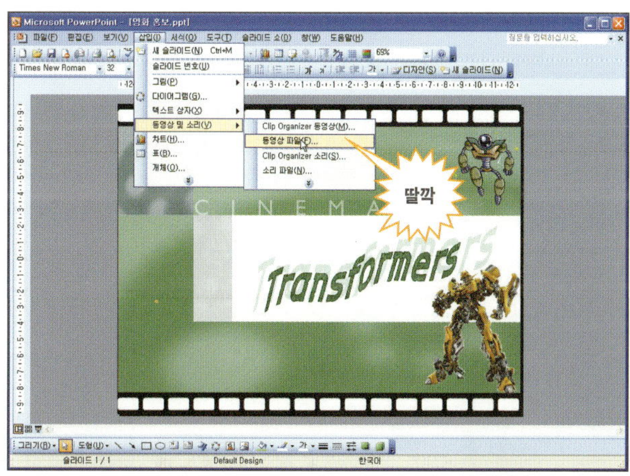

2. '동영상 삽입' 대화상자가 나타나면 예제 폴더로 이동하여 삽입할 동영상을 더블클릭합니다.

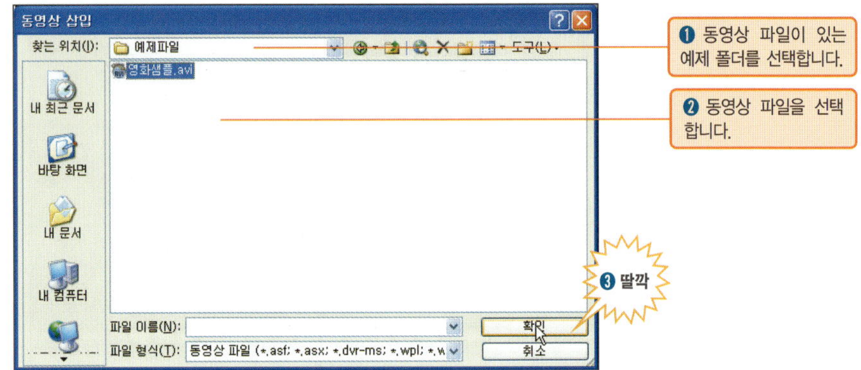

3. 슬라이드 쇼에서 동영상 재생 방식을 묻는 메시지 창이 나타납니다. 자동으로 재생되게 하려면 〈자동 실행〉 버튼을, 수동으로 재생되게 하려면 〈클릭하여 실행〉 버튼을 클릭합니다. 여기서는 〈자동 실행〉 버튼을 클릭합니다.

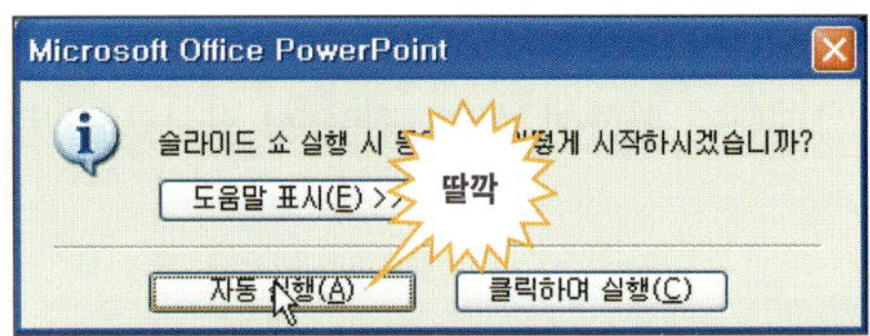

4. 삽입된 동영상을 위치와 크기를 조절한 후, 빠른 메뉴를 실행하여 [동영상 개체 편집] 메뉴를 선택합니다.

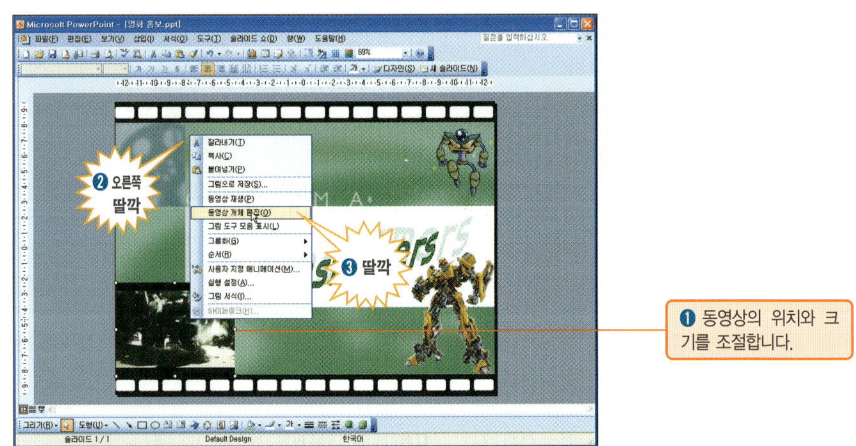

5. '동영상 옵션' 대화상자에서 '동영상 자동 되감기' 항목을 선택하고 〈확인〉 버튼을 클릭합니다.

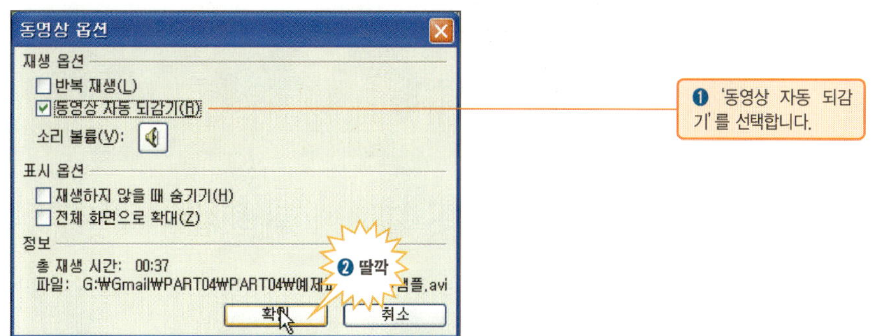

6. F5 키를 눌러 슬라이드 쇼를 실행합니다. 그리고 동영상을 클릭하여 재생 상태를 확인한 후, 완성된 슬라이드를 다른 이름으로 저장합니다.

실무 활용 연습

EX 1

영화 홍보 슬라이드 만들기

❶ 슬라이드 레이아웃 작업창에서 '빈 화면'을, 슬라이드 디자인 작업창에서 '커튼 콜' 디자인 서식을 차례로 클릭하여 적용합니다.

❷ 그리기 도구 모음에서 [도형]→[기본 도형]→[모서리가 둥근 직사각형]을 선택하여 슬라이드에 그리고 크기와 위치를 적절히 조절한 후, 빠른 메뉴를 실행하여 [도형 서식]을 선택합니다.

❸ '도형 서식' 대화상자에서 도형의 색상을 '회색 −25%'로 지정하고 투명도를 60%로 설정합니다.

❹ 그리기 도구 모음에서 '선 색' 목록을 열고 '선 없음'을 선택하여 도형의 외곽선이 나타나지 않도록 설정합니다.

❺ [삽입]→[동영상 및 소리]→[동영상 파일] 메뉴를 선택하여 '예제파일' 파일 폴더에서 '영화샘플.avi' 파일을 선택합니다.

❻ 동영상을 어떻게 시작할 것인지 묻는 대화상자가 나타나면 〈자동 실행〉 버튼을 클릭하여 슬라이드에 해당 동영상 파일을 삽입합니다.

❼ 슬라이드에 삽입된 동영상 파일의 크기를 적절히 조절하고 그리기 도구의 WordArt 삽입 도구를 클릭하여 제목으로 사용할 워드아트를 삽입합니다.

❽ 삽입된 워드아트의 크기와 위치를 조절하고 다시 WordArt 도구를 클릭하여 홍보문구를 그림과 같이 동영상 파일 우측에 삽입합니다.

❾ [삽입]→[그림]→[그림 파일] 메뉴를 선택하여 '예제파일' 파일 폴더에서 '트랜스포머.jpgi' 파일을 선택하여 그림을 삽입합니다.

❿ 그림 도구 상자에서 투명한 색 설정 도구로 그림 바탕의 흰색을 클릭하여 해당 부분이 투명하게 나타나도록 설정합니다.

⓫ 그림의 위치와 크기를 조절하고 '영화홍보실무.ppt' 파일로 저장합니다.

표 슬라이드의 제작과 편집

발표하고자 하는 내용을 텍스트만으로 보여주면 청중들은 다소 지루해 하고 집중력을 갖기 힘듭니다. 파워포인트에서는 표를 사용할 수 있으므로 많은 정보를 표를 사용하여 간결하고도 일목요연하게 정리하여 보여줄 수 있습니다. 이번 장에서는 슬라이드에 표를 만들고, 다양하게 편집하는 방법에 대해 학습하겠습니다.

05-1	표 만들기	05-5	그리기 개체로 변환하기
05-2	텍스트 입력과 편집	05-6	그리기 도구로 표 디자인하기
05-3	표 및 셀 서식 설정하기	현장 실습	비교 슬라이드 만들기
05-4	셀 다루기	실무 활용 연습	

실습 예제 미리보기 | 비교 슬라이드 만들기

표와 도형을 사용하여 연도별 기업 유치 실적 및 전망에 대한 데이터를 비교하는 슬라이드를 만들어 봅시다.

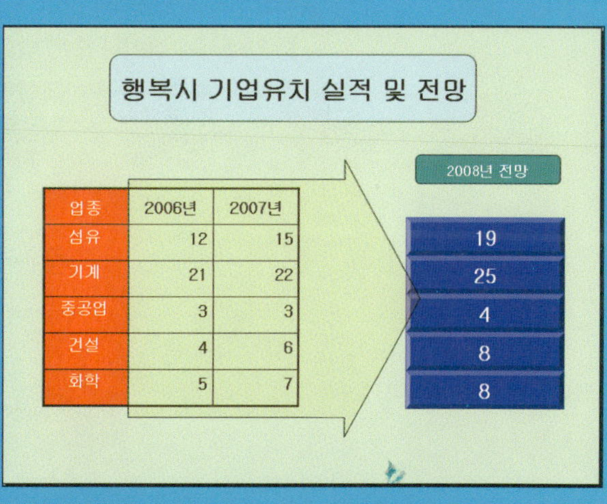

05-1 표 만들기

파워포인트에서도 일반적인 워드프로세서 프로그램과 마찬가지로 다양한 형태의 표를 사용할 수 있습니다. 표를 사용하면 복잡한 내용도 깔끔하게 정리하여 보여줄 수 있으므로 전달 효과가 높으며 더욱 격조 있는 프레젠테이션을 진행할 수 있습니다. 슬라이드에 표를 삽입하는 방법에 대해 알아봅시다.

표 삽입하기

• 메뉴 : [삽입]→[표] 메뉴를 선택하면 '표 삽입' 대화상자가 나타납니다. 표의 행과 열의 수를 입력하고 〈확인〉 버튼을 클릭하면 슬라이드에 표가 삽입됩니다.

> **Note**
>
> 열은 세로줄을, 행은 가로줄을 가리킵니다. 따라서 열 개수를 3으로, 행 개수를 4로 지정했다면 가로 3개, 세로 4개의 셀이 만들어지게 됩니다.

• 표준 도구 모음 : '표 삽입(▦)' 아이콘을 클릭하면 나타나는 격자에서 원하는 행과 열만큼 마우스를 드래그하여 만들 수도 있습니다.

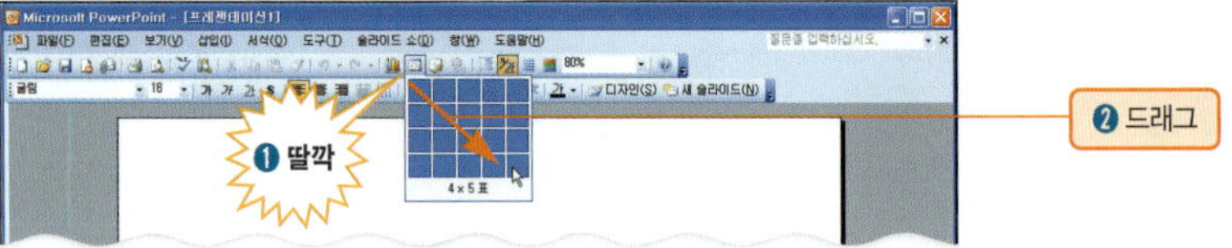

• '표 그리기' 도구 : 표 및 테두리 도구 모음의 '표 그리기' 도구 [✏]를 사용하면 직접 드래그하여 표를 그릴 수 있습니다. '표 그리기' 도구를 클릭하면 마우스 포인터가 연필 모양으로 바뀌며 슬라이드 위에서 대각선 방향으로 드래그하여 표의 큰 틀을 그린 다음, 틀 안에서 수직이나 수평 방향으로 드래그함으로써 원하는 만큼의 행과 열을 만들 수 있습니다. 도구 사용을 마치려면 [Esc] 키를 누릅니다.

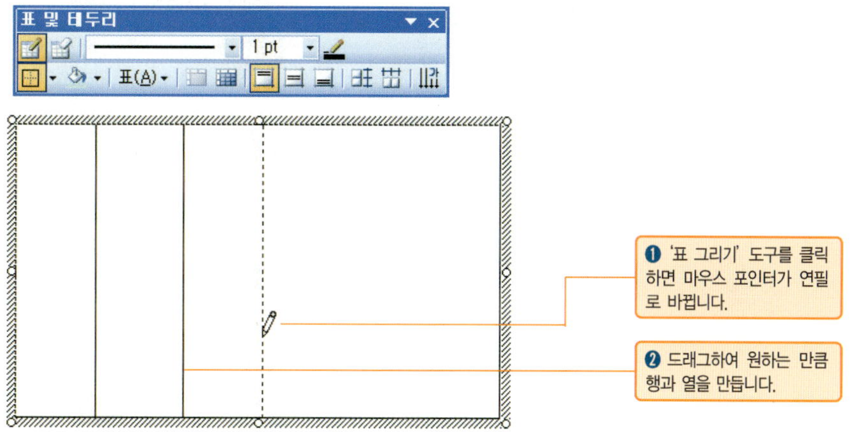

표 그리기 도구로 드래그하여 표를 만듭니다.

- '표 삽입' 대화상자를 사용하여 5행 6열의 표를 만들어 보세요.
- '표 그리기 도구'를 사용하여 4행 7열의 표를 만들어 보세요.

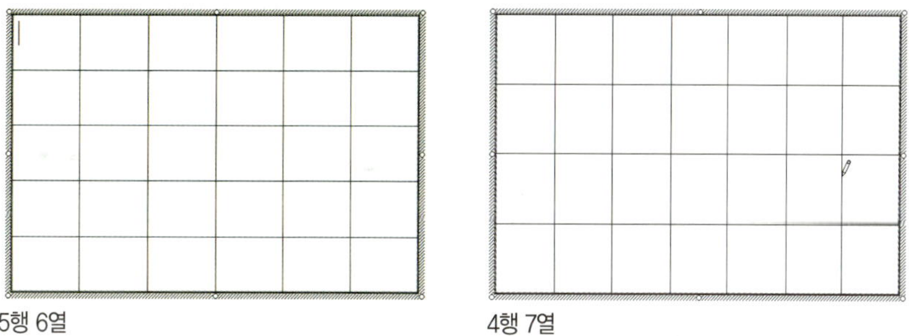

5행 6열

4행 7열

표의 위치 이동과 크기 조절

- 위치 이동 : 표의 테두리에 마우스 포인터를 두고, 원하는 위치로 드래그합니다.
- 크기 조절 : 표의 조절점을 드래그하여 크기를 조절합니다.

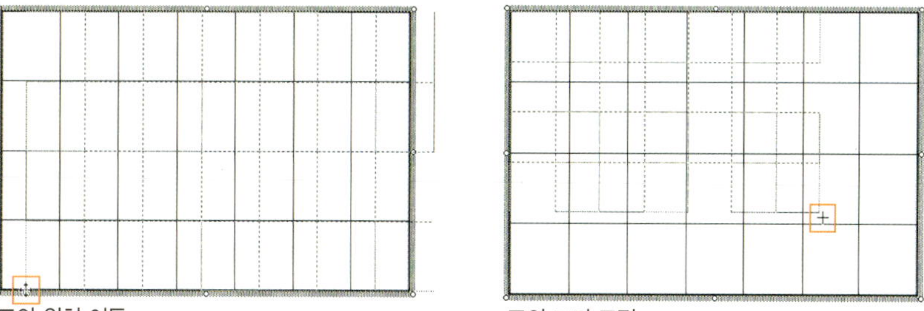

표의 위치 이동

표의 크기 조절

표 및 테두리 도구 모음 살펴보기

표를 선택하거나 표 안에 커서가 위치한 경우, 화면에 [표 및 테두리] 도구 모음이 표시됩니다.

도구 모음의 각 기능에 대해 알아봅시다.

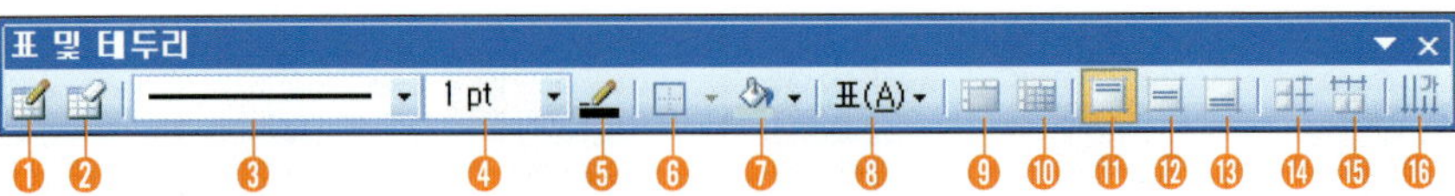

❶ **표 그리기** : 슬라이드 위에서 직접 표의 틀과 행, 열 등을 그립니다.

❷ **지우개** : 행과 열의 구분선을 클릭하거나 드래그하여 지웁니다.

❸ **테두리 스타일** : 원하는 스타일을 선택하고 표나 셀 구분선을 클릭하거나 드래그하면 테두리 스타일이 지정됩니다.

❹ **테두리 두께** : 원하는 두께를 선택하고 표나 셀 구분선을 클릭하거나 드래그하면 테두리 두께가 지정됩니다.

❺ **테두리 색** : 테두리의 색을 선택하고 표나 셀 구분선을 클릭하거나 드래그하여 테두리 색을 지정합니다.

❻ **테두리 적용 영역** : 지정한 표 서식이 적용될 테두리 영역을 선택합니다.

❼ **채우기 색** : 선택한 셀이나 표 전체의 채우기 색을 지정합니다.

❽ **표** : 행이나 열을 삽입하거나 삭제하며 셀을 병합하거나 분할합니다.

❾ **셀 병합** : 선택한 셀들을 하나의 셀로 병합합니다.

❿ **셀 분할** : 커서가 위치하고 있는 셀을 두 개의 셀로 분할합니다.

⓫ **위쪽 맞춤** : 텍스트를 셀의 위쪽으로 정렬합니다.

⓬ **세로 가운데 맞춤** : 텍스트를 셀의 세로 가운데로 정렬합니다.

⓭ **아래쪽 맞춤** : 텍스트를 셀의 아래쪽으로 정렬합니다.

⓮ **행 높이를 같게** : 블록으로 지정한 셀들의 높이를 같게 합니다.

⓯ **열 너비를 같게** : 블록으로 지정한 셀들의 너비를 같게 합니다.

⓰ **텍스트 방향 변경** : 텍스트의 방향을 가로에서 세로로, 또는 세로에서 가로로 변경합니다.

05-2 텍스트 입력과 편집

텍스트의 입력

슬라이드에 표를 삽입하면 기본적으로 커서가 첫 번째 셀에 위치합니다. 하나의 셀에 텍스트를 입력하고 방향키를 누르면 원하는 위치의 셀로 커서를 이동할 수 있습니다. [Tab] 키를 누르면 다음 셀로만 커서가 이동합니다.

표를 사용하여 만든 슬라이드

텍스트 편집

표의 텍스트에 서식 적용하기

표에 입력된 텍스트도 텍스트 상자와 마찬가지로 다양한 서식을 적용할 수 있습니다. 표를 선택하면 표 전체에 서식이 적용되며 셀을 선택하면 선택한 셀에만 서식이 적용됩니다. 표의 셀을 드래그하여 여러 셀을 동시에 선택하고 한꺼번에 서식을 적용할 수도 있습니다.

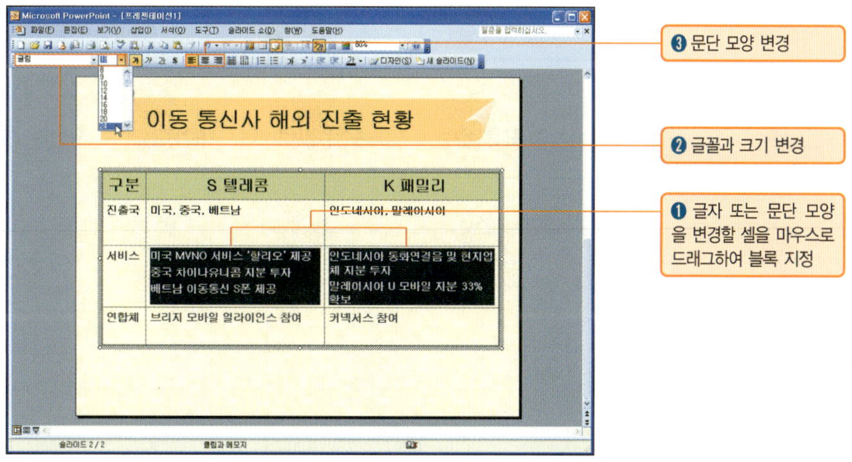

텍스트 위치 변경하기

표에 입력된 텍스트는 기본적으로 셀의 위쪽에서 왼쪽부터 입력되어 나타납니다. 텍스트의 위치를 조절하려면 셀을 선택한 후, 빠른 메뉴에서 [테두리/채우기] 메뉴를 선택합니다.

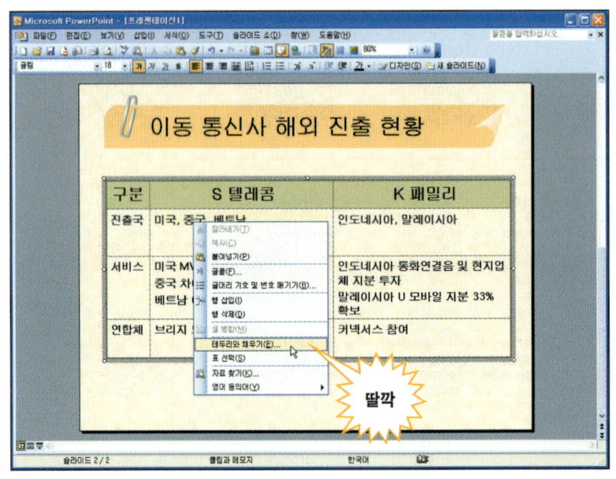

표 서식 대화상자가 나타나면 [텍스트 상자] 탭에서 '텍스트 맞춤' 항목의 목록 단추를 클릭하여 원하는 메뉴를 선택하여 정렬 방식을 변경할 수 있습니다.

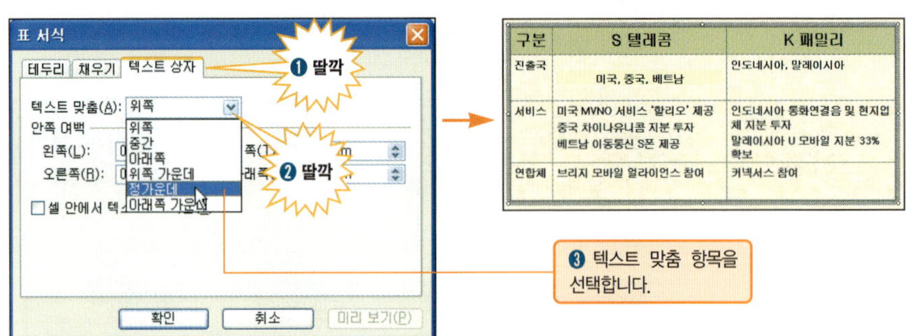

그림처럼 표를 만들고 텍스트를 입력하여 '시간표.ppt'로 저장해 보세요.

시 간 표

	월	화	수	목	금	토
1교시	영어	수학	국어	영어	국사	국어
2교시	과학	영어	수학	사회	영어	영어
3교시	사회	국어	영어	국어	사회	수학
4교시	도덕	기술	과학	수학	과학	음악
5교시	수학	과학	사회	미술	수학	
6교시		사회	체육			

05-3 표 및 셀 서식 설정하기

표 또는 셀에 서식을 지정하려면 '표 서식' 대화상자를 사용하거나 표 및 테두리 도구
모음을 사용합니다. 표 서식을 설정하는 방법에 대해 알아봅니다.

'표 서식' 대화상자

- 표 전체를 선택하거나 특정 셀에 커서를 두어 선택 상태에서 [서식]→[표] 메뉴 선택
- 표 전체를 선택하거나 특정 셀에 커서를 두어 선택 상태에서 빠른 메뉴를 열고 [테두리
와 채우기] 메뉴 선택

[테두리] 탭

표 또는 선택한 셀의 테두리 스타일과 색, 너비 등을 설정합니다. 미리보기 영역의 아이
콘을 사용하면 원하는 특정 부분에만 지정한 테두리 유형을 적용할 수 있습니다.

> **Note**
>
> **표 와 셀 선택 방법**
> 표 및 테두리 도구 모음의 '표'
> 를 클릭할 때 나타나는 메뉴의
> 가장 아래에 있는 세 가지 메뉴
> 를 선택하면 표 또는 여러 셀을
> 손쉽게 선택할 수 있습니다.
> - **표 선택** : 표 전체를 선택합
> 니다.
> - **열 선택** : 현재 기시기 위치하
> 고 있는 같은 열의 모든 셀을 선
> 택합니다.
> - **행 선택** : 현재 커서가 위치하
> 고 있는 같은 행의 모든 셀을 선
> 택합니다.

선을 적용 또는 해제할
곳을 직접 클릭할 수도
있습니다.

클릭할 때마다 설정한
테두리 유형의 적용/해
제가 반복됩니다.

[채우기] 탭

'채우기 색' 항목을 선택하면 색상 선택을 위한 목록 단추가 활성화되고 목록 단추를 클
릭하여 현재 선택 상태에 따라 표의 전체 배경이나 특정 셀의 배경 색, 또는 서식 등을
설정할 수 있습니다.

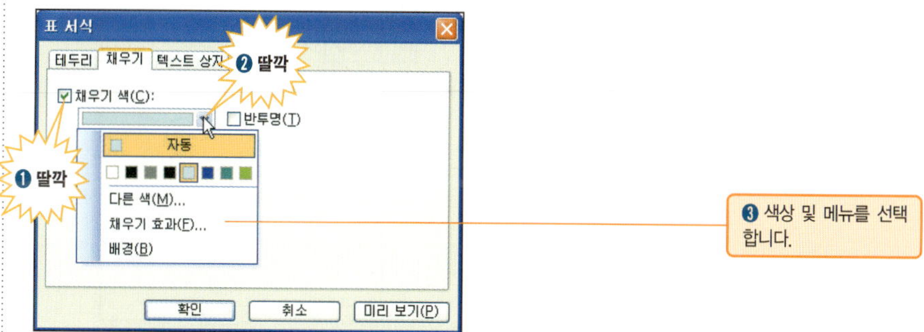

❸ 색상 및 메뉴를 선택
합니다.

[텍스트 상자] 탭

셀 안에 입력된 텍스트 위치와 텍스트와 셀 사이의 여백을 설정합니다. '셀 안에서의 텍스트 90° 회전' 항목을 선택하면 텍스트의 입력 방향이 세로로 변경됩니다.

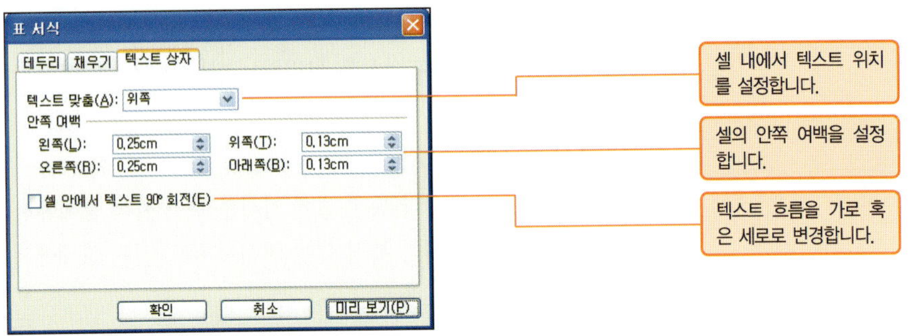

표 및 테두리 도구 모음

테두리 서식 변경하기

표 및 테두리 도구 모음을 사용하면 표 또는 선택한 셀의 테두리 서식을 손쉽게 변경할 수 있습니다.

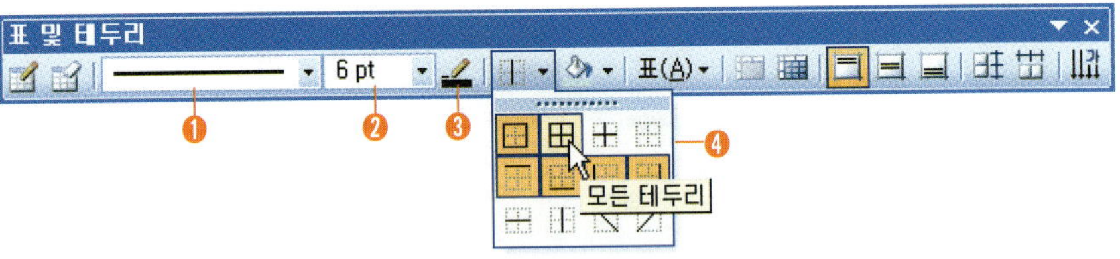

❶ **테두리 스타일** : 목록 단추를 클릭하면 여러 선 종류를 선택할 수 있습니다.

❷ **테두리 두께** : 목록 단추를 클릭하면 선의 굵기를 선택할 수 있습니다.

❸ **선 색** : 선의 색상을 선택할 수 있습니다.

❹ **테두리 적용 영역** : 앞에서 지정한 표 서식이 적용될 테두리 영역을 선택합니다.

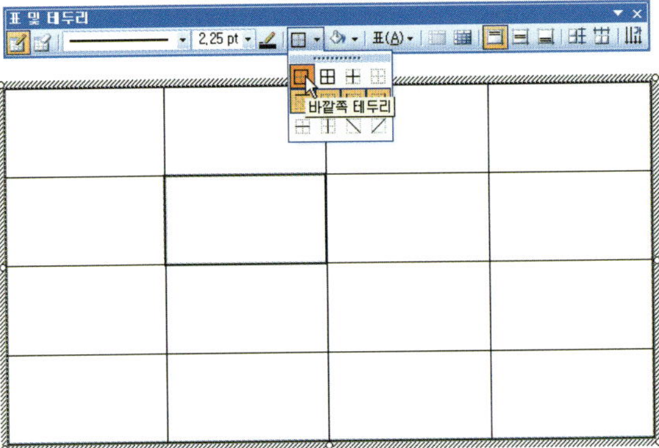

바깥쪽 테두리에 지정된 서식이 적용된 상태

'시간표.ppt' 파일을 불러와 표의 테두리 모양을 그림과 같이 변경하고 '시간표-1.ppt'로 저장해 보세요.

	월	화	수	목	금	토
1교시	영어	수학	국어	영어	국사	국어
2교시	과학	영어	수학	사회	영어	영어
3교시	사회	국어	영어	국어	사회	수학
4교시	도덕	기술	과학	수학	과학	음악
5교시	수학	과학	사회	미술	수학	
6교시		사회	체육			

시 간 표

배경색 설정하기

- 배경을 지정할 셀을 선택하고 빠른 메뉴에서 [테두리와 채우기] 메뉴를 선택합니다. '표 서식' 대화상자가 나타나면 [채우기] 탭을 클릭하여 배경색을 선택합니다.
- 배경을 지정할 셀을 선택하고 표 및 테두리 도구 모음의 '채우기 색(　)' 아이콘의 목록 단추를 클릭하여 원하는 색상을 선택합니다.

'시간표-1.ppt' 파일을 불러와 그림과 같이 셀의 배경색과 텍스트의 색상을 변경한 후, '시간표-2.ppt'로 저장해 보세요.

	월	화	수	목	금	토
1교시	영어	수학	국어	영어	국사	국어
2교시	과학	영어	수학	사회	영어	영어
3교시	사회	국어	영어	국어	사회	수학
4교시	도덕	기술	과학	수학	과학	음악
5교시	수학	과학	사회	미술	수학	
6교시		사회	체육			

시 간 표

05-4 | 셀 다루기

셀 병합과 셀 분할

표의 형태를 원하는 대로 변경하려면 표의 여러 셀을 합치거나 하나의 셀을 두 개 이상으로 분할하는 작업이 필요합니다. 셀의 병합과 셀의 분할 방법에 대해 알아봅시다.

셀 병합하기

여러 셀을 마우스로 드래그하여 선택한 후, 빠른 메뉴나 도구 모음을 사용하여 선택한 셀들을 하나의 셀로 병합할 수 있습니다.

- 빠른 메뉴를 실행하고 [셀 병합] 메뉴를 선택합니다.
- 표 및 테두리 도구 모음에서 '셀 병합[   ]' 아이콘을 클릭합니다.
- 표 및 테두리 도구 모음에서 [표]를 클릭하고 [셀 병합] 메뉴를 선택합니다.

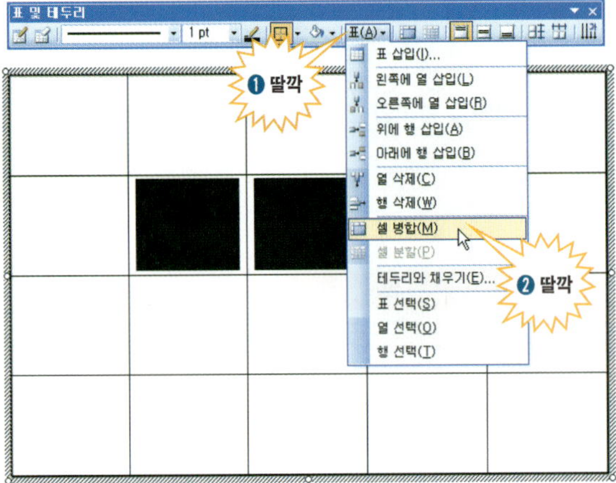

예제 폴더에서 '개발계획.ppt' 파일을 불러와 셀을 병합하여 표를 다음 그림과 같이 변경하고 '개발계획-1.ppt'로 저장해 보세요.

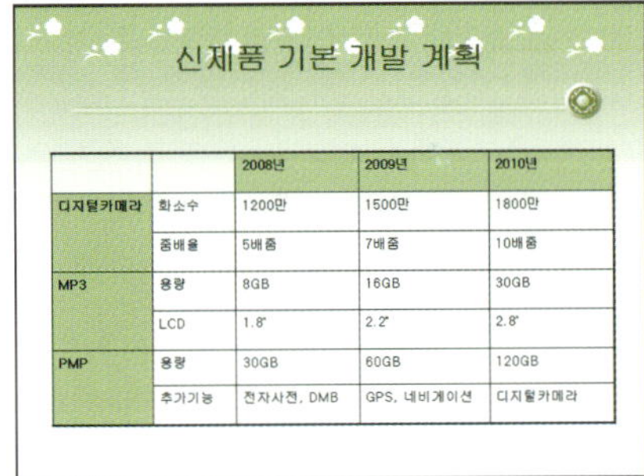

		2008년	2009년	2010년
디지털카메라	화소수	1200만	1500만	1800만
	줌배율	5배 줌	7배 줌	10배 줌
MP3	용량	8GB	16GB	30GB
	LCD	1.8"	2.2"	2.8"
PMP	용량	30GB	60GB	120GB
	추가기능	전자사전, DMB	GPS, 네비게이션	디지털카메라

셀 분할하기

'셀 분할'은 하나의 셀을 두 개 이상으로 나누는 것을 말하며 분할하고자 하는 셀에 커서를 두고 다음과 같은 방법을 사용하여 분할할 수 있습니다.

- 표 및 테두리 도구 모음에서 '셀 분할[　]' 아이콘을 클릭합니다.
- 표 및 테두리 도구 모음에서 '표'를 클릭하고 '셀 분할' 메뉴를 선택합니다.

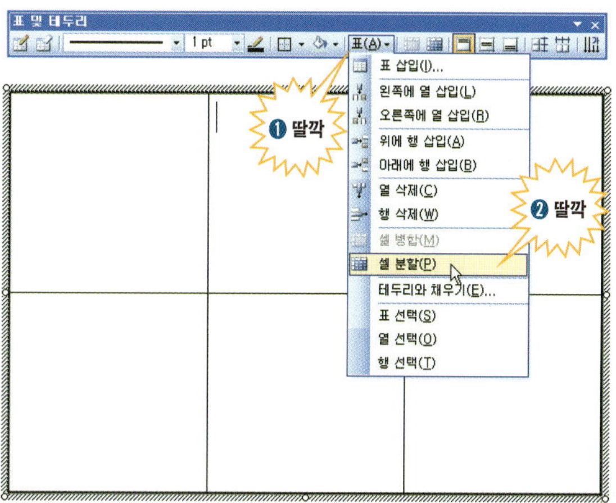

예제 폴더에서 '개발계획-1.ppt' 파일을 불러와 그림과 같이 셀을 분할하고 적절히 텍스트를 입력한 후, '개발계획-2.ppt'로 저장해 보세요. 셀의 구분선을 드래그하면 셀의 높이나 너비를 자유롭게 조절할 수 있습니다.

		2008년	2009년	2010년
디지털카메라	화소수	1200만	1500만	1800만
	줌배율	5배줌	7배줌	10배줌
MP3	용량 플래시형	8GB	16GB	30GB
	하드형	30GB	60GB	80GB
	LCD	1.8"	2.2"	2.8"
PMP	용량	30GB	60GB	120GB
	추가기능	전자사전, DMB	GPS, 네비게이션	디지털카메라

행 · 열의 삽입과 삭제

표를 편집하다가 행 또는 열이 추가로 필요하다면 표 및 테두리 도구 모음의 '표'를 클릭할 때 나타나는 메뉴에서 '행 삽입'이나 '열 삽입' 기능을 선택하여 간단히 행이나 열을 추가할 수 있습니다.

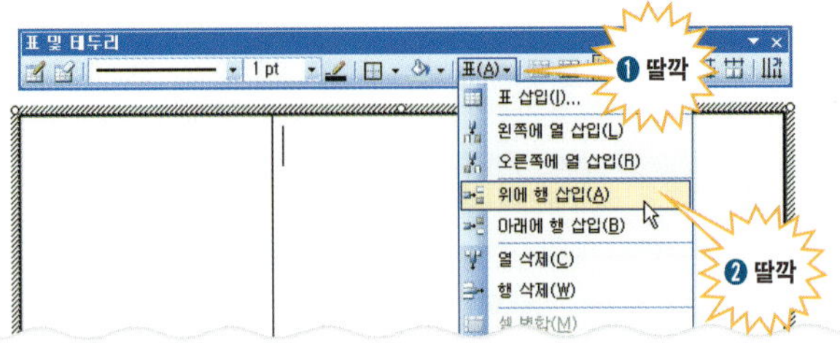

• 행 · 열 삽입 : 행이나 열을 삽입하는 메뉴는 모두 4개가 나타나는데 선택한 메뉴에 따라 행이나 열이 지정된 방향으로 삽입됩니다. 그림과 같은 표에서 중앙에 있는 셀을 선택하고 각 메뉴를 선택한 경우, 화살표가 가리키고 있는 방향으로 행이나 열이 삽입됩니다.

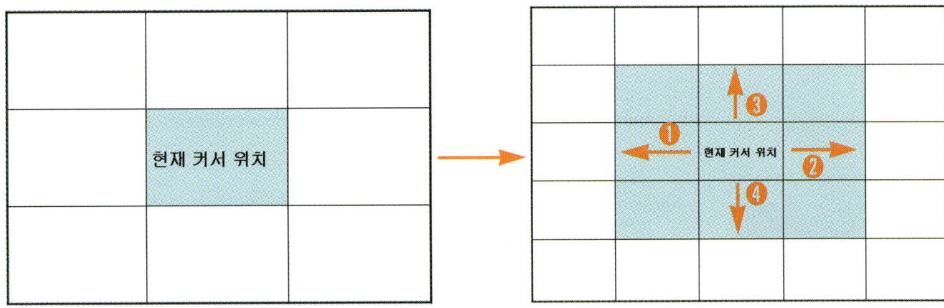

❶ 왼쪽에 열 삽입
❷ 오른쪽에 열 삽입
❸ 위에 행 삽입
❹ 아래에 행 삽입

• 행 · 열 삭제 : 커서가 위치한 셀과 동일한 위치에 있는 모든 행 또는 열을 삭제합니다.

'개발계획-2.ppt' 파일을 열고 다음과 같이 표에 행을 삽입한 후, 적절한 텍스트를 입력하고 새로운 파일로 저장해 보세요.

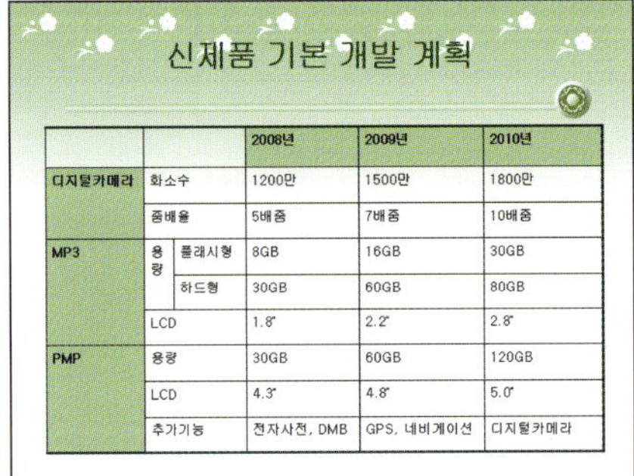

		2008년	2009년	2010년
디지털카메라	화소수	1200만	1500만	1800만
	줌배율	5배줌	7배줌	10배줌
MP3	용량 플래시형	8GB	16GB	30GB
	하드형	30GB	60GB	80GB
	LCD	1.8˝	2.2˝	2.8˝
PMP	용량	30GB	60GB	120GB
	LCD	4.3˝	4.8˝	5.0˝
	추가기능	전자사전, DMB	GPS, 네비게이션	디지털카메라

05-5 그리기 개체로 변환하기

• 클립아트와 마찬가지로 표도 그리기 개체로 변환한 후, 서식을 지정할 수 있습니다. 표를 그리기 개체로 변환하려면 표를 선택하고 빠른 메뉴를 실행하여 [그룹 해제] 메뉴를 선택합니다.

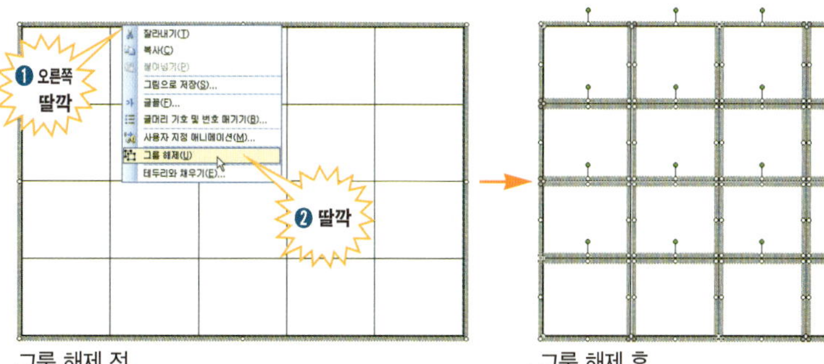

그룹 해제 전

그룹 해제 후

• 그룹을 해제하면 표가 가지고 있는 셀의 개수만큼 여러 개의 사각형과 테두리 선 등의 개체가 나타납니다. 이들을 각각 독립된 개체이므로 그리기 도구도 선 모양, 채우기 유형, 그림자 등을 설정할 수 있어 아래의 그림처럼 더욱 품격 있게 바꿀 수 있습니다.

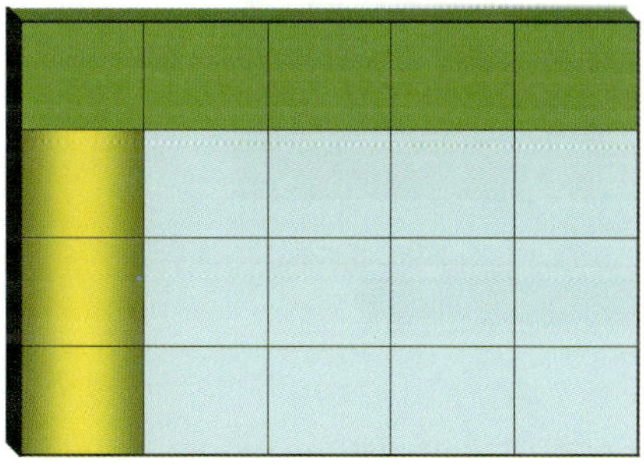

self test

앞서 만들어 저장했던 '시간표-2.ppt' 파일을 불러와 그룹을 해제한 다음, 그리기 도구 모음의 여러 도구들을 사용하여 그림과 같이 서식을 지정하고 '시간표-3.ppt'로 저장해 보세요.

시 간 표

	월	화	수	목	금	토
1교시	영어	수학	국어	영어	국사	국어
2교시	과학	영어	수학	사회	영어	영어
3교시	사회	국어	영어	국어	사회	수학
4교시	도덕	기술	과학	수학	과학	음악
5교시	수학	과학	사회	미술	수학	
6교시		사회	체육			

05-6 그리기 도구로 표 디자인하기

다소 번거로운 작업이 될 수 있지만 그리기 도구의 다양한 도형을 사용하여 표 형태로 만든다면 더욱 세련되고 가독성 있는 슬라이드를 만들 수 있습니다.

• 표는 데이터가 일정 형태로 정렬되어 있어 일목요연하게 보이기 때문에 전달 효과가 높은 슬라이드를 만들 수 있습니다. 따라서 그리기 도구의 다양한 도형을 사용하여 표 형태로 정렬하면 더욱 깔끔하면서도 보기 좋은 프레젠테이션 문서가 완성됩니다.

• 다음 그림은 그리기 도구 모음의 도형을 만들고 여러 개 복사하여 배열, 정렬한 예를 보여주고 있습니다.

• 이런 식으로 표를 만들면 부각시켜야 할 부분을 외부에 또 다른 도형을 사용하여 확대하여 보여주기에 청중들의 시선을 집중시킬 수 있습니다. 그만큼 성공적인 프레젠테이션을 완수할 수 있습니다.

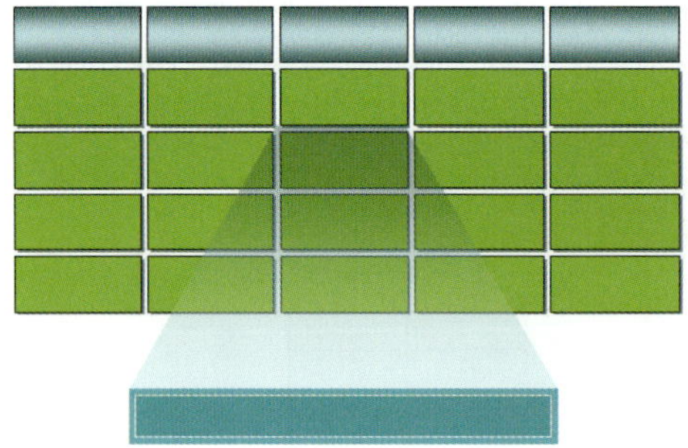

self test 표와 그리기 도구의 도형을 사용하여 다음 그림과 같은 슬라이드를 만들어 보세요. 각 상품별로 최고 매출을 기록한 달의 데이터를 도형을 사용하여 강조한 것입니다.

	1월	2월	3월	4월
A상품	2,368	1,983	2,378	2,349
B상품	1,087	2,209	2,090	1,993
C상품	3,011	3,118	3,002	3,114
D상품	2,765	2,886	2,505	2,454
E상품	1,098	1,150	1,204	1,145

현장 실습 · 비교 슬라이드 만들기

앞에서 잠시 예를 들어 보인 것처럼 표와 도형을 사용하여 특정 부분을 확대하여 강조하는 슬라이드들 만들어 봅시다.

표 만들기

슬라이드에 표를 삽입하고 위치와 크기를 조절해 봅시다.

1. 예제 폴더에서 '기업유치.ppt' 파일을 불러옵니다. 먼저 표를 만들기 위해 표준 도구 모음에서 '표삽입(⊞)' 아이콘을 클릭하고, 클릭한 상태에서 드래그하여 6행 3열의 셀이 나타나도록 합니다.

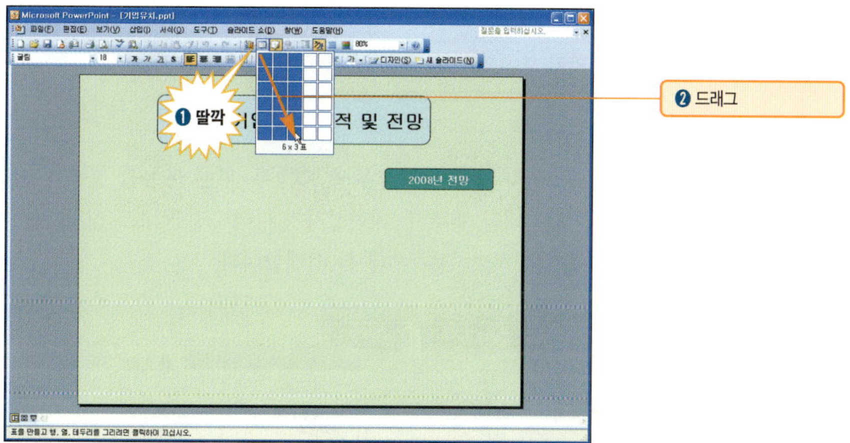

2. 마우스 버튼을 놓으면 슬라이드에 표가 삽입됩니다. 표의 위치와 크기를 그림과 같이 조절합니다.

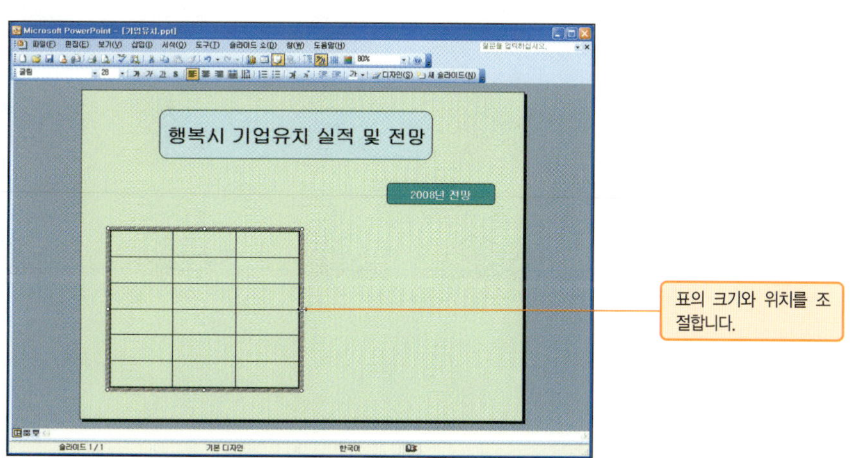

텍스트 입력과 텍스트 서식 지정하기

삽입된 표에 텍스트를 입력하고 서식을 지정하여 텍스트의 위치를 변경해 봅시다.

1. 표의 각 셀에 다음과 같이 기업의 업종 이름과 유치 실적 개수에 대한 텍스트를 입력한 후, 표 전체를 선택하고 글자 크기를 20pt, '굵게'를 선택합니다.

업종	2006년	2007년
섬유	12	15
기계	21	22
중공업	3	3
건설	4	6
화학	5	7

2. 표의 첫 번째 행을 모두 선택한 후, 빠른 메뉴를 실행하여 [테두리와 채우기]를 선택하여 '테두리와 채우기' 대화상자가 나타나면 [텍스트 상자] 탭에서 '텍스트 맞춤' 목록 단추를 클릭하고 '정가운데'를 선택합니다.

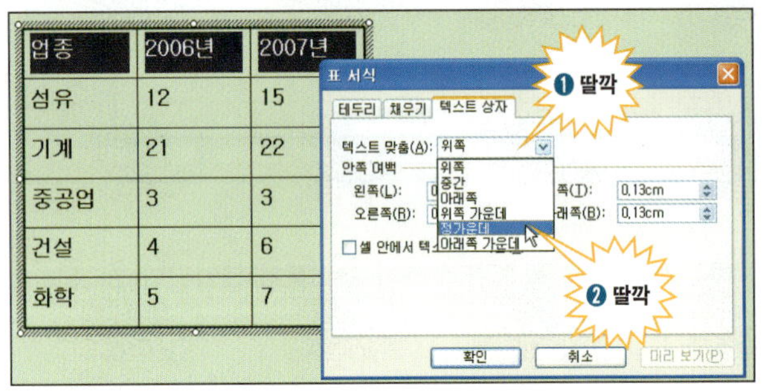

3. 이러한 방법으로 제목이 입력되어 있는 행을 제외한 첫 번째 열의 모든 텍스트는 '가
운데 맞춤'으로, 두 번째 열과 세 번째 열의 텍스트는 서식 도구 모음에서 '오른쪽 맞춤'
으로 각각 정렬하여 그림과 같이 나타나도록 합니다.

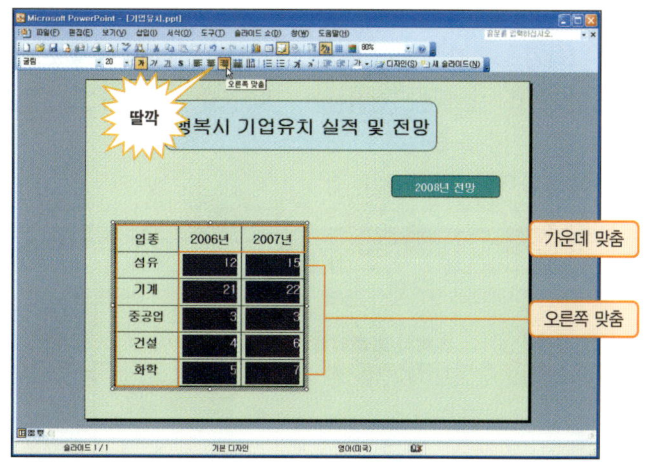

표 서식 지정하기

텍스트에 대한 작업을 마쳤으므로 표의 일부 셀 영역의 색상과 글자 색을 변경해 봅시다.

1. 표의 1열 전체 셀을 블록으로 지정하고 그리기 도구 모음의 '색 채우기' 아이콘을 클
릭하여 셀의 배경색을 빨간색으로, 글자 색은 흰색으로 변경합니다.

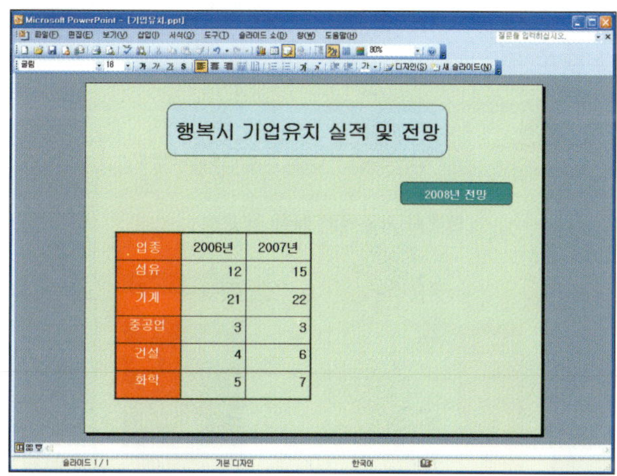

확대부분 도형 만들기

향후 실적 전망에 대한 부분은 도형을 만들고 여기에 텍스트를 입력함으로써 미적인 측면을 고려함과 동시에 강조되어 보이도록 해봅시다.

1. 그리기 도구 모음의 '도형' 을 클릭하고 메뉴에서 [기본 도형]→[빗면]을 선택합니다.

2. 슬라이드 내에서 드래그하여 그림과 같이 도형을 그린 후, 그리기 도구 모음의 '선 색' 목록 단추를 클릭하여 '선 없음' 을 선택합니다. 아울러, '채우기 색' 아이콘을 클릭하여 파란색을 지정합니다.

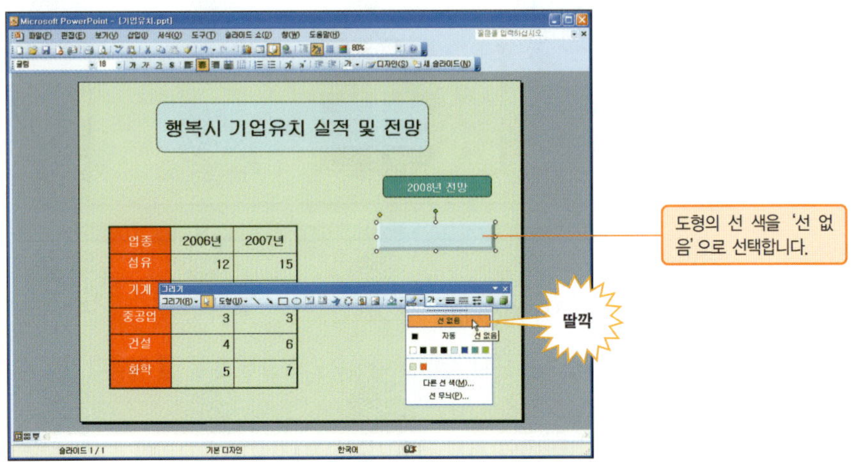

3. Ctrl 키와 Shift 키를 동시에 누른 상태에서 도형을 아래로 드래그하여 동일한 도형을 4개 더 추가합니다.

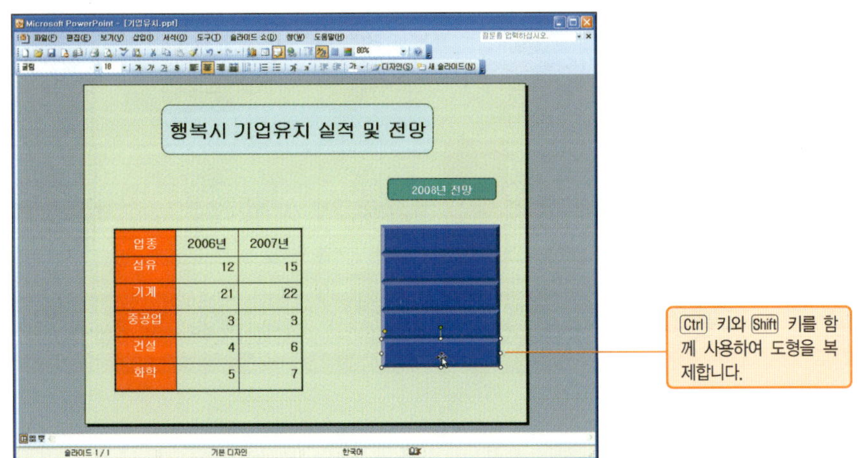

> ### Note
>
> **도형의 수직 복사**
>
> Ctrl 키를 누른 채로 개체를 드래그하면 개체가 복사되며 Shift 키를 누른 채로 드래그하면 개체가 수직으로 이동됩니다. 따라서 도형이 수직 방향으로 복사되어 나타나도록 하기 위해 Ctrl 키와 Shift 키를 함께 누른 상태에서 도형을 드래그해준 것입니다.

4. 복사되어 나타난 각 도형에 그림과 같이 적절한 데이터를 입력하고 텍스트의 글꼴 크기와 서식 등을 설정합니다. 그리고 개체가 따로 움직이지 않도록 도형을 모두 선택한 후, 빠른 메뉴에서 그룹으로 지정합니다.

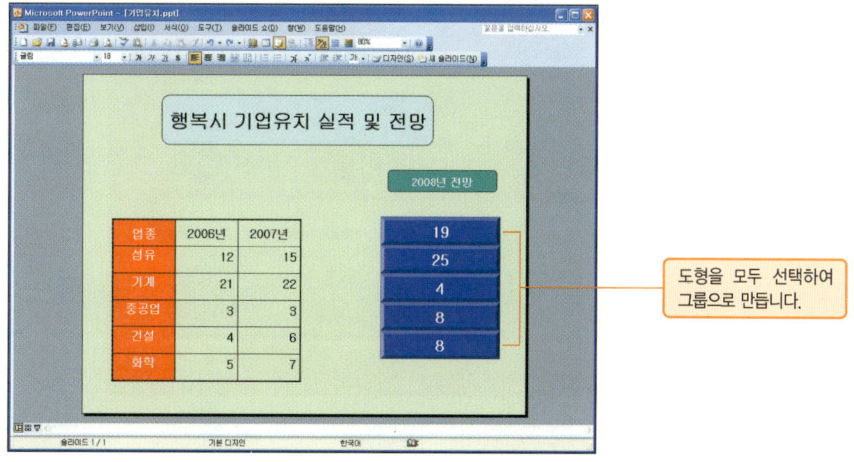

5. 그리기 도구 모음의 '도형' 을 클릭하고 [블록 화살표]→[오른쪽 화살표]를 선택하여 도형을 그린 후, 빠른 메뉴를 실행하여 '도형 서식' 을 선택합니다. '도형 서식' 대화상자가 나타나면 도형의 색과 투명도를 적절히 설정하여 표의 텍스트와 잘 어울려 나타나도록 합니다. 또한 그림을 참고하여 도형과 표의 크기와 위치도 적절히 조절하여 전체적으로 균형 잡힌 형태로 나타나도록 합니다.

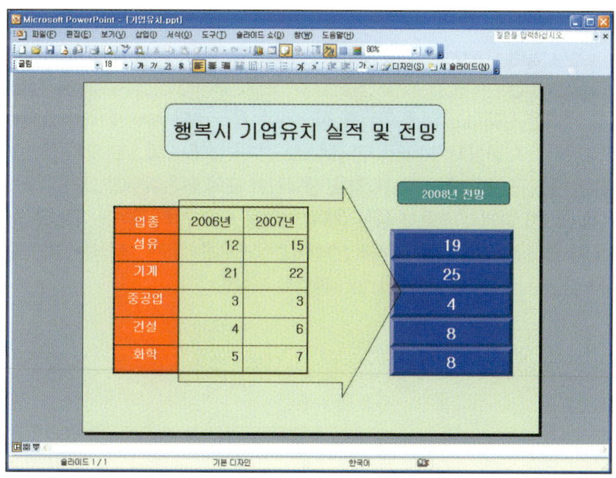

실무 활용 연습

EX 1

CPU 로드맵 표 슬라이드 만들기

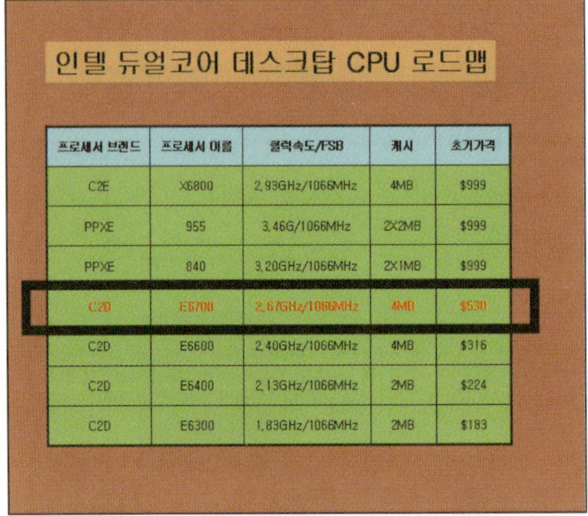

프로세서 브랜드	프로세서 이름	클럭속도/FSB	캐시	초기가격
C2E	X6800	2.93GHz/1066MHz	4MB	$999
PPXE	955	3.46G/1066MHz	2X2MB	$999
PPXE	840	3.20GHz/1066MHz	2X1MB	$999
C2D	E6700	2.67GHz/1066MHz	4MB	$530
C2D	E6600	2.40GHz/1066MHz	4MB	$316
C2D	E6400	2.13GHz/1066MHz	2MB	$224
C2D	E6300	1.83GHz/1066MHz	2MB	$183

❶ 슬라이드 레이아웃 작업창에서 '빈 화면'을, 슬라이드 디자인 작업창에서 '꽃 무늬' 디자인 서식을 차례로 클릭하여 적용합니다.

❷ 그리기 도구 모음에서 텍스트 상자 도구를 클릭하여 제목 상자를 만들고 그림과 같은 텍스트를 입력합니다.

❸ 제목 상자에 입력한 텍스트의 글꼴을 '굴림'으로, 크기를 '28'로, '굵게' 등으로 설정하고 텍스트 상자를 클릭하여 선택한 후, '텍스트 상자 서식' 대화상자를 열어 텍스트 상자의 색상과 투명도(40%)를 설정합니다.

❹ 표준 도구 모음에서 '표 삽입' 도구를 클릭하여 8행 5열의 표를 삽입합니다.

❺ 그림과 같은 텍스트를 입력하고 표 개체를 선택한 후, 글꼴을 '굴림'으로, 크기를 '12'로 설정합니다.

❻ 1행 전체 셀을 선택하고 그리기 도구 모음의 '채우기 색' 도구로 셀의 바탕 색상을 변경합니다.

❼ 1행 전체 셀이 선택된 상태에서 표준 도구 모음의 '굵기' 도구를 클릭합니다.

❽ 나머지 셀에 대해서도 바탕색을 지정하고 텍스트가 두 줄에 걸쳐 나타나지 않도록 셀의 간격 등을 잘 조절합니다.

❾ 표 개체를 선택하고 빠른 메뉴를 실행하여 '테두리와 채우기' 메뉴를 선택합니다.

❿ '표 서식' 대화상자가 나타나면 [**텍스트 상자**] 탭에서 텍스트 맞춤 옵션을 '정 가운데'로 지정합니다.

⓫ 그리기 도구 모음에서 직사각형을 선택하여 표의 5행 주위에 그리고 '도형 서식' 대화상자를 엽니다.

⓬ [**색 및 선**] 탭에서 채우기 색은 '채우기 없음'으로 선의 두께는 10pt로 설정합니다.

⓭ 도형 안에 보이는 셀을 전체를 선택하고 텍스트를 '굵게', 색상은 빨간색으로 변경합니다.

⓮ 완성된 문서를 'CPU로드맵.ppt' 파일로 저장합니다.

차트 슬라이드의 제작과 편집

표와 함께 차트는 슬라이드의 내용을 일목요연하게 보여줄 수 있는 중요한 요소입니다. 특히 차트는 수치 데이터를 그래프 형식으로 표현함으로 보는 이가 쉽게 파악할 수 있도록 해주기 때문에 전달력이 배가됩니다. 파워포인트에서는 다양한 차트를 손쉽게 삽입할 수 있으며 데이터와 연동되기 때문에 원본 데이터 값이 변하면 차트에 표시되는 데이터 값도 즉시 변경됩니다. 이번 장에서는 슬라이드에 차트를 삽입하고, 차트를 편집하는 여러 방법에 대해 알아봅시다.

06-1   파워포인트의 차트 살펴보기
06-2   차트 만들기
06-3   차트 개체의 서식 지정하기
06-4   차트의 변경과 차트 옵션 설정하기
현장 실습   실적률 분석 차트 슬라이드 만들기
실무 활용 연습

실습 예제 미리보기   실적률 분석 차트 슬라이드 만들기

제품별 실적률 분석 데이터로 차트를 만들고 슬라이드에 삽입한 다음 편집해 보도록 합시다.

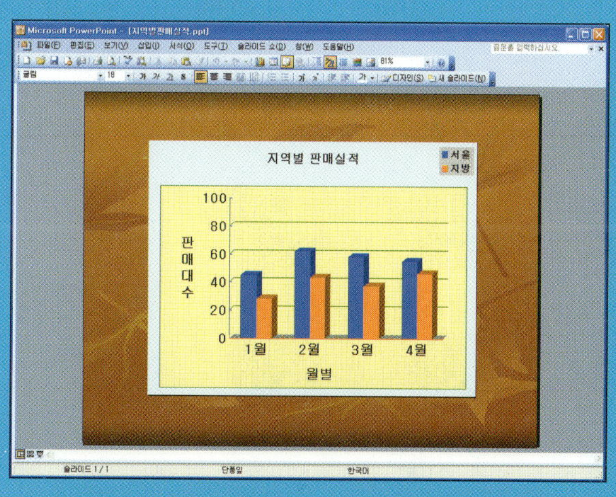

06-1 파워포인트의 차트 살펴보기

차트는 메뉴나 도구 모음의 도구를 사용하여 슬라이드에 삽입할 수 있으며 슬라이드 레이아웃 작업창을 통해 삽입할 수도 있습니다.

차트 삽입하기

- 메뉴 : [삽입]→[차트] 메뉴를 선택합니다.
- 도구 모음 : 표준 도구 모음에서 [차트 삽입] 도구를 클릭합니다.
- 슬라이드 레이아웃 작업창에서 [제목 및 차트] 레이아웃을 클릭한 후, 슬라이드 창에 삽입된 차트 개체 틀을 더블클릭합니다.

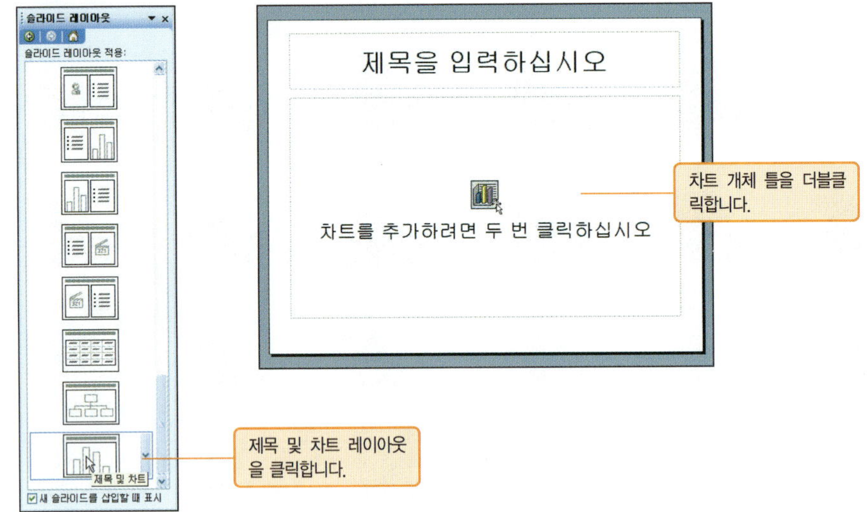

차트 편집 화면

차트가 삽입되면 슬라이드 편집 화면이 차트 편집 화면으로 전환되고 도구 모음의 도구들도 다르게 나타납니다. 아울러 차트와 함께 데이터 값을 표시하는 데이터시트도 나타납니다.

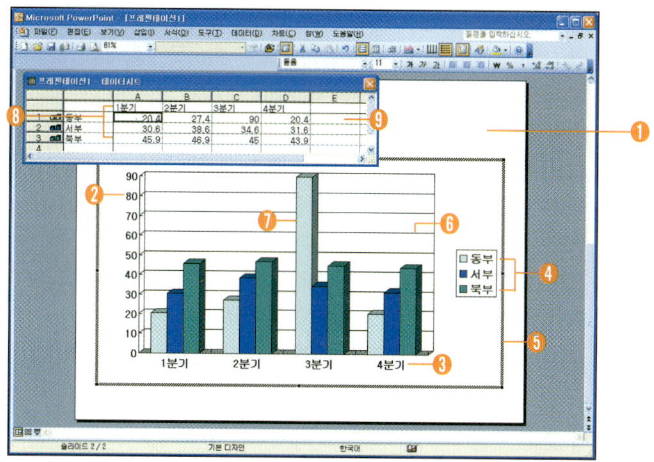

❶ **차트 영역** : 차트를 구성하고 있는 전체 영역입니다.

❷ **값 축** : Y축의 데이터 값을 표시합니다.

❸ **항목 축** : X축의 데이터 값을 표시합니다.

❹ **범례** : 데이터 계열의 이름을 표시합니다.

❺ **그림 영역** : 선과 막대 등, 그림 요소가 존재하는 영역입니다.

❻ **눈금선** : 일정 간격으로 데이터 값을 선으로 표시합니다.

❼ **데이터 계열** : 데이터 값을 표시하는 그래프입니다.

❽ **데이터 값** : 데이터의 실제 값을 표시합니다.

❾ **데이터시트** : 그래프에 사용할 데이터를 입력하는 곳입니다. 엑셀의 데이터시트와 비슷하여 사용빙법 또한 유사합니다. 데이터시트의 네이너 값은 자트에 바로 적용됩니다.

차트 도구 모음

차트 편집 화면으로 전환되면 표준 도구 모음과 서식 도구 모음을 통해 차트 편집에 사용하는 다양한 도구들이 나타납니다.

표준 도구 모음

❶ **차트 개체** : 차트를 구성하는 요소들을 목록 버튼을 클릭하여 선택합니다.

❷ **서식** : 선택한 구성 요소의 서식을 지정할 수 있는 대화상자를 실행합니다.

❸ **파일 가져오기** : 차트를 만들기 위한 엑셀 파일을 불러옵니다.

❹ **데이터시트 보기** : 데이터시트 창을 열거나 닫습니다.

❺ **잘라내기** : 데이터시트에서 선택한 셀을 잘라냅니다.

❻ **복사** : 데이터시트에서 선택한 셀을 복사합니다.

❼ **붙여넣기** : 데이터시트에서 잘라내거나 복사해준 셀을 붙여 넣습니다.

❽ **실행 취소** : 가장 최근에 작업한 내용의 실행을 취소하여 이전 상태로 되돌립니다.

⑩ **행** : 데이터시트의 첫 번째 행에 입력된 항목을 X축에 나타냅니다.

⑪ **열** : 데이터시트의 첫 번째 열에 입력된 항목을 Y축에 나타냅니다.

⑫ **데이터 테이블** : 차트 아래에 데이터시트처럼 셀로 구성된 데이터 테이블을 나타냅니다.

⑬ **차트 종류** : 목록 버튼을 클릭하여 현재 차트의 형태를 변경합니다.

⑭ **항목 축 및 눈금선** : 차트에 항목 축 눈금선을 표시합니다.

⑮ **값 축 눈금선** : 차트에 값 축 눈금선을 표시합니다.

⑯ **범례** : 차트에 범례를 표시합니다.

⑰ **그리기** : 차트 편집 화면에 그리기 도구가 나타나도록 합니다.

⑱ **채우기 색** : 차트 구성 요소의 채우기 색을 지정합니다.

⑲ **Microsoft Graph 도움말** : MS 그래프와 관련된 도움말 작업창을 엽니다.

서식 도구 모음

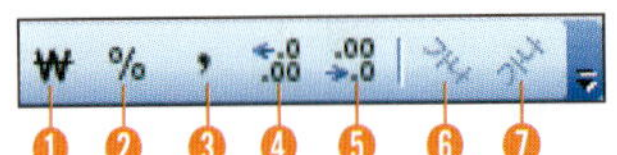

① **통화** : 데이터 레이블의 숫자를 통화 기호로 표시합니다.

② **백분율 스타일** : 데이터 레이블을 백분율로 환산하여 % 기호로 표시합니다.

③ **쉼표 스타일** : 데이터 레이블의 값에 천 단위 마다 쉼표를 표시합니다.

④ **자릿수 늘림** : 데이터의 소수점 아래 자릿수를 하나씩 늘립니다.

⑤ **자릿수 줄임** : 데이터의 수소점 아래 자릿수를 하나씩 줄이고 반올림 적용합니다.

⑥ **시계 방향 각도** : 선택한 텍스트를 시계 방향으로 회전시킵니다.

⑦ **시계 방향 반대 각도** : 선택한 텍스트를 시계 반대 방향으로 회전시킵니다.

06-2 차트 만들기

슬라이드에 삽입된 차트에 데이터를 입력하고 차트를 이동하거나 크기를 조절하는 방법
에 대해 알아봅시다.

자료 입력

차트로 나타낼 데이터는 데이터시트에서 입력합니다. 데이터시트에는 차트의 범례에 사
용될 계열의 이름과 X축의 항목 이름을 먼저 입력합니다.

① 범례에 사용할 데이터 계열의 이름을 입력합니다.
② X축의 항목 이름을 입력합니다.
③ 데이터 계열로 나타날 데이터 값을 입력합니다.

다음 데이터를 사용하여 그림처럼 차트를 만들고 '차트연습.ppt' 파일로 저장해 보세요.

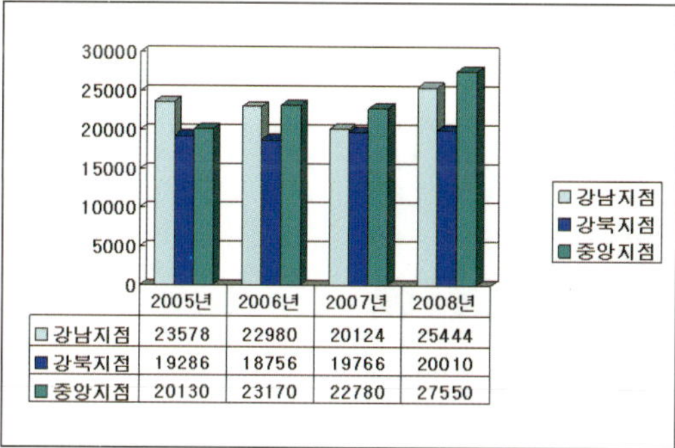

> **Note**
>
> **기준 '행/열' 변경**
> 차트 도구 모음의 '행' 또는
> '열' 아이콘을 클릭하면 데이터
> 시트의 범례 위치를 변경할 수
> 있습니다.
>
> 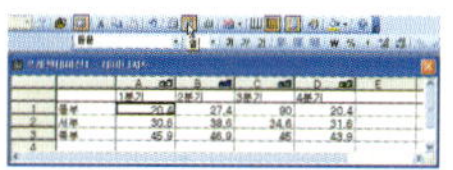

self test

차트의 이동과 크기 조절

차트 이동

차트는 슬라이드 편집 화면과 차트 편집 화면에서 이동 방법이 각각 다릅니다.

• **슬라이드 편집 화면에서 차트 이동** : 차트 편집 화면에서 차트의 바깥쪽 영역을 클릭하여 슬라이드 편집 화면으로 전환한 후, 차트 영역 위에서 마우스로 드래그합니다.
• **차트 편집 화면에서 차트 이동** : 차트 영역의 테두리에 마우스 포인터를 두고 마우스로 드래그합니다.

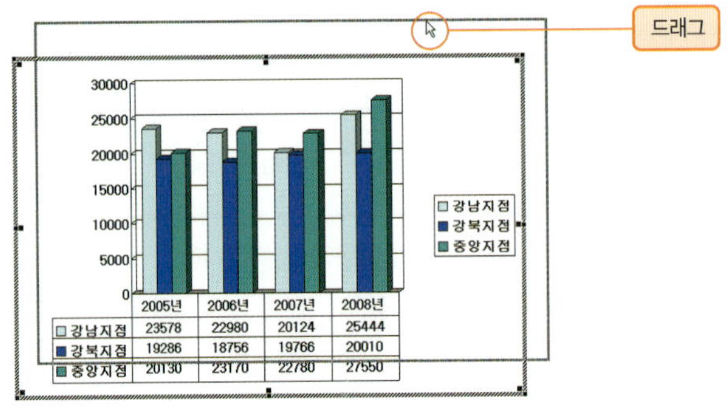

차트 크기 조절

• 슬라이드 편집 화면에서 차트를 선택하거나 더블클릭하면 차트 주변에 조절점이 만들어지며, 조절점을 드래그하면 크기를 조절할 수 있습니다.
• 차트를 더블클릭하고 그림 영역을 선택하여 조절점을 드래그하면 그림 영역의 크기를 조절할 수 있습니다.

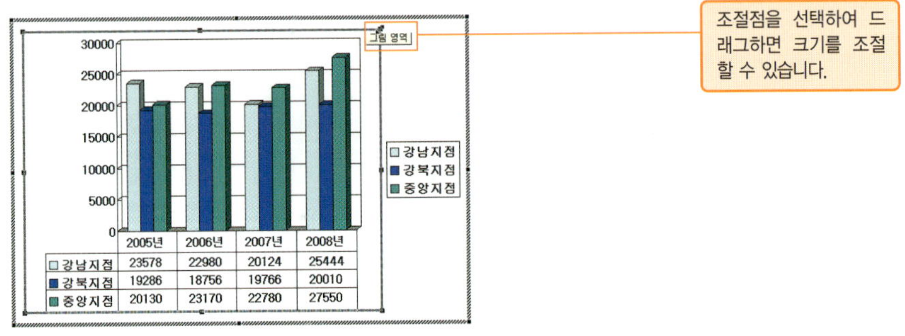

차트 메뉴

차트 편집 화면의 메뉴 표시줄에서 [차트] 메뉴를 클릭하면 차트 종류, 차트 옵션, 추세선 추가, 3차원 보기 등의 4가지 메뉴가 나타납니다. 추세선 추가를 제외한 3가지 메뉴는 사용 방법을 충분히 숙지해두어야 합니다.

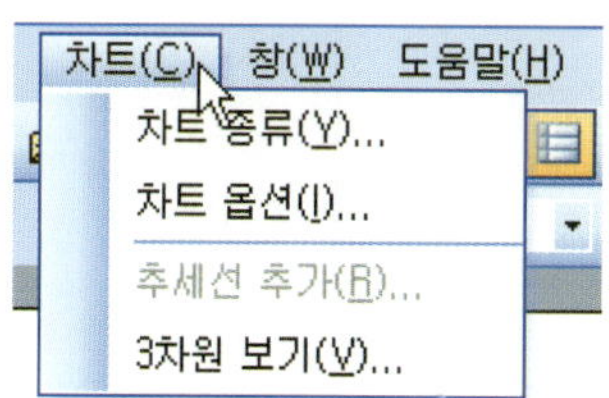

• **차트 종류** : 다양한 형태의 차트가 유형별로 나타납니다. 원하는 유형을 선택하여 차트를 간단히 변경할 수 있습니다.

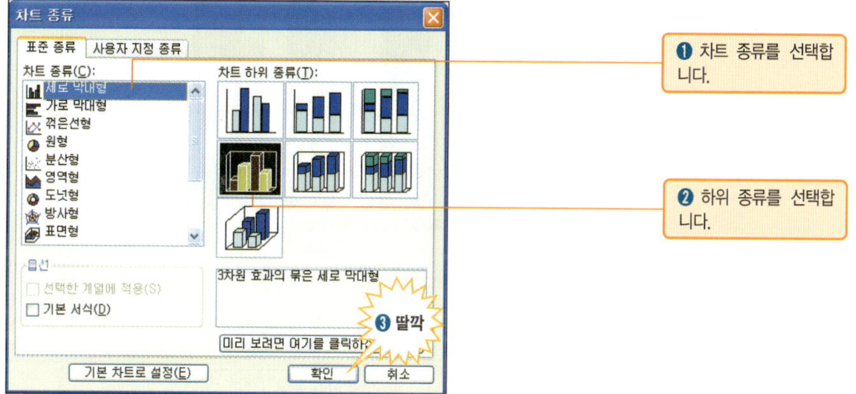

• **차트 옵션** : 차트의 제목, 축 제목, 축 서식, 눈금선, 범례, 데이터 레이블과 데이터 테이블 등, 6개의 탭을 통해 차트를 다양하게 편집할 수 있습니다.

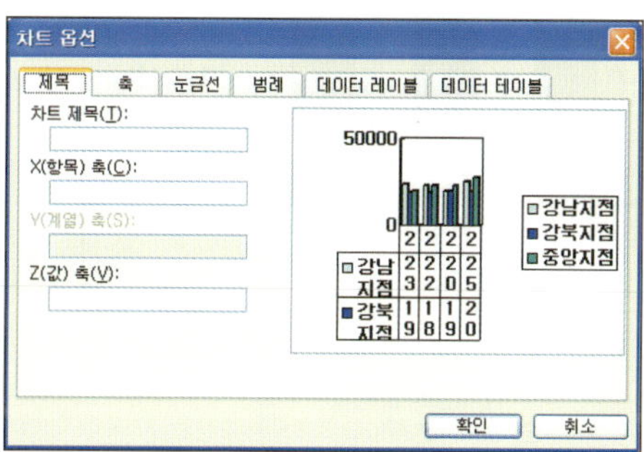

• 3차원 보기 : 3차원 그래프를 상하좌우로 회전하고 회전각도 등을 조절할 수 있습니다.

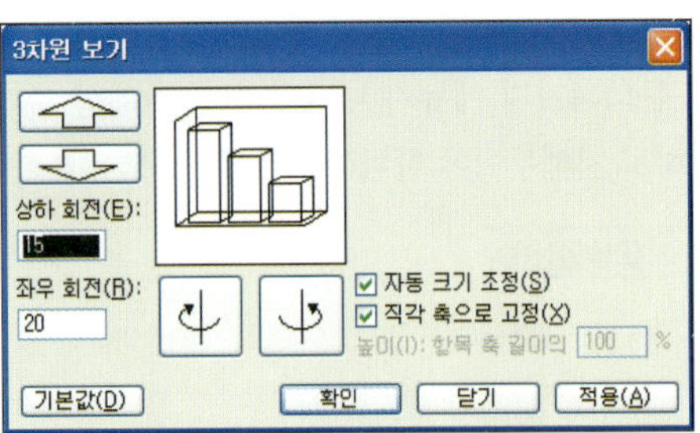

[차트 종류] 메뉴를 사용하여 차트의 종류를 3차원 효과의 묶은 세로 막대형으로 변경해 보세요.

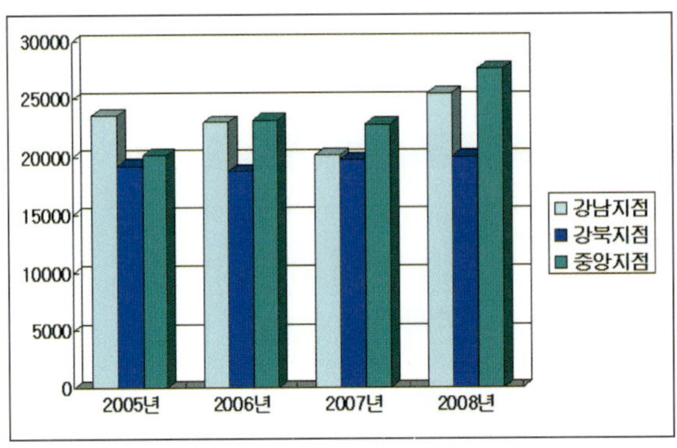

[차트 옵션] 메뉴를 사용하여 차트 제목과 축 제목이 나타나도록 수정해 보세요.

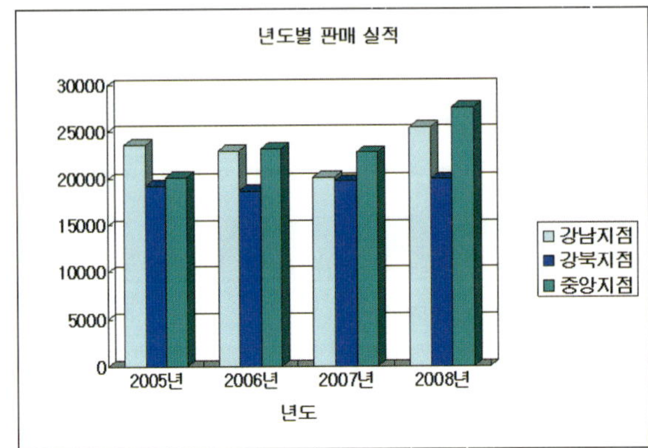

[차트 옵션] 메뉴를 사용하여 그림과 같이 값에 대한 데이터 레이블이 나타나도록 수정해 보세요.

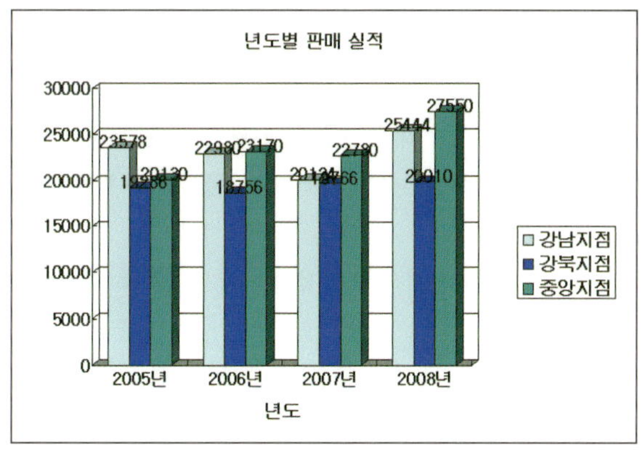

[3차원 보기] 메뉴를 사용하여 그림과 같이 차트의 각도를 변경해 보세요.

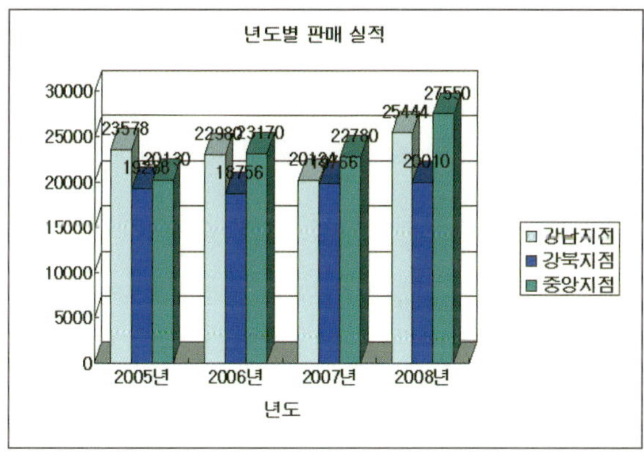

06-3 | 차트 개체의 서식 지정하기

서식 지정 방법

차트 개체의 서식은 각각 해당 개체의 서식 지정을 위한 대화상자를 사용해서 지정할 수 있으며 다음과 같은 방법으로 서식 대화상자를 열 수 있습니다.

- **서식 도구 모음 사용** : 서식을 설정할 개체를 선택하고 서식 도구 모음에서 글꼴과 글자 크기 등을 설정합니다.
- **빠른 메뉴 사용** : 서식을 설정할 개체의 빠른 메뉴를 실행하고 해당 개체에 대한 [서식] 메뉴를 선택합니다. 개체의 종류에 따라 서식 대화상자는 다른 내용을 가지고 있습니다.
- **차트 도구 모음 사용** : 서식을 설정할 개체를 선택하고, 차트 도구 모음의 아이콘을 클릭합니다.
- **더블클릭** : 서식을 설정할 개체를 더블클릭합니다.

글꼴 서식 설정

차트의 제목이나 축 제목, 축의 레이블 및 값, 범례에 대한 글꼴, 글자 크기, 글자 색 등을 설정합니다.

Note

차트의 구성 요소 선택

차트의 각 구성 요소는 차트 안에서 해당 개체를 클릭하면 선택되지만 차트 개체 도구에서 선택하는 것이 실수로 다른 개체를 선택하는 오류를 방지할 수 있습니다.

따라하기 ▶

■ 차트 제목 서식 지정하기

1. 슬라이드에 삽입된 차트를 더블클릭하여 차트 편집 화면으로 전환합니다.

2. 차트의 제목 위에서 마우스 오른쪽 단추를 눌러 빠른 메뉴를 실행하고 [차트 제목 서식] 메뉴를 선택합니다.

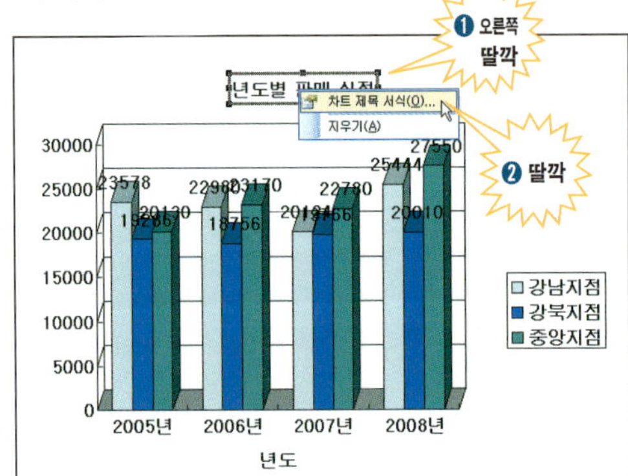

3. '차트 제목 서식' 대화상자가 나타납니다. [글꼴] 탭에서 글꼴과 글꼴 스타일, 크기, 색 등을 설정하고 〈확인〉 버튼을 클릭합니다.

서식 대화상자를 보면 기본적으로 '자동 크기 조절' 항목이 선택되어 있는데, 이 상태에서 차트 크기를 조절하면 이에 따라 글자 크기도 자동으로 변경되므로 사용자가 지정한 서식이 적용되지 않게 됩니다. 선택 상태인 '자동 크기 조절' 항목을 클릭하여 선택이 해제된 상태로 변경합니다.

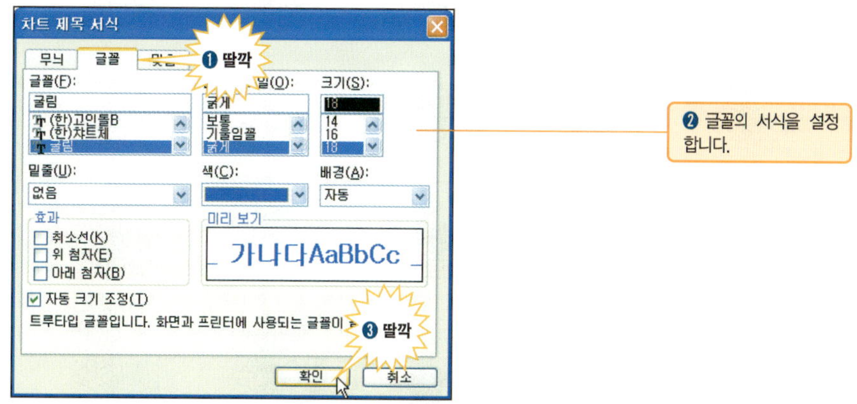

❷ 글꼴의 서식을 설정합니다.

4. 설정한 글꼴 서식이 차트의 제목에 적용되어 나타납니다.

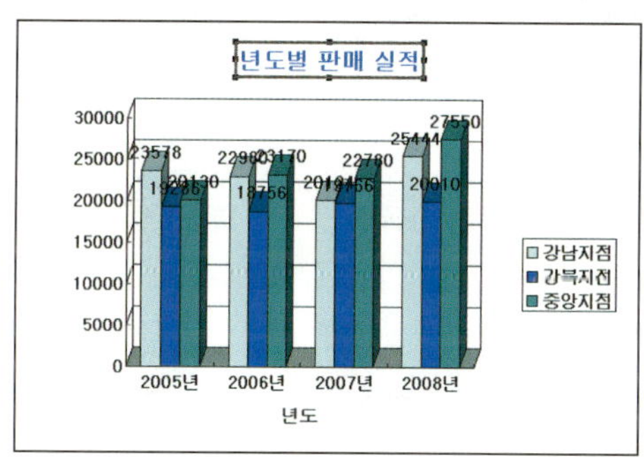

축 서식과 범례에 대해서도 앞의 방법을 사용하여 글꼴 서식을 변경해 보세요.

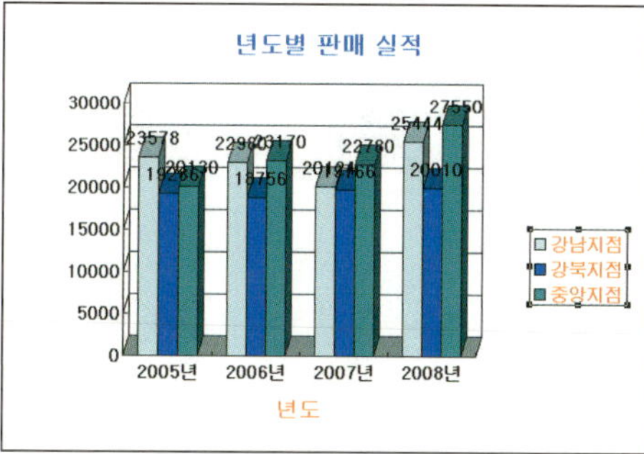

무늬 서식 설정

무늬 서식은 차트의 배경에 대한 서식으로서 [차트 영역 서식] 메뉴를 선택하여 서식을
변경할 수 있습니다.

■ **차트 영역 배경 변경하기**

1. 차트 전체의 배경에 대한 서식을 변경하기 위하여 차트 영역 위에서 빠른 메뉴를 실행
하고 [차트 영역 서식] 메뉴를 선택합니다.

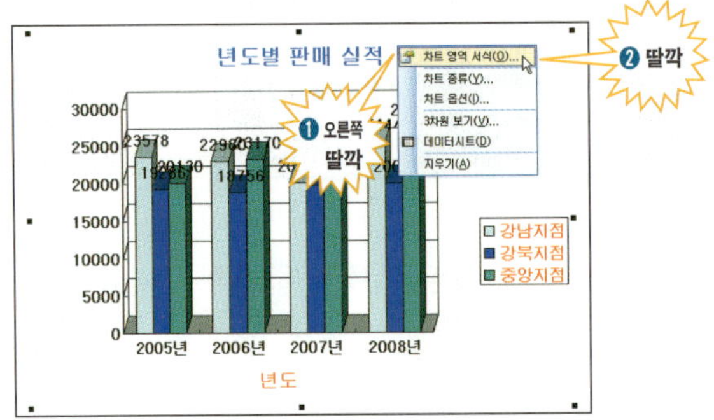

2. '차트 영역 서식' 대화상자가 나타납니다. [무늬] 탭에서 테두리 스타일과 배경 색 또
는 채우기 효과를 선택하고 영역의 '채우기 효과' 버튼을 클릭하여 그라데이션 효과를
적용한 다음, 〈확인〉 버튼을 클릭합니다.

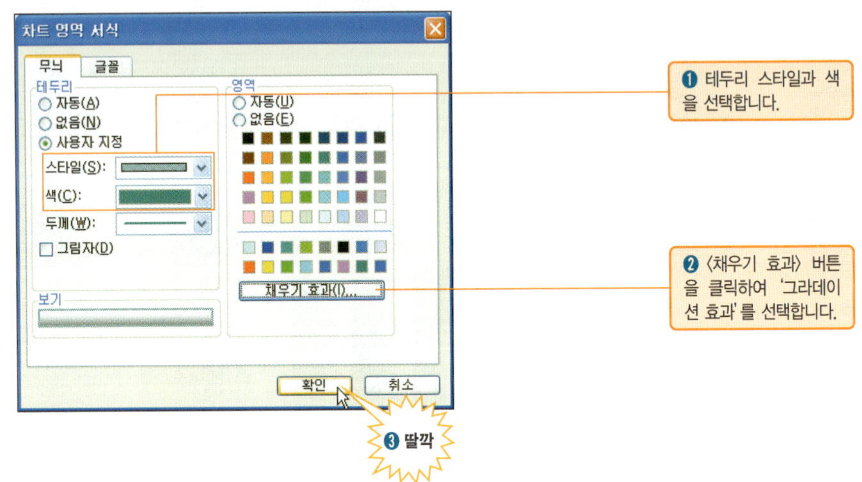

3. 차트 영역에 지정한 서식의 배경과 테두리 모양이 적용되어 나타납니다.

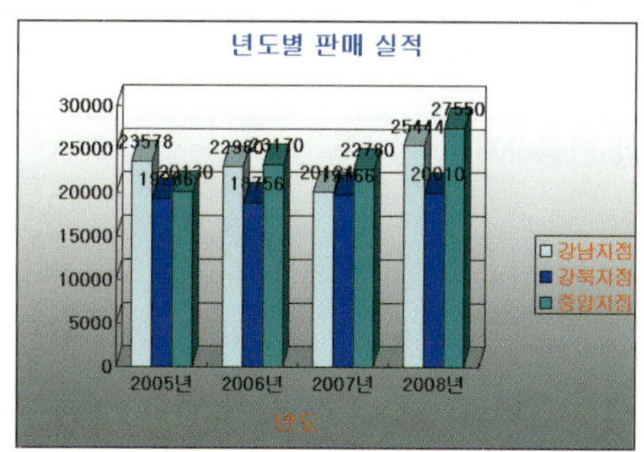

차트 제목과 그림 영역, 범례의 배경 서식 등을 다음 그림과 같이 설정해 보세요.

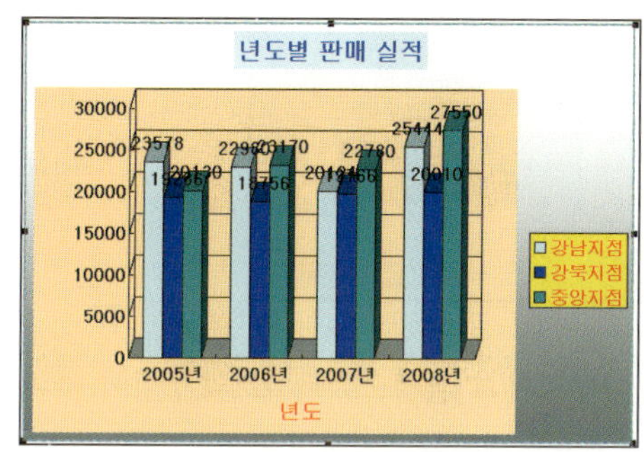

데이터 계열을 표시하는 막대의 색상을 다음과 같이 변경해 보세요.

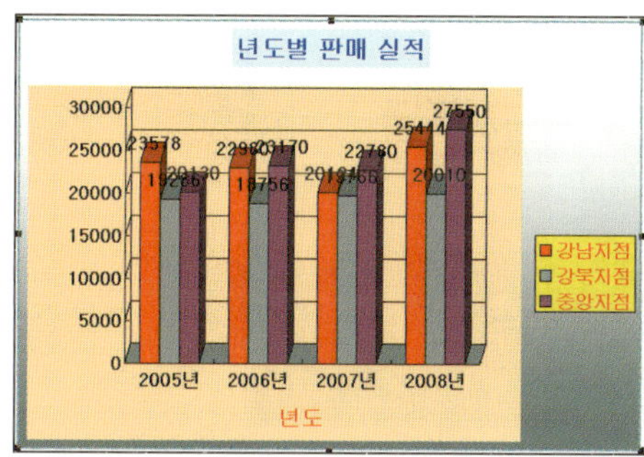

맞춤 서식 설정

맞춤 서식에서는 차트의 텍스트 맞춤 위치와 텍스트 방향 등을 설정합니다.

■ 축 제목의 방향 변경하기

1. [차트]→[차트 종류] 메뉴를 선택하여 차트 종류를 '묶은 세로 막대형'으로 바꾸고 [차트]→[차트 옵션] 메뉴를 선택하여 [제목] 탭에 Y(값) 축에 대한 제목을 입력한 후, 〈확인〉 버튼을 클릭합니다.

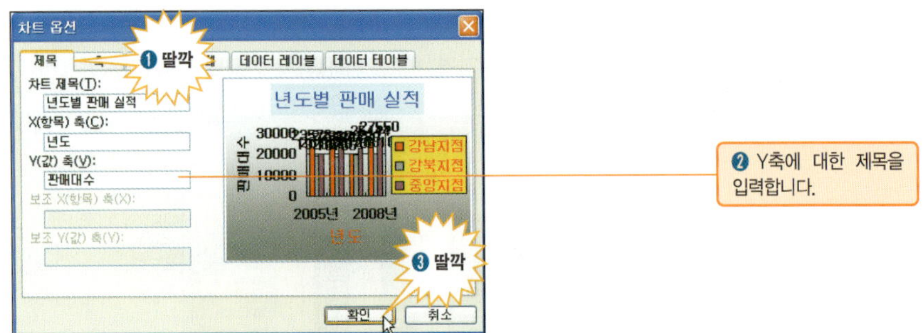

2. Y축의 제목이 나탑니다. 기본적으로 텍스트의 방향이 세로로 되어 있습니다. Y축 제목 위에서 마우스 오른쪽 버튼을 클릭하여 빠른 메뉴를 실행하고 [축 제목 서식] 메뉴를 선택합니다.

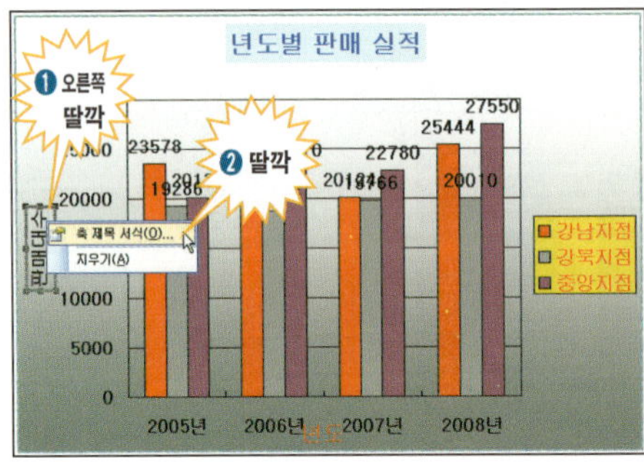

3. '축 제목 서식' 대화상자가 나타나면 [맞춤] 탭에서 가로 방향을 선택한 후, 〈확인〉 버튼을 클릭합니다.

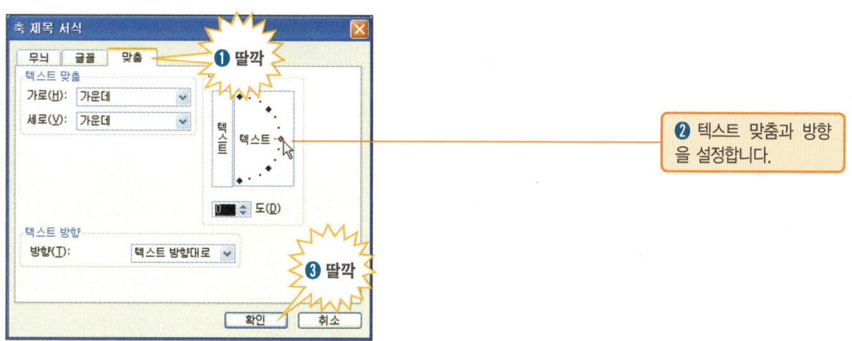

4. 텍스트의 방향이 가로로 바뀌어 나타납니다. 방향이 바뀌면 축 제목이 다른 개체와 겹칠 수 있으므로 드래그하여 적절한 곳으로 위치를 이동해 줍니다.

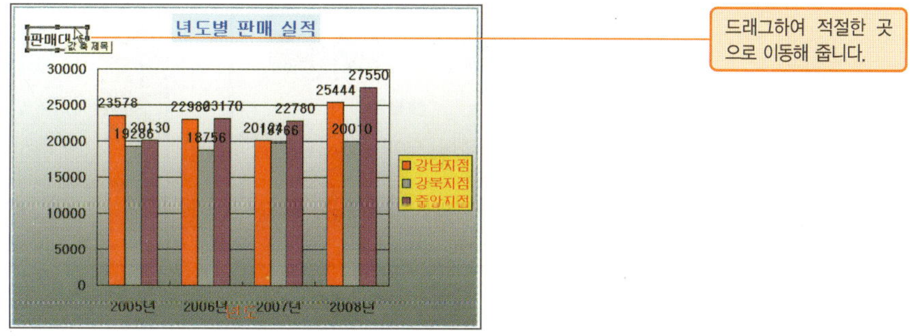

드래그하여 적절한 곳으로 이동해 줍니다.

범례 위치 설정
범례 위에서 빠른 메뉴를 실행하고 [범례 서식] 메뉴를 선택하면 '범례 서식' 대화상자가 나타나며 [배치] 탭에서 범례의 위치에 내한 여러 옵션을 실정할 수 있습니다.

06-4 차트의 변경과 차트 옵션 설정하기

차트 종류 변경

- 메뉴 : 차트 편집 화면에서 [차트]→[차트 종류] 메뉴를 선택합니다.
- 빠른 메뉴 : 차트 영역 위에서 마우스 오른쪽 버튼을 클릭하고 빠른 메뉴에서 [차트 종류] 메뉴를 선택합니다.

위의 방법 중 하나를 사용하여 '차트 종류' 대화상자가 나타나면 원하는 차트 유형을 선택합니다. 변경될 차트 모양을 미리 확인할 수도 있습니다. 차트 종류가 변경되어도 차트에 적용되어 있던 기존 서식은 그대로 유지됩니다.

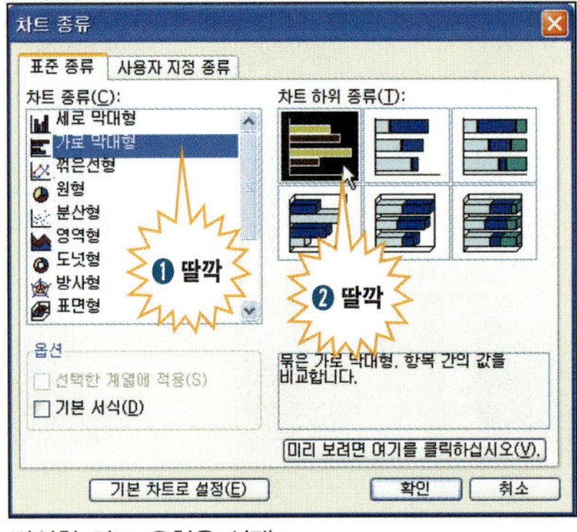

변경할 차트 유형을 선택

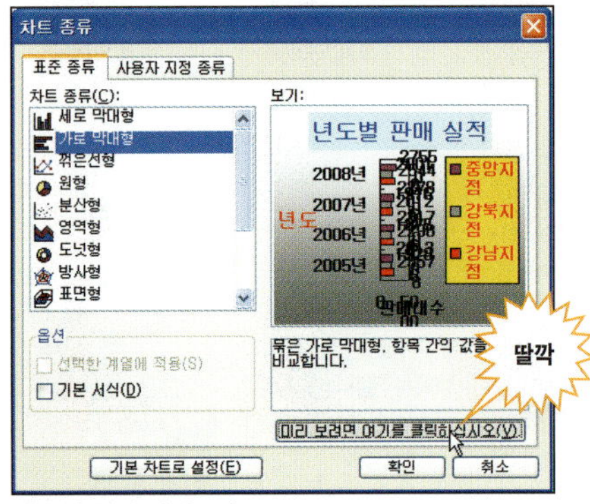

차트의 상태 미리보기

그림과 같이 차트를 "3차원 효과의 100% 기준 누적 세로 막대형"으로 변경해 보세요.

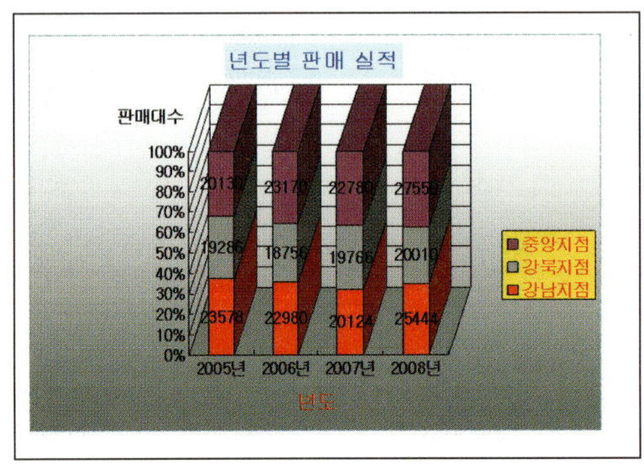

차트 옵션 설정

차트 옵션 대화상자에서는 여러 탭을 통해 차트를 구성하는 각각의 요소를 수정할 수 있습니다. 차트 옵션 대화상자는 다음과 같은 방법으로 열 수 있습니다.

- 메뉴 : [차트]→[차트 옵션] 메뉴를 선택합니다.
- 빠른 메뉴 : 차트 영역에서 빠른 메뉴를 실행하고 [차트 옵션] 메뉴를 선택합니다.

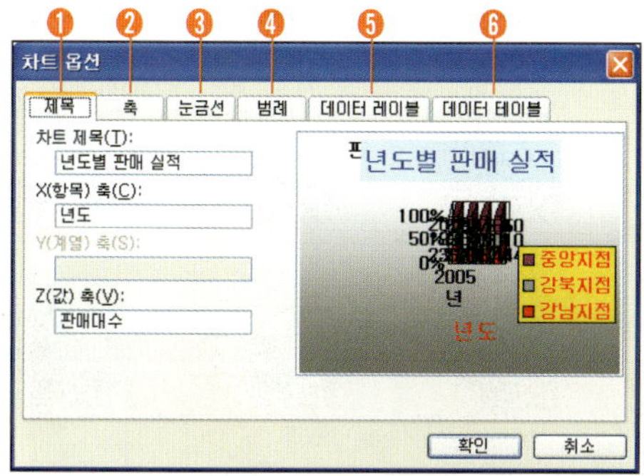

❶ **제목** : 차트의 제목과 X, Y축의 제목 등을 입력하거나 수정합니다.

❷ **축** : 차트에 나타날 축을 선택합니다.

❸ **눈금선** : 눈금선에 나타나는 표시할 주·보조 눈금선에 대한 세밀한 설정을 할 수 있습니다.

❹ **범례** : 범례의 표시 여부와 범례 위치 등을 지정합니다.

❺ **데이터 레이블** : 차트의 데이터 계열에 데이터 값이 표시될 것인지의 여부를 선택합니다.

❻ **데이터 레이블** : 데이터시트의 데이터 값을 테이블 형태로 차트 아래에 나타나게 합니다.

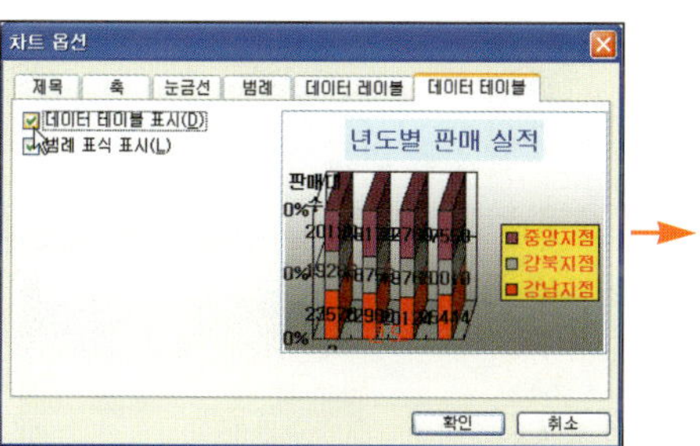 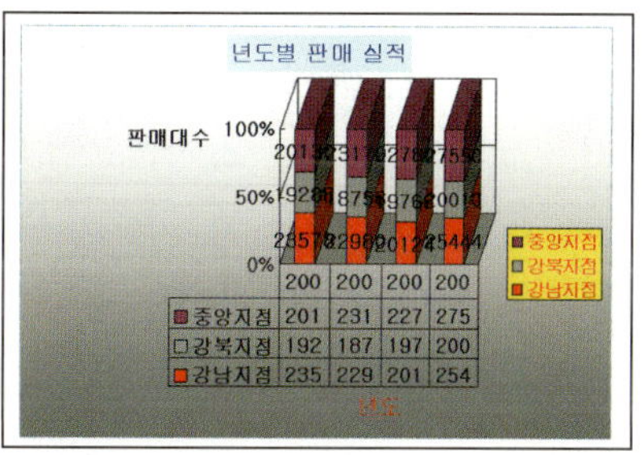

그림과 같이 차트 아래에 데이터 테이블이 나타나도록 해보세요.

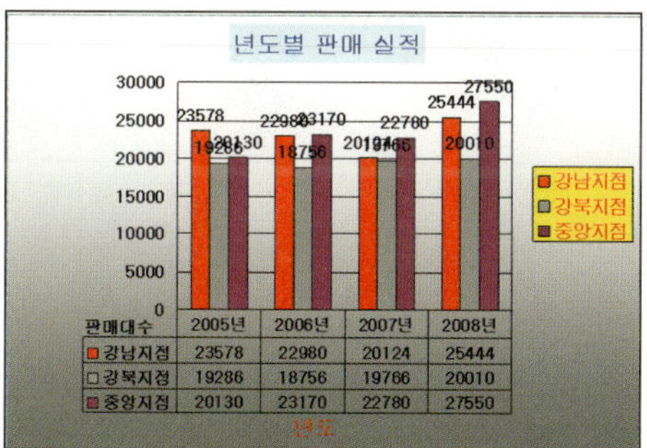

현장 실습 — 실적률 분석 차트 슬라이드 만들기

차트는 특정 기간 내의 실적이나 변화 추이, 전체에 대한 특정 항목의 점유율 등을 일목요연하게 표시하는 용도로 많이 사용됩니다. 제품별, 연도별 실적률을 차트로 만들어 봅시다.

차트의 배경색과 텍스트 색상 설정

1. 예제 파일(지역별 판매실적.ppt)을 불러온 후, 슬라이드 편집 화면에서 차트를 더블클릭합니다.

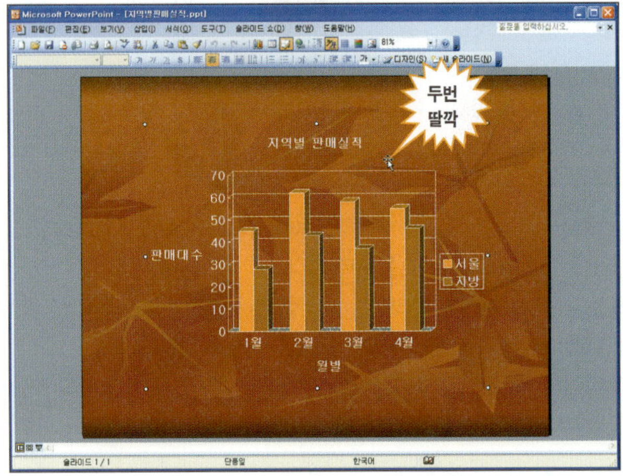

2. 차트 편집 화면으로 전환됩니다. 먼저 차트 영역의 서식을 변경하기 위하여 표준 도구 모음의 '차트 개체' 도구 목록 버튼을 클릭하고 [차트 영역]을 선택합니다.

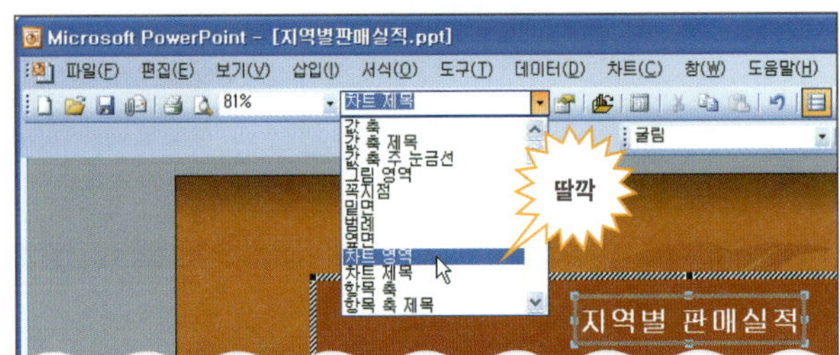

3. 차트 영역이 선택됩니다. 표준 도구 모음에서 '차트 영역 서식' 도구를 클릭합니다.

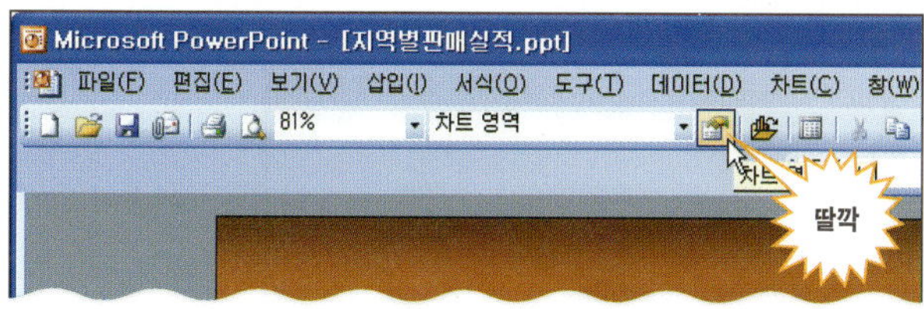

4. '차트 영역 서식' 대화상자가 나타납니다. [무늬] 탭에서 '테두리'를 '자동'으로, '그림자' 옵션 선택, '영역'에서 하늘색을 각각 선택하고 〈확인〉 버튼을 클릭합니다.

5. 차트의 배경색이 바뀌지만 배경색을 하늘색으로 지정하였기 때문에 차트 안의 여러 문자들이 잘 보이지 않습니다. 차트 영역 안에서 마우스 오른쪽 버튼을 클릭하여 빠른 메뉴를 실행하고 [차트 영역 서식]을 선택합니다.

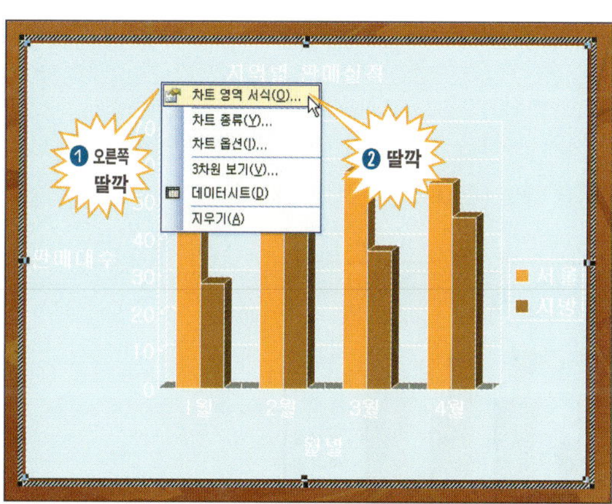

6. 다시 '차트 영역 서식' 대화상자가 나타납니다. [글꼴] 탭에서 '색' 목록 버튼을 클릭하고 검정색을 선택합니다.

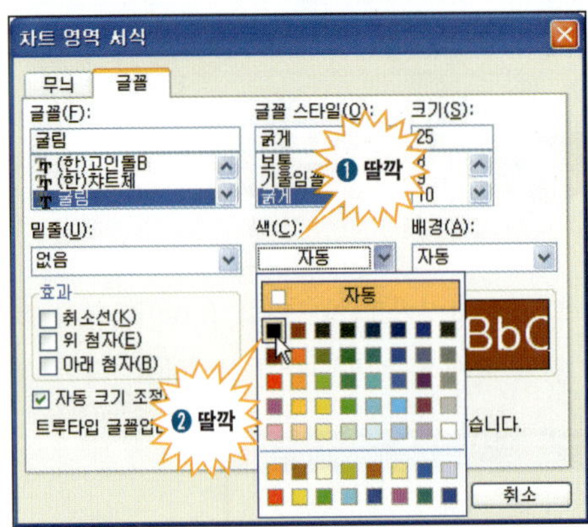

7. 〈확인〉 버튼을 클릭하면 차트 영역의 모든 텍스트의 색상이 검정색으로 바뀌어 나타납니다.

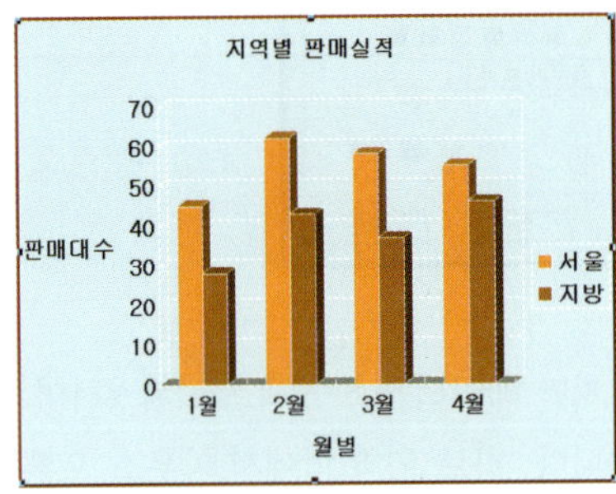

축 서식 지정하기

1. 값 축(Y축)의 서식을 지정하기 위해 값 축 위에서 마우스 오른쪽 버튼을 클릭하고 빠른 메뉴가 나타나면 [축 서식]을 선택합니다.

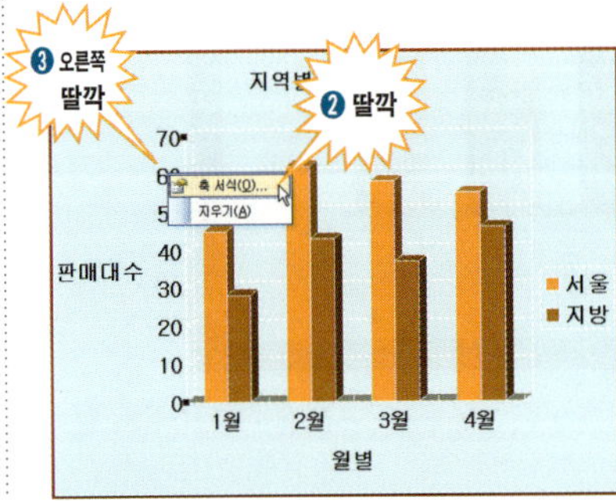

2. [무늬] 탭에서 '선'의 '색' 목록 버튼을 클릭하여 열고 파란색을 선택합니다.

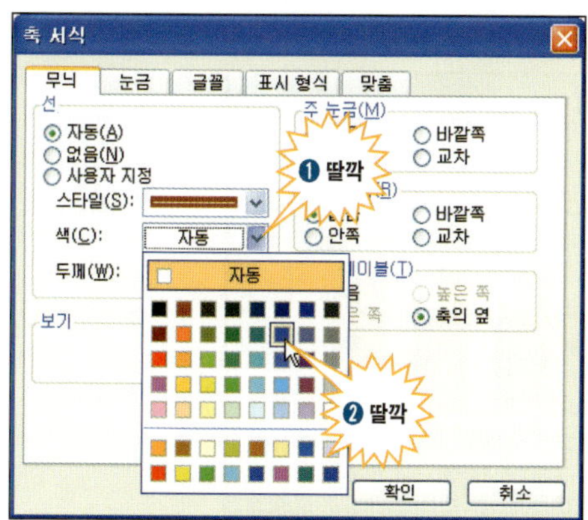

3. [눈금] 탭에서 최댓값을 100으로, 주 단위를 20으로 변경한 후, 〈확인〉 버튼을 클릭합니다.

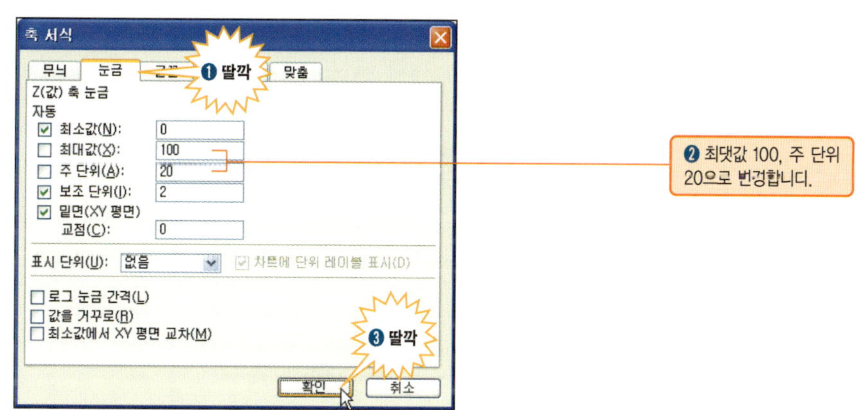

4. 값 축의 선 색은 파란색으로, 최댓값은 100으로, 눈금 간격은 20으로 변경되어 나타납니다.

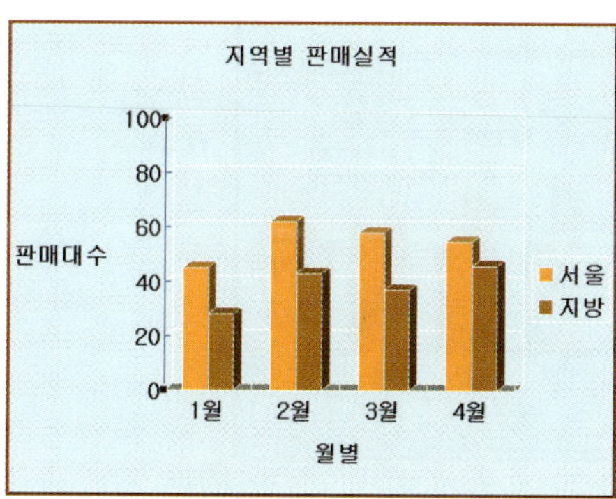

5. 항목 축의 서식도 변경해 봅시다. 항목 축 위에서 마우스 오른쪽 버튼을 클릭하고 빠른 메뉴가 나타나면 [축 서식]을 선택합니다.

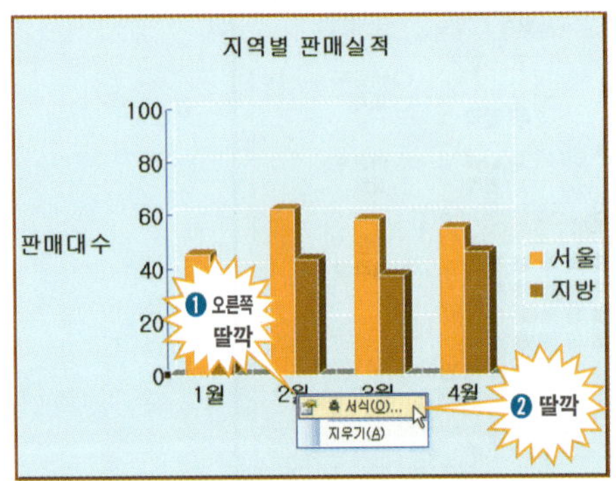

6. '축 서식' 대화상자가 나타납니다. [무늬] 탭에서 선 색을 빨간색으로 지정하고 〈확인〉 버튼을 클릭합니다.

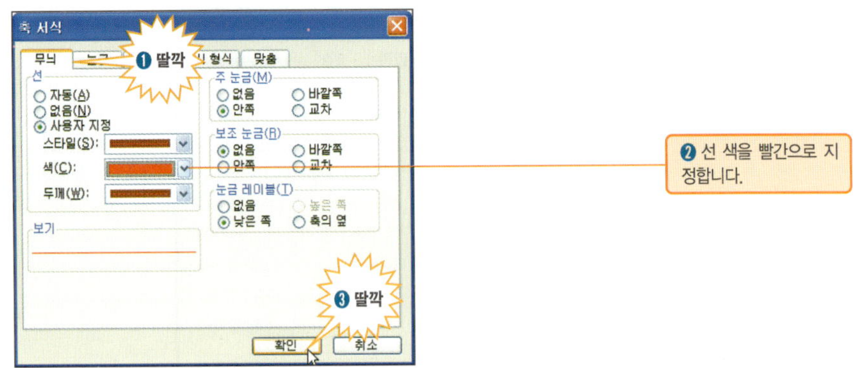

7. 계속해서 그림 영역 위에서 마우스 오른쪽 버튼을 클릭하여 빠른 메뉴를 실행하고 [그림 영역 서식]을 선택합니다.

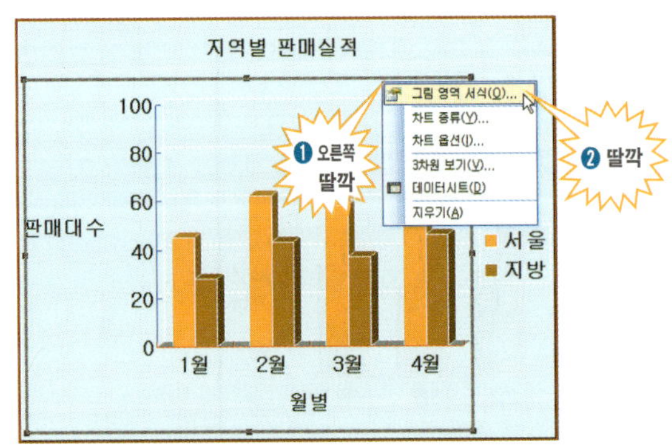

8. '그림 영역 서식' 대화상자가 나타납니다. 테두리 색의 목록 버튼을 클릭하여 녹색을, 영역 색상은 옅은 노란색을 각각 지정하고 〈확인〉 버튼을 클릭합니다.

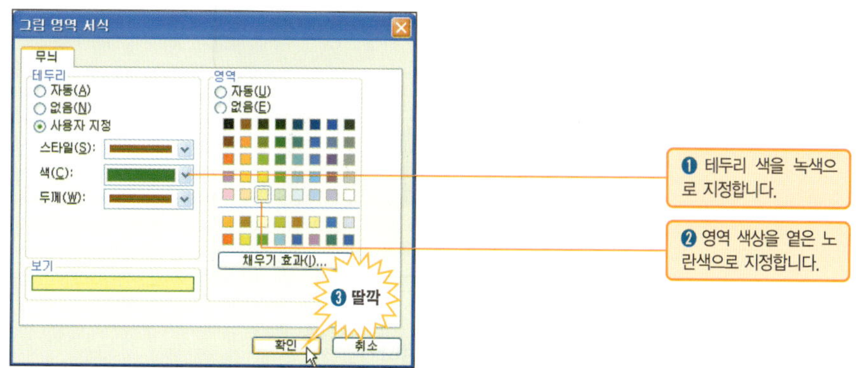

9. 눈금선이 흰색이기 때문에 잘 보이지 않으므로 역시 이 부분도 수정해 주어야 합니다. 눈금선 위에서 마우스 오른쪽 버튼을 클릭하고 빠른 메뉴에서 [눈금선 서식]을 선택합니다.

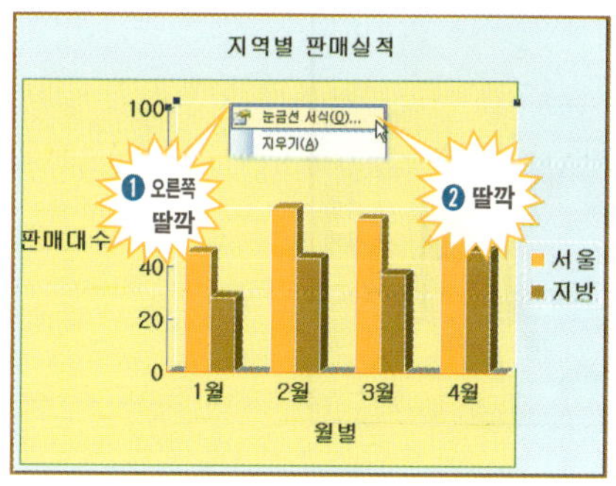

10. '눈금선 서식' 대화상자가 나타납니다. [무늬] 탭에서 선 색을 녹색으로 지정하고 〈확인〉 버튼을 클릭합니다.

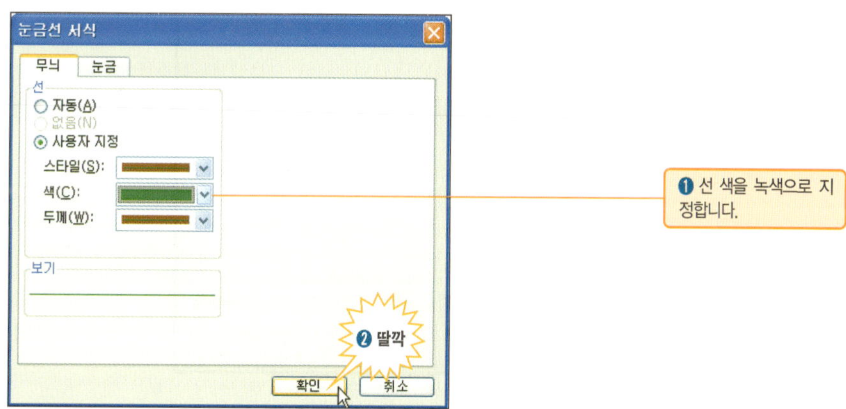

11. 눈금선이 지정한 색상으로 알아보기 쉽게 바뀌어 나타납니다.

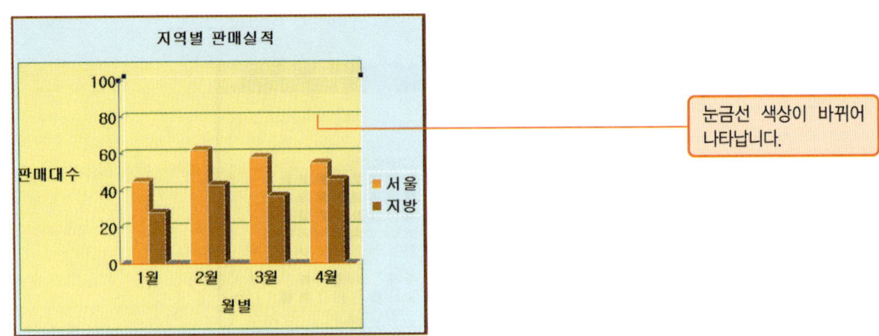

눈금선 색상이 바뀌어
나타납니다.

데이터 계열 색상 변경하기

1. '서울'의 데이터 계열 위에서 마우스 오른쪽 버튼을 클릭하여 빠른 메뉴를 실행하고 [데이터 계열 서식]을 선택합니다.

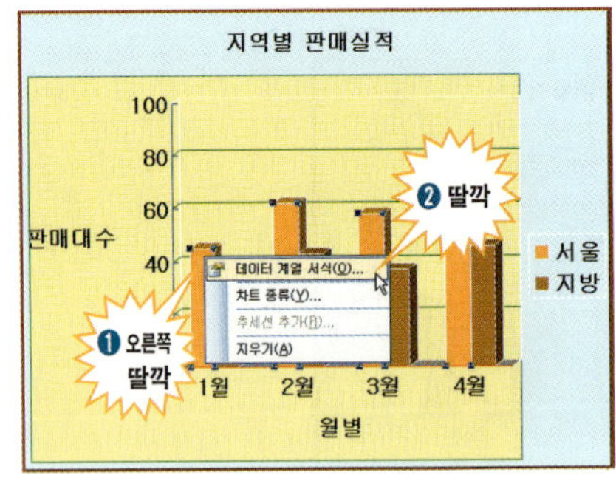

2. '데이터 계열 서식' 대화상자의 [무늬] 탭에서 테두리를 '없음'으로 선택하고, 영역에서 파란색을 선택한 다음, 〈확인〉 버튼을 클릭합니다.

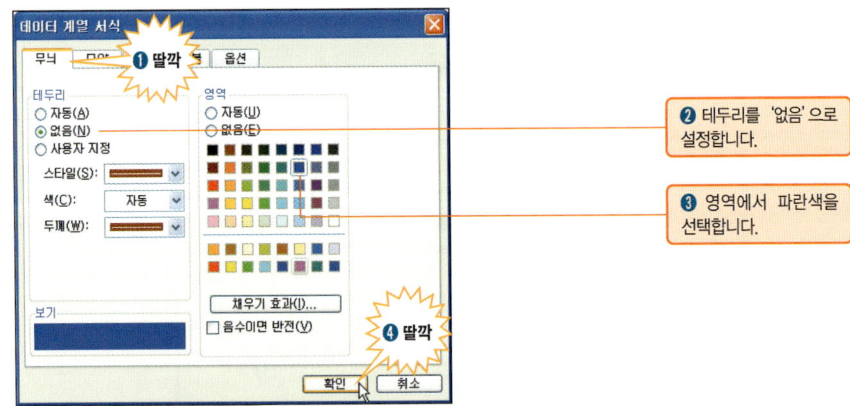

❷ 테두리를 '없음'으로
설정합니다.

❸ 영역에서 파란색을
선택합니다.

3. '서울'의 데이터 계열 색상이 파란색으로 바뀌어 나타납니다.

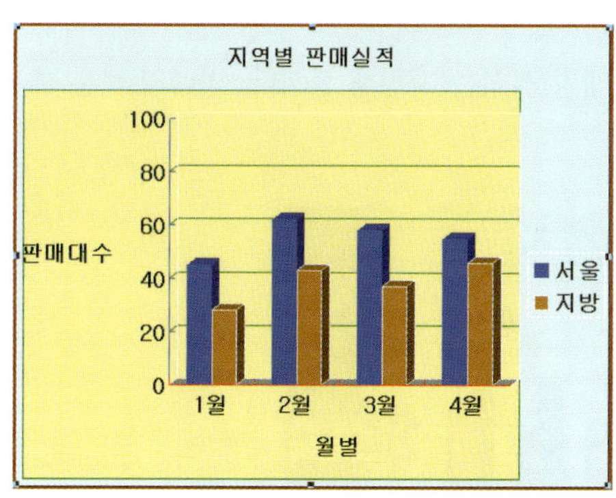

4. 이러한 식으로 '지방'의 데이터 계열 서식 대화상자를 열어 색상도 테두리를 '없음'으로 영역의 색상은 주황색으로 변경하고 〈확인〉 버튼을 클릭합니다.

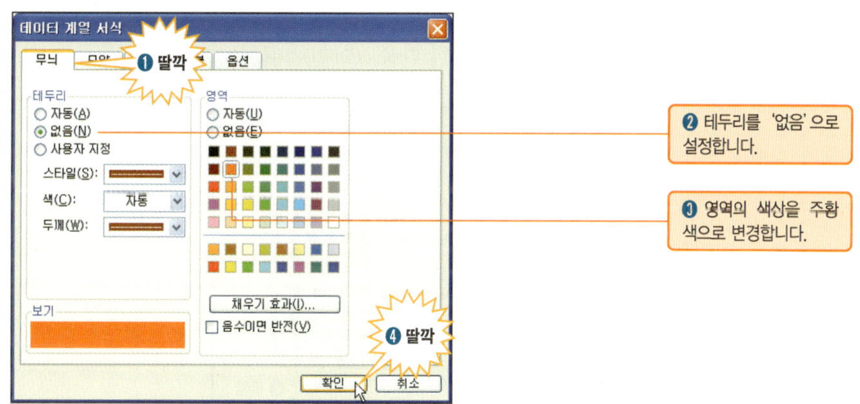

5. 두 데이터 계열의 색상이 지정한 대로 나타나게 됩니다.

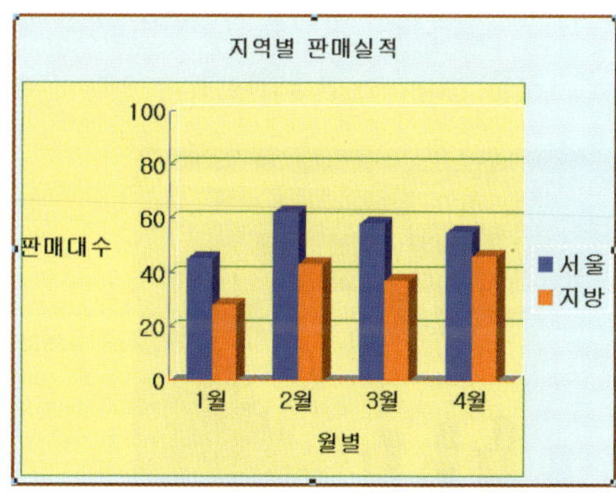

범례 서식 지정

1. 마지막으로 범례의 서식을 지정해 봅시다. 범례의 빠른 메뉴를 실행하고 [범례 서식]을 선택합니다.

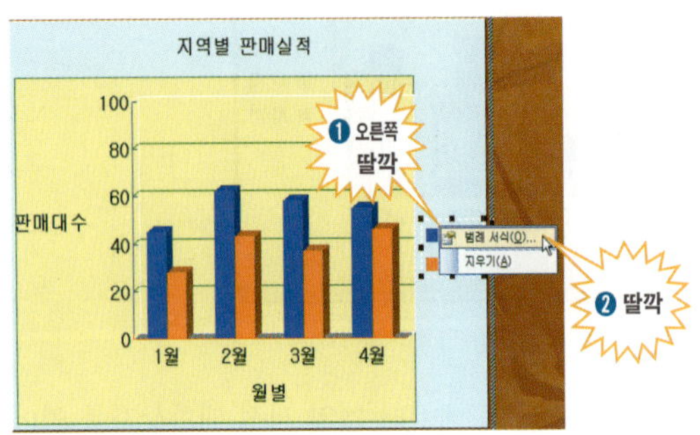

2. '범례 서식' 대화상자가 나타납니다. [무늬] 탭에서 테두리를 '없음' 으로 선택하고 영역은 회색을 지정한 다음, 〈확인〉 버튼을 클릭합니다

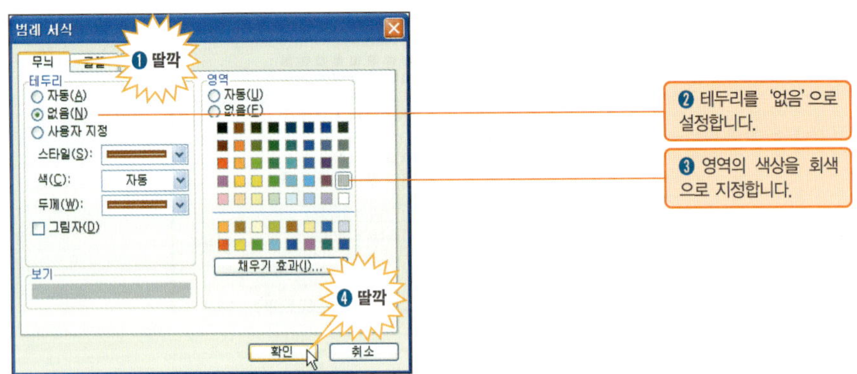

3. 범례 내부의 텍스트가 없는 바탕 영역을 클릭하여 범례 개체 전체를 선택하고 서식 도구 모음에서 글꼴 크기를 '20pt' 로 변경합니다.

범례의 텍스트 부분을 클릭하면 해당 텍스트 개체에 대해서만 서식이 지정되므로 또 하나의 범례 텍스트 개체에 대해서 다시 서식을 지정해 주려면 번거롭습니다. 따라서 텍스트 부분이 아닌, 범례 내부의 바탕 영역을 선택하는 것이 좋습니다.

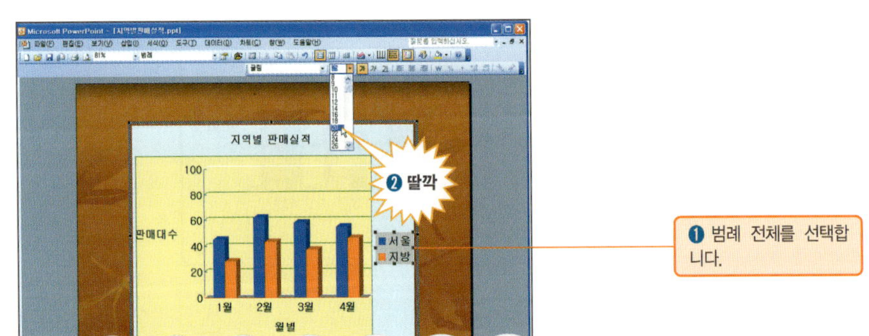

4. 범례의 두 텍스트 글꼴 크기가 변경되었습니다. 마지막으로 각 개체의 위치를 조절하여 차트의 각 요소가 균형 잡힌 형태로 나타나도록 해봅시다. 범례를 클릭하고 그림과 같이 오른쪽 위로 이동시킵니다.

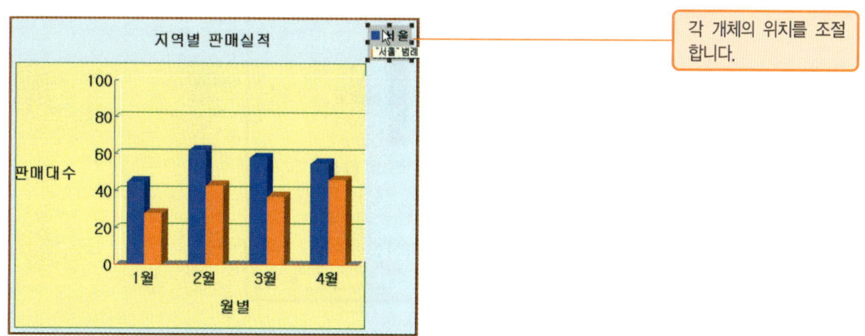

5. 그림 영역을 클릭하고 크기 조절 핸들을 드래그하여 높이는 줄이고 너비는 키워줍니다. 범례가 이동되었기 때문에 너비를 키워줄 공간이 확보되었습니다.

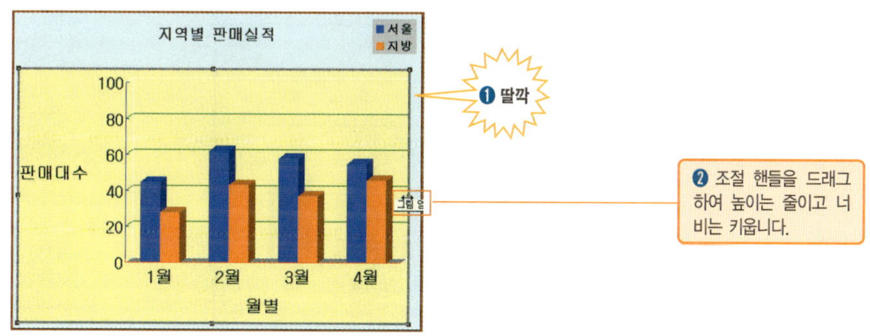

6. 값 축 제목의 텍스트가 가로로 입력되어 있어 공간을 너무 차지하고 있으므로 값 축 제목 개체 위에서 마우스 오른쪽 버튼을 클릭하여 빠른 메뉴를 실행하고 [축 제목 서식]을 선택합니다.

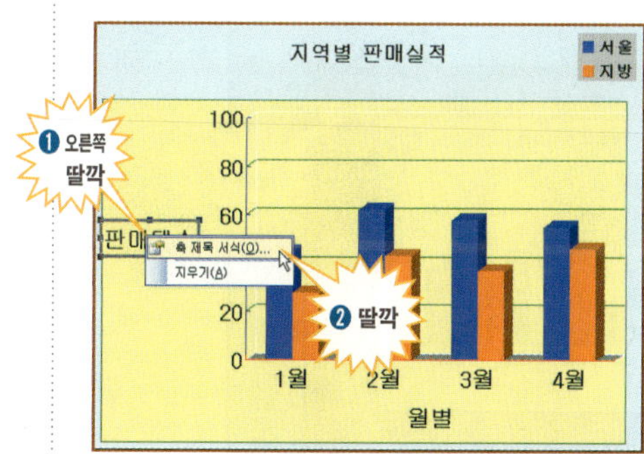

7. '축 제목 서식' 대화상자의 [맞춤] 탭에서 '방향'의 세로쓰기로 나타나 있는 '텍스트'를 클릭합니다.

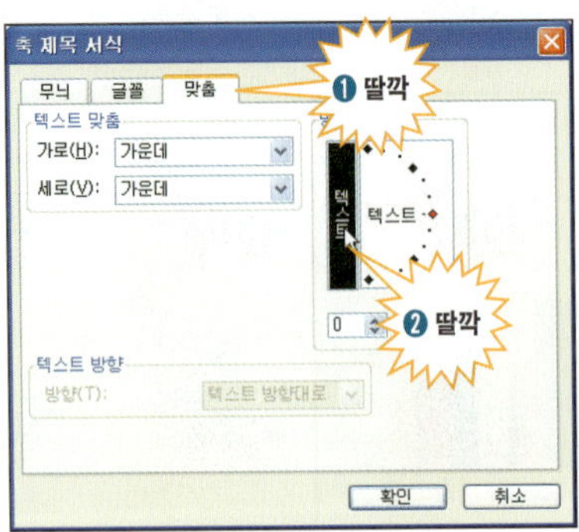

8. 〈확인〉 버튼을 클릭하면 텍스트가 세로쓰기 형태로 바뀌어 나타납니다. 이렇게 변경하면 차트의 각 구성 요소가 흐트러질 수 있으므로 모든 개체의 위치도 적절히 변경해주어야 합니다.

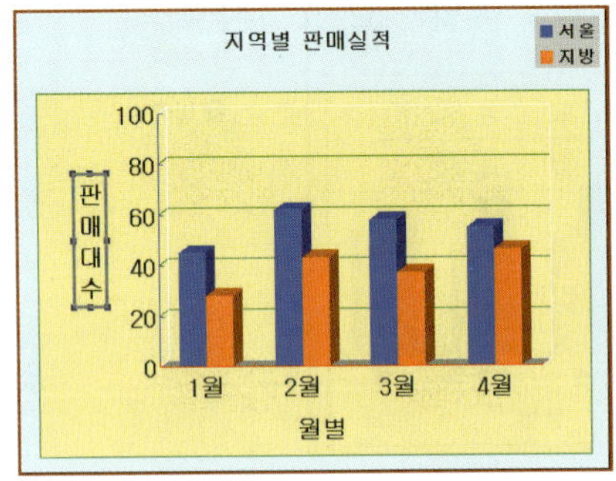

9. 차트 영역의 바깥부분을 클릭하면 다시 슬라이드 편집화면으로 전환되어 다른 개체나 슬라이드를 추가하여 작업할 수 있습니다.

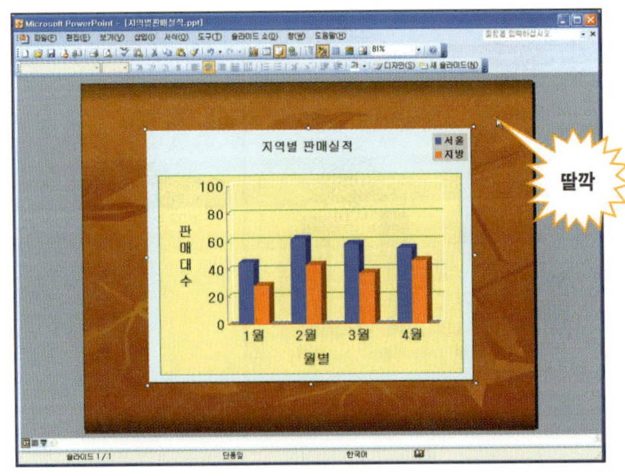

실무 활용 연습

EX 1 대륙별 수출 점유율을 원형 차트로 만들기

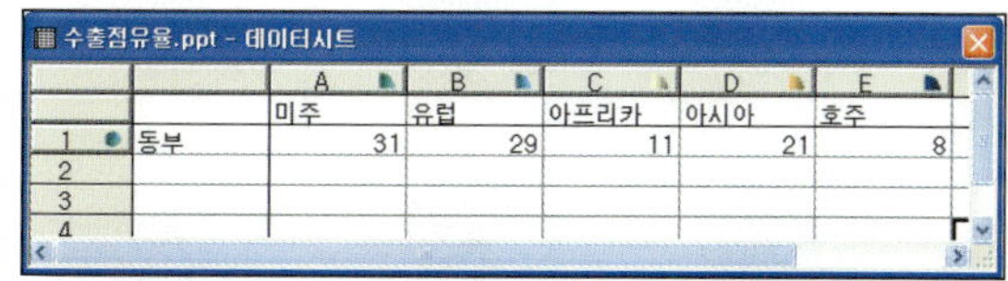

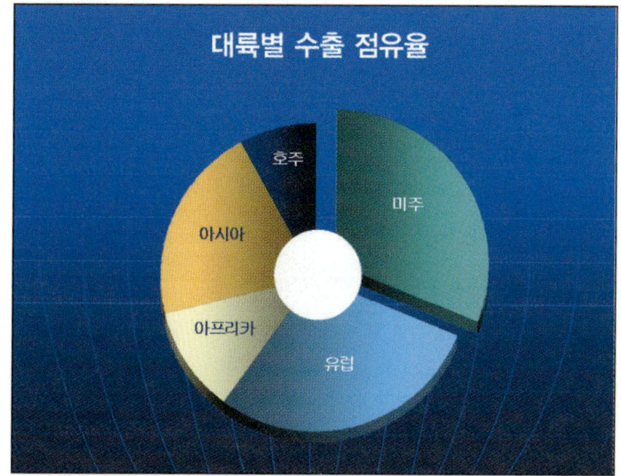

❶ 슬라이드 레이아웃 작업창에서 '빈 화면'을, 슬라이드 디자인 작업창에서 '위도와 경도' 디자인 서식을 차례로 클릭하여 적용합니다.

❷ 차트를 삽입하고 데이터 시트에 그림과 같이 데이터를 입력합니다.

❸ 차트를 3차원 원형으로 변경하고 3차원 보기 대화상자에서 상하 회전각을 '75'로 변경하여 차트의 윗면이 많이 나타나도록 설정합니다.

❹ 차트의 그림 영역을 선택하고 '그림 영역 서식' 대화상자에서 테두리를 '없음'으로 지정하여 그림 영역의 테두리가 나타나지 않도록 설정합니다.

❺ 원형 차트를 구성하고 있는 여러 조각 중 하나를 선택하고 '데이터 요소 서식' 대화상자를 열어 [무늬] 탭에서 테두리를 '없음'으로 변경하고 〈채우기 효과〉 버튼을 클릭합니다.

❻ '채우기 효과' 대화상자의 [그라데이션] 탭에서 '단색'을 선택하고 음영 스타일을 '세로'로 지정합니다.

❼ 나머지 조작에 대해서도 그라데이션 효과를 적용한 다음, 조각 중 하나를 바깥쪽으로 드래그하여 떨어지게 합니다.

❽ 슬라이드 편집 화면으로 돌아와 차트 중앙에 원을 만들고 색상을 흰색으로 변경합니다.

❾ 차트의 각 조각 위에 텍스트 상자를 삽입하여 데이터에 해당하는 텍스트를 입력하고 글꼴과 색상 등을 적절히 지정합니다.

❿ 텍스트의 크기와 위치를 적절히 조절하고 텍스트 상자를 삽입하여 제목을 입력합니다.

⓫ 완성된 문서를 '수출 점유율.ppt' 파일로 저장합니다.

MEMO

07

조직도 슬라이드의 제작과 편집

파워포인트의 다이어그램 갤러리 대화상자를 사용하면 수량이나 관계 등의 개념을 다양한 형태로 표현할 수 있는 다이어그램을 쉽게 만들 수 있습니다. 그 중에서도 가장 요긴하게 사용할 수 있는 것은 조직도입니다. 조직도는 조직 구성원의 관계를 일목요연하게 볼 수 있도록 도식화한 도표입니다. 다이어그램 갤러리 대화상자는 물론, 도형을 삽입하여 사용자가 원하는 다양한 형태로 가공할 수 있습니다. 이번 장에서는 조직도의 삽입과 여러 형태로 변형하는 방법에 대해 알아봅시다.

07-1   조직도 실행 및 화면 구성

07-2   조직도 상자 추가 및 삭제

07-3   조직도 상자 꾸미기

07-4   조직도 유형 변경하기

07-5   슬라이드 조직도 조절 및 편집

현장 실습   통일부 조직도 슬라이드 제작하기

실무 활용 연습

실습 예제 미리보기 통일부 조직도 슬라이드 제작하기

조직도 기능을 사용하여 조직도를 만들고 슬라이드를 만들어 봅시다.

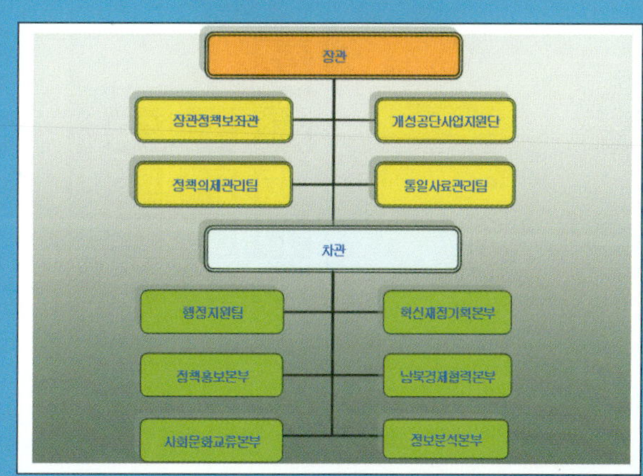

07-1 조직도 실행 및 화면 구성

조직도 실행

조직도 실행

• 메뉴 : [삽입]→[그림]→[조직도] 메뉴나 [삽입]→[다이어그램] 메뉴를 선택합니다.

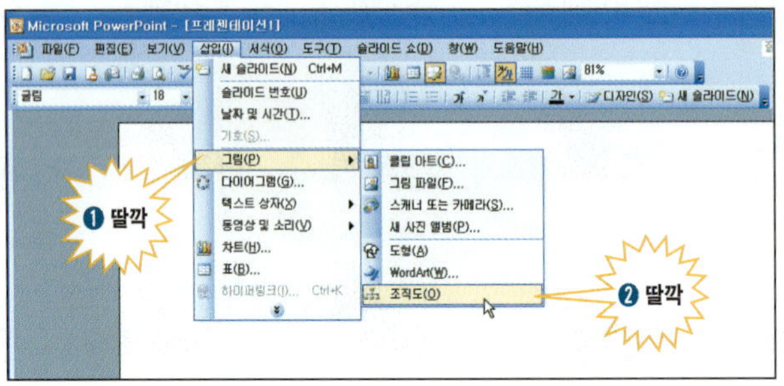

• 그리기 도구 모음에서 [다이어그램 또는 조직도 삽입] 도구를 클릭합니다.

• 슬라이드 레이아웃 작업창에서 [제목 및 다이어그램 또는 조직도]를 선택하고 슬라이드 창에 다이어그램 및 조직도를 삽입할 수 있는 개체 틀을 더블클릭합니다.

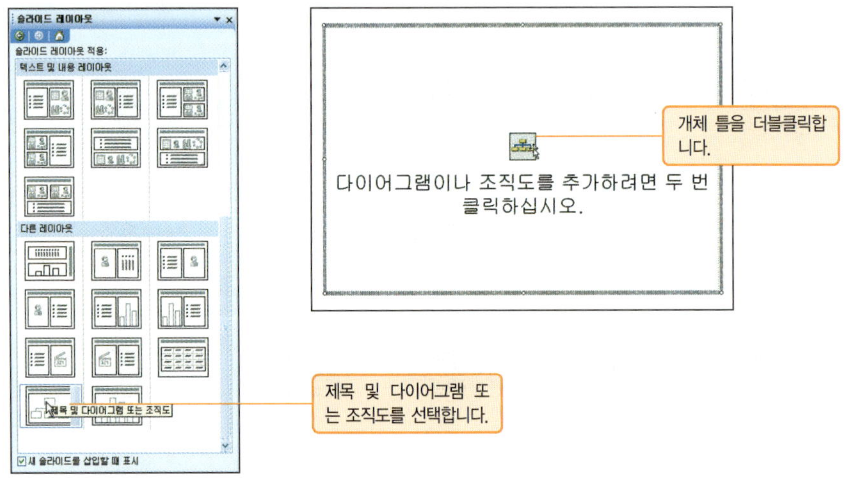

다이어그램 갤러리 대화상자

[삽입]→[그림]→[조직도] 메뉴를 선택하면 슬라이드에 곧바로 기본적인 형태의 조직도가
삽입됩니다.

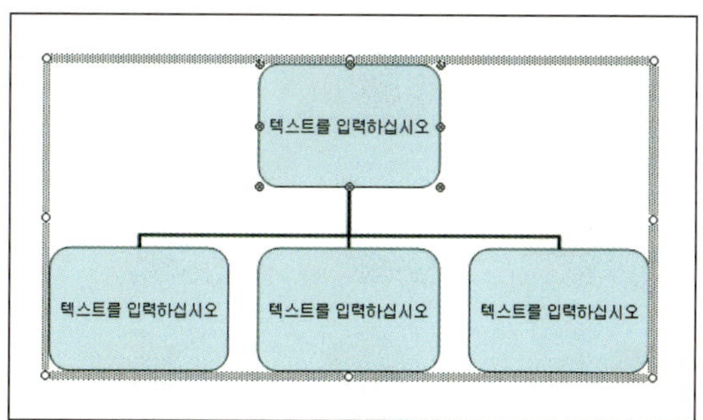

하지만 다른 방법을 사용하면 모두 다이어그램 갤러리 대화상자가 먼저 나타나며 조직
도를 비롯한 여러 형태의 다이어그램을 선택할 수 있습니다. 대화상자의 첫 번째에 위치
한 [조직도]를 선택하면 슬라이드에 조직도가 삽입됩니다.

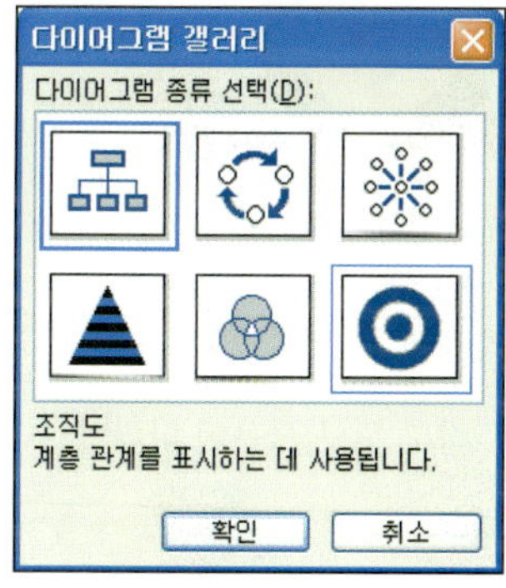

다이어그램의 종류

다이어그램 갤러리 대화상자를 이용하면 조직도뿐 아니라 주기형 다이어그램, 방사형
다이어그램, 피리미드형 다이어그램, 벤 다이어그램, 과녁형 다이어그램 등 6가지 형태
의 다이어그램을 쉽게 제작할 수 있습니다.
조직도에 대해서는 앞으로 자세히 다루어볼 것이므로 나머지 다이어그램의 용도를 간단
히 살펴봅니다.

• 주기형 다이어그램 : 유기적 관계에 있는 여러 요소들이 영향을 미치고 있는 상황이나
일정한 주기로 변화하는 데이터를 표현하는 데 사용합니다.
• 방사형 다이어그램 : 핵심 요소와 세부 요소와의 관계를 표현하는 데 사용합니다.

• **피라미드형 다이어그램** : 하부에서 상부까지, 여러 계층의 비율을 표현하는 데 사용합니다.

• **벤 다이어그램** : 각 요소 사이의 공통부분이나 중복된 부분을 표현하는 데 사용합니다.

• **과녁형 다이어그램** : 특정 목표를 향해 한 단계씩 나아가는 과정이나 핵심 요소의 비율을 표현하는 데 사용합니다.

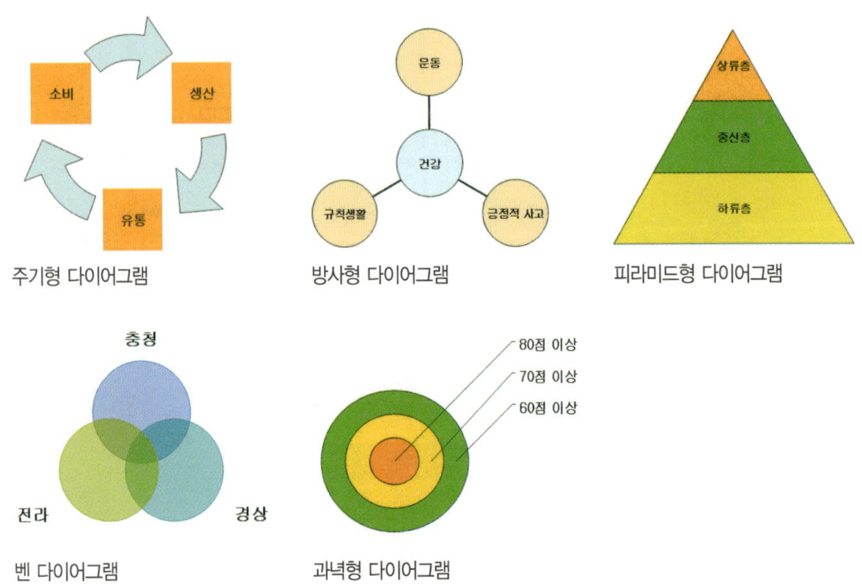

조직도 도구 모음

슬라이드에 조직도가 삽입되면 조직도 도구 모음이 나타납니다. 조직도의 각 도구에 대해 살펴봅시다.

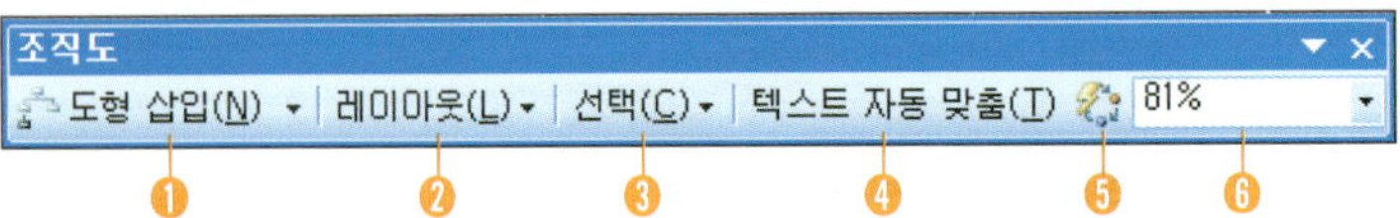

❶ **도형 삽입** : 도구를 클릭하면 현재 선택되어 있는 조직도 상자에 대한 하위 수준의 조직도 상자가 추가로 삽입되며 목록 버튼을 클릭하여 원하는 수준의 도형을 선택하여 삽입할 수도 있습니다.

❷ **레이아웃** : 도형들의 배열 방식을 지정합니다.

❸ **선택** : 동일 수준이나 동일 분기에 있는 도형이나 연결선을 선택합니다.

❹ **텍스트 자동 맞춤** : 조직도를 구성하고 있는 도형 안에 입력된 텍스트의 크기를 도형의 크기에 알맞게 자동으로 조절합니다.

❺ **자동 서식** : 조직도의 여러 스타일을 선택할 수 있는 조직도 스타일 갤러리 대화상자를 실행합니다.

❻ **확대/축소** : 조직도의 배율을 변경함으로써 확대하거나 축소합니다.

도형의 삽입 수준

조직도를 구성하고 있는 각 도형은 위에 위치할수록 상위 수준이 되며, 아래에 위치할수록 하위 수준이 됩니다. 즉, 위치에 따라 도형의 수준이 다릅니다. 조직도 도구 모음에서 도형 삽입 목록 버튼을 클릭하면 도형의 수준을 선택할 수 있는 메뉴가 나타나는데, 이것은 현재 선택된 도형을 기준으로 어느 수준에 새로운 도형을 삽입할 것인지를 결정합니다.

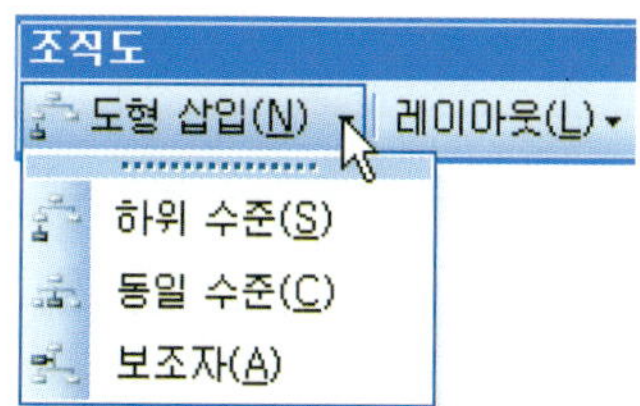

그림과 같이 가장 하위에 있는 도형이 선택되어 있는 상태에서 각 수준에 따라 새로 도형이 삽입된 결과는 다음과 같습니다.

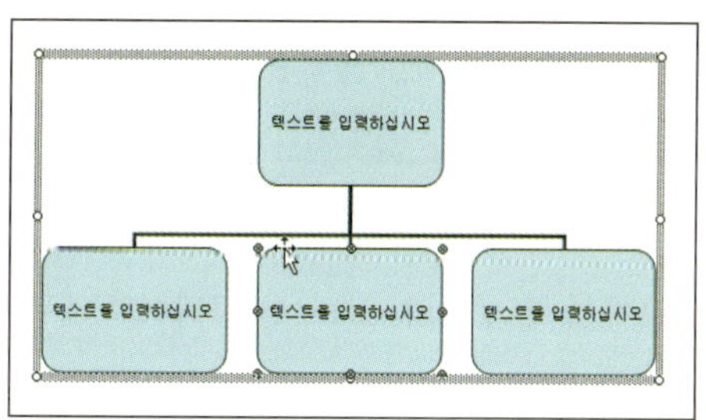

가장 하위의 도형 선택

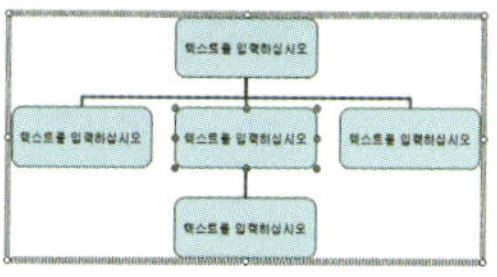

도형 삽입–하위 수준

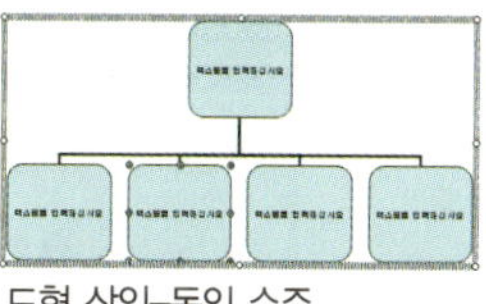

도형 삽입–동일 수준

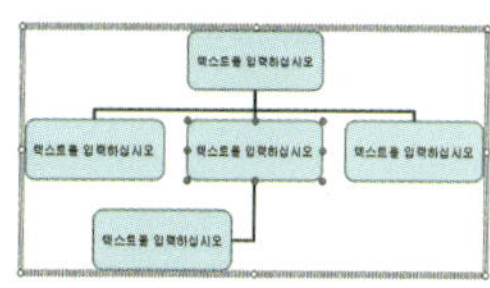

도형 삽입–보조자

07-2 조직도 상자 추가 및 삭제

슬라이드에 삽입된 기본 조직도로는 원하는 조직의 구성원을 모두 표현할 수 없을 것입니다. 따라서 조직도를 구성하는 상자(도형)를 임의로 추가해야 하며 불필요한 상자는 삭제해야 합니다. 조직도 상자를 추가하고 삭제하는 방법에 대해 알아봅시다.

따라하기 ▶

■ 조직도 상자 추가하기

1. 슬라이드에 삽입된 조직도의 가장 하위 수준에 있는 조직도 상자 중 하나를 선택합니다.

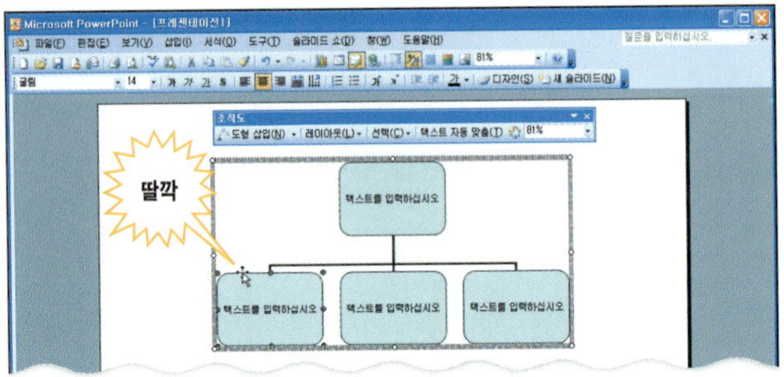

2. 조직도 도구 모음에서 '도형 삽입' 도구를 클릭하고 메뉴가 나타나면 [하위 수준]을 선택합니다.

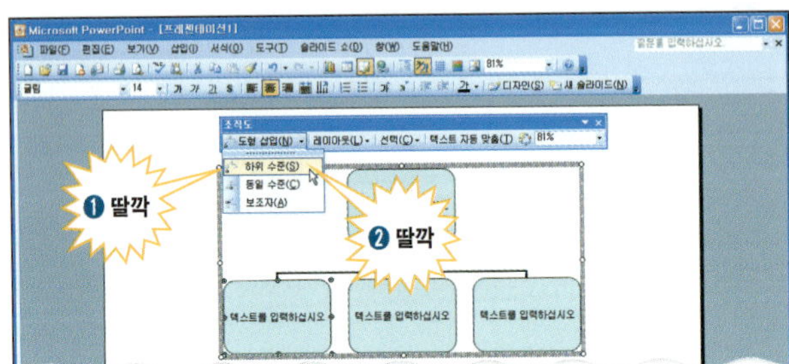

3. 현재 선택된 조직도 상자 아래에 하위 수준의 조직도 상자가 추가되며 텍스트를 입력하여 내용을 표시할 수 있습니다.

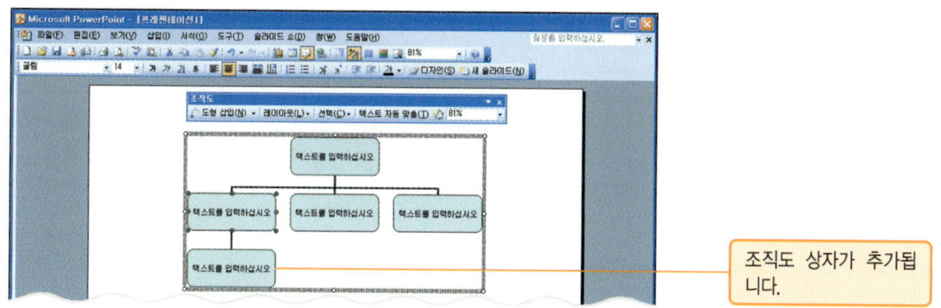

조직도 상자 삭제하기

삭제할 조직도 상자의 테두리 부분을 클릭하여 선택하고, [Delete] 키를 누르거나 메뉴 표시줄에서 [편집]→[지우기] 메뉴를 선택합니다.

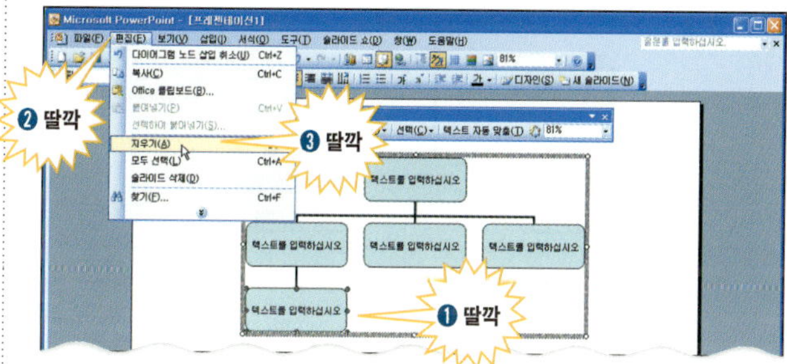

내용 입력

• 조직도를 구성하고 있는 각 조직도 상자의 테두리 부분을 클릭하면 조직도 상자만 개별적으로 선택할 수 있습니다. 조직도 상자가 선택된 상태에서 [Enter] 키를 누르거나 상자 내부를 클릭하면 내용을 입력할 수 있는 편집 상태로 전환됩니다.

• 조직 구성원의 이름이나 제목 등의 내용을 입력한 후, [Esc] 키를 누르면 다시 현재 조직도 상자만 선택 상태로 전환됩니다. 방향키를 누르면 다른 조직도 상자가 선택되어 또 다른 내용을 입력할 수 있습니다.

• 변경할 상자의 테두리를 선택하고, 표준 도구 모음의 글꼴 관련 서식 버튼을 사용하여 조직도 상자에 입력된 텍스트의 서식을 변경할 수 있습니다. 또는 조직도 상자 내부를 클릭하여 편집 상태로 전환하고 빠른 메뉴를 실행하여 [글꼴]을 선택하면 '글꼴' 대화상자가 나타나 원하는 글꼴, 유형, 크기 등을 설정할 수 있습니다.

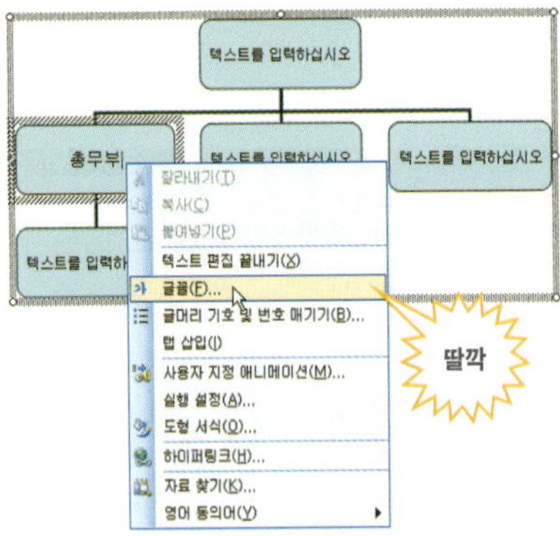

빠른 메뉴에서 [글꼴] 선택

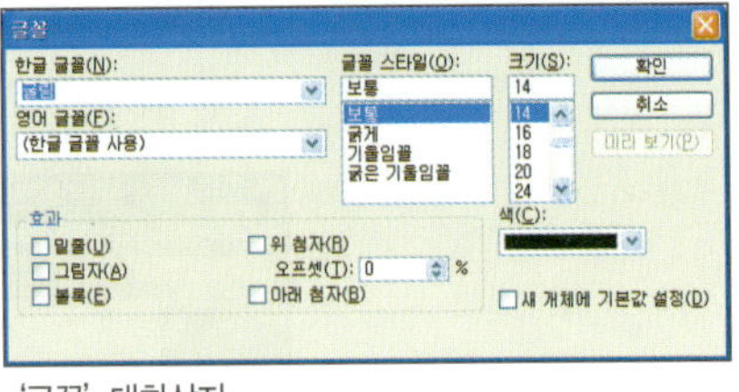

'글꼴' 대화상자

그림과 같은 조직도를 만들어 보세요.

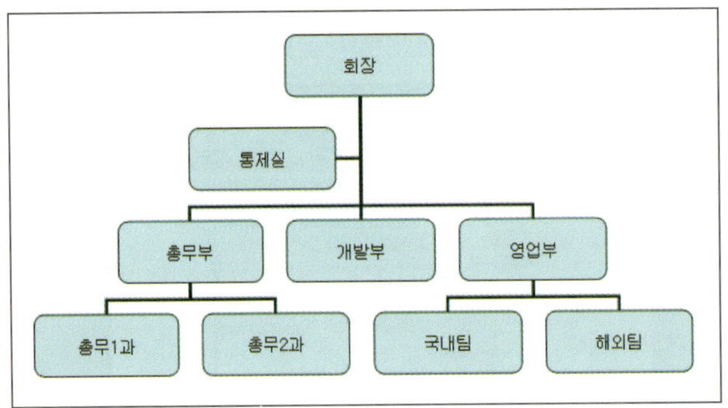

앞에서 만든 조직도의 텍스트 서식을 다음과 같이 변경해 보세요.

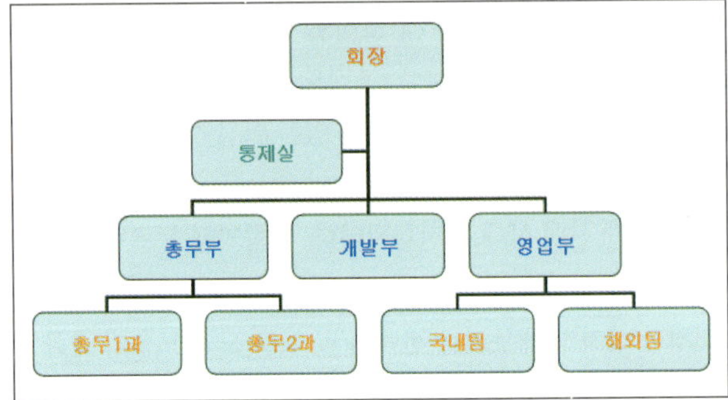

07-3 조직도 상자 꾸미기

조직도 상자도 일반적인 도형과 같은 속성을 띕니다. 바탕색을 비롯하여 선의 색상, 스타일, 종류, 두께 등을 설정할 수 있으며 그리기 도구 모음을 사용하여 그림자를 추가하거나 3차원 형태로 변경할 수도 있습니다.

바탕색 및 선 속성 설정

- 조직도 상자의 빠른 메뉴에서 '도형 서식'을 선택합니다.
- '도형 서식' 대화상자가 나타나면 [색 및 선] 탭에서 채우기, 선에 대한 여러 속성을 설정할 수 있습니다.

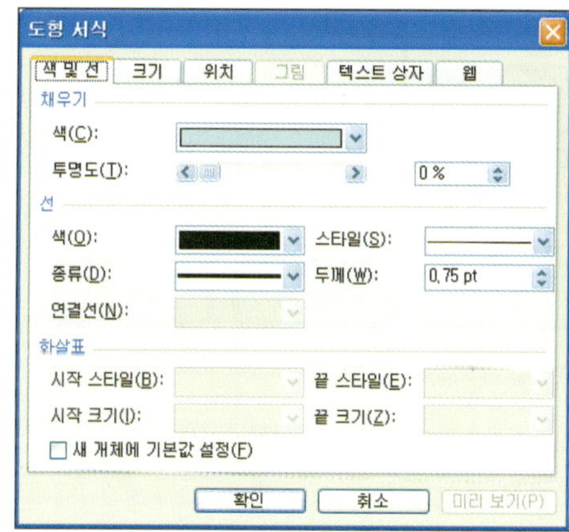

그림자 및 3차원 변경

조직도 상자를 선택하고 그리기 도구 모음에서 그림자 스타일 아이콘을 클릭하면 원하는 그림자 스타일을 선택할 수 있으며, 3차원 설정 아이콘을 클릭하면 3차원 스타일로 지정할 수 있습니다.

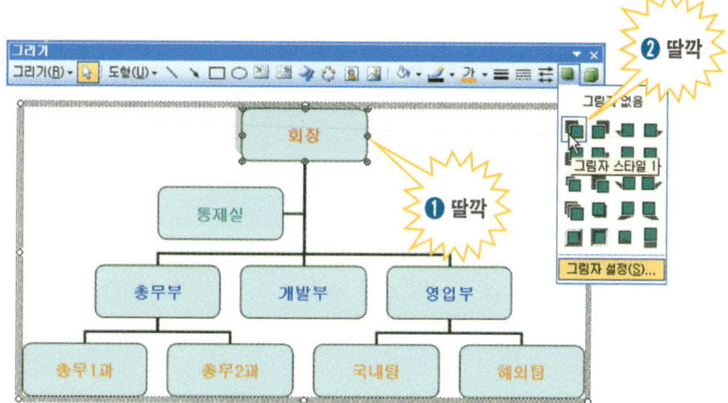

그림자 스타일

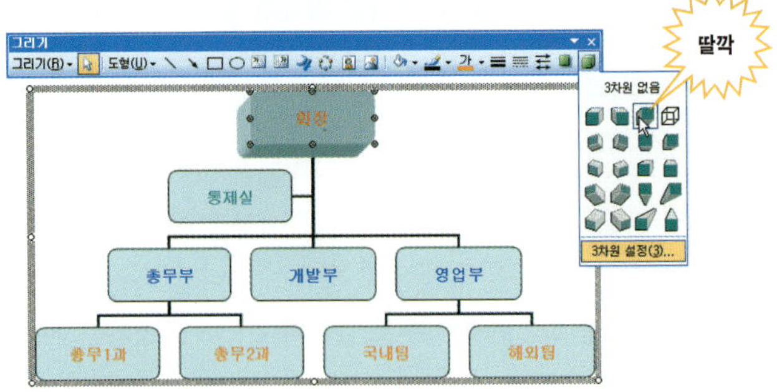

3차원 스타일

조직도 서식 변경

조직도 내에서 조직도 상자 이 외의 영역을 클릭하면 조직도 전체가 선택됩니다. 이 상태에서 빠른 메뉴를 실행하고 [**조직도 서식**] 메뉴를 선택하면 조직도 상자를 제외한 영역에 대한 조직도의 배경 색상과 조직도의 외곽 선 색상, 스타일, 두께 등을 설정할 수 있습니다.

그림과 같이 조직도 상자의 색상과 선 스타일을 변경해 보세요.

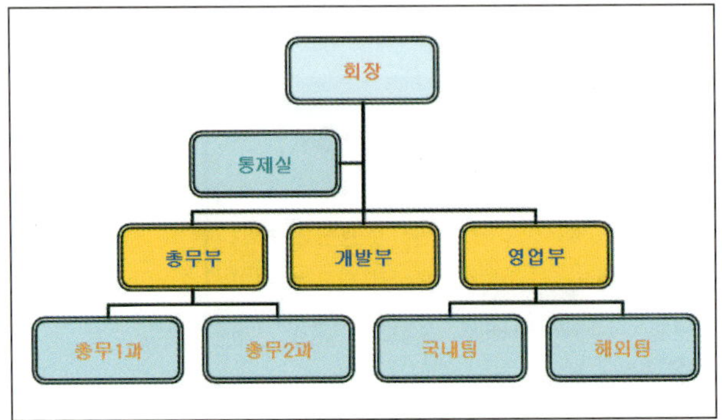

07-4 조직도 유형 변경하기

조직도를 작성하면서 여러 조직도 상자를 추가하다 보면 슬라이드 내의 공간이 부족하여 조직도를 구성하기 곤란한 경우가 발생합니다. 이 경우에는 조직도 상자의 배치 형태, 즉 레이아웃을 변경함으로써 공간을 활용할 수 있습니다.

조직도의 레이아웃을 변경하고자 하는 조직도 상자보다 상위 수준의 도형을 선택하고, 조직도 도구 상자의 '레이아웃' 목록 버튼에서 원하는 레이아웃 유형을 선택해야 합니다.

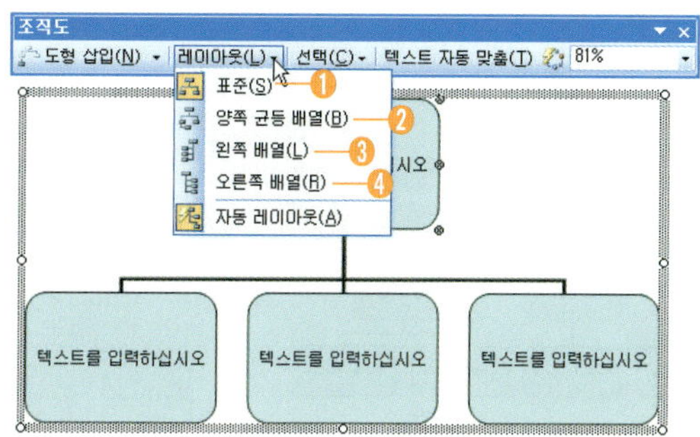

① 표준 : 표준 형태로 양쪽에 동일 수준의 도형이 수평으로 나란히 배치됩니다.

② 양쪽 균등 배열 : 전체 조직도 영역에 맞춰 각 도형들이 양쪽으로 적절히 배치됩니다.

③ 왼쪽 배열 : 현재 선택된 도형의 하위 수준에 있는 도형들이 모두 왼쪽으로 배치됩니다.

④ 오른쪽 배열 : 현재 선택된 도형의 하위 수준에 있는 도형들이 모두 오른쪽으로 배치됩니다.

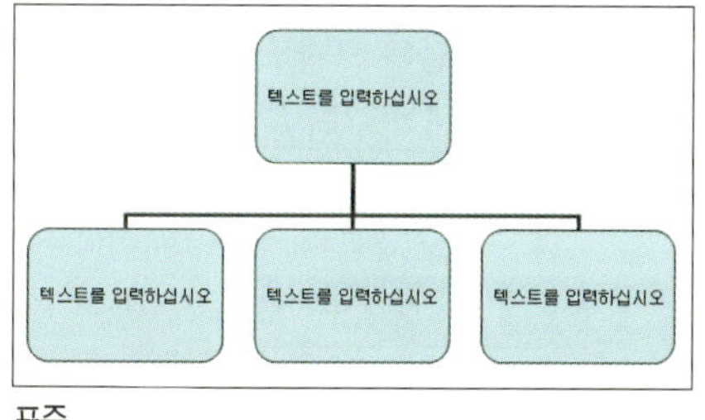

표준

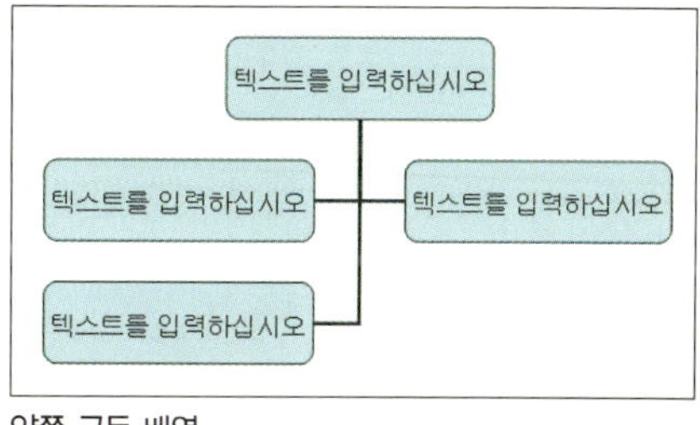

양쪽 균등 배열

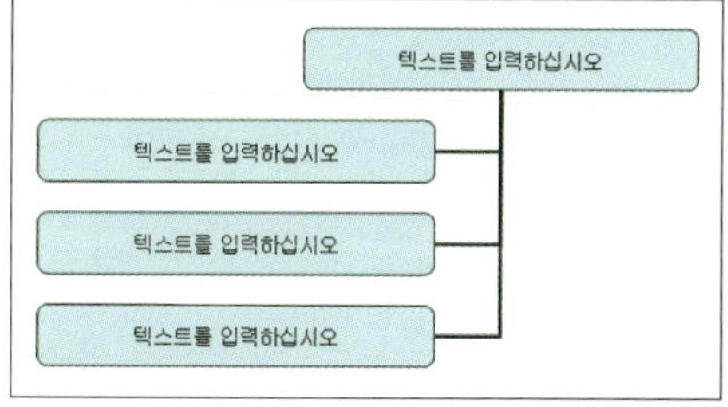

왼쪽 배열

오른쪽 배열

07-5 슬라이드 조직도 조절 및 편집

조직도 전체를 선택하고 모서리에 있는 크기 조절점을 드래그하면 조직도 전체의 크기를 변경할 수 있습니다. 또한 조직도의 테두리를 드래그하면 조직도를 자유롭게 이동할 수 있습니다. 표와 마찬가지로 슬라이드에 삽입된 조직도는 그리기 개체로 변환하여 편집할 수 있습니다.

조직도의 크기 및 위치 조절

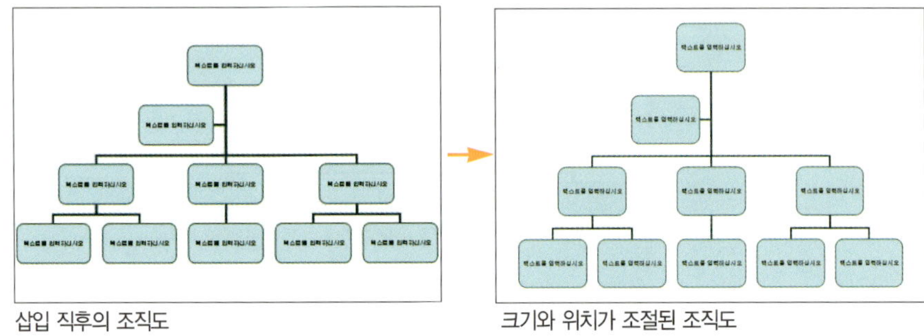

삽입 직후의 조직도　　　　　크기와 위치가 조절된 조직도

조직도 상자의 크기 및 위치 조절

조직도는 기본적으로 자동 레이아웃이 적용되어 있어 도형이 삽입, 삭제되거나 조직도의 크기가 변경되면 각 조직도 상자들의 크기도 자동으로 변경됩니다. 사용자가 특정 조직도 상자의 크기나 위치를 자유롭게 바꾸려면 조직도 도구 모음에서 [레이아웃] 목록 메뉴를 열고 선택 상태로 있는 [자동 레이아웃] 메뉴를 해제해주어야 합니다.

Note

전체 스타일을 바꾸는 자동 서식 도구

조직도 전체를 선택하고 조직도 도구 모음에서 자동서식 아이콘을 클릭하면 16가지의 다양한 조직도 스타일을 포함하고 있는 '조직도 스타일 갤러리' 대화상자 나옵니다. 그중에서 선택만 하면 조직도를 전혀 다른 스타일로 간단히 바꿀 수 있습니다.

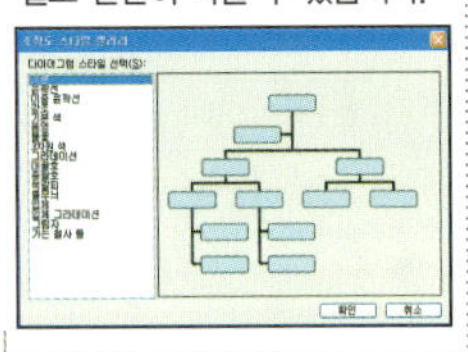

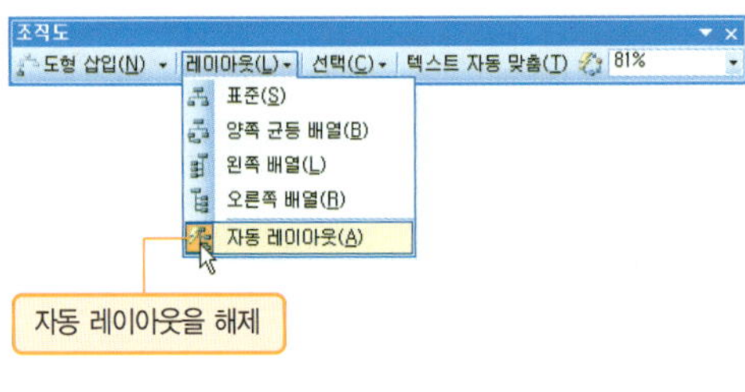

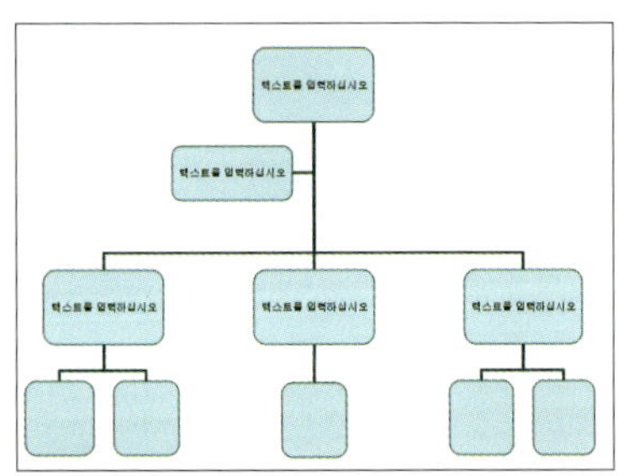

조직도 상자를 개별적으로 조절할 수 있습니다.

현장 실습 — 통일부 조직도 슬라이드 제작하기

정부 부처의 하나인 통일부의 조직도를 만들고 적절히 편집해 봅시다.

조직도 삽입하기

다이어그램 갤러리 대화상자를 통해 조직도를 삽입하고 조직에 맞게 조직도 상자를 추가합니다.

1. [삽입]→[다이어그램] 메뉴를 선택하여 '다이어그램' 대화상자가 나타나면 조직도를 선택하고 〈확인〉 버튼을 클릭합니다.

2. 슬라이드에 기본 조직도가 삽입됩니다. 조직도 도구 모음의 도구를 사용해 조직도 상자를 추가하고 텍스트를 입력하여 다음과 같은 형태의 조직도를 만듭니다.

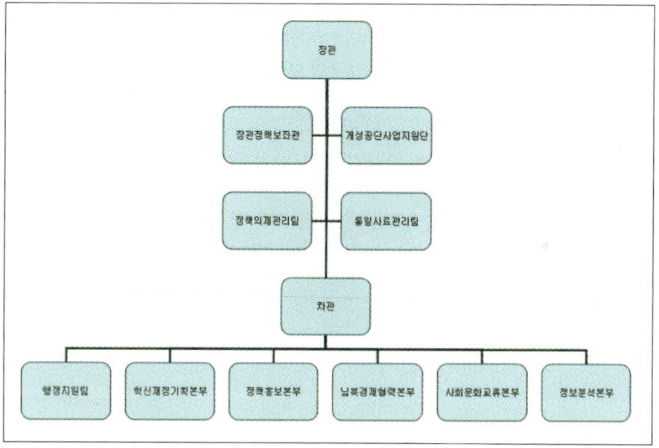

조직도 편집하기

조직에 맞게 구성된 조직도의 글꼴과 서식을 변경해 봅시다.

1. 조직도에서 조직도 상자가 아닌 바탕 영역을 클릭하여 조직도 개체가 선택되도록 하고 [서식]→[글꼴]을 선택합니다.

2. '글꼴' 대화상자가 나타납니다. 적절한 글꼴과 크기를 지정하고 〈확인〉 버튼을 클릭합니다.

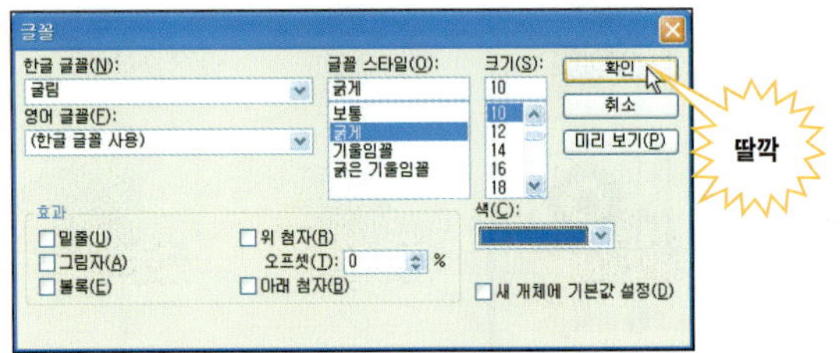

3. 최상위 수준의 조직도 상자를 선택하고 조직도 도구 상자의 [선택] 목록에서 [동일 분기]를 선택하거나 빠른 메뉴에서 [선택]→[동일 분기]를 선택합니다.

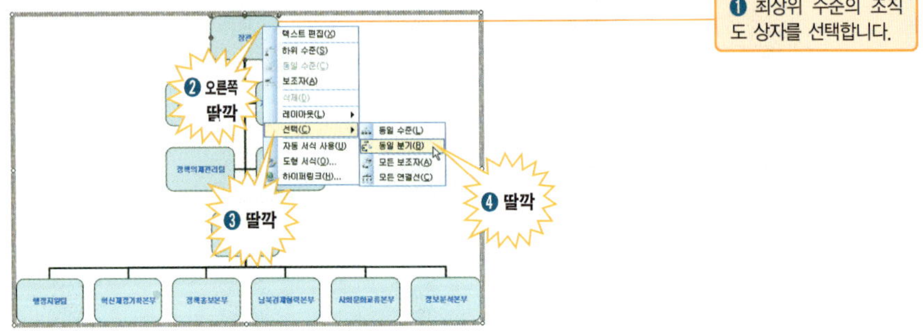

4. 조직도의 모든 조직도 상자가 선택 상태로 전환됩니다. 그리기 도구의 채우기 색 도구를 사용하여 원하는 색상을 지정합니다.

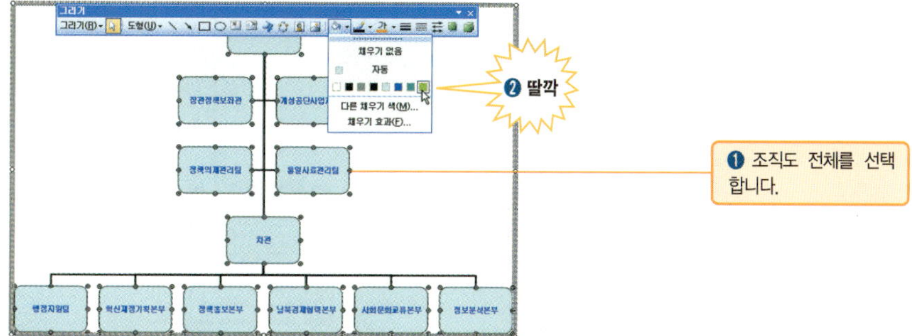

5. 계속해서 전체 조직도 상자가 선택된 상태에서 그리기 도구의 그림자 스타일 목록에서 적절한 그림자 스타일을 선택합니다.

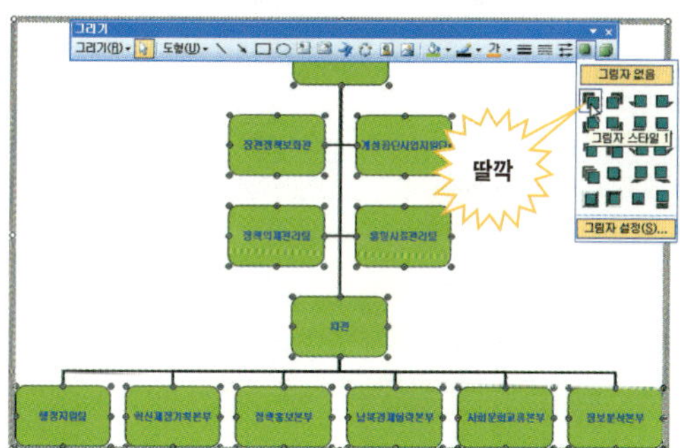

6. 최상위 조직도 상자만을 선택하고 빠른 메뉴를 실행하여 [도형 서식]을 선택하면 '도형 서식' 대화상자가 나타납니다. [색 및 선] 탭에서 조직도 상자의 채우기 색상을 지정합니다.

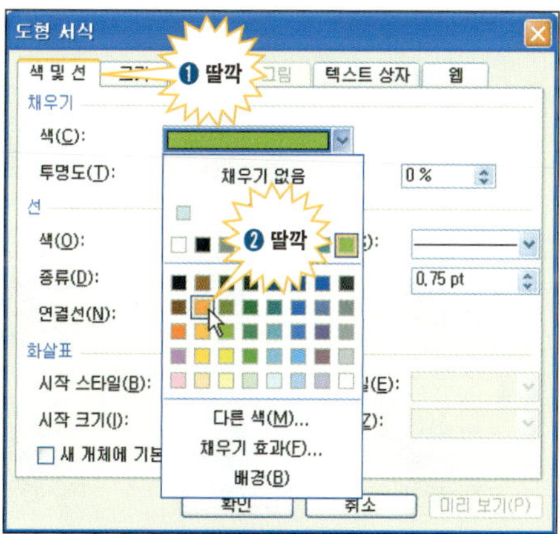

7. 선의 스타일 목록 버튼을 클릭하여 메뉴에서 적절한 스타일을 선택하고 〈확인〉 버튼을 클릭하여 대화상자를 닫습니다.

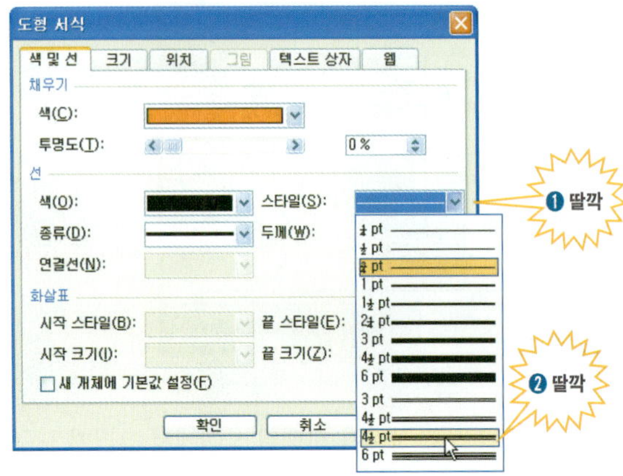

8. 계속해서 다른 조직도 상자에도 색상을 비롯한 서식을 변경하여 그림과 같은 형태로 조직도를 수정합니다.

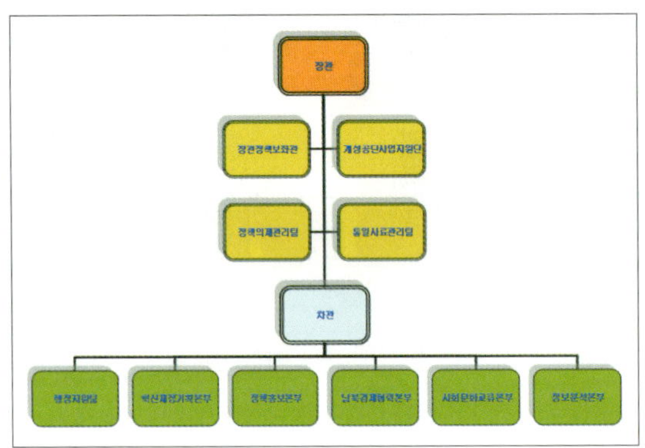

조직도 레이아웃 변경하기

현재 조직도의 폭이 넓어 많은 공간을 차지하므로 조직도의 레이아웃을 적절히 변경해 보도록 합시다.

1. 차관에 대한 조직도 상자만을 선택하고 조직도 도구 모음의 레이아웃 목록 버튼을 클릭하여 [양쪽 균등 배열]을 선택합니다.

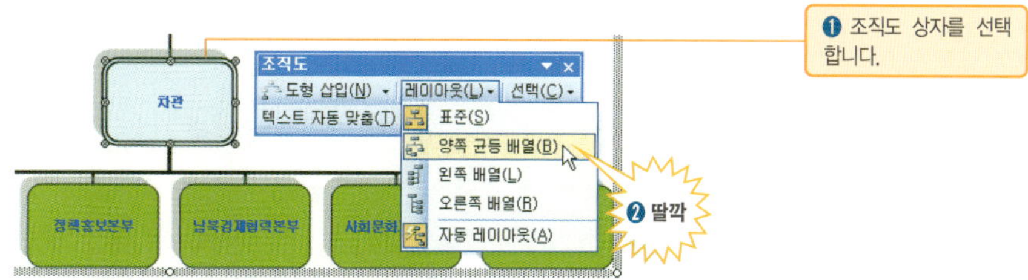

2. 조직에 따라 특정 조직에 대한 상자의 크기를 다르게 하고 싶다면 조직도 개체를 선택하고 조직도 도구 모음의 [레이아웃]-[자동 레이아웃]을 선택하여 해당 메뉴의 선택 상태를 취소합니다.

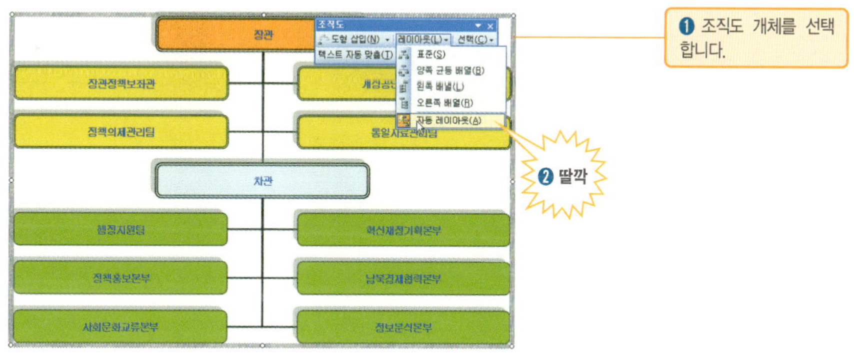

3. 원하는 조직도 상자의 테두리를 클릭하여 선택하고 크기 조절기를 드래그하여 적절히 크기를 조절한 후, 드래그하여 위치도 적절히 이동해줍니다.

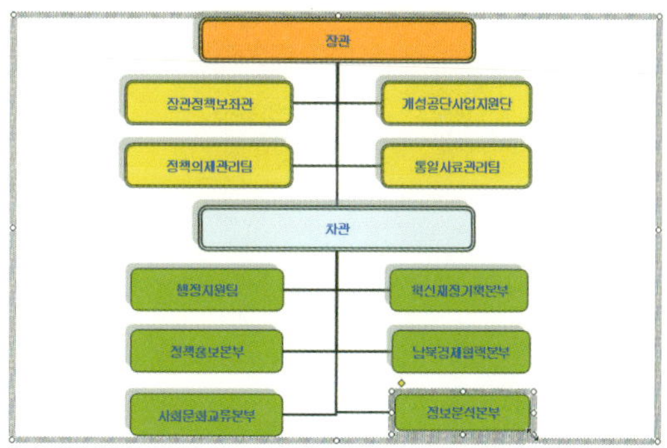

4. 조직도 개체가 선택된 상태에서 [그리기 도구 모음]의 [채우기 색] 도구를 사용하여 조직도의 배경 색상을 변경하고 전체 크기와 위치도 적절히 조절하여 조직도를 완성합니다.

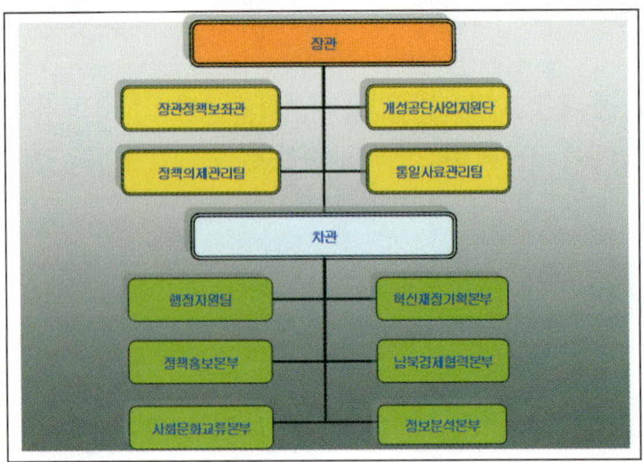

완성된 조직도

실무 활용 연습

EX 1   방사형 다이어그램 만들기

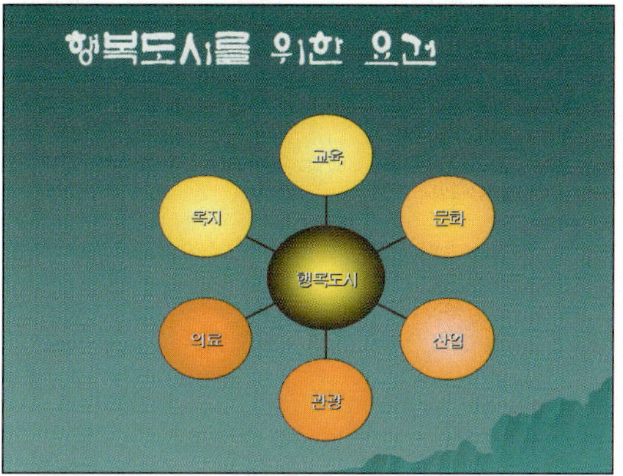

① 슬라이드 레이아웃 작업창에서 '빈 화면'을, 슬라이드 디자인 작업창에서 '절벽' 디자인 서식을 차례로 클릭하여 적용합니다.

② 그리기 도구 모음에서 '다이어그램 또는 조직도 삽입' 도구를 클릭하여 '다이어그램 갤러리' 대화상자가 나타나면 '방사형 다이어그램'을 선택합니다.

③ 슬라이드에 삽입된 다이어그램이 선택된 상태에서 다이어그램 도구 모음의 도형 삽입 버튼을 연속해서 3번 클릭하여 세 개의 원을 추가로 삽입합니다.

④ 다이어그램을 예쁘게 변경하기 위해 다이어그램 도구 모음의 [자동서식] 도구를 클릭하여 '다이어그램 갤러리' 대화상자를 열고 '불꽃'을 선택합니다.

⑤ 다이어그램 개체를 선택하고 크기와 위치를 변경합니다.

⑥ 중앙에 있는 원의 크기만 변경하기 위해 다이어그램 도구 모음의 레이아웃 목록을 열고 '자동 레이아웃'을 선택하여 해제 상태로 바꿉니다.

⑦ 원의 중심이 고정된 상태에서 원래의 비율로 크기만 변경하기 위해 Ctrl+Shift 키를 누른 채로 중앙의 원을 바깥쪽으로 조금 드래그합니다.

⑧ 각 원에 텍스트를 입력하고 글꼴과 크기, 색상 등을 지정합니다.

⑨ 텍스트 상자를 삽입하고 제목으로 나타날 텍스트를 입력합니다.

⑩ 텍스트 상자가 선택된 상태에서 적절한 글꼴을 지정하고 크기와 색상도 변경합니다.

⑪ 완성한 문서를 '행복도시요건.ppt' 파일로 저장합니다.

08

슬라이드 마스터 편집과 인쇄

프레젠테이션을 구성하고 있는 각 슬라이드는 일관적이며 통일성 있게 디자인해야 합니다. 슬라이드 마스터를 사용하면 전체 슬라이드에 동일한 요소와 서식이 적용되므로 반복 작업을 줄일 수 있으며 일관된 슬라이드를 만들 수 있습니다. 슬라이드 마스터는 별도의 파일로 저장할 수 있어 추후 재사용할 수 있고 다른 사람에게 배포할 수도 있습니다. 슬라이드 마스터와 제목 마스터의 편집에 대해 알아보고 슬라이드를 인쇄하는 여러 방법에 대해서도 자세히 살펴보겠습니다.

08-1   슬라이드 마스터란
08-2   슬라이드 제목 마스터란
08-3   슬라이드 마스터 디자인하기 1
08-4   슬라이드 마스터 디자인하기 2
08-5   머리글 및 바닥글 입력하기
08-6   슬라이드 마스터에 개체 삽입하기

08-7   유인물 마스터 적용하기
08-8   디자인 서식 파일 만들기
08-9   슬라이드의 인쇄
08-10   페이지 설정 대화상자
현장 실습   '전시회 프리뷰' 슬라이드 마스터 만들기
실무 활용 연습

실습 예제 미리보기   '전시회 프리뷰' 슬라이드 마스터 만들기

슬라이드 마스터를 사용하면 간단히 전체 슬라이드에 일관된 서식을 적용할 수 있습니다.

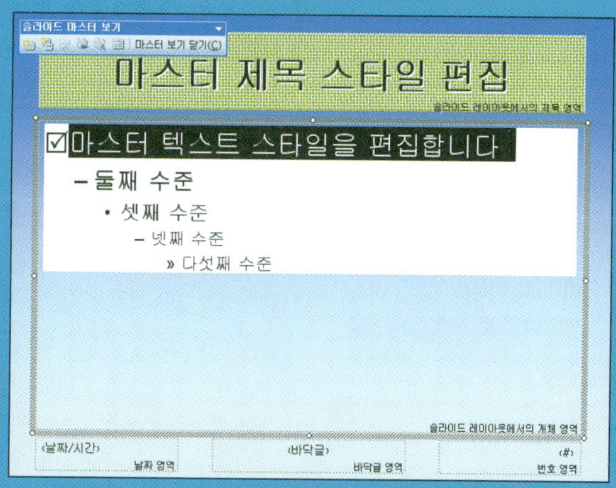

08-1 슬라이드 마스터란

슬라이드 디자인 작업창을 열고 원하는 디자인 서식 파일을 사용해 보았다면 간단히 클릭 한 번만으로 지정된 서식이 전체 슬라이드에 적용된다는 것을 알 수 있을 것입니다. 이처럼 슬라이드 마스터도 슬라이드의 배경을 비롯하여, 제목 서식, 본문 텍스트 등의 서식을 미리 지정해 만들어놓고 간단히 적용함으로써 프레젠테이션을 구성하고 있는 모든 슬라이드에 적용하도록 해줍니다.

• 슬라이드 마스터를 작성하면 슬라이드 마스터에서 지정한 서식이 편집 중인 모든 슬라이드에 동시에 적용됩니다.

• 슬라이드 마스터에 바닥글, 클립아트, 그림 등을 삽입하면 모든 슬라이드에 자동으로 나타납니다. 따라서 많은 슬라이드를 작성할 때 동일 작업을 반복할 필요가 없습니다.

• [보기]→[마스터]→[슬라이드 마스터] 메뉴를 선택하면 슬라이드 편집 화면이 슬라이드 마스터 편집 화면으로 바뀌어 나타납니다.

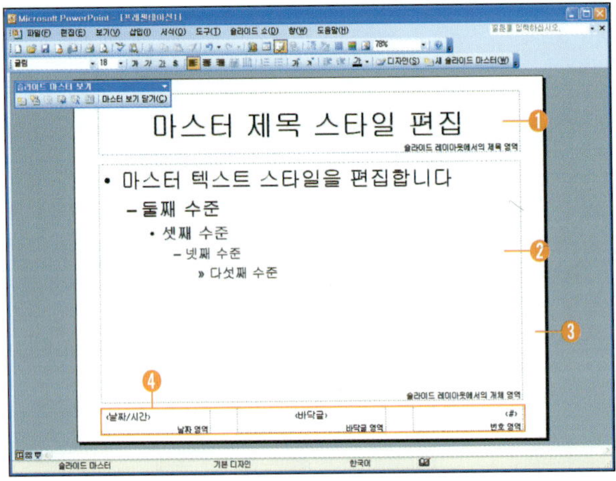

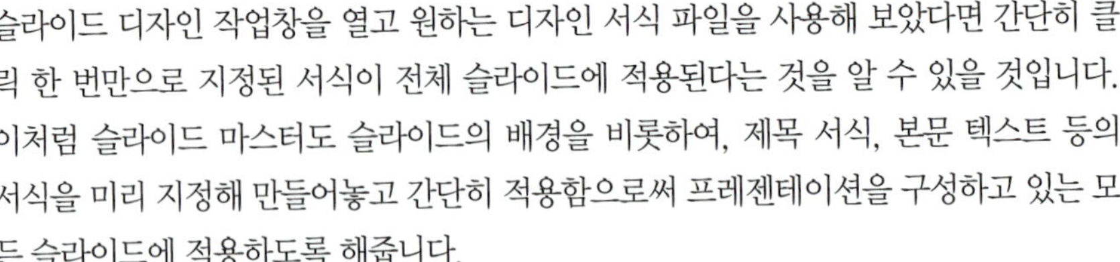

❶ **제목 영역** : 슬라이드에 적용할 제목 상자의 서식을 지정합니다.

❷ **개체 영역** : 슬라이드에 적용할 텍스트 상자의 서식을 지정합니다. 글머리 기호로 지정이 가능하며 그림, 클립아트, 차트 등의 개체를 삽입하는 경우에도 모든 슬라이드에 그대로 적용되어 나타납니다.

❸ **배경** : 슬라이드에 적용할 배경을 지정하는 영역입니다.

❹ **날짜 · 바닥글 · 번호 영역** : 슬라이드에 표시할 날짜 · 바닥글 · 번호를 지정하는 영역입니다.

• 슬라이드 마스터의 각 영역에는 이미 텍스트가 나타나는데 이것은 편집하여 지정한 서식을 미리 보여줄 뿐입니다. 내용을 새로 입력해도 슬라이드에서는 보이지 않습니다.

08-2 슬라이드 제목 마스터란

프레젠테이션 문서의 첫 번째 슬라이드는 보통, 제목 영역과 부제목 영역으로 구성되어 있습니다. 이것을 제목 슬라이드라고 부릅니다. 제목 영역과 개체 영역으로 구성되어 있는 슬라이드 마스터를 제목 슬라이드에 적용하면 디자인이 어울리지 않으므로 제목 슬라이드에 적합한 디자인으로 서식을 지정해주는 슬라이드인 제목 마스터가 필요합니다. 제목 마스터는 제목 슬라이드 레이아웃을 적용한 슬라이드에만 적용되며 슬라이드 마스터 없이 제목 마스터만을 삽입할 수는 없습니다.

• 슬라이드 제목 마스터를 삽입하려면 슬라이드 마스터 편집 화면에서 제목 마스터를 삽입할 슬라이드 마스터를 선택하고 [삽입]→[새 제목 마스터]를 선택하거나 '슬라이드 마스터 보기' 도구 모음에서 '새 제목 마스터 삽입' 도구를 클릭합니다. 어느 방법으로든 다음과 같이, 슬라이드 마스터와 연결된 제목 마스터가 삽입되어 나타납니다.

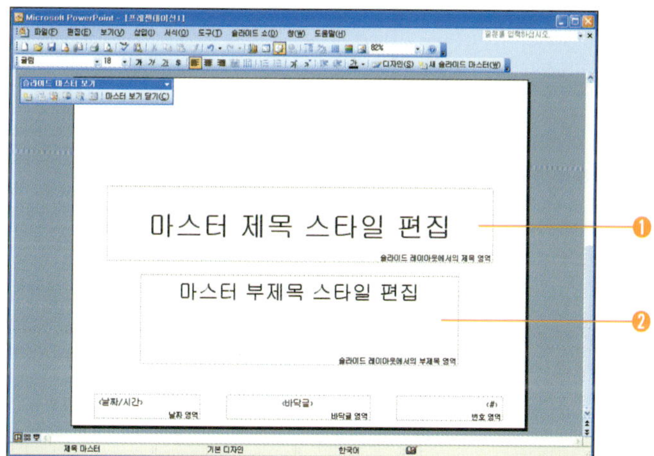

❶ 제목 영역 : '제목 슬라이드' 레이아웃의 제목 상자에 해당하는 영역입니다. 슬라이드의 제목에 대한 서식이나 위치 등을 지정합니다.

❷ 부제목 영역 : '제목 슬라이드' 레이아웃의 부제목 상자에 해당하는 영역입니다. 슬라이드의 부제목에 대한 서식이나 위치 등을 지정합니다.

'슬라이드 마스터 보기' 도구 모음

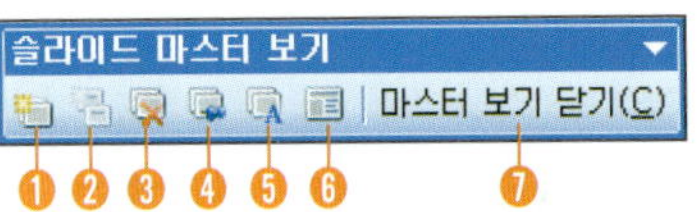

❶ **새 슬라이드 마스터 삽입** : 새 슬라이드 마스터를 삽입합니다. 여러 슬라이드 마스터 중에서 슬라이드에 적용된 마스터는 슬라이드 디자인 작업창의 [이 프레젠테이션에 사용된 서식 파일] 목록에 나타납니다.

❷ **새 제목 마스터 삽입** : 새 제목 마스터를 삽입합니다.

❸ **마스터 삭제** : 선택한 슬라이드 마스터나 제목 마스터를 삭제합니다.

❹ **마스터 유지** : 현재 슬라이드 마스터와 제목 마스터를 유지합니다.

❺ **마스터 이름 바꾸기** : 슬라이드 마스터와 제목 마스터의 이름을 바꿉니다.

❻ **마스터 레이아웃** : 기본적으로 나타나는 슬라이드 마스터의 특정 영역을 삭제했다면 해당 영역이 다시 나타나도록 지정할 수 있게 [마스터 레이아웃] 대화상자를 엽니다.

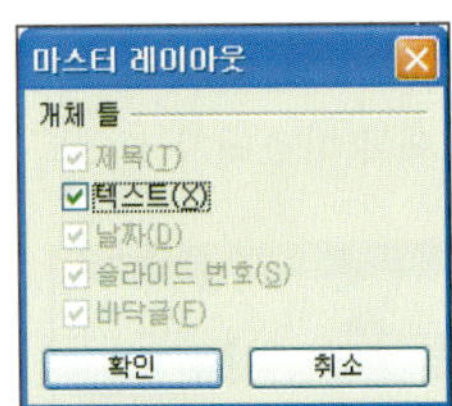

❼ **마스터 보기 닫기** : 슬라이드 마스터나 제목 마스터 편집 화면을 닫고 슬라이드 편집 화면으로 돌아갑니다.

08-3 | 슬라이드 마스터 디자인하기 1

슬라이드 마스터 배경 설정

가장 먼저 배경 영역의 색상이나 디자인 서식 파일 등을 적용합니다. 슬라이드 마스터 편집 화면에서 슬라이드 바탕 영역의 빠른 메뉴를 실행하고 [배경]을 선택하여 '배경' 대화상자를 열어 작업합니다.

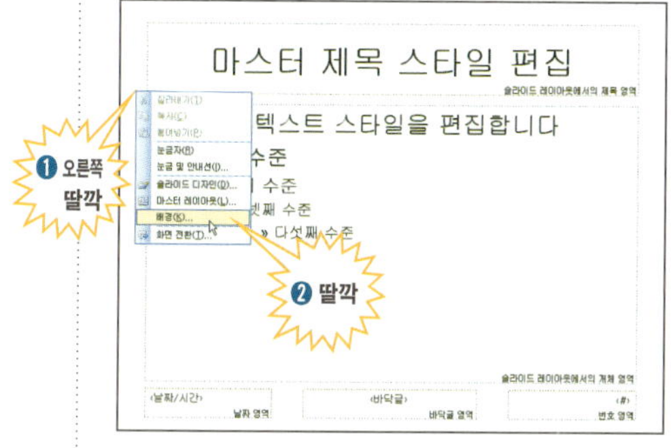
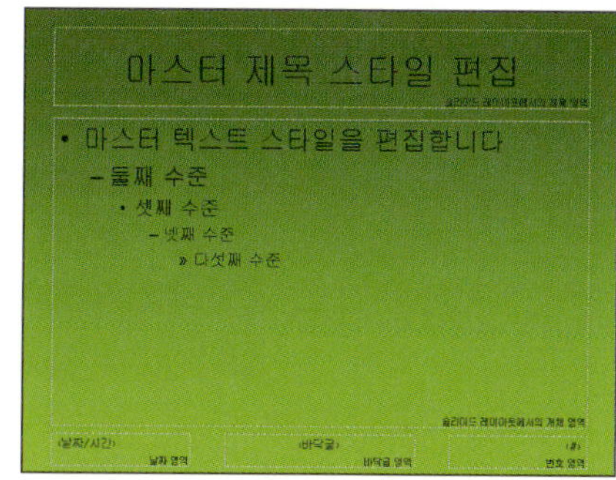

제목 상자의 서식 편집

제목 상자의 빠른 메뉴에서 [개체 틀 서식]을 선택하여 '도형 서식' 대화상자를 열고, 색상이나 무늬, 그라데이션, 크기, 위치 등을 설정합니다.

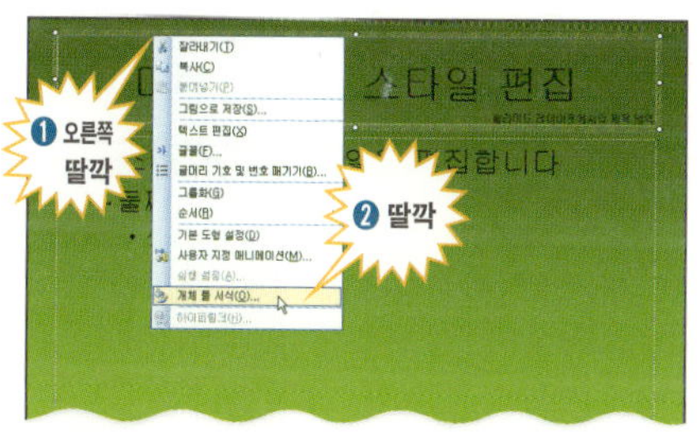
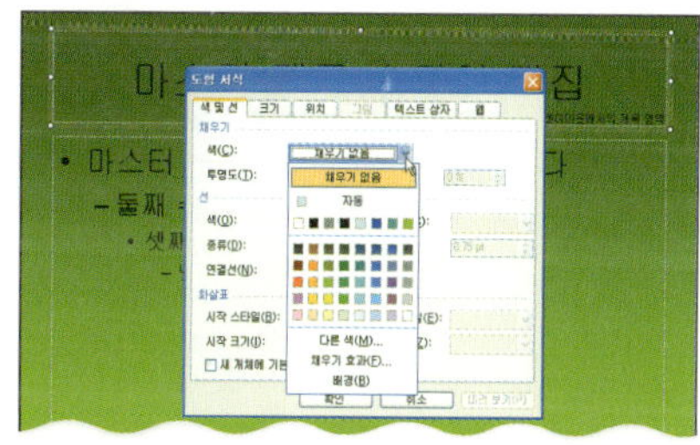

제목 상자의 글꼴 설정

제목 상자의 빠른 메뉴에서 [글꼴]을 선택하여 '글꼴' 대화상자를 열고, 글꼴, 글꼴 스타일, 크기, 색상 등을 설정합니다.

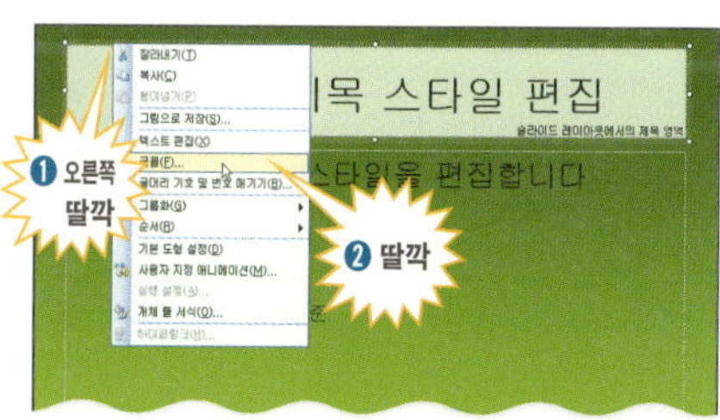
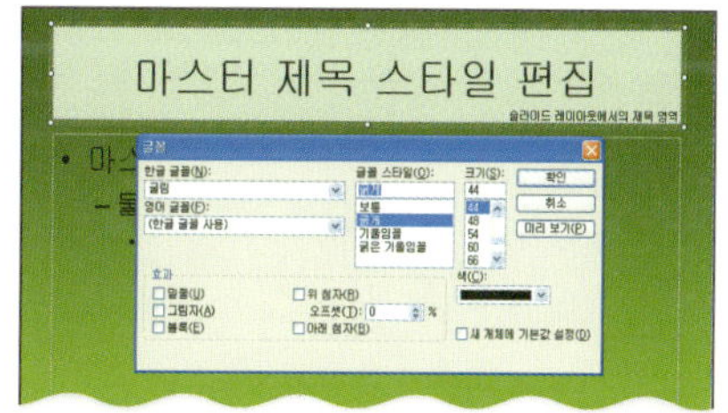

08-4 슬라이드 마스터 디자인하기 2

글머리 기호 및 번호 지정

개체 영역에서 글머리 기호를 변경할 단락을 블록으로 지정하고 [서식]→[글머리 기호 및 번호 매기기] 메뉴를 선택하여 '글머리 기호 및 번호 매기기' 대화상자가 나타나면 [글머리 기호] 탭과 [번호] 탭에서 각각 글머리나 번호를 해당 영역에 지정할 수 있습니다.

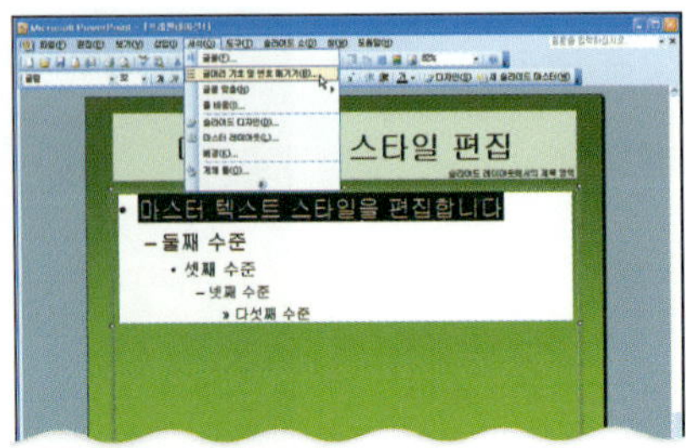
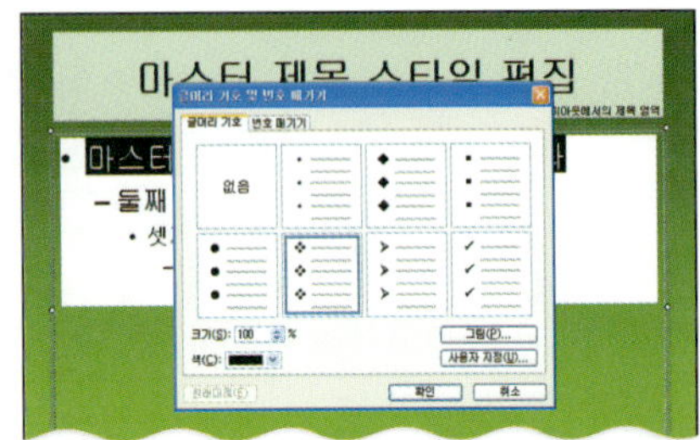

영역의 크기 조절과 위치 이동

각 영역의 테두리를 클릭하여 조절점을 드래그하면 해당 영역의 크기를 조절할 수 있으며 테두리를 드래그하면 영역의 위치를 변경할 수 있습니다.

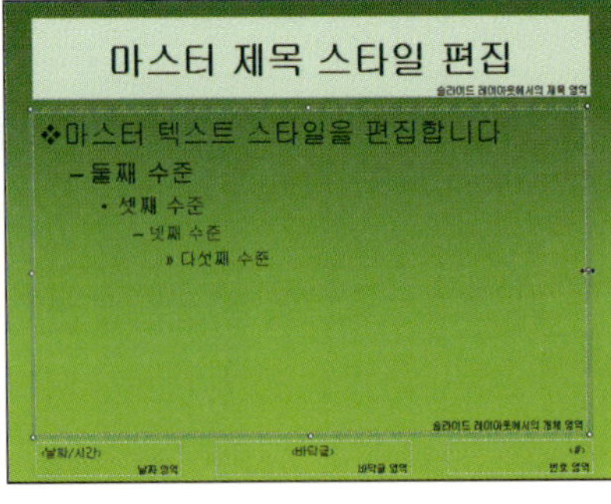
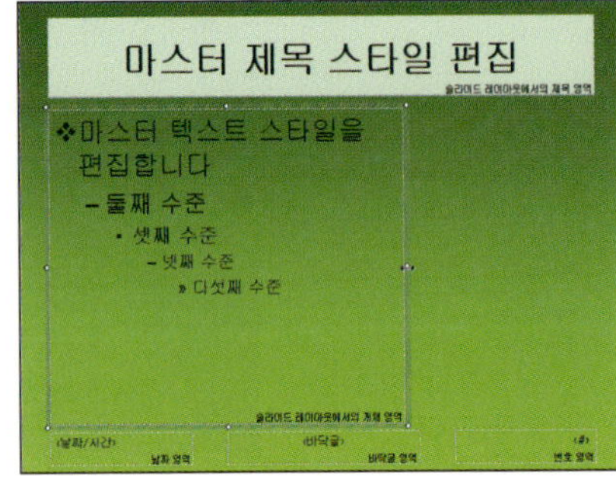

다음과 같이 슬라이드 마스터의 서식을 설정해 보세요.

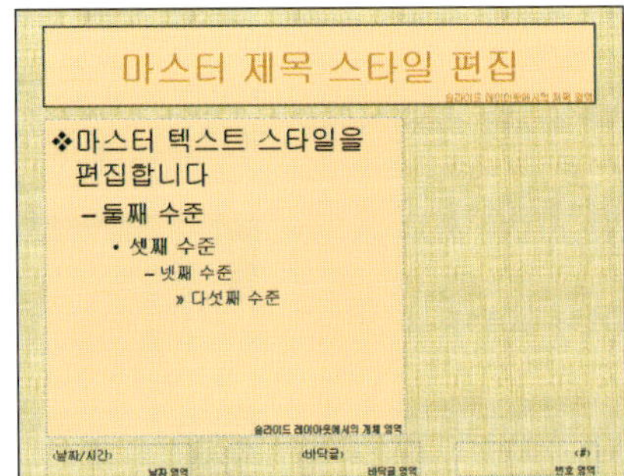

08-5 머리글 및 바닥글 입력하기

[보기]→[머리글/바닥글] 메뉴를 선택하여 [머리글/바닥글] 대화상자가 나타나면 날짜와 시간 슬라이드 번호, 바닥글 등을 적용할 수 있습니다.

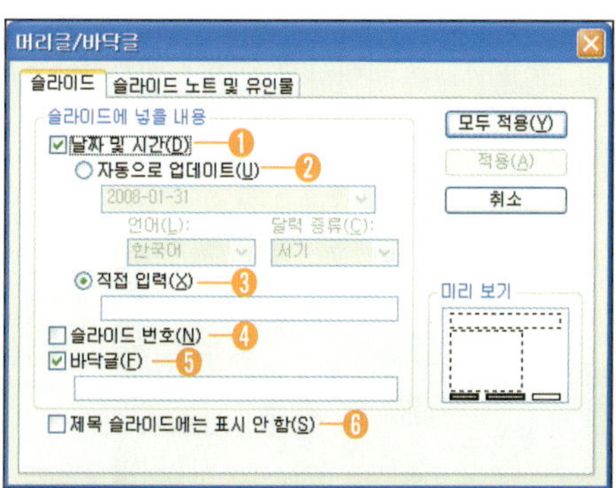

Note

바닥글에 서식 지정하기
슬라이드 마스터 화면에서 머리글 및 바닥글 영역을 선택하고 개체의 서식을 변경할 수 있지만 기본적으로 나타나 있는 바닥글, 슬라이드 번호, 날짜 영역 등은 사용자가 자유롭게 서식을 지정하기 불편합니다. 따라서 Delete 키를 눌러 일단 해당 요소를 삭제한 다음, 직접 텍스트 상자를 삽입하여 지정해 주는 것이 편리합니다.

① **날짜 및 시간** : 바닥글에 날짜 및 시간을 표시하려면 클릭하여 체크 상태로 바꿉니다.
② **자동으로 업데이트** : 현재의 시스템 날짜가 자동으로 지정됩니다.
③ **직접 입력** : 직접 원하는 날짜를 입력합니다.
④ **슬라이드 번호** : 선택하면 슬라이드 번호가 슬라이드에 표시됩니다.
⑤ **바닥글** : 바닥글 입력란에 입력한 텍스트가 바닥글에 나타나도록 합니다.
⑥ **제목 슬라이드에는 표시 안함** : 제목 슬라이드에는 대화상자에서 지정된 날짜 및 시간, 바닥글, 슬라이드 번호 등이 나타나지 않도록 합니다.

self test

다음과 같이 바닥글의 서식을 변경해 보세요.

다음과 같은 바닥글이 나타나도록 바닥글의 서식과 날짜, 슬라이드 번호, 바닥글 등을 지정해 보세요.

2008-01-31	성진무역 실적보고	1

08-6 슬라이드 마스터에 개체 삽입하기

마스터 슬라이드에는 그림이나 클립아트 등의 개체를 삽입할 경우, 프레젠테이션의 모든 슬라이드에도 삽입된 개체가 나타나게 됩니다.

[삽입]→[그림]→[그림 파일] 메뉴를 선택하여 그림 파일을 삽입합니다.

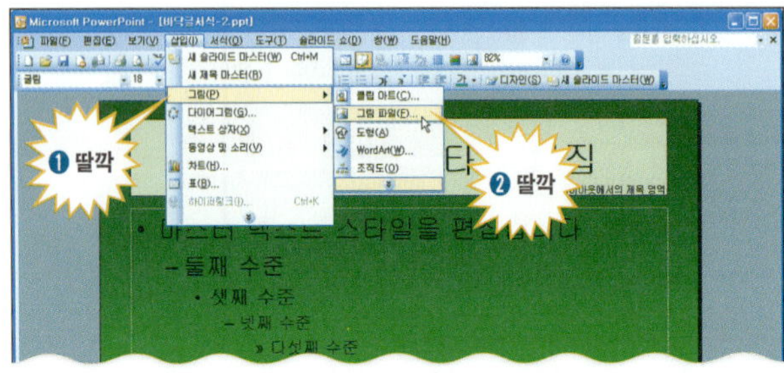

'그림 삽입' 대화상자가 나타나면 원하는 그림 파일을 선택하고 〈삽입〉 버튼을 클릭합니다.

Note

그림 미리보기
'그림 삽입' 대화상자의 보기 목록에서 '미리보기'를 선택하면 좌측의 파일 목록을 선택한 그림의 썸네일이 우측에 나타나므로 원하는 그림을 쉽게 선택할 수 있습니다.

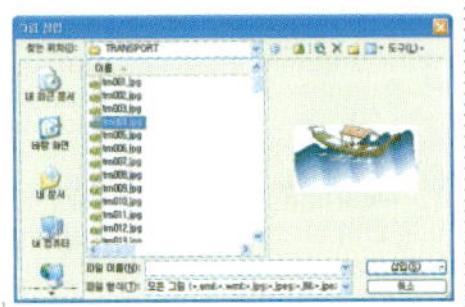

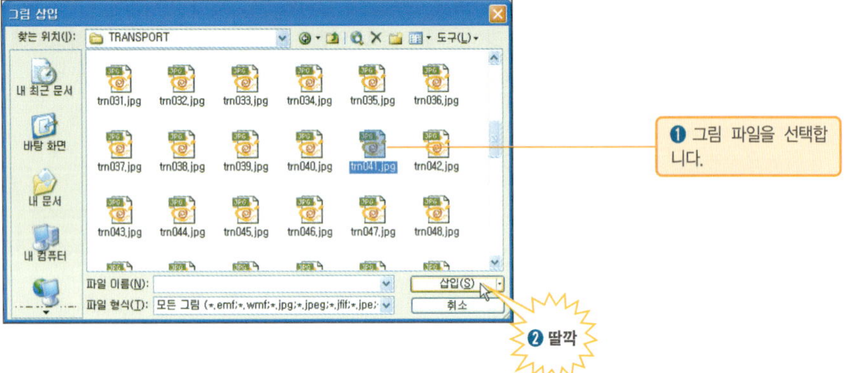

그림이 삽입되면 삽입된 그림을 선택하고 크기 조절점을 드래그하여 적절히 크기를 조절하고 테두리를 드래그하여 위치도 변경합니다.

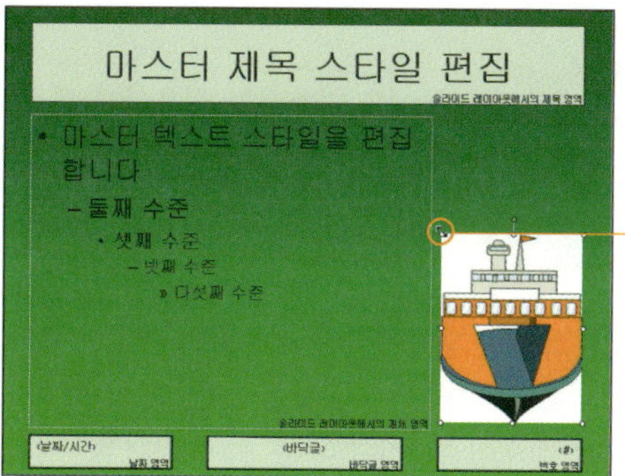

조절점을 드래그하여 크기를 적절히 조절합니다.

데이터를 차트 형태로 발표하는 프레젠테이션을 시작한다는 의미에서 슬라이드 제목 마스터에 임의의 차트를 삽입해 보세요. 슬라이드에 아무 차트나 만들고 차트를 그림으로 저장한 다음, 이것을 불러와 삽입하면 됩니다.

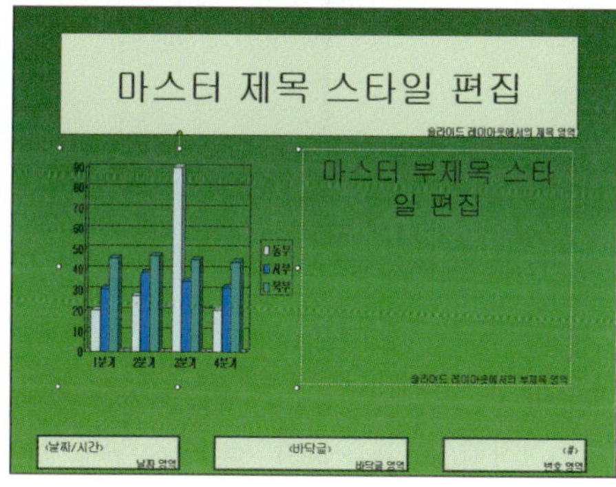

08-7 유인물 마스터 적용하기

슬라이드와 마찬가지로 유인물에도 마스터를 적용하고 편집할 수 있습니다. 슬라이드 유인물에도 로고나 배경, 페이지 번호 등을 삽입할 수 있으며 적절히 서식을 적용하여 편집하면 인쇄한 것보다 훨씬 정돈된 느낌의 유인물을 만들 수 있습니다.

[보기]→[마스터]→[유인물 마스터] 메뉴를 선택하여 유인물 마스터 편집 화면으로 전환합니다. 유인물 마스터는 한 페이지에 들어갈 슬라이드의 개수와 머리글, 날짜, 바닥글, 번호 영역 등으로 구성되어 있습니다.

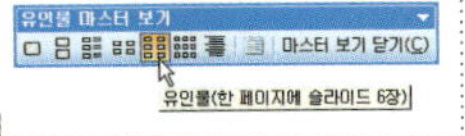

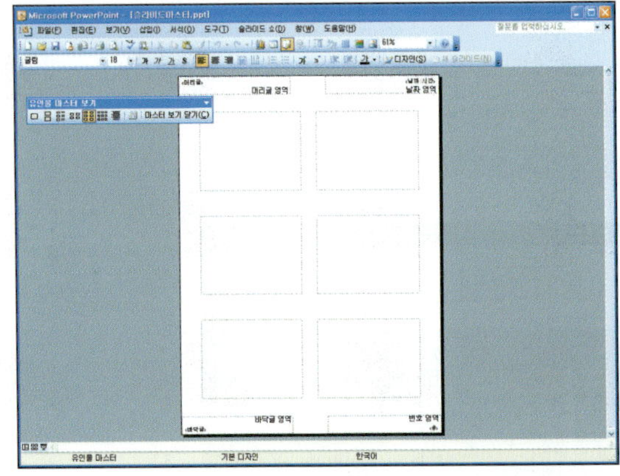

유인물에 머리글 및 바닥글을 표시하기 위해 [보기]→[머리글/바닥글] 메뉴를 선택하여 '머리글/바닥글' 대화상자를 엽니다. 슬라이드 마스터와 마찬가지로 [슬라이드 노트 및 유인물] 탭에서 날짜, 시간, 머리글, 바닥글을 입력할 수 있습니다.

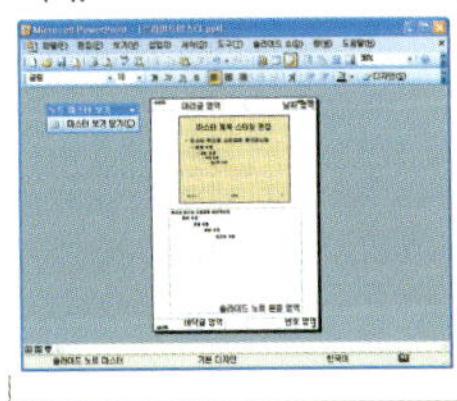

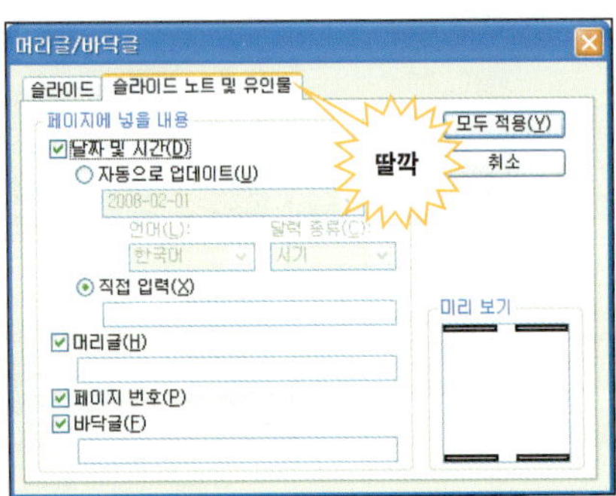

오늘 날짜와 현재 시간과 머리글, 페이지 번호, 바닥글 등이 자동으로 나타나는 유인물 마스터를 만들어 보세요.

08-8 디자인 서식 파일 만들기

사용자가 원하는 서식을 지정하여 디자인한 슬라이드 마스터는 파일로 저장하여 디자인 서식 파일로 사용할 수 있습니다. 슬라이드 마스터를 디자인 서식 파일로 저장하려면 '*.pot' 확장자 파일로 저장해야 합니다.

따라하기 ▶

■ 슬라이드 마스터를 디자인 서식 파일로 저장하기

1. 슬라이드 마스터에서 원하는 서식을 지정한 후, [파일]→[다른 이름으로 저장] 메뉴를 선택합니다.

2. '다른 이름으로 저장' 대화상자가 나타납니다. 파일 형식 목록 버튼을 클릭하고 [디자인 서식 파일(*.pot)]를 선택합니다.

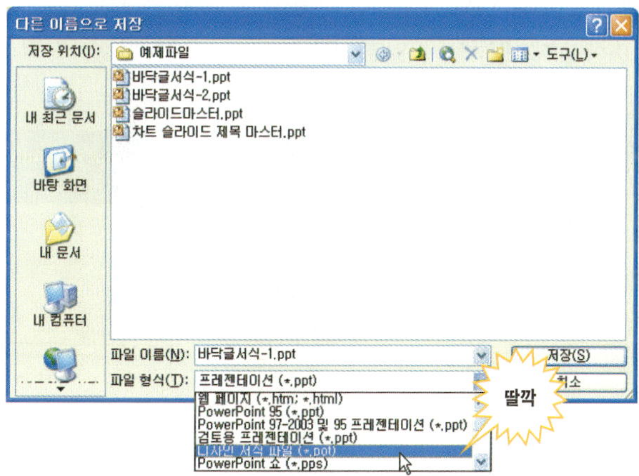

3. 적절한 폴더로 이동하여 파일 이름을 입력하고 〈저장〉 버튼을 클릭합니다.

4. 새 프레젠테이션 문서를 시작하고 [서식]→[슬라이드 디자인] 메뉴를 선택하여 슬라이드 디자인 작업창이 나타나면 작업창 아래에 있는 '찾아보기'를 클릭합니다. '디자인 서식 파일 적용' 대화상자에서 앞에서 저장한 디자인 서식 파일을 선택하고 〈적용〉 버튼을 클릭하면 현재 슬라이드에 해당 서식이 적용됩니다.

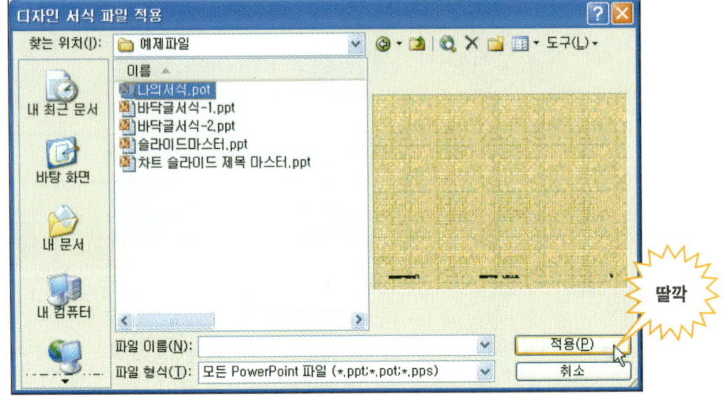

다음과 같이 나타나도록 슬라이드 마스터와 제목 슬라이드 마스터를 작성하고 '편한 벽지'라는 이름의 디자인 서식 파일로 저장해 보세요.

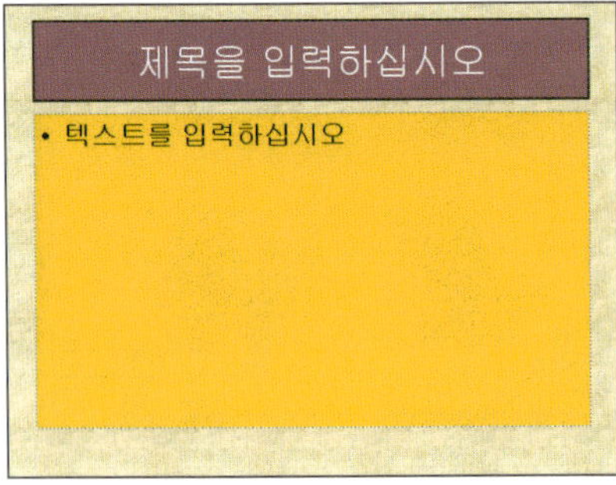

슬라이드 마스터

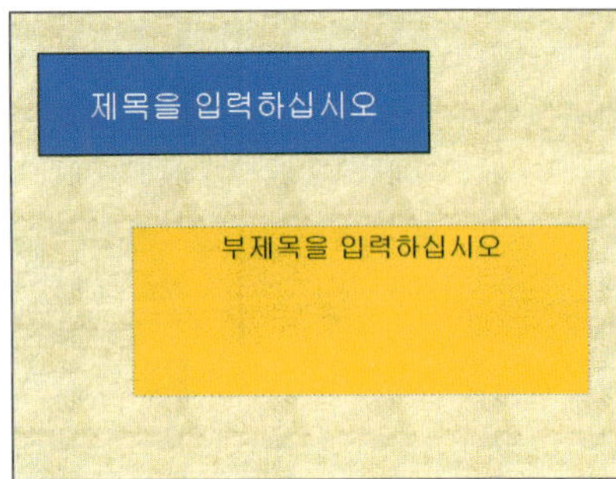

제목 슬라이드 마스터

08-9 | 슬라이드의 인쇄

인쇄를 목적으로 하는 문서도 예쁘게 꾸미기 위해 파워포인트를 사용해 작성하는 경우가 빈번하므로 인쇄 관련 기능도 잘 익혀두어야 합니다. 슬라이드를 인쇄하려면 [파일]→[인쇄] 메뉴를 선택합니다. 다음과 같은 '인쇄' 대화상자가 나타납니다.

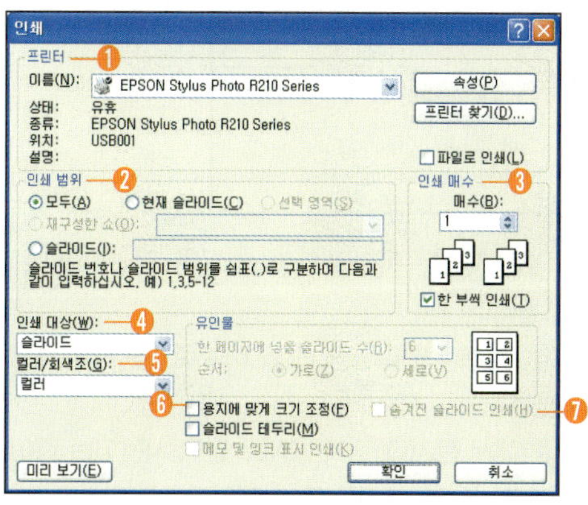

① 프린터 : 슬라이드를 인쇄할 프린터의 기종을 선택합니다. 〈속성〉 버튼을 클릭하면 선택한 프린터의 등록 정보를 설정할 수 있습니다. 인쇄물의 해상도와 용지, 레이아웃 등을 정확히 설정해두어야 의도하는 결과물을 얻을 수 있습니다.

② 인쇄 범위 : 인쇄할 슬라이드의 범위를 지정합니다.

- **모두** : 프레젠테이션에 포함되어 있는 모든 슬라이드를 인쇄합니다.
- **현재 슬라이드** : 현재 열려 있는 슬라이드만 인쇄합니다.
- **선택 영역** : 편집 중인 슬라이드의 일부만 선택하여 인쇄합니다.
- **슬라이드** : 특정 페이지만을 골라 인쇄합니다. 비연속적인 슬라이드는 쉼표(,), 연속적인 슬라이드는 대시(-)를 사용합니다. 예를 들어, 5, 7, 9, 10, 11, 12 번 슬라이드를 인쇄하려면 입력란에 '5, 7, 9-12' 로 입력합니다.

③ 인쇄 매수 : 같은 슬라이드를 여러 장 인쇄할 때 인쇄 매수를 지정합니다. '한 부씩 인쇄' 항목을 선택하면 슬라이드의 처음과 끝을 모두 인쇄한 뒤 다시 처음부터 인쇄합니다.

④ 인쇄 대상 : 슬라이드, 유인물, 슬라이드 노트, 개요 보기를 선택하여 인쇄할 수 있습니다.

⑤ 컬러/회색조 : 슬라이드를 인쇄할 색상을 선택합니다.

- **회색조** : 컬러 슬라이드를 회색조(그레이스케일)로 인쇄합니다.
- **흑백** : 슬라이드를 검정색과 흰색 등 두 가지 색상으로만 인쇄합니다.
- **애니메이션 포함** : 애니메이션을 아이콘으로 인쇄합니다.

⑥ 용지에 맞게 크기 조정 : 인쇄용지에 슬라이드의 크기를 맞춰 인쇄합니다.

⑦ 숨겨진 슬라이드 인쇄 : 숨겨진 슬라이드도 포함하여 인쇄합니다.

Note

도구 모음의 '인쇄' 아이콘 사용 시 주의 사항

인쇄와 관련된 여러 옵션을 설정하고 인쇄하려면 반드시 [파일]→[인쇄] 메뉴를 선택하십시오. 다른 프로그램처럼 도구 모음에 있는 '인쇄' 아이콘을 클릭할 경우, '인쇄' 대화상자가 나타나지 않고 곧바로 인쇄가 진행되므로 주의해야 합니다.

Note

선택 영역 인쇄하기

개요 및 슬라이드 창이나 여러 슬라이드 보기 화면에서 인쇄할 슬라이드를 미리 선택한 후, '인쇄' 대화상자를 열면 인쇄 범위의 '선택 영역' 옵션이 활성화되어 원하는 영역만 인쇄할 수 있습니다.

08-10 페이지 설정 대화상자

슬라이드를 인쇄하려면 먼저 '페이지 설정' 대화상자에서 인쇄할 종이에 맞게 슬라이드의 크기나 방향 등을 설정해주어야 합니다. [파일]→[페이지 설정] 메뉴를 선택하면 다음과 같은 '페이지 설정' 대화상자가 나타납니다.

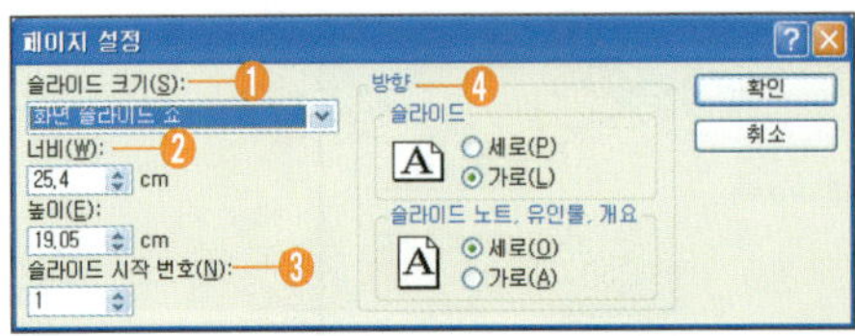

❶ **슬라이드 크기** : 출력하려는 목적에 따라 슬라이드의 크기를 설정합니다. 설정한 크기는 모든 슬라이드에 적용됩니다.

- **화면 슬라이드 쇼** : 가로 : 세로 = 4 : 3의 비율로, 모니터나 프로젝터를 사용하여 프레젠테이션할 때 사용합니다.
- **Letter 용지** : 서양에서 문서나 편지 용지로 많이 사용되는 종이 크기입니다.
- **A3 용지** : A4 용지의 두 배 크기로 많은 데이터를 포함하고 있는 도표를 출력할 때 사용합니다.
- **A4 용지** : 가장 많이 사용하는 용지 크기로 복사나 보고서 출력 등에 흔히 사용합니다.
- **35mm 슬라이드** : 가로 : 세로 = 3 : 2의 비율로, 35mm 슬라이드 필름 제작에 사용합니다.
- **오버헤드** : OHP 필름으로 프레젠테이션할 때 사용하며 A4 용지보다 약간 작은 크기입니다.
- **배너** : 보고서나 결재용 문서의 표지 작성에 사용합니다.
- **사용자 정의** : 슬라이드의 너비와 높이를 사용자 임의로 지정할 수 있습니다.

❷ **너비/높이** : 용지의 너비와 높이를 지정합니다.

❸ **슬라이드 시작 번호** : 슬라이드를 인쇄할 때 인쇄를 시작할 슬라이드의 번호를 지정합니다. 예를 들어, 슬라이드 시작 번호를 '0'으로 설정하면 첫 번째 슬라이드가 0번이 되므로 두 번째 슬라이드가 1번이 됩니다.

❹ **방향** : 슬라이드나 슬라이드 노트, 유인물 등이 인쇄되는 방향을 가로나 세로 중에서 선택하여 지정합니다.

앞에서 작성했던 '통일부조직도.ppt' 파일을 불러온 다음, '슬라이드 크기'를 'A4 Paper'로 지정하고 시스템에 연결된 프린터로 인쇄해 보세요.

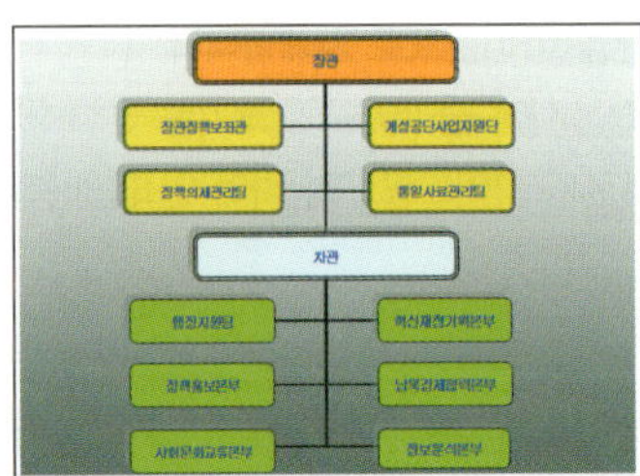

현장 실습   '전시회 프리뷰' 슬라이드 마스터 만들기

슬라이드 마스터의 배경과 제목 영역, 그리고 개체 영역의 글머리 기호와 바닥글 등을 편집하여
디자인 서식 파일로 저장하는 방법에 대해 알아봅시다.

배경과 제목 영역 편집

1. 새 프레젠테이션 문서를 열고 [보기]→[마스터]→[슬라이드 마스터] 메뉴를 선택합니다.

2. 슬라이드 마스터 편집화면으로 전환됩니다. 슬라이드의 바탕 영역에서 빠른 메뉴를
실행하고 [배경] 메뉴를 선택합니다.

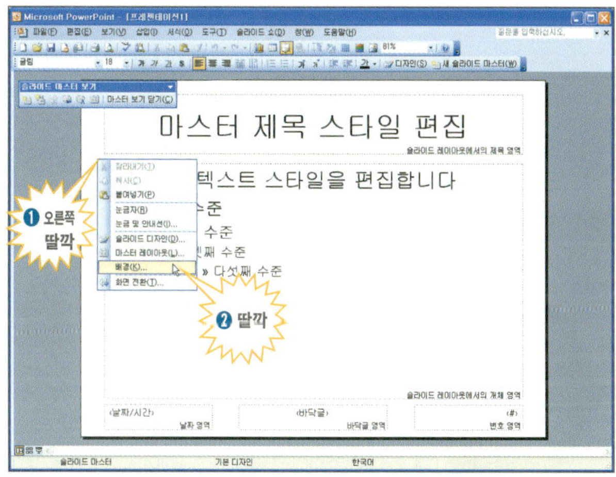

3. '배경' 대화상자에서 배경색 목록 버튼을 클릭하고 [채우기 효과]를 선택합니다.

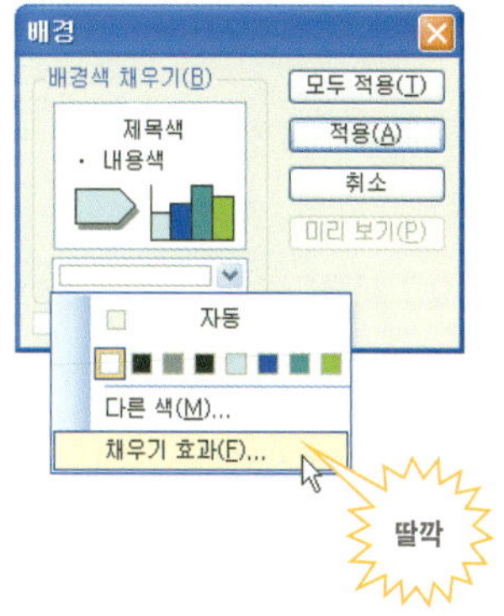

4. '채우기 효과' 대화상자에서 [그라데이션] 탭의 '색' 에서 '두 가지 색' 을, '색 1' 의 목록에서 '다른 색' 을 차례로 선택합니다.

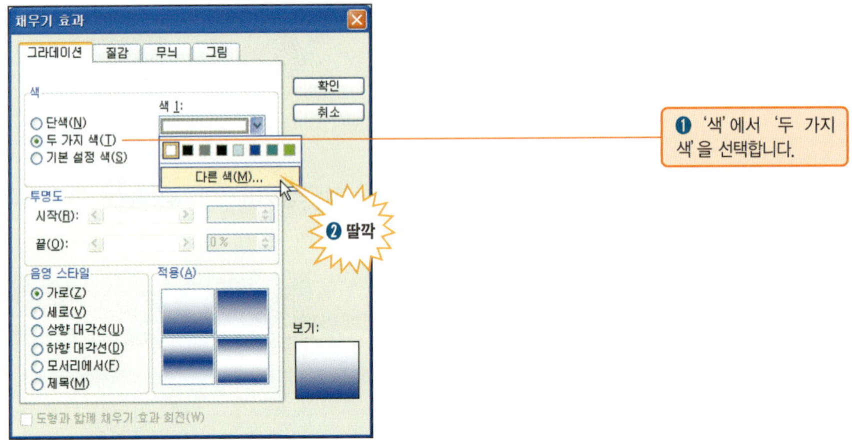

5. '색' 대화상자가 나타나면 파란색을 선택하고 〈확인〉 버튼을 클릭합니다.

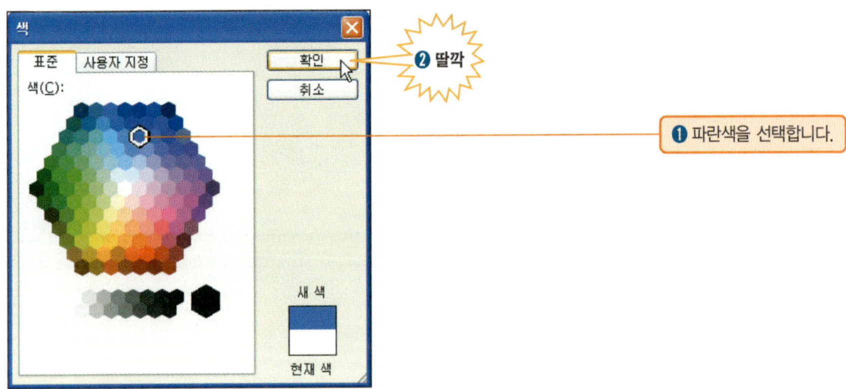

6. 같은 방식으로 '색 2' 목록에서 '다른색' 을 선택하고 '색' 대화상자에서 하늘색을 선택한 후 〈확인〉 버튼을 클릭하여 '채우기 효과' 대화상자에서 〈확인〉 버튼을 클릭합니다.

7. '배경' 대화상자로 돌아와 〈모두 적용〉 버튼을 클릭하면 슬라이드 마스터의 배경에 지정한 그라데이션이 적용됩니다.

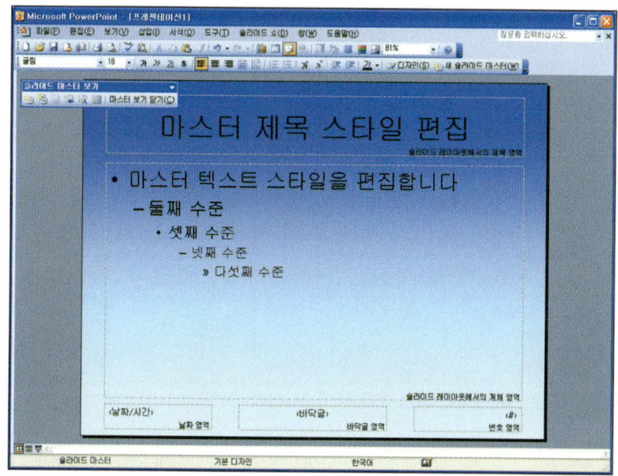

8. 제목 상자의 테두리 부분을 클릭하고 빠른 메뉴를 실행하여 [개체 틀 서식] 메뉴를 선택하면 '도형 서식' 대화상자가 나타납니다. [색 및 선] 탭에서 '색' 목록 버튼을 클릭하고 '채우기 효과'를 선택합니다.

9. ‘채우기 효과’ 대화상자의 [무늬] 탭에서 ‘전경’ 목록을 열고 흰색을 선택합니다.

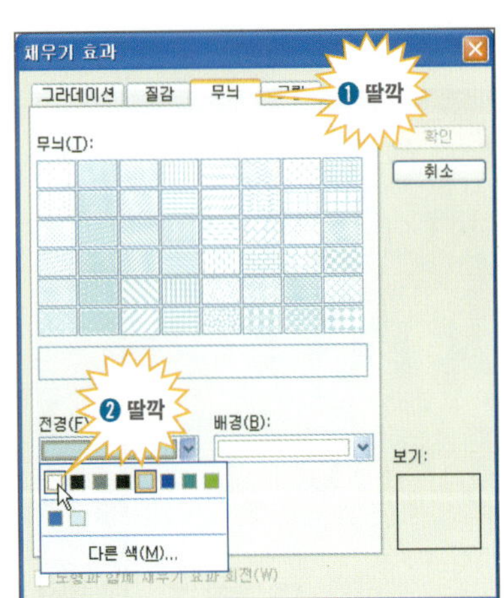

10. 계속해서 ‘배경’ 목록을 열고 연두색을 선택합니다.

Note

원하는 색상이 없다면
배경 목록에 원하는 색상이 없다면 [다른 색]을 클릭합니다. ‘색’ 대화상자가 나타나 다양한 색상을 선택할 수 있습니다.

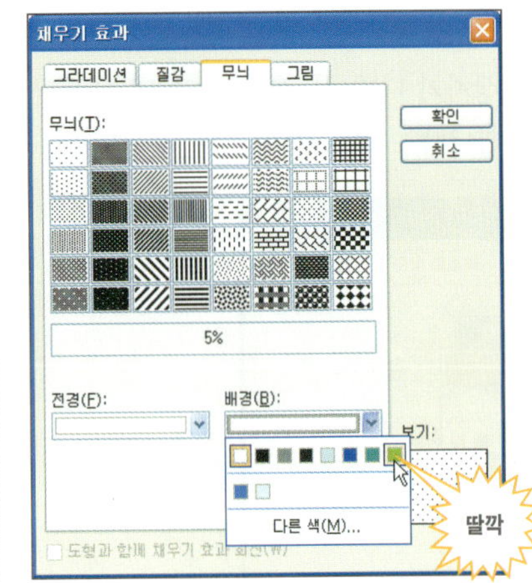

11. 무늬 종류에서 그림과 같은 무늬를 선택하고 〈확인〉 버튼을 클릭합니다.

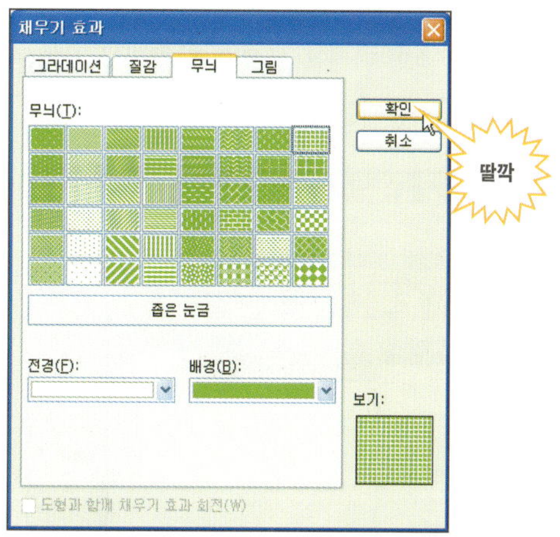

12. '도형 서식' 대화상자에서 〈확인〉 버튼을 클릭하면 지정한 서식으로 제목 영역의 배경이 나타나는 것을 볼 수 있습니다. 다시 제목 상자의 빠른 메뉴를 실행하고 [글꼴] 메뉴를 선택합니다.

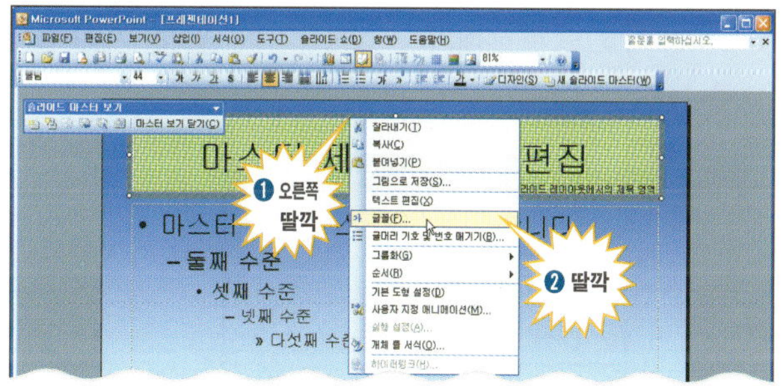

13. '글꼴' 대화상자에서 적절한 글꼴과 '굵게', '그림자' 등을 선택하고 〈확인〉 버튼을 클릭합니다.

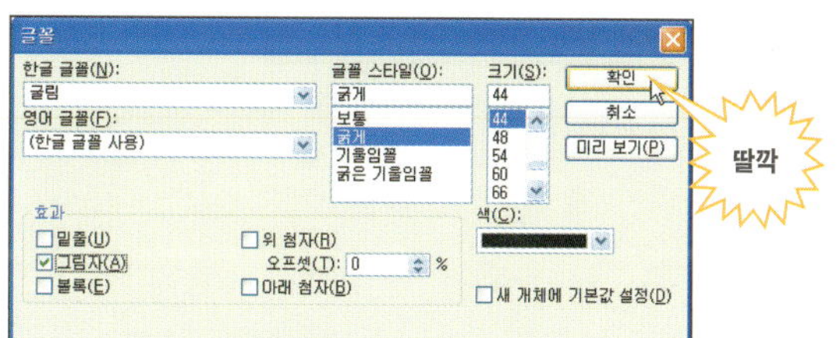

글머리 기호와 바닥글 편집

1. 개체 영역에서 첫째 수준의 단락을 블록으로 지정하고 빠른 메뉴를 실행하여 [글머리 기호 및 번호 매기기] 메뉴를 선택합니다.

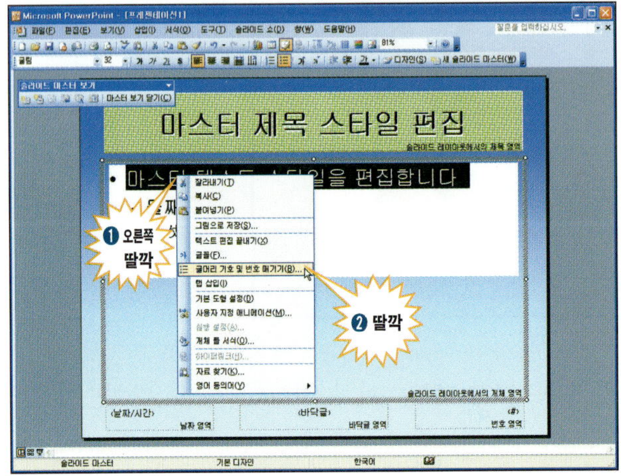

2. '글머리 기호 및 번호 매기기' 대화상자의 [글머리 기호] 탭에서 〈사용자 지정〉 버튼을 클릭합니다.

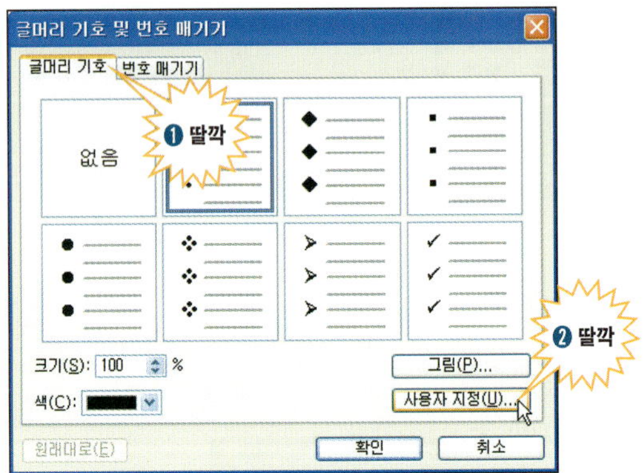

3. '기호' 대화상자가 나타나면 글꼴 목록 메뉴에서 'Wingdings 2'를 선택한 후, 원하는 기호를 클릭하고 〈확인〉 버튼을 클릭합니다.

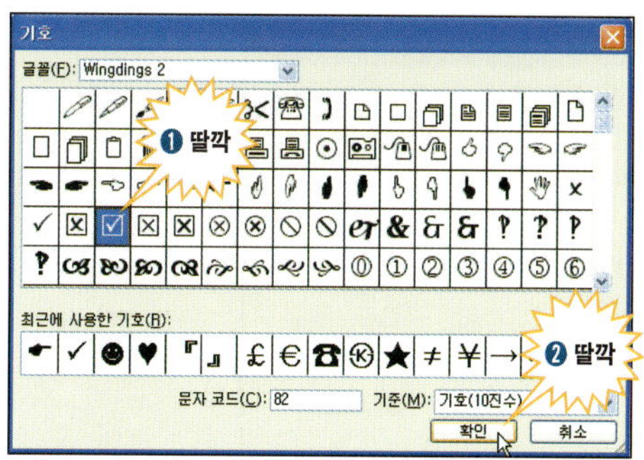

4. '글머리 기호 및 번호 매기기' 대화상자로 돌아와 〈확인〉 버튼을 클릭하면 지정한 기호가 첫째 수준의 글머리 기호로 지정됩니다.

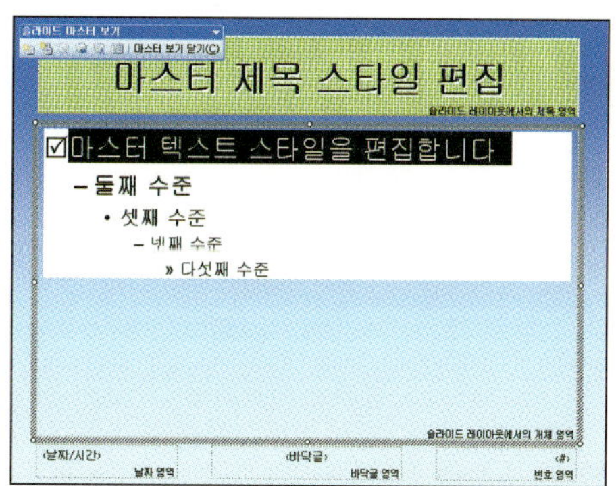

5. [보기]→[머리글/바닥글] 메뉴를 선택하여 '머리글/바닥글' 대화상자에서 '날짜 및 시간' 과 '자동으로 업데이트' 옵션을 차례로 선택하고 날짜 형식 목록에서 그림과 같은 날짜 형식을 선택합니다.

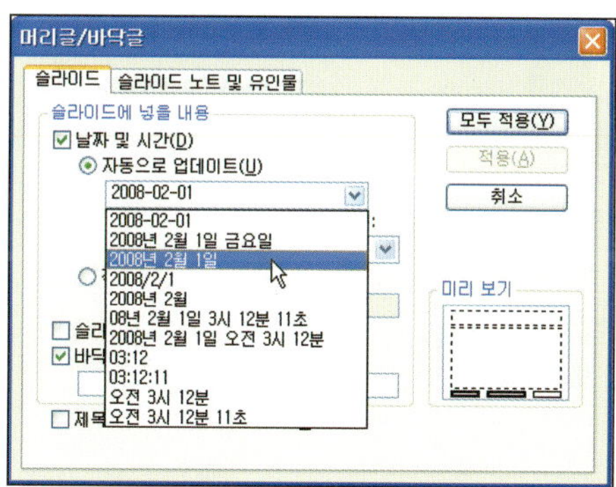

6. '슬라이드 번호'와 '바닥글' 옵션도 모두 선택하고 적절한 바닥글을 입력한 후, 〈모두 적용〉 버튼을 클릭합니다.

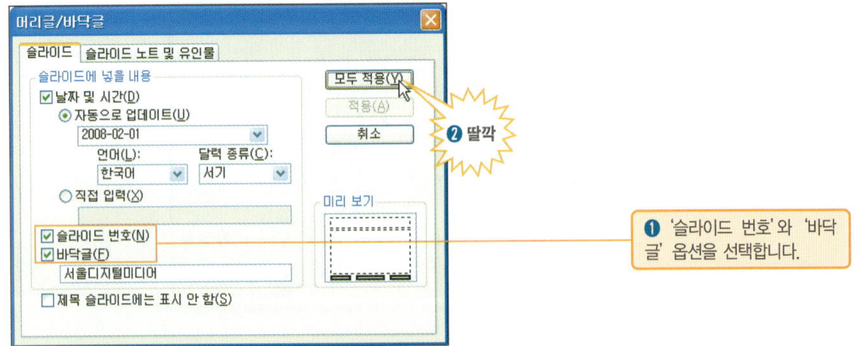

7. 슬라이드 편집 화면으로 돌아오기 위해 슬라이드 마스터 보기 도구 모음의 '마스터 보기 닫기'를 클릭합니다.

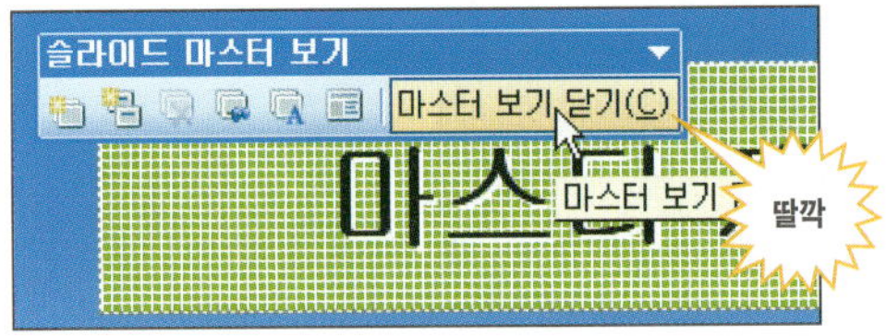

8. 슬라이드 편집 화면으로 전환되면 좌측의 [슬라이드] 탭의 바탕 영역에서 빠른 메뉴를 실행하고 [새 슬라이드] 메뉴를 선택합니다.

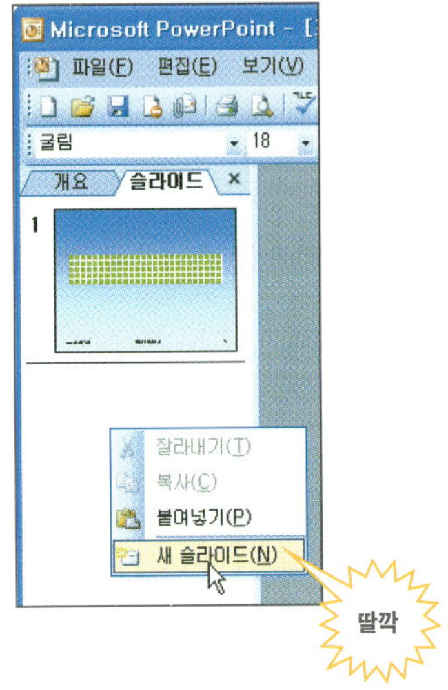

9. 새로 추가된 슬라이드에 마스터 편집에서 지정했던 서식이 그대로 적용되어 나타납니다.

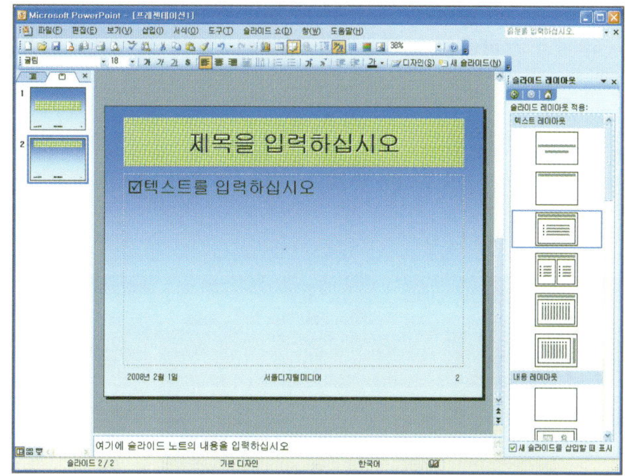

디자인 서식 파일로 저장하기

1. 슬라이드 마스터에서 지정한 서식을 파일로 저장하기 위해 [파일]→[다른 이름으로 저장] 메뉴를 선택합니다.

2. '다른 이름으로 저장' 대화상자에서 파일 형식 목록 버튼을 클릭하고 [디자인 서식 파일(*.pot)]을 선택합니다.

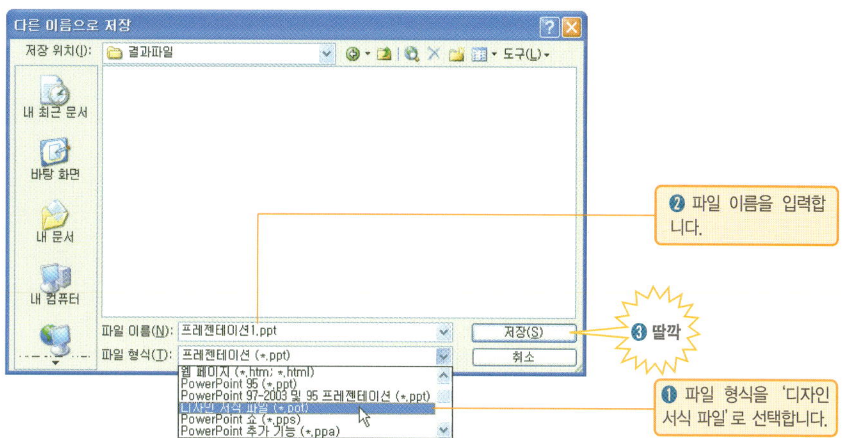

3. 저장한 디자인 서식 파일이 슬라이드 디자인 작업 창의 디자인 서식 목록에 나타나도록 저장 위치 목록을 열어 'C:\Documents and Settings\사용자이름\ApplicationData\Microsoft\Templates' 폴더로 이동한 후, '전시회 프리뷰' 라는 이름을 입력하고 〈저장〉 버튼을 클릭합니다.

4. 파워포인트를 종료한 후, 다시 실행하고 슬라이드 디자인 작업창을 열면 앞에서 저장했던 서식 파일이 목록에 나타나는 것을 볼 수 있습니다. 클릭하여 슬라이드에 적용되는지 확인합니다.

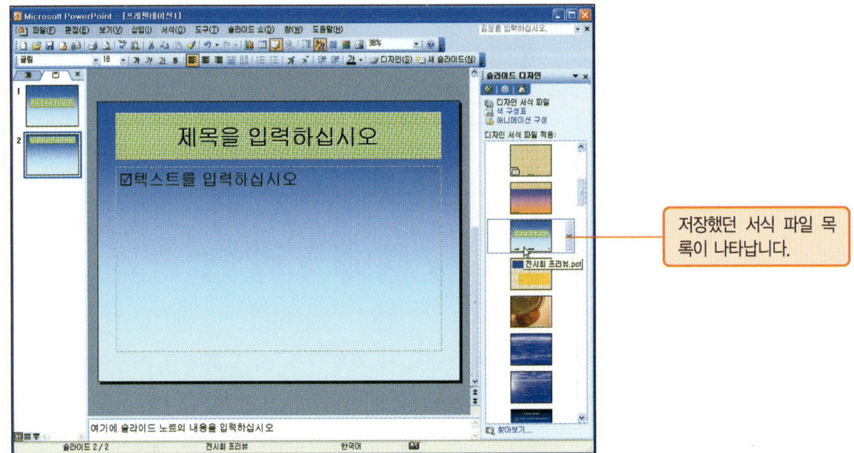

실무 활용 연습

EX 1 슬라이드 제목 마스터와 슬라이드 마스터 만들기

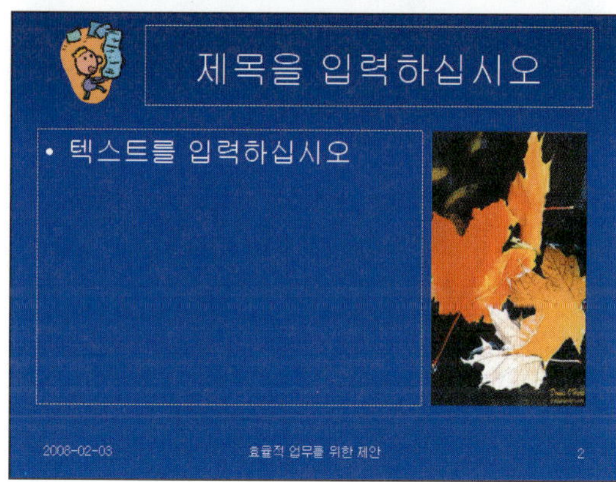

❶ 슬라이드 마스터와 제목 마스터의 배경색을 파란색의 그라데이션으로 지정합니다.

❷ 슬라이드 마스터와 제목 마스터의 각 영역에 대한 텍스트의 색상을 흰색으로 변경합니다.

❸ 슬라이드 제목 마스터의 부제목 영역 우측에 적절한 그림을 삽입하고 부제목의 위치를 변경합니다.

❹ 슬라이드 마스터의 제목 영역 텍스트의 글꼴은 '굴림'으로, 크기는 '44'로 설정합니다.

❺ 제목 영역의 너비를 줄이고 우측으로 이동시킨 후, 좌측에 적절한 클립아트를 삽입하고 제목 영역의 크기와 어울리게 크기를 조절합니다.

❻ 개체 영역의 너비를 줄이고 좌측으로 이동시킨 후, 우측에는 적절한 그림이나 클립아트를 삽입하고 크기를 조절합니다.

❼ 날짜와 바닥글, 슬라이드 번호 등의 바닥글이 나타나도록 합니다.

❽ 작업한 슬라이드 마스터를 디자인 서식 파일로 저장합니다.

❾ 파워포인트를 재시작하고 슬라이드 디자인 작업창에서 저장했던 디자인 서식을 적용합니다. 기본 템플릿 폴더에 저장했다면 슬라이드 디자인 작업창의 서식 목록에 나타나게 되므로 간단히 찾아 적용할 수 있습니다.

MEMO

09

애니메이션 효과와 슬라이드 쇼 연출

텍스트를 비롯하여 각종 도형이나 차트 등, 슬라이드에 삽입된 여러 개체가 나타났다 사라지거나 이동하는 등의 효과를 애니메이션이라고 부릅니다. 이러한 효과를 사용하면 청중의 시선을 집중시킬 수 있으며 보다 이해하기 쉽고 친근하게 프레젠테이션의 내용을 전달할 수 있습니다. 흔히 파워포인트의 꽃이라고 부르는 애니메이션 효과에 대해 알아봅시다.

09-1   화면 전환 효과 적용하기

09-2   '여러 슬라이드 보기'에서 애니메이션 적용

09-3   애니메이션 효과 지정하기

09-4   애니메이션 효과 만들기

09-5   차트 효과 적용하기

09-6   슬라이드 쇼 진행하기

09-7   슬라이드 쇼 재구성하기

09-8   슬라이드 쇼 설정하기

현장 실습   역동적인 슬라이드 쇼 연출하기

실무 활용 연습

실습 예제 미리보기　역동적인 슬라이드 쇼 연출하기

슬라이드에 화면 전환 효과를 적용한 후, 텍스트, 도형, 그림 개체 등에 애니메이션 효과를 적용함으로써 생동감 있는 슬라이드 쇼를 만들어 봅시다.

09-1 화면 전환 효과 적용하기

하나의 슬라이드에서 다음 슬라이드로 진행될 때 적용되는 효과를 '화면 전환 효과' 라고 부르는데, 화면이 양쪽으로 갈라지거나 특정 방향에서 화면이 나타나는 등의 효과를 사용합니다.

화면 전환 효과를 사용하려면 [슬라이드 쇼]→[화면 전환] 메뉴를 선택하거나 [보기]→[작업 창] 메뉴를 선택해 작업창을 연 후, 작업창의 '시작' 목록 버튼을 클릭하여 '화면 전환' 을 선택합니다. 화면 전환 작업창이 나타납니다.

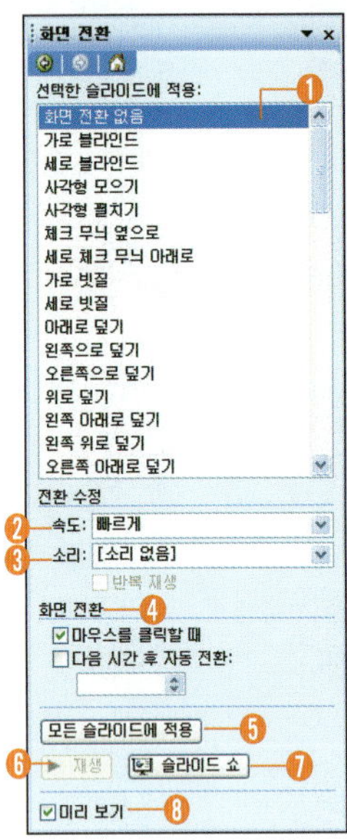

❶ **효과** : 여러 화면 전환 효과가 목록에 나타납니다.

❷ **속도** : 화면이 전환될 때의 속도를 선택합니다.

❸ **소리** : 화면이 전환될 때 재생될 효과음을 선택합니다. '반복 재생' 옵션을 선택하면 지정된 효과음이 반복해서 재생됩니다.

❹ **화면 전환** : '마우스를 클릭할 때' 를 선택하면 슬라이드를 마우스로 클릭한 경우에 화면이 전환되며, '다음 시간 후 자동 전환' 을 선택하면 아래에 지정하는 시간이 경과되면 자동으로 화면이 전환됩니다.

❺ **모든 슬라이드에 적용** : 지정한 효과를 모든 슬라이드에 동일하게 적용합니다.

❻ **재생** : 슬라이드 편집 상태에서 지정한 효과를 보여줍니다.

❼ **슬라이드 쇼** : 슬라이드 쇼 화면으로 전환되어 지정한 효과를 보여줍니다.

❽ **미리보기** : 화면 전환 효과를 적용할 때 마다 슬라이드 창을 통해 결과를 미리 보여줍니다.

'예제파일' 폴더에서 '애니메이션효과.ppt' 파일을 열고 '세로 블라인드' 화면 전환 효과와 '소리' 를 적용하여 '슬라이드 쇼' 버튼을 클릭하여 슬라이드 쇼를 통해 화면 전환 효과를 살펴보세요.

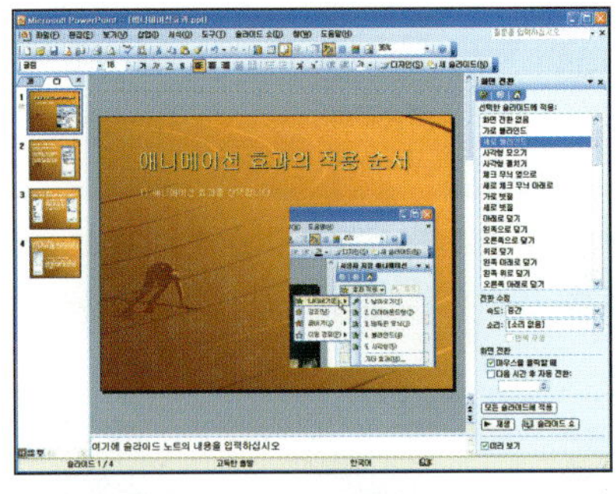
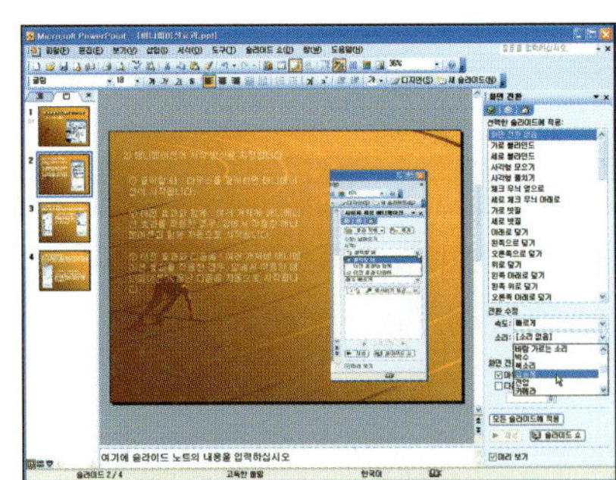

09-2 | '여러 슬라이드 보기'에서 애니메이션 적용

[개요 및 슬라이드] 탭 아래에 있는 '여러 슬라이드 보기' 아이콘을 클릭하거나 [보기]→[여러 슬라이드 보기] 메뉴를 선택하면 여러 슬라이드를 동시에 보면서 화면 전환 효과나 애니메이션 등을 적용할 수 있으며 즉시 확인할 수도 있습니다.

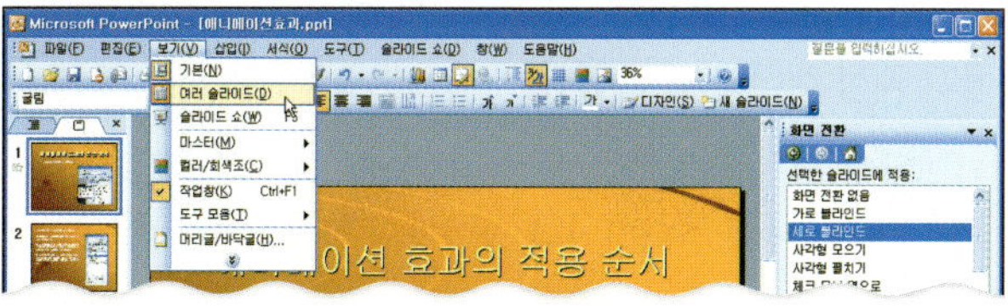

'여러 슬라이드 보기' 화면으로 전환되면 현재 프레젠테이션 문서의 모든 슬라이드가 나타나므로 원하는 슬라이드를 쉽게 선택할 수 있으며 여러 슬라이드에도 한꺼번에 화면 전환 효과 작업창에 있는 효과를 지정할 수 있습니다. 각 슬라이드의 아래에 있는 애니메이션 버튼을 클릭하면 해당 슬라이드에 적용된 효과를 미리 볼 수 있습니다.

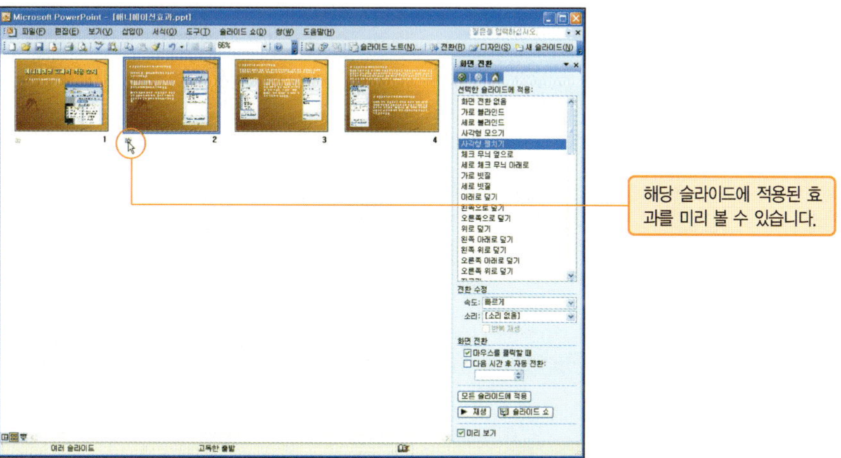

self test

'여러 슬라이드 보기' 화면에서 '애니메이션 효과.ppt' 파일의 모든 슬라이드를 선택하고 '가로 빗질' 화면 전환 효과를 적용해 보세요.

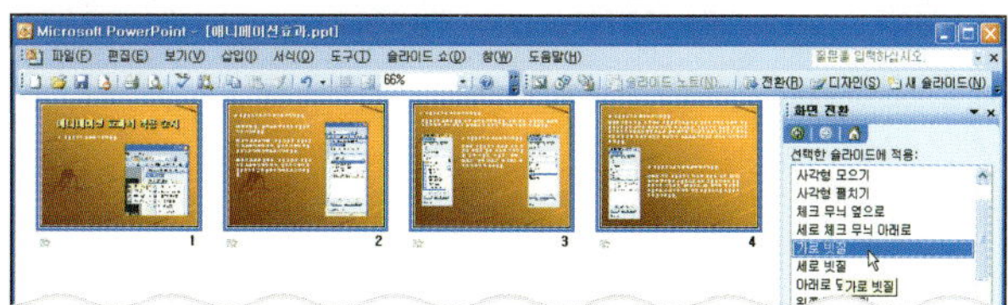

09-3 애니메이션 효과 지정하기

슬라이드가 진행되면서 나타나는 화면 전환 효과 외에 슬라이드에 삽입된 모든 개체에 대하여 애니메이션 효과를 적용할 수 있습니다. 개체에 대한 다양한 애니메이션은 사용자 지정 애니메이션 작업창을 통해 지정할 수 있습니다.

사용자 지정 애니메이션 작업창

애니메이션 지정을 위한 사용자 지정 애니메이션 작업창은 [슬라이드 쇼]→[사용자 지정 애니메이션] 메뉴를 선택하거나 작업창의 목록 버튼을 클릭하여 [사용자 지정 애니메이션] 을 선택하여 열 수 있습니다.

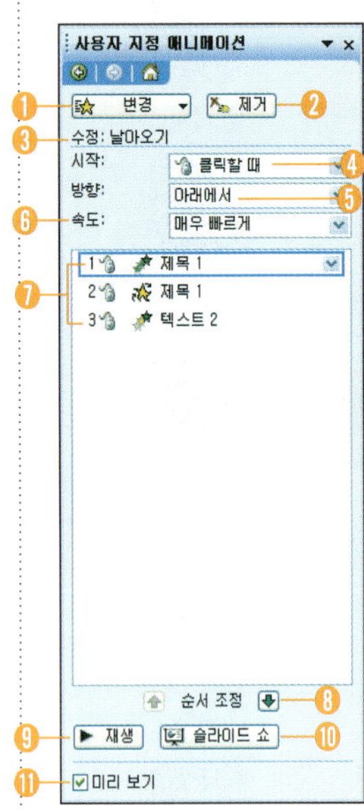

❶ **효과 적용(변경)** : 목록을 통해 개체에 적용할 애니메이션 효과를 선택합니다.

❷ **제거** : 개체에 적용된 애니메이션 효과를 제거합니다.

❸ **수정** : 개체에 적용된 애니메이션 효과가 표시됩니다.

❹ **시작** : 애니메이션이 어떻게 시작되도록 할 것인지 선택합니다.

❺ **방향** : 애니메이션의 진행 방향을 선택합니다.

❻ **속도** : 애니메이션의 진행 속도를 선택합니다.

❼ **애니메이션 목록** : 개체에 적용된 애니메이션 효과가 적용된 순서대로 표시됩니다.

❽ **순서 조정** : 개체에 적용된 애니메이션의 적용 순서를 변경합니다.

❾ **재생** : 슬라이드 편집 상태에서 지정한 효과를 보여줍니다.

❿ **슬라이드 쇼** : 슬라이드 쇼 화면으로 전환되어 지정한 효과를 보여줍니다.

⓫ **미리보기** : 애니메이션 효과를 적용할 때마다 슬라이드 창을 통해 결과를 미리 보여줍니다.

애니메이션 효과 적용 단계

개체에 애니메이션을 적용하기 위한 순서를 살펴봅시다.

1. 애니메이션 효과를 선택합니다.

슬라이드의 개체를 선택하고 사용자 지정 애니메이션 작업창에서 〈효과 적용〉 버튼을 클릭하면 네 가지 분류를 통해 다양한 애니메이션 효과 목록이 펼쳐집니다.

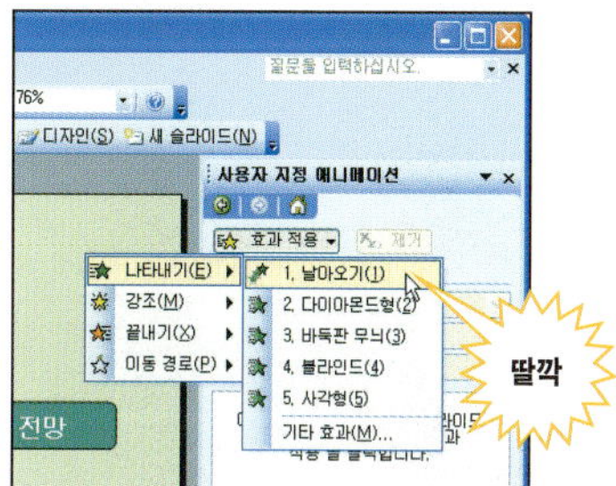

❶ **나타내기 :** 개체가 화면에 나타날 때의 효과를 포함하고 있습니다.

❷ **강조 :** 시선을 끌기 위해 개체를 강조하기 위한 효과를 포함하고 있습니다.

❸ **끝내기 :** 화면에서 사라질 때의 효과를 포함하고 있습니다.

❹ **이동 경로 :** 지정한 경로로 움직이도록 하는 효과를 포함하고 있습니다.

❺ **애니메이션 효과 :** 앞의 네 가지 분류를 선택한 경우에 펼쳐지는 애니메이션 효과들입니다.

❻ **기타 효과 :** '효과' 대화상자를 통해 각 분류에 속해 있는 여러 애니메이션 효과가 나타납니다.

2. 애니메이션의 시작 방법을 선택합니다.

개체에 적용한 애니메이션이 어떤 방법으로 시작할 것인지를 지정합니다.

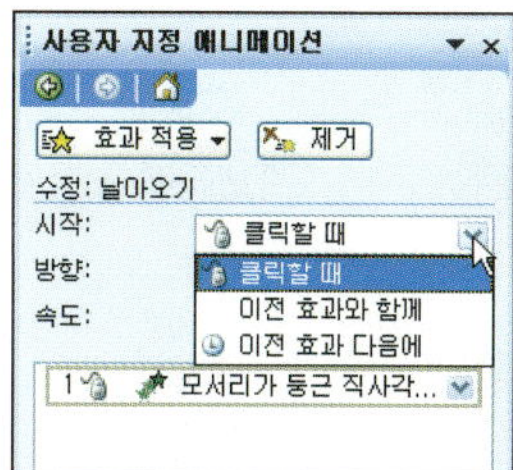

❶ **클릭할 때 :** 마우스를 클릭하면 애니메이션이 시작되도록 합니다.

❷ **이전 효과와 함께 :** 여러 개체에 애니메이션 효과가 적용된 경우에, 앞에서 적용한 애니메이션과 함께 자동으로 시작되게 합니다.

❸ **이전 효과 다음에 :** 여러 개체에 애니메이션 효과가 적용된 경우에, 앞에서 적용한 애니메이션이 끝난 다음에 자동으로 시작되게 합니다.

3. 애니메이션의 방향을 지정합니다.

개체에 적용된 애니메이션이 어떤 방향에서 시작할 것인지를 지정합니다.

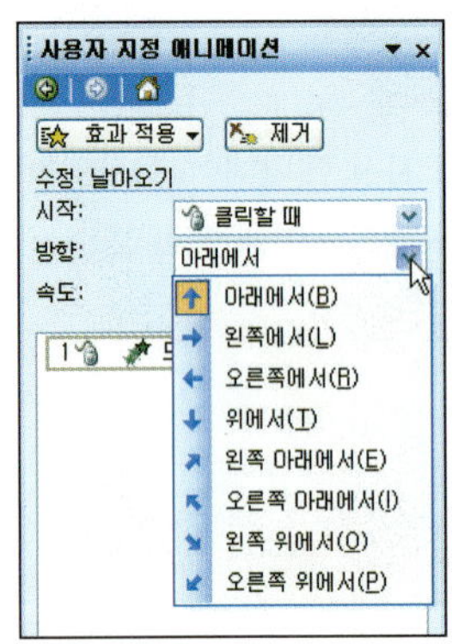

4. 애니메이션의 속도를 지정합니다.

개체에 적용된 애니메이션의 속도를 5단계 중에서 선택하여 지정합니다.

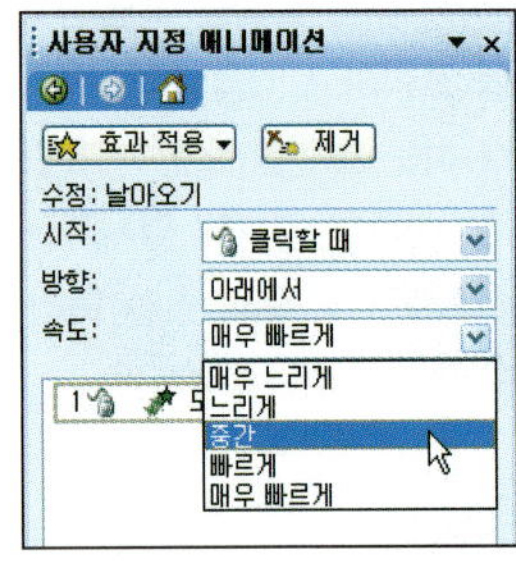

5. 애니메이션의 순서를 지정합니다.

하나의 개체에는 여러 가지의 애니메이션 효과를 동시에 적용할 수 있는데 이때 적용할
순서를 지정합니다. 여러 효과를 적용한 경우, 〈재생〉 버튼을 클릭하여 부자연스러운 결
과가 나타나지 않도록 자주 확인해보는 것이 좋습니다.

09-4 애니메이션 효과 만들기

앞에서 배운 순서를 기본으로 실제 슬라이드에 애니메이션을 적용하는 방법을 익혀봅시다.

따라하기 ▶

■ **개체에 애니메이션 효과 적용하기**

1. '예제파일' 폴더에서 '청소년필독서.ppt' 파일을 열고 [슬라이드 쇼]→[사용자 지정 애니메이션] 메뉴를 선택합니다.

2. 슬라이드 창에 삽입된 제목 상자 개체를 선택하고 [**사용자 지정 애니메이션**] 작업창에서 효과 적용 목록 버튼을 클릭하여 [**나타내기**]→[**바둑판 무늬**]를 선택합니다.

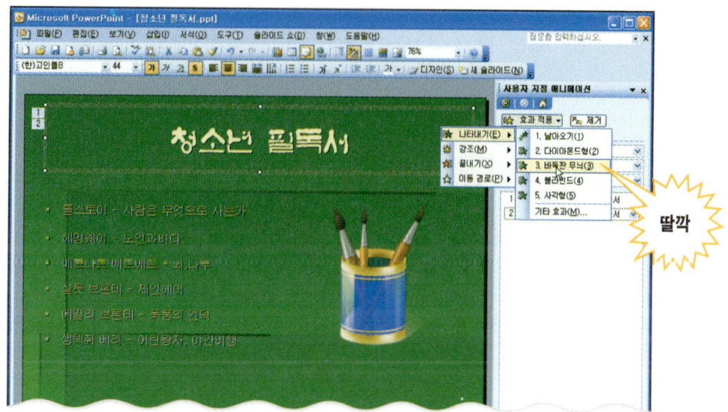

3. 슬라이드 창에서 그림을 선택하고 사용자 지정 애니메이션 작업창에서 효과 적용 목록 버튼을 클릭하여 [나타내기]→[날아오기]를 선택합니다.

Note

애니메이션의 실행 순서

개체에 해당 애니메이션 효과를 적용하면 개체의 왼쪽에 숫자가 나타납니다. 이것은 애니메이션을 실행하는 순서를 의미합니다. 옆 그림에서는 처음 적용한 애니메이션이므로 '1'로 표시되고 있습니다.

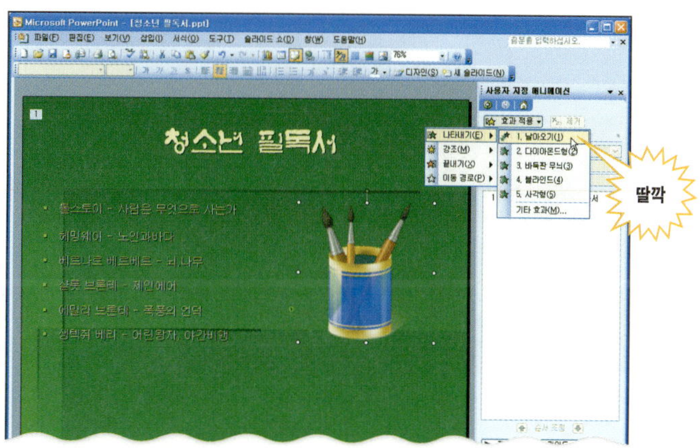

4. 개체에 적용한 애니메이션 효과의 속성을 변경해 봅시다. 슬라이드 창에서 효과가 적용된 개체를 모두 선택하고 [사용자 지정 애니메이션] 작업창의 시작 목록에서 '이전 효과 다음에'를 선택합니다.

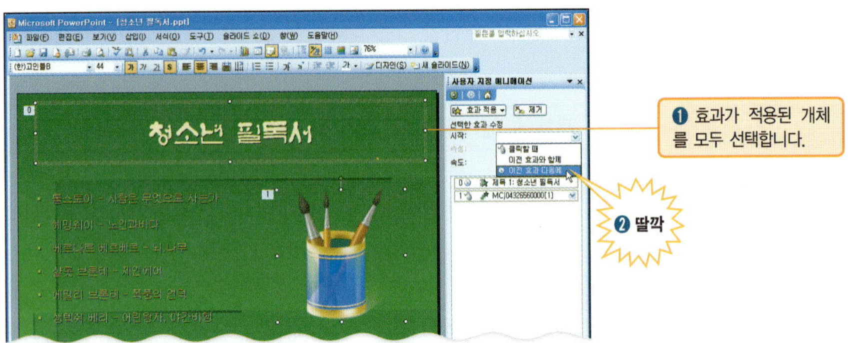

5. 제목 상자를 선택하고 [사용자 지정 애니메이션] 작업창의 방향 목록에서 '아래쪽'을 선택한 후, 속도 목록에서는 '중간'을 선택합니다.

6. 하나의 개체에 여러 효과를 적용할 수도 있습니다. 슬라이드 창에서 그림 개체를 선택하고 [사용자 지정 애니메이션] 작업창에서 효과 적용 목록 버튼을 클릭하여 [강조]→[회전]을 선택합니다.

7. 그림 개체 왼쪽에 표시된 두 번째 숫자를 선택하고 [사용자 지정 애니메이션] 작업창의 시작 목록에서 '이전 효과 다음에'를 선택합니다.

8. [사용자 지정 애니메이션] 작업창의 애니메이션 목록에서 위에 있는 제목 상자의 애니메이션을 클릭하고 ✔ 버튼을 두 번 클릭하여 해당 목록을 가장 아래로 이동합니다. 애니메이션의 순서를 바꾸어주는 것입니다.

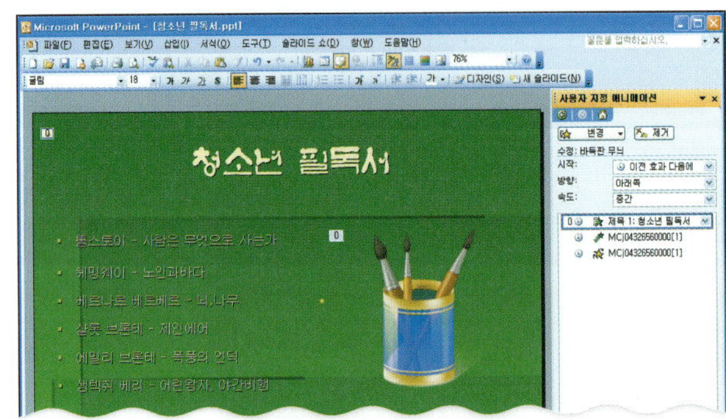

9. 애니메이션 작업을 마쳤으므로 [사용자 지정 애니메이션] 작업창의 〈재생〉 버튼이나 〈슬라이드 쇼〉 버튼을 클릭하여 결과를 확인합니다.

09-5 차트 효과 적용하기

차트 개체에 대해서도 일반적인 개체와 마찬가지로 애니메이션 효과를 적용할 수 있습니다. 특히 차트는 차트의 각 구성 요소별로 애니메이션 효과를 지정할 수 있어 프레젠테이션의 효과를 극대화할 수 있습니다.

따라하기 ▶

■ 차트 전체에 애니메이션 적용하기

1. 슬라이드에 삽입된 차트 개체를 선택하고 [사용자 지정 애니메이션] 작업창에서 다음과 같이 효과와 속성을 지정합니다.

- 효과 적용 : [나타내기]→[사각형]
- 시작 : [이전 효과 다음에]
- 방향 : [바깥쪽]
- 속도 : [중간]

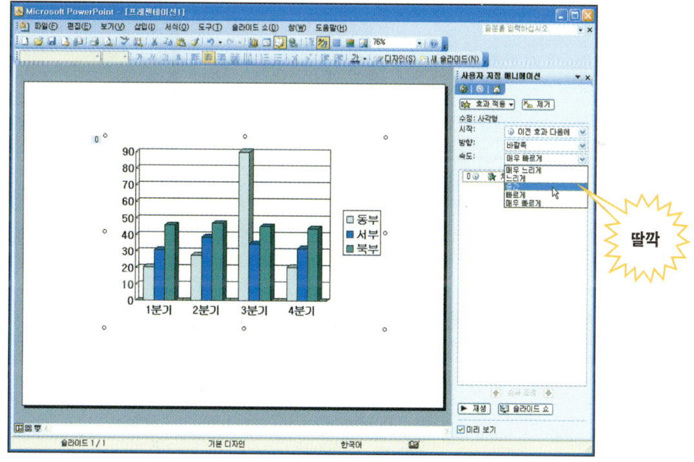

2. 이어서 애니메이션 목록에서 [타이밍]을 선택하여 '사각형' 대화상자가 나타나면 [차트 애니메이션] 탭에서 차트 묶는 단위 목록을 열어 '항목별로'를 선택하고 〈확인〉 버튼을 클릭합니다.

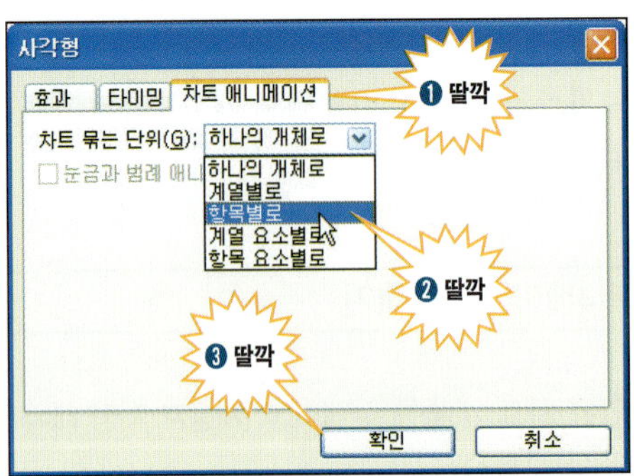

3. [사용자 지정 애니메이션] 작업창에서 〈재생〉 버튼을 클릭하면 차트 개체가 나타나고, 이어서 각 항목별로 그래프가 나타나는 애니메이션을 볼 수 있습니다.

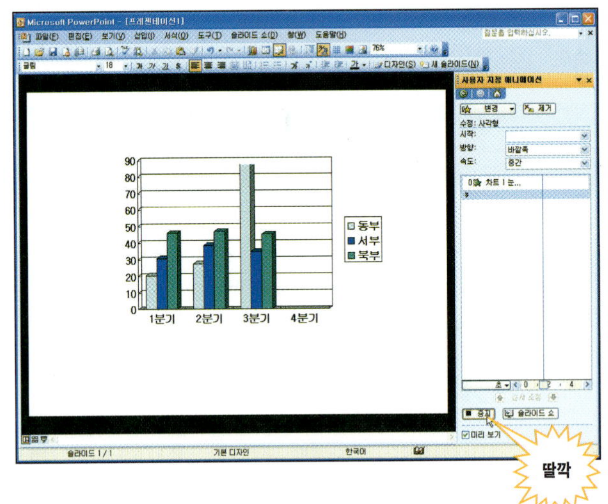

■ 그래프 별로 애니메이션 설정하기

차트의 각 항목을 이루고 있는 그래프 단위로 애니메이션 효과가 적용되어 나타나도록 할 수도 있습니다. 더욱 실감나는 프레젠테이션을 할 수 있을 것입니다.

1. 앞에서 만든 차트 애니메이션에서 차트 개체를 선택하고 [사용자 지정 애니메이션] 작업창의 애니메이션 목록에서 〈확장〉 버튼을 클릭합니다.

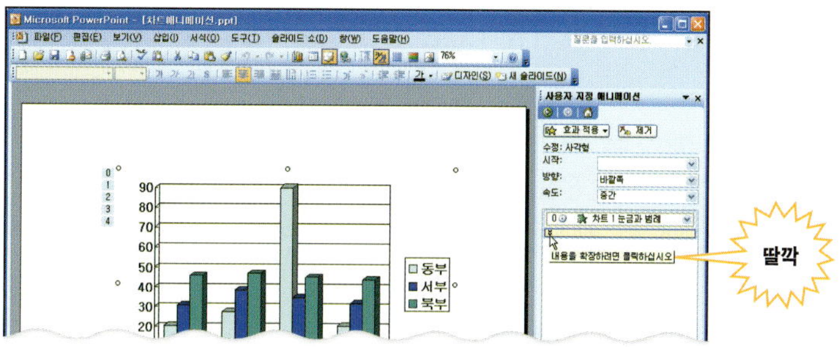

2. 차트의 각 그래프 항목이 나타납니다. '차트 1 항목 1' 목록을 열고 '타이밍'을 선택합니다.

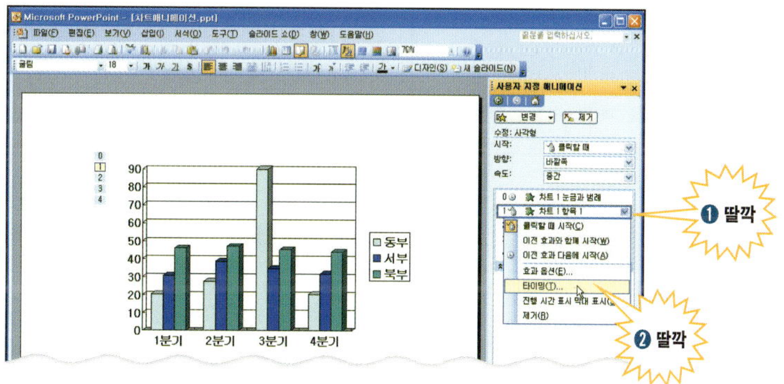

3. '사각형' 대화상자의 [타이밍] 탭에서 지연 시간을 설정하고 〈확인〉 버튼을 클릭합니다. 1초로 설정했다면 차트 전체가 나타난 후, 1초 단위로 그래프가 하나씩 나타납니다.

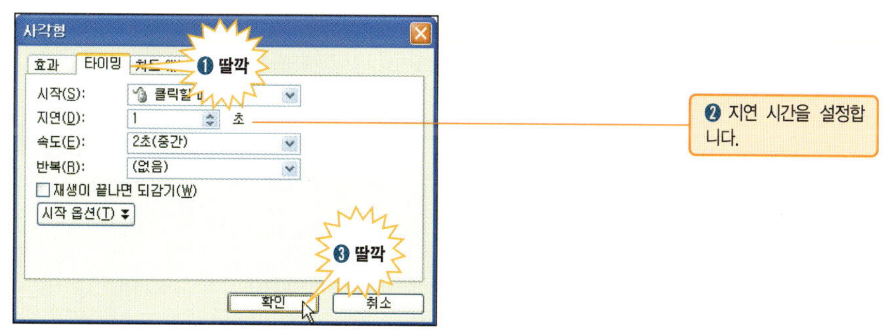

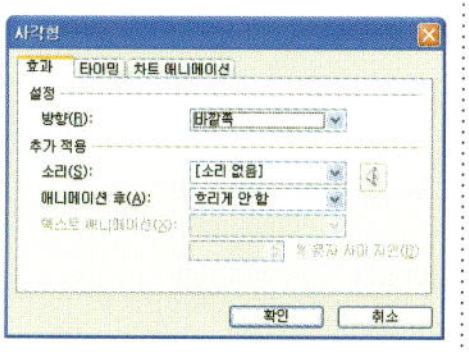

09-6 슬라이드 쇼 진행하기

슬라이드 작업을 완료했다면 슬라이드 쇼를 실행하여 최종 결과를 확인해봄으로써 실제 프레젠테이션에 대비해야 합니다.

슬라이드 쇼 실행

슬라이드 쇼는 다음과 같은 방법 중 하나를 사용하여 진행할 수 있습니다.

- 메뉴 : [슬라이드 쇼]→[쇼 보기] 메뉴 선택
- 화면 보기 전환 : '슬라이드 쇼(모)' 아이콘 클릭
- 단축키 : F5

슬라이드 쇼 빠른 메뉴

슬라이드 쇼를 진행하면서 왼쪽 아래에서 사각형 형태의 아이콘(ᄤ△)을 클릭하거나 빠른 메뉴를 실행하면 슬라이드 쇼 진행과 관련된 몇 가지 메뉴가 나타납니다.

① **다음** : 다음 슬라이드로 이동합니다.
② **이전** : 이전 슬라이드로 이동합니다.
③ **마지막으로 본 상태** : 마지막으로 본 슬라이드로 이동합니다.
④ **슬라이드로 이동** : 이동할 슬라이드의 번호를 선택합니다.
⑤ **재구성한 쇼** : 재구성한 쇼를 선택합니다.
⑥ **화면** : 화면을 어둡게 하거나 흰색으로 나타냅니다.
⑦ **포인터 옵션** : 마우스 포인터를 숨기거나 슬라이드 쇼 화면에 밑줄을 그을 수 있습니다.
⑧ **도움말** : 슬라이드 쇼에 대한 도움말을 나타냅니다.
⑨ **일시 중지** : 슬라이드 쇼를 잠시 중지합니다.
⑩ **쇼 마침** : 슬라이드 쇼를 마치고 슬라이드 편집 화면으로 돌아갑니다.

슬라이드 쇼 단축키

슬라이드 쇼 진행 중에 사용할 수 있는 단축키는 다음과 같습니다. 단축키를 사용하면 더욱 원활하게 프레젠테이션을 진행할 수 있습니다.

단축키	작업	단축키	작업
Enter↵ , PgDn, →, ↓	다음 슬라이드로 이동	Esc	슬라이드 쇼 종료
P, PgUp, ←, ↑	이전 슬라이드로 이동	Home	첫 번째 슬라이드로 이동
슬라이드 번호 + Enter↵	원하는 슬라이드로 이동	End	마지막 슬라이드로 이동
B	검은 화면 표시나 해제	Ctrl+P	마우스 포인터를 펜으로 변경
W	흰색 화면 표시나 해제	Ctrl+A	펜을 마우스 포인터로 변경

Note

예행연습

[슬라이드 쇼]→[예행연습] 메뉴를 선택하면 슬라이드 쇼 실행과 함께 예행연습 도구 모음이 나타나 프레젠테이션에 소요되는 시간을 체크하거나 각 슬라이드에 대한 시간을 설정할 수 있습니다.

예행 연습
→ ❚❚ 0:00:05 ↺ 0:00:05

09-7 슬라이드 쇼 재구성하기

프레젠테이션은 발표 시간이나 청중들의 수준 등, 상황에 따라 슬라이드의 분량이나 내용 등을 조절해야 합니다. 그렇다고 해서 상황에 따라 슬라이드를 새로 만들거나 편집한다면 적지 않은 시간과 노력이 추가될 것입니다. '쇼 재구성'은 말 그대로 같은 내용의 슬라이드를 상황에 맞게 구성해 주는 기능입니다.

쇼 재구성하기

[슬라이드 쇼]-[쇼 재구성]을 선택하여 '쇼 재구성' 대화상자를 엽니다, 쇼 재구성란은 비어 있습니다. 〈새로 만들기〉 버튼을 클릭합니다.

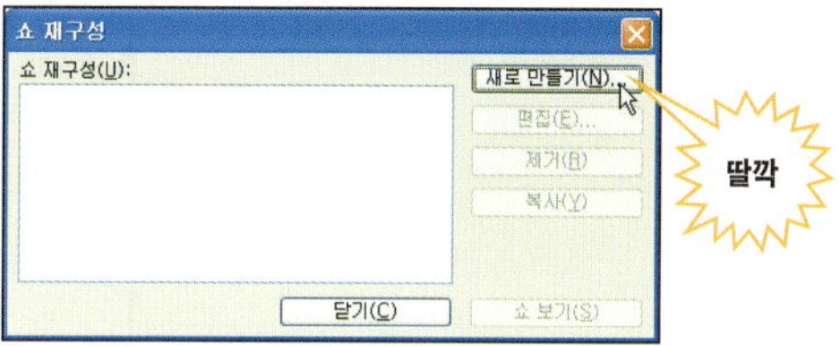

'쇼 재구성하기' 대화상자가 나타납니다. 왼쪽에는 현재 프레젠테이션에 포함되어 있는 모든 슬라이드 목록이 나타납니다. 원하는 슬라이드를 선택하고 〈추가〉 버튼을 클릭하면 오른쪽의 '재구성한 쇼에 있는 슬라이드' 목록에 해당 슬라이드가 추가됩니다.

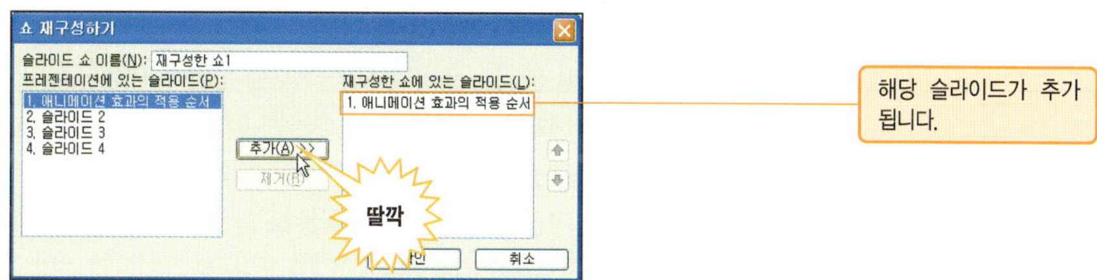

재구성을 마쳤다면 '쇼 재구성하기' 대화상자의 〈확인〉 버튼을 클릭합니다. '쇼 재구성' 대화상자로 돌아오게 되고 쇼 재구성 란에 '재구성한 쇼1'이라는 목록이 추가되는 것을 볼 수 있습니다. 목록을 선택하고 오른쪽의 버튼을 사용하여 편집하거나 제거할 수 있습니다.

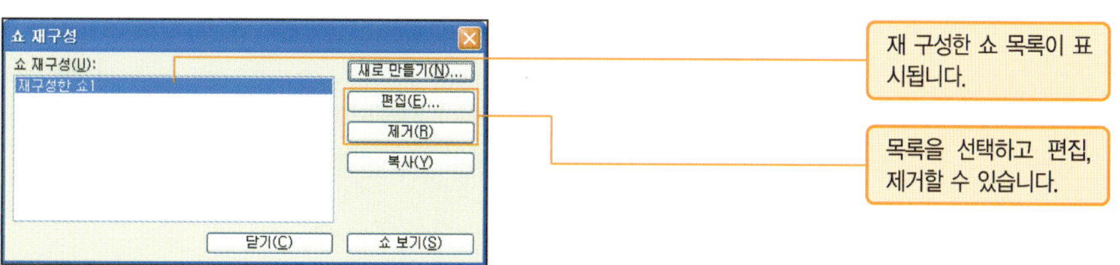

09-8 슬라이드 쇼 설정하기

쇼 설정하기

'쇼 재구성' 대화상자를 사용하여 쇼를 재구성하여 슬라이드 쇼를 실행하려면 [슬라이드 쇼]→[쇼 설정] 메뉴를 선택하여 '쇼 설정' 대화상자를 열고 슬라이드 표시 항목을 재구성한 쇼로 지정해 주어야 합니다.

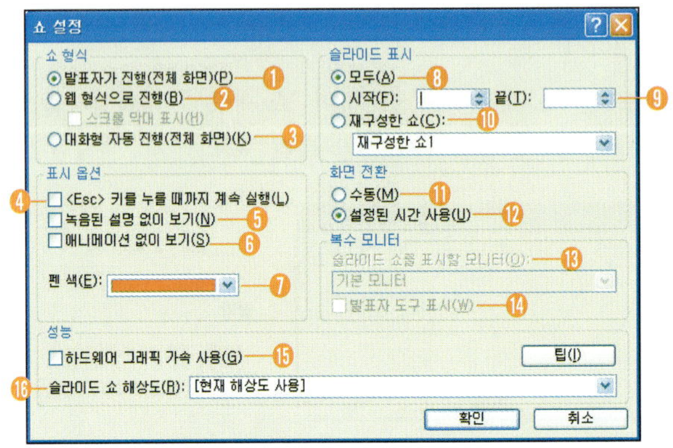

❶ **발표자가 진행(전체 화면)** : 일반적인 슬라이드 쇼 진행 방식입니다. 즉, 발표자가 조작하여 슬라이드 쇼를 진행합니다.

❷ **웹 형식으로 진행** : 파워포인트 창을 통해 슬라이드 쇼를 진행합니다.

❸ **대화형 자동 진행** : Esc 키를 누를 때까지 자동으로 슬라이드 쇼가 진행되도록 합니다.

❹ Esc **키를 누를 때 까지 계속 실행** : Esc 키를 누를 때까지 슬라이드가 자동으로 반복됩니다.

❺ **녹음된 설명 없이 보기** : 슬라이드에 녹음된 설명이 재생되지 않도록 합니다.

❻ **애니메이션 없이 보기** : 슬라이드에 적용된 애니메이션이 실행되지 않도록 합니다.

❼ **펜 색** : 마우스를 펜으로 지정한 경우, 펜 색을 지정할 수 있도록 합니다.

❽ **모두** : 프레젠테이션 파일의 모든 슬라이드를 슬라이드 쇼를 통해 보여줍니다.

❾ **시작/끝** : 지정한 시작과 끝 번호 사이에 있는 슬라이드만 보여줍니다.

❿ **재구성한 쇼** : 쇼를 재구성한 경우, 재구성한 쇼를 보여줍니다.

⓫ **수동** : 발표자의 조작에 의해 슬라이드가 이동되도록 합니다.

⓬ **설정된 시간 사용** : 지정된 화면 전환 시간이 경과하면 자동으로 다음 슬라이드로 이동되도록 합니다.

⓭ **슬라이드 쇼를 표시할 모니터** : 시스템에 두 대 이상의 모니터가 연결되어 있는 경우, 슬라이드 쇼가 나타날 모니터를 선택합니다.

⓮ **발표자 도구 표시** : 발표자가 보는 모니터에만 슬라이드 쇼 조작을 위한 도구들이 나타나도록 합니다.

⓯ **하드웨어 그래픽 가속 사용** : 컴퓨터에 장착된 그래픽 카드의 그래픽 가속 기능을 사용합니다.

⓰ **슬라이드 쇼 해상도** : 슬라이드 쇼 화면의 해상도를 지정합니다.

슬라이드 쇼 저장하기

'*.ppt' 확장자를 갖는 프레젠테이션 문서 파일을 더블 클릭하면 파워포인트가 실행되면서 슬라이드가 나타나게 됩니다. [파일]→[다른 이름으로 저장]을 선택하고 '파일 형식' 목록에서 'Power Point 쇼'를 선택하고 저장하면 해당 파일을 클릭했을 때 파워포인트가 실행되지 않고 곧 바로 슬라이드 쇼가 실행됩니다. 이것은 슬라이드 쇼(PPS) 파일 형식으로 저장했기 때문입니다.

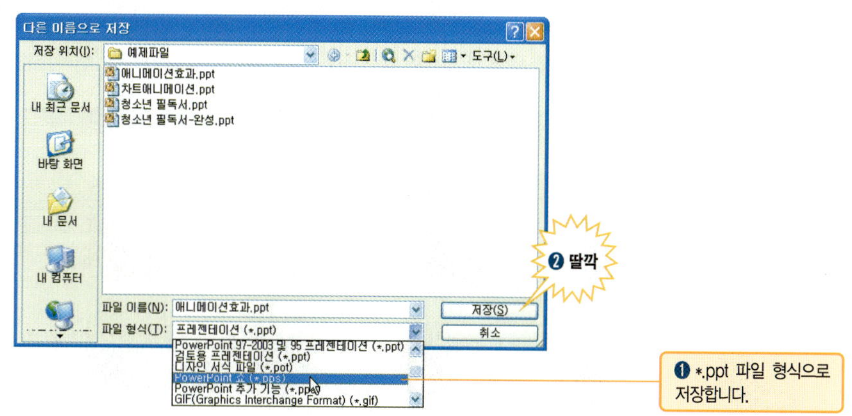

역동적인 슬라이드 쇼 연출하기

슬라이드에 화면 전환 효과와 애니메이션 효과, 그리고 사용자가 지정한 경로를 따라 움직이는 애니메이션 효과를 만들어봅시다.

화면 전환 효과와 배경 음악 적용하기

1. '예제 폴더'에서 '조선소.ppt' 파일을 열고 [슬라이드 쇼]→[화면 전환] 메뉴를 선택합니다.

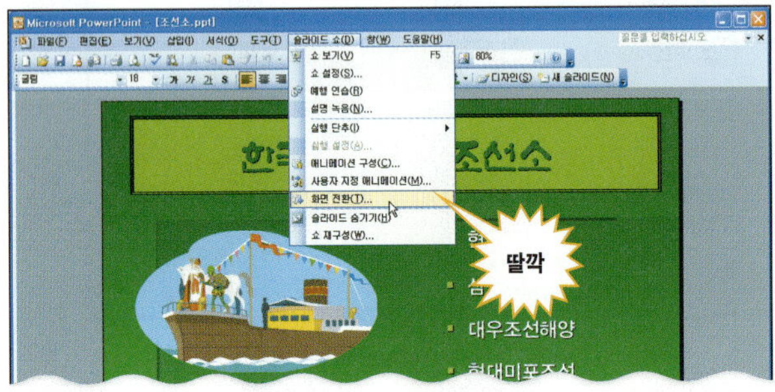

2. 화면 전환 작업창이 나타납니다. 작업창에서 '흩어 뿌리기' 효과를 선택하고 속도는 '중간' 으로 지정합니다.

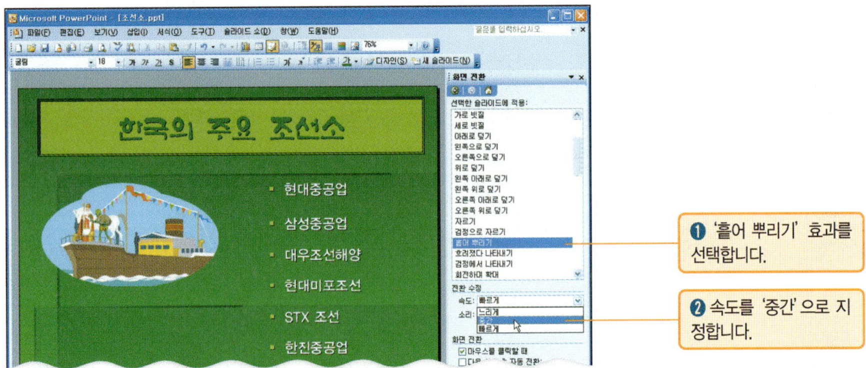

3. 슬라이드 쇼에 사용할 소리를 삽입하기 위해 [삽입] → [동영상 및 소리] → [Clip Organizer 소리] 메뉴를 선택합니다.

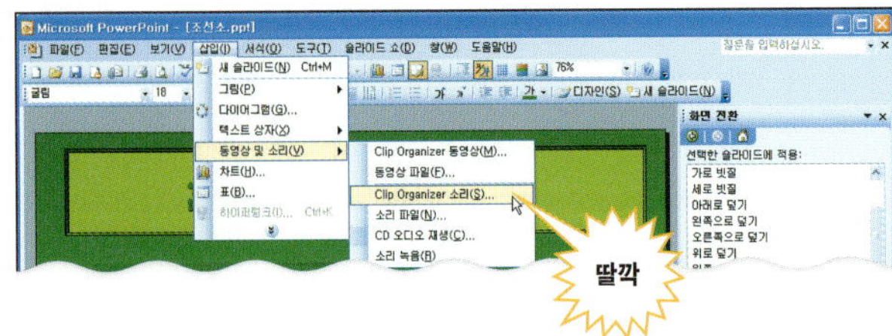

4. 작업창이 클립아트 작업창으로 전환됩니다. 파일 목록에서 '리듬 앤 블루스'를 클릭
합니다.

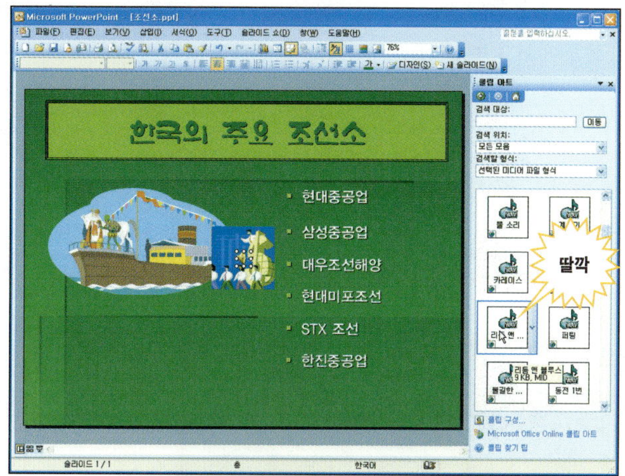

5. 소리를 어떻게 시작할 것인지를 묻는 대화상자가 나타납니다. 발표자가 직접 클릭하
면 재생되도록 〈클릭하여 실행〉 버튼을 선택합니다.

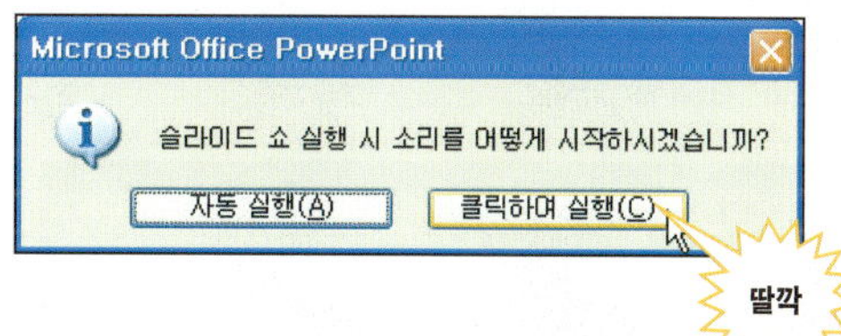

6. 소리 아이콘이 슬라이드 중앙에 삽입됩니다. 드래그하여 슬라이드의 구석으로 이동
시킵니다.

개체에 애니메이션 효과 적용하기

1. 슬라이드 창의 텍스트 상자를 선택하고 사용자 지정 애니메이션 작업창에서 효과 적용 목록에서 [나타내기] → [사각형]을 선택합니다.

2. 개체에 적용된 애니메이션에 대해 [시작–이전 효과와 다음에], [방향–안쪽], [속도–매우 빠르게] 등의 속성을 설정합니다.

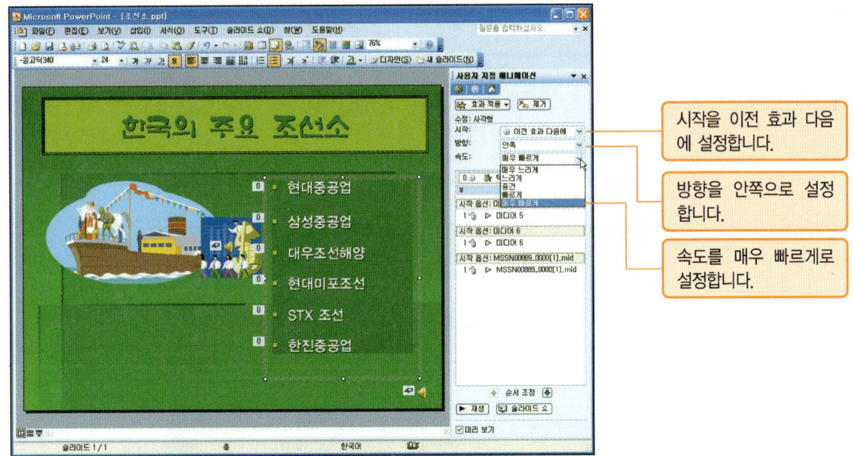

3. 그림 개체를 선택하고 사용자 지정 애니메이션 작업창의 효과 적용 목록에서 [이동 경로]→[사용자 지정 그리기]→[자유형]을 선택합니다.

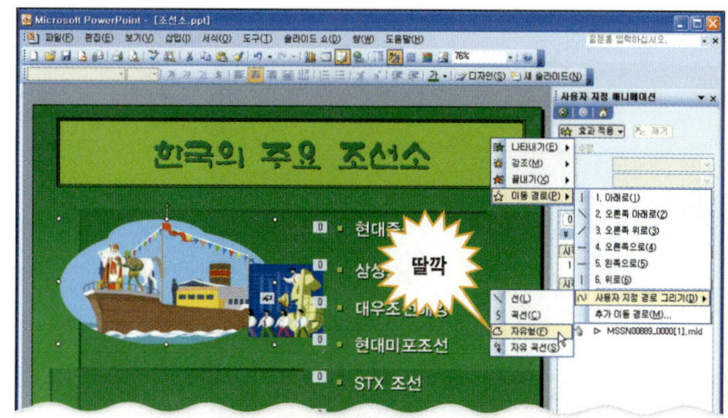

4. 마우스 포인터가 십자 형태로 바뀌어 나타납니다. 그림 개체의 아래 부분을 클릭합니다.

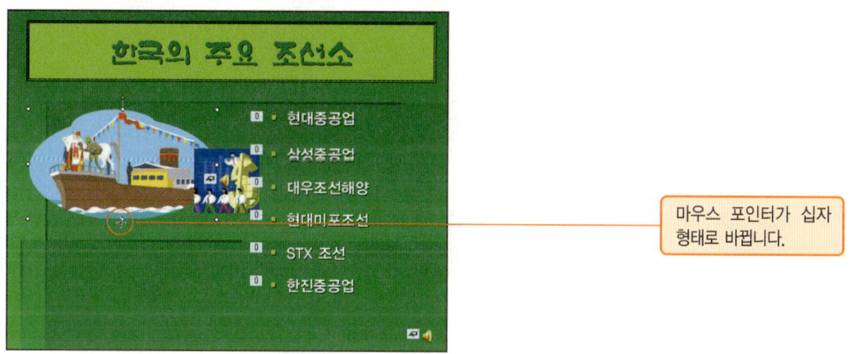

5. 클릭과 드래그를 반복하여 그림이 이동할 경로를 만들어줍니다. 이동 경로에 대한 선이 표시됩니다.

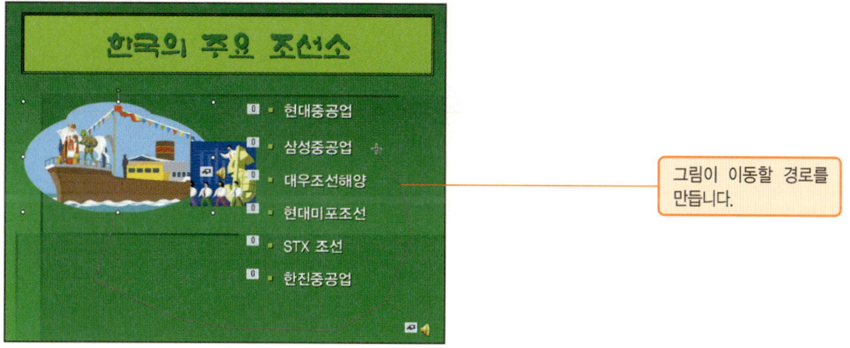

6. 시작 지점을 다시 클릭하여 이동 경로를 완성하면 그림의 지정된 경로를 따라 이동한 다음, 녹색과 빨간색의 삼각형이 나타나는데 녹색 삼각형은 이동 경로의 시작점을, 빨간색 삼각형은 이동 경로의 종착점을 의미합니다.

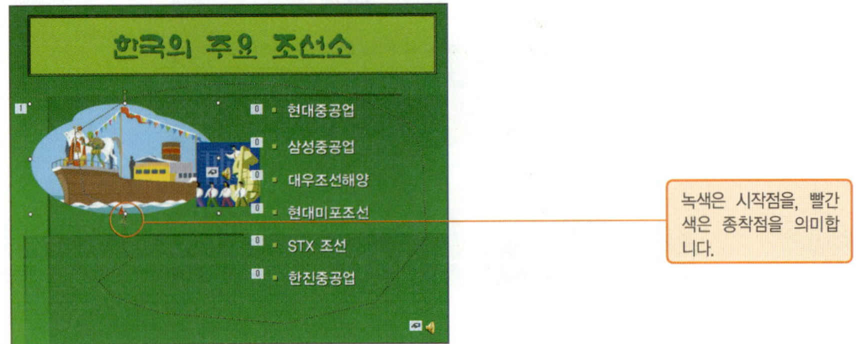

녹색은 시작점을, 빨간색은 종착점을 의미합니다.

7. 사용자 지정 애니메이션 작업창의 시작 목록을 열고 '이전 효과 다음에'를 선택합니다.

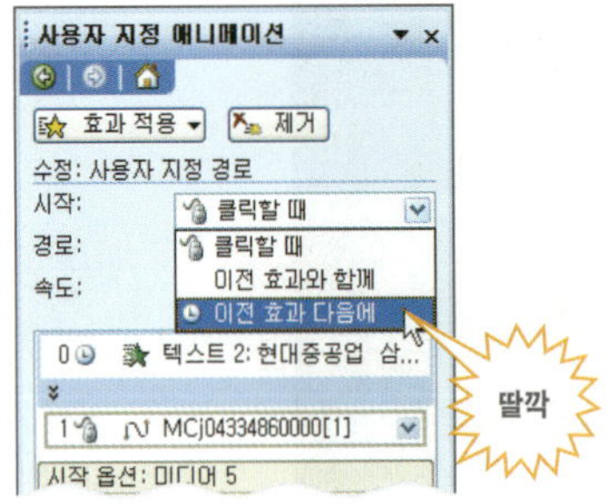

딸깍

8. 이동 경로를 잘못 그렸다면 수정해 주도록 합니다. 사용자 지정 애니메이션 작업창의 경로 목록에서 '점 편집'을 선택합니다.

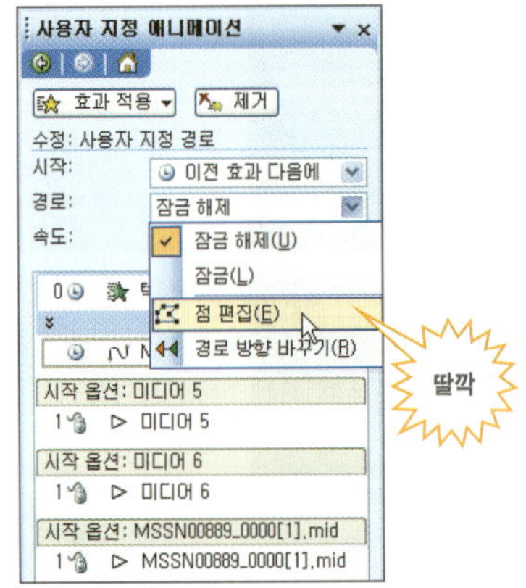

딸깍

9. 이동 경로에 많은 점들이 표시됩니다. 수정하고자 하는 지점의 점을 클릭하고 원하는 방향으로 드래그합니다.

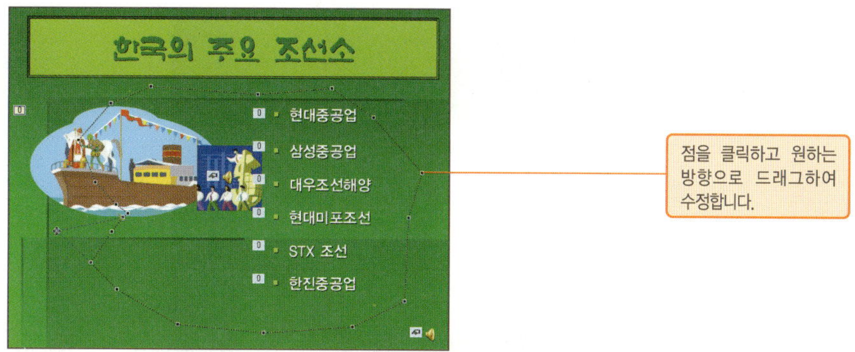

10. 경로 수정을 마친 후에는, 다시 사용자 지정 애니메이션 작업창에서 경로 목록의 [점 편집]을 선택하여 점 편집 상태를 해제합니다.

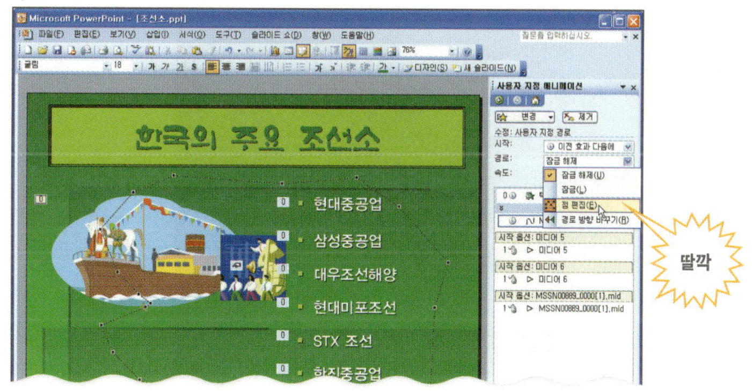

11. 사용자 지정 애니메이션 작업창의 〈재생〉 버튼을 클릭합니다. 그림 개체가 경로를 따라 이동합니다. 하지만 이동하면서 다른 개체가 있는 부분을 지날 때 그림 개체가 다른 개체에 가려지게 됩니다.

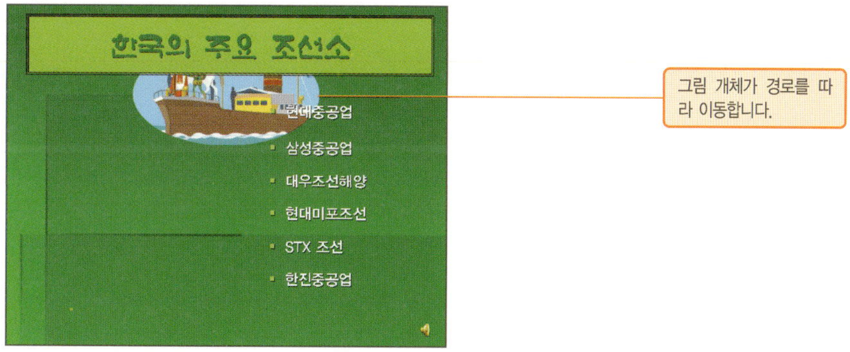

12. 따라서 그림 개체가 나타나는 순서를 변경해 주어야 합니다. 그림 개체 위에서 빠른 메뉴를 실행하고 [순서]→[맨 앞으로 가져오기]를 선택합니다.

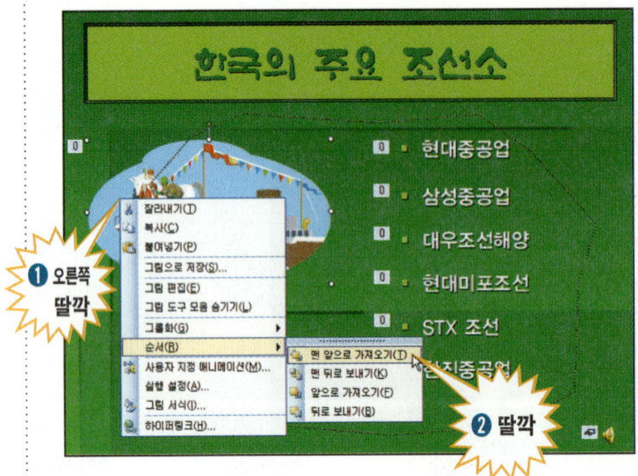

13. 다시 애니메이션을 재생해보면 그림 개체가 가장 앞에 위치하게 됨으로 애니메이션이 실행되어 이동되더라도 다른 개체에 가려지지 않습니다.

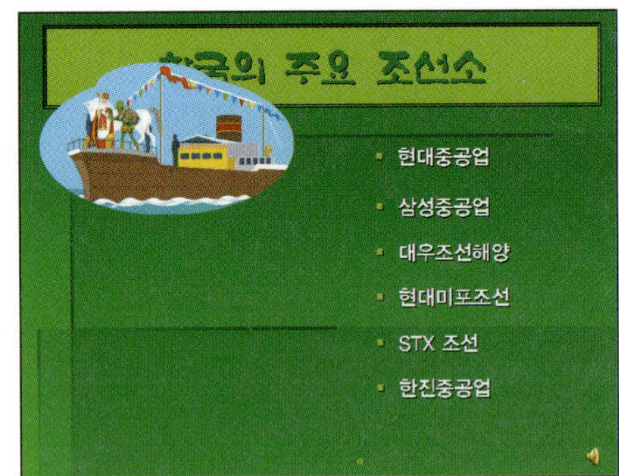

슬라이드 쇼 실행하기

1. 화면 전환 효과와 애니메이션 효과를 슬라이드 쇼를 통해 보기 위해 [슬라이드]→[쇼 보기] 메뉴를 선택합니다.

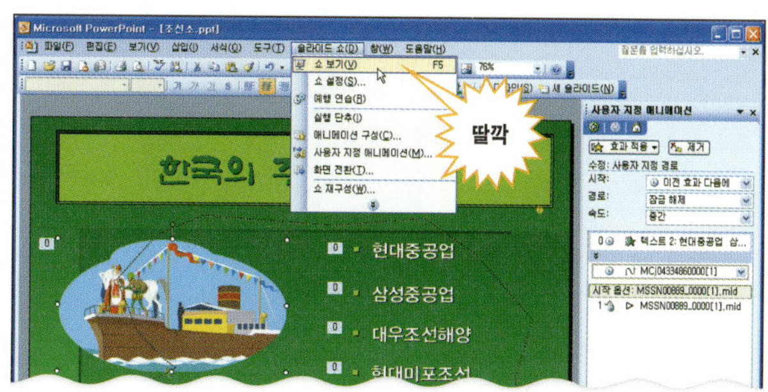

2. 슬라이드 쇼가 실행됩니다. 앞에서 지정한 효과들이 제대로 나타나는지, 스피커 아이콘을 클릭했을 때 음악은 제대로 재생되는지 확인합니다.

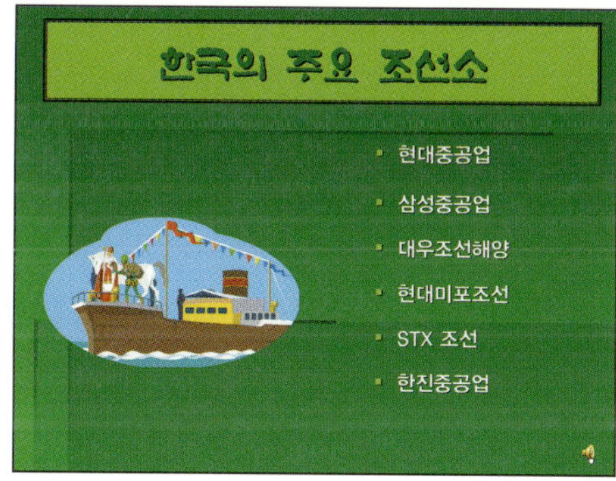

실무 활용 연습

EX 1

애니메이션 슬라이드 만들기

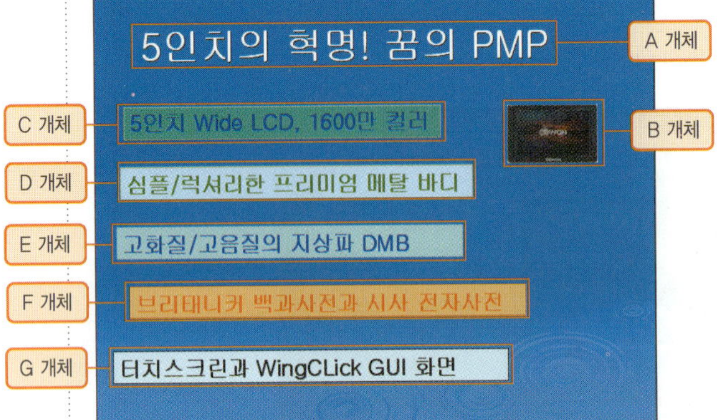

❶ 그림을 참고하여 그림, 텍스트 상자 등을 삽입합니다. 그림은 [예제파일] 폴더의 'Q5.jpg' 파일입니다.

❷ 텍스트 상자에는 그림을 참고하여 적절히 문자를 입력합니다.

❸ 사용자 지정 애니메이션 작업창을 열고 그림에 알파벳으로 표시된 각 개체에 다음과 같은 애니메이션을 지정합니다.

❹ A 개체에는 [나타내기]→[사각형] 효과를 적용합니다.

❺ B 개체에는 [나타내기]→[날아오기]와 [강조]→[크게/작게] 등, 두 효과를 차례로 적용합니다.

❻ C, D, E, F, G 개체에는 모두 [나타내기]→[컬러 타자기] 효과를 적용합니다.

❼ 모든 개체의 시작 방법은 '이전 효과 다음에' 로 지정합니다.

❽ A, B 개체의 속도는 '중간' 으로 설정합니다.

❾ C, D, E, F, G 개체의 속도는 기본적으로 지정되는 '0.08초' 로 둡니다. 만일 다른 속도로 변경했다면 효과 목록에서 '타이밍' 을 선택하여 해당 개체 효과 대화상자를 열고 속도를 지정해주면 됩니다.

❿ 작업을 마치고 '코원Q5.ppt' 로 저장합니다.

파워포인트와 인터넷

파워포인트의 프레젠테이션 문서는 웹 브라우저를 통해 볼 수 있는 HTML 파일로 간단하게 바꿀 수 있습니다. 파일을 전환하면 인터넷 상에서 프레젠테이션 문서를 간단히 볼 수 있을 뿐 아니라 웹에서 사용하는 하이퍼링크를 설정할 수도 있어 다양한 사이트나 특정 문서로 연결할 수 있습니다. 또한 실행 단추를 삽입하여 특정 슬라이드로 곧바로 이동할 수도 있어 대화형 프레젠테이션을 만들 수도 있습니다.

10-1	하이퍼링크 지정하기	10-5	웹 문서로 변환과 슬라이드 쇼
10-2	하이퍼링크 편집하기	10-6	전자 메일로 슬라이드 보내기
10-3	하이퍼링크 대상 지정하기	현장 실습	대화형 프레젠테이션 문서 만들기
10-4	실행 단추의 이용	실무 활용 연습	

실습 예제 미리보기 | 대화형 프레젠테이션 문서 만들기

문서 내에 하이퍼링크를 추가하고 Html 파일로 저장함으로써 웹을 통한 프레젠테이션이 가능한 파일로 만들 수 있습니다.

10-1 하이퍼링크 지정하기

하이퍼링크는 지정한 특정 위치와 연결하는 기능으로, 클릭하면 문서나 슬라이드, 또는 웹 사이트로 이동할 수 있도록 합니다.

따라하기 ▶

■ **문자에 하이퍼링크 지정하기**

1. 하이퍼링크를 지정하고자 하는 문자열을 블록으로 설정합니다.

2. 해당 문자열 위에서 빠른 메뉴를 실행하고 [하이퍼링크] 메뉴를 선택합니다.

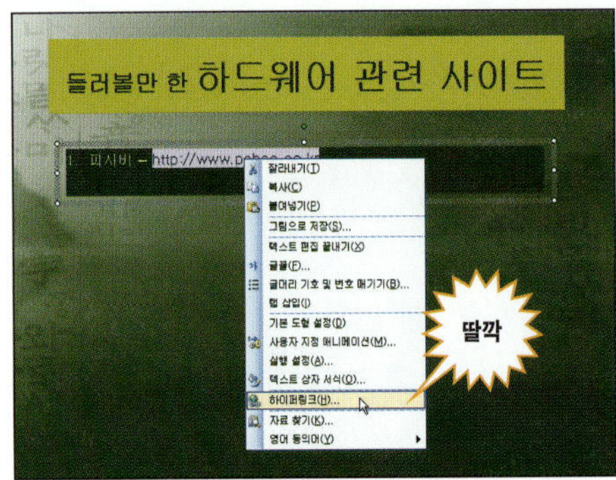

Note

하이퍼링크가 설정된 문자열 아래에는 밑줄이 나타나 하이퍼링크된 상태라는 것을 표시해 줍니다.

3. 하이퍼링크할 인터넷 사이트 주소를 입력하고 〈확인〉 버튼을 클릭합니다.

Note

'http://' 로 시작하는 문자를 입력하고 [Enter] 키를 누르면 기본적으로 문자에 해당하는 주소가 하이퍼링크로 설정됩니다.

❶ 연결될 인터넷 사이트 주소를 입력합니다.

self test

다음 그림과 같이 사이트 주소 문자열에 해당 주소를 하이퍼링크로 지정하고 '하드웨어 관련 사이트.ppt' 파일로 저장합니다.

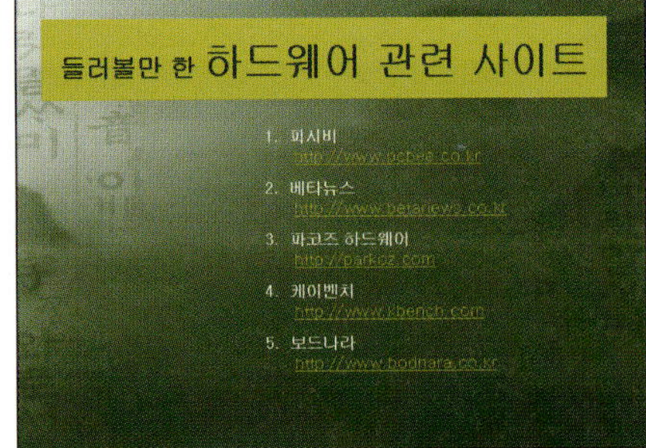

10-2 하이퍼링크 편집하기

하이퍼링크의 수정 및 편집

• 하이퍼링크가 설정된 문자 위에서 빠른 메뉴를 실행하고 [하이퍼링크 편집] 메뉴를 선택하면 하이퍼링크 삽입 대화상자와 동일한 형태의 하이퍼링크 편집 대화상자가 나타나 하이퍼링크에 대한 주소를 수정할 수 있습니다.

• 하이퍼링크가 설정된 영역 위에 마우스를 가져가면 팝업 형태로 텍스트가 나타나는데 이것을 '스크린 팁'이라고 하며 하이퍼링크에 대한 설명을 의미합니다. '하이퍼링크 편집' 대화상자에서 〈스크린 팁〉 버튼을 클릭하면 스크린 팁을 입력하거나 수정할 수 있습니다.

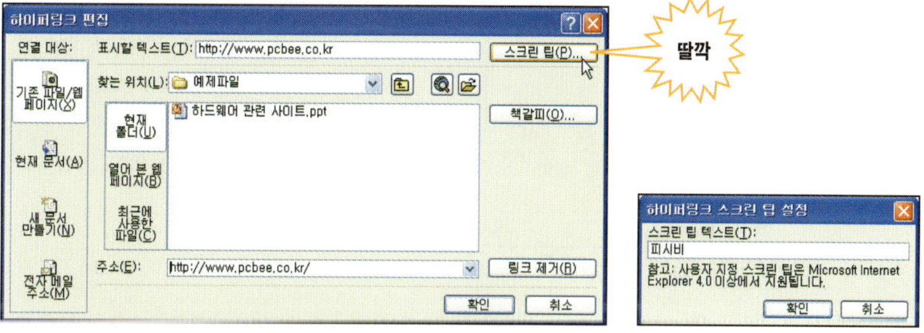

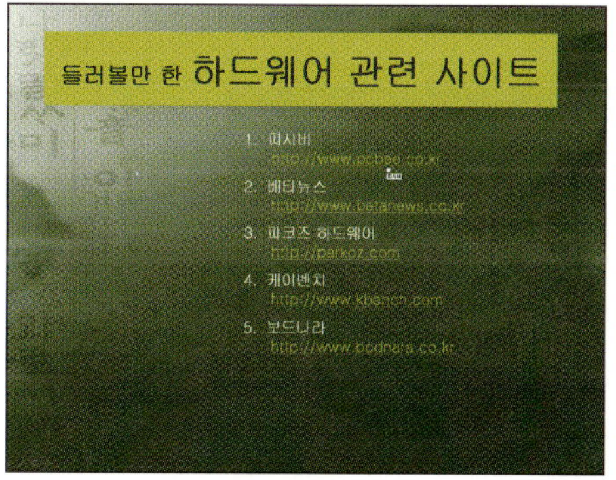

• 하이퍼링크를 삭제하려면 하이퍼링크가 설정된 곳에서 빠른 메뉴를 실행하고 [하이퍼링크 삭제] 메뉴를 선택합니다.

• 하이퍼링크를 지정해서 바뀌는 문자의 색상과 밑줄은 [서식]→[슬라이드 색 구성표] 메뉴를 선택하여 바꿀 수 있습니다.

■ 하이퍼링크 표시 방법 바꾸기

1. [서식]→[슬라이드 디자인] 메뉴를 선택합니다.

2. 슬라이드 디자인 작업창이 나타나면 가장 아래에 있는 '색 구성표 편집'을 클릭합니다.

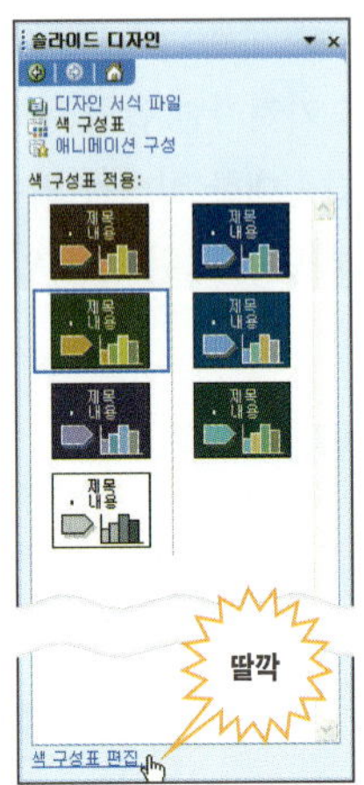

3. '색 구성표 편집' 대화상자가 나타납니다. '강조/하이퍼 링크' 항목의 색상과 〈색 변경〉 버튼을 차례로 클릭합니다.

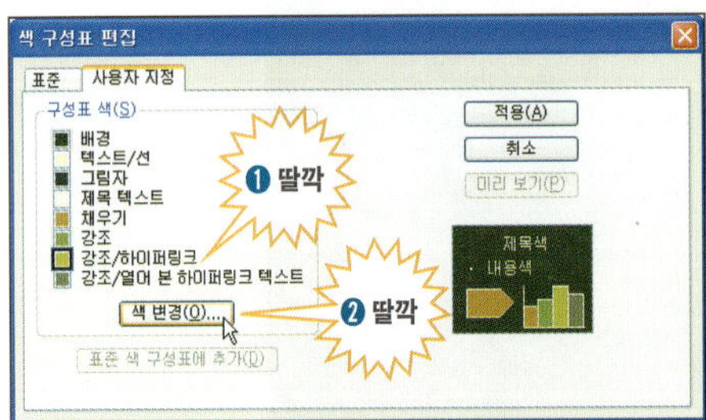

4. '강조/하이퍼링크 색' 대화상자가 나타납니다. 원하는 색상을 지정하고 〈확인〉 버튼을 클릭합니다.

5. '색 구성표 편집' 대화상자로 돌아와 〈적용〉 버튼을 클릭합니다.

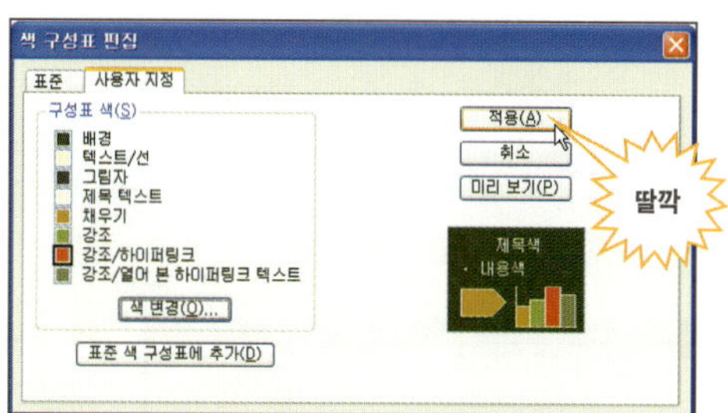

앞에서 저장한 '하드웨어 관련 사이트.ppt' 파일을 불러온 후, 각 하이퍼링크에 대해 표시할
텍스트와 스크린 팁을 넣어 다음과 같이 설정해 보세요.

피시비
표시할 텍스트 : 온라인 IT 미디어
스크린 팁 : http://www.pcbee.co.kr

베타뉴스
표시할 텍스트 : 베타뉴스
스크린 팁 : http://www.betanews.co.kr

파코즈 하드웨어
표시할 텍스트 : 파코즈 하드웨어
스크린 팁 : http://www.parkoz.com

케이벤치
표시할 텍스트 : IT정보 및 디지털 커뮤니티
스크린 팁 : http://www.kbench.com

보드나라
표시할 텍스트 : PC정보 커뮤니티
스크린 팁 : http://www.bodnara.co.kr

10-3 하이퍼링크 대상 지정하기

하이퍼링크는 웹 사이트뿐만 아니라 다른 슬라이드, 또는 다른 문서뿐 아니라 전자 메일 주소로 링크 대상을 설정할 수 있습니다.

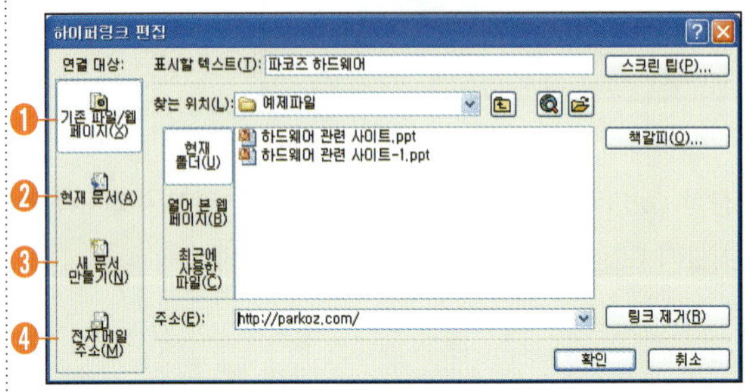

❶ **기본 파일/웹 페이지** : 연결 대상으로 웹 사이트 주소나 저장되어 있는 프레젠테이션을 설정합니다.

❷ **현재 문서** : 연결 대상으로 현재 열려 있는 파워포인트 파일의 특정 슬라이드를 지정합니다.

❸ **새 문서 만들기** : 새로운 파워포인트 파일을 만들고 하이퍼링크를 지정합니다.

❹ **전자 메일 주소** : 전자 메일 주소로 하이퍼링크를 설정합니다. 하이퍼링크 영역을 클릭하면 아웃룩 익스프레스와 같은 전자메일 프로그램이 실행되어 지정된 전자메일 주소로 이메일을 보낼 수 있도록 합니다.

self test

[예제파일] 폴더에서 '디카 구매 가이드.ppt' 파일을 열고 다음에 지시하는 대로 하이퍼링크를 지정해 봅시다.

1. '가격비교' 라는 텍스트가 입력된 도형에는 'http://www.enuri.com/' 을 하이퍼링크로 설정합니다.

2. '디카강좌' 라는 텍스트가 입력된 도형에는 두 번째 슬라이드를 하이퍼링크로 설정합니다.

3. '기종별 사양표' 라는 텍스트가 입력된 도형에는 'spec.ppt' 문서를 하이퍼링크로 설정합니다.

4. '이메일 문의' 라는 텍스트가 입력된 도형에는 'info@dicanara.com' 이라는 전자 메일 주소로 하이퍼링크를 설정합니다.

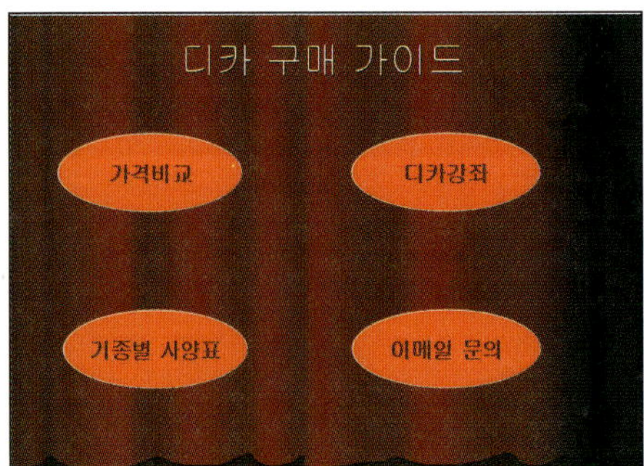

10-4 실행 단추의 이용

실행 단추는 슬라이드 도중에 특정 슬라이드로 이동할 수 있도록 하는 버튼을 가리킵니다. 지정된 대상으로 이동하게 하므로 하이퍼링크 기능을 가지고 있는 버튼이라 할 수 있습니다.

따라하기 ▶ ━━○ ■ **실행 단추 만들기**

1. [슬라이드 쇼]→[실행 단추] 메뉴를 선택합니다.

2. 하위 메뉴에 여러 형태의 실행 단추가 나타납니다. 원하는 실행 단추를 선택합니다.

Note

실행 단추의 기능
실행 단추 위에 마우스를 두고 잠시 기다리면 해당 단추의 기능이 표시됩니다.

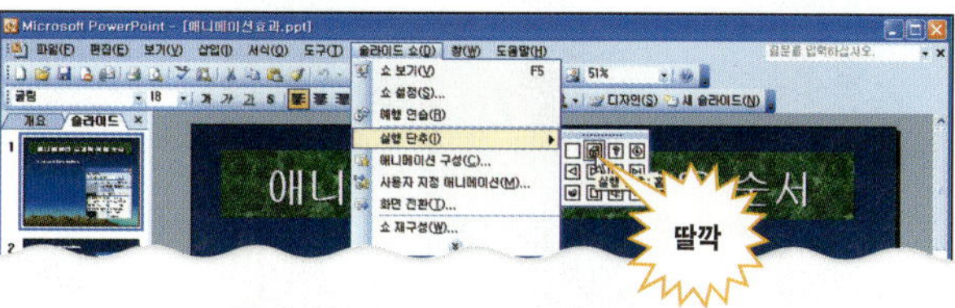

3. 실행 단추가 위치할 부분에서 마우스로 드래그하여 선택한 실행 단추를 그려줍니다.

4. 마우스 버튼을 놓으면 '실행 설정' 대화상자가 나타납니다. 기본적으로 버튼마다 단추에 대한 하이퍼링크 대상이나 실행방식이 지정되어 있지만 대화상자를 통해 변경해 줄 수 있습니다.

Note

실행 단추의 설정 변경
슬라이드에 삽입한 실행 단추의 빠른 메뉴를 실행하고 [실행 설정]을 선택하면 '실행 설정' 대화상자가 나타나 실행 단추에 설정된 내용을 변경해줄 수 있습니다.

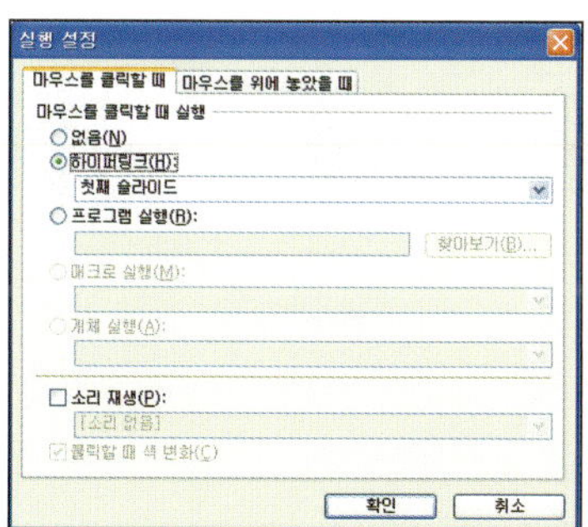

'예제 파일' 폴더에서 '애니메이션 효과.ppt' 파일을 열고 모든 슬라이드에 첫 번째 페이지, 다음 슬라이드, 이전 슬라이드로 이동할 수 있는 실행 단추를 삽입해 봅시다. 모든 슬라이드에 동일하게 실행 단추가 나타나게 하려면 슬라이드 마스터에서 작업하는 것이 편리합니다.

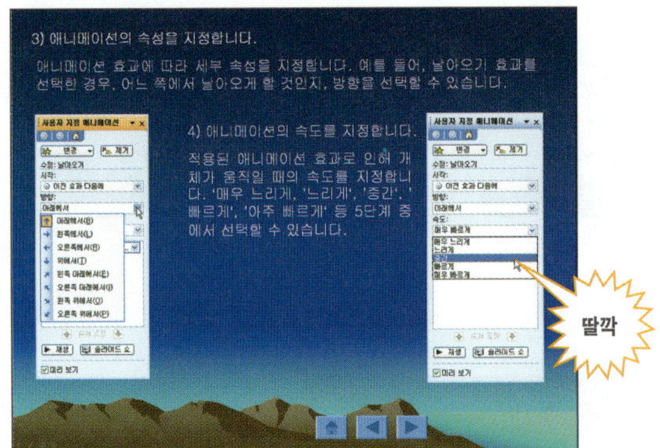

10-5 | 웹 문서로 변환과 슬라이드 쇼

파워포인트의 프레젠테이션 파일은 간단히 웹 문서로 저장할 수 있습니다. 저장된 웹 문서는 인터넷 사이트에 올려, 다른 사람이 슬라이드 쇼를 보게 할 수 있습니다.

따라하기 ▶

■ 웹 문서로 저장하기

1. 슬라이드 편집을 마친 다음, [파일]→[웹 페이지로 저장] 메뉴를 선택합니다.

2. '다른 이름으로 저장' 대화상자가 나타납니다. 폴더와 파일 이름을 지정하고 〈저장〉 버튼을 클릭합니다. 파일 형식은 기본적으로 웹 보관 파일 형식으로 지정되어 있습니다.

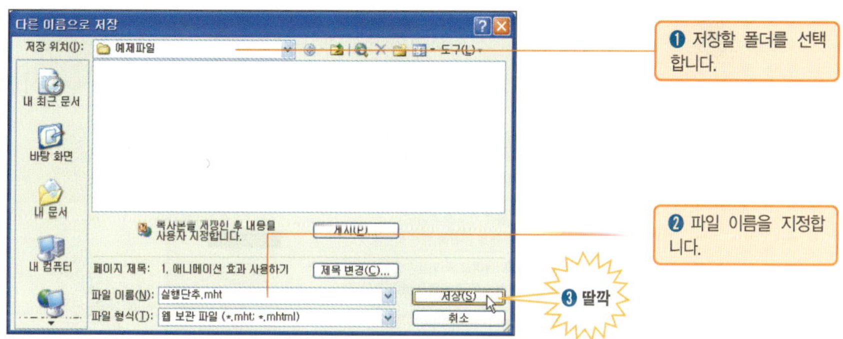

❶ 저장할 폴더를 선택합니다.

❷ 파일 이름을 지정합니다.

❸ 딸깍

3. 저장된 파일을 더블 클릭하면 웹 브라우저를 통해 슬라이드가 나타납니다.

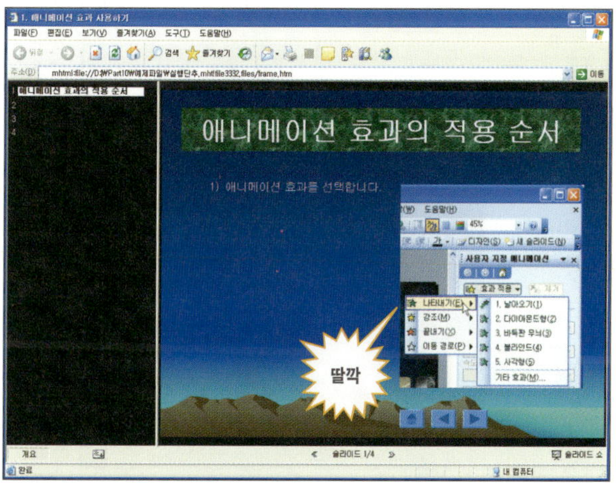

게시 옵션

웹 페이지로 저장할 때, '다른 이름으로 저장' 대화상자의 〈게시〉 버튼을 클릭하면 '웹
페이지로 게시' 대화상자가 나타나 게시할 슬라이드의 옵션을 설정할 수 있습니다.

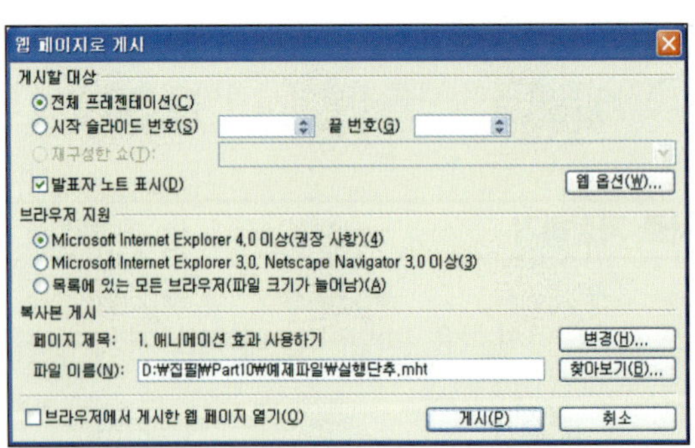

웹 옵션

'웹 페이지 게시' 대화상자에서 〈웹 옵션〉 버튼을 클릭하면 '웹 옵션' 대화상자가 나타
나 슬라이드 개요의 형태를 비롯하여 해상도, 글꼴 등 세부 사항을 설정할 수 있습니다.

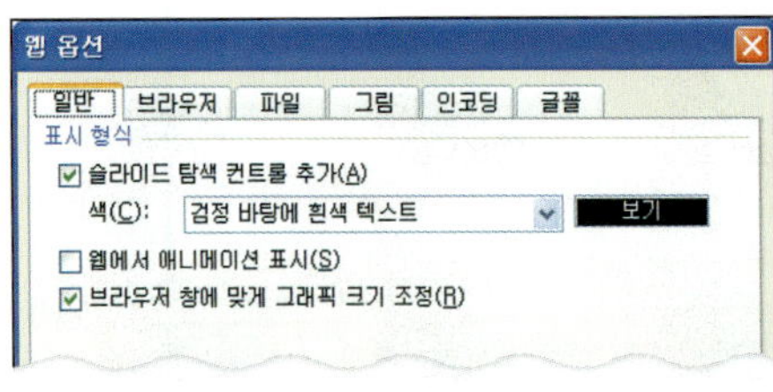

앞의 [따라하기]에서 저장한 웹 보관 파일을 웹브라우저로 볼 때 그림과 같이 슬라이드 제목과
번호가 표시되는 영역이 웹브라우저의 기본 색상으로 나타나도록 웹 옵션을 수정해 보세요.

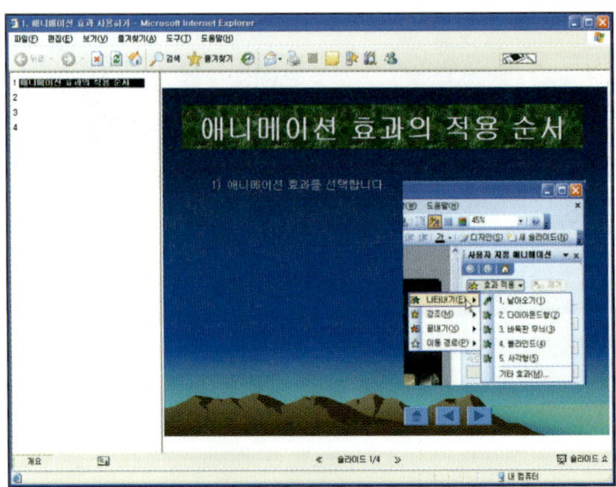

10-6 전자 메일로 슬라이드 보내기

[파일]→[보내기] 메뉴를 선택하면 하위 메뉴를 통해 현재 프레젠테이션 파일을 메일이나 인터넷 팩스로 보낼 수 있습니다.

따라하기 ▶

■ 프레젠테이션 파일을 첨부하여 전자 메일 보내기

1. [파일]→[보내기]→[이 파일을 첨부한 메일로]를 선택합니다.

2. 시스템의 기본 전자메일 프로그램이 실행됩니다. 일반적으로 아웃룩 익스프레스가 실행될 것입니다. '받는 사람' 항목에 수신자의 이메일 주소를 입력하고 아래에 메일 본문을 작성합니다. 기본적으로 현재 작업했던 프레젠테이션 파일이 첨부 파일 형태로 포함되어 있습니다.

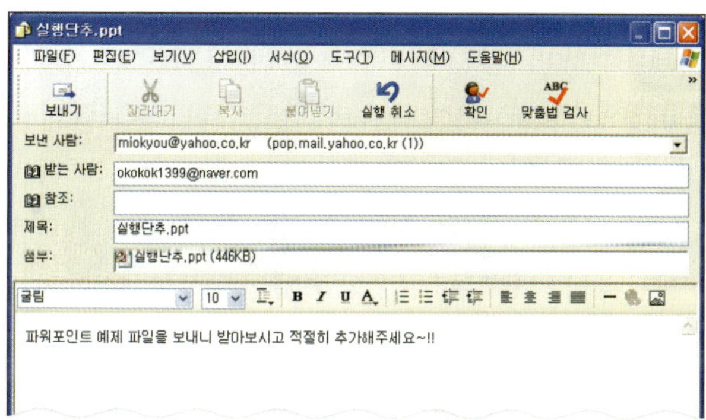

Note

전자 메일을 보내려면
슬라이드를 전자 메일로 보내는 기능을 사용하려면 아웃룩 익스프레스와 같은 전자 메일 프로그램에서 자신의 전자 메일 계정이 설정되어 있어야 합니다.

3. 〈보내기〉 버튼을 클릭하면 메일이 발송됩니다. 수신자가 이메일 프로그램을 열면 다음과 같이 첨부 파일과 메일 본문이 나타납니다. 첨부 파일은 빠른 메뉴에서 [다른 이름으로 저장]을 선택하면 수신자의 PC에 저장하여 볼 수 있습니다.

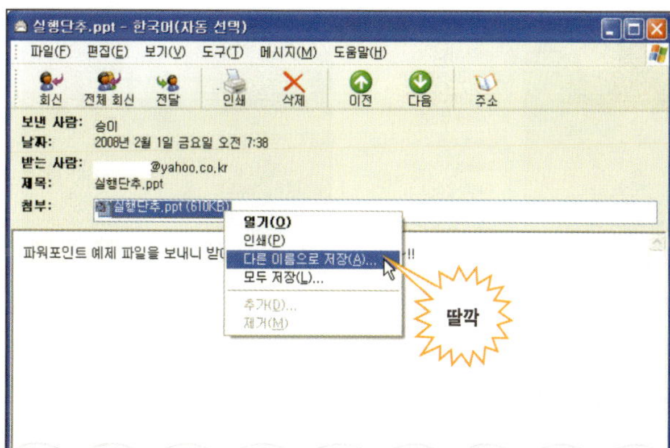

현장 실습 — 대화형 프레젠테이션 문서 만들기

첫 번째 슬라이드에서 작은 그림을 클릭하면 지정된 각 슬라이드가 나타나도록 하이퍼링크로
설정하고 슬라이드 마스터를 통해 모든 슬라이드에 동일한 실행 단추를 삽입하여 편리하게 슬
라이드 쇼를 진행할 수 있도록 해봅시다.

다른 슬라이드로 하이퍼링크하기

1. [예제파일] 폴더에서 '유럽여행.ppt' 파일을 불러와 [슬라이드] 탭에서 2번 슬라이드를
클릭합니다.

2. 모두 4개의 그림이 나타납니다. 위/좌측에 있는 그림 위에서 빠른 메뉴를 실행하고
[하이퍼링크]를 선택합니다.

3. '하이퍼링크 삽입' 대화상자가 나타납니다. 좌측의 연결 대상 항목에서 '현재 문서'
를 선택합니다.

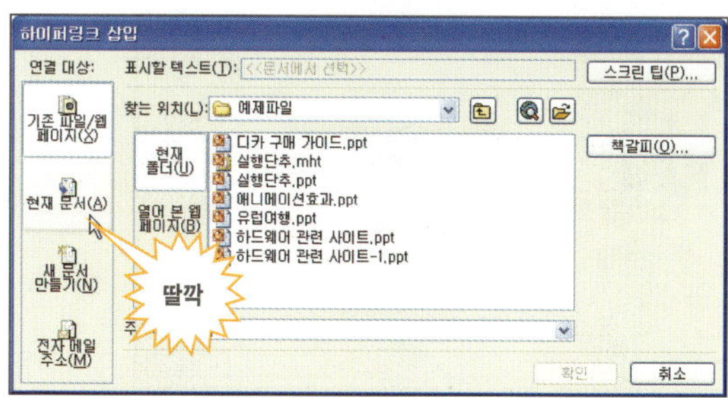

4. '이 문서에서 위치 선택' 항목에서 '슬라이드 3'을 선택하고 〈확인〉 버튼을 클릭합니다.

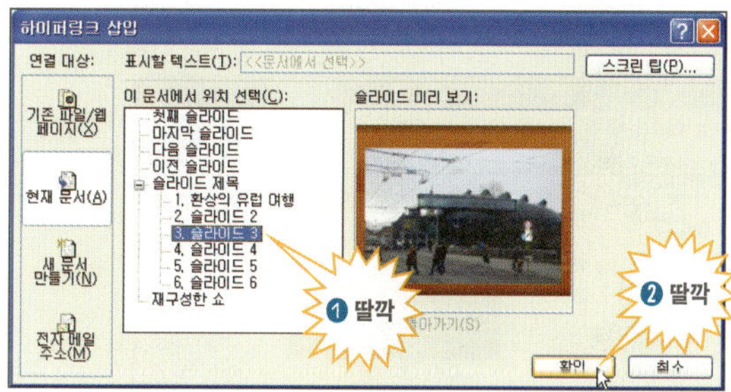

5. 이어서 위/우측에 있는 그림 위에서 빠른 메뉴를 실행하고 [하이퍼링크]를 선택합
니다.

6. 마찬가지로 '하이퍼링크 삽입' 대화상자에서 '현재 문서'를 선택하고 '슬라이드 4'를 지정한 후, 〈확인〉 버튼을 클릭합니다.

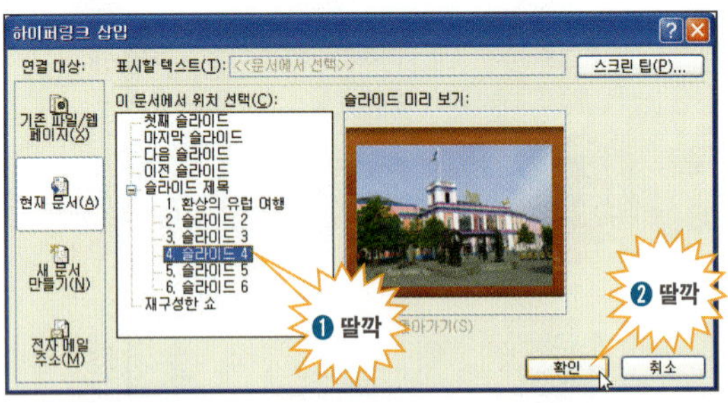

7. 아래/좌측과 아래/우측의 그림에 대해서도 각각 다음과 같이 5번째 슬라이드와 6번째 슬라이드를 하이퍼링크로 설정합니다.

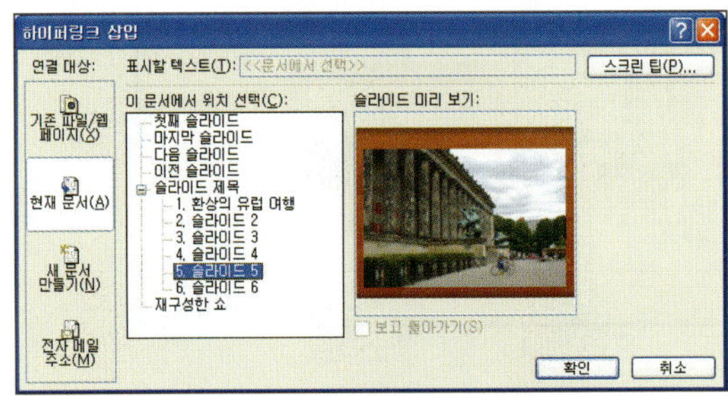

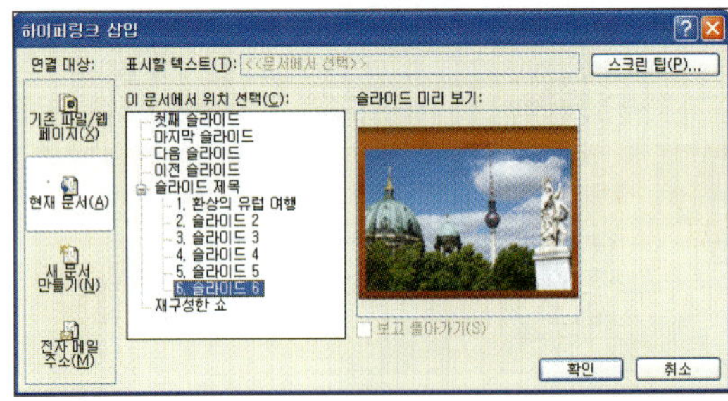

슬라이드 마스터에서 실행 단추 삽입하기

1. 일종의 목차처럼 나타나는 2번 슬라이드로 이동을 위한 하이퍼링크를 모든 페이지에
삽입하기 위해 [보기]→[마스터]→[슬라이드 마스터] 메뉴를 선택합니다.

2. 슬라이드 마스터 화면으로 전환됩니다. 그리기 도구 모음에서 [도형]→[기본 도형]→[모
서리가 둥근 사각형]을 선택합니다.

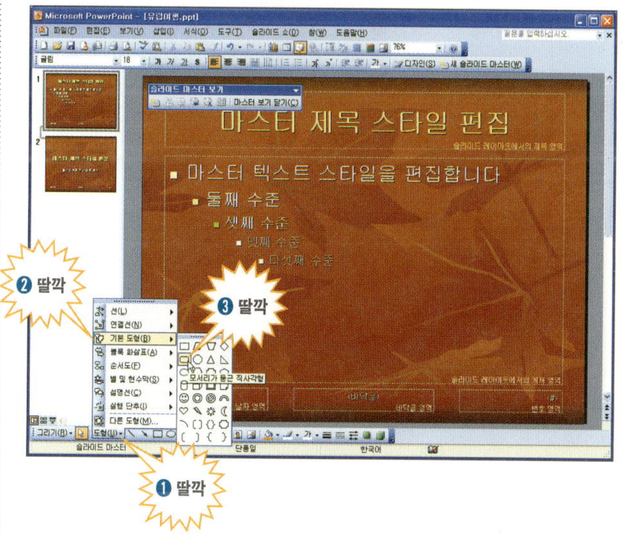

3. 슬라이드 창 좌측 하단에 사각형을 그리고 빠른 메뉴를 실행하여 [하이퍼링크]를 선택합니다.

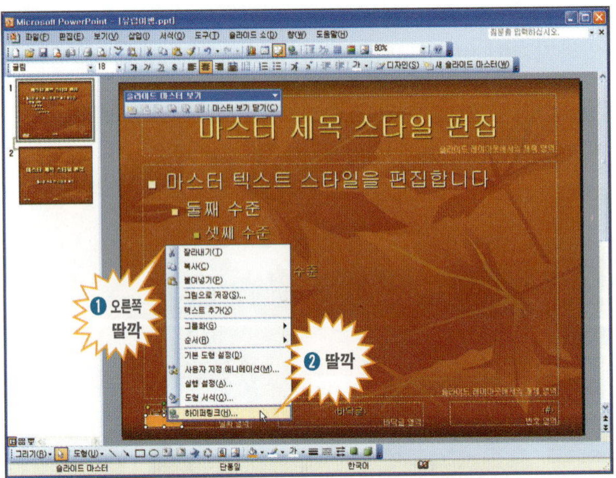

4. 목차 역할을 하는 2번 슬라이드로 하이퍼링크를 설정하기 위해 '하이퍼링크 삽입' 대화상자에서 현재 문서의 '슬라이드 2'를 지정하고 〈확인〉 버튼을 클릭합니다.

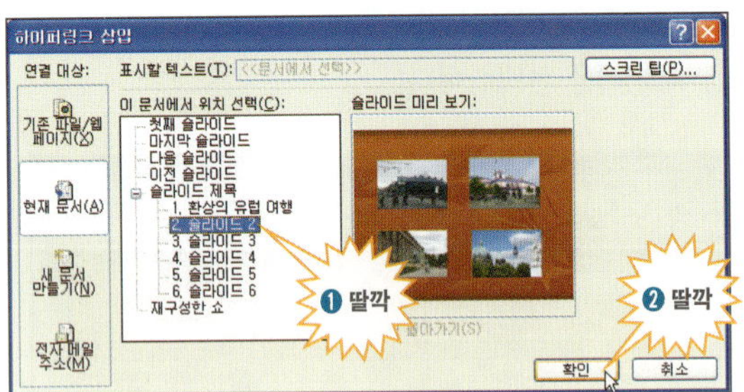

5. 도형이 선택된 상태에서 '목차보기' 라는 텍스트를 입력하고 서식 도구 모음의 도구를 사용하여 글꼴의 크기를 적절히 줄여준 후, 글꼴 색을 검정색으로 변경합니다.

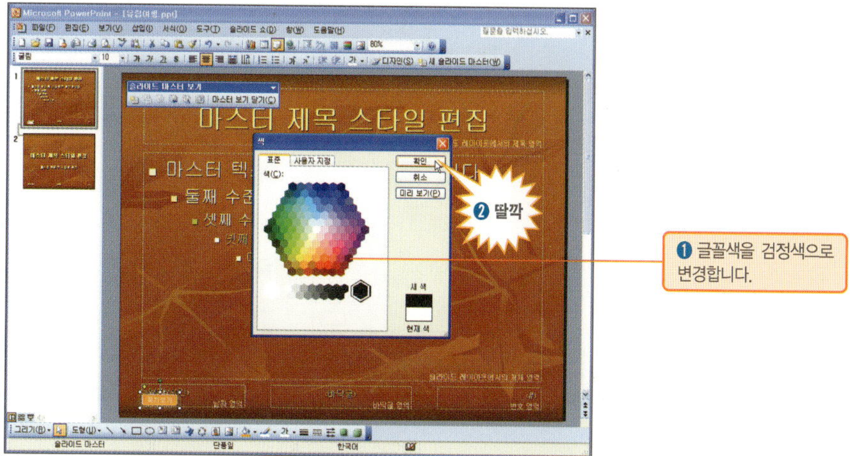

6. 계속해서 모든 슬라이드에 나타날 실행 단추를 삽입해 보도로 하겠습니다. 먼저 [슬라이드 쇼]→[실행 단추]→[실행 단추:홈] 메뉴를 선택합니다.

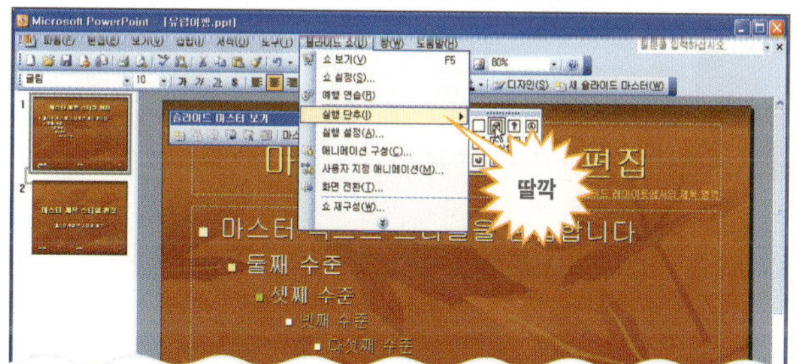

7. 앞에서 만들어준 도형 우측에서 드래그하여 실행 단추를 만들고 '실행 설정' 대화상자가 나타나면 〈확인〉 버튼을 클릭합니다.

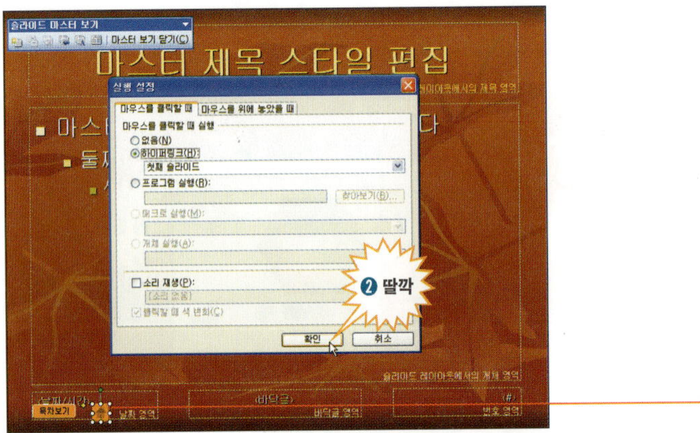

❶ 실행 단추를 만듭니다.

8. 이전 슬라이드로 이동을 위한 실행 단추를 삽입하기 위해 [슬라이드 쇼]→[실행 단추]→[실행 단추:뒤로 또는 이전] 메뉴를 선택합니다.

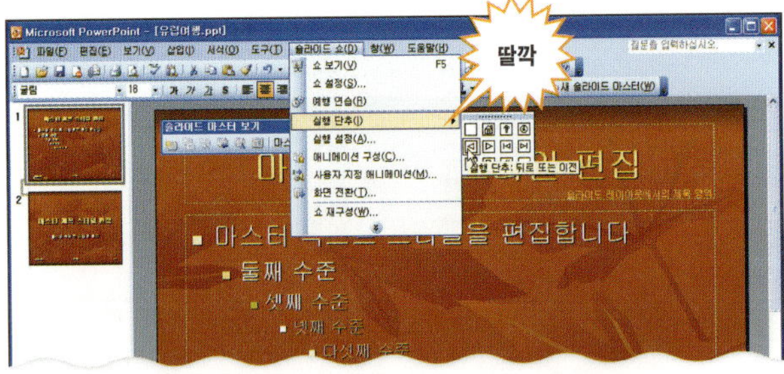

9. '홈' 실행 단추 우측 지점에서 드래그하여 실행 단추를 추가하고 '실행 설정' 대화상자의 〈확인〉 버튼을 클릭합니다.

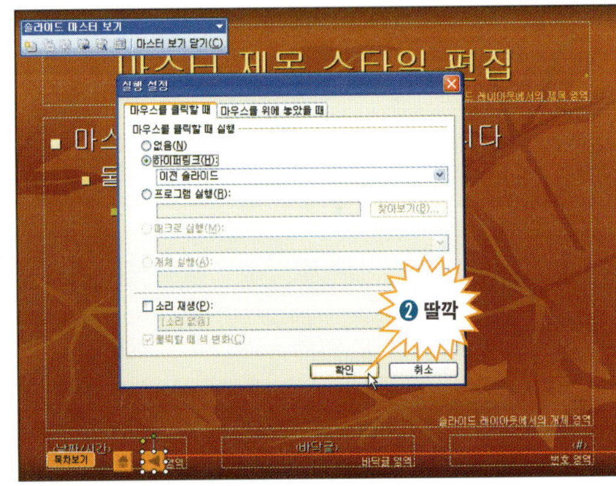

❶ 실행 단추를 만듭니다.

10. 마지막으로 [슬라이드 쇼]→[실행 단추]→[실행 단추:앞으로 또는 다음] 메뉴를 선택하여
실행 단추를 추가하고 슬라이드 마스터 보기 도구 모음에서 '마스터 보기 닫기' 도구를
클릭합니다.

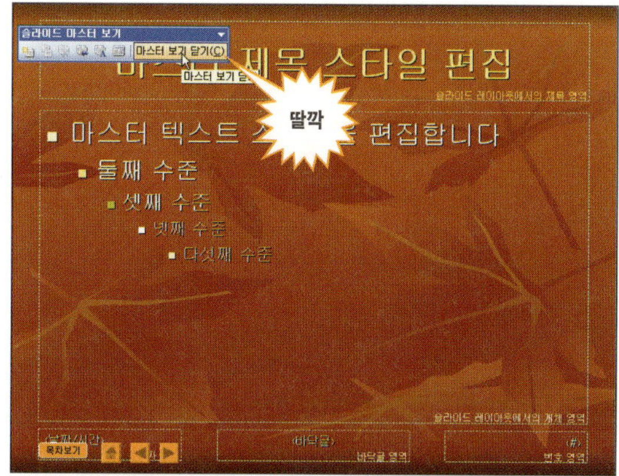

11. 슬라이드 편집 화면으로 돌아옵니다. 제목 슬라이드를 제외한 모든 슬라이드 아래에
하이퍼링크를 지정한 버튼들이 나타나는 것을 볼 수 있습니다.

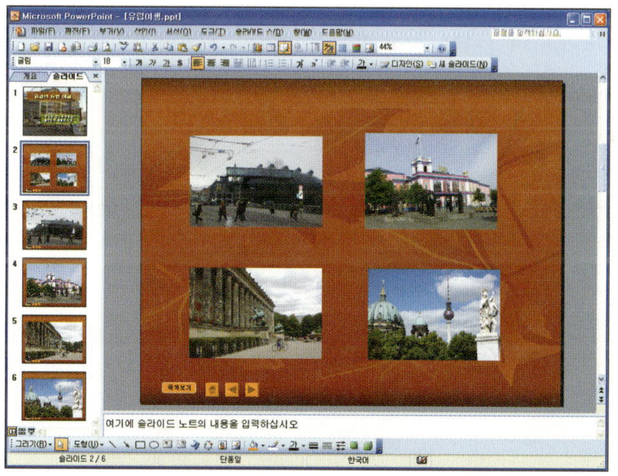

슬라이드 쇼 진행하기

1. 각 하이퍼링크와 실행 단추의 동작을 확인하기 위해 [슬라이드 쇼]→[쇼 보기] 메뉴를
선택합니다.

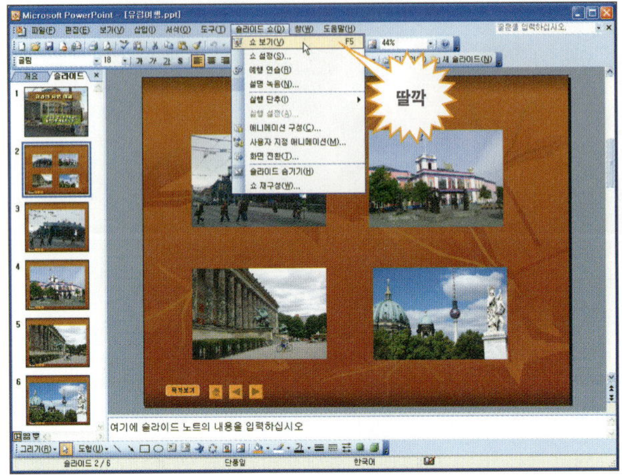

2. 슬라이드 쇼가 시작됩니다. 마우스 버튼을 클릭하면 목차 역할을 하는 두 번째 슬라
이드가 나타납니다. 각 그림을 클릭하여 해당 슬라이드가 나타나는지 확인합니다.

3. 아울러 하단에 있는 실행 단추와 도형으로 만들어준 단추도 클릭하여 해당 슬라이드
로 이동하는지 확인해 보도록 합니다.

웹에서 프레젠테이션 실행하기

1. [파일]→[웹 페이지로 저장] 메뉴를 선택하고 '다른 이름으로 저장' 대화상자가 나타나면 〈게시〉 버튼을 클릭합니다.

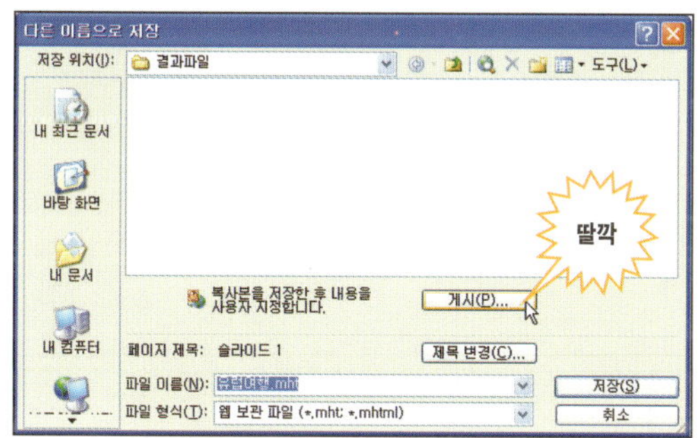

2. '웹 페이지로 게시' 대화상자가 나타납니다. 기본 설정값을 그대로 두고 하단에 있는 〈게시〉 버튼을 클릭합니다.

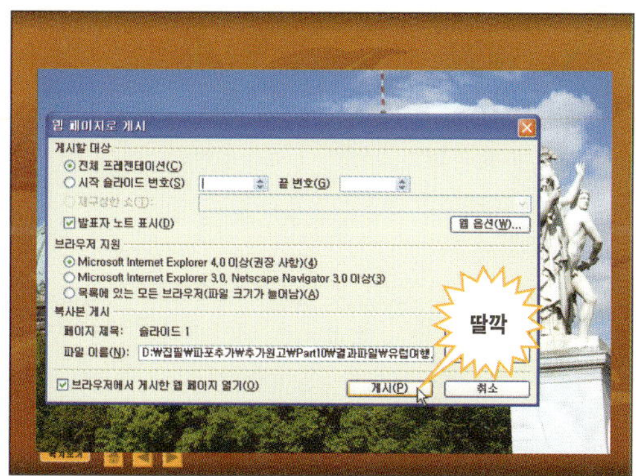

3. 웹 브라우저를 통해 해당 프레젠테이션 문서가 나타납니다. 슬라이드 쇼를 통해 보는 것과 동일한 화면을 보여주고 있으며 실행 단추도 그대로 포함하고 있음을 알 수 있습니다. 슬라이드 제목이나 실행 단추를 클릭하여 정상적으로 슬라이드가 나타나는지 확인합니다.

실무 활용 연습

EX 1 건강 음식 소개 대화형 프레젠테이션 만들기

❶ '예제파일' 폴더에서 '비타민 10大 밥상.ppt' 파일을 불러옵니다.

❷ 1번 슬라이드의 각 그림에 해당하는 슬라이드를 하이퍼링크로 설정합니다.

❸ 스크린 팁으로 각 음식의 이름이 나타나도록 합니다

❹ 슬라이드 마스터에 도형을 삽입하고 각각 'HOME', '이전', '다음' 이라는 텍스트를 입력합니다.

❺ 각 도형의 텍스트 색상을 검정색으로 설정합니다.

❻ 각 도형에 '홈', '이전 슬라이드', '다음 슬라이드' 로 이동할 수 있도록 실행 설정합니다.

❼ 문서를 웹에 게시하고 웹 브라우저를 통해 프레젠테이션합니다.

부록 CD 비즈폼 프리미엄 서식총람 2008 설치방법

01. 비즈폼 서식총람 실행환경

▶ **운영체제** : Microsoft Windows 98/ME/XP/2000/2003/VISTA
▶ **권장사양** : CPU–pentium 이상, 메모리 32MB 이상, CD–ROM 8배 이상
▶ **최소사양** : CPU–486 이상, 메모리 16MB 이상, CD–ROM 8배속 이상
▶ **필수프로그램** : 한글 97 이상, Microsoft Office 프로그램(Word, Excel, PowerPoint), Acrobat Reader 5.0 이상

02. 구성요소

▶ 비즈폼 서식총람 부록 CD 구성요소입니다.

서식구분	세부분류	서식건수
건설서식	감리업무, 건축공사, 공사관리, 시방서 등	3,241
교육서식	학급운영, 교수, 학생, 학원, 학점은행 등	3,564
금융서식	경매, 유가증권, 외국환, 여신/금융/대출 등	566
민원행정식	국세청, 국공유, 노동부, 보건복지부 등	6,317
법률서식	소장, 고소/소송, 개인회생, 민사소송 등	5,427
사업계획서	사업계획서, 양식, 제안서, 회사소개서/IR 등	109
생활서식	부동산, 생활법률, 생활계약, 경조사 등	3,103
세무회계서식	연말정산, 부가가치세, 회계 등	1,402
영문서식	무역, 유학/비자, 취업, 회사, 생활 등	407
회사서식	경영, 감사, 4대보험, 연구개발 등	8,134
샘플서식	인사말, 안내, 연설, 법률, 기업일반 등	5,170
부서별서식	총무부, 무역부, 구매부, 품질관리부 등	2,000
표준서식	기획, 인사, 영업, 경영, 사규/규정 등	120
엑셀자동화서식	세무회계, 인사, 총무관리, 회사일반 등	40
PPT슬라이드	SWOT분석, 회사소개, 조직도, 주요사업 등	300
PPT템플릿	IT/비즈니스, 건물/부동산, 가족/복지 등	100
합계		40,000

부록 CD

03. 설치방법

비즈폼 서식총람 CD를 CD-ROM에 넣으면 자동으로 설치 프로그램이 실행됩니다.

1. [1단계] – 설치화면이 나타나면 [다음]버튼을 클릭합니다.

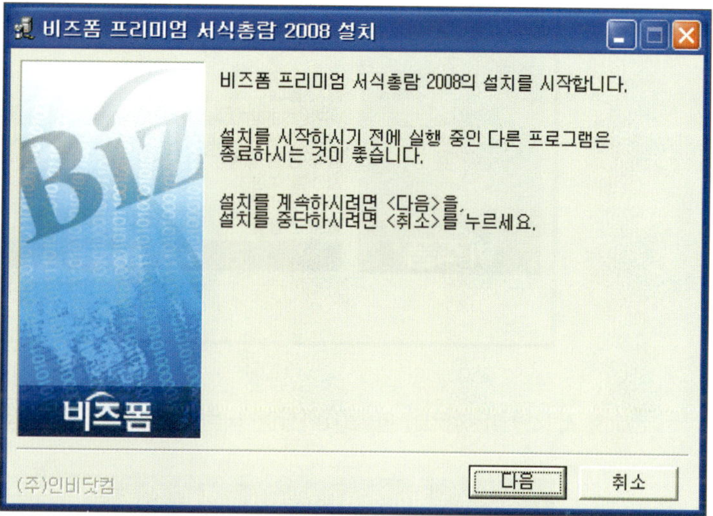

2. [2단계] – 비즈폼 서식총람을 설치할 폴더를 선택 후 [설치시작] 버튼을 클릭합니다.

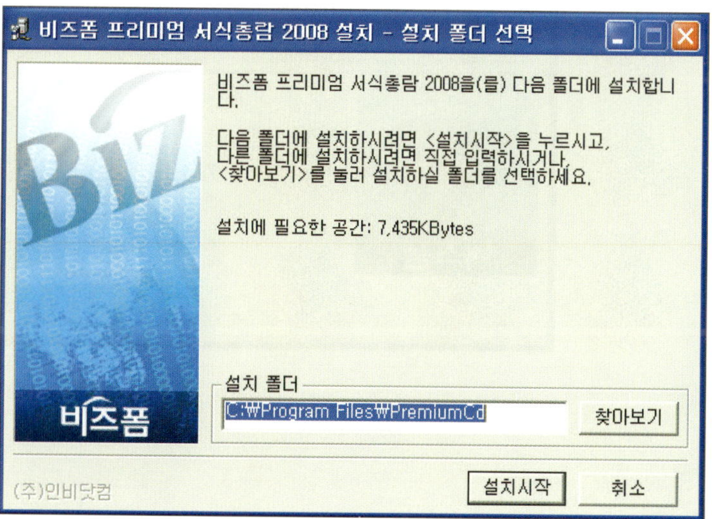

부록 CD

3. [3단계] – 설치 폴더에 자동으로 설치가 됩니다.

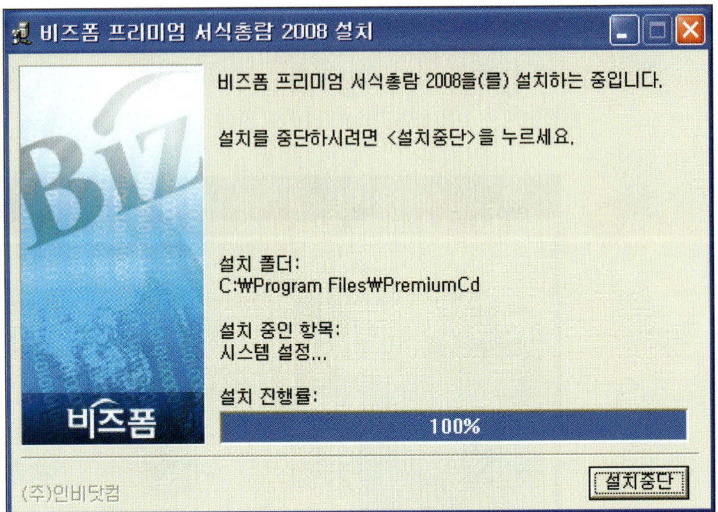

4. [4단계] – 설치가 완료되고 [확인] 버튼을 클릭하면 프로그램이 자동으로 실행됩니다.

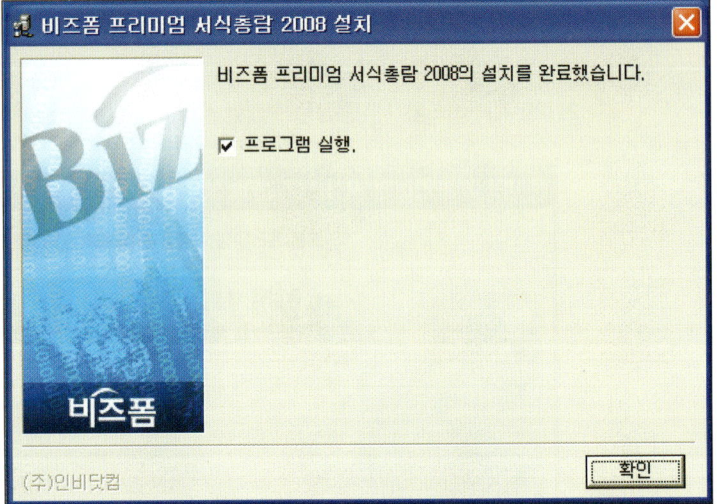

5. [5단계] – 프로그램이 실행하면 메인페이지가 나타납니다. 이제 비즈폼에서 제공하는 프리미엄 서식총람 2008를 이용할 수 있습니다.

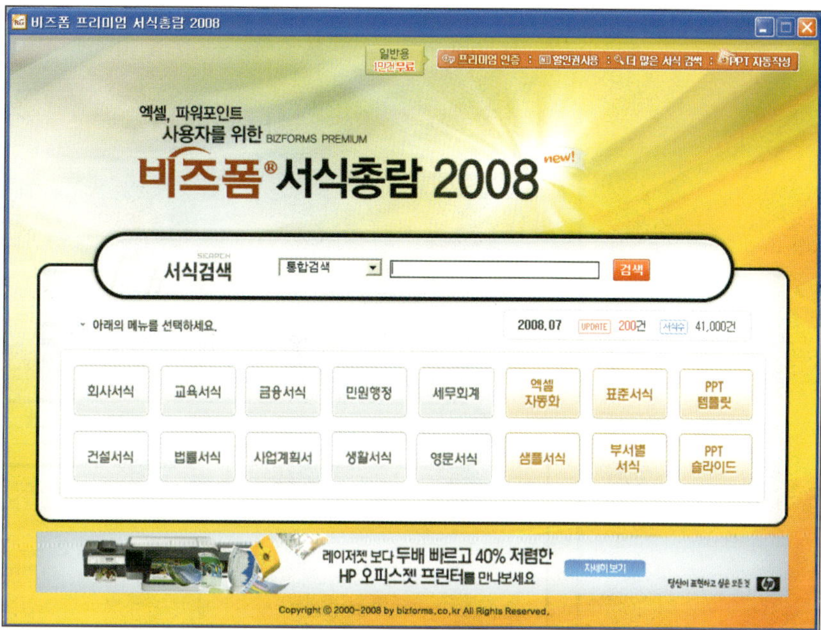

※ 프리미엄 서식총람 2008 부록 CD가 실행 안될 때

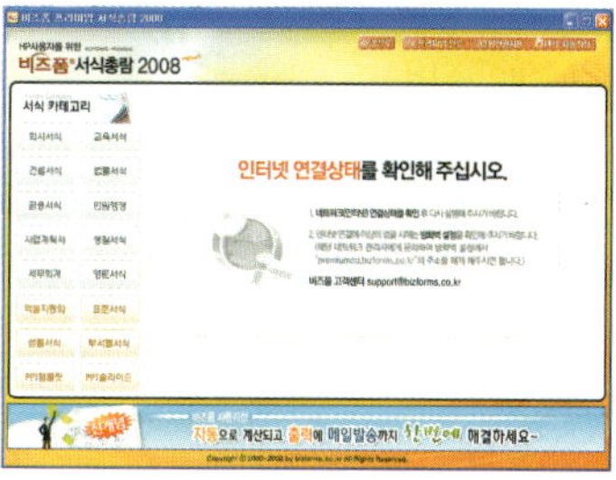

1. 네트워크(인터넷) 연결 상태를 확인 후 다시 실행합니다.

2. 인터넷 연결에 이상이 없을 때에는 방화벽 설정을 확인한 합니다(해당 네트워크 관리자에게 문의하여 방화벽 설정에서 premiumcd.bizforms.co.kr의 주소를 해제하면 됩니다).

비즈폼 고객센터 support@bizforms.co.kr

부록 CD · 비즈폼 프리미엄 서식총람 2008 사용방법

01. 검색방법

비즈폼 서식총람을 실행하면 다음과 같이 메인 화면이 나타나고, 검색종류(통합검색, 무료
검색, 프리미엄검색)를 선택 후 검색할 서식명을 입력한 다음 [검색] 버튼을 클릭합니다.

※ 카테고리 버튼을 클릭하면 해당 카테고리별 서식리스트를 확인할 수 있습니다.

Tip 1. 더 많은 서식 검색 — 좀더 다양한 서식을 제공 받고자 할 경우 검색 서식명을 입력하고
우측 상단에 있는 [더 많은 서식 검색] 버튼을 클릭하면 비즈폼 사
이트로 이동하여 다양한 서식리스트를 확인할 수 있습니다.

Tip 2. PPT 자동 작성 — 화면 우측 상단에 있는 [PPT 자동 작성] 버튼을 클릭하면 비즈폼
비즈플랜 페이지로 이동하여 사업계획서 자동 작성 서비스 및 템
플릿, 제안서, 사업계획서 샘플, 구성도와 사업계획서 작성 tip 등
다양한 서비스를 이용할 수 있습니다.

부록 CD

입력한 서식명에 대한 검색 결과가 나타납니다.

※ 메인 페이지로 이동하고자 할 경우 우측 상단에 있는 [홈으로] 버튼을 클릭해 줍니다.

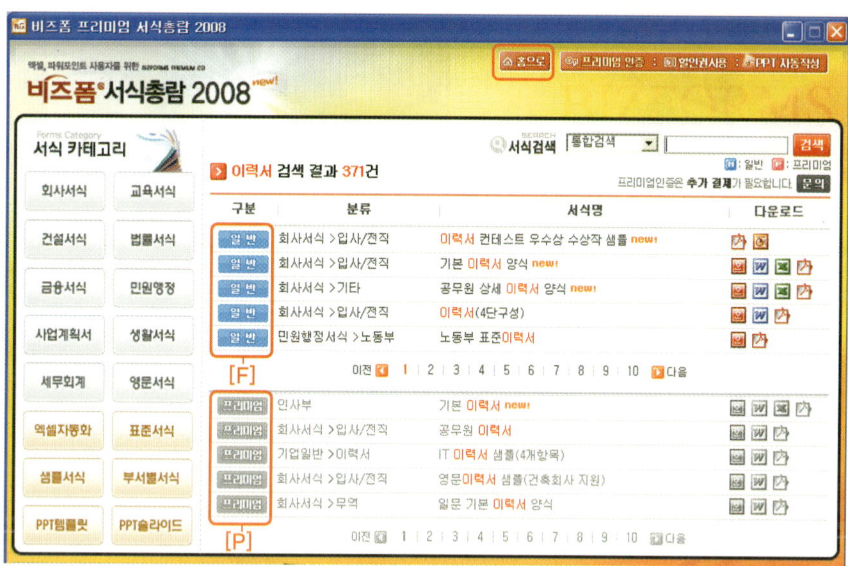

※ [F]는 무료체험판 설치 시에만 이용이 가능

※ [P]는 인증을 받을 시에 이용이 가능

실무 예제로 배우는　최신개정판
웹 디자인 & 멀티미디어 실습

임규근 지음 | 512쪽 | 국배변형 | 올컬러
값 22,000원

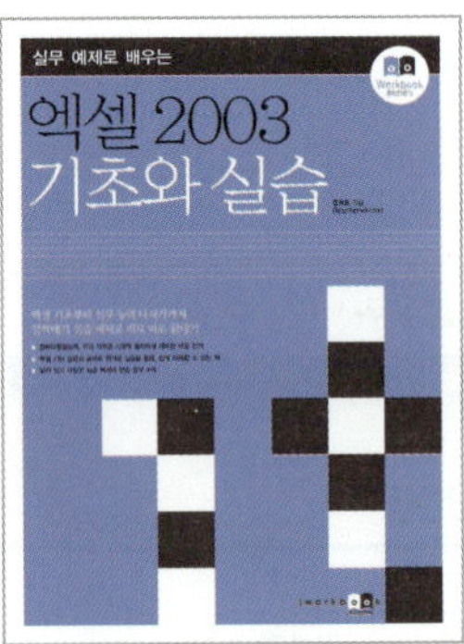

실무 예제로 배우는
엑셀 2003 기초와 실습

정희용 지음 | 288쪽 | 사륙배변형 | 2도
값 12,000원

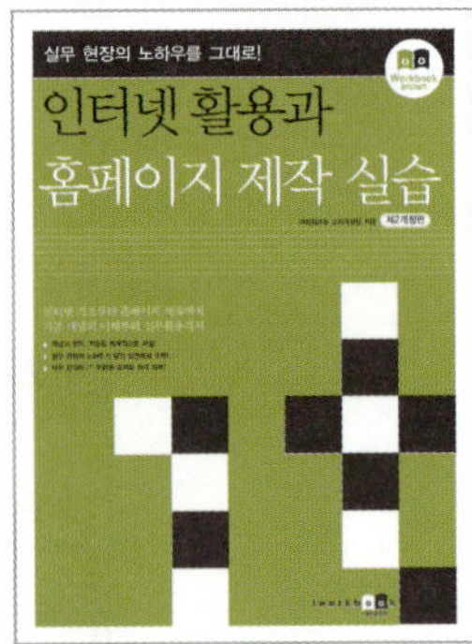

실무 현장의 노하우를 그대로!　제2개정판
인터넷 활용과 홈페이지 제작 실습

교재개발팀 지음 | 428쪽 | 사륙배변형 | 올컬러
값 16,000원

**홈페이지에서 이미지와 애니메이션 활용은 기본!
포토샵, 플래시, 드림위버를 한번에!**

웹 사이트 기획부터 출판까지 만들어 보는 책. 이미지 편집을 위한 포토샵, 움직이는 애니메이션 효과를 만들어내는 플래시, 강력한 홈페이지 제작 도구인 드림위버 세 가지 프로그램을 홈페이지에서 자주 사용되는 웹 이미지와 웹 애니메이션에 꼭 필요한 내용만을 엄선하였다.

**엑셀 기초부터 실무 능력 다지기까지
알짜배기 실습 예제로 바로 바로 끝내기**

실무에서 사용하는 다양한 분야의 예제를 통해 엑셀의 기초부터 실무 활용까지의 기능을 익힐 수 있도록 하였다.
'한 걸음 더', '실무 활용 연습' 코너를 통해 제공하는 다양한 연습 문제와 본문 곳곳에서 토막 공부를 할 수 있게 배려한 퀴즈 코너를 빠드리지 않는 것만으로도, 관련 자격증 험에 대비 할 수 있다.

**인터넷 기초부터 홈페이지 제작까지
기본 개념의 이해부터 실무활용까지**

이 책은 인터넷 영역과 홈페이지 영역으로 구성하였으며, 인터넷 영역은 총 6 Chapter로 인터넷의 시작과 발전, 인터넷 접속과 관련된 기술, 다양한 서비스외 활용, 정보 검색, 전자상거래와 보안 등 인터넷 사용시 필요한 기본지식을 다루고, 홈페이지 영역은 총 5 Chapter로 홈페이지 제작을 위한 기획과 설계, HTML 태그의 사용 방법, 웹 에디터를 이용한 제작 그리고 특집에 포토샵 활용법까지 모든 파트에 현장 실습과 실무 활용 연습을 추가하였다.

아이워크북 시리즈

ITworkbook Series 14

실무 예제로 배우는
엑셀&파워포인트 기초와 활용 2002

장미희 지음 | 468쪽 | 사륙배변형 | 부분컬러 |
값 18,000원

ITworkbook Series 13

실무 예제로 배우는
컴퓨터의 이해와 활용

교재개발팀 지음 | 536쪽 | 사륙배변형 |
올컬러 | 값 20,000원

ITworkbook Series 12

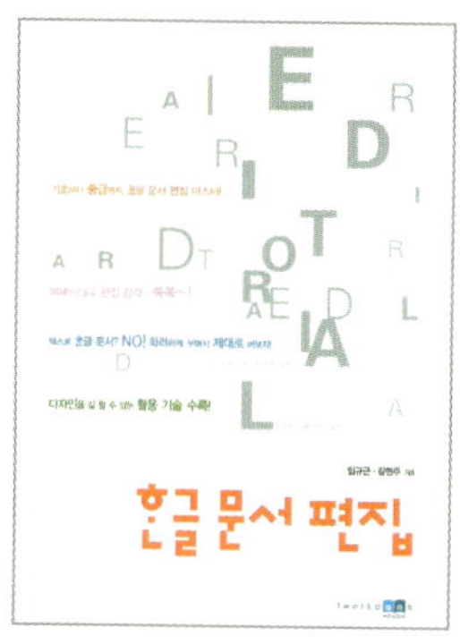

매킨토시에 도전하는
한글 문서 편집

임규근, 강현주 지음 | 480쪽 | 사륙배변형 |
값 18,000원

풍부한 실전 예제를 통해 실무 능력을 키워주는 책!

엑셀, 파워포인트 모두 기초부터 중·고급 기능까지 핵심적인 기능들을 실전 예제로 엮었다. 엑셀의 경우 함수에 대한 내용을 집중적으로 다루었다. 파워포인트는 슬라이드에 대한 개념부터 쇼 실행까지 기초적이면서도 가장 많이 활용되는 기능들을 집중적으로 다뤘다.

컴퓨터 기초부터 오피스프로그램 총망라!

컴퓨터 기초 교양과목으로 컴퓨터 기초, 윈도우 XP, 인터넷과 정보 검색, 한글 2002, 엑셀 2002, 파워포인트 2002까지 실무에서 많이 사용하는 프로그램을 엄선하여 한 권의 책으로 묶었다. 현장 실습과 실무 활용 연습 문제에는 실무 현장의 노하우가 그대로 담겨져 있어 활용 능력을 배로 키울 수 있다.

문서 편집 실무와 고급 디자인이 만났다!

화려한 문서 편집뿐만 아니라 알짜배기 기획서 작성법과 함께 기초 기능 과정도 충실하게 다루었다. 초보 사용자라도 자연스럽게 한글의 기능은 물론 실전 편집 감각을 동시에 얻을 수 있도록 했다. 이 책에서 나오는 예제는 디자인을 고려해 실제 현장에서 많이 사용되는 예제들로 구성하여 학습과 동시에 디자인 안목과 편집력이 자연스럽게 길러진다. 또한 혼자서 만들어보는 활용 코너로 다시 한번 실력을 다질 수 있도록 했다.